ཕོ་བྲང་པོ་ཏ་ལ།
拉薩布達拉宮

ལྷ་སའི་ཇོ་ཁང་གི་གསེར་གྱི་རྒྱ་ཕིབས།
拉薩大昭寺金頂

མངའ་རིས་གུ་གེའི་རྒྱལ་རབས་དུས་ཀྱི་དགོན་སྡེ།
阿里古格王朝寺廟群

国家出版基金项目
NATIONAL PUBLICATION FOUNDATION

甘肅藏敦煌藏文文獻

㉖

敦煌市博物館卷

Db.t.5424 — 5783

主　編

馬　德　勘措吉

編　纂

甘肅省文物局

敦煌研究院

上海古籍出版社

上海 2019

主　編

馬　德　勘措吉

副主編

盛岩海　萬瑪項傑　石明秀　完麽才讓

編　輯

勘措吉　萬瑪項傑　扎西措　葉旦才讓　扎西拉傑　劉拉毛卓瑪

索南達傑　昂卻本　南拉才讓　完得冷智　吴榮國　張海博　馬　德

攝　影

盛岩海　蕭　巍　周生霞　瞿繼娟　黄立霞　陳文斌　朱　憲

責任編輯

府憲展　曾曉紅

༄། །ཀན་སུའུ་ས་ཁུལ་དུ་ཉར་བའི་ཏུན་ཧོང་བོད་ཡིག་ཡིག་རྙིང་།

㉖

ཏུན་ཧོང་གྲོང་ཁྱེར་རྟེན་རྫས་བཤམས་མཛོད་ཁང་གི་གླེགས་བམ།

Db.t.5424— 5783

གཙོ་སྒྲིག་པ།

ཨཱ་ཏ།　ཁམས་འཚོ་སྐྱིད།

སྒྲིག་སྦྱོར་སྡེ་ཁག

ཀན་སུའུ་ཞིང་ཆེན་རིག་དངོས་ཐུའུ།

ཏུན་ཧོང་ཞིབ་འཇུག་གླིང་།

ཧྲང་ཧེ་དཔེ་རྙིང་དཔེ་སྐྲུན་ཁང་།

2019 ལོར་ཧྲང་ཧེ་ནས།

གཙོ་སྒྲིག་པ།

སྣ་ཏི། ཁམས་འཚོ་སྐྱིད།

གཙོ་སྒྲིག་གཞོན་པ།

ཧྲིན་ཡན་ཧེ། གཡུ་རྫོག་པདྨ་དབང་རྒྱལ། ཧྲི་མེན་ཕྱུག པདྨ་ཚེ་རིང་།

ཚོམ་སྒྲིག་ཁོངས་མི།

ཁམས་འཚོ་སྐྱིད། གཡུ་རྫོག་པདྨ་དབང་རྒྱལ། བཀྲ་ཤིས་འཚོ། མགར་རྩེ་ཡི་དམ་ཚེ་རིང་། བཀྲ་ཤིས་ལྷ་རྒྱལ།
དཔལ་རིས་ལྷ་མོ་སྒྲོལ་མ། གཡུ་སྲས་བསོད་ནམས་དར་རྒྱས། དབང་མཆོག་འབུམ། སྒྲོང་ང་གནམ་ལྷ་ཚེ་རིང་།
བན་དེ་ལྷུན་འགྲུབ། བོའུ་རོང་གོའོ། ཀྲང་ཧེ་པའོ། སྣ་ཏི།

པར་ལེན་པ།

ཧྲིན་ཡན་ཧེ། ཞའོ་པེའུ། ཀྲིག་ཧྲིན་ཝ། ཆུའུ་ཙའེ་ཙོན། ཧོང་ལའེ་ཝ། ཁྲུན་བུན་པིན། ཀྲོའུ་ཞན།

ཚོམ་སྒྲིག་འགན་ཁུར་པ།

ཧྲུའུ་ཞན་ཀྲན། བཙུན་ཞོ་ཧོང་།

TIBETAN DOCUMENTS FROM DUNHUANG IN GANSU

㉖

Collected in Dunhuang Museum
Db.t.5424 — 5783

CHIEF EDITORS

Ma De Khamsvtshoskyid

PARTICIPATING INSTITUTION

Cultural Heritage Bureau of Gansu Province

Dunhuang Academy

SHANGHAI CHINESE CLASSICS PUBLISHING HOUSE

Shanghai 2019

CHIEF EDITORS

Ma De   Khamsvtshoskyid

VICE EDITORS IN CHIEF

Sheng Yanhai   Gyurngogpadmadbangrgyal   Shi Mingxiu   Padmatshering

EDITOR COMMISSION

Khamsvtshoskyid   Gyurngogpadmadbangrgyal   Bkrashisvtsho   Mgarrtseyidamtshering

Bkrashislhargyal   Dpavrislhamosgrolma   Gyusrasbsodnamsdarrgyae

Dbangmchogabum   Gnamlhatshering   Bandelhunvgrub

Wu Rongguo   Zhang Haibo   Ma De

PHOTOGRAPHERS

Sheng Yanhai   Xiao Wei   Zhou Shengxia   Qu Jijuan

Huang Lixia   Chen Wenbin   Zhu Xian

EDITORS IN CHARGE

Fu Xianzhan   Zeng Xiaohong

目　録

Db.t.5424 — 5783

敦博 Db.t.5424　十萬頌般若波羅蜜多經 ………… 1
敦博 Db.t.5425　十萬頌般若波羅蜜多經 ………… 2
敦博 Db.t.5426　十萬頌般若波羅蜜多經 ………… 3
敦博 Db.t.5427　十萬頌般若波羅蜜多經 ………… 4
敦博 Db.t.5428　十萬頌般若波羅蜜多經 ………… 5
敦博 Db.t.5429　十萬頌般若波羅蜜多經 ………… 6
敦博 Db.t.5430　十萬頌般若波羅蜜多經 ………… 7
敦博 Db.t.5431　十萬頌般若波羅蜜多經 ………… 8
敦博 Db.t.5432　十萬頌般若波羅蜜多經 ………… 9
敦博 Db.t.5433　十萬頌般若波羅蜜多經 ………… 10
敦博 Db.t.5434　十萬頌般若波羅蜜多經 ………… 11
敦博 Db.t.5435　十萬頌般若波羅蜜多經 ………… 12
敦博 Db.t.5436　十萬頌般若波羅蜜多經 ………… 13
敦博 Db.t.5437　十萬頌般若波羅蜜多經 ………… 14
敦博 Db.t.5438　十萬頌般若波羅蜜多經 ………… 15
敦博 Db.t.5439　十萬頌般若波羅蜜多經 ………… 16
敦博 Db.t.5440　十萬頌般若波羅蜜多經 ………… 17
敦博 Db.t.5441　十萬頌般若波羅蜜多經 ………… 18
敦博 Db.t.5442　十萬頌般若波羅蜜多經 ………… 19
敦博 Db.t.5443　十萬頌般若波羅蜜多經 ………… 20
敦博 Db.t.5444　十萬頌般若波羅蜜多經 ………… 21
敦博 Db.t.5445　十萬頌般若波羅蜜多經 ………… 22
敦博 Db.t.5446　十萬頌般若波羅蜜多經 ………… 23
敦博 Db.t.5447　十萬頌般若波羅蜜多經 ………… 24

敦博 Db.t.5448　十萬頌般若波羅蜜多經 …… 25
敦博 Db.t.5449　十萬頌般若波羅蜜多經 …… 26
敦博 Db.t.5450　十萬頌般若波羅蜜多經 …… 27
敦博 Db.t.5451　十萬頌般若波羅蜜多經 …… 28
敦博 Db.t.5452　十萬頌般若波羅蜜多經 …… 29
敦博 Db.t.5453　十萬頌般若波羅蜜多經 …… 30
敦博 Db.t.5454　十萬頌般若波羅蜜多經 …… 31
敦博 Db.t.5455　十萬頌般若波羅蜜多經 …… 32
敦博 Db.t.5456　十萬頌般若波羅蜜多經 …… 33
敦博 Db.t.5457　十萬頌般若波羅蜜多經 …… 34
敦博 Db.t.5458　十萬頌般若波羅蜜多經 …… 35
敦博 Db.t.5459　十萬頌般若波羅蜜多經第一卷第二十六品 …… 36
敦博 Db.t.5460　十萬頌般若波羅蜜多經 …… 37
敦博 Db.t.5461　十萬頌般若波羅蜜多經 …… 38
敦博 Db.t.5462　十萬頌般若波羅蜜多經 …… 39
敦博 Db.t.5463　十萬頌般若波羅蜜多經 …… 40
敦博 Db.t.5464　十萬頌般若波羅蜜多經 …… 41
敦博 Db.t.5465　十萬頌般若波羅蜜多經 …… 42
敦博 Db.t.5466　十萬頌般若波羅蜜多經 …… 43
敦博 Db.t.5467　十萬頌般若波羅蜜多經 …… 44
敦博 Db.t.5468　十萬頌般若波羅蜜多經 …… 45
敦博 Db.t.5469　十萬頌般若波羅蜜多經 …… 46
敦博 Db.t.5470　十萬頌般若波羅蜜多經 …… 47
敦博 Db.t.5471　十萬頌般若波羅蜜多經 …… 48
敦博 Db.t.5472　十萬頌般若波羅蜜多經 …… 49
敦博 Db.t.5473　十萬頌般若波羅蜜多經 …… 50
敦博 Db.t.5474　十萬頌般若波羅蜜多經 …… 51
敦博 Db.t.5475　十萬頌般若波羅蜜多經 …… 52
敦博 Db.t.5476　十萬頌般若波羅蜜多經 …… 53
敦博 Db.t.5477　十萬頌般若波羅蜜多經 …… 54
敦博 Db.t.5478　十萬頌般若波羅蜜多經 …… 55
敦博 Db.t.5479　十萬頌般若波羅蜜多經 …… 56
敦博 Db.t.5480　十萬頌般若波羅蜜多經 …… 57
敦博 Db.t.5481　十萬頌般若波羅蜜多經 …… 58
敦博 Db.t.5482　十萬頌般若波羅蜜多經 …… 59
敦博 Db.t.5483　十萬頌般若波羅蜜多經 …… 60

敦博 Db.t.5484 十萬頌般若波羅蜜多經 …… 61
敦博 Db.t.5485 十萬頌般若波羅蜜多經 …… 62
敦博 Db.t.5486 十萬頌般若波羅蜜多經 …… 63
敦博 Db.t.5487 十萬頌般若波羅蜜多經 …… 64
敦博 Db.t.5488 十萬頌般若波羅蜜多經 …… 65
敦博 Db.t.5489 十萬頌般若波羅蜜多經 …… 66
敦博 Db.t.5490 十萬頌般若波羅蜜多經 …… 67
敦博 Db.t.5491 十萬頌般若波羅蜜多經 …… 68
敦博 Db.t.5492 十萬頌般若波羅蜜多經 …… 69
敦博 Db.t.5493 十萬頌般若波羅蜜多經 …… 70
敦博 Db.t.5494 十萬頌般若波羅蜜多經 …… 71
敦博 Db.t.5495 十萬頌般若波羅蜜多經 …… 72
敦博 Db.t.5496 十萬頌般若波羅蜜多經 …… 73
敦博 Db.t.5497 十萬頌般若波羅蜜多經 …… 74
敦博 Db.t.5498 十萬頌般若波羅蜜多經 …… 75
敦博 Db.t.5499 十萬頌般若波羅蜜多經 …… 76
敦博 Db.t.5500 十萬頌般若波羅蜜多經 …… 77
敦博 Db.t.5501 十萬頌般若波羅蜜多經 …… 78
敦博 Db.t.5502 十萬頌般若波羅蜜多經 …… 79
敦博 Db.t.5503 十萬頌般若波羅蜜多經 …… 80
敦博 Db.t.5504 十萬頌般若波羅蜜多經 …… 81
敦博 Db.t.5505 十萬頌般若波羅蜜多經 …… 82
敦博 Db.t.5506 十萬頌般若波羅蜜多經 …… 83
敦博 Db.t.5507 十萬頌般若波羅蜜多經 …… 84
敦博 Db.t.5508 十萬頌般若波羅蜜多經 …… 85
敦博 Db.t.5509 十萬頌般若波羅蜜多經 …… 86
敦博 Db.t.5510 十萬頌般若波羅蜜多經 …… 87
敦博 Db.t.5511 十萬頌般若波羅蜜多經 …… 88
敦博 Db.t.5512 十萬頌般若波羅蜜多經 …… 89
敦博 Db.t.5513 十萬頌般若波羅蜜多經第一卷第三十六品 …… 90
敦博 Db.t.5514 十萬頌般若波羅蜜多經 …… 91
敦博 Db.t.5515 十萬頌般若波羅蜜多經 …… 92
敦博 Db.t.5516 十萬頌般若波羅蜜多經 …… 93
敦博 Db.t.5517 十萬頌般若波羅蜜多經 …… 94
敦博 Db.t.5518 十萬頌般若波羅蜜多經 …… 95
敦博 Db.t.5519 十萬頌般若波羅蜜多經 …… 96

敦博 Db.t.5520 十萬頌般若波羅蜜多經 97
敦博 Db.t.5521 十萬頌般若波羅蜜多經 98
敦博 Db.t.5522 十萬頌般若波羅蜜多經 99
敦博 Db.t.5523 十萬頌般若波羅蜜多經 100
敦博 Db.t.5524 十萬頌般若波羅蜜多經 101
敦博 Db.t.5525 十萬頌般若波羅蜜多經 102
敦博 Db.t.5526 十萬頌般若波羅蜜多經 103
敦博 Db.t.5527 十萬頌般若波羅蜜多經 104
敦博 Db.t.5528 十萬頌般若波羅蜜多經 105
敦博 Db.t.5529 十萬頌般若波羅蜜多經 106
敦博 Db.t.5530 十萬頌般若波羅蜜多經 107
敦博 Db.t.5531 十萬頌般若波羅蜜多經 108
敦博 Db.t.5532 十萬頌般若波羅蜜多經 109
敦博 Db.t.5533 十萬頌般若波羅蜜多經 110
敦博 Db.t.5534 十萬頌般若波羅蜜多經 111
敦博 Db.t.5535 十萬頌般若波羅蜜多經 112
敦博 Db.t.5536 十萬頌般若波羅蜜多經 113
敦博 Db.t.5537 十萬頌般若波羅蜜多經 114
敦博 Db.t.5538 十萬頌般若波羅蜜多經第三卷第三十品 115
敦博 Db.t.5539 十萬頌般若波羅蜜多經 116
敦博 Db.t.5540 十萬頌般若波羅蜜多經 117
敦博 Db.t.5541 十萬頌般若波羅蜜多經 118
敦博 Db.t.5542 十萬頌般若波羅蜜多經 119
敦博 Db.t.5543 十萬頌般若波羅蜜多經 120
敦博 Db.t.5544 十萬頌般若波羅蜜多經 121
敦博 Db.t.5545 十萬頌般若波羅蜜多經 122
敦博 Db.t.5546 十萬頌般若波羅蜜多經 123
敦博 Db.t.5547 十萬頌般若波羅蜜多經 124
敦博 Db.t.5548 十萬頌般若波羅蜜多經 125
敦博 Db.t.5549 十萬頌般若波羅蜜多經 126
敦博 Db.t.5550 十萬頌般若波羅蜜多經 127
敦博 Db.t.5551 十萬頌般若波羅蜜多經 128
敦博 Db.t.5552 十萬頌般若波羅蜜多經 129
敦博 Db.t.5553 十萬頌般若波羅蜜多經 130
敦博 Db.t.5554 十萬頌般若波羅蜜多經 131
敦博 Db.t.5555 十萬頌般若波羅蜜多經 132

敦博 Db.t.5556 十萬頌般若波羅蜜多經 …… 133
敦博 Db.t.5557 十萬頌般若波羅蜜多經 …… 134
敦博 Db.t.5558 十萬頌般若波羅蜜多經 …… 135
敦博 Db.t.5559 十萬頌般若波羅蜜多經 …… 136
敦博 Db.t.5560 十萬頌般若波羅蜜多經 …… 137
敦博 Db.t.5561 十萬頌般若波羅蜜多經 …… 138
敦博 Db.t.5562 十萬頌般若波羅蜜多經 …… 139
敦博 Db.t.5563 十萬頌般若波羅蜜多經 …… 140
敦博 Db.t.5564 十萬頌般若波羅蜜多經 …… 141
敦博 Db.t.5565 十萬頌般若波羅蜜多經 …… 142
敦博 Db.t.5566 十萬頌般若波羅蜜多經 …… 143
敦博 Db.t.5567 十萬頌般若波羅蜜多經 …… 144
敦博 Db.t.5568 十萬頌般若波羅蜜多經 …… 145
敦博 Db.t.5569 十萬頌般若波羅蜜多經 …… 146
敦博 Db.t.5570 十萬頌般若波羅蜜多經 …… 147
敦博 Db.t.5571 十萬頌般若波羅蜜多經 …… 148
敦博 Db.t.5572 十萬頌般若波羅蜜多經 …… 149
敦博 Db.t.5573 十萬頌般若波羅蜜多經 …… 150
敦博 Db.t.5574 十萬頌般若波羅蜜多經 …… 151
敦博 Db.t.5575 十萬頌般若波羅蜜多經 …… 152
敦博 Db.t.5576 十萬頌般若波羅蜜多經 …… 153
敦博 Db.t.5577 十萬頌般若波羅蜜多經 …… 154
敦博 Db.t.5578 十萬頌般若波羅蜜多經 …… 155
敦博 Db.t.5579 十萬頌般若波羅蜜多經 …… 156
敦博 Db.t.5580 十萬頌般若波羅蜜多經 …… 157
敦博 Db.t.5581 十萬頌般若波羅蜜多經 …… 158
敦博 Db.t.5582 十萬頌般若波羅蜜多經 …… 159
敦博 Db.t.5583 十萬頌般若波羅蜜多經 …… 160
敦博 Db.t.5584 十萬頌般若波羅蜜多經 …… 161
敦博 Db.t.5585 十萬頌般若波羅蜜多經 …… 162
敦博 Db.t.5586 十萬頌般若波羅蜜多經 …… 163
敦博 Db.t.5587 十萬頌般若波羅蜜多經 …… 164
敦博 Db.t.5588 十萬頌般若波羅蜜多經 …… 165
敦博 Db.t.5589 十萬頌般若波羅蜜多經 …… 166
敦博 Db.t.5590 十萬頌般若波羅蜜多經 …… 167
敦博 Db.t.5591 十萬頌般若波羅蜜多經 …… 168

敦博 Db.t.5592　十萬頌般若波羅蜜多經 ………… 169
敦博 Db.t.5593　十萬頌般若波羅蜜多經 ………… 170
敦博 Db.t.5594　十萬頌般若波羅蜜多經 ………… 171
敦博 Db.t.5595　十萬頌般若波羅蜜多經 ………… 172
敦博 Db.t.5596　十萬頌般若波羅蜜多經 ………… 173
敦博 Db.t.5597　十萬頌般若波羅蜜多經 ………… 174
敦博 Db.t.5598　十萬頌般若波羅蜜多經 ………… 175
敦博 Db.t.5599　十萬頌般若波羅蜜多經 ………… 176
敦博 Db.t.5600　十萬頌般若波羅蜜多經 ………… 177
敦博 Db.t.5601　十萬頌般若波羅蜜多經 ………… 178
敦博 Db.t.5602　十萬頌般若波羅蜜多經 ………… 179
敦博 Db.t.5603　十萬頌般若波羅蜜多經 ………… 180
敦博 Db.t.5604　十萬頌般若波羅蜜多經 ………… 181
敦博 Db.t.5605　十萬頌般若波羅蜜多經 ………… 182
敦博 Db.t.5606　十萬頌般若波羅蜜多經 ………… 183
敦博 Db.t.5607　十萬頌般若波羅蜜多經 ………… 184
敦博 Db.t.5608　十萬頌般若波羅蜜多經 ………… 185
敦博 Db.t.5609　十萬頌般若波羅蜜多經 ………… 186
敦博 Db.t.5610　十萬頌般若波羅蜜多經 ………… 187
敦博 Db.t.5611　十萬頌般若波羅蜜多經 ………… 188
敦博 Db.t.5612　十萬頌般若波羅蜜多經 ………… 189
敦博 Db.t.5613　十萬頌般若波羅蜜多經 ………… 190
敦博 Db.t.5614　十萬頌般若波羅蜜多經 ………… 191
敦博 Db.t.5615　十萬頌般若波羅蜜多經 ………… 192
敦博 Db.t.5616　十萬頌般若波羅蜜多經 ………… 193
敦博 Db.t.5617　十萬頌般若波羅蜜多經 ………… 194
敦博 Db.t.5618　十萬頌般若波羅蜜多經 ………… 195
敦博 Db.t.5619　十萬頌般若波羅蜜多經 ………… 196
敦博 Db.t.5620　十萬頌般若波羅蜜多經 ………… 197
敦博 Db.t.5621　十萬頌般若波羅蜜多經 ………… 198
敦博 Db.t.5622　十萬頌般若波羅蜜多經 ………… 199
敦博 Db.t.5623　十萬頌般若波羅蜜多經 ………… 200
敦博 Db.t.5624　十萬頌般若波羅蜜多經 ………… 201
敦博 Db.t.5625　十萬頌般若波羅蜜多經 ………… 202
敦博 Db.t.5626　十萬頌般若波羅蜜多經 ………… 203
敦博 Db.t.5627　十萬頌般若波羅蜜多經 ………… 204

敦博 Db.t.5628　十萬頌般若波羅蜜多經…… 205
敦博 Db.t.5629　十萬頌般若波羅蜜多經…… 206
敦博 Db.t.5630　十萬頌般若波羅蜜多經…… 207
敦博 Db.t.5631　十萬頌般若波羅蜜多經…… 208
敦博 Db.t.5632　十萬頌般若波羅蜜多經…… 209
敦博 Db.t.5633　十萬頌般若波羅蜜多經…… 210
敦博 Db.t.5634　十萬頌般若波羅蜜多經…… 211
敦博 Db.t.5635　十萬頌般若波羅蜜多經…… 212
敦博 Db.t.5636　十萬頌般若波羅蜜多經…… 213
敦博 Db.t.5637　十萬頌般若波羅蜜多經…… 214
敦博 Db.t.5638　十萬頌般若波羅蜜多經…… 215
敦博 Db.t.5639　十萬頌般若波羅蜜多經…… 216
敦博 Db.t.5640　十萬頌般若波羅蜜多經…… 217
敦博 Db.t.5641　十萬頌般若波羅蜜多經…… 218
敦博 Db.t.5642　十萬頌般若波羅蜜多經…… 219
敦博 Db.t.5643　十萬頌般若波羅蜜多經…… 220
敦博 Db.t.5644　十萬頌般若波羅蜜多經…… 221
敦博 Db.t.5645　十萬頌般若波羅蜜多經…… 222
敦博 Db.t.5646　十萬頌般若波羅蜜多經…… 223
敦博 Db.t.5647　十萬頌般若波羅蜜多經…… 224
敦博 Db.t.5648　十萬頌般若波羅蜜多經…… 225
敦博 Db.t.5649　十萬頌般若波羅蜜多經…… 226
敦博 Db.t.5650　十萬頌般若波羅蜜多經…… 227
敦博 Db.t.5651　十萬頌般若波羅蜜多經…… 228
敦博 Db.t.5652　十萬頌般若波羅蜜多經…… 229
敦博 Db.t.5653　十萬頌般若波羅蜜多經…… 230
敦博 Db.t.5654　十萬頌般若波羅蜜多經…… 231
敦博 Db.t.5655　十萬頌般若波羅蜜多經…… 232
敦博 Db.t.5656　十萬頌般若波羅蜜多經…… 233
敦博 Db.t.5657　十萬頌般若波羅蜜多經…… 234
敦博 Db.t.5658　十萬頌般若波羅蜜多經…… 235
敦博 Db.t.5659　十萬頌般若波羅蜜多經…… 236
敦博 Db.t.5660　十萬頌般若波羅蜜多經…… 237
敦博 Db.t.5661　十萬頌般若波羅蜜多經…… 238
敦博 Db.t.5662　十萬頌般若波羅蜜多經…… 239
敦博 Db.t.5663　十萬頌般若波羅蜜多經…… 240

敦博 Db.t.5664 十萬頌般若波羅蜜多經 …… 241
敦博 Db.t.5665 十萬頌般若波羅蜜多經 …… 242
敦博 Db.t.5666 十萬頌般若波羅蜜多經第三卷第十八品 …… 243
敦博 Db.t.5667 十萬頌般若波羅蜜多經 …… 244
敦博 Db.t.5668 十萬頌般若波羅蜜多經 …… 245
敦博 Db.t.5669 十萬頌般若波羅蜜多經 …… 246
敦博 Db.t.5670 十萬頌般若波羅蜜多經 …… 247
敦博 Db.t.5671 十萬頌般若波羅蜜多經第四卷第七十四品 …… 248
敦博 Db.t.5672 十萬頌般若波羅蜜多經 …… 249
敦博 Db.t.5673 十萬頌般若波羅蜜多經 …… 250
敦博 Db.t.5674 十萬頌般若波羅蜜多經 …… 251
敦博 Db.t.5675 十萬頌般若波羅蜜多經 …… 252
敦博 Db.t.5676 十萬頌般若波羅蜜多經 …… 253
敦博 Db.t.5677 十萬頌般若波羅蜜多經 …… 254
敦博 Db.t.5678 十萬頌般若波羅蜜多經 …… 255
敦博 Db.t.5679 十萬頌般若波羅蜜多經 …… 256
敦博 Db.t.5680 十萬頌般若波羅蜜多經 …… 257
敦博 Db.t.5681 十萬頌般若波羅蜜多經 …… 258
敦博 Db.t.5682 十萬頌般若波羅蜜多經 …… 259
敦博 Db.t.5683 十萬頌般若波羅蜜多經 …… 260
敦博 Db.t.5684 十萬頌般若波羅蜜多經 …… 261
敦博 Db.t.5685 十萬頌般若波羅蜜多經 …… 262
敦博 Db.t.5686 十萬頌般若波羅蜜多經 …… 263
敦博 Db.t.5687 十萬頌般若波羅蜜多經 …… 264
敦博 Db.t.5688 十萬頌般若波羅蜜多經 …… 265
敦博 Db.t.5689 十萬頌般若波羅蜜多經 …… 266
敦博 Db.t.5690 十萬頌般若波羅蜜多經 …… 267
敦博 Db.t.5691 十萬頌般若波羅蜜多經 …… 268
敦博 Db.t.5692 十萬頌般若波羅蜜多經 …… 269
敦博 Db.t.5693 十萬頌般若波羅蜜多經 …… 270
敦博 Db.t.5694 十萬頌般若波羅蜜多經 …… 271
敦博 Db.t.5695 十萬頌般若波羅蜜多經 …… 272
敦博 Db.t.5696 十萬頌般若波羅蜜多經 …… 273
敦博 Db.t.5697 十萬頌般若波羅蜜多經 …… 274
敦博 Db.t.5698 十萬頌般若波羅蜜多經 …… 275
敦博 Db.t.5699 十萬頌般若波羅蜜多經 …… 276

敦博 Db.t.5700　十萬頌般若波羅蜜多經…………………… 277
敦博 Db.t.5701　十萬頌般若波羅蜜多經…………………… 278
敦博 Db.t.5702　十萬頌般若波羅蜜多經第二卷第十二品…………………… 279
敦博 Db.t.5703　十萬頌般若波羅蜜多經…………………… 280
敦博 Db.t.5704　十萬頌般若波羅蜜多經…………………… 281
敦博 Db.t.5705　十萬頌般若波羅蜜多經…………………… 282
敦博 Db.t.5706　十萬頌般若波羅蜜多經…………………… 283
敦博 Db.t.5707　十萬頌般若波羅蜜多經…………………… 284
敦博 Db.t.5708　十萬頌般若波羅蜜多經…………………… 285
敦博 Db.t.5709　十萬頌般若波羅蜜多經…………………… 286
敦博 Db.t.5710　十萬頌般若波羅蜜多經…………………… 287
敦博 Db.t.5711　十萬頌般若波羅蜜多經…………………… 288
敦博 Db.t.5712　十萬頌般若波羅蜜多經…………………… 289
敦博 Db.t.5713　十萬頌般若波羅蜜多經…………………… 290
敦博 Db.t.5714　十萬頌般若波羅蜜多經…………………… 291
敦博 Db.t.5715　十萬頌般若波羅蜜多經…………………… 292
敦博 Db.t.5716　十萬頌般若波羅蜜多經…………………… 293
敦博 Db.t.5717　十萬頌般若波羅蜜多經…………………… 294
敦博 Db.t.5718　十萬頌般若波羅蜜多經…………………… 295
敦博 Db.t.5719　十萬頌般若波羅蜜多經…………………… 296
敦博 Db.t.5720　十萬頌般若波羅蜜多經…………………… 297
敦博 Db.t.5721　十萬頌般若波羅蜜多經…………………… 298
敦博 Db.t.5722　十萬頌般若波羅蜜多經…………………… 299
敦博 Db.t.5723　十萬頌般若波羅蜜多經…………………… 300
敦博 Db.t.5724　十萬頌般若波羅蜜多經…………………… 301
敦博 Db.t.5725　十萬頌般若波羅蜜多經…………………… 302
敦博 Db.t.5726　十萬頌般若波羅蜜多經…………………… 303
敦博 Db.t.5727　十萬頌般若波羅蜜多經…………………… 304
敦博 Db.t.5728　十萬頌般若波羅蜜多經…………………… 305
敦博 Db.t.5729　十萬頌般若波羅蜜多經…………………… 306
敦博 Db.t.5730　十萬頌般若波羅蜜多經…………………… 307
敦博 Db.t.5731　十萬頌般若波羅蜜多經…………………… 308
敦博 Db.t.5732　十萬頌般若波羅蜜多經…………………… 309
敦博 Db.t.5733　十萬頌般若波羅蜜多經…………………… 310
敦博 Db.t.5734　十萬頌般若波羅蜜多經…………………… 311
敦博 Db.t.5735　十萬頌般若波羅蜜多經…………………… 312

敦博 Db.t.5736　十萬頌般若波羅蜜多經……313
敦博 Db.t.5737　十萬頌般若波羅蜜多經……314
敦博 Db.t.5738　十萬頌般若波羅蜜多經……315
敦博 Db.t.5739　十萬頌般若波羅蜜多經……316
敦博 Db.t.5740　十萬頌般若波羅蜜多經……317
敦博 Db.t.5741　十萬頌般若波羅蜜多經……318
敦博 Db.t.5742　十萬頌般若波羅蜜多經……319
敦博 Db.t.5743　十萬頌般若波羅蜜多經……320
敦博 Db.t.5744　十萬頌般若波羅蜜多經……321
敦博 Db.t.5745　十萬頌般若波羅蜜多經……322
敦博 Db.t.5746　十萬頌般若波羅蜜多經……323
敦博 Db.t.5747　十萬頌般若波羅蜜多經……324
敦博 Db.t.5748　十萬頌般若波羅蜜多經……325
敦博 Db.t.5749　十萬頌般若波羅蜜多經……326
敦博 Db.t.5750　十萬頌般若波羅蜜多經……327
敦博 Db.t.5751　十萬頌般若波羅蜜多經……328
敦博 Db.t.5752　十萬頌般若波羅蜜多經……329
敦博 Db.t.5753　十萬頌般若波羅蜜多經……330
敦博 Db.t.5754　十萬頌般若波羅蜜多經……331
敦博 Db.t.5755　十萬頌般若波羅蜜多經……332
敦博 Db.t.5756　十萬頌般若波羅蜜多經……333
敦博 Db.t.5757　十萬頌般若波羅蜜多經……334
敦博 Db.t.5758　十萬頌般若波羅蜜多經……335
敦博 Db.t.5759　十萬頌般若波羅蜜多經……336
敦博 Db.t.5760　十萬頌般若波羅蜜多經……337
敦博 Db.t.5761　十萬頌般若波羅蜜多經……338
敦博 Db.t.5762　十萬頌般若波羅蜜多經……339
敦博 Db.t.5763　十萬頌般若波羅蜜多經……340
敦博 Db.t.5764　十萬頌般若波羅蜜多經……341
敦博 Db.t.5765　十萬頌般若波羅蜜多經……342
敦博 Db.t.5766　十萬頌般若波羅蜜多經……343
敦博 Db.t.5767　十萬頌般若波羅蜜多經……344
敦博 Db.t.5768　十萬頌般若波羅蜜多經……345
敦博 Db.t.5769　十萬頌般若波羅蜜多經……346
敦博 Db.t.5770　十萬頌般若波羅蜜多經……347
敦博 Db.t.5771　十萬頌般若波羅蜜多經……348

敦博 Db.t.5772　十萬頌般若波羅蜜多經 …… 349
敦博 Db.t.5773　十萬頌般若波羅蜜多經 …… 350
敦博 Db.t.5774　十萬頌般若波羅蜜多經 …… 351
敦博 Db.t.5775　十萬頌般若波羅蜜多經 …… 352
敦博 Db.t.5776　十萬頌般若波羅蜜多經 …… 353
敦博 Db.t.5777　十萬頌般若波羅蜜多經 …… 354
敦博 Db.t.5778　十萬頌般若波羅蜜多經 …… 355
敦博 Db.t.5779　十萬頌般若波羅蜜多經 …… 356
敦博 Db.t.5780　十萬頌般若波羅蜜多經 …… 357
敦博 Db.t.5781　十萬頌般若波羅蜜多經 …… 358
敦博 Db.t.5782　十萬頌般若波羅蜜多經 …… 359
敦博 Db.t.5783　十萬頌般若波羅蜜多經 …… 360

དཀར་ཆག

Db.t.5424 — 5783

敦博 Db.t.5424	ཤེས་རབ་ཀྱི་ཕ་རོལ་ཏུ་ཕྱིན་པ་སྟོང་ཕྲག་བརྒྱ་པ།	1
敦博 Db.t.5425	ཤེས་རབ་ཀྱི་ཕ་རོལ་ཏུ་ཕྱིན་པ་སྟོང་ཕྲག་བརྒྱ་པ།	2
敦博 Db.t.5426	ཤེས་རབ་ཀྱི་ཕ་རོལ་ཏུ་ཕྱིན་པ་སྟོང་ཕྲག་བརྒྱ་པ།	3
敦博 Db.t.5427	ཤེས་རབ་ཀྱི་ཕ་རོལ་ཏུ་ཕྱིན་པ་སྟོང་ཕྲག་བརྒྱ་པ།	4
敦博 Db.t.5428	ཤེས་རབ་ཀྱི་ཕ་རོལ་ཏུ་ཕྱིན་པ་སྟོང་ཕྲག་བརྒྱ་པ།	5
敦博 Db.t.5429	ཤེས་རབ་ཀྱི་ཕ་རོལ་ཏུ་ཕྱིན་པ་སྟོང་ཕྲག་བརྒྱ་པ།	6
敦博 Db.t.5430	ཤེས་རབ་ཀྱི་ཕ་རོལ་ཏུ་ཕྱིན་པ་སྟོང་ཕྲག་བརྒྱ་པ།	7
敦博 Db.t.5431	ཤེས་རབ་ཀྱི་ཕ་རོལ་ཏུ་ཕྱིན་པ་སྟོང་ཕྲག་བརྒྱ་པ།	8
敦博 Db.t.5432	ཤེས་རབ་ཀྱི་ཕ་རོལ་ཏུ་ཕྱིན་པ་སྟོང་ཕྲག་བརྒྱ་པ།	9
敦博 Db.t.5433	ཤེས་རབ་ཀྱི་ཕ་རོལ་ཏུ་ཕྱིན་པ་སྟོང་ཕྲག་བརྒྱ་པ།	10
敦博 Db.t.5434	ཤེས་རབ་ཀྱི་ཕ་རོལ་ཏུ་ཕྱིན་པ་སྟོང་ཕྲག་བརྒྱ་པ།	11
敦博 Db.t.5435	ཤེས་རབ་ཀྱི་ཕ་རོལ་ཏུ་ཕྱིན་པ་སྟོང་ཕྲག་བརྒྱ་པ།	12
敦博 Db.t.5436	ཤེས་རབ་ཀྱི་ཕ་རོལ་ཏུ་ཕྱིན་པ་སྟོང་ཕྲག་བརྒྱ་པ།	13
敦博 Db.t.5437	ཤེས་རབ་ཀྱི་ཕ་རོལ་ཏུ་ཕྱིན་པ་སྟོང་ཕྲག་བརྒྱ་པ།	14
敦博 Db.t.5438	ཤེས་རབ་ཀྱི་ཕ་རོལ་ཏུ་ཕྱིན་པ་སྟོང་ཕྲག་བརྒྱ་པ།	15
敦博 Db.t.5439	ཤེས་རབ་ཀྱི་ཕ་རོལ་ཏུ་ཕྱིན་པ་སྟོང་ཕྲག་བརྒྱ་པ།	16
敦博 Db.t.5440	ཤེས་རབ་ཀྱི་ཕ་རོལ་ཏུ་ཕྱིན་པ་སྟོང་ཕྲག་བརྒྱ་པ།	17
敦博 Db.t.5441	ཤེས་རབ་ཀྱི་ཕ་རོལ་ཏུ་ཕྱིན་པ་སྟོང་ཕྲག་བརྒྱ་པ།	18
敦博 Db.t.5442	ཤེས་རབ་ཀྱི་ཕ་རོལ་ཏུ་ཕྱིན་པ་སྟོང་ཕྲག་བརྒྱ་པ།	19
敦博 Db.t.5443	ཤེས་རབ་ཀྱི་ཕ་རོལ་ཏུ་ཕྱིན་པ་སྟོང་ཕྲག་བརྒྱ་པ།	20
敦博 Db.t.5444	ཤེས་རབ་ཀྱི་ཕ་རོལ་ཏུ་ཕྱིན་པ་སྟོང་ཕྲག་བརྒྱ་པ།	21
敦博 Db.t.5445	ཤེས་རབ་ཀྱི་ཕ་རོལ་ཏུ་ཕྱིན་པ་སྟོང་ཕྲག་བརྒྱ་པ།	22
敦博 Db.t.5446	ཤེས་རབ་ཀྱི་ཕ་རོལ་ཏུ་ཕྱིན་པ་སྟོང་ཕྲག་བརྒྱ་པ།	23
敦博 Db.t.5447	ཤེས་རབ་ཀྱི་ཕ་རོལ་ཏུ་ཕྱིན་པ་སྟོང་ཕྲག་བརྒྱ་པ།	24

敦博 Db.t.5448 ཤེས་རབ་ཀྱི་ཕ་རོལ་དུ་ཕྱིན་པ་སྟོང་ཕྲག་བརྒྱ་པ། …… 25
敦博 Db.t.5449 ཤེས་རབ་ཀྱི་ཕ་རོལ་དུ་ཕྱིན་པ་སྟོང་ཕྲག་བརྒྱ་པ། …… 26
敦博 Db.t.5450 ཤེས་རབ་ཀྱི་ཕ་རོལ་དུ་ཕྱིན་པ་སྟོང་ཕྲག་བརྒྱ་པ། …… 27
敦博 Db.t.5451 ཤེས་རབ་ཀྱི་ཕ་རོལ་དུ་ཕྱིན་པ་སྟོང་ཕྲག་བརྒྱ་པ། …… 28
敦博 Db.t.5452 ཤེས་རབ་ཀྱི་ཕ་རོལ་དུ་ཕྱིན་པ་སྟོང་ཕྲག་བརྒྱ་པ། …… 29
敦博 Db.t.5453 ཤེས་རབ་ཀྱི་ཕ་རོལ་དུ་ཕྱིན་པ་སྟོང་ཕྲག་བརྒྱ་པ། …… 30
敦博 Db.t.5454 ཤེས་རབ་ཀྱི་ཕ་རོལ་དུ་ཕྱིན་པ་སྟོང་ཕྲག་བརྒྱ་པ། …… 31
敦博 Db.t.5455 ཤེས་རབ་ཀྱི་ཕ་རོལ་དུ་ཕྱིན་པ་སྟོང་ཕྲག་བརྒྱ་པ། …… 32
敦博 Db.t.5456 ཤེས་རབ་ཀྱི་ཕ་རོལ་དུ་ཕྱིན་པ་སྟོང་ཕྲག་བརྒྱ་པ། …… 33
敦博 Db.t.5457 ཤེས་རབ་ཀྱི་ཕ་རོལ་དུ་ཕྱིན་པ་སྟོང་ཕྲག་བརྒྱ་པ། …… 34
敦博 Db.t.5458 ཤེས་རབ་ཀྱི་ཕ་རོལ་དུ་ཕྱིན་པ་སྟོང་ཕྲག་བརྒྱ་པ། …… 35
敦博 Db.t.5459 ཤེས་རབ་ཀྱི་ཕ་རོལ་དུ་ཕྱིན་པ་སྟོང་ཕྲག་བརྒྱའ་པ་དུམ་བུ་དང་པོ་བམ་པོ་ཉི་ཤུ་དྲུག་གོ།། …… 36
敦博 Db.t.5460 ཤེས་རབ་ཀྱི་ཕ་རོལ་དུ་ཕྱིན་པ་སྟོང་ཕྲག་བརྒྱ་པ། …… 37
敦博 Db.t.5461 ཤེས་རབ་ཀྱི་ཕ་རོལ་དུ་ཕྱིན་པ་སྟོང་ཕྲག་བརྒྱ་པ། …… 38
敦博 Db.t.5462 ཤེས་རབ་ཀྱི་ཕ་རོལ་དུ་ཕྱིན་པ་སྟོང་ཕྲག་བརྒྱ་པ། …… 39
敦博 Db.t.5463 ཤེས་རབ་ཀྱི་ཕ་རོལ་དུ་ཕྱིན་པ་སྟོང་ཕྲག་བརྒྱ་པ། …… 40
敦博 Db.t.5464 ཤེས་རབ་ཀྱི་ཕ་རོལ་དུ་ཕྱིན་པ་སྟོང་ཕྲག་བརྒྱ་པ། …… 41
敦博 Db.t.5465 ཤེས་རབ་ཀྱི་ཕ་རོལ་དུ་ཕྱིན་པ་སྟོང་ཕྲག་བརྒྱ་པ། …… 42
敦博 Db.t.5466 ཤེས་རབ་ཀྱི་ཕ་རོལ་དུ་ཕྱིན་པ་སྟོང་ཕྲག་བརྒྱ་པ། …… 43
敦博 Db.t.5467 ཤེས་རབ་ཀྱི་ཕ་རོལ་དུ་ཕྱིན་པ་སྟོང་ཕྲག་བརྒྱ་པ། …… 44
敦博 Db.t.5468 ཤེས་རབ་ཀྱི་ཕ་རོལ་དུ་ཕྱིན་པ་སྟོང་ཕྲག་བརྒྱ་པ། …… 45
敦博 Db.t.5469 ཤེས་རབ་ཀྱི་ཕ་རོལ་དུ་ཕྱིན་པ་སྟོང་ཕྲག་བརྒྱ་པ། …… 46
敦博 Db.t.5470 ཤེས་རབ་ཀྱི་ཕ་རོལ་དུ་ཕྱིན་པ་སྟོང་ཕྲག་བརྒྱ་པ། …… 47
敦博 Db.t.5471 ཤེས་རབ་ཀྱི་ཕ་རོལ་དུ་ཕྱིན་པ་སྟོང་ཕྲག་བརྒྱ་པ། …… 48
敦博 Db.t.5472 ཤེས་རབ་ཀྱི་ཕ་རོལ་དུ་ཕྱིན་པ་སྟོང་ཕྲག་བརྒྱ་པ། …… 49
敦博 Db.t.5473 ཤེས་རབ་ཀྱི་ཕ་རོལ་དུ་ཕྱིན་པ་སྟོང་ཕྲག་བརྒྱ་པ། …… 50
敦博 Db.t.5474 ཤེས་རབ་ཀྱི་ཕ་རོལ་དུ་ཕྱིན་པ་སྟོང་ཕྲག་བརྒྱ་པ། …… 51
敦博 Db.t.5475 ཤེས་རབ་ཀྱི་ཕ་རོལ་དུ་ཕྱིན་པ་སྟོང་ཕྲག་བརྒྱ་པ། …… 52
敦博 Db.t.5476 ཤེས་རབ་ཀྱི་ཕ་རོལ་དུ་ཕྱིན་པ་སྟོང་ཕྲག་བརྒྱ་པ། …… 53
敦博 Db.t.5477 ཤེས་རབ་ཀྱི་ཕ་རོལ་དུ་ཕྱིན་པ་སྟོང་ཕྲག་བརྒྱ་པ། …… 54
敦博 Db.t.5478 ཤེས་རབ་ཀྱི་ཕ་རོལ་དུ་ཕྱིན་པ་སྟོང་ཕྲག་བརྒྱ་པ། …… 55
敦博 Db.t.5479 ཤེས་རབ་ཀྱི་ཕ་རོལ་དུ་ཕྱིན་པ་སྟོང་ཕྲག་བརྒྱ་པ། …… 56
敦博 Db.t.5480 ཤེས་རབ་ཀྱི་ཕ་རོལ་དུ་ཕྱིན་པ་སྟོང་ཕྲག་བརྒྱ་པ། …… 57
敦博 Db.t.5481 ཤེས་རབ་ཀྱི་ཕ་རོལ་དུ་ཕྱིན་པ་སྟོང་ཕྲག་བརྒྱ་པ། …… 58
敦博 Db.t.5482 ཤེས་རབ་ཀྱི་ཕ་རོལ་དུ་ཕྱིན་པ་སྟོང་ཕྲག་བརྒྱ་པ། …… 59
敦博 Db.t.5483 ཤེས་རབ་ཀྱི་ཕ་རོལ་དུ་ཕྱིན་པ་སྟོང་ཕྲག་བརྒྱ་པ། …… 60

敦博 Db.t.5484 ཤེས་རབ་ཀྱི་ཕ་རོལ་ཏུ་ཕྱིན་པ་སྟོང་ཕྲག་བརྒྱ་པ། 61
敦博 Db.t.5485 ཤེས་རབ་ཀྱི་ཕ་རོལ་ཏུ་ཕྱིན་པ་སྟོང་ཕྲག་བརྒྱ་པ། 62
敦博 Db.t.5486 ཤེས་རབ་ཀྱི་ཕ་རོལ་ཏུ་ཕྱིན་པ་སྟོང་ཕྲག་བརྒྱ་པ། 63
敦博 Db.t.5487 ཤེས་རབ་ཀྱི་ཕ་རོལ་ཏུ་ཕྱིན་པ་སྟོང་ཕྲག་བརྒྱ་པ། 64
敦博 Db.t.5488 ཤེས་རབ་ཀྱི་ཕ་རོལ་ཏུ་ཕྱིན་པ་སྟོང་ཕྲག་བརྒྱ་པ། 65
敦博 Db.t.5489 ཤེས་རབ་ཀྱི་ཕ་རོལ་ཏུ་ཕྱིན་པ་སྟོང་ཕྲག་བརྒྱ་པ། 66
敦博 Db.t.5490 ཤེས་རབ་ཀྱི་ཕ་རོལ་ཏུ་ཕྱིན་པ་སྟོང་ཕྲག་བརྒྱ་པ། 67
敦博 Db.t.5491 ཤེས་རབ་ཀྱི་ཕ་རོལ་ཏུ་ཕྱིན་པ་སྟོང་ཕྲག་བརྒྱ་པ། 68
敦博 Db.t.5492 ཤེས་རབ་ཀྱི་ཕ་རོལ་ཏུ་ཕྱིན་པ་སྟོང་ཕྲག་བརྒྱ་པ། 69
敦博 Db.t.5493 ཤེས་རབ་ཀྱི་ཕ་རོལ་ཏུ་ཕྱིན་པ་སྟོང་ཕྲག་བརྒྱ་པ། 70
敦博 Db.t.5494 ཤེས་རབ་ཀྱི་ཕ་རོལ་ཏུ་ཕྱིན་པ་སྟོང་ཕྲག་བརྒྱ་པ། 71
敦博 Db.t.5495 ཤེས་རབ་ཀྱི་ཕ་རོལ་ཏུ་ཕྱིན་པ་སྟོང་ཕྲག་བརྒྱ་པ། 72
敦博 Db.t.5496 ཤེས་རབ་ཀྱི་ཕ་རོལ་ཏུ་ཕྱིན་པ་སྟོང་ཕྲག་བརྒྱ་པ། 73
敦博 Db.t.5497 ཤེས་རབ་ཀྱི་ཕ་རོལ་ཏུ་ཕྱིན་པ་སྟོང་ཕྲག་བརྒྱ་པ། 74
敦博 Db.t.5498 ཤེས་རབ་ཀྱི་ཕ་རོལ་ཏུ་ཕྱིན་པ་སྟོང་ཕྲག་བརྒྱ་པ། 75
敦博 Db.t.5499 ཤེས་རབ་ཀྱི་ཕ་རོལ་ཏུ་ཕྱིན་པ་སྟོང་ཕྲག་བརྒྱ་པ། 76
敦博 Db.t.5500 ཤེས་རབ་ཀྱི་ཕ་རོལ་ཏུ་ཕྱིན་པ་སྟོང་ཕྲག་བརྒྱ་པ། 77
敦博 Db.t.5501 ཤེས་རབ་ཀྱི་ཕ་རོལ་ཏུ་ཕྱིན་པ་སྟོང་ཕྲག་བརྒྱ་པ། 78
敦博 Db.t.5502 ཤེས་རབ་ཀྱི་ཕ་རོལ་ཏུ་ཕྱིན་པ་སྟོང་ཕྲག་བརྒྱ་པ། 79
敦博 Db.t.5503 ཤེས་རབ་ཀྱི་ཕ་རོལ་ཏུ་ཕྱིན་པ་སྟོང་ཕྲག་བརྒྱ་པ། 80
敦博 Db.t.5504 ཤེས་རབ་ཀྱི་ཕ་རོལ་ཏུ་ཕྱིན་པ་སྟོང་ཕྲག་བརྒྱ་པ། 81
敦博 Db.t.5505 ཤེས་རབ་ཀྱི་ཕ་རོལ་ཏུ་ཕྱིན་པ་སྟོང་ཕྲག་བརྒྱ་པ། 82
敦博 Db.t.5506 ཤེས་རབ་ཀྱི་ཕ་རོལ་ཏུ་ཕྱིན་པ་སྟོང་ཕྲག་བརྒྱ་པ། 83
敦博 Db.t.5507 ཤེས་རབ་ཀྱི་ཕ་རོལ་ཏུ་ཕྱིན་པ་སྟོང་ཕྲག་བརྒྱ་པ། 84
敦博 Db.t.5508 ཤེས་རབ་ཀྱི་ཕ་རོལ་ཏུ་ཕྱིན་པ་སྟོང་ཕྲག་བརྒྱ་པ། 85
敦博 Db.t.5509 ཤེས་རབ་ཀྱི་ཕ་རོལ་ཏུ་ཕྱིན་པ་སྟོང་ཕྲག་བརྒྱ་པ། 86
敦博 Db.t.5510 ཤེས་རབ་ཀྱི་ཕ་རོལ་ཏུ་ཕྱིན་པ་སྟོང་ཕྲག་བརྒྱ་པ། 87
敦博 Db.t.5511 ཤེས་རབ་ཀྱི་ཕ་རོལ་ཏུ་ཕྱིན་པ་སྟོང་ཕྲག་བརྒྱ་པ། 88
敦博 Db.t.5512 ཤེས་རབ་ཀྱི་ཕ་རོལ་ཏུ་ཕྱིན་པ་སྟོང་ཕྲག་བརྒྱ་པ། 89
敦博 Db.t.5513 ཤེས་རབ་ཀྱི་ཕ་རོལ་ཏུ་ཕྱིན་པ་སྟོང་ཕྲག་བརྒྱའ་པ་དུམ་བུ་དང་པོ་སུམ་ཅུ་དྲུག་གོ།། 90
敦博 Db.t.5514 ཤེས་རབ་ཀྱི་ཕ་རོལ་ཏུ་ཕྱིན་པ་སྟོང་ཕྲག་བརྒྱ་པ། 91
敦博 Db.t.5515 ཤེས་རབ་ཀྱི་ཕ་རོལ་ཏུ་ཕྱིན་པ་སྟོང་ཕྲག་བརྒྱ་པ། 92
敦博 Db.t.5516 ཤེས་རབ་ཀྱི་ཕ་རོལ་ཏུ་ཕྱིན་པ་སྟོང་ཕྲག་བརྒྱ་པ། 93
敦博 Db.t.5517 ཤེས་རབ་ཀྱི་ཕ་རོལ་ཏུ་ཕྱིན་པ་སྟོང་ཕྲག་བརྒྱ་པ། 94
敦博 Db.t.5518 ཤེས་རབ་ཀྱི་ཕ་རོལ་ཏུ་ཕྱིན་པ་སྟོང་ཕྲག་བརྒྱ་པ། 95
敦博 Db.t.5519 ཤེས་རབ་ཀྱི་ཕ་རོལ་ཏུ་ཕྱིན་པ་སྟོང་ཕྲག་བརྒྱ་པ། 96

敦博 Db.t.5520 ཤེས་རབ་ཀྱི་ཕ་རོལ་ཏུ་ཕྱིན་པ་སྟོང་ཕྲག་བརྒྱ་པ། ······ 97
敦博 Db.t.5521 ཤེས་རབ་ཀྱི་ཕ་རོལ་ཏུ་ཕྱིན་པ་སྟོང་ཕྲག་བརྒྱ་པ། ······ 98
敦博 Db.t.5522 ཤེས་རབ་ཀྱི་ཕ་རོལ་ཏུ་ཕྱིན་པ་སྟོང་ཕྲག་བརྒྱ་པ། ······ 99
敦博 Db.t.5523 ཤེས་རབ་ཀྱི་ཕ་རོལ་ཏུ་ཕྱིན་པ་སྟོང་ཕྲག་བརྒྱ་པ། ······ 100
敦博 Db.t.5524 ཤེས་རབ་ཀྱི་ཕ་རོལ་ཏུ་ཕྱིན་པ་སྟོང་ཕྲག་བརྒྱ་པ། ······ 101
敦博 Db.t.5525 ཤེས་རབ་ཀྱི་ཕ་རོལ་ཏུ་ཕྱིན་པ་སྟོང་ཕྲག་བརྒྱ་པ། ······ 102
敦博 Db.t.5526 ཤེས་རབ་ཀྱི་ཕ་རོལ་ཏུ་ཕྱིན་པ་སྟོང་ཕྲག་བརྒྱ་པ། ······ 103
敦博 Db.t.5527 ཤེས་རབ་ཀྱི་ཕ་རོལ་ཏུ་ཕྱིན་པ་སྟོང་ཕྲག་བརྒྱ་པ། ······ 104
敦博 Db.t.5528 ཤེས་རབ་ཀྱི་ཕ་རོལ་ཏུ་ཕྱིན་པ་སྟོང་ཕྲག་བརྒྱ་པ། ······ 105
敦博 Db.t.5529 ཤེས་རབ་ཀྱི་ཕ་རོལ་ཏུ་ཕྱིན་པ་སྟོང་ཕྲག་བརྒྱ་པ། ······ 106
敦博 Db.t.5530 ཤེས་རབ་ཀྱི་ཕ་རོལ་ཏུ་ཕྱིན་པ་སྟོང་ཕྲག་བརྒྱ་པ། ······ 107
敦博 Db.t.5531 ཤེས་རབ་ཀྱི་ཕ་རོལ་ཏུ་ཕྱིན་པ་སྟོང་ཕྲག་བརྒྱ་པ། ······ 108
敦博 Db.t.5532 ཤེས་རབ་ཀྱི་ཕ་རོལ་ཏུ་ཕྱིན་པ་སྟོང་ཕྲག་བརྒྱ་པ། ······ 109
敦博 Db.t.5533 ཤེས་རབ་ཀྱི་ཕ་རོལ་ཏུ་ཕྱིན་པ་སྟོང་ཕྲག་བརྒྱ་པ། ······ 110
敦博 Db.t.5534 ཤེས་རབ་ཀྱི་ཕ་རོལ་ཏུ་ཕྱིན་པ་སྟོང་ཕྲག་བརྒྱ་པ། ······ 111
敦博 Db.t.5535 ཤེས་རབ་ཀྱི་ཕ་རོལ་ཏུ་ཕྱིན་པ་སྟོང་ཕྲག་བརྒྱ་པ། ······ 112
敦博 Db.t.5536 ཤེས་རབ་ཀྱི་ཕ་རོལ་ཏུ་ཕྱིན་པ་སྟོང་ཕྲག་བརྒྱ་པ། ······ 113
敦博 Db.t.5537 ཤེས་རབ་ཀྱི་ཕ་རོལ་ཏུ་ཕྱིན་པ་སྟོང་ཕྲག་བརྒྱ་པ། ······ 114
敦博 Db.t.5538 ཤེས་རབ་ཀྱི་ཕ་རོལ་ཏུ་ཕྱིན་པ་སྟོང་ཕྲག་བརྒྱའ་པ་དུམ་བུ་གསུམ་པ་བམ་པོ་སུམ་བཅུ་བོ།། ······ 115
敦博 Db.t.5539 ཤེས་རབ་ཀྱི་ཕ་རོལ་ཏུ་ཕྱིན་པ་སྟོང་ཕྲག་བརྒྱ་པ། ······ 116
敦博 Db.t.5540 ཤེས་རབ་ཀྱི་ཕ་རོལ་ཏུ་ཕྱིན་པ་སྟོང་ཕྲག་བརྒྱ་པ། ······ 117
敦博 Db.t.5541 ཤེས་རབ་ཀྱི་ཕ་རོལ་ཏུ་ཕྱིན་པ་སྟོང་ཕྲག་བརྒྱ་པ། ······ 118
敦博 Db.t.5542 ཤེས་རབ་ཀྱི་ཕ་རོལ་ཏུ་ཕྱིན་པ་སྟོང་ཕྲག་བརྒྱ་པ། ······ 119
敦博 Db.t.5543 ཤེས་རབ་ཀྱི་ཕ་རོལ་ཏུ་ཕྱིན་པ་སྟོང་ཕྲག་བརྒྱ་པ། ······ 120
敦博 Db.t.5544 ཤེས་རབ་ཀྱི་ཕ་རོལ་ཏུ་ཕྱིན་པ་སྟོང་ཕྲག་བརྒྱ་པ། ······ 121
敦博 Db.t.5545 ཤེས་རབ་ཀྱི་ཕ་རོལ་ཏུ་ཕྱིན་པ་སྟོང་ཕྲག་བརྒྱ་པ། ······ 122
敦博 Db.t.5546 ཤེས་རབ་ཀྱི་ཕ་རོལ་ཏུ་ཕྱིན་པ་སྟོང་ཕྲག་བརྒྱ་པ། ······ 123
敦博 Db.t.5547 ཤེས་རབ་ཀྱི་ཕ་རོལ་ཏུ་ཕྱིན་པ་སྟོང་ཕྲག་བརྒྱ་པ། ······ 124
敦博 Db.t.5548 ཤེས་རབ་ཀྱི་ཕ་རོལ་ཏུ་ཕྱིན་པ་སྟོང་ཕྲག་བརྒྱ་པ། ······ 125
敦博 Db.t.5549 ཤེས་རབ་ཀྱི་ཕ་རོལ་ཏུ་ཕྱིན་པ་སྟོང་ཕྲག་བརྒྱ་པ། ······ 126
敦博 Db.t.5550 ཤེས་རབ་ཀྱི་ཕ་རོལ་ཏུ་ཕྱིན་པ་སྟོང་ཕྲག་བརྒྱ་པ། ······ 127
敦博 Db.t.5551 ཤེས་རབ་ཀྱི་ཕ་རོལ་ཏུ་ཕྱིན་པ་སྟོང་ཕྲག་བརྒྱ་པ། ······ 128
敦博 Db.t.5552 ཤེས་རབ་ཀྱི་ཕ་རོལ་ཏུ་ཕྱིན་པ་སྟོང་ཕྲག་བརྒྱ་པ། ······ 129
敦博 Db.t.5553 ཤེས་རབ་ཀྱི་ཕ་རོལ་ཏུ་ཕྱིན་པ་སྟོང་ཕྲག་བརྒྱ་པ། ······ 130
敦博 Db.t.5554 ཤེས་རབ་ཀྱི་ཕ་རོལ་ཏུ་ཕྱིན་པ་སྟོང་ཕྲག་བརྒྱ་པ། ······ 131
敦博 Db.t.5555 ཤེས་རབ་ཀྱི་ཕ་རོལ་ཏུ་ཕྱིན་པ་སྟོང་ཕྲག་བརྒྱ་པ། ······ 132

敦博 Db.t.5556 ཤེས་རབ་ཀྱི་ཕ་རོལ་ཏུ་ཕྱིན་པ་སྟོང་ཕྲག་བརྒྱ་པ། 133
敦博 Db.t.5557 ཤེས་རབ་ཀྱི་ཕ་རོལ་ཏུ་ཕྱིན་པ་སྟོང་ཕྲག་བརྒྱ་པ། 134
敦博 Db.t.5558 ཤེས་རབ་ཀྱི་ཕ་རོལ་ཏུ་ཕྱིན་པ་སྟོང་ཕྲག་བརྒྱ་པ། 135
敦博 Db.t.5559 ཤེས་རབ་ཀྱི་ཕ་རོལ་ཏུ་ཕྱིན་པ་སྟོང་ཕྲག་བརྒྱ་པ། 136
敦博 Db.t.5560 ཤེས་རབ་ཀྱི་ཕ་རོལ་ཏུ་ཕྱིན་པ་སྟོང་ཕྲག་བརྒྱ་པ། 137
敦博 Db.t.5561 ཤེས་རབ་ཀྱི་ཕ་རོལ་ཏུ་ཕྱིན་པ་སྟོང་ཕྲག་བརྒྱ་པ། 138
敦博 Db.t.5562 ཤེས་རབ་ཀྱི་ཕ་རོལ་ཏུ་ཕྱིན་པ་སྟོང་ཕྲག་བརྒྱ་པ། 139
敦博 Db.t.5563 ཤེས་རབ་ཀྱི་ཕ་རོལ་ཏུ་ཕྱིན་པ་སྟོང་ཕྲག་བརྒྱ་པ། 140
敦博 Db.t.5564 ཤེས་རབ་ཀྱི་ཕ་རོལ་ཏུ་ཕྱིན་པ་སྟོང་ཕྲག་བརྒྱ་པ། 141
敦博 Db.t.5565 ཤེས་རབ་ཀྱི་ཕ་རོལ་ཏུ་ཕྱིན་པ་སྟོང་ཕྲག་བརྒྱ་པ། 142
敦博 Db.t.5566 ཤེས་རབ་ཀྱི་ཕ་རོལ་ཏུ་ཕྱིན་པ་སྟོང་ཕྲག་བརྒྱ་པ། 143
敦博 Db.t.5567 ཤེས་རབ་ཀྱི་ཕ་རོལ་ཏུ་ཕྱིན་པ་སྟོང་ཕྲག་བརྒྱ་པ། 144
敦博 Db.t.5568 ཤེས་རབ་ཀྱི་ཕ་རོལ་ཏུ་ཕྱིན་པ་སྟོང་ཕྲག་བརྒྱ་པ། 145
敦博 Db.t.5569 ཤེས་རབ་ཀྱི་ཕ་རོལ་ཏུ་ཕྱིན་པ་སྟོང་ཕྲག་བརྒྱ་པ། 146
敦博 Db.t.5570 ཤེས་རབ་ཀྱི་ཕ་རོལ་ཏུ་ཕྱིན་པ་སྟོང་ཕྲག་བརྒྱ་པ། 147
敦博 Db.t.5571 ཤེས་རབ་ཀྱི་ཕ་རོལ་ཏུ་ཕྱིན་པ་སྟོང་ཕྲག་བརྒྱ་པ། 148
敦博 Db.t.5572 ཤེས་རབ་ཀྱི་ཕ་རོལ་ཏུ་ཕྱིན་པ་སྟོང་ཕྲག་བརྒྱ་པ། 149
敦博 Db.t.5573 ཤེས་རབ་ཀྱི་ཕ་རོལ་ཏུ་ཕྱིན་པ་སྟོང་ཕྲག་བརྒྱ་པ། 150
敦博 Db.t.5574 ཤེས་རབ་ཀྱི་ཕ་རོལ་ཏུ་ཕྱིན་པ་སྟོང་ཕྲག་བརྒྱ་པ། 151
敦博 Db.t.5575 ཤེས་རབ་ཀྱི་ཕ་རོལ་ཏུ་ཕྱིན་པ་སྟོང་ཕྲག་བརྒྱ་པ། 152
敦博 Db.t.5576 ཤེས་རབ་ཀྱི་ཕ་རོལ་ཏུ་ཕྱིན་པ་སྟོང་ཕྲག་བརྒྱ་པ། 153
敦博 Db.t.5577 ཤེས་རབ་ཀྱི་ཕ་རོལ་ཏུ་ཕྱིན་པ་སྟོང་ཕྲག་བརྒྱ་པ། 154
敦博 Db.t.5578 ཤེས་རབ་ཀྱི་ཕ་རོལ་ཏུ་ཕྱིན་པ་སྟོང་ཕྲག་བརྒྱ་པ། 155
敦博 Db.t.5579 ཤེས་རབ་ཀྱི་ཕ་རོལ་ཏུ་ཕྱིན་པ་སྟོང་ཕྲག་བརྒྱ་པ། 156
敦博 Db.t.5580 ཤེས་རབ་ཀྱི་ཕ་རོལ་ཏུ་ཕྱིན་པ་སྟོང་ཕྲག་བརྒྱ་པ། 157
敦博 Db.t.5581 ཤེས་རབ་ཀྱི་ཕ་རོལ་ཏུ་ཕྱིན་པ་སྟོང་ཕྲག་བརྒྱ་པ། 158
敦博 Db.t.5582 ཤེས་རབ་ཀྱི་ཕ་རོལ་ཏུ་ཕྱིན་པ་སྟོང་ཕྲག་བརྒྱ་པ། 159
敦博 Db.t.5583 ཤེས་རབ་ཀྱི་ཕ་རོལ་ཏུ་ཕྱིན་པ་སྟོང་ཕྲག་བརྒྱ་པ། 160
敦博 Db.t.5584 ཤེས་རབ་ཀྱི་ཕ་རོལ་ཏུ་ཕྱིན་པ་སྟོང་ཕྲག་བརྒྱ་པ། 161
敦博 Db.t.5585 ཤེས་རབ་ཀྱི་ཕ་རོལ་ཏུ་ཕྱིན་པ་སྟོང་ཕྲག་བརྒྱ་པ། 162
敦博 Db.t.5586 ཤེས་རབ་ཀྱི་ཕ་རོལ་ཏུ་ཕྱིན་པ་སྟོང་ཕྲག་བརྒྱ་པ། 163
敦博 Db.t.5587 ཤེས་རབ་ཀྱི་ཕ་རོལ་ཏུ་ཕྱིན་པ་སྟོང་ཕྲག་བརྒྱ་པ། 164
敦博 Db.t.5588 ཤེས་རབ་ཀྱི་ཕ་རོལ་ཏུ་ཕྱིན་པ་སྟོང་ཕྲག་བརྒྱ་པ། 165
敦博 Db.t.5589 ཤེས་རབ་ཀྱི་ཕ་རོལ་ཏུ་ཕྱིན་པ་སྟོང་ཕྲག་བརྒྱ་པ། 166
敦博 Db.t.5590 ཤེས་རབ་ཀྱི་ཕ་རོལ་ཏུ་ཕྱིན་པ་སྟོང་ཕྲག་བརྒྱ་པ། 167
敦博 Db.t.5591 ཤེས་རབ་ཀྱི་ཕ་རོལ་ཏུ་ཕྱིན་པ་སྟོང་ཕྲག་བརྒྱ་པ། 168

敦博 Db.t.5592 ཤེས་རབ་ཀྱི་ཕ་རོལ་ཏུ་ཕྱིན་པ་སྟོང་ཕྲག་བརྒྱ་པ། 169
敦博 Db.t.5593 ཤེས་རབ་ཀྱི་ཕ་རོལ་ཏུ་ཕྱིན་པ་སྟོང་ཕྲག་བརྒྱ་པ། 170
敦博 Db.t.5594 ཤེས་རབ་ཀྱི་ཕ་རོལ་ཏུ་ཕྱིན་པ་སྟོང་ཕྲག་བརྒྱ་པ། 171
敦博 Db.t.5595 ཤེས་རབ་ཀྱི་ཕ་རོལ་ཏུ་ཕྱིན་པ་སྟོང་ཕྲག་བརྒྱ་པ། 172
敦博 Db.t.5596 ཤེས་རབ་ཀྱི་ཕ་རོལ་ཏུ་ཕྱིན་པ་སྟོང་ཕྲག་བརྒྱ་པ། 173
敦博 Db.t.5597 ཤེས་རབ་ཀྱི་ཕ་རོལ་ཏུ་ཕྱིན་པ་སྟོང་ཕྲག་བརྒྱ་པ། 174
敦博 Db.t.5598 ཤེས་རབ་ཀྱི་ཕ་རོལ་ཏུ་ཕྱིན་པ་སྟོང་ཕྲག་བརྒྱ་པ། 175
敦博 Db.t.5599 ཤེས་རབ་ཀྱི་ཕ་རོལ་ཏུ་ཕྱིན་པ་སྟོང་ཕྲག་བརྒྱ་པ། 176
敦博 Db.t.5600 ཤེས་རབ་ཀྱི་ཕ་རོལ་ཏུ་ཕྱིན་པ་སྟོང་ཕྲག་བརྒྱ་པ། 177
敦博 Db.t.5601 ཤེས་རབ་ཀྱི་ཕ་རོལ་ཏུ་ཕྱིན་པ་སྟོང་ཕྲག་བརྒྱ་པ། 178
敦博 Db.t.5602 ཤེས་རབ་ཀྱི་ཕ་རོལ་ཏུ་ཕྱིན་པ་སྟོང་ཕྲག་བརྒྱ་པ། 179
敦博 Db.t.5603 ཤེས་རབ་ཀྱི་ཕ་རོལ་ཏུ་ཕྱིན་པ་སྟོང་ཕྲག་བརྒྱ་པ། 180
敦博 Db.t.5604 ཤེས་རབ་ཀྱི་ཕ་རོལ་ཏུ་ཕྱིན་པ་སྟོང་ཕྲག་བརྒྱ་པ། 181
敦博 Db.t.5605 ཤེས་རབ་ཀྱི་ཕ་རོལ་ཏུ་ཕྱིན་པ་སྟོང་ཕྲག་བརྒྱ་པ། 182
敦博 Db.t.5606 ཤེས་རབ་ཀྱི་ཕ་རོལ་ཏུ་ཕྱིན་པ་སྟོང་ཕྲག་བརྒྱ་པ། 183
敦博 Db.t.5607 ཤེས་རབ་ཀྱི་ཕ་རོལ་ཏུ་ཕྱིན་པ་སྟོང་ཕྲག་བརྒྱ་པ། 184
敦博 Db.t.5608 ཤེས་རབ་ཀྱི་ཕ་རོལ་ཏུ་ཕྱིན་པ་སྟོང་ཕྲག་བརྒྱ་པ། 185
敦博 Db.t.5609 ཤེས་རབ་ཀྱི་ཕ་རོལ་ཏུ་ཕྱིན་པ་སྟོང་ཕྲག་བརྒྱ་པ། 186
敦博 Db.t.5610 ཤེས་རབ་ཀྱི་ཕ་རོལ་ཏུ་ཕྱིན་པ་སྟོང་ཕྲག་བརྒྱ་པ། 187
敦博 Db.t.5611 ཤེས་རབ་ཀྱི་ཕ་རོལ་ཏུ་ཕྱིན་པ་སྟོང་ཕྲག་བརྒྱ་པ། 188
敦博 Db.t.5612 ཤེས་རབ་ཀྱི་ཕ་རོལ་ཏུ་ཕྱིན་པ་སྟོང་ཕྲག་བརྒྱ་པ། 189
敦博 Db.t.5613 ཤེས་རབ་ཀྱི་ཕ་རོལ་ཏུ་ཕྱིན་པ་སྟོང་ཕྲག་བརྒྱ་པ། 190
敦博 Db.t.5614 ཤེས་རབ་ཀྱི་ཕ་རོལ་ཏུ་ཕྱིན་པ་སྟོང་ཕྲག་བརྒྱ་པ། 191
敦博 Db.t.5615 ཤེས་རབ་ཀྱི་ཕ་རོལ་ཏུ་ཕྱིན་པ་སྟོང་ཕྲག་བརྒྱ་པ། 192
敦博 Db.t.5616 ཤེས་རབ་ཀྱི་ཕ་རོལ་ཏུ་ཕྱིན་པ་སྟོང་ཕྲག་བརྒྱ་པ། 193
敦博 Db.t.5617 ཤེས་རབ་ཀྱི་ཕ་རོལ་ཏུ་ཕྱིན་པ་སྟོང་ཕྲག་བརྒྱ་པ། 194
敦博 Db.t.5618 ཤེས་རབ་ཀྱི་ཕ་རོལ་ཏུ་ཕྱིན་པ་སྟོང་ཕྲག་བརྒྱ་པ། 195
敦博 Db.t.5619 ཤེས་རབ་ཀྱི་ཕ་རོལ་ཏུ་ཕྱིན་པ་སྟོང་ཕྲག་བརྒྱ་པ། 196
敦博 Db.t.5620 ཤེས་རབ་ཀྱི་ཕ་རོལ་ཏུ་ཕྱིན་པ་སྟོང་ཕྲག་བརྒྱ་པ། 197
敦博 Db.t.5621 ཤེས་རབ་ཀྱི་ཕ་རོལ་ཏུ་ཕྱིན་པ་སྟོང་ཕྲག་བརྒྱ་པ། 198
敦博 Db.t.5622 ཤེས་རབ་ཀྱི་ཕ་རོལ་ཏུ་ཕྱིན་པ་སྟོང་ཕྲག་བརྒྱ་པ། 199
敦博 Db.t.5623 ཤེས་རབ་ཀྱི་ཕ་རོལ་ཏུ་ཕྱིན་པ་སྟོང་ཕྲག་བརྒྱ་པ། 200
敦博 Db.t.5624 ཤེས་རབ་ཀྱི་ཕ་རོལ་ཏུ་ཕྱིན་པ་སྟོང་ཕྲག་བརྒྱ་པ། 201
敦博 Db.t.5625 ཤེས་རབ་ཀྱི་ཕ་རོལ་ཏུ་ཕྱིན་པ་སྟོང་ཕྲག་བརྒྱ་པ། 202
敦博 Db.t.5626 ཤེས་རབ་ཀྱི་ཕ་རོལ་ཏུ་ཕྱིན་པ་སྟོང་ཕྲག་བརྒྱ་པ། 203
敦博 Db.t.5627 ཤེས་རབ་ཀྱི་ཕ་རོལ་ཏུ་ཕྱིན་པ་སྟོང་ཕྲག་བརྒྱ་པ། 204
敦博 Db.t.5628 ཤེས་རབ་ཀྱི་ཕ་རོལ་ཏུ་ཕྱིན་པ་སྟོང་ཕྲག་བརྒྱ་པ། 205

敦博 Db.t.5629 ཤེས་རབ་ཀྱི་ཕ་རོལ་ཏུ་ཕྱིན་པ་སྟོང་ཕྲག་བརྒྱ་པ། …… 206
敦博 Db.t.5630 ཤེས་རབ་ཀྱི་ཕ་རོལ་ཏུ་ཕྱིན་པ་སྟོང་ཕྲག་བརྒྱ་པ། …… 207
敦博 Db.t.5631 ཤེས་རབ་ཀྱི་ཕ་རོལ་ཏུ་ཕྱིན་པ་སྟོང་ཕྲག་བརྒྱ་པ། …… 208
敦博 Db.t.5632 ཤེས་རབ་ཀྱི་ཕ་རོལ་ཏུ་ཕྱིན་པ་སྟོང་ཕྲག་བརྒྱ་པ། …… 209
敦博 Db.t.5633 ཤེས་རབ་ཀྱི་ཕ་རོལ་ཏུ་ཕྱིན་པ་སྟོང་ཕྲག་བརྒྱ་པ། …… 210
敦博 Db.t.5634 ཤེས་རབ་ཀྱི་ཕ་རོལ་ཏུ་ཕྱིན་པ་སྟོང་ཕྲག་བརྒྱ་པ། …… 211
敦博 Db.t.5635 ཤེས་རབ་ཀྱི་ཕ་རོལ་ཏུ་ཕྱིན་པ་སྟོང་ཕྲག་བརྒྱ་པ། …… 212
敦博 Db.t.5636 ཤེས་རབ་ཀྱི་ཕ་རོལ་ཏུ་ཕྱིན་པ་སྟོང་ཕྲག་བརྒྱ་པ། …… 213
敦博 Db.t.5637 ཤེས་རབ་ཀྱི་ཕ་རོལ་ཏུ་ཕྱིན་པ་སྟོང་ཕྲག་བརྒྱ་པ། …… 214
敦博 Db.t.5638 ཤེས་རབ་ཀྱི་ཕ་རོལ་ཏུ་ཕྱིན་པ་སྟོང་ཕྲག་བརྒྱ་པ། …… 215
敦博 Db.t.5639 ཤེས་རབ་ཀྱི་ཕ་རོལ་ཏུ་ཕྱིན་པ་སྟོང་ཕྲག་བརྒྱ་པ། …… 216
敦博 Db.t.5640 ཤེས་རབ་ཀྱི་ཕ་རོལ་ཏུ་ཕྱིན་པ་སྟོང་ཕྲག་བརྒྱ་པ། …… 217
敦博 Db.t.5641 ཤེས་རབ་ཀྱི་ཕ་རོལ་ཏུ་ཕྱིན་པ་སྟོང་ཕྲག་བརྒྱ་པ། …… 218
敦博 Db.t.5642 ཤེས་རབ་ཀྱི་ཕ་རོལ་ཏུ་ཕྱིན་པ་སྟོང་ཕྲག་བརྒྱ་པ། …… 219
敦博 Db.t.5643 ཤེས་རབ་ཀྱི་ཕ་རོལ་ཏུ་ཕྱིན་པ་སྟོང་ཕྲག་བརྒྱ་པ། …… 220
敦博 Db.t.5644 ཤེས་རབ་ཀྱི་ཕ་རོལ་ཏུ་ཕྱིན་པ་སྟོང་ཕྲག་བརྒྱ་པ། …… 221
敦博 Db.t.5645 ཤེས་རབ་ཀྱི་ཕ་རོལ་ཏུ་ཕྱིན་པ་སྟོང་ཕྲག་བརྒྱ་པ། …… 222
敦博 Db.t.5646 ཤེས་རབ་ཀྱི་ཕ་རོལ་ཏུ་ཕྱིན་པ་སྟོང་ཕྲག་བརྒྱ་པ། …… 223
敦博 Db.t.5647 ཤེས་རབ་ཀྱི་ཕ་རོལ་ཏུ་ཕྱིན་པ་སྟོང་ཕྲག་བརྒྱ་པ། …… 224
敦博 Db.t.5648 ཤེས་རབ་ཀྱི་ཕ་རོལ་ཏུ་ཕྱིན་པ་སྟོང་ཕྲག་བརྒྱ་པ། …… 225
敦博 Db.t.5649 ཤེས་རབ་ཀྱི་ཕ་རོལ་ཏུ་ཕྱིན་པ་སྟོང་ཕྲག་བརྒྱ་པ། …… 226
敦博 Db.t.5650 ཤེས་རབ་ཀྱི་ཕ་རོལ་ཏུ་ཕྱིན་པ་སྟོང་ཕྲག་བརྒྱ་པ། …… 227
敦博 Db.t.5651 ཤེས་རབ་ཀྱི་ཕ་རོལ་ཏུ་ཕྱིན་པ་སྟོང་ཕྲག་བརྒྱ་པ། …… 228
敦博 Db.t.5652 ཤེས་རབ་ཀྱི་ཕ་རོལ་ཏུ་ཕྱིན་པ་སྟོང་ཕྲག་བརྒྱ་པ། …… 229
敦博 Db.t.5653 ཤེས་རབ་ཀྱི་ཕ་རོལ་ཏུ་ཕྱིན་པ་སྟོང་ཕྲག་བརྒྱ་པ། …… 230
敦博 Db.t.5654 ཤེས་རབ་ཀྱི་ཕ་རོལ་ཏུ་ཕྱིན་པ་སྟོང་ཕྲག་བརྒྱ་པ། …… 231
敦博 Db.t.5655 ཤེས་རབ་ཀྱི་ཕ་རོལ་ཏུ་ཕྱིན་པ་སྟོང་ཕྲག་བརྒྱ་པ། …… 232
敦博 Db.t.5656 ཤེས་རབ་ཀྱི་ཕ་རོལ་ཏུ་ཕྱིན་པ་སྟོང་ཕྲག་བརྒྱ་པ། …… 233
敦博 Db.t.5657 ཤེས་རབ་ཀྱི་ཕ་རོལ་ཏུ་ཕྱིན་པ་སྟོང་ཕྲག་བརྒྱ་པ། …… 234
敦博 Db.t.5658 ཤེས་རབ་ཀྱི་ཕ་རོལ་ཏུ་ཕྱིན་པ་སྟོང་ཕྲག་བརྒྱ་པ། …… 235
敦博 Db.t.5659 ཤེས་རབ་ཀྱི་ཕ་རོལ་ཏུ་ཕྱིན་པ་སྟོང་ཕྲག་བརྒྱ་པ། …… 236
敦博 Db.t.5660 ཤེས་རབ་ཀྱི་ཕ་རོལ་ཏུ་ཕྱིན་པ་སྟོང་ཕྲག་བརྒྱ་པ། …… 237
敦博 Db.t.5661 ཤེས་རབ་ཀྱི་ཕ་རོལ་ཏུ་ཕྱིན་པ་སྟོང་ཕྲག་བརྒྱ་པ། …… 238
敦博 Db.t.5662 ཤེས་རབ་ཀྱི་ཕ་རོལ་ཏུ་ཕྱིན་པ་སྟོང་ཕྲག་བརྒྱ་པ། …… 239
敦博 Db.t.5663 ཤེས་རབ་ཀྱི་ཕ་རོལ་ཏུ་ཕྱིན་པ་སྟོང་ཕྲག་བརྒྱ་པ། …… 240
敦博 Db.t.5664 ཤེས་རབ་ཀྱི་ཕ་རོལ་ཏུ་ཕྱིན་པ་སྟོང་ཕྲག་བརྒྱ་པ། …… 241
敦博 Db.t.5665 ཤེས་རབ་ཀྱི་ཕ་རོལ་ཏུ་ཕྱིན་པ་སྟོང་ཕྲག་བརྒྱ་པ། …… 242

敦博 Db.t.5666	ཤེས་རབ་ཀྱི་ཕ་རོལ་ཏུ་ཕྱིན་པ་སྟོང་ཕྲག་བརྒྱའ་པ་དུམ་བུ་གསུམ་པ་བམ་པོ་བཅོ་བརྒྱད་དོ།།	243
敦博 Db.t.5667	ཤེས་རབ་ཀྱི་ཕ་རོལ་ཏུ་ཕྱིན་པ་སྟོང་ཕྲག་བརྒྱ་པ།	244
敦博 Db.t.5668	ཤེས་རབ་ཀྱི་ཕ་རོལ་ཏུ་ཕྱིན་པ་སྟོང་ཕྲག་བརྒྱ་པ།	245
敦博 Db.t.5669	ཤེས་རབ་ཀྱི་ཕ་རོལ་ཏུ་ཕྱིན་པ་སྟོང་ཕྲག་བརྒྱ་པ།	246
敦博 Db.t.5670	ཤེས་རབ་ཀྱི་ཕ་རོལ་ཏུ་ཕྱིན་པ་སྟོང་ཕྲག་བརྒྱ་པ།	247
敦博 Db.t.5671	ཤེས་རབ་གྱི་ཕ་རོལ་ཏུ་ཕྱིན་པ་སྟོང་ཕྲག་བརྒྱ་པ་དུམ་བུ་བཞི་པ་བམ་པོ་བདུན་ཅུ་བཞིའོ།།	248
敦博 Db.t.5672	ཤེས་རབ་ཀྱི་ཕ་རོལ་ཏུ་ཕྱིན་པ་སྟོང་ཕྲག་བརྒྱ་པ།	249
敦博 Db.t.5673	ཤེས་རབ་ཀྱི་ཕ་རོལ་ཏུ་ཕྱིན་པ་སྟོང་ཕྲག་བརྒྱ་པ།	250
敦博 Db.t.5674	ཤེས་རབ་ཀྱི་ཕ་རོལ་ཏུ་ཕྱིན་པ་སྟོང་ཕྲག་བརྒྱ་པ།	251
敦博 Db.t.5675	ཤེས་རབ་ཀྱི་ཕ་རོལ་ཏུ་ཕྱིན་པ་སྟོང་ཕྲག་བརྒྱ་པ།	252
敦博 Db.t.5676	ཤེས་རབ་ཀྱི་ཕ་རོལ་ཏུ་ཕྱིན་པ་སྟོང་ཕྲག་བརྒྱ་པ།	253
敦博 Db.t.5677	ཤེས་རབ་ཀྱི་ཕ་རོལ་ཏུ་ཕྱིན་པ་སྟོང་ཕྲག་བརྒྱ་པ།	254
敦博 Db.t.5678	ཤེས་རབ་ཀྱི་ཕ་རོལ་ཏུ་ཕྱིན་པ་སྟོང་ཕྲག་བརྒྱ་པ།	255
敦博 Db.t.5679	ཤེས་རབ་ཀྱི་ཕ་རོལ་ཏུ་ཕྱིན་པ་སྟོང་ཕྲག་བརྒྱ་པ།	256
敦博 Db.t.5680	ཤེས་རབ་ཀྱི་ཕ་རོལ་ཏུ་ཕྱིན་པ་སྟོང་ཕྲག་བརྒྱ་པ།	257
敦博 Db.t.5681	ཤེས་རབ་ཀྱི་ཕ་རོལ་ཏུ་ཕྱིན་པ་སྟོང་ཕྲག་བརྒྱ་པ།	258
敦博 Db.t.5682	ཤེས་རབ་ཀྱི་ཕ་རོལ་ཏུ་ཕྱིན་པ་སྟོང་ཕྲག་བརྒྱ་པ།	259
敦博 Db.t.5683	ཤེས་རབ་ཀྱི་ཕ་རོལ་ཏུ་ཕྱིན་པ་སྟོང་ཕྲག་བརྒྱ་པ།	260
敦博 Db.t.5684	ཤེས་རབ་ཀྱི་ཕ་རོལ་ཏུ་ཕྱིན་པ་སྟོང་ཕྲག་བརྒྱ་པ།	261
敦博 Db.t.5685	ཤེས་རབ་ཀྱི་ཕ་རོལ་ཏུ་ཕྱིན་པ་སྟོང་ཕྲག་བརྒྱ་པ།	262
敦博 Db.t.5686	ཤེས་རབ་ཀྱི་ཕ་རོལ་ཏུ་ཕྱིན་པ་སྟོང་ཕྲག་བརྒྱ་པ།	263
敦博 Db.t.5687	ཤེས་རབ་ཀྱི་ཕ་རོལ་ཏུ་ཕྱིན་པ་སྟོང་ཕྲག་བརྒྱ་པ།	264
敦博 Db.t.5688	ཤེས་རབ་ཀྱི་ཕ་རོལ་ཏུ་ཕྱིན་པ་སྟོང་ཕྲག་བརྒྱ་པ།	265
敦博 Db.t.5689	ཤེས་རབ་ཀྱི་ཕ་རོལ་ཏུ་ཕྱིན་པ་སྟོང་ཕྲག་བརྒྱ་པ།	266
敦博 Db.t.5690	ཤེས་རབ་ཀྱི་ཕ་རོལ་ཏུ་ཕྱིན་པ་སྟོང་ཕྲག་བརྒྱ་པ།	267
敦博 Db.t.5691	ཤེས་རབ་ཀྱི་ཕ་རོལ་ཏུ་ཕྱིན་པ་སྟོང་ཕྲག་བརྒྱ་པ།	268
敦博 Db.t.5692	ཤེས་རབ་ཀྱི་ཕ་རོལ་ཏུ་ཕྱིན་པ་སྟོང་ཕྲག་བརྒྱ་པ།	269
敦博 Db.t.5693	ཤེས་རབ་ཀྱི་ཕ་རོལ་ཏུ་ཕྱིན་པ་སྟོང་ཕྲག་བརྒྱ་པ།	270
敦博 Db.t.5694	ཤེས་རབ་ཀྱི་ཕ་རོལ་ཏུ་ཕྱིན་པ་སྟོང་ཕྲག་བརྒྱ་པ།	271
敦博 Db.t.5695	ཤེས་རབ་ཀྱི་ཕ་རོལ་ཏུ་ཕྱིན་པ་སྟོང་ཕྲག་བརྒྱ་པ།	272
敦博 Db.t.5696	ཤེས་རབ་ཀྱི་ཕ་རོལ་ཏུ་ཕྱིན་པ་སྟོང་ཕྲག་བརྒྱ་པ།	273
敦博 Db.t.5697	ཤེས་རབ་ཀྱི་ཕ་རོལ་ཏུ་ཕྱིན་པ་སྟོང་ཕྲག་བརྒྱ་པ།	274
敦博 Db.t.5698	ཤེས་རབ་ཀྱི་ཕ་རོལ་ཏུ་ཕྱིན་པ་སྟོང་ཕྲག་བརྒྱ་པ།	275
敦博 Db.t.5699	ཤེས་རབ་ཀྱི་ཕ་རོལ་ཏུ་ཕྱིན་པ་སྟོང་ཕྲག་བརྒྱ་པ།	276
敦博 Db.t.5700	ཤེས་རབ་ཀྱི་ཕ་རོལ་ཏུ་ཕྱིན་པ་སྟོང་ཕྲག་བརྒྱ་པ།	277
敦博 Db.t.5701	ཤེས་རབ་ཀྱི་ཕ་རོལ་ཏུ་ཕྱིན་པ་སྟོང་ཕྲག་བརྒྱ་པ།	278

敦博 Db.t.5702 ཤེས་རབ་ཀྱི་ཕ་རོལ་ཏུ་ཕྱིན་པ་སྟོང་ཕྲག་བརྒྱའ་པ་དུམ་བུ་གཉིས་པ་བམ་པོ་བཅུ་གཉིས་སོ།། …… 279
敦博 Db.t.5703 ཤེས་རབ་ཀྱི་ཕ་རོལ་ཏུ་ཕྱིན་པ་སྟོང་ཕྲག་བརྒྱ་པ། …… 280
敦博 Db.t.5704 ཤེས་རབ་ཀྱི་ཕ་རོལ་ཏུ་ཕྱིན་པ་སྟོང་ཕྲག་བརྒྱ་པ། …… 281
敦博 Db.t.5705 ཤེས་རབ་ཀྱི་ཕ་རོལ་ཏུ་ཕྱིན་པ་སྟོང་ཕྲག་བརྒྱ་པ། …… 282
敦博 Db.t.5706 ཤེས་རབ་ཀྱི་ཕ་རོལ་ཏུ་ཕྱིན་པ་སྟོང་ཕྲག་བརྒྱ་པ། …… 283
敦博 Db.t.5707 ཤེས་རབ་ཀྱི་ཕ་རོལ་ཏུ་ཕྱིན་པ་སྟོང་ཕྲག་བརྒྱ་པ། …… 284
敦博 Db.t.5708 ཤེས་རབ་ཀྱི་ཕ་རོལ་ཏུ་ཕྱིན་པ་སྟོང་ཕྲག་བརྒྱ་པ། …… 285
敦博 Db.t.5709 ཤེས་རབ་ཀྱི་ཕ་རོལ་ཏུ་ཕྱིན་པ་སྟོང་ཕྲག་བརྒྱ་པ། …… 286
敦博 Db.t.5710 ཤེས་རབ་ཀྱི་ཕ་རོལ་ཏུ་ཕྱིན་པ་སྟོང་ཕྲག་བརྒྱ་པ། …… 287
敦博 Db.t.5711 ཤེས་རབ་ཀྱི་ཕ་རོལ་ཏུ་ཕྱིན་པ་སྟོང་ཕྲག་བརྒྱ་པ། …… 288
敦博 Db.t.5712 ཤེས་རབ་ཀྱི་ཕ་རོལ་ཏུ་ཕྱིན་པ་སྟོང་ཕྲག་བརྒྱ་པ། …… 289
敦博 Db.t.5713 ཤེས་རབ་ཀྱི་ཕ་རོལ་ཏུ་ཕྱིན་པ་སྟོང་ཕྲག་བརྒྱ་པ། …… 290
敦博 Db.t.5714 ཤེས་རབ་ཀྱི་ཕ་རོལ་ཏུ་ཕྱིན་པ་སྟོང་ཕྲག་བརྒྱ་པ། …… 291
敦博 Db.t.5715 ཤེས་རབ་ཀྱི་ཕ་རོལ་ཏུ་ཕྱིན་པ་སྟོང་ཕྲག་བརྒྱ་པ། …… 292
敦博 Db.t.5716 ཤེས་རབ་ཀྱི་ཕ་རོལ་ཏུ་ཕྱིན་པ་སྟོང་ཕྲག་བརྒྱ་པ། …… 293
敦博 Db.t.5717 ཤེས་རབ་ཀྱི་ཕ་རོལ་ཏུ་ཕྱིན་པ་སྟོང་ཕྲག་བརྒྱ་པ། …… 294
敦博 Db.t.5718 ཤེས་རབ་ཀྱི་ཕ་རོལ་ཏུ་ཕྱིན་པ་སྟོང་ཕྲག་བརྒྱ་པ། …… 295
敦博 Db.t.5719 ཤེས་རབ་ཀྱི་ཕ་རོལ་ཏུ་ཕྱིན་པ་སྟོང་ཕྲག་བརྒྱ་པ། …… 296
敦博 Db.t.5720 ཤེས་རབ་ཀྱི་ཕ་རོལ་ཏུ་ཕྱིན་པ་སྟོང་ཕྲག་བརྒྱ་པ། …… 297
敦博 Db.t.5721 ཤེས་རབ་ཀྱི་ཕ་རོལ་ཏུ་ཕྱིན་པ་སྟོང་ཕྲག་བརྒྱ་པ། …… 298
敦博 Db.t.5722 ཤེས་རབ་ཀྱི་ཕ་རོལ་ཏུ་ཕྱིན་པ་སྟོང་ཕྲག་བརྒྱ་པ། …… 299
敦博 Db.t.5723 ཤེས་རབ་ཀྱི་ཕ་རོལ་ཏུ་ཕྱིན་པ་སྟོང་ཕྲག་བརྒྱ་པ། …… 300
敦博 Db.t.5724 ཤེས་རབ་ཀྱི་ཕ་རོལ་ཏུ་ཕྱིན་པ་སྟོང་ཕྲག་བརྒྱ་པ། …… 301
敦博 Db.t.5725 ཤེས་རབ་ཀྱི་ཕ་རོལ་ཏུ་ཕྱིན་པ་སྟོང་ཕྲག་བརྒྱ་པ། …… 302
敦博 Db.t.5726 ཤེས་རབ་ཀྱི་ཕ་རོལ་ཏུ་ཕྱིན་པ་སྟོང་ཕྲག་བརྒྱ་པ། …… 303
敦博 Db.t.5727 ཤེས་རབ་ཀྱི་ཕ་རོལ་ཏུ་ཕྱིན་པ་སྟོང་ཕྲག་བརྒྱ་པ། …… 304
敦博 Db.t.5728 ཤེས་རབ་ཀྱི་ཕ་རོལ་ཏུ་ཕྱིན་པ་སྟོང་ཕྲག་བརྒྱ་པ། …… 305
敦博 Db.t.5729 ཤེས་རབ་ཀྱི་ཕ་རོལ་ཏུ་ཕྱིན་པ་སྟོང་ཕྲག་བརྒྱ་པ། …… 306
敦博 Db.t.5730 ཤེས་རབ་ཀྱི་ཕ་རོལ་ཏུ་ཕྱིན་པ་སྟོང་ཕྲག་བརྒྱ་པ། …… 307
敦博 Db.t.5731 ཤེས་རབ་ཀྱི་ཕ་རོལ་ཏུ་ཕྱིན་པ་སྟོང་ཕྲག་བརྒྱ་པ། …… 308
敦博 Db.t.5732 ཤེས་རབ་ཀྱི་ཕ་རོལ་ཏུ་ཕྱིན་པ་སྟོང་ཕྲག་བརྒྱ་པ། …… 309
敦博 Db.t.5733 ཤེས་རབ་ཀྱི་ཕ་རོལ་ཏུ་ཕྱིན་པ་སྟོང་ཕྲག་བརྒྱ་པ། …… 310
敦博 Db.t.5734 ཤེས་རབ་ཀྱི་ཕ་རོལ་ཏུ་ཕྱིན་པ་སྟོང་ཕྲག་བརྒྱ་པ། …… 311
敦博 Db.t.5735 ཤེས་རབ་ཀྱི་ཕ་རོལ་ཏུ་ཕྱིན་པ་སྟོང་ཕྲག་བརྒྱ་པ། …… 312
敦博 Db.t.5736 ཤེས་རབ་ཀྱི་ཕ་རོལ་ཏུ་ཕྱིན་པ་སྟོང་ཕྲག་བརྒྱ་པ། …… 313
敦博 Db.t.5737 ཤེས་རབ་ཀྱི་ཕ་རོལ་ཏུ་ཕྱིན་པ་སྟོང་ཕྲག་བརྒྱ་པ། …… 314

敦博 Db.t.5738 ཤེས་རབ་ཀྱི་ཕ་རོལ་ཏུ་ཕྱིན་པ་སྟོང་ཕྲག་བརྒྱ་པ། ········ 315
敦博 Db.t.5739 ཤེས་རབ་ཀྱི་ཕ་རོལ་ཏུ་ཕྱིན་པ་སྟོང་ཕྲག་བརྒྱ་པ། ········ 316
敦博 Db.t.5740 ཤེས་རབ་ཀྱི་ཕ་རོལ་ཏུ་ཕྱིན་པ་སྟོང་ཕྲག་བརྒྱ་པ། ········ 317
敦博 Db.t.5741 ཤེས་རབ་ཀྱི་ཕ་རོལ་ཏུ་ཕྱིན་པ་སྟོང་ཕྲག་བརྒྱ་པ། ········ 318
敦博 Db.t.5742 ཤེས་རབ་ཀྱི་ཕ་རོལ་ཏུ་ཕྱིན་པ་སྟོང་ཕྲག་བརྒྱ་པ། ········ 319
敦博 Db.t.5743 ཤེས་རབ་ཀྱི་ཕ་རོལ་ཏུ་ཕྱིན་པ་སྟོང་ཕྲག་བརྒྱ་པ། ········ 320
敦博 Db.t.5744 ཤེས་རབ་ཀྱི་ཕ་རོལ་ཏུ་ཕྱིན་པ་སྟོང་ཕྲག་བརྒྱ་པ། ········ 321
敦博 Db.t.5745 ཤེས་རབ་ཀྱི་ཕ་རོལ་ཏུ་ཕྱིན་པ་སྟོང་ཕྲག་བརྒྱ་པ། ········ 322
敦博 Db.t.5746 ཤེས་རབ་ཀྱི་ཕ་རོལ་ཏུ་ཕྱིན་པ་སྟོང་ཕྲག་བརྒྱ་པ། ········ 323
敦博 Db.t.5747 ཤེས་རབ་ཀྱི་ཕ་རོལ་ཏུ་ཕྱིན་པ་སྟོང་ཕྲག་བརྒྱ་པ། ········ 324
敦博 Db.t.5748 ཤེས་རབ་ཀྱི་ཕ་རོལ་ཏུ་ཕྱིན་པ་སྟོང་ཕྲག་བརྒྱ་པ། ········ 325
敦博 Db.t.5749 ཤེས་རབ་ཀྱི་ཕ་རོལ་ཏུ་ཕྱིན་པ་སྟོང་ཕྲག་བརྒྱ་པ། ········ 326
敦博 Db.t.5750 ཤེས་རབ་ཀྱི་ཕ་རོལ་ཏུ་ཕྱིན་པ་སྟོང་ཕྲག་བརྒྱ་པ། ········ 327
敦博 Db.t.5751 ཤེས་རབ་ཀྱི་ཕ་རོལ་ཏུ་ཕྱིན་པ་སྟོང་ཕྲག་བརྒྱ་པ། ········ 328
敦博 Db.t.5752 ཤེས་རབ་ཀྱི་ཕ་རོལ་ཏུ་ཕྱིན་པ་སྟོང་ཕྲག་བརྒྱ་པ། ········ 329
敦博 Db.t.5753 ཤེས་རབ་ཀྱི་ཕ་རོལ་ཏུ་ཕྱིན་པ་སྟོང་ཕྲག་བརྒྱ་པ། ········ 330
敦博 Db.t.5754 ཤེས་རབ་ཀྱི་ཕ་རོལ་ཏུ་ཕྱིན་པ་སྟོང་ཕྲག་བརྒྱ་པ། ········ 331
敦博 Db.t.5755 ཤེས་རབ་ཀྱི་ཕ་རོལ་ཏུ་ཕྱིན་པ་སྟོང་ཕྲག་བརྒྱ་པ། ········ 332
敦博 Db.t.5756 ཤེས་རབ་ཀྱི་ཕ་རོལ་ཏུ་ཕྱིན་པ་སྟོང་ཕྲག་བརྒྱ་པ། ········ 333
敦博 Db.t.5757 ཤེས་རབ་ཀྱི་ཕ་རོལ་ཏུ་ཕྱིན་པ་སྟོང་ཕྲག་བརྒྱ་པ། ········ 334
敦博 Db.t.5758 ཤེས་རབ་ཀྱི་ཕ་རོལ་ཏུ་ཕྱིན་པ་སྟོང་ཕྲག་བརྒྱ་པ། ········ 335
敦博 Db.t.5759 ཤེས་རབ་ཀྱི་ཕ་རོལ་ཏུ་ཕྱིན་པ་སྟོང་ཕྲག་བརྒྱ་པ། ········ 336
敦博 Db.t.5760 ཤེས་རབ་ཀྱི་ཕ་རོལ་ཏུ་ཕྱིན་པ་སྟོང་ཕྲག་བརྒྱ་པ། ········ 337
敦博 Db.t.5761 ཤེས་རབ་ཀྱི་ཕ་རོལ་ཏུ་ཕྱིན་པ་སྟོང་ཕྲག་བརྒྱ་པ། ········ 338
敦博 Db.t.5762 ཤེས་རབ་ཀྱི་ཕ་རོལ་ཏུ་ཕྱིན་པ་སྟོང་ཕྲག་བརྒྱ་པ། ········ 339
敦博 Db.t.5763 ཤེས་རབ་ཀྱི་ཕ་རོལ་ཏུ་ཕྱིན་པ་སྟོང་ཕྲག་བརྒྱ་པ། ········ 340
敦博 Db.t.5764 ཤེས་རབ་ཀྱི་ཕ་རོལ་ཏུ་ཕྱིན་པ་སྟོང་ཕྲག་བརྒྱ་པ། ········ 341
敦博 Db.t.5765 ཤེས་རབ་ཀྱི་ཕ་རོལ་ཏུ་ཕྱིན་པ་སྟོང་ཕྲག་བརྒྱ་པ། ········ 342
敦博 Db.t.5766 ཤེས་རབ་ཀྱི་ཕ་རོལ་ཏུ་ཕྱིན་པ་སྟོང་ཕྲག་བརྒྱ་པ། ········ 343
敦博 Db.t.5767 ཤེས་རབ་ཀྱི་ཕ་རོལ་ཏུ་ཕྱིན་པ་སྟོང་ཕྲག་བརྒྱ་པ། ········ 344
敦博 Db.t.5768 ཤེས་རབ་ཀྱི་ཕ་རོལ་ཏུ་ཕྱིན་པ་སྟོང་ཕྲག་བརྒྱ་པ། ········ 345
敦博 Db.t.5769 ཤེས་རབ་ཀྱི་ཕ་རོལ་ཏུ་ཕྱིན་པ་སྟོང་ཕྲག་བརྒྱ་པ། ········ 346
敦博 Db.t.5770 ཤེས་རབ་ཀྱི་ཕ་རོལ་ཏུ་ཕྱིན་པ་སྟོང་ཕྲག་བརྒྱ་པ། ········ 347
敦博 Db.t.5771 ཤེས་རབ་ཀྱི་ཕ་རོལ་ཏུ་ཕྱིན་པ་སྟོང་ཕྲག་བརྒྱ་པ། ········ 348
敦博 Db.t.5772 ཤེས་རབ་ཀྱི་ཕ་རོལ་ཏུ་ཕྱིན་པ་སྟོང་ཕྲག་བརྒྱ་པ། ········ 349
敦博 Db.t.5773 ཤེས་རབ་ཀྱི་ཕ་རོལ་ཏུ་ཕྱིན་པ་སྟོང་ཕྲག་བརྒྱ་པ། ········ 350

敦博 Db.t.5774 ཤེས་རབ་ཀྱི་ཕ་རོལ་ཏུ་ཕྱིན་པ་སྟོང་ཕྲག་བརྒྱ་པ། ········ 351
敦博 Db.t.5775 ཤེས་རབ་ཀྱི་ཕ་རོལ་ཏུ་ཕྱིན་པ་སྟོང་ཕྲག་བརྒྱ་པ། ········ 352
敦博 Db.t.5776 ཤེས་རབ་ཀྱི་ཕ་རོལ་ཏུ་ཕྱིན་པ་སྟོང་ཕྲག་བརྒྱ་པ། ········ 353
敦博 Db.t.5777 ཤེས་རབ་ཀྱི་ཕ་རོལ་ཏུ་ཕྱིན་པ་སྟོང་ཕྲག་བརྒྱ་པ། ········ 354
敦博 Db.t.5778 ཤེས་རབ་ཀྱི་ཕ་རོལ་ཏུ་ཕྱིན་པ་སྟོང་ཕྲག་བརྒྱ་པ། ········ 355
敦博 Db.t.5779 ཤེས་རབ་ཀྱི་ཕ་རོལ་ཏུ་ཕྱིན་པ་སྟོང་ཕྲག་བརྒྱ་པ། ········ 356
敦博 Db.t.5780 ཤེས་རབ་ཀྱི་ཕ་རོལ་ཏུ་ཕྱིན་པ་སྟོང་ཕྲག་བརྒྱ་པ། ········ 357
敦博 Db.t.5781 ཤེས་རབ་ཀྱི་ཕ་རོལ་ཏུ་ཕྱིན་པ་སྟོང་ཕྲག་བརྒྱ་པ། ········ 358
敦博 Db.t.5782 ཤེས་རབ་ཀྱི་ཕ་རོལ་ཏུ་ཕྱིན་པ་སྟོང་ཕྲག་བརྒྱ་པ། ········ 359
敦博 Db.t.5783 ཤེས་རབ་ཀྱི་ཕ་རོལ་ཏུ་ཕྱིན་པ་སྟོང་ཕྲག་བརྒྱ་པ། ········ 360

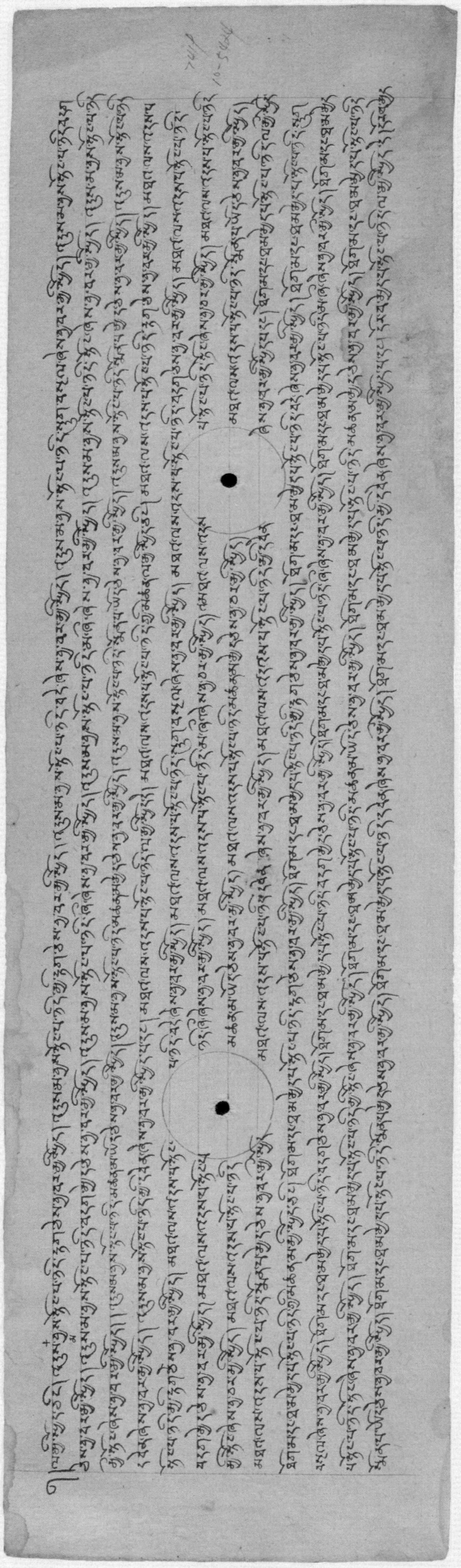

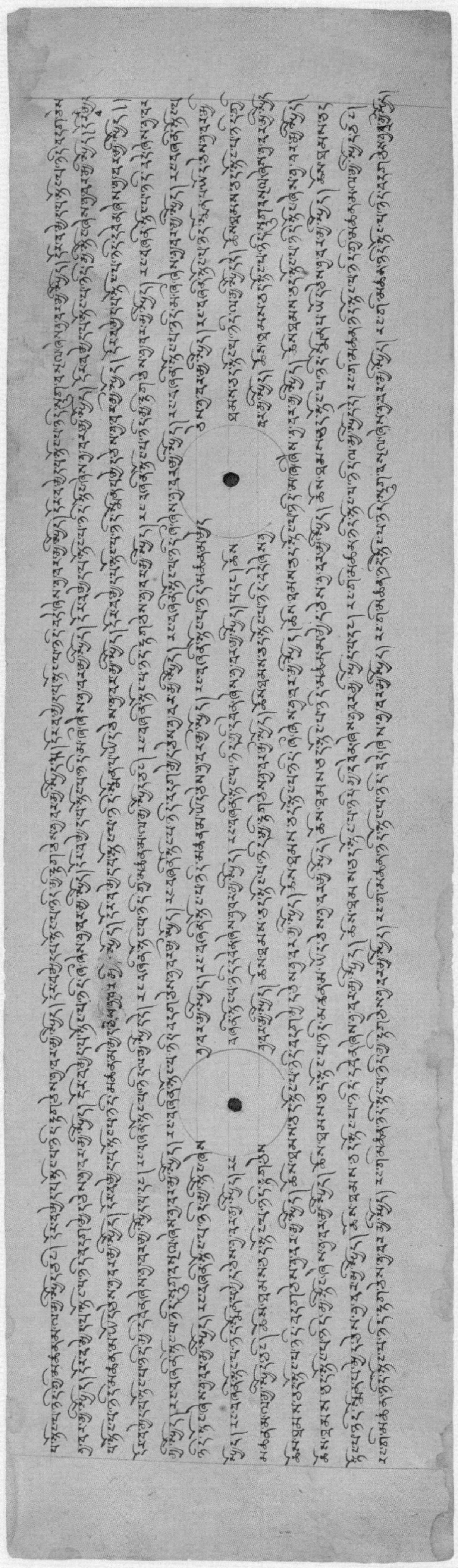

敦博 Db.t.5424 (R-V) ཤེས་རབ་ཀྱི་ཕ་རོལ་ཏུ་ཕྱིན་པ་སྟོང་ཕྲག་བརྒྱ་པ།
十萬頌般若波羅蜜多經

敦博 Db.t.5425 (R-V) ཤེས་རབ་ཀྱི་ཕ་རོལ་ཏུ་ཕྱིན་པ་སྟོང་ཕྲག་བརྒྱ་པ།
十萬頌般若波羅蜜多經

敦博 Db.t.5426 (R-V) ཤེས་རབ་ཀྱི་ཕ་རོལ་ཏུ་ཕྱིན་པ་སྟོང་ཕྲག་བརྒྱ་པ།
十萬頌般若波羅蜜多經

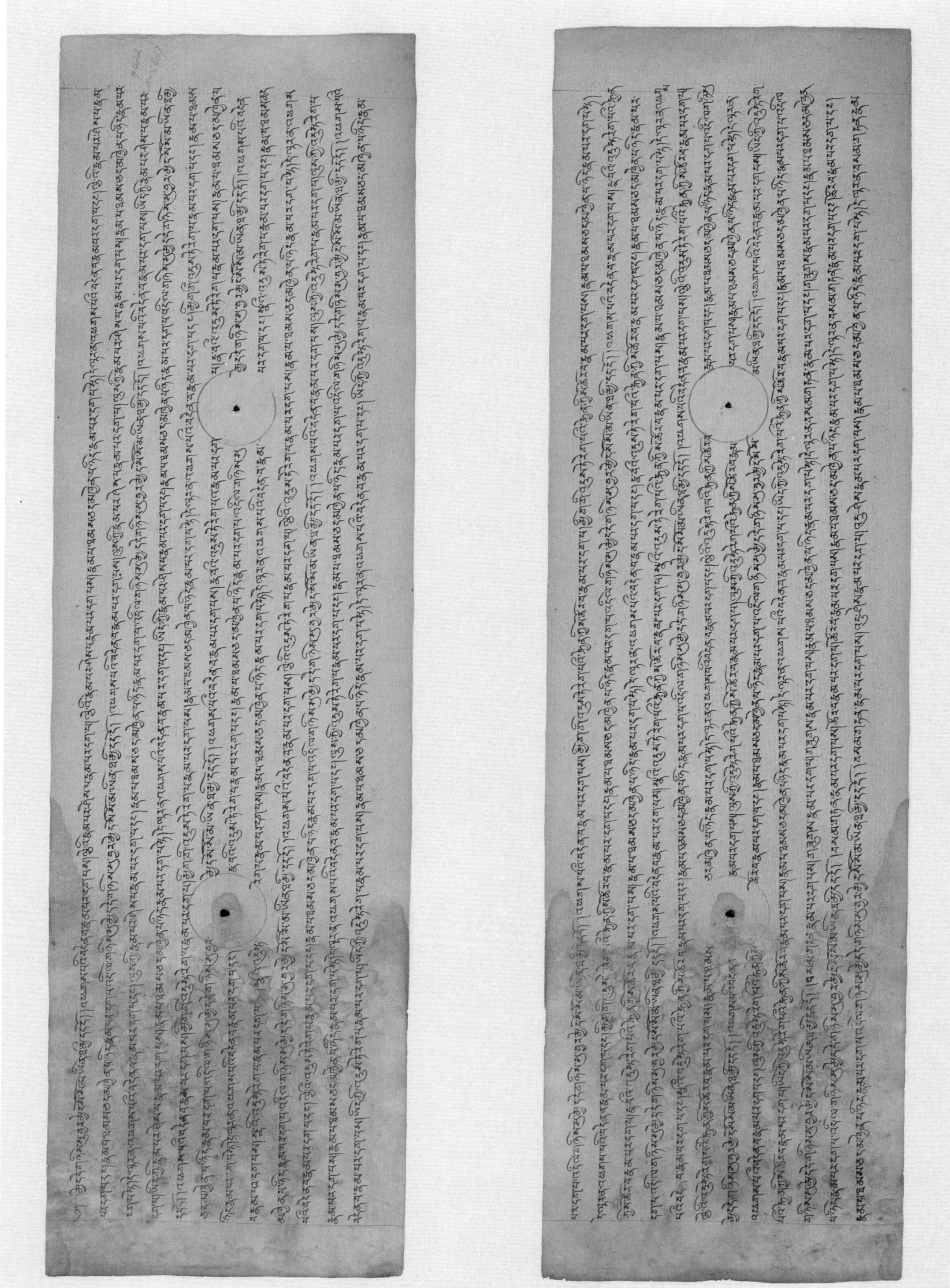

敦博 Db.t.5427 (R-V) ཤེས་རབ་ཀྱི་ཕ་རོལ་ཏུ་ཕྱིན་པ་སྟོང་ཕྲག་བརྒྱ་པ།

十萬頌般若波羅蜜多經

敦博 Db.t.5428 (R-V) ཤེས་རབ་ཀྱི་ཕ་རོལ་ཏུ་ཕྱིན་པ་སྟོང་ཕྲག་བརྒྱ་པ།
十萬頌般若波羅蜜多經

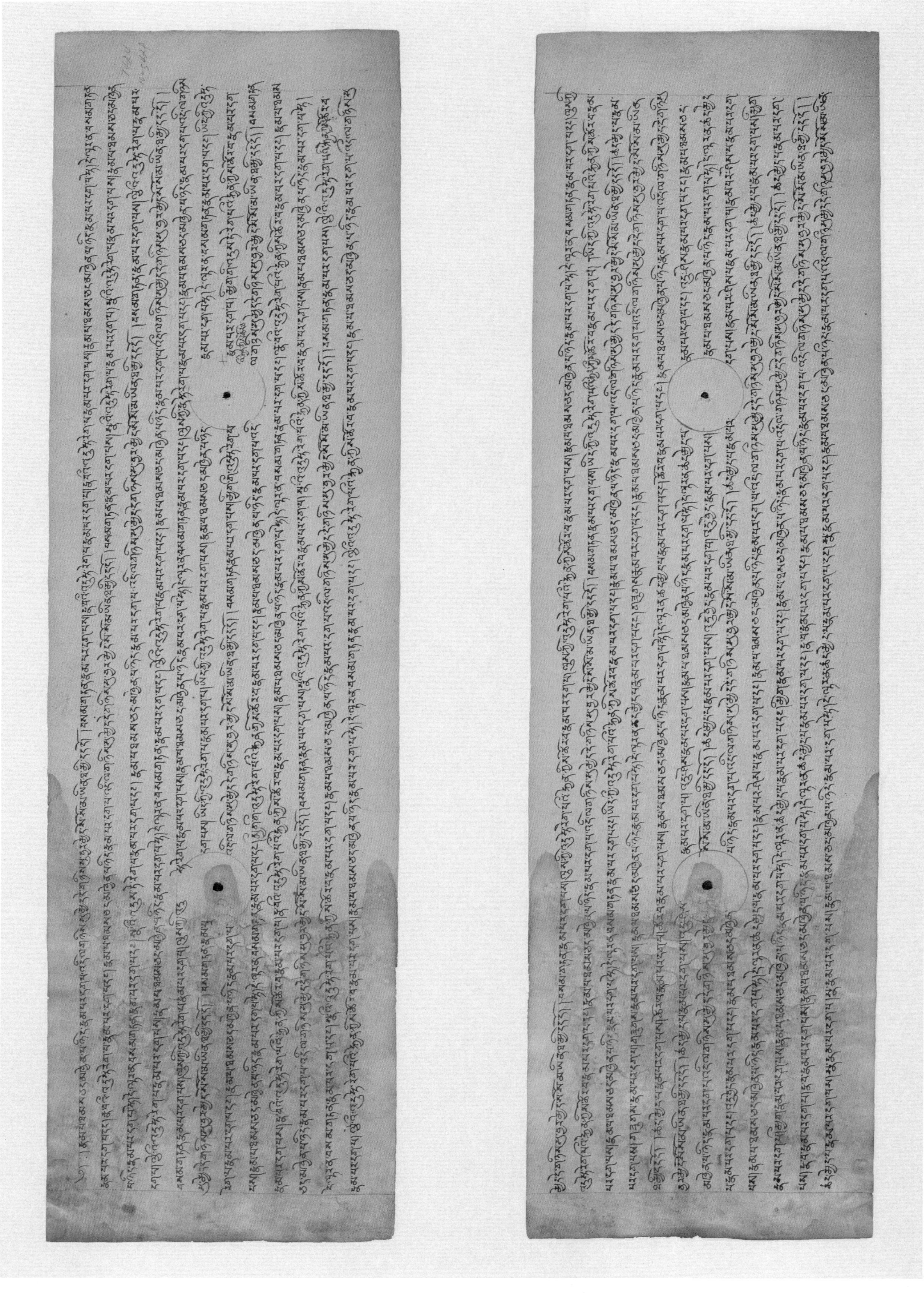

敦博 Db.t.5429 (R-V)　ཤེས་རབ་ཀྱི་ཕ་རོལ་ཏུ་ཕྱིན་པ་སྟོང་ཕྲག་བརྒྱ་པ།
十萬頌般若波羅蜜多經

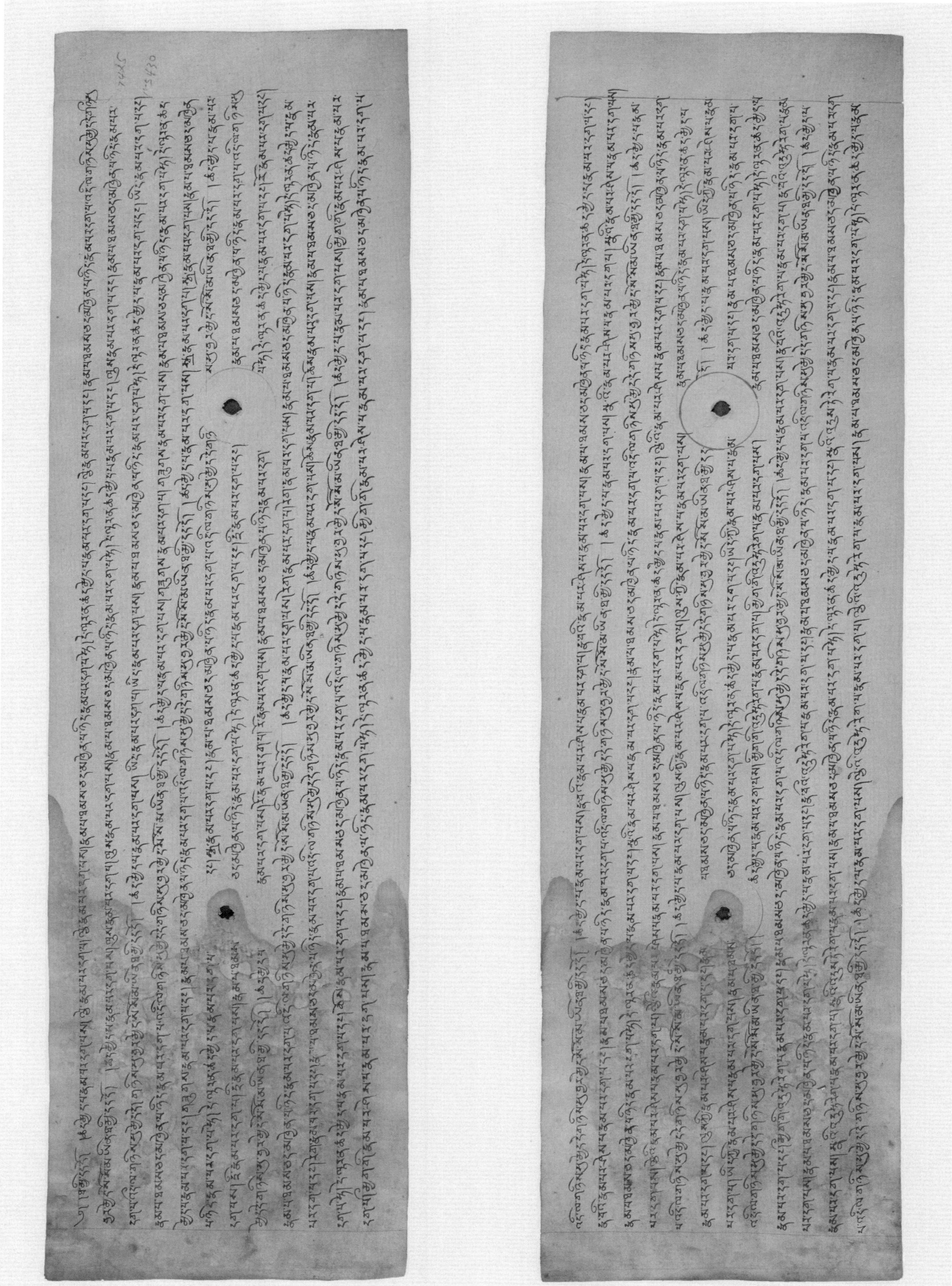

敦博 Db.t.5430 (R-V) ཤེས་རབ་ཀྱི་ཕ་རོལ་ཏུ་ཕྱིན་པ་སྟོང་ཕྲག་བརྒྱ་པ།

十萬頌般若波羅蜜多經

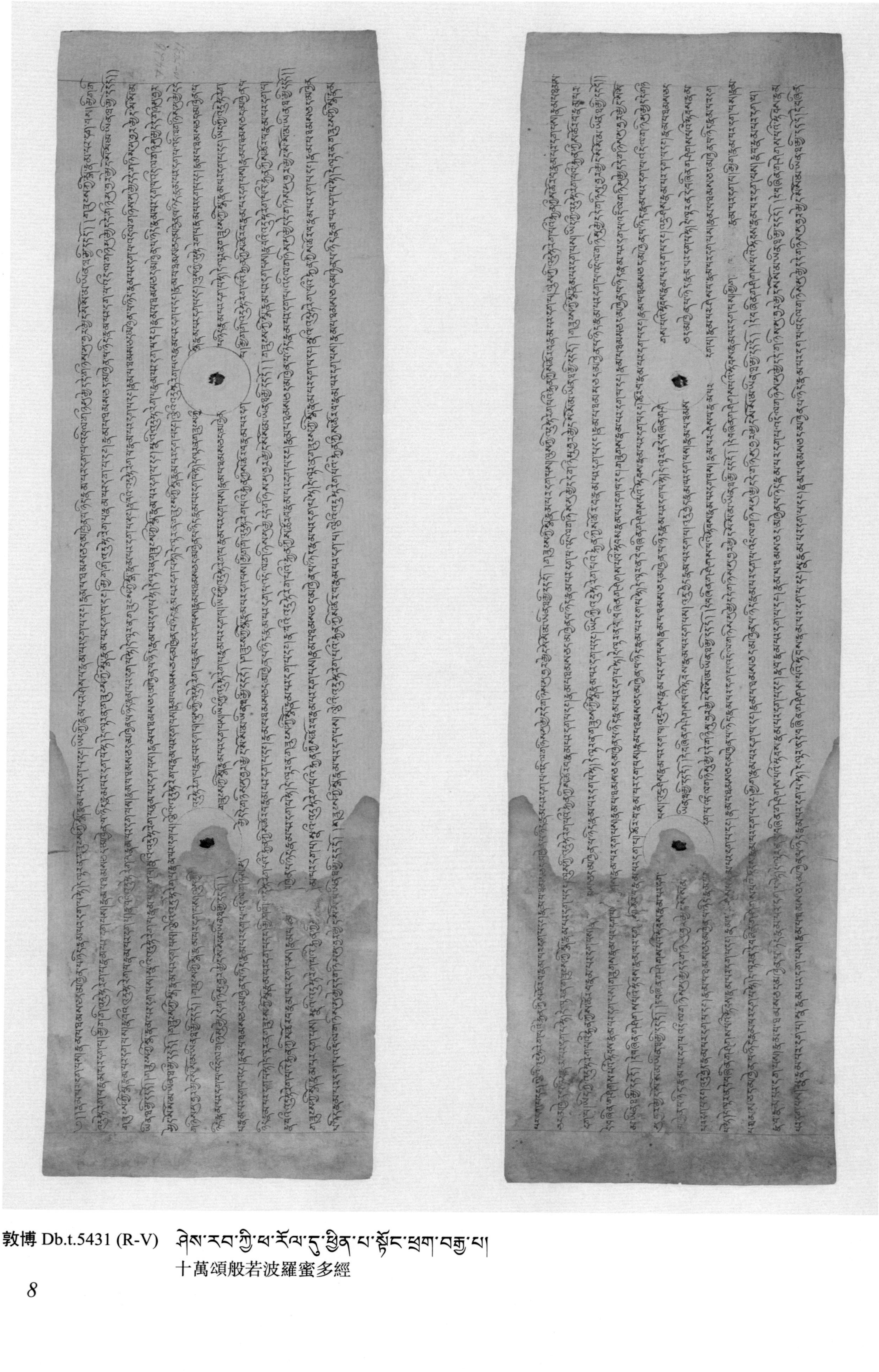

敦博 Db.t.5431 (R-V)　ཤེས་རབ་ཀྱི་ཕ་རོལ་ཏུ་ཕྱིན་པ་སྟོང་ཕྲག་བརྒྱ་པ།
十萬頌般若波羅蜜多經

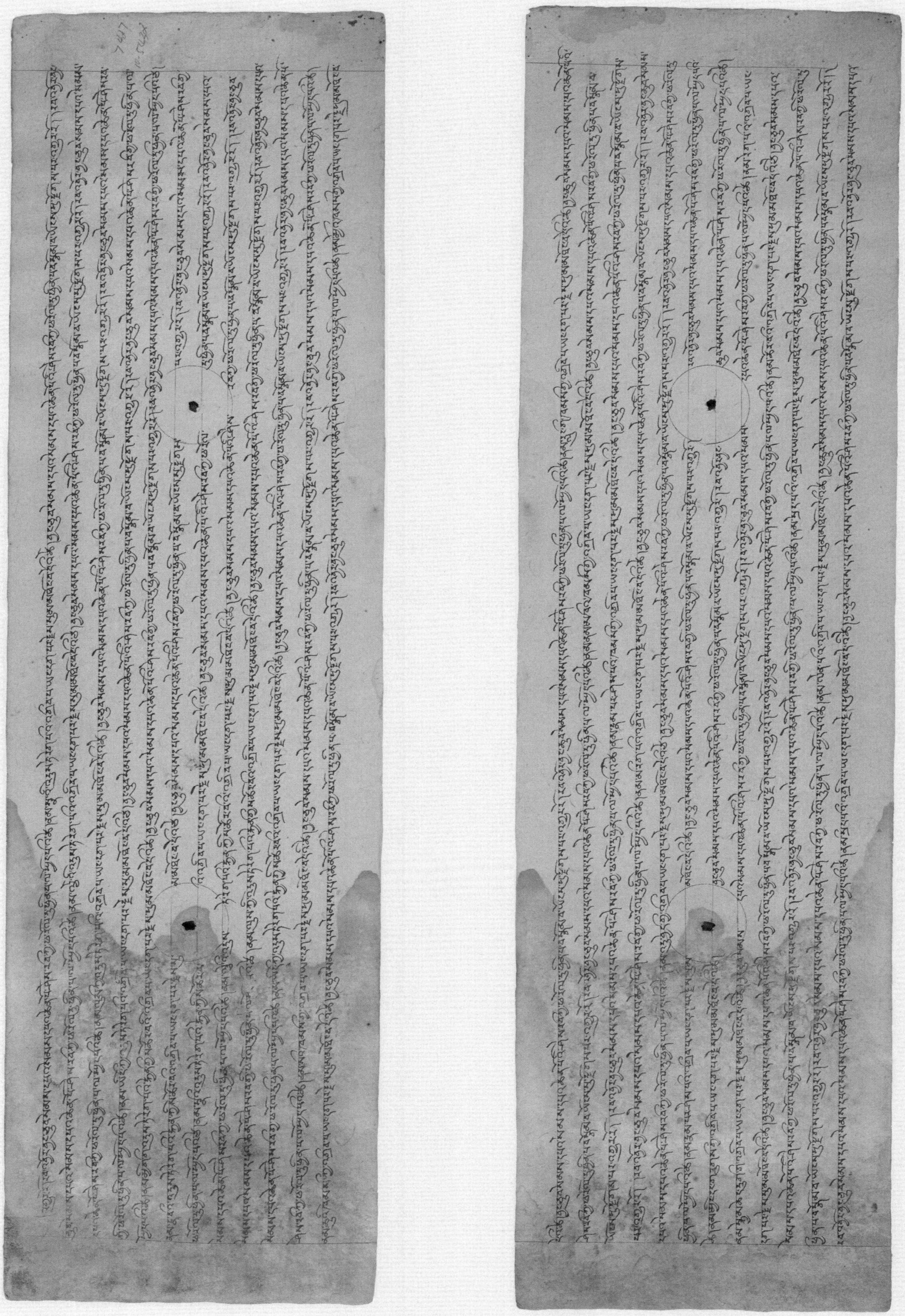

敦博 Db.t.5432 (R-V) ཤེས་རབ་ཀྱི་ཕ་རོལ་ཏུ་ཕྱིན་པ་སྟོང་ཕྲག་བརྒྱ་པ།
十萬頌般若波羅蜜多經

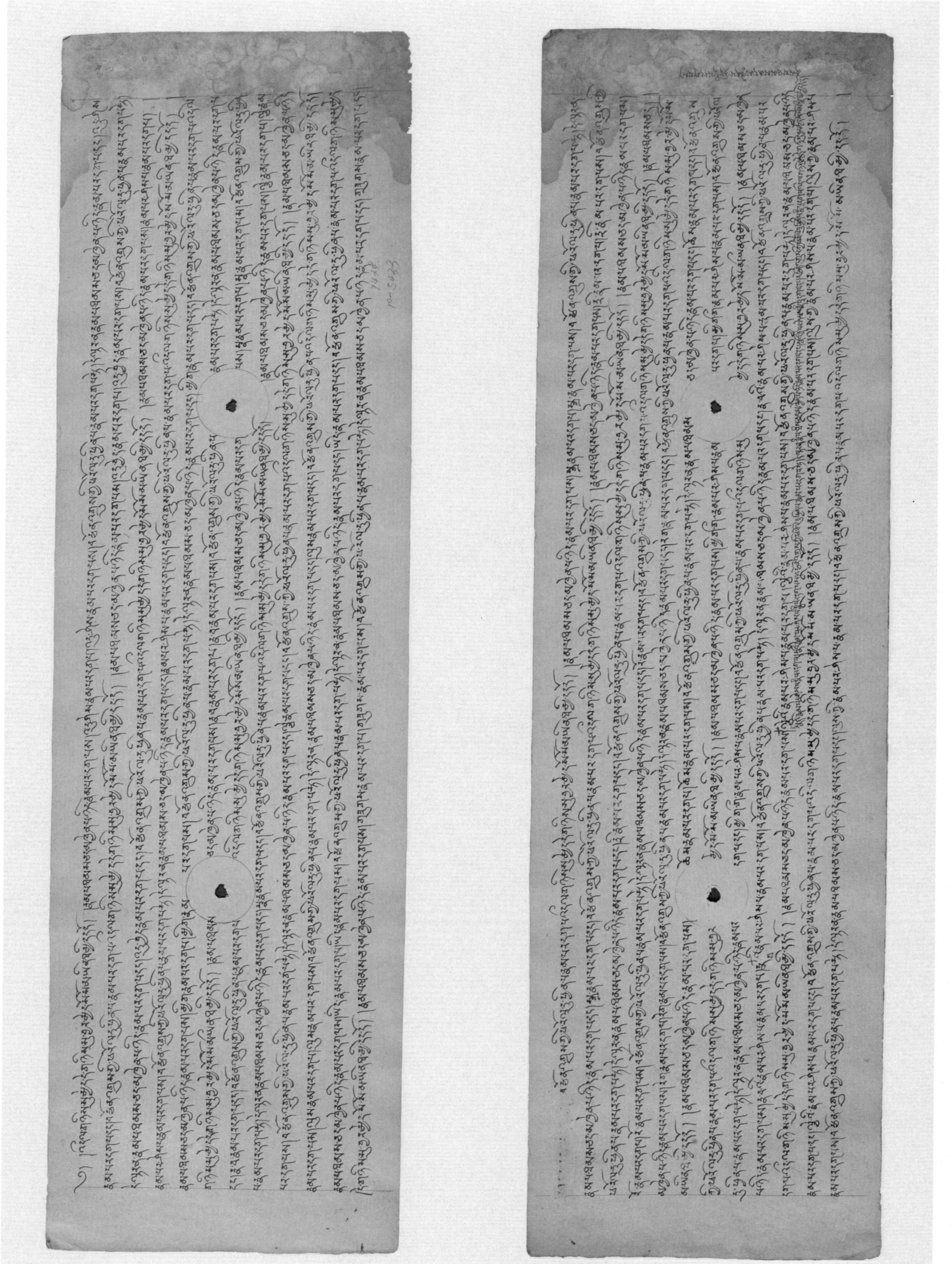

敦博 Db.t.5433 (R-V) ཤེས་རབ་ཀྱི་ཕ་རོལ་ཏུ་ཕྱིན་པ་སྟོང་ཕྲག་བརྒྱ་པ།

十萬頌般若波羅蜜多經

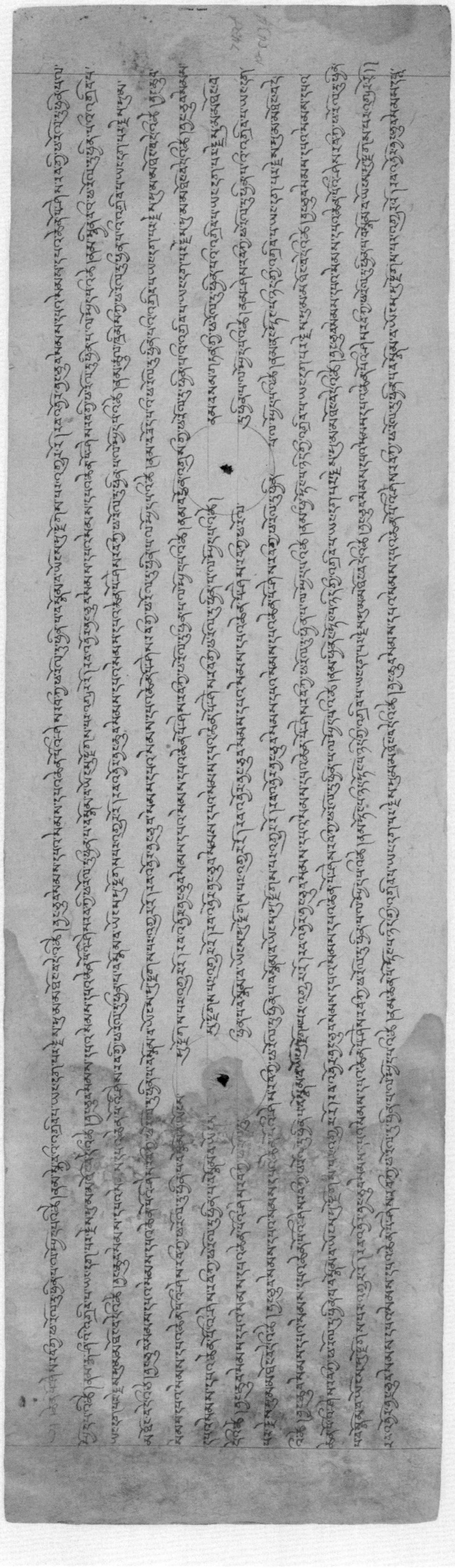

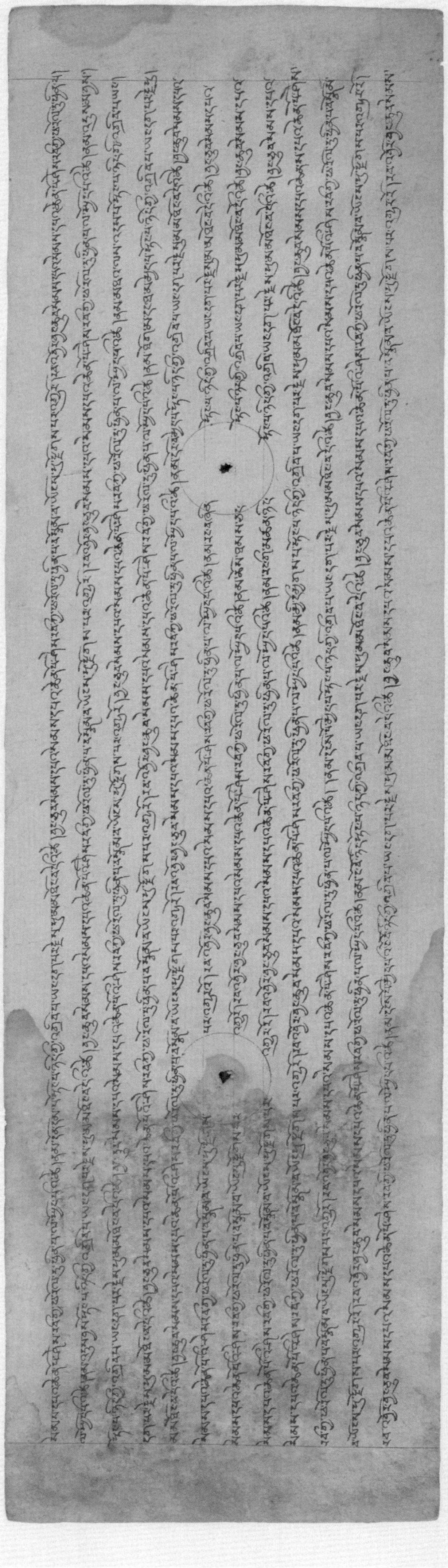

敦博 Db.t.5434 (R-V) ཤེས་རབ་ཀྱི་ཕ་རོལ་ཏུ་ཕྱིན་པ་སྟོང་ཕྲག་བརྒྱ་པ།
十萬頌般若波羅蜜多經

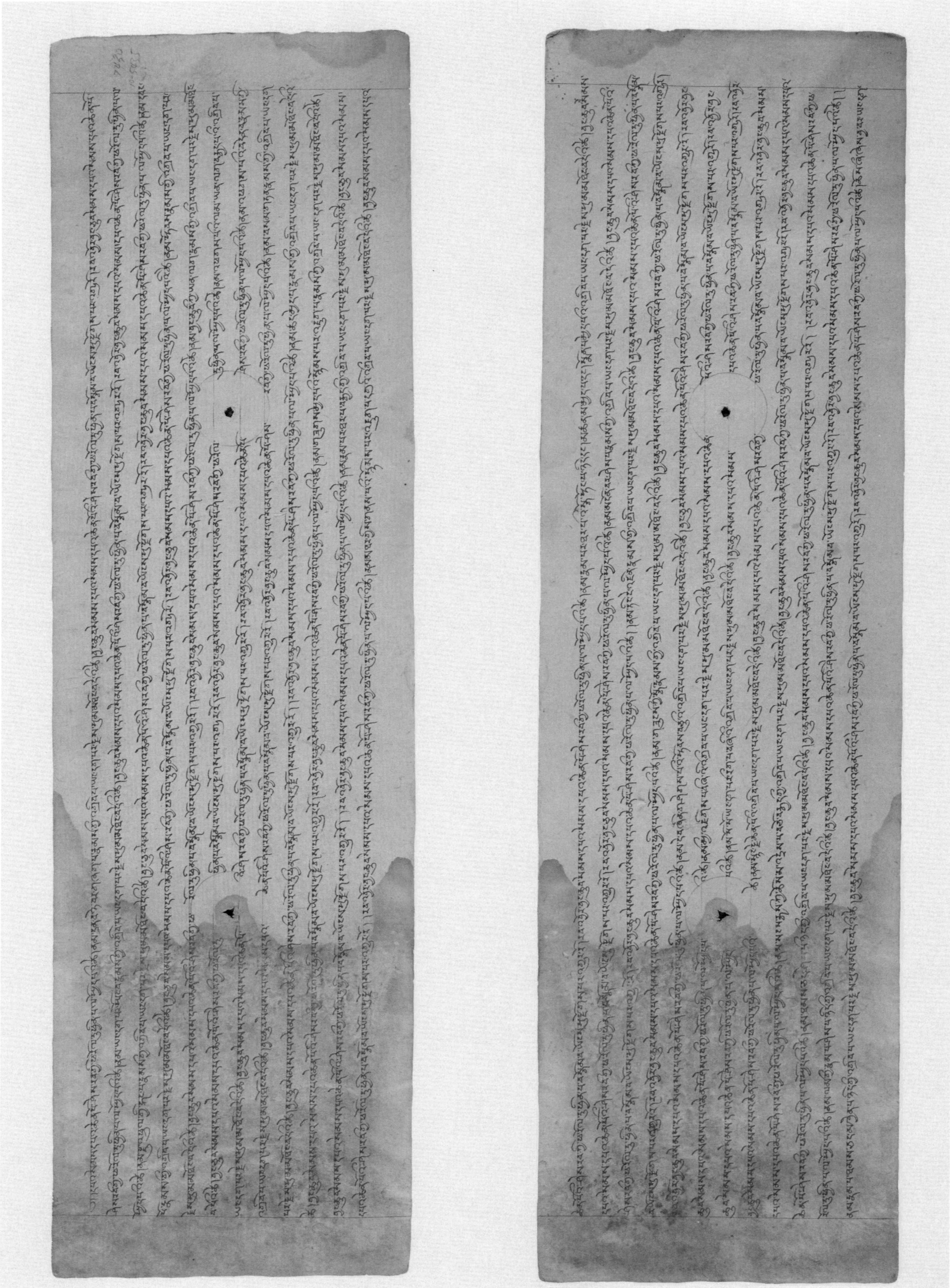

敦博 Db.t.5435 (R-V) ཤེས་རབ་ཀྱི་ཕ་རོལ་ཏུ་ཕྱིན་པ་སྟོང་ཕྲག་བརྒྱ་པ།
十萬頌般若波羅蜜多經

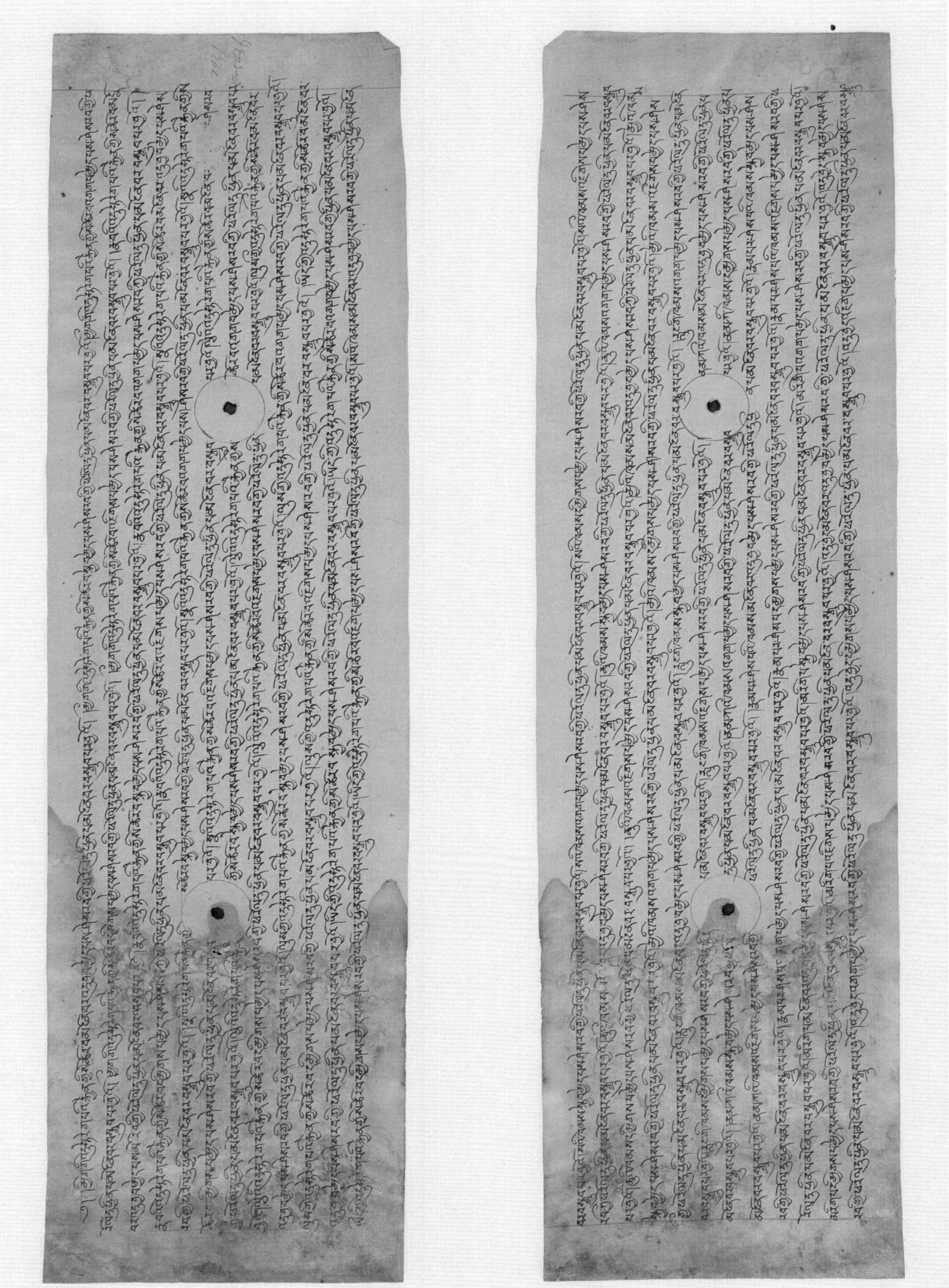

敦博 Db.t.5436 (R-V) ཤེས་རབ་ཀྱི་ཕ་རོལ་ཏུ་ཕྱིན་པ་སྟོང་ཕྲག་བརྒྱ་པ།

十萬頌般若波羅蜜多經

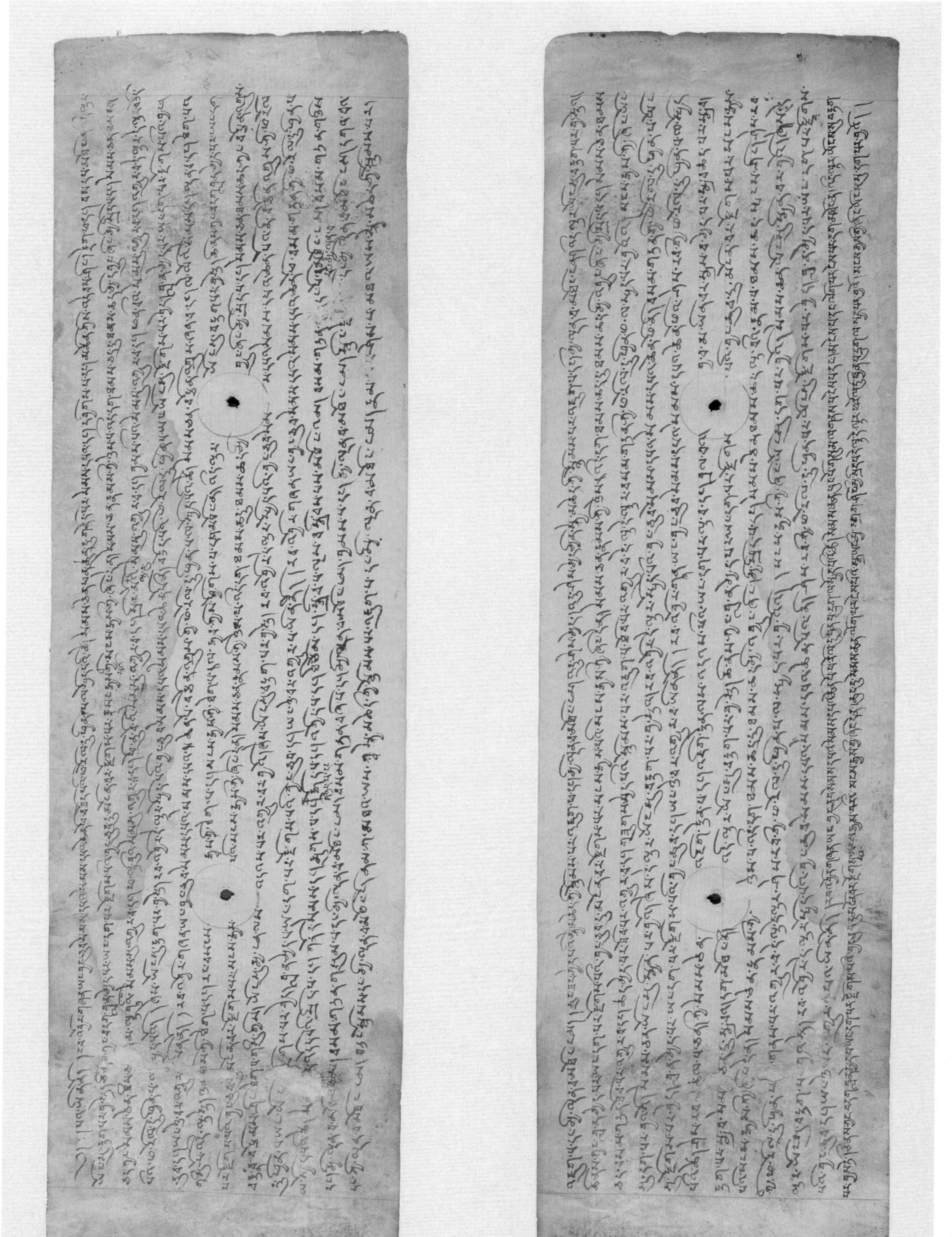

敦博 Db.t.5437 (R-V) ཤེས་རབ་ཀྱི་ཕ་རོལ་ཏུ་ཕྱིན་པ་སྟོང་ཕྲག་བརྒྱ་པ།
十萬頌般若波羅蜜多經

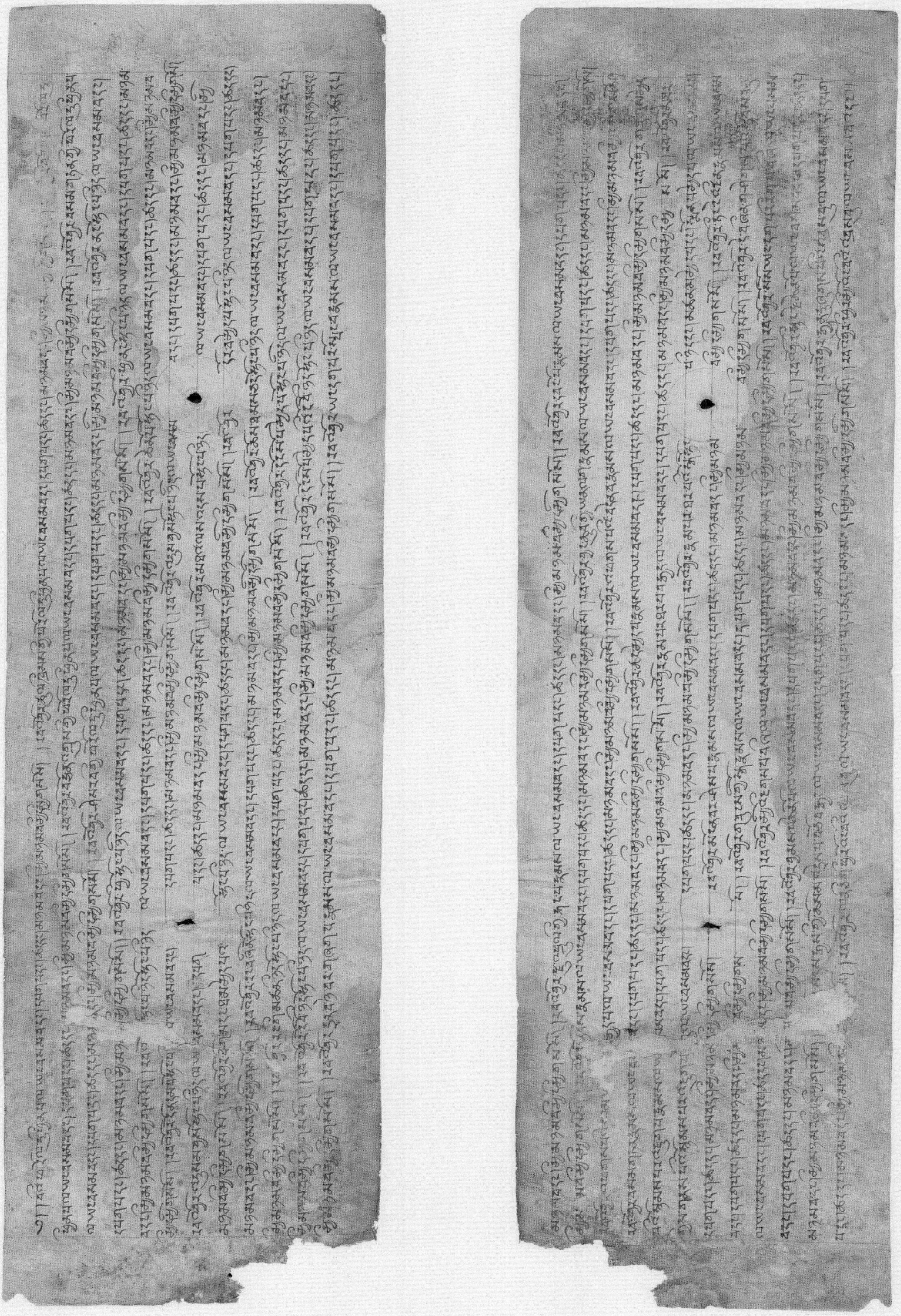

敦博 Db.t.5438 (R-V) ཤེས་རབ་ཀྱི་ཕ་རོལ་ཏུ་ཕྱིན་པ་སྟོང་ཕྲག་བརྒྱ་པ།
十萬頌般若波羅蜜多經

敦博 Db.t.5439 (R-V) ཤེས་རབ་ཀྱི་ཕ་རོལ་ཏུ་ཕྱིན་པ་སྟོང་ཕྲག་བརྒྱ་པ།
十萬頌般若波羅蜜多經

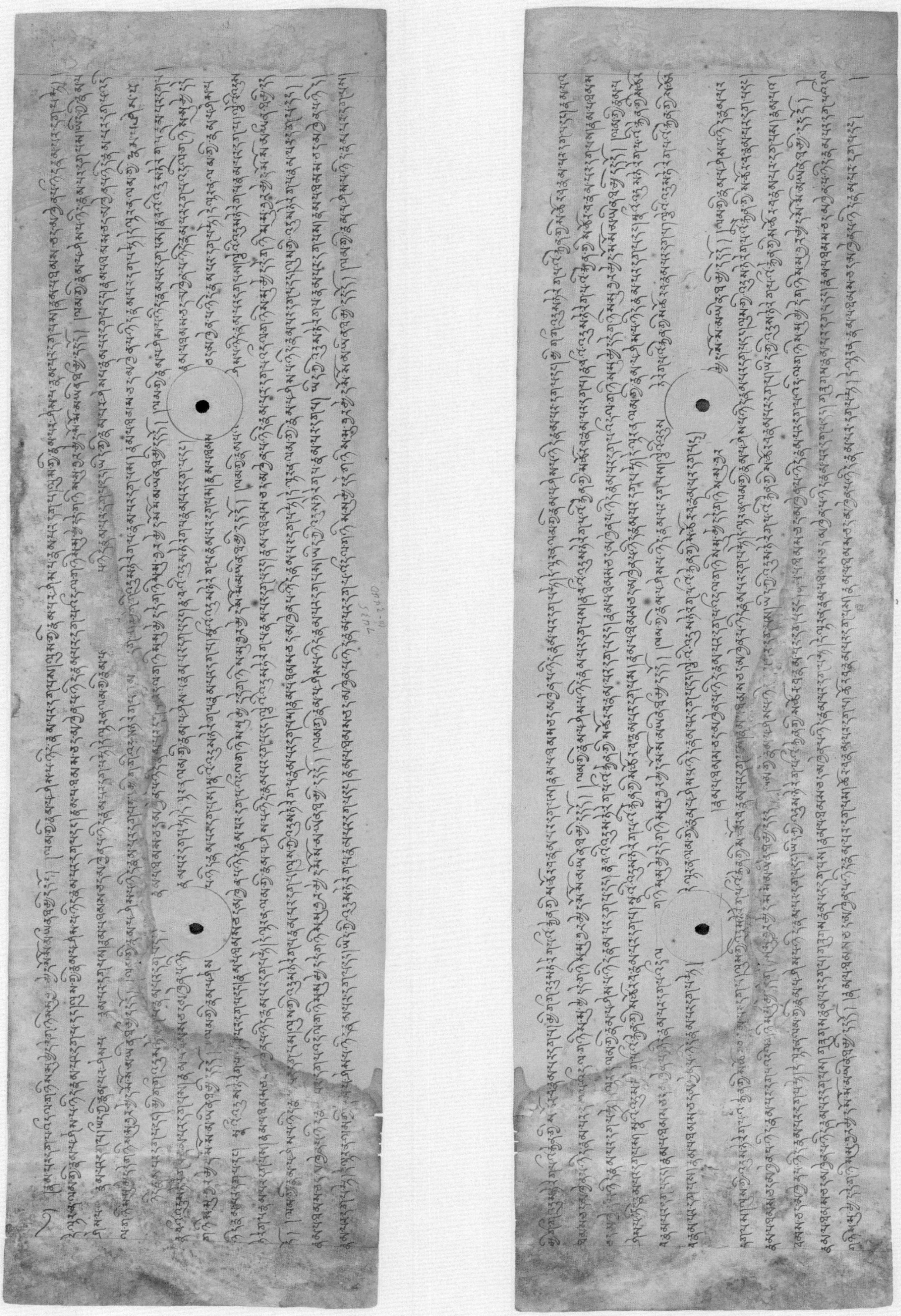

敦博 Db.t.5440 (R-V)　ཤེས་རབ་ཀྱི་ཕ་རོལ་ཏུ་ཕྱིན་པ་སྟོང་ཕྲག་བརྒྱ་པ།
十萬頌般若波羅蜜多經

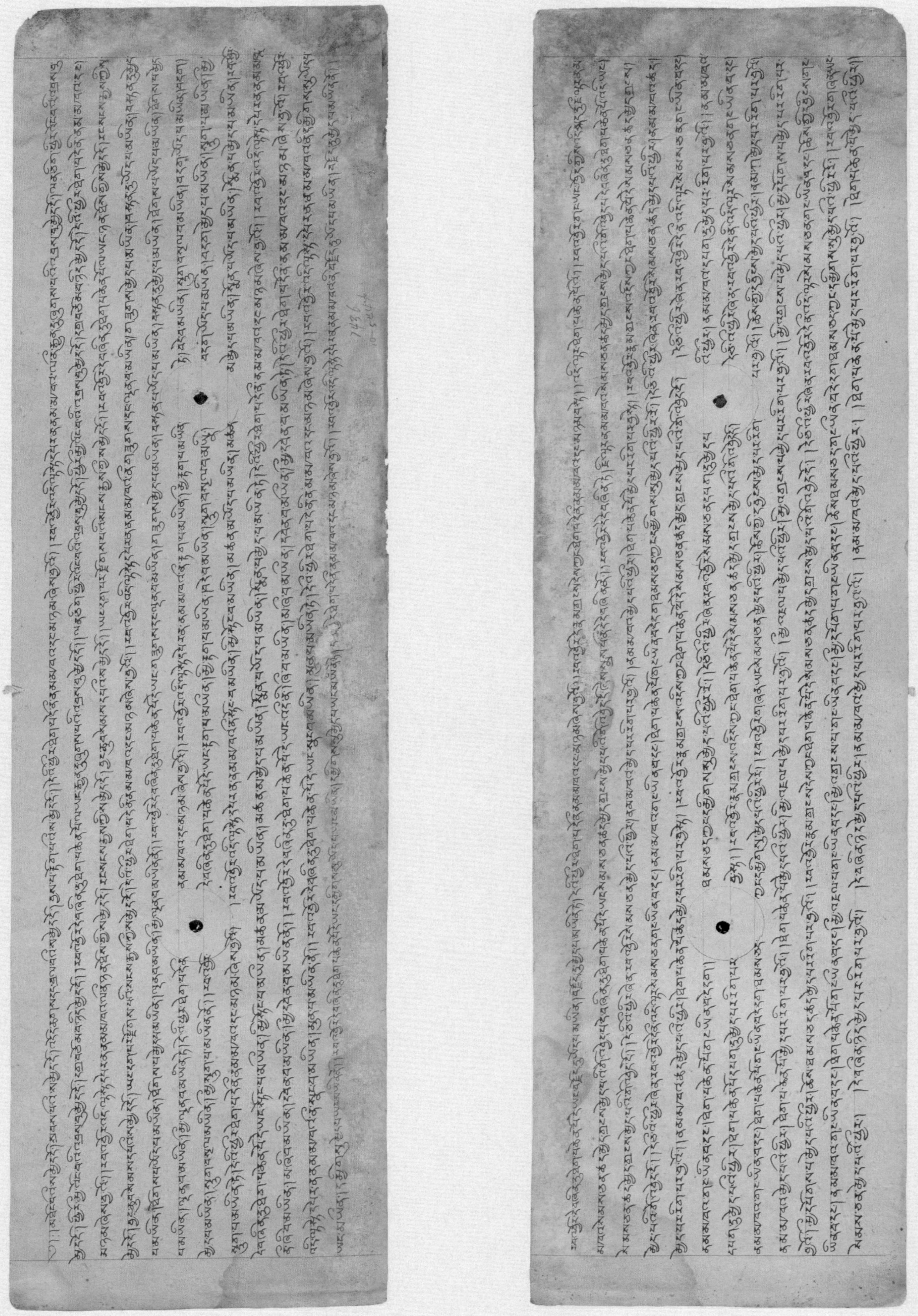

敦博 Db.t.5441 (R-V) ཤེས་རབ་ཀྱི་ཕ་རོལ་ཏུ་ཕྱིན་པ་སྟོང་ཕྲག་བརྒྱ་པ།
十萬頌般若波羅蜜多經

敦博 Db.t.5442 (R-V) ཤེས་རབ་ཀྱི་ཕ་རོལ་ཏུ་ཕྱིན་པ་སྟོང་ཕྲག་བརྒྱ་པ།
十萬頌般若波羅蜜多經

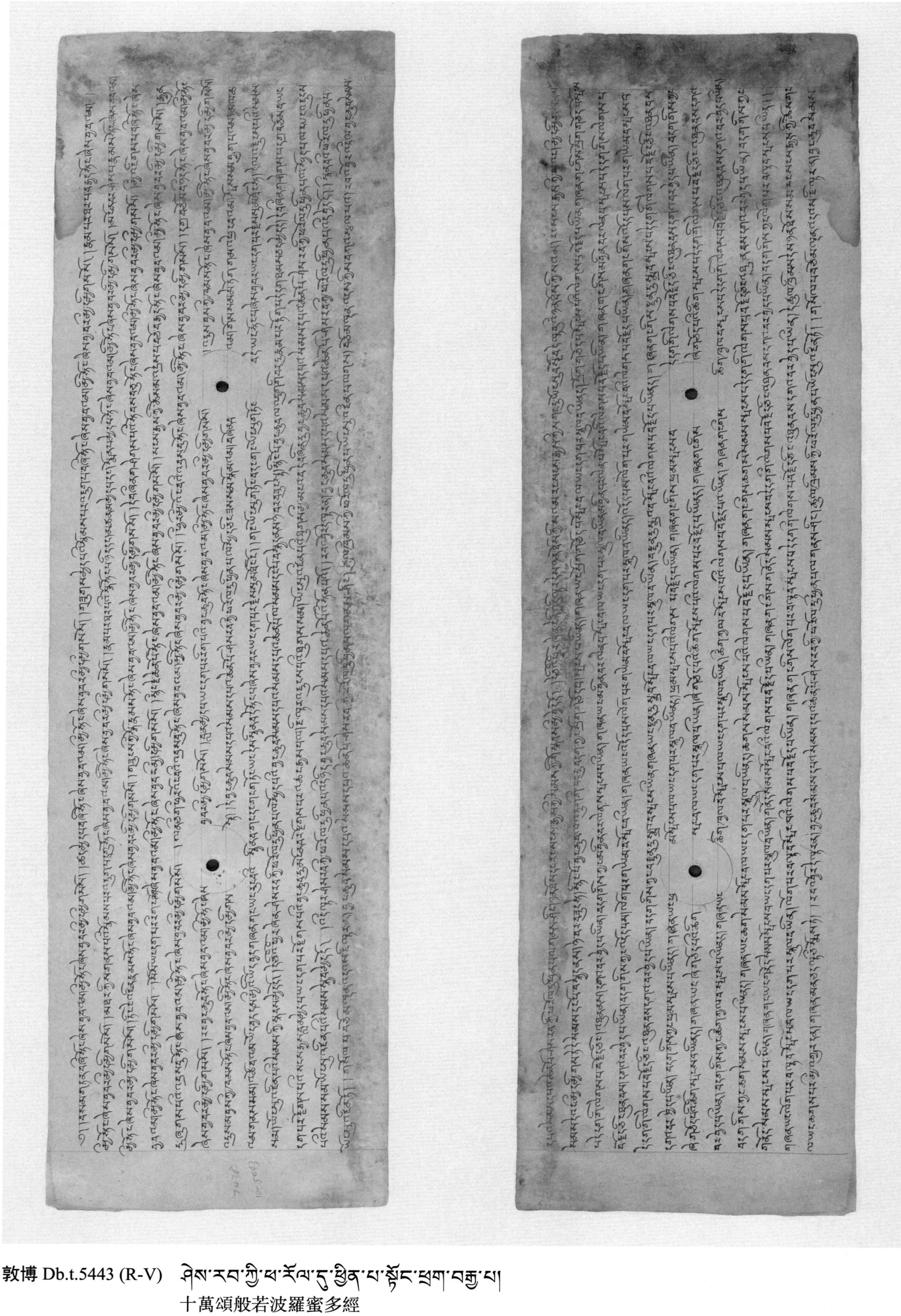

敦博 Db.t.5443 (R-V) ཤེས་རབ་ཀྱི་ཕ་རོལ་ཏུ་ཕྱིན་པ་སྟོང་ཕྲག་བརྒྱ་པ།
十萬頌般若波羅蜜多經

敦博 Db.t.5444 (R-V) ཤེས་རབ་ཀྱི་ཕ་རོལ་ཏུ་ཕྱིན་པ་སྟོང་ཕྲག་བརྒྱ་པ།
十萬頌般若波羅蜜多經

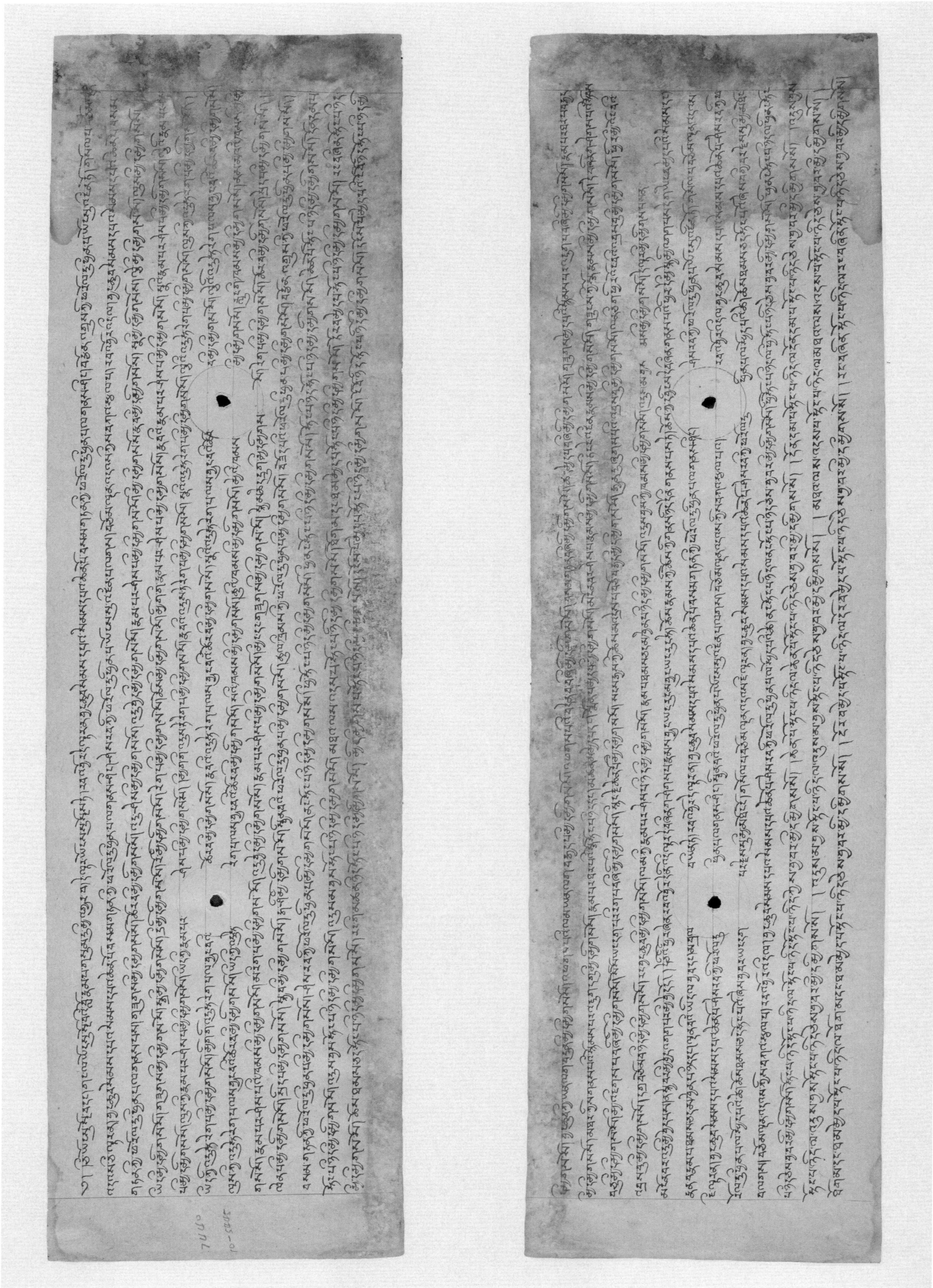

敦博 Db.t.5445 (R-V)　ཤེས་རབ་ཀྱི་ཕ་རོལ་ཏུ་ཕྱིན་པ་སྟོང་ཕྲག་བརྒྱ་པ།
十萬頌般若波羅蜜多經

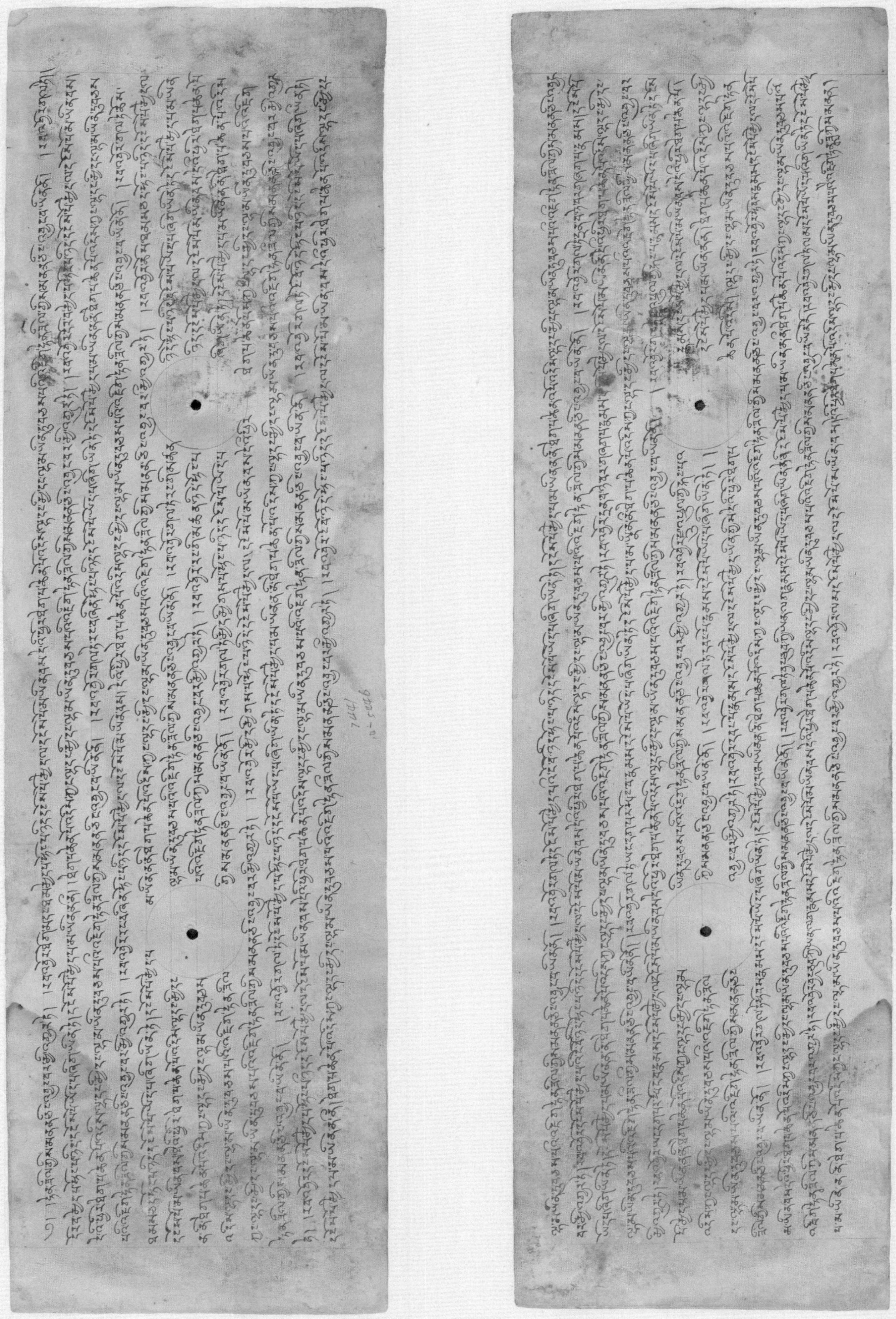

敦博 Db.t.5446 (R-V) ཤེས་རབ་ཀྱི་ཕ་རོལ་ཏུ་ཕྱིན་པ་སྟོང་ཕྲག་བརྒྱ་པ།
十萬頌般若波羅蜜多經

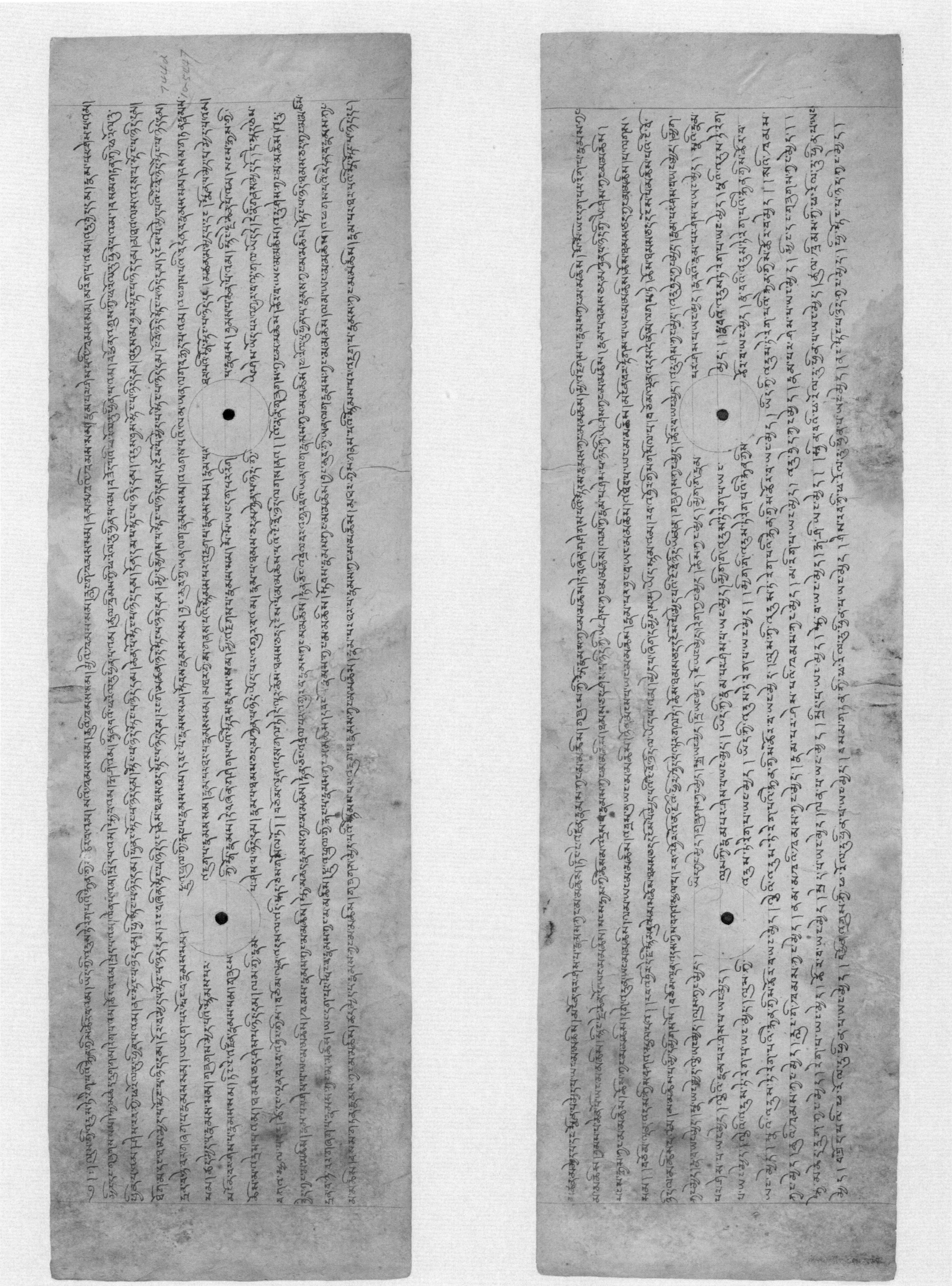

敦博 Db.t.5447 (R-V) ཤེས་རབ་ཀྱི་ཕ་རོལ་ཏུ་ཕྱིན་པ་སྟོང་ཕྲག་བརྒྱ་པ།

十萬頌般若波羅蜜多經

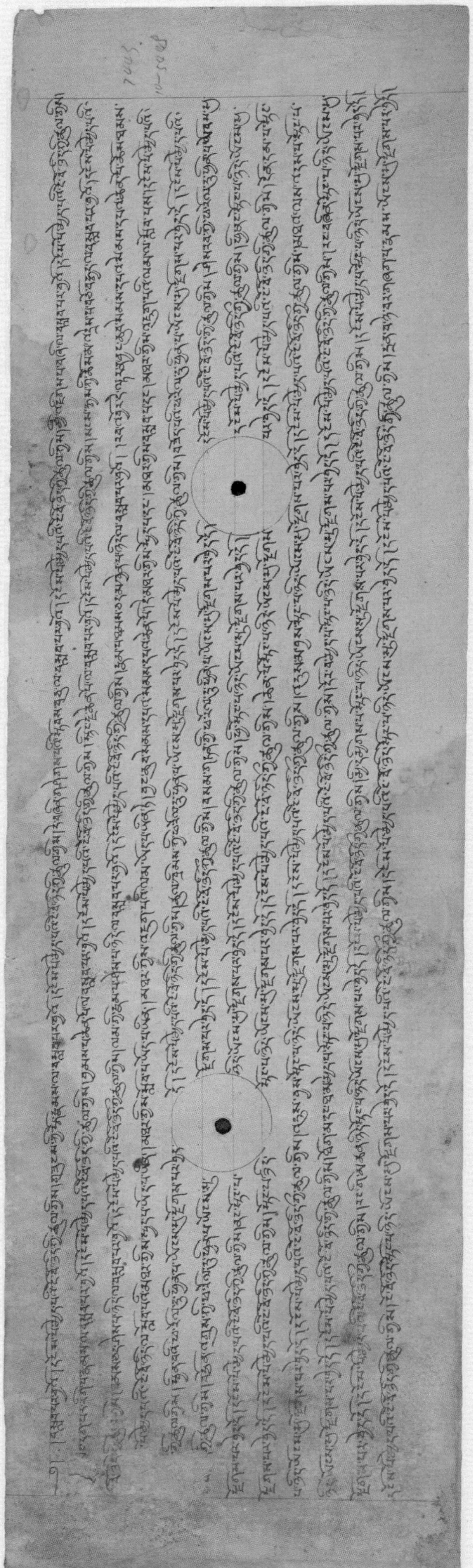
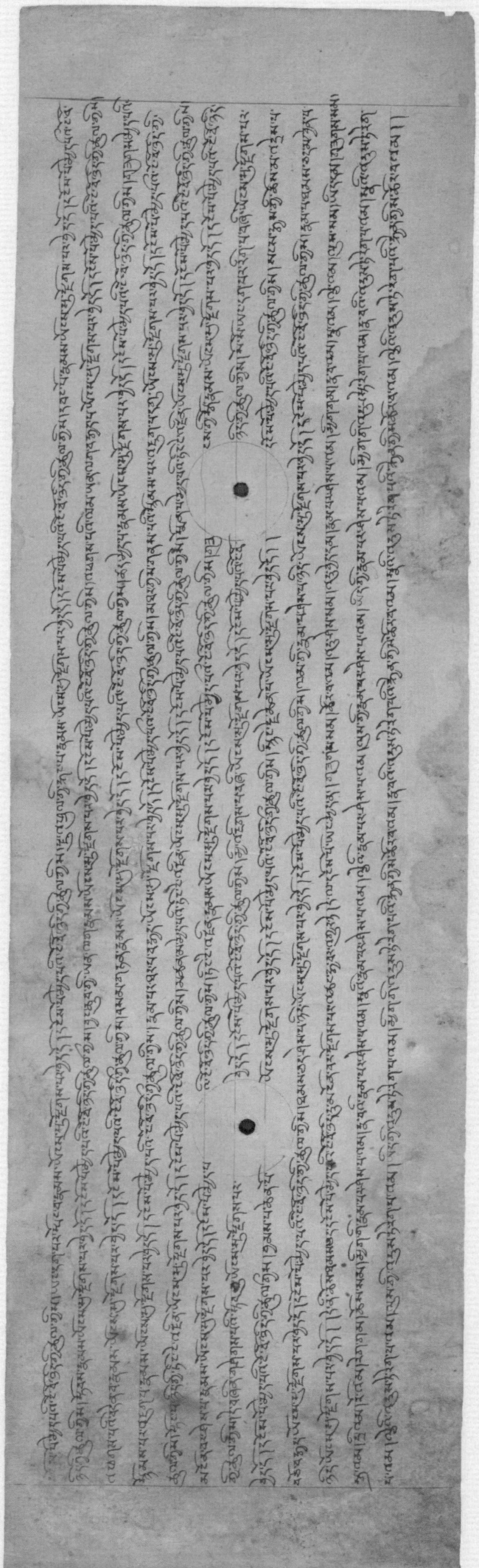

敦博 Db.t.5448 (R-V) ཤེས་རབ་ཀྱི་ཕ་རོལ་ཏུ་ཕྱིན་པ་སྟོང་ཕྲག་བརྒྱ་པ།
十萬頌般若波羅蜜多經

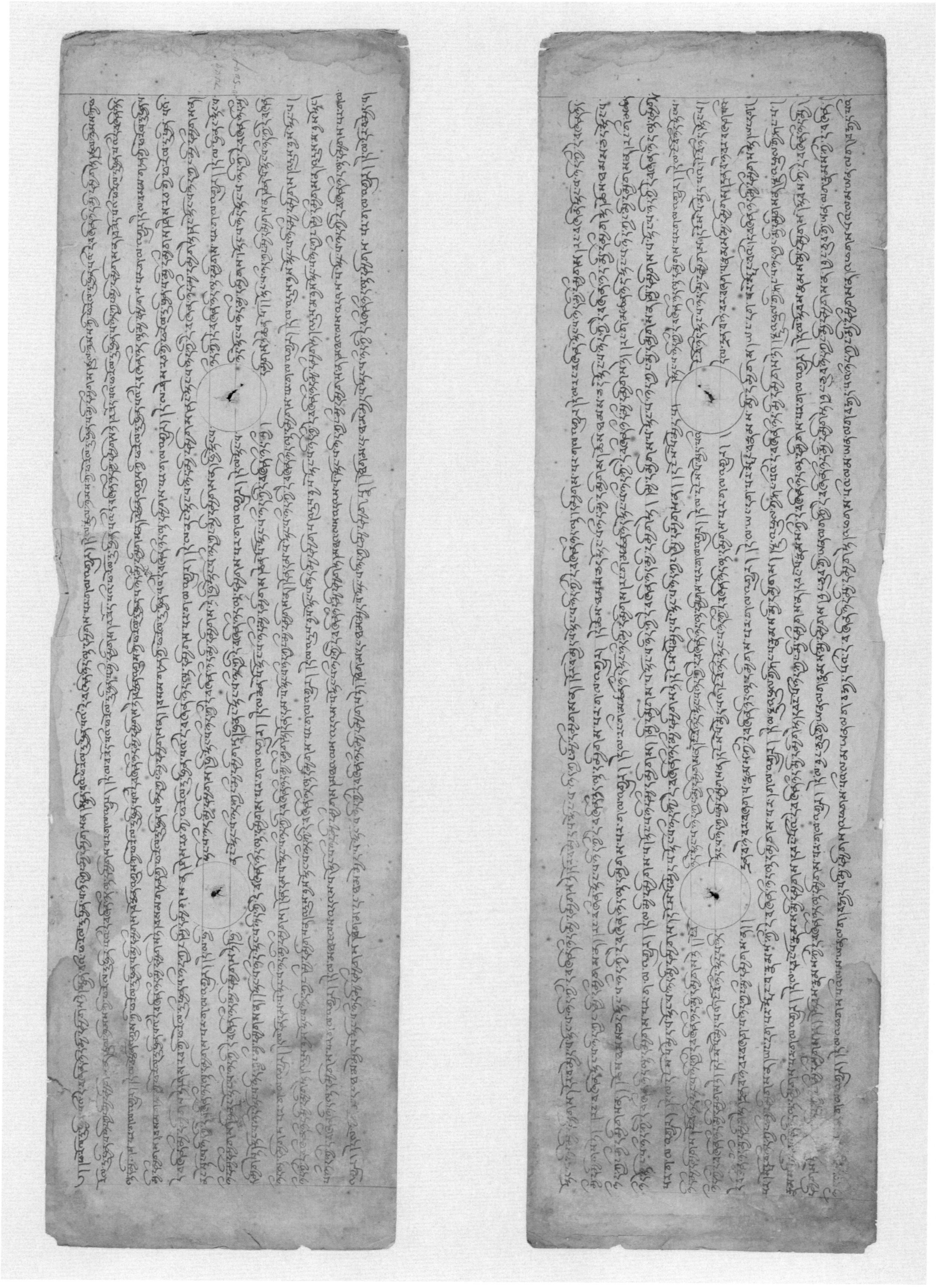

敦博 Db.t.5449 (R-V) ཤེས་རབ་ཀྱི་ཕ་རོལ་ཏུ་ཕྱིན་པ་སྟོང་ཕྲག་བརྒྱ་པ།
十萬頌般若波羅蜜多經

敦博 Db.t.5450 (R-V) ཤེས་རབ་ཀྱི་ཕ་རོལ་ཏུ་ཕྱིན་པ་སྟོང་ཕྲག་བརྒྱ་པ།
十萬頌般若波羅蜜多經

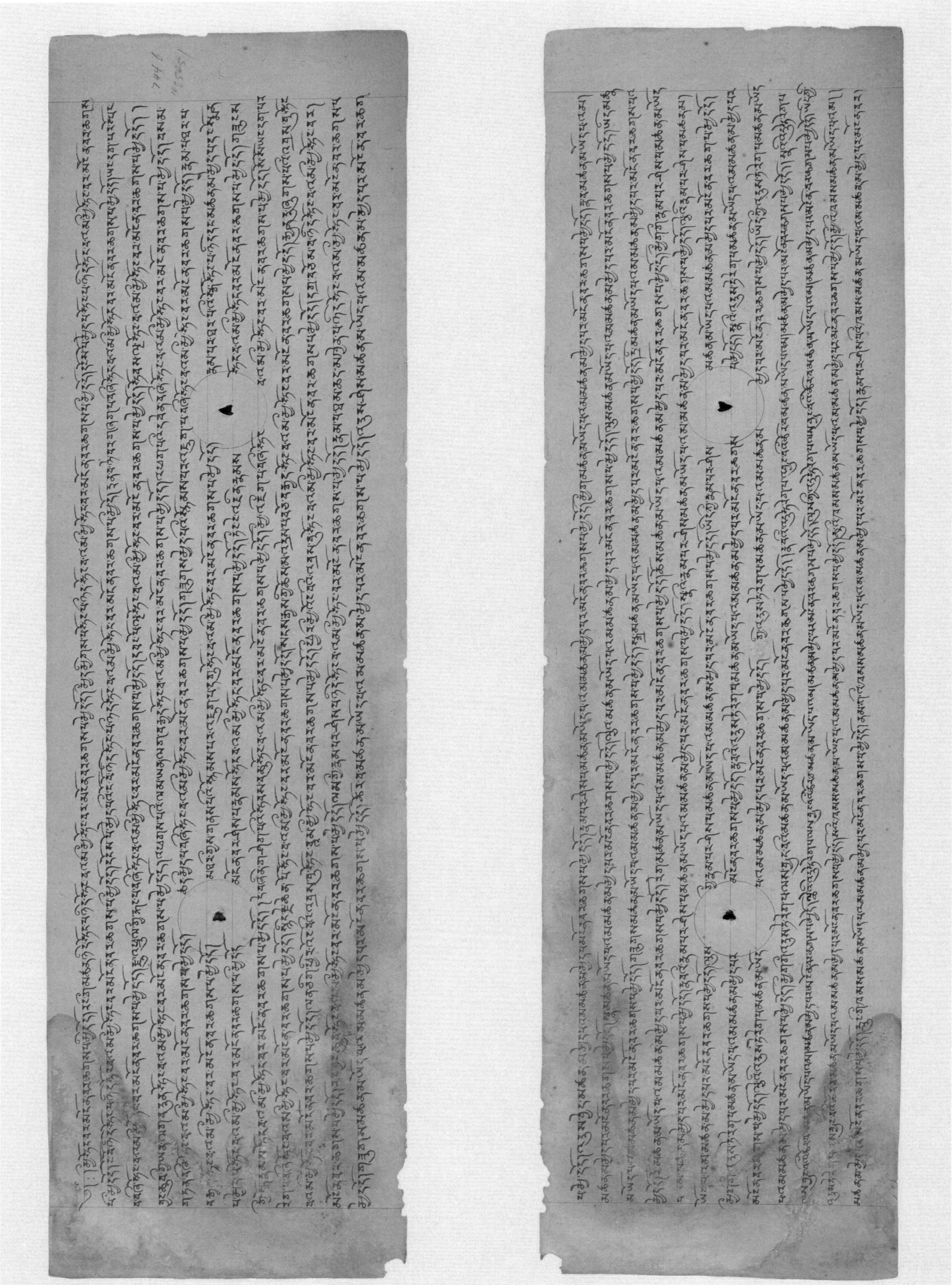

敦博 Db.t.5451 (R-V) ཤེས་རབ་ཀྱི་ཕ་རོལ་ཏུ་ཕྱིན་པ་སྟོང་ཕྲག་བརྒྱ་པ།
十萬頌般若波羅蜜多經

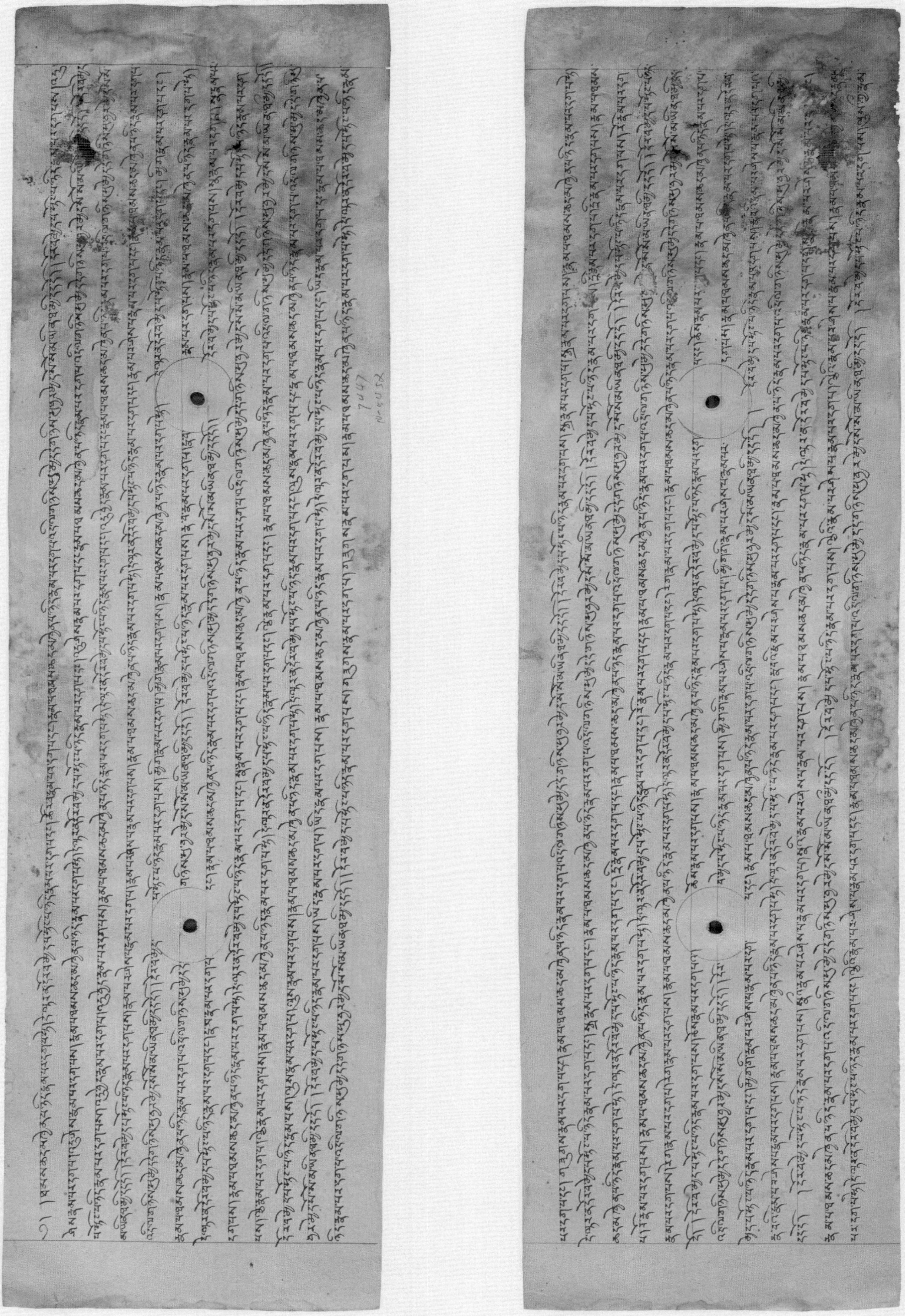

敦博 Db.t.5452 (R-V) ཤེས་རབ་ཀྱི་ཕ་རོལ་ཏུ་ཕྱིན་པ་སྟོང་ཕྲག་བརྒྱ་པ།
十萬頌般若波羅蜜多經

敦博 Db.t.5453 (R-V) ཤེས་རབ་ཀྱི་ཕ་རོལ་ཏུ་ཕྱིན་པ་སྟོང་ཕྲག་བརྒྱ་པ།
十萬頌般若波羅蜜多經

敦博 Db.t.5454 (R-V)　ཤེས་རབ་ཀྱི་ཕ་རོལ་ཏུ་ཕྱིན་པ་སྟོང་ཕྲག་བརྒྱ་པ།
十萬頌般若波羅蜜多經

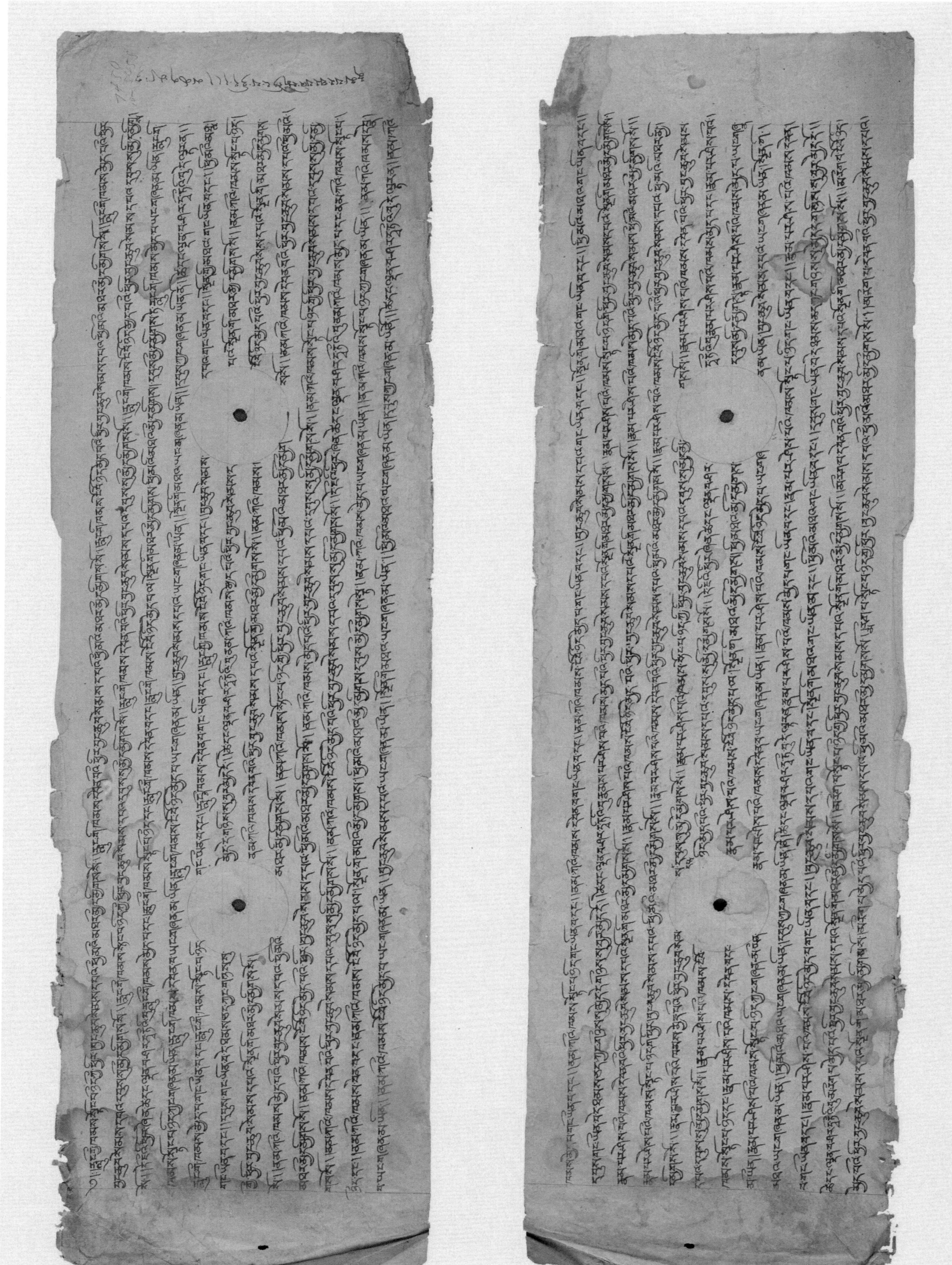

敦博 Db.t.5455 (R-V) ཤེས་རབ་ཀྱི་ཕ་རོལ་ཏུ་ཕྱིན་པ་སྟོང་ཕྲག་བརྒྱ་པ།
十萬頌般若波羅蜜多經

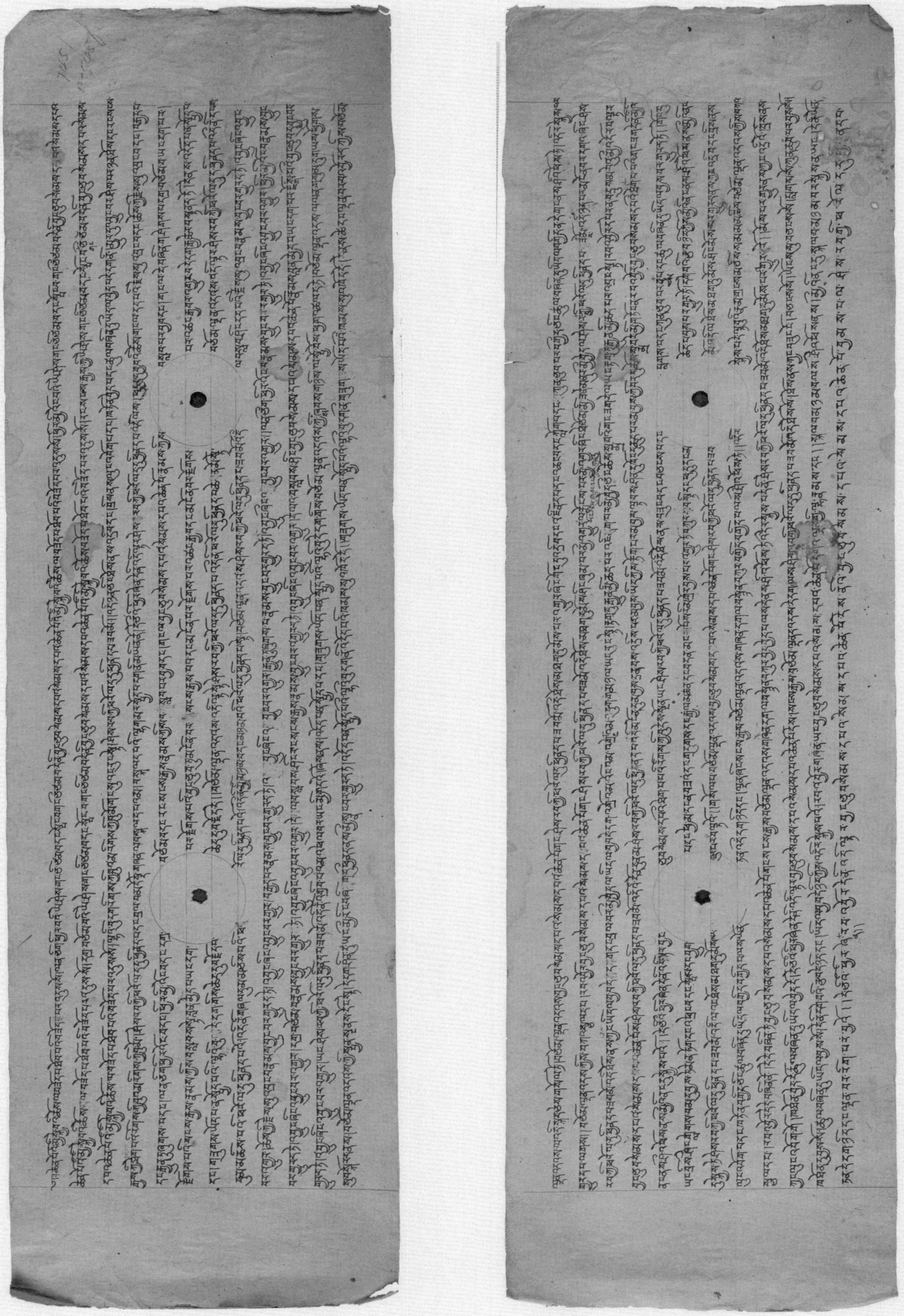

敦博 Db.t.5456 (R-V) ཤེས་རབ་ཀྱི་ཕ་རོལ་ཏུ་ཕྱིན་པ་སྟོང་ཕྲག་བརྒྱ་པ།
十萬頌般若波羅蜜多經

敦博 Db.t.5457 (R-V) ཤེས་རབ་ཀྱི་ཕ་རོལ་ཏུ་ཕྱིན་པ་སྟོང་ཕྲག་བརྒྱ་པ།
十萬頌般若波羅蜜多經

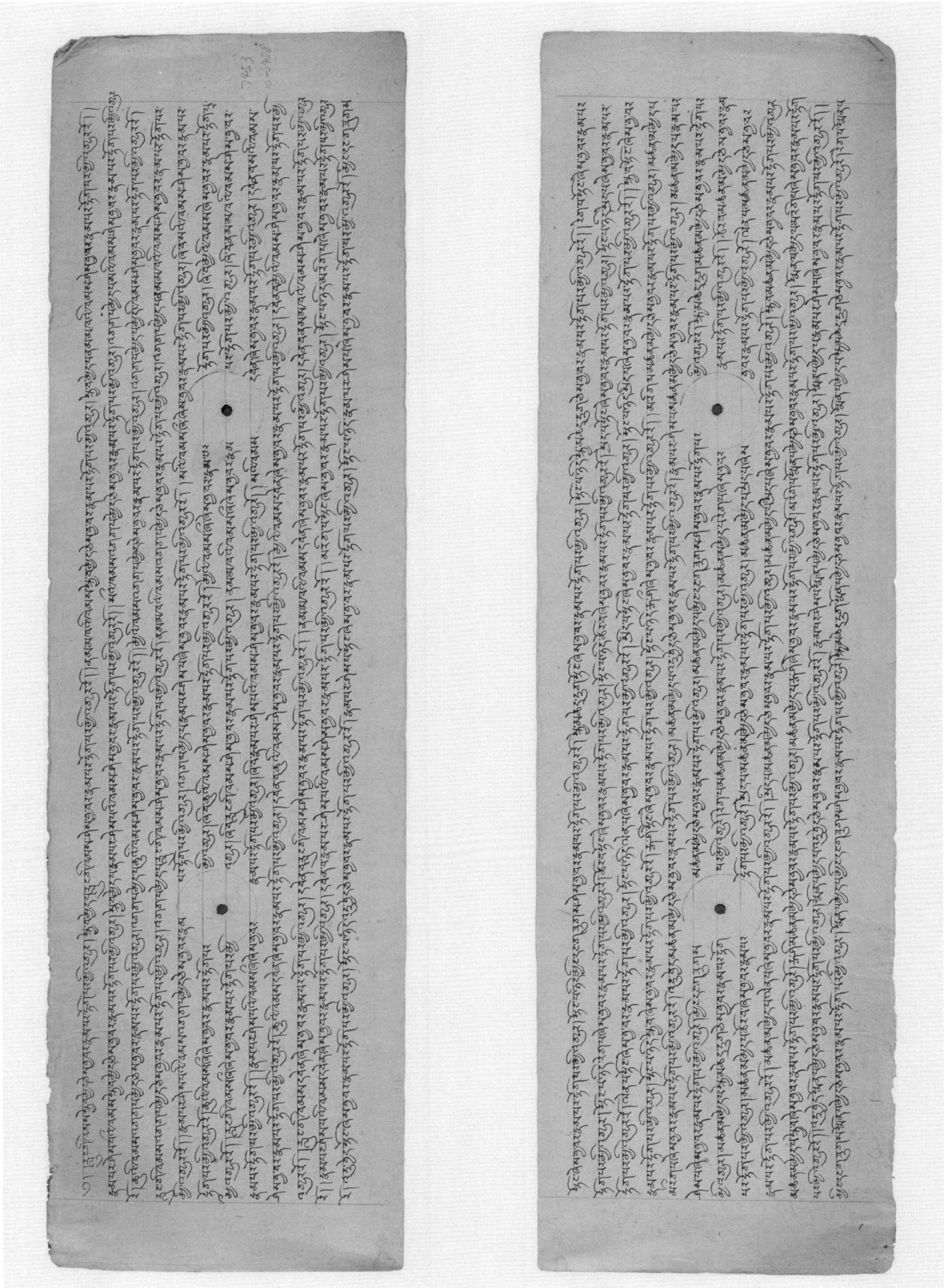

敦博 Db.t.5458 (R-V) ཤེས་རབ་ཀྱི་ཕ་རོལ་ཏུ་ཕྱིན་པ་སྟོང་ཕྲག་བརྒྱ་པ།
十萬頌般若波羅蜜多經

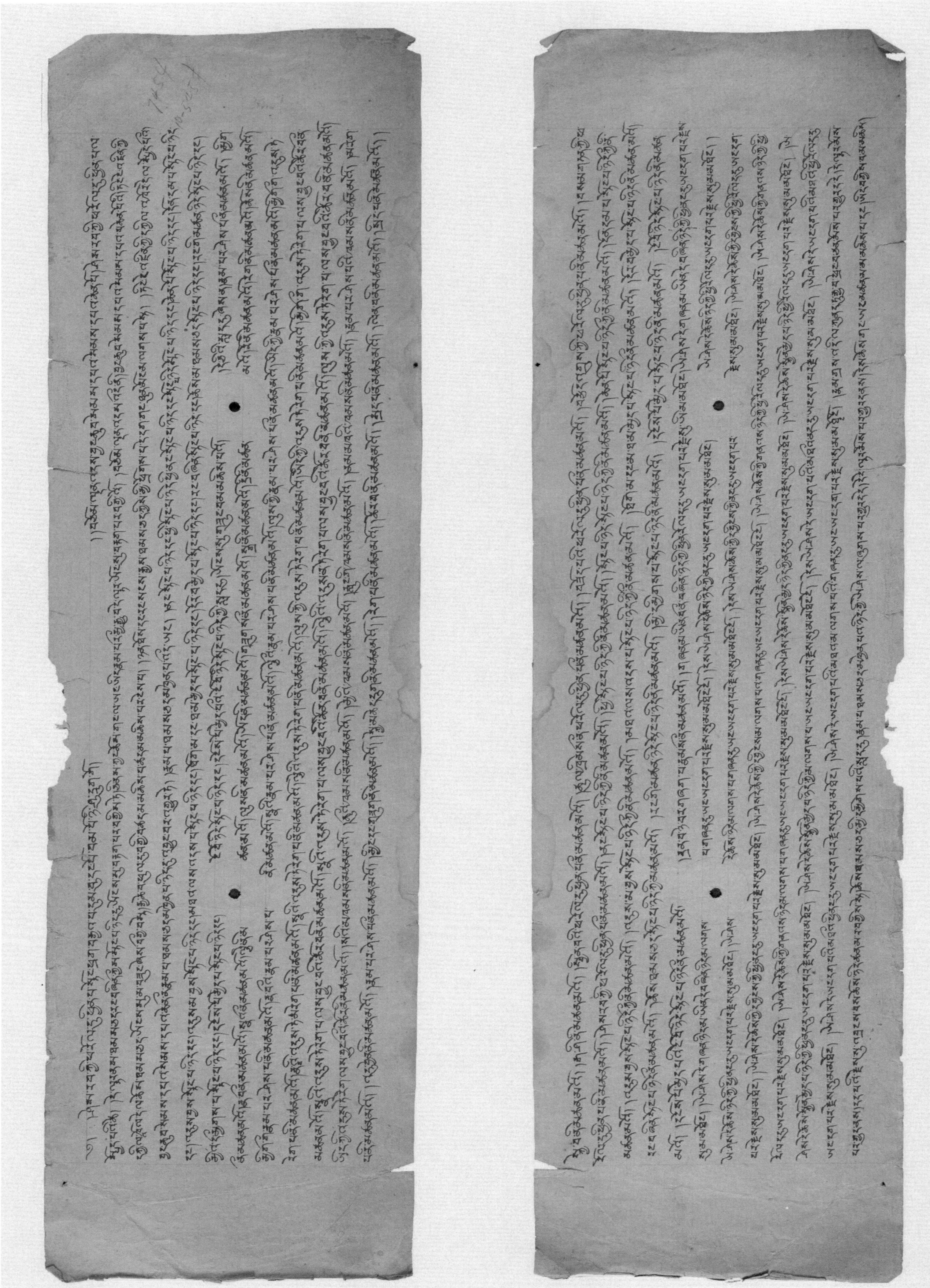

敦博 Db.t.5459 (R-V)　ཤེས་རབ་ཀྱི་ཕ་རོལ་ཏུ་ཕྱིན་པ་སྟོང་ཕྲག་བརྒྱ་པ་དུམ་བུ་དང་པོ་བམ་པོ་ཉི་ཤུ་དྲུག་གོ།།
十萬般若波羅蜜多經第一卷第二十六品

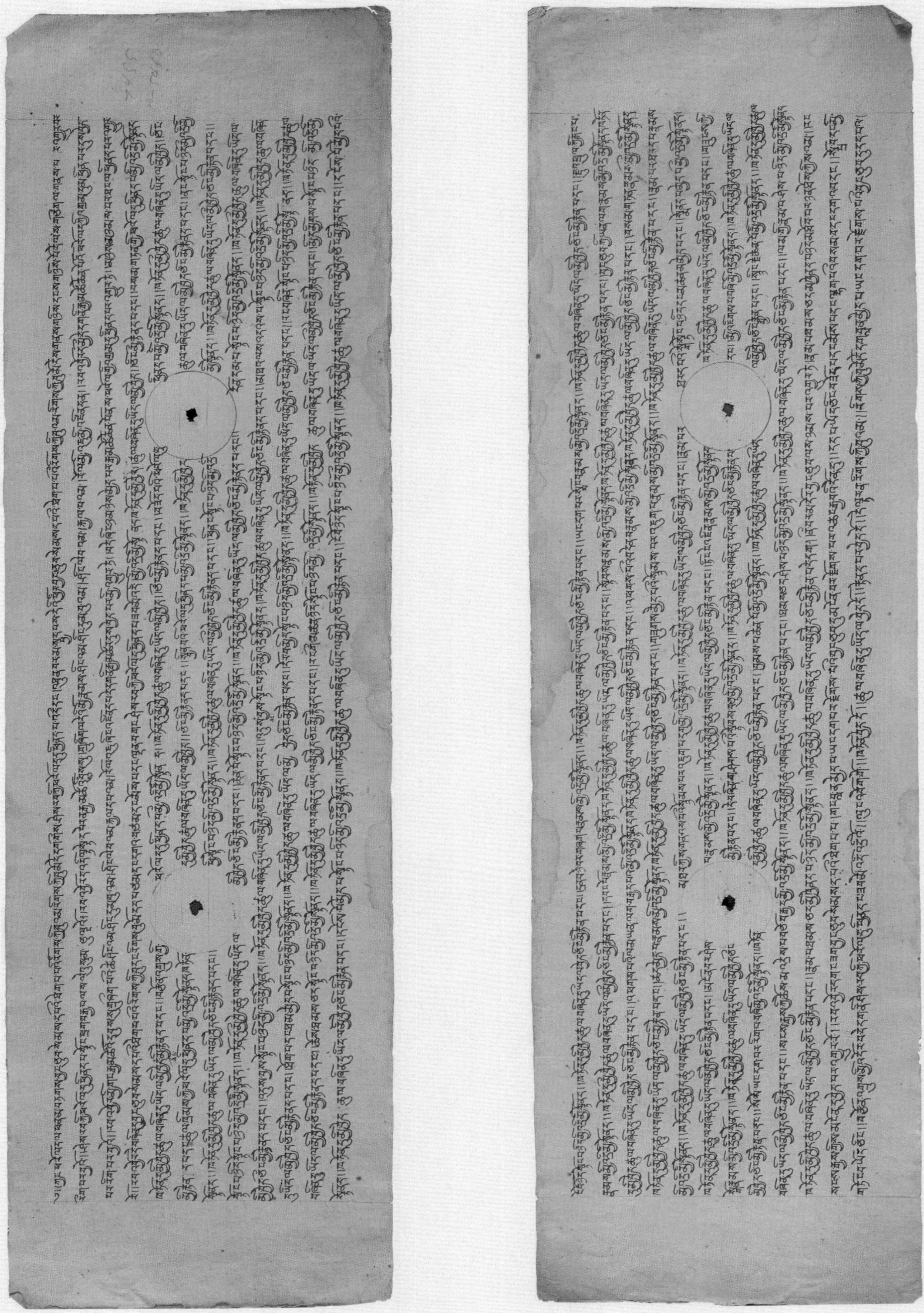

敦博 Db.t.5460 (R-V) ཤེས་རབ་ཀྱི་ཕ་རོལ་ཏུ་ཕྱིན་པ་སྟོང་ཕྲག་བརྒྱ་པ།
十萬頌般若波羅蜜多經

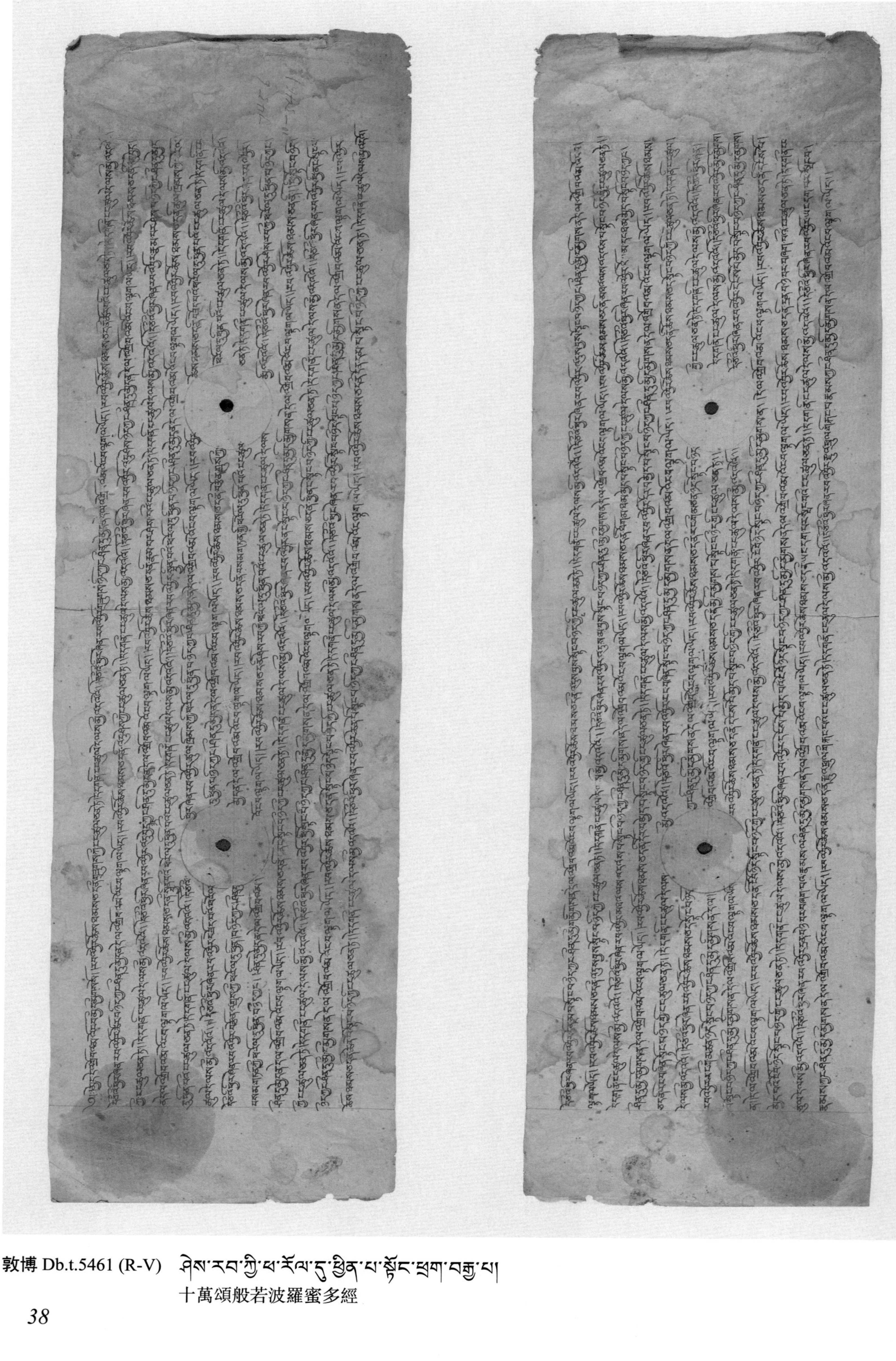

敦博 Db.t.5461 (R-V) ཤེས་རབ་ཀྱི་ཕ་རོལ་ཏུ་ཕྱིན་པ་སྟོང་ཕྲག་བརྒྱ་པ།
十萬頌般若波羅蜜多經

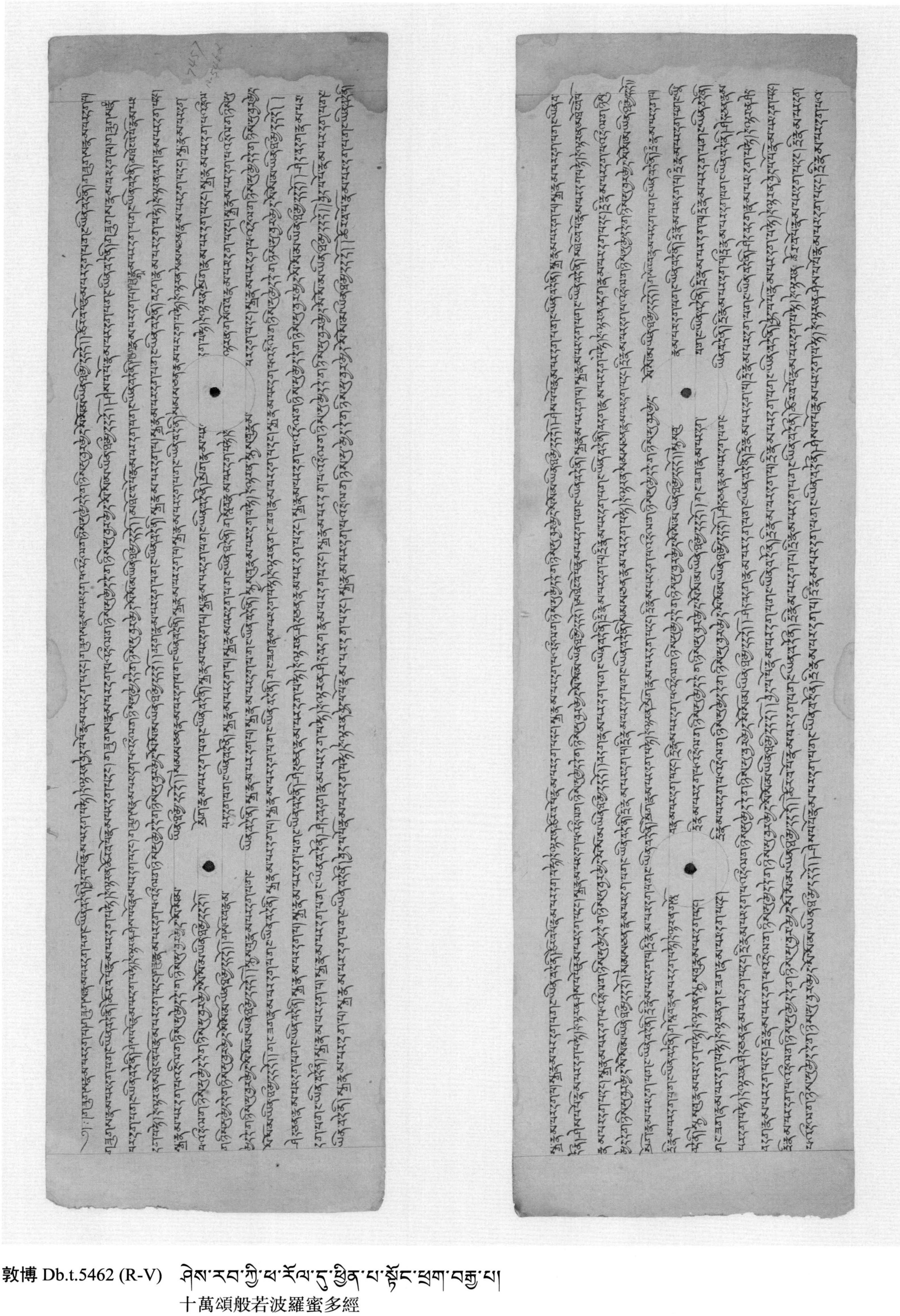

敦博 Db.t.5462 (R-V) ཤེས་རབ་ཀྱི་ཕ་རོལ་ཏུ་ཕྱིན་པ་སྟོང་ཕྲག་བརྒྱ་པ།
十萬頌般若波羅蜜多經

敦博 Db.t.5463 (R-V) ཤེས་རབ་ཀྱི་ཕ་རོལ་ཏུ་ཕྱིན་པ་སྟོང་ཕྲག་བརྒྱ་པ།

十萬頌般若波羅蜜多經

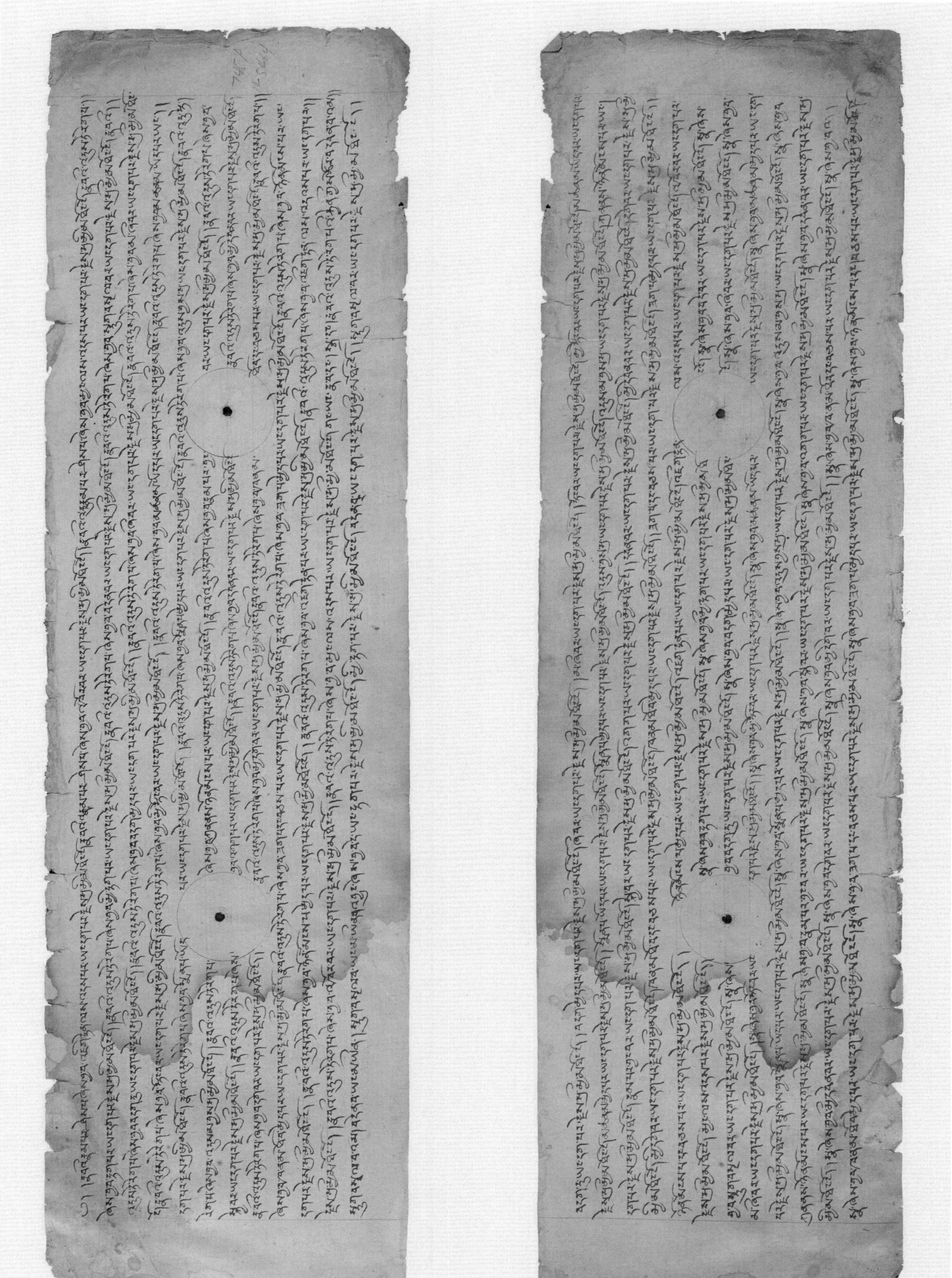

敦博 Db.t.5464 (R-V) ཤེས་རབ་ཀྱི་ཕ་རོལ་ཏུ་ཕྱིན་པ་སྟོང་ཕྲག་བརྒྱ་པ།
十萬頌般若波羅蜜多經

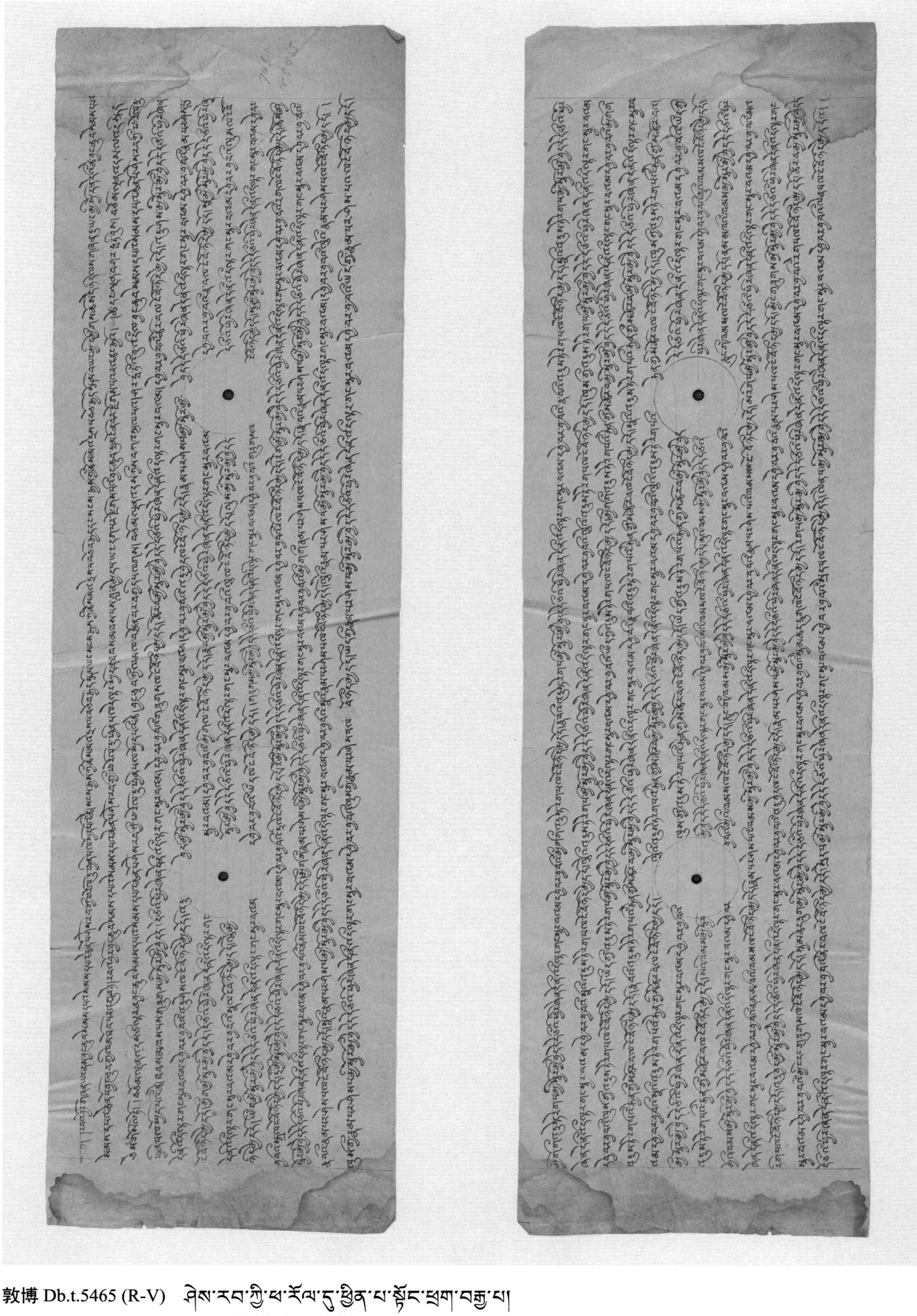

敦博 Db.t.5465 (R-V) ཤེས་རབ་ཀྱི་ཕ་རོལ་ཏུ་ཕྱིན་པ་སྟོང་ཕྲག་བརྒྱ་པ།
十萬頌般若波羅蜜多經

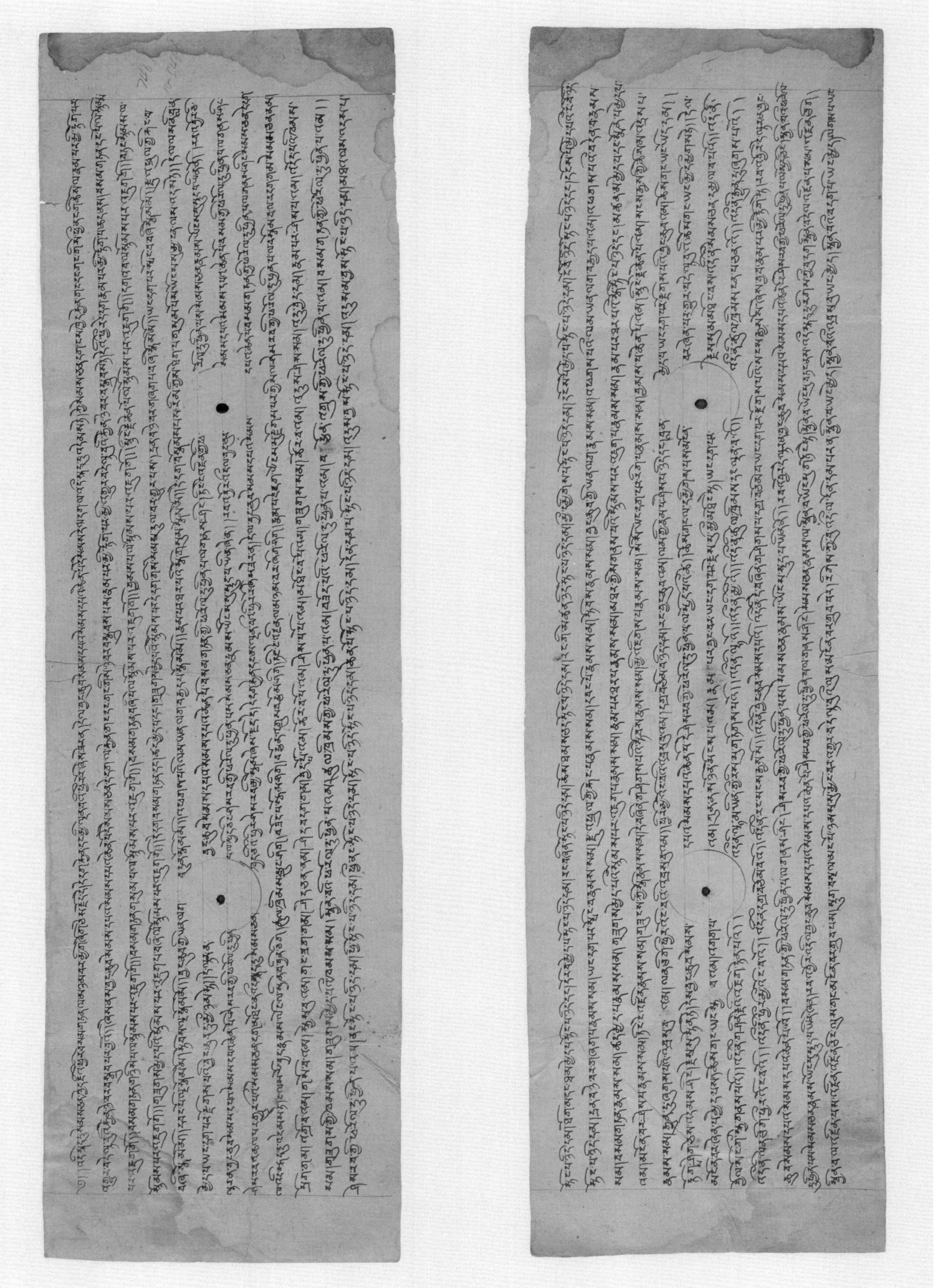

敦博 Db.t.5466 (R-V) ཤེས་རབ་ཀྱི་ཕ་རོལ་ཏུ་ཕྱིན་པ་སྟོང་ཕྲག་བརྒྱ་པ།
十萬頌般若波羅蜜多經

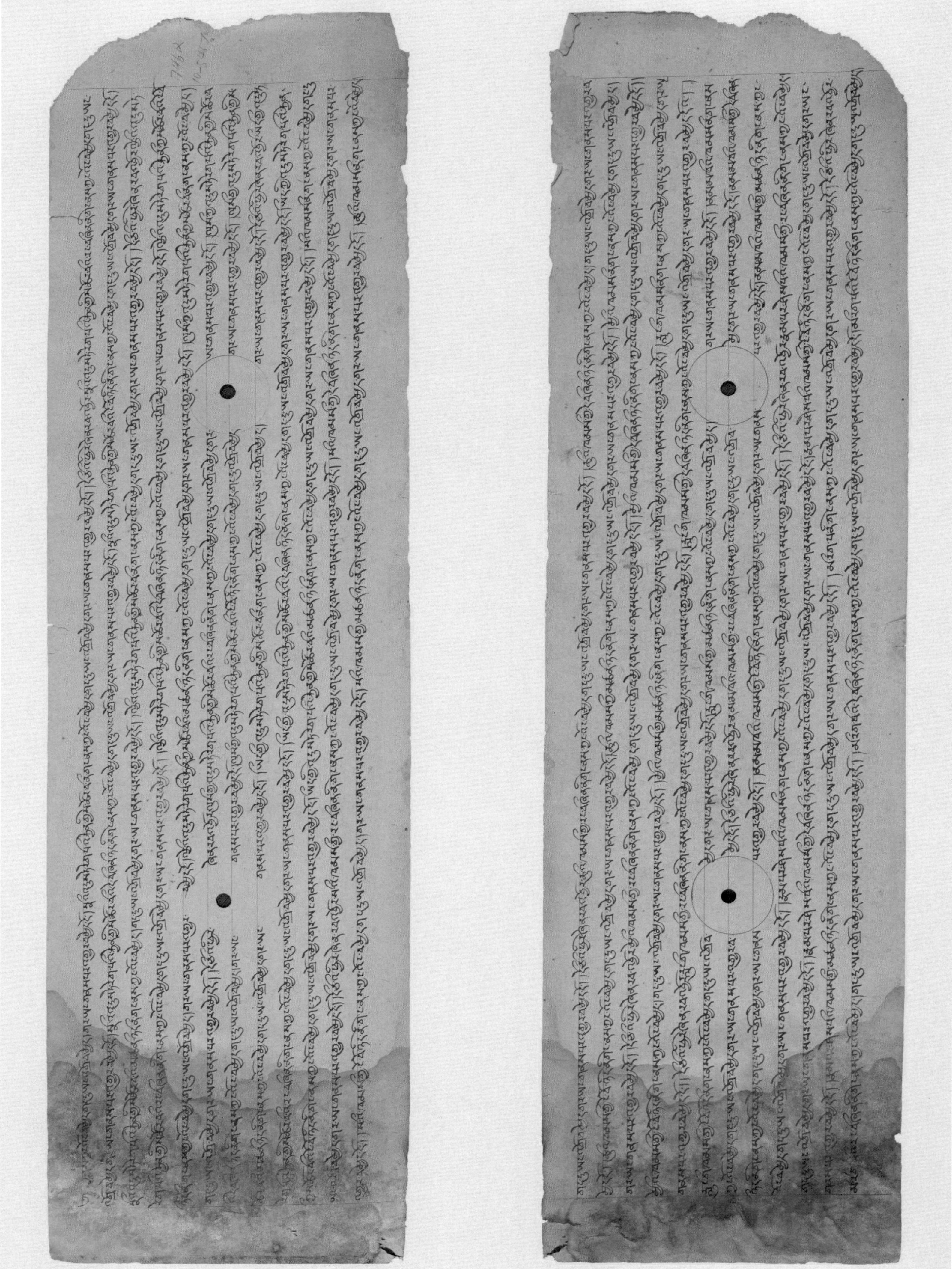

敦博 Db.t.5467 (R-V)　ཤེས་རབ་ཀྱི་ཕ་རོལ་ཏུ་ཕྱིན་པ་སྟོང་ཕྲག་བརྒྱ་པ།
十萬頌般若波羅蜜多經

敦博 Db.t.5468 (R-V) ཤེས་རབ་ཀྱི་ཕ་རོལ་ཏུ་ཕྱིན་པ་སྟོང་ཕྲག་བརྒྱ་པ།
十萬頌般若波羅蜜多經

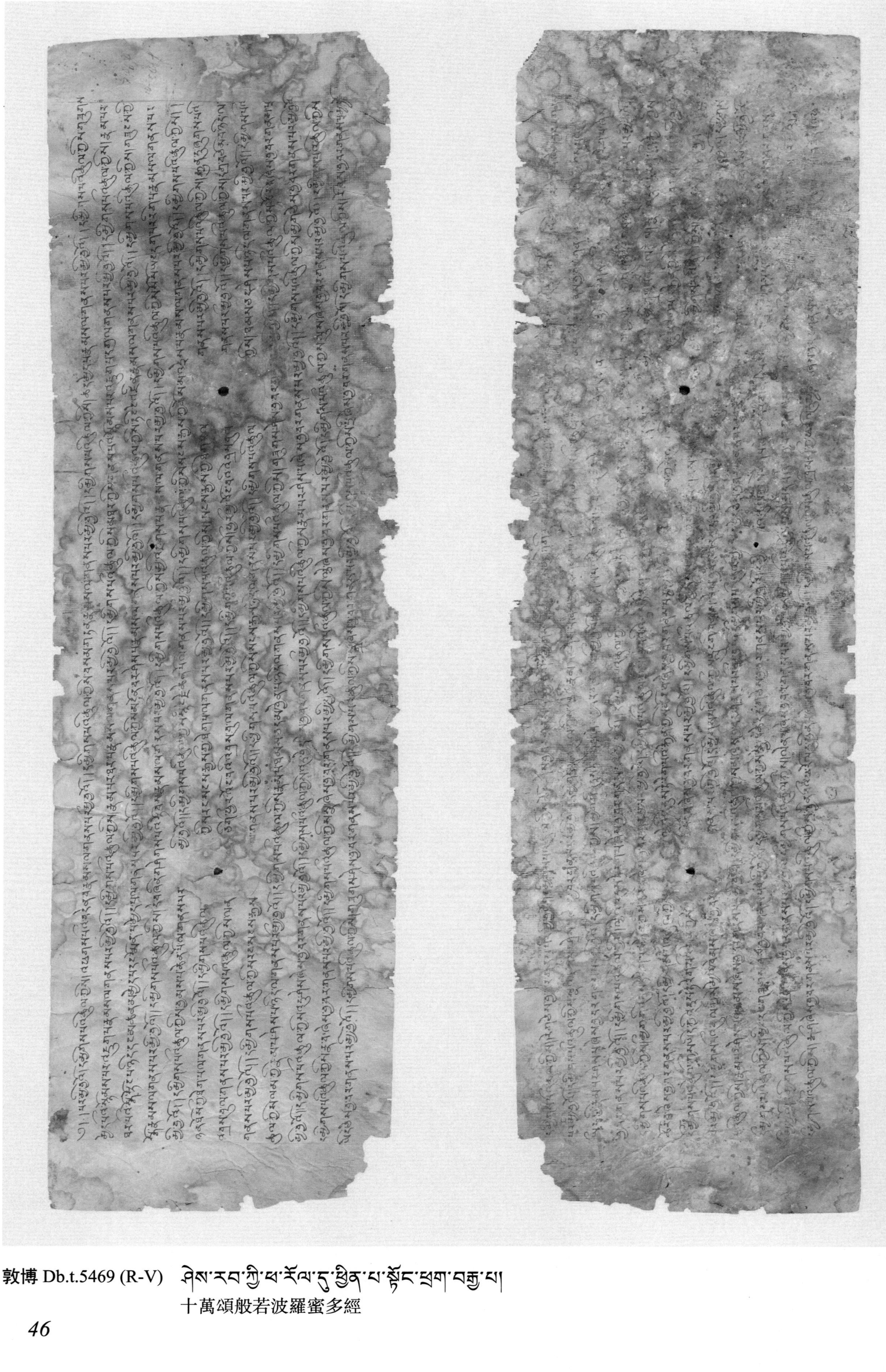

敦博 Db.t.5469 (R-V) ཤེས་རབ་ཀྱི་ཕ་རོལ་ཏུ་ཕྱིན་པ་སྟོང་ཕྲག་བརྒྱ་པ།
十萬頌般若波羅蜜多經

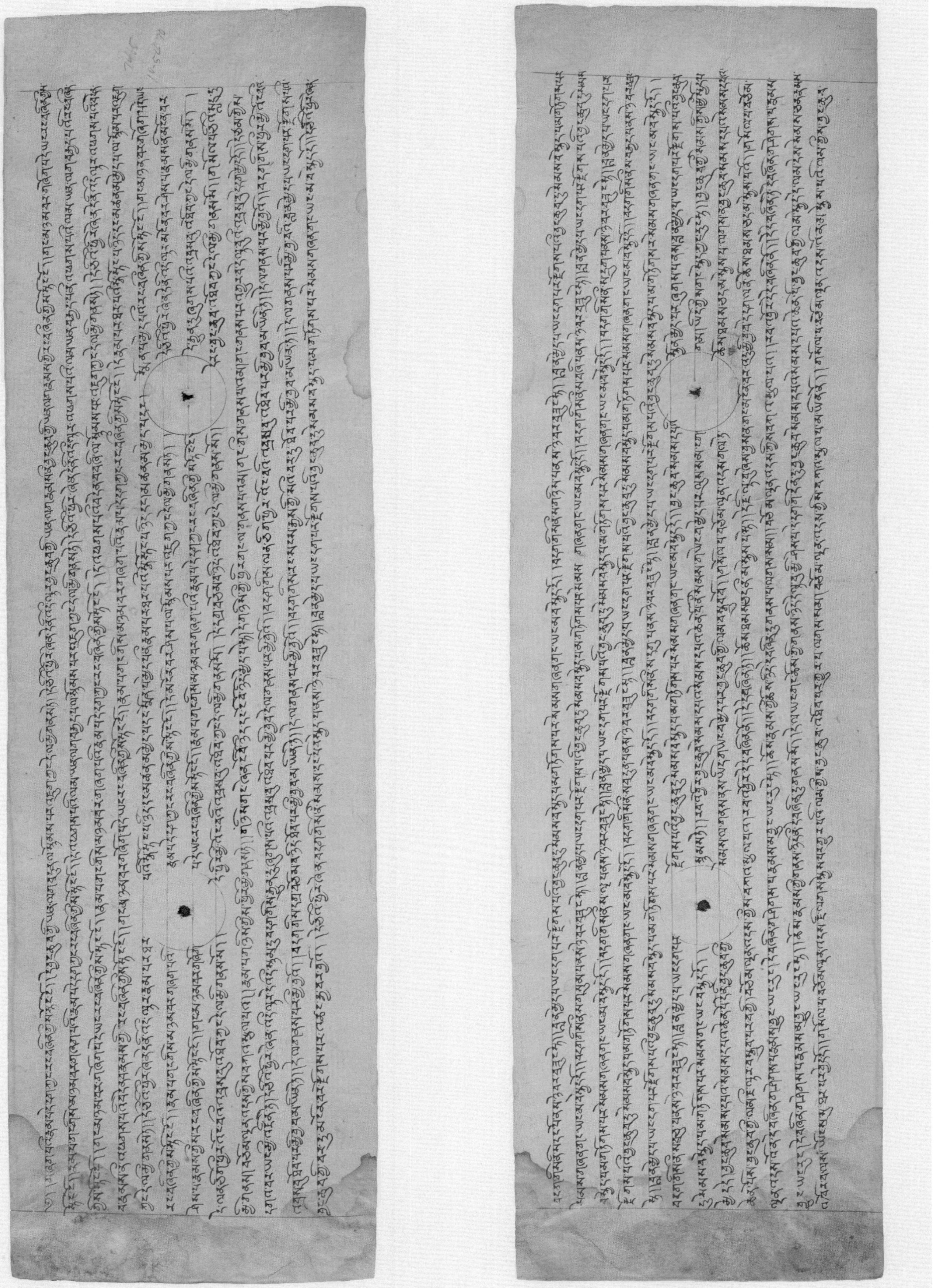

敦博 Db.t.5470 (R-V) ཤེས་རབ་ཀྱི་ཕ་རོལ་ཏུ་ཕྱིན་པ་སྟོང་ཕྲག་བརྒྱ་པ།
十萬頌般若波羅蜜多經

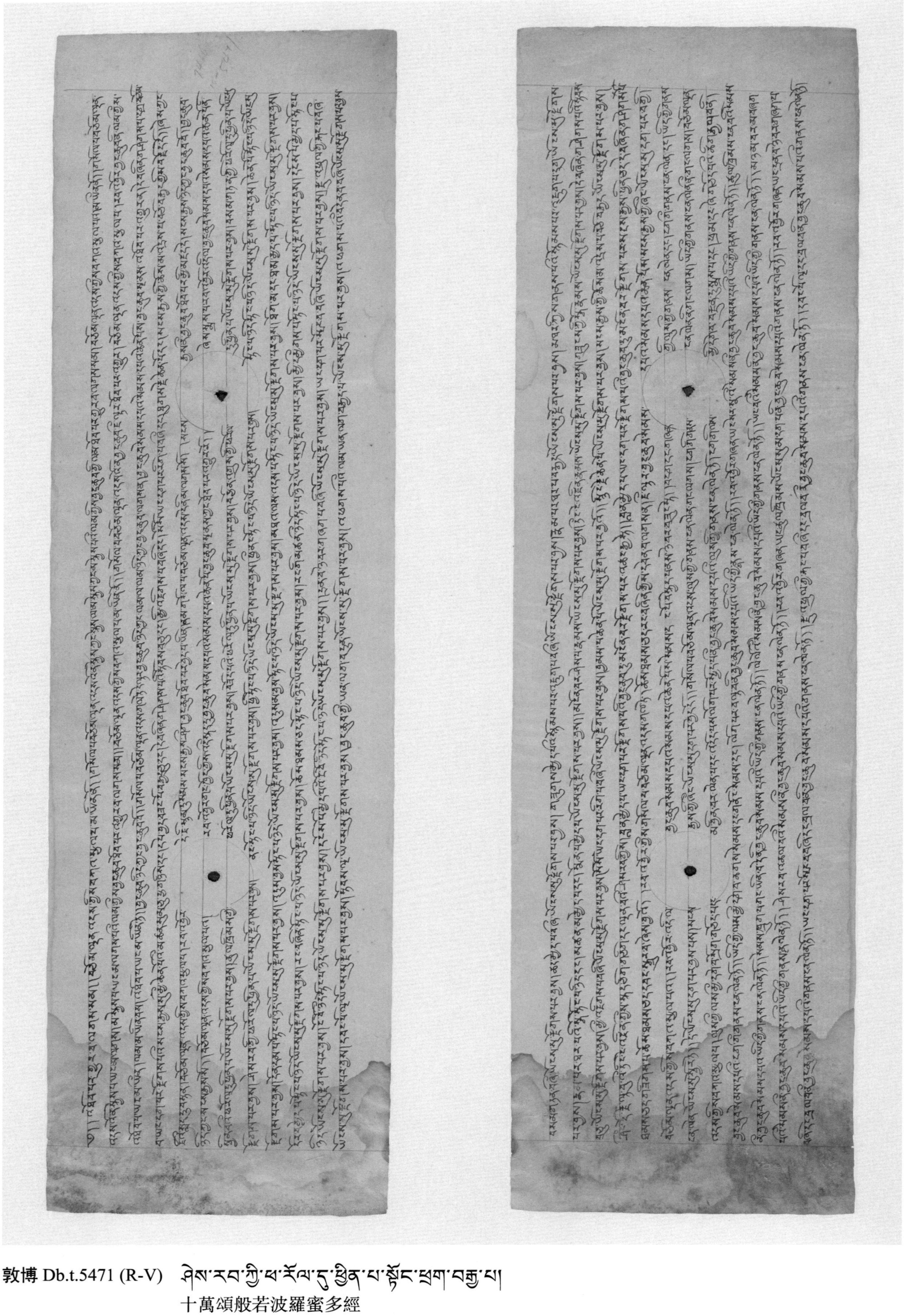

敦博 Db.t.5471 (R-V) ཤེས་རབ་ཀྱི་ཕ་རོལ་ཏུ་ཕྱིན་པ་སྟོང་ཕྲག་བརྒྱ་པ།
十萬頌般若波羅蜜多經

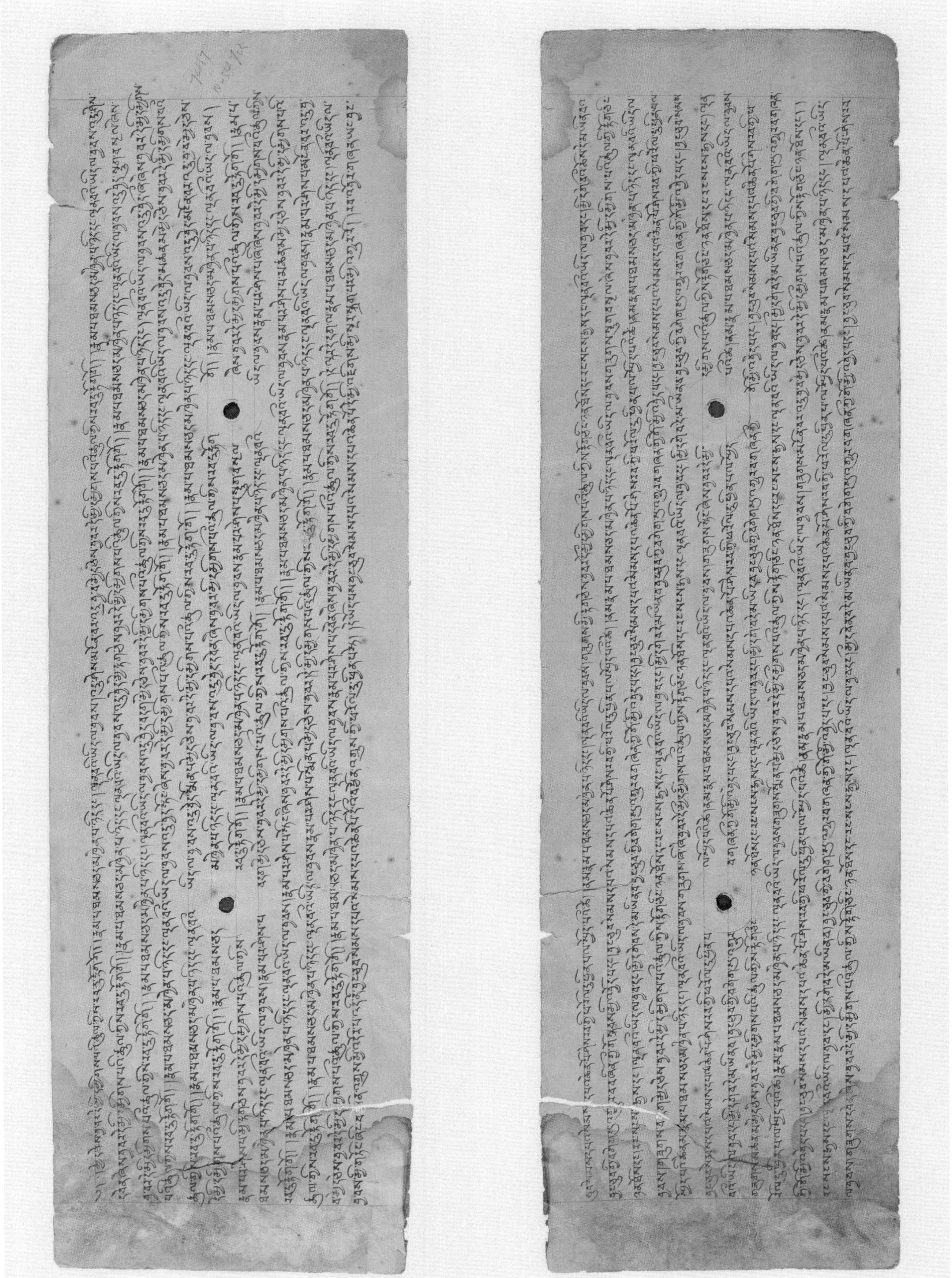

敦博 Db.t.5472 (R-V) ཤེས་རབ་ཀྱི་ཕ་རོལ་ཏུ་ཕྱིན་པ་སྟོང་ཕྲག་བརྒྱ་པ།

十萬頌般若波羅蜜多經

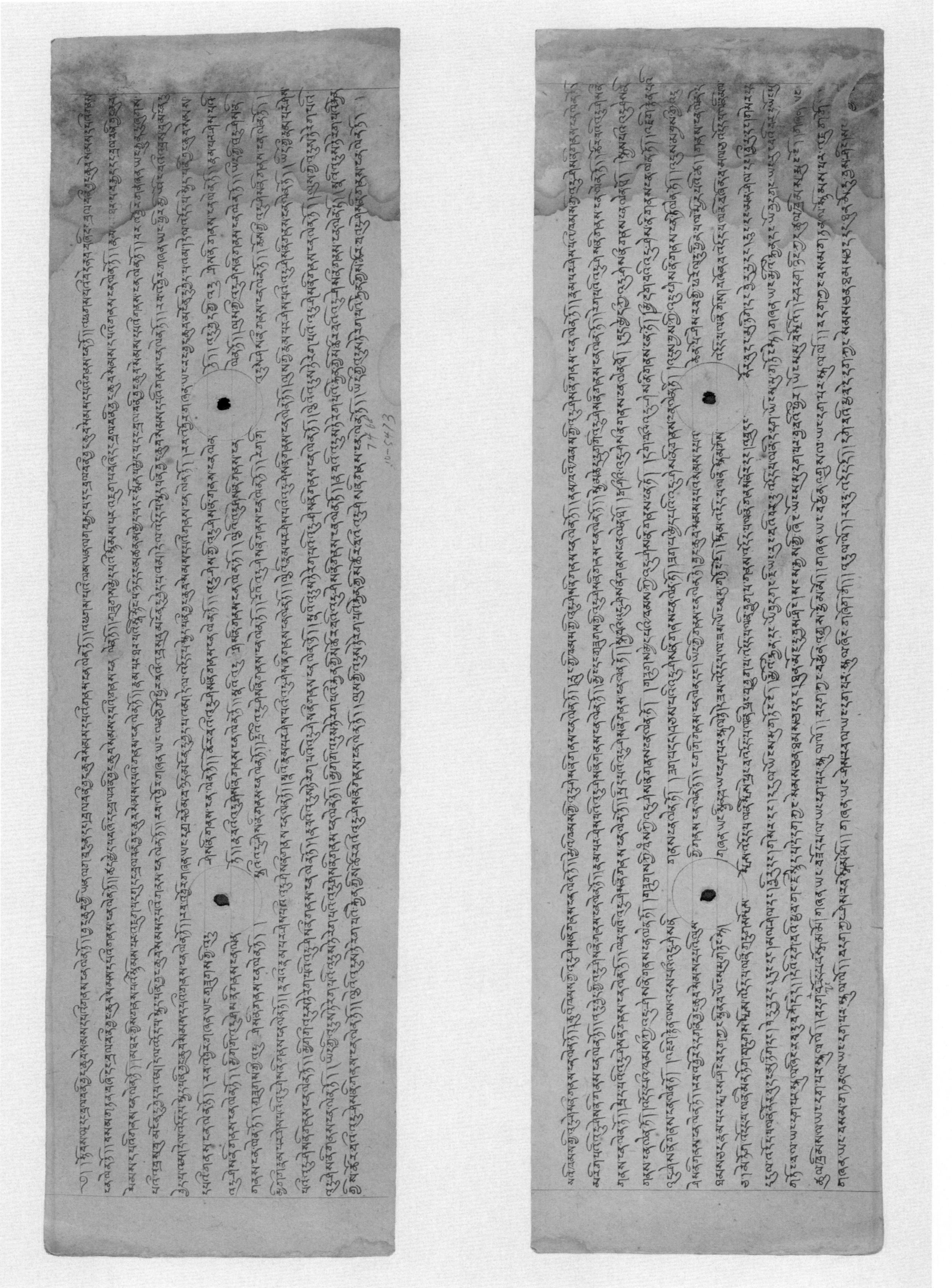

敦博 Db.t.5473 (R-V) ཤེས་རབ་ཀྱི་ཕ་རོལ་ཏུ་ཕྱིན་པ་སྟོང་ཕྲག་བརྒྱ་པ།
十萬頌般若波羅蜜多經

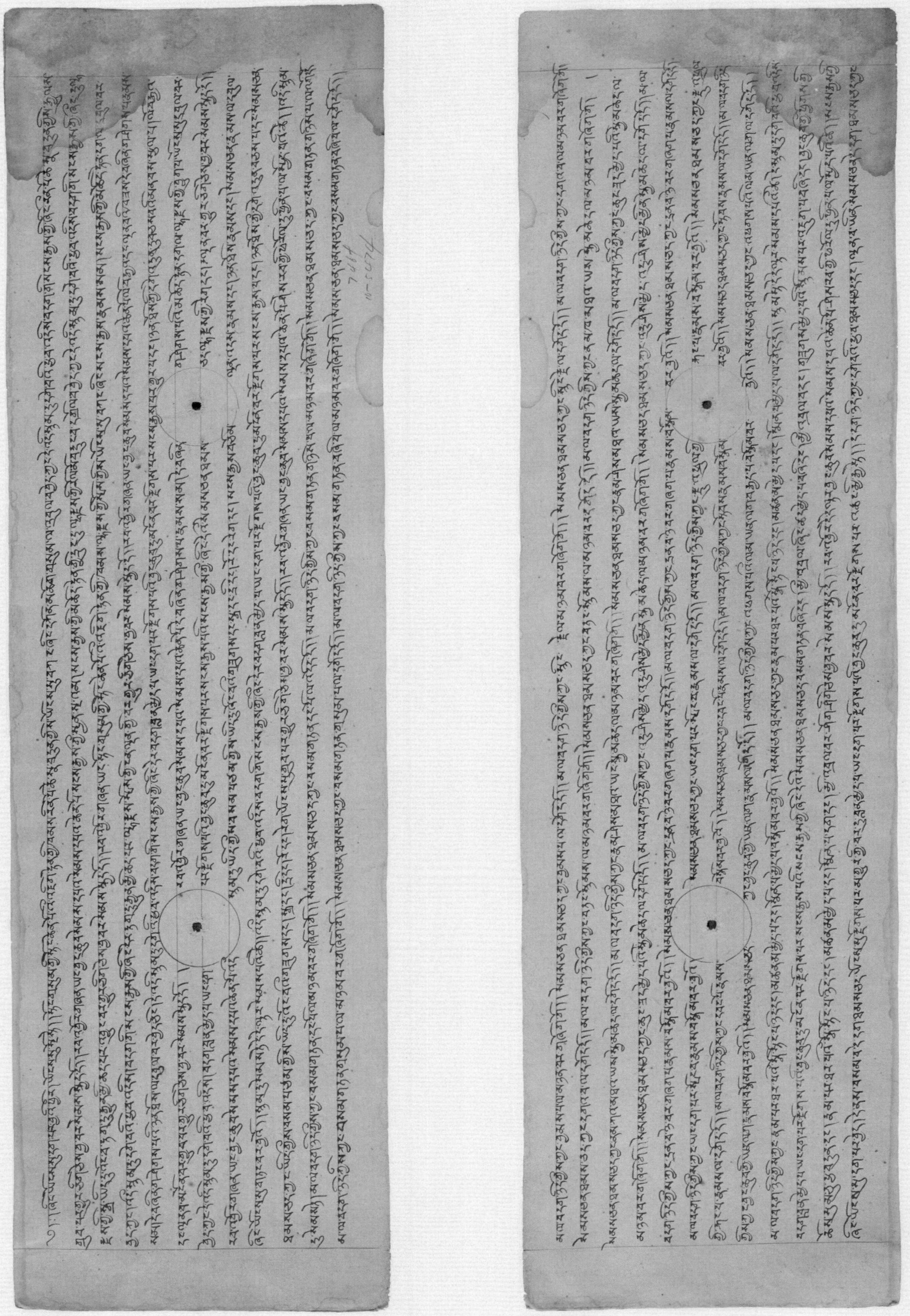

敦博 Db.t.5474 (R-V)　ཤེས་རབ་ཀྱི་ཕ་རོལ་ཏུ་ཕྱིན་པ་སྟོང་ཕྲག་བརྒྱ་པ།
十萬頌般若波羅蜜多經

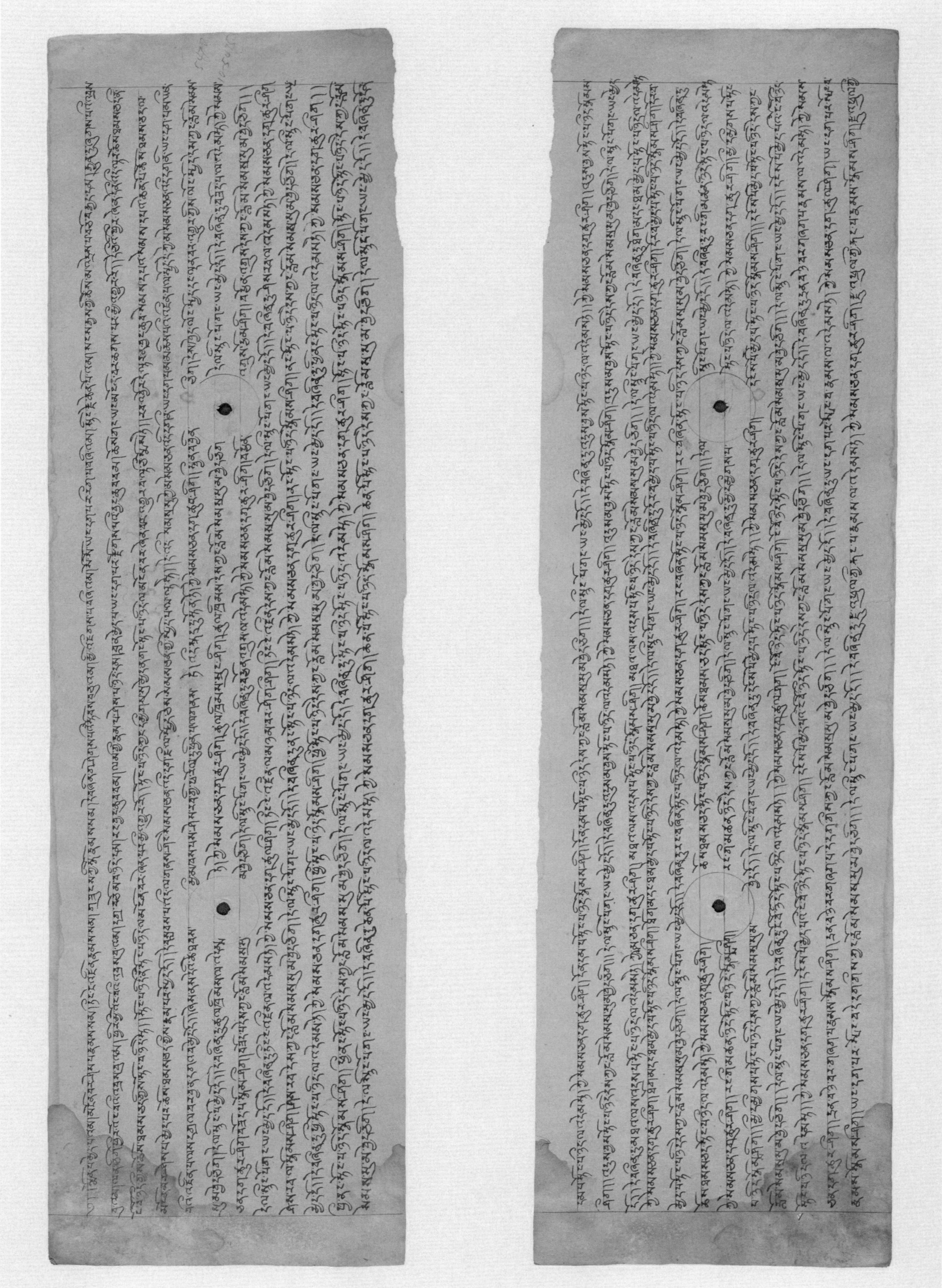

敦博 Db.t.5475 (R-V) ཤེས་རབ་ཀྱི་ཕ་རོལ་ཏུ་ཕྱིན་པ་སྟོང་ཕྲག་བརྒྱ་པ།
十萬頌般若波羅蜜多經

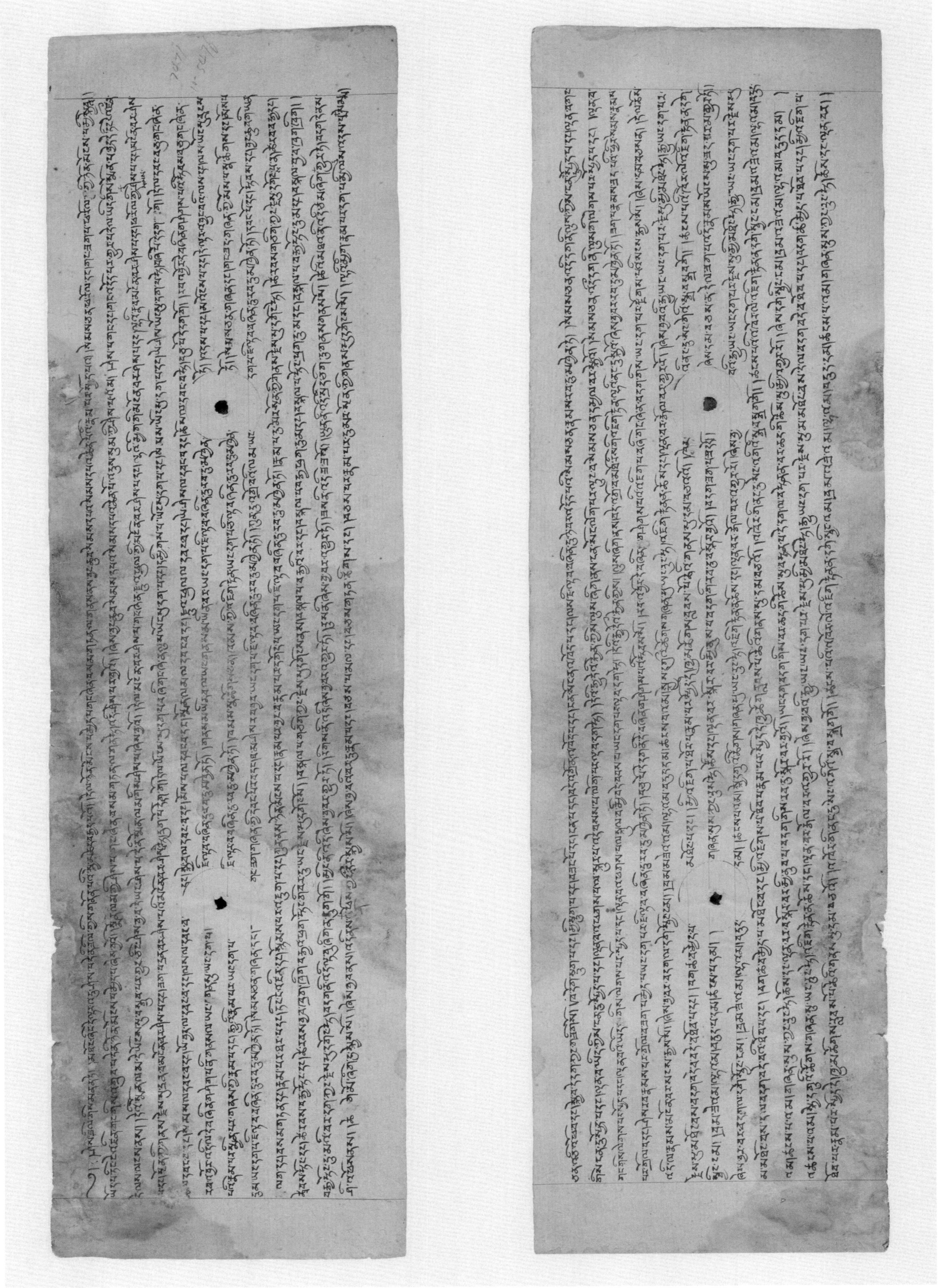

敦博 Db.t.5476 (R-V) ཤེས་རབ་ཀྱི་ཕ་རོལ་ཏུ་ཕྱིན་པ་སྟོང་ཕྲག་བརྒྱ་པ།
十萬頌般若波羅蜜多經

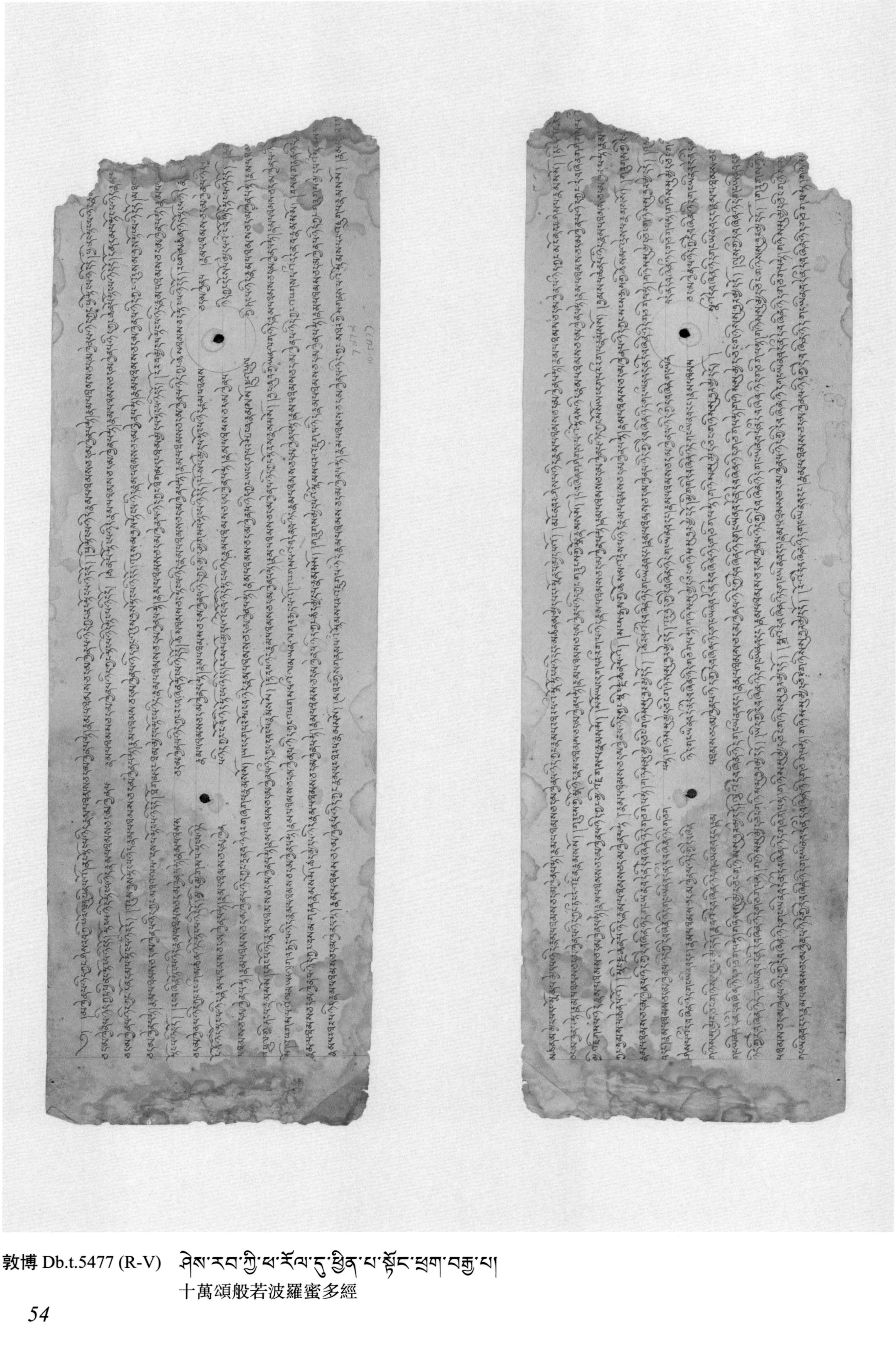

敦博 Db.t.5477 (R-V) ཤེས་རབ་ཀྱི་ཕ་རོལ་ཏུ་ཕྱིན་པ་སྟོང་ཕྲག་བརྒྱ་པ།
十萬頌般若波羅蜜多經

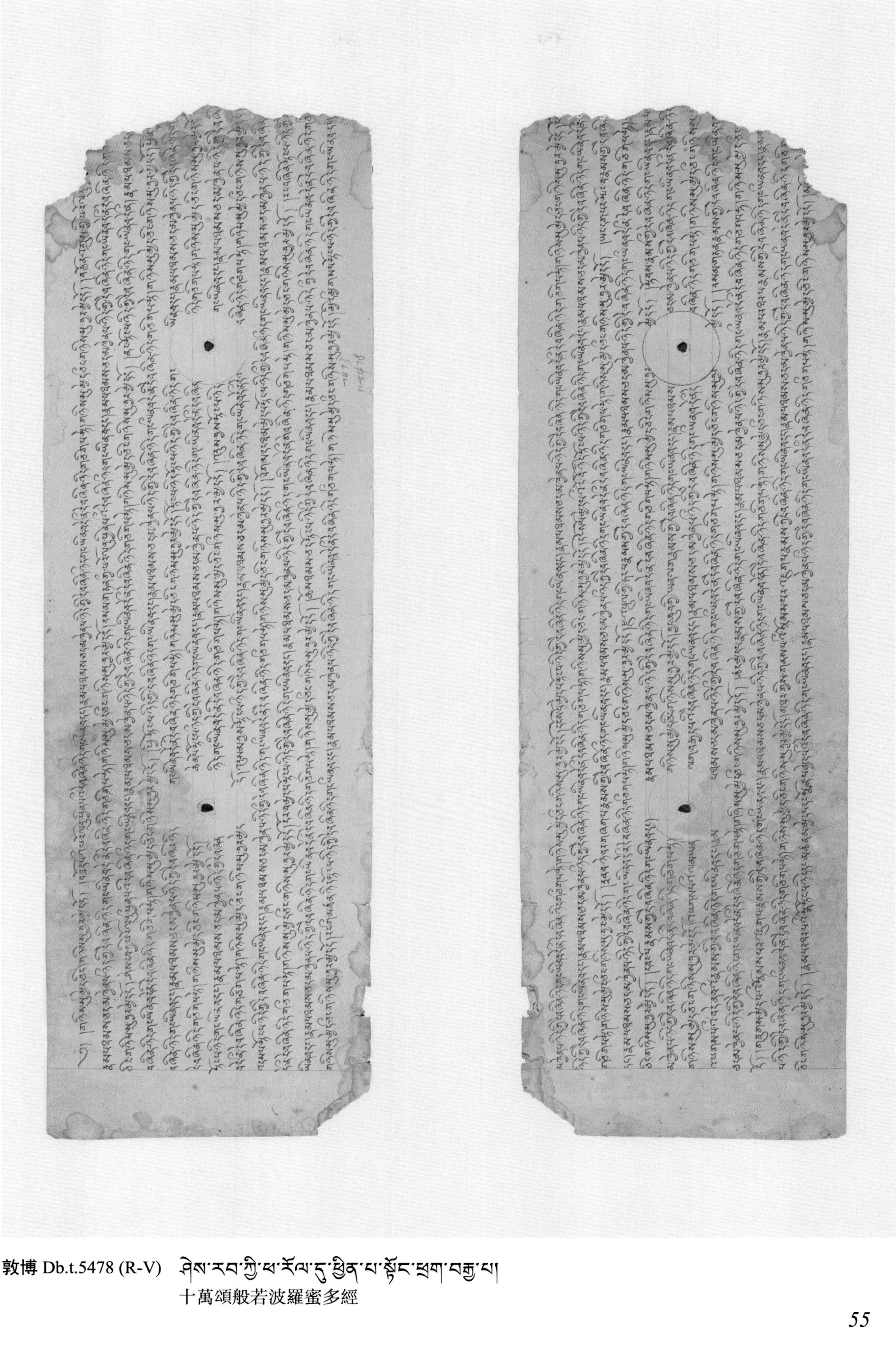

敦博 Db.t.5478 (R-V) ཤེས་རབ་ཀྱི་ཕ་རོལ་ཏུ་ཕྱིན་པ་སྟོང་ཕྲག་བརྒྱ་པ།
十萬頌般若波羅蜜多經

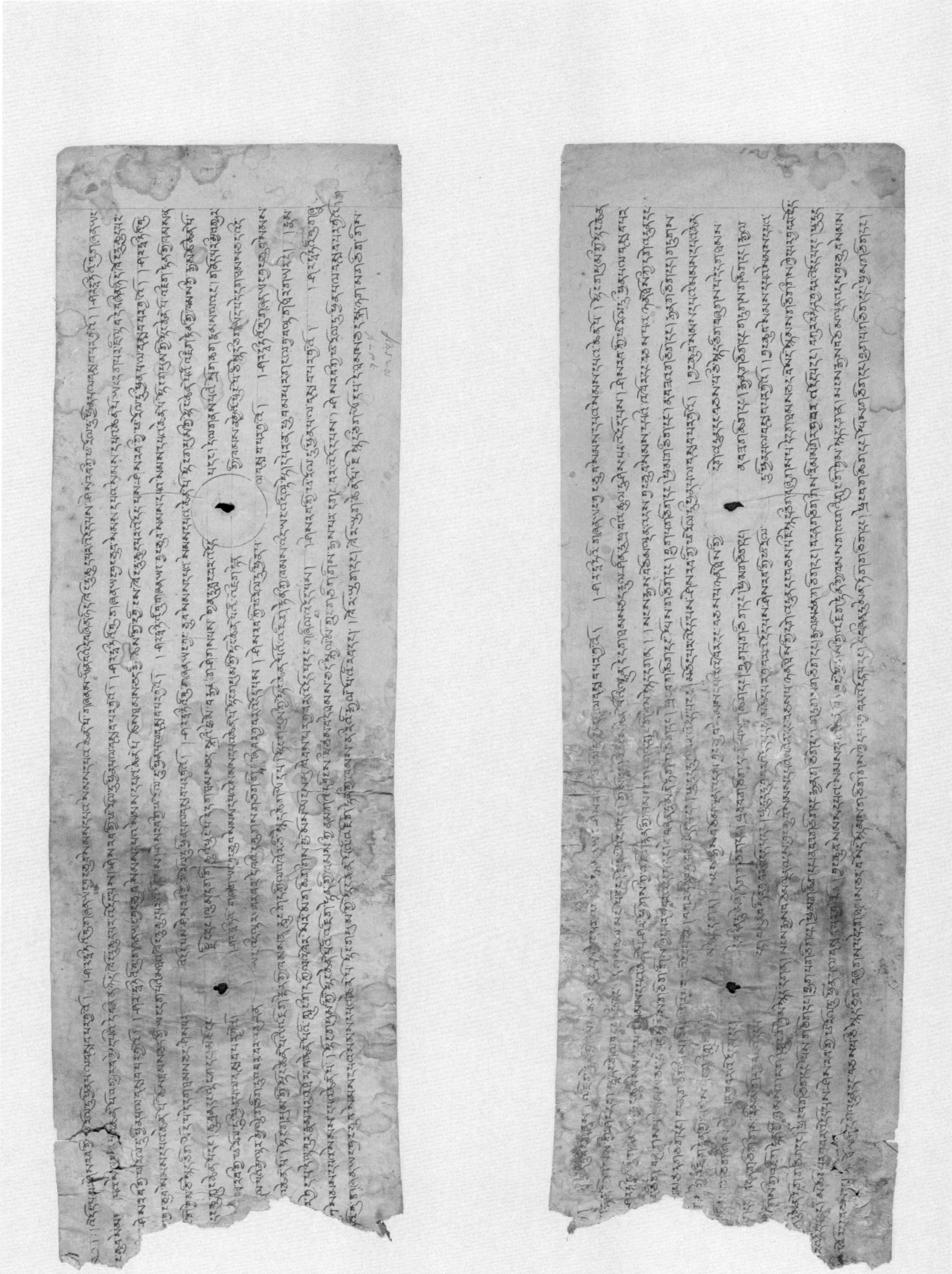

敦博 Db.t.5479 (R-V) ཤེས་རབ་ཀྱི་ཕ་རོལ་ཏུ་ཕྱིན་པ་སྟོང་ཕྲག་བརྒྱ་པ།
十萬頌般若波羅蜜多經

敦博 Db.t.5480 (R-V) ཤེས་རབ་ཀྱི་ཕ་རོལ་ཏུ་ཕྱིན་པ་སྟོང་ཕྲག་བརྒྱ་པ།
十萬頌般若波羅蜜多經

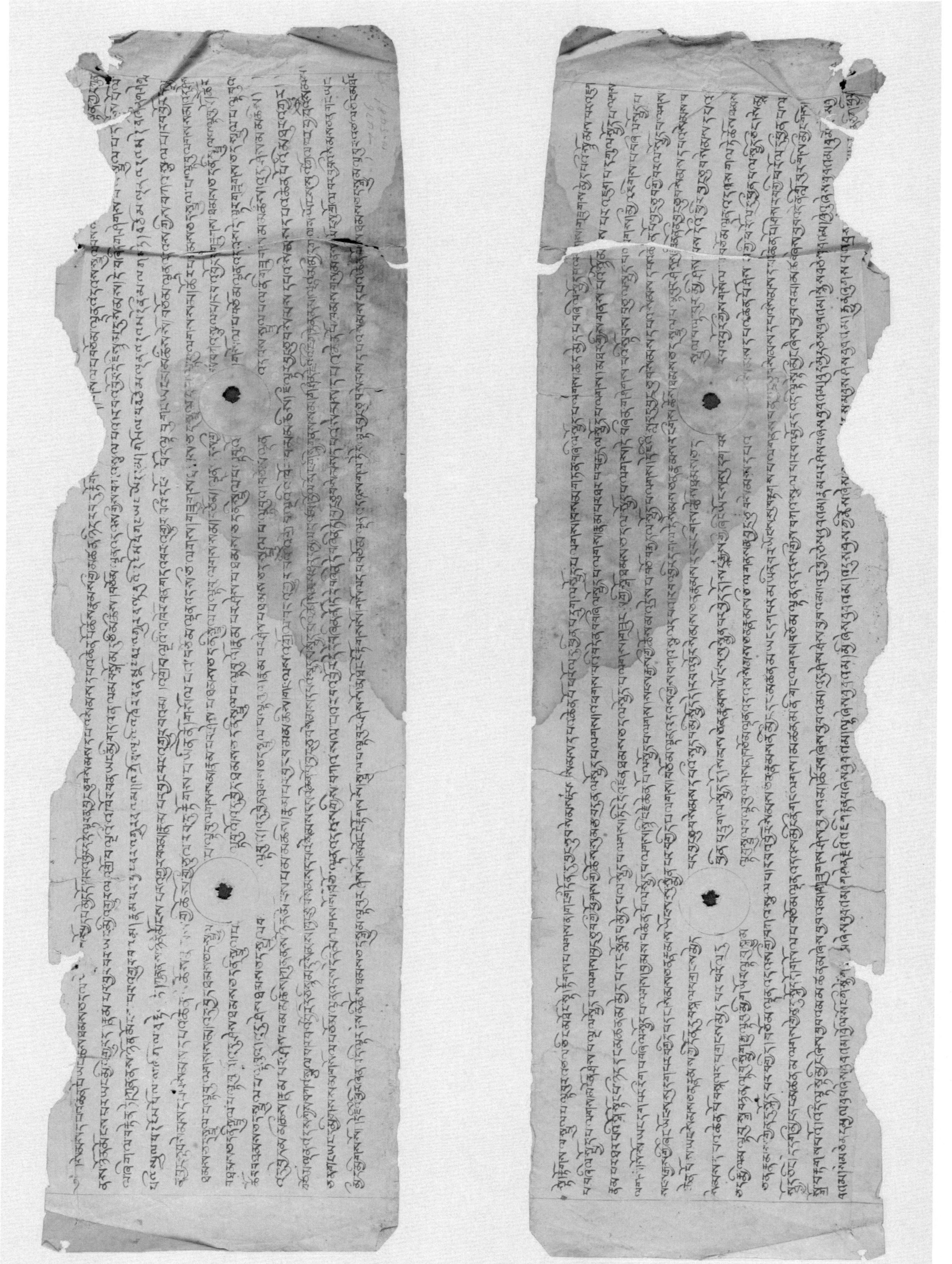

敦博 Db.t.5481 (R-V) ཤེས་རབ་ཀྱི་ཕ་རོལ་ཏུ་ཕྱིན་པ་སྟོང་ཕྲག་བརྒྱ་པ།
十萬頌般若波羅蜜多經

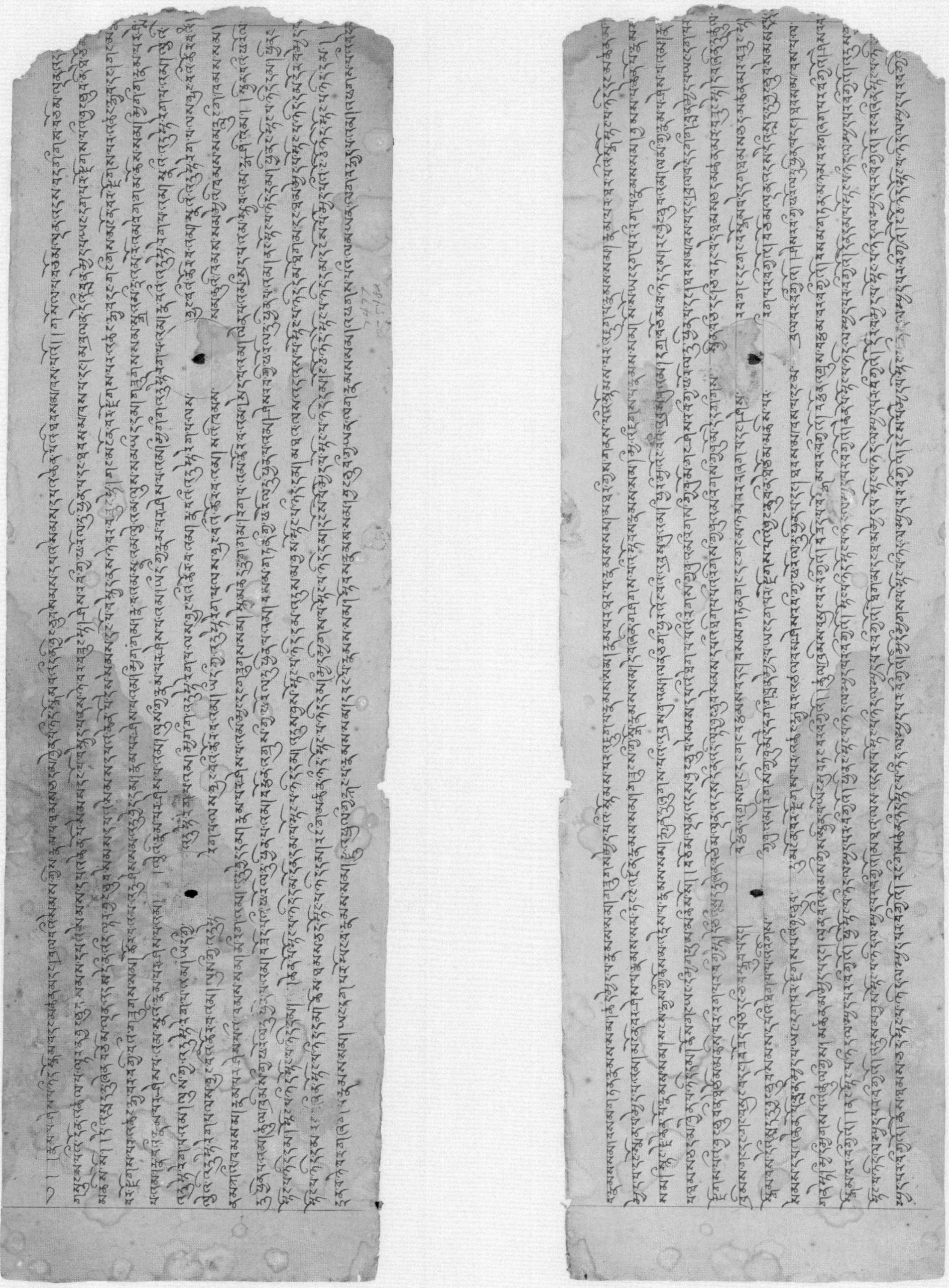

敦博 Db.t.5482 (R-V) ཤེས་རབ་ཀྱི་ཕ་རོལ་ཏུ་ཕྱིན་པ་སྟོང་ཕྲག་བརྒྱ་པ།
十萬頌般若波羅蜜多經

敦博 Db.t.5483 (R-V) ཤེས་རབ་ཀྱི་ཕ་རོལ་ཏུ་ཕྱིན་པ་སྟོང་ཕྲག་བརྒྱ་པ།
十萬頌般若波羅蜜多經

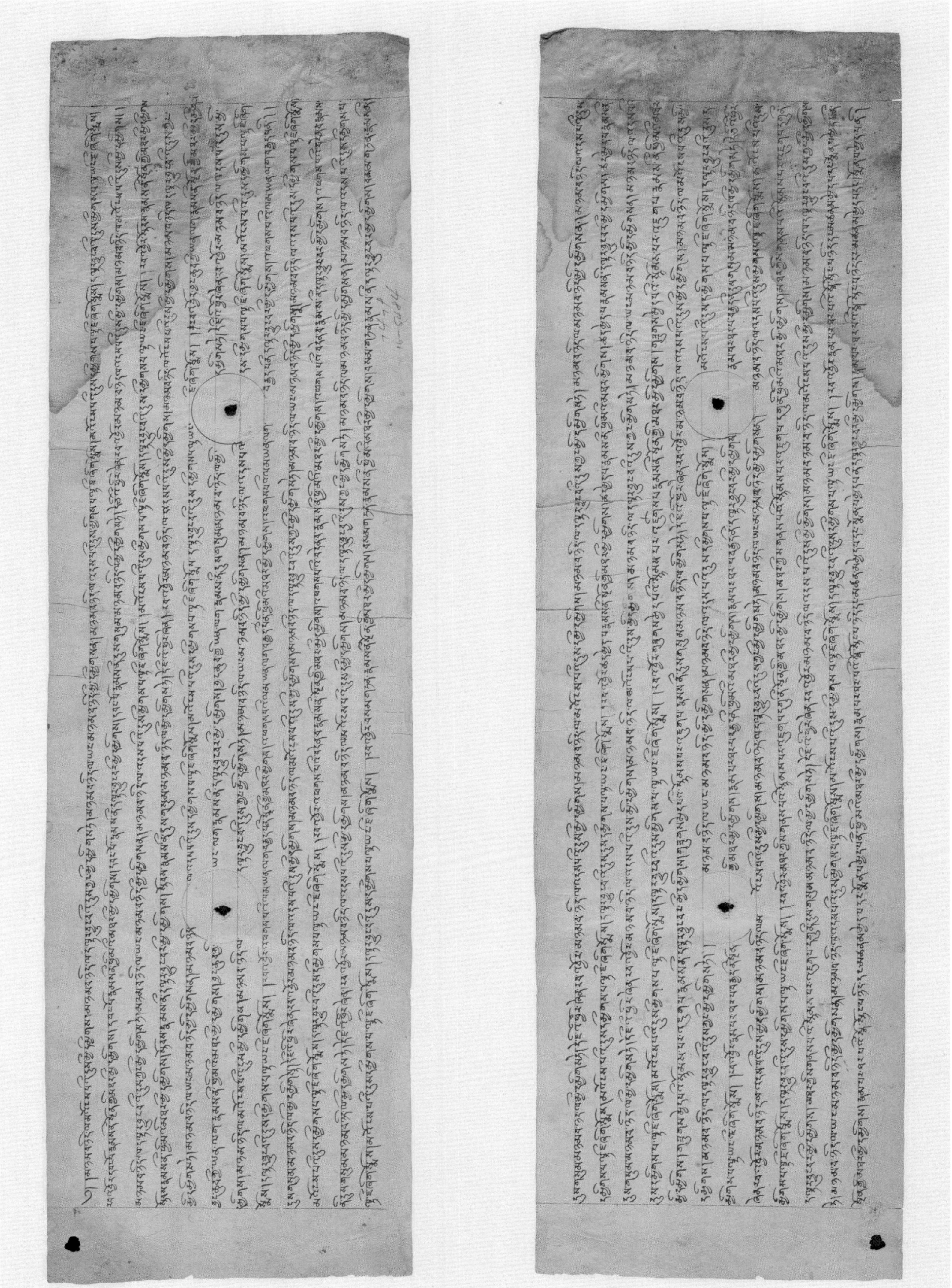

敦博 Db.t.5484 (R-V) ཤེས་རབ་ཀྱི་ཕ་རོལ་ཏུ་ཕྱིན་པ་སྟོང་ཕྲག་བརྒྱ་པ།
十萬頌般若波羅蜜多經

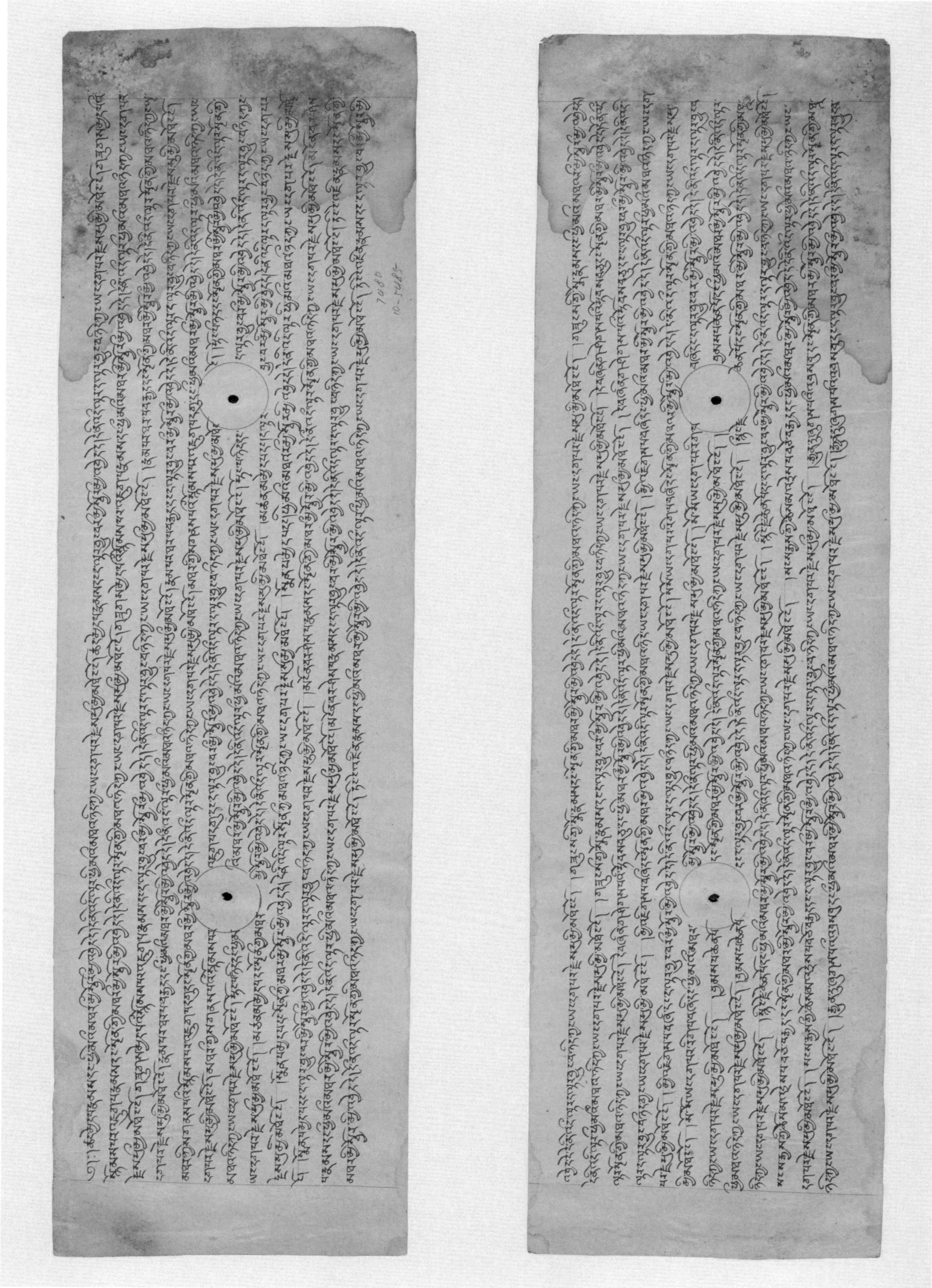

敦博 Db.t.5485 (R-V)　ཤེས་རབ་ཀྱི་ཕ་རོལ་ཏུ་ཕྱིན་པ་སྟོང་ཕྲག་བརྒྱ་པ།
十萬頌般若波羅蜜多經

敦博 Db.t.5486 (R-V) ཤེས་རབ་ཀྱི་ཕ་རོལ་ཏུ་ཕྱིན་པ་སྟོང་ཕྲག་བརྒྱ་པ།
十萬頌般若波羅蜜多經

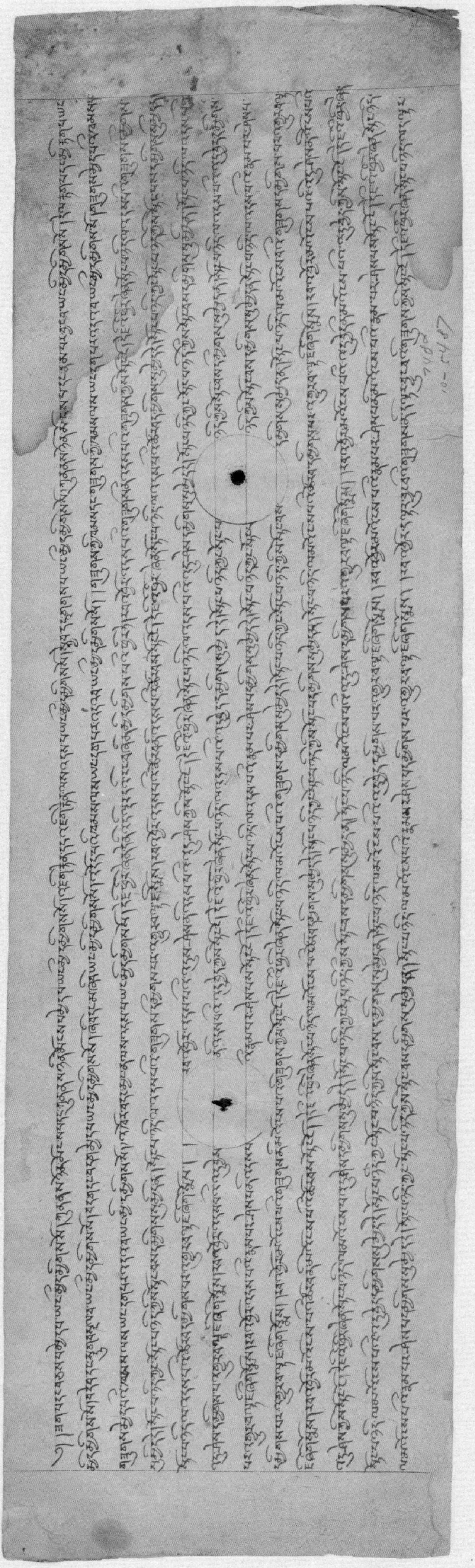
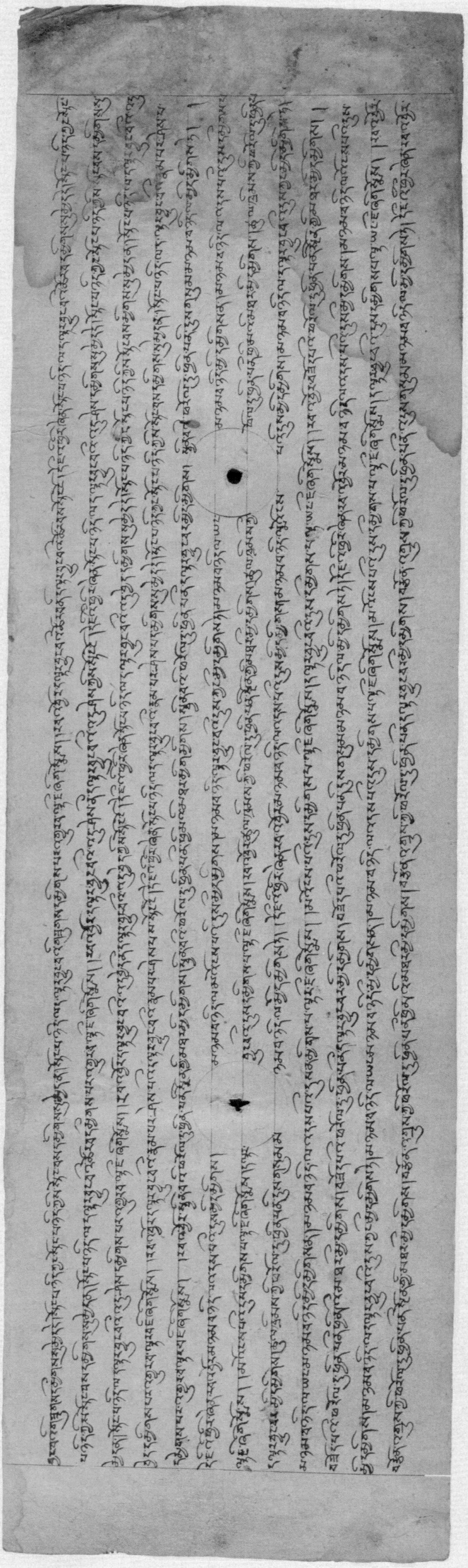

敦博 Db.t.5487 (R-V) ཤེས་རབ་ཀྱི་ཕ་རོལ་ཏུ་ཕྱིན་པ་སྟོང་ཕྲག་བརྒྱ་པ།
十萬頌般若波羅蜜多經

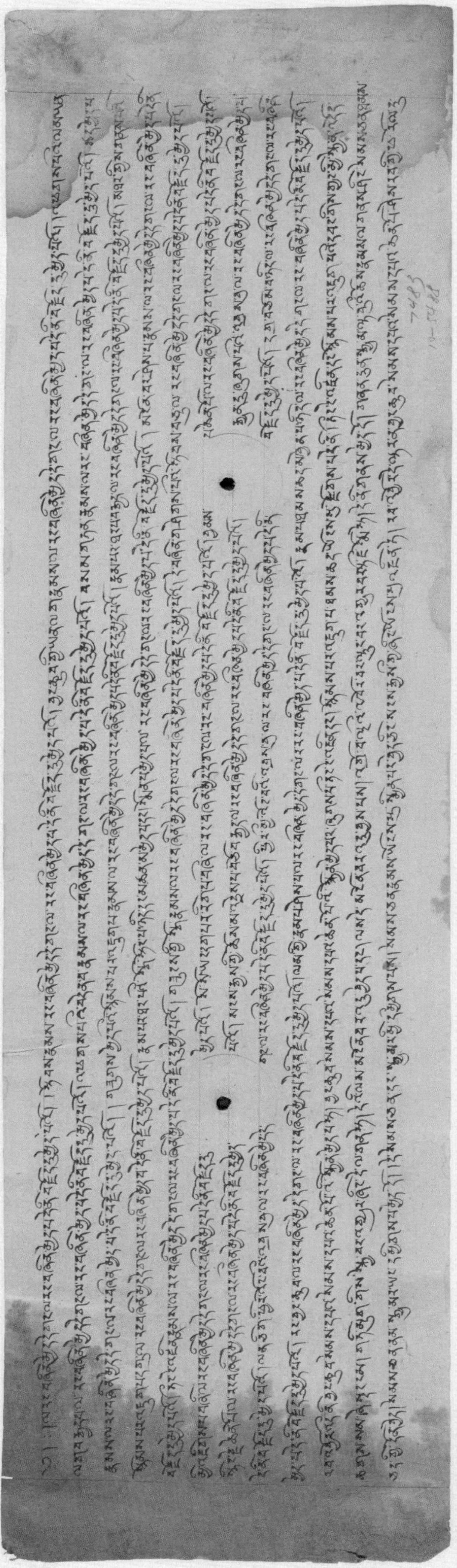

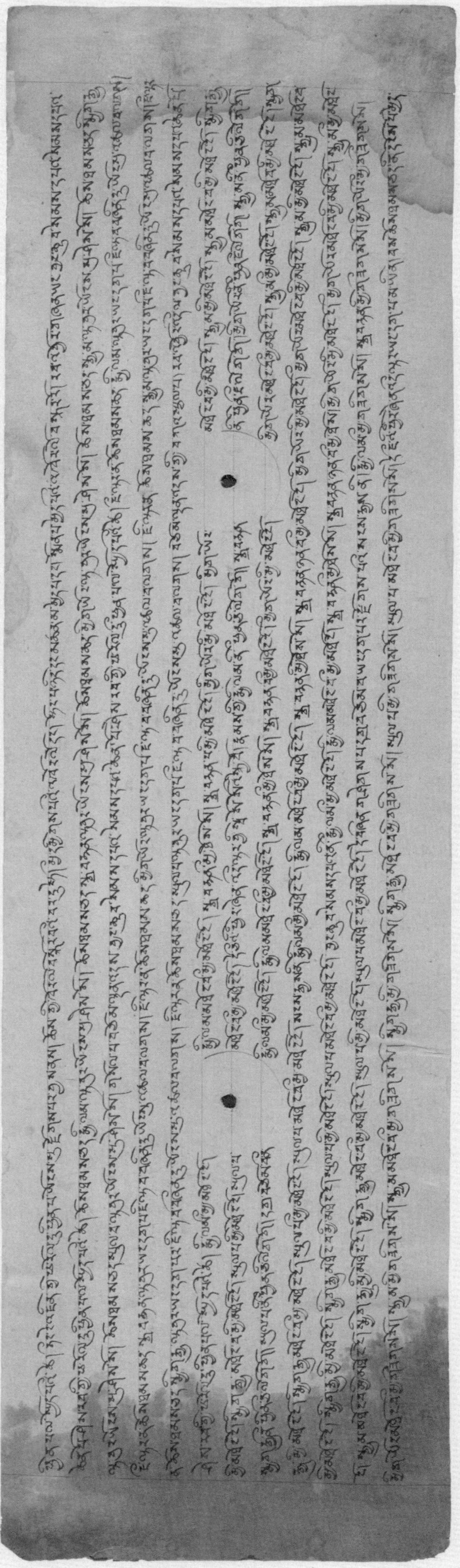

敦博 Db.t.5488 (R-V) ཤེས་རབ་ཀྱི་ཕ་རོལ་ཏུ་ཕྱིན་པ་སྟོང་ཕྲག་བརྒྱ་པ།
十萬頌般若波羅蜜多經

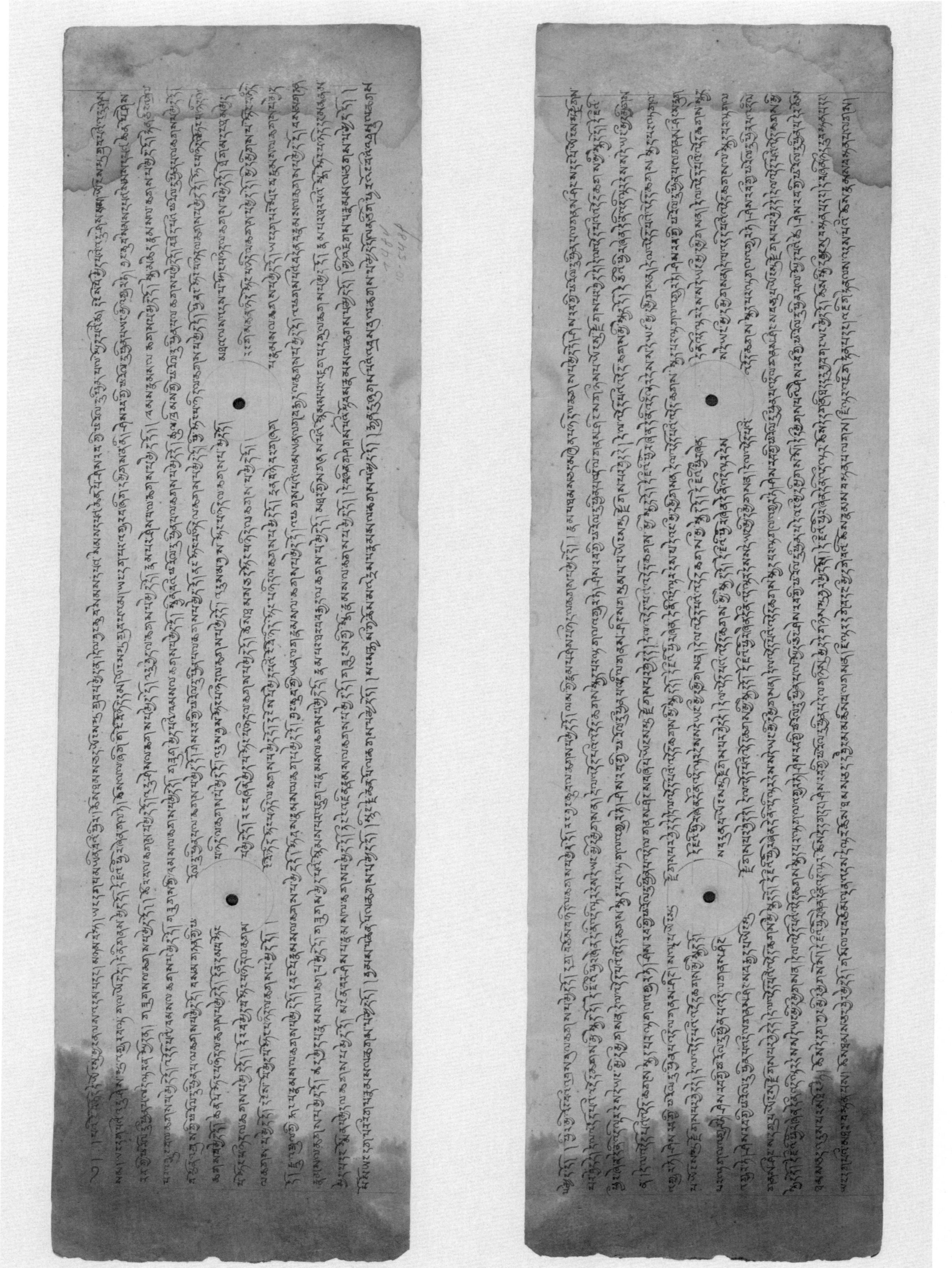

敦博 Db.t.5489 (R-V) ཤེས་རབ་ཀྱི་ཕ་རོལ་ཏུ་ཕྱིན་པ་སྟོང་ཕྲག་བརྒྱ་པ།
十萬頌般若波羅蜜多經

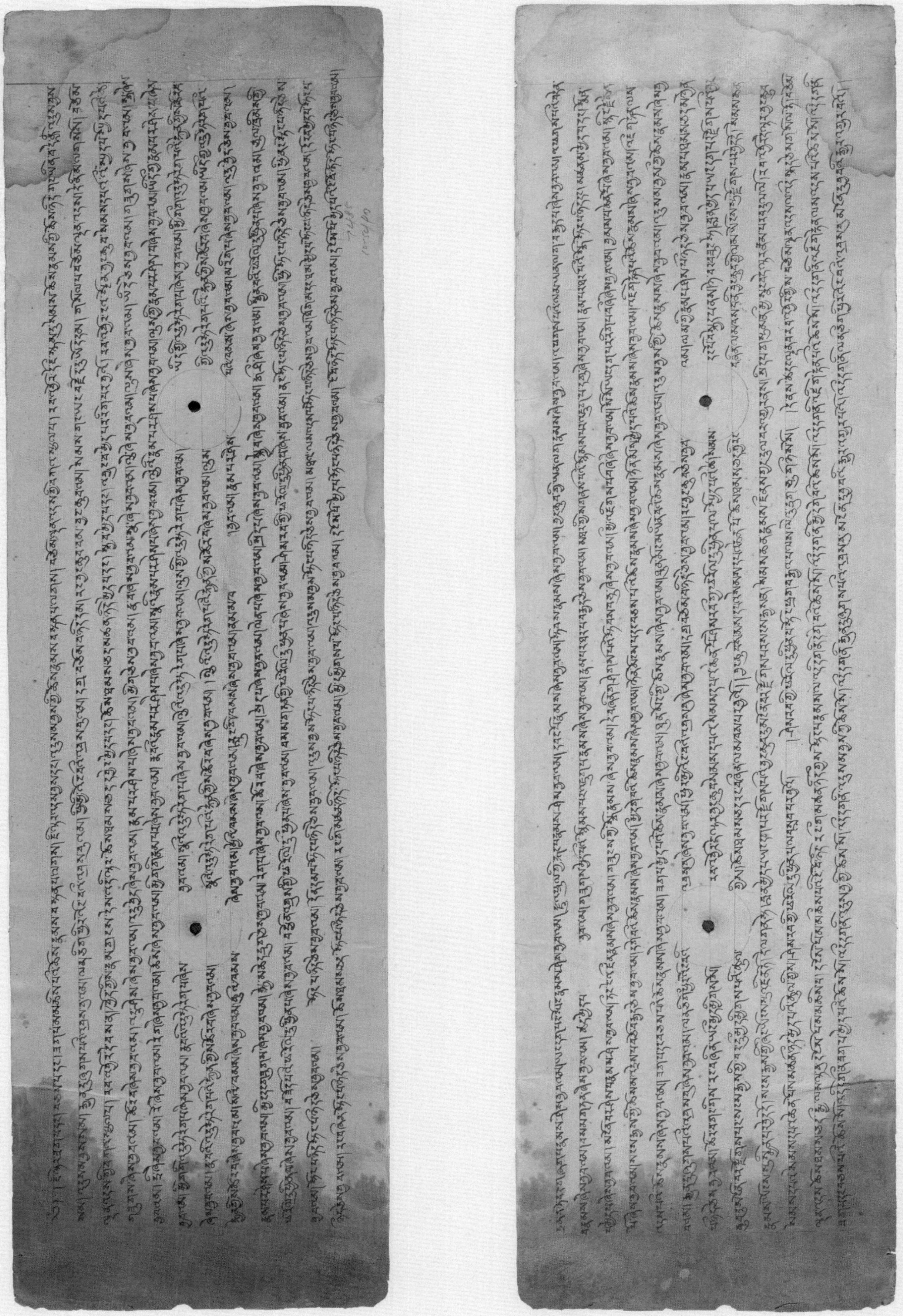

敦博 Db.t.5490 (R-V) ཤེས་རབ་ཀྱི་ཕ་རོལ་ཏུ་ཕྱིན་པ་སྟོང་ཕྲག་བརྒྱ་པ།

十萬頌般若波羅蜜多經

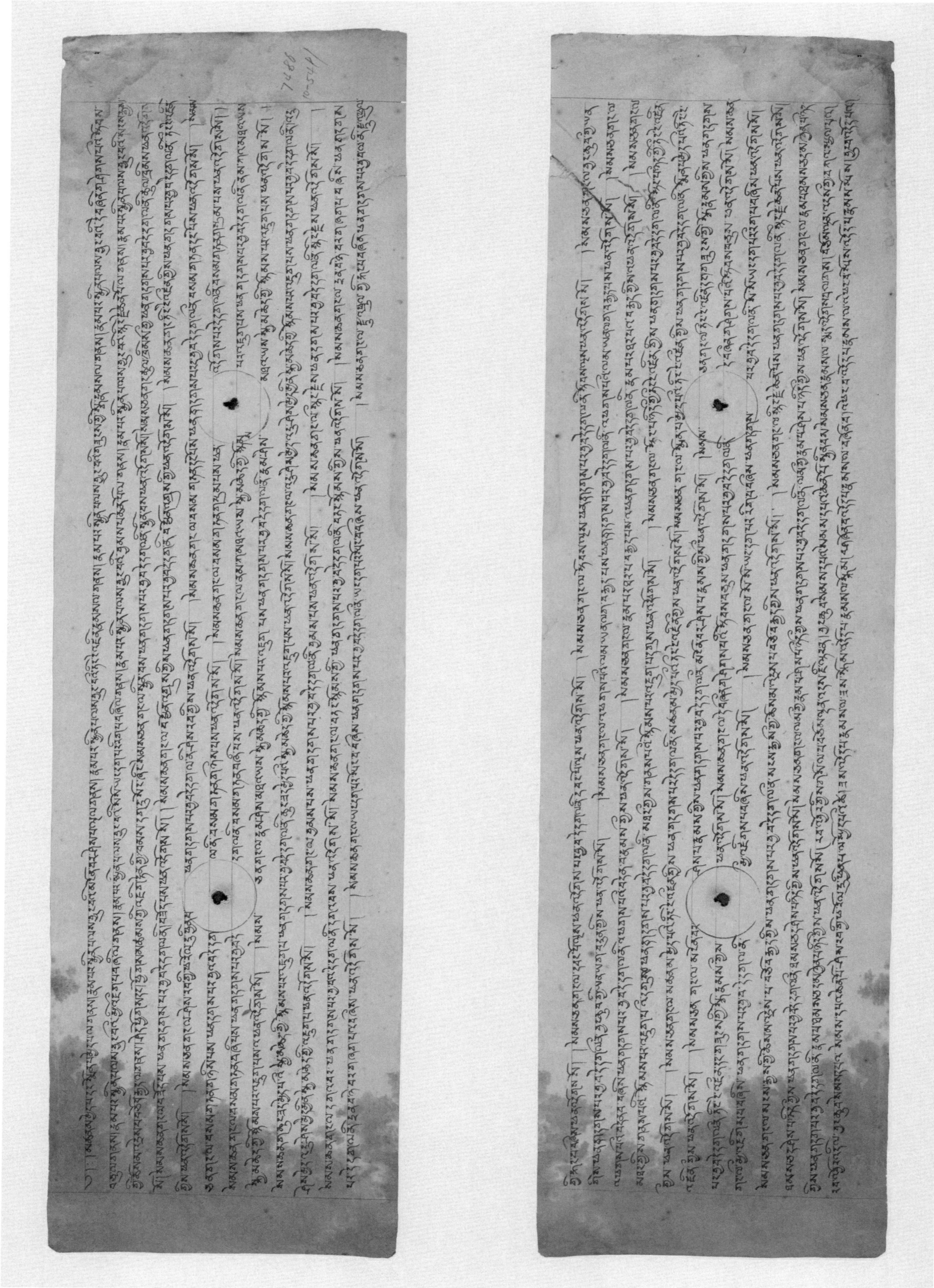

敦博 Db.t.5491 (R-V) ཤེས་རབ་ཀྱི་ཕ་རོལ་ཏུ་ཕྱིན་པ་སྟོང་ཕྲག་བརྒྱ་པ།
十萬頌般若波羅蜜多經

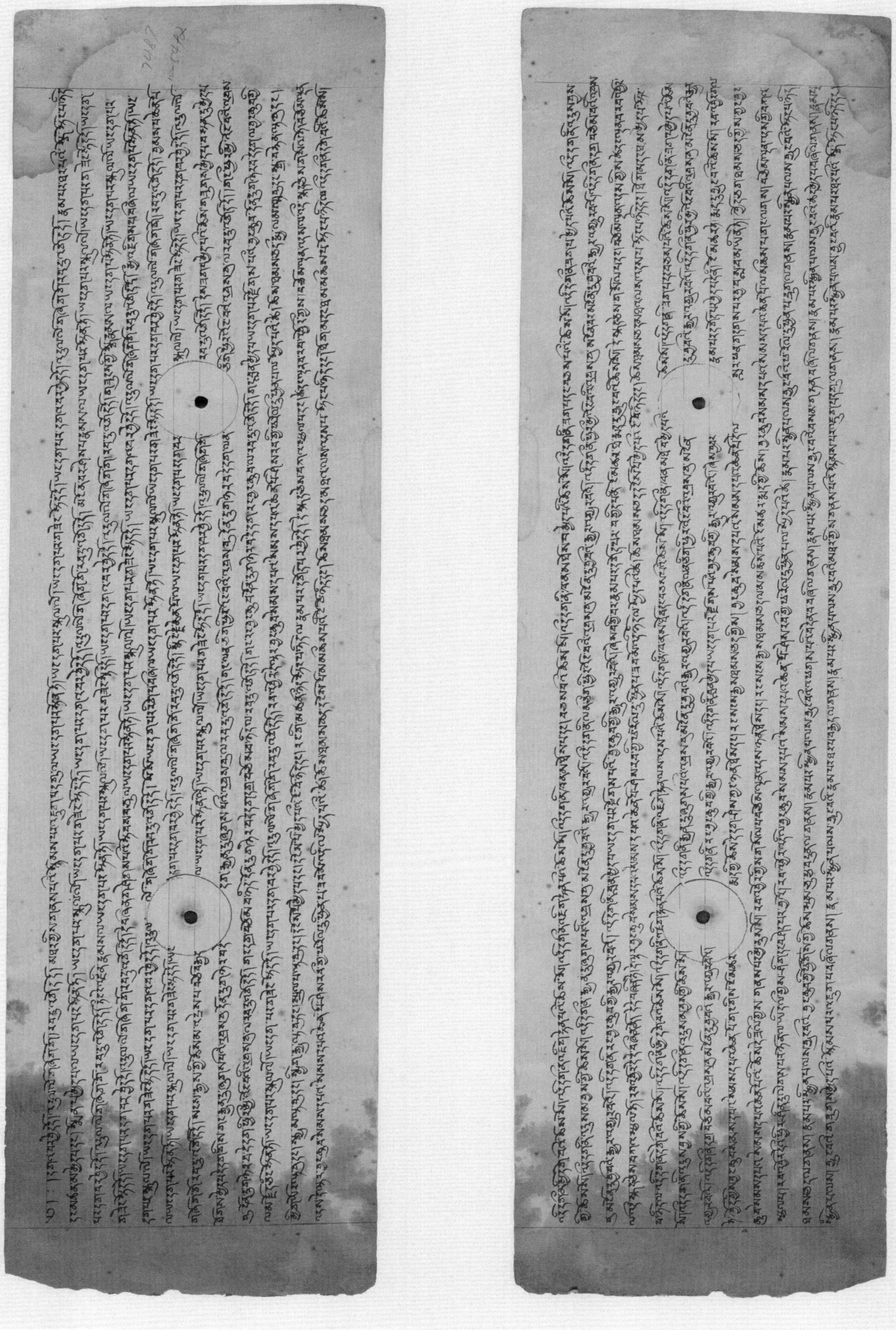

敦博 Db.t.5492 (R-V) ཤེས་རབ་ཀྱི་ཕ་རོལ་ཏུ་ཕྱིན་པ་སྟོང་ཕྲག་བརྒྱ་པ།
十萬頌般若波羅蜜多經

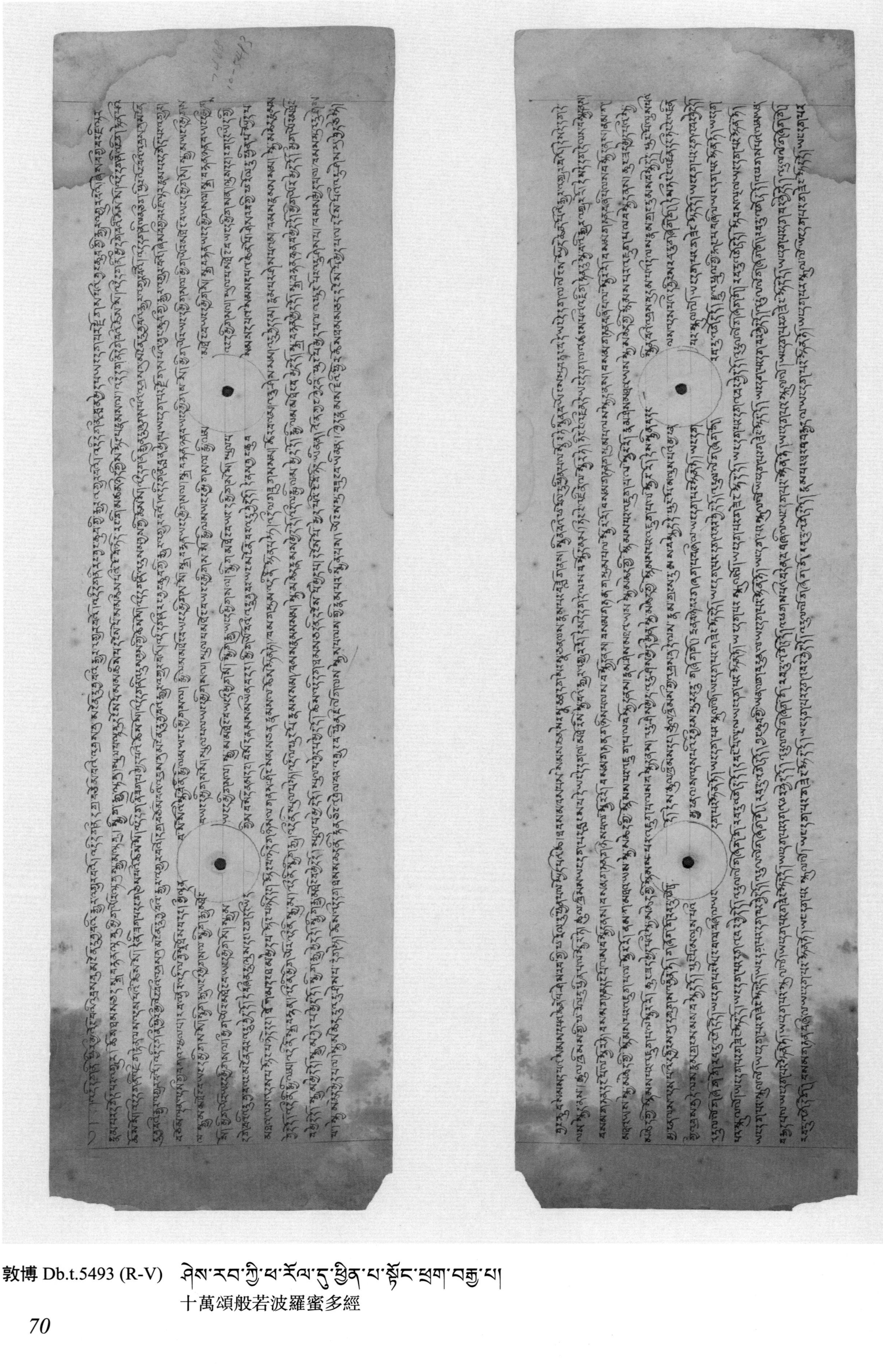

敦博 Db.t.5493 (R-V) ཤེས་རབ་ཀྱི་ཕ་རོལ་ཏུ་ཕྱིན་པ་སྟོང་ཕྲག་བརྒྱ་པ།
十萬頌般若波羅蜜多經

敦博 Db.t.5494 (R-V) ཤེས་རབ་ཀྱི་ཕ་རོལ་ཏུ་ཕྱིན་པ་སྟོང་ཕྲག་བརྒྱ་པ།
十萬頌般若波羅蜜多經

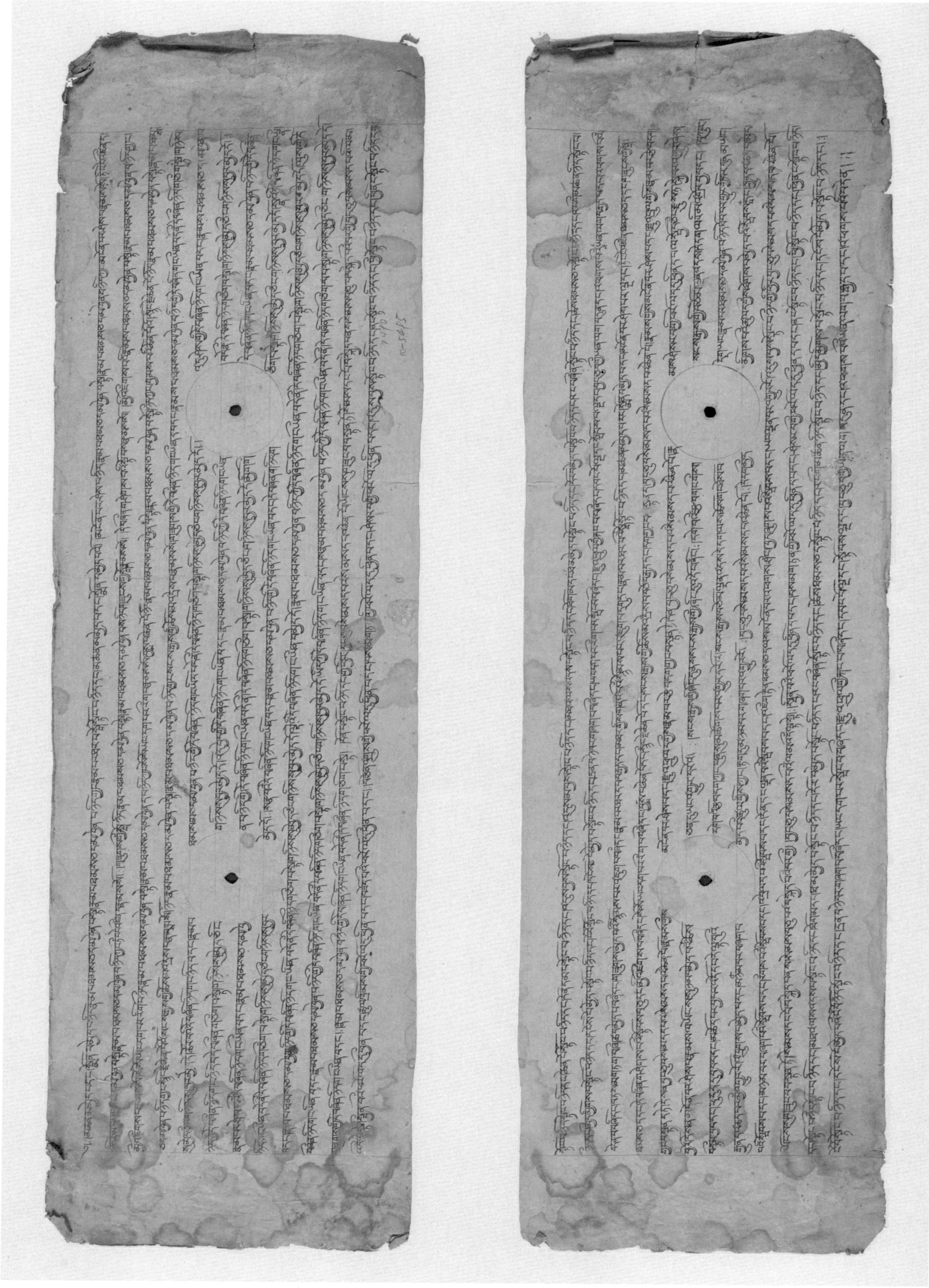

敦博 Db.t.5495 (R-V) ཤེས་རབ་ཀྱི་ཕ་རོལ་ཏུ་ཕྱིན་པ་སྟོང་ཕྲག་བརྒྱ་པ།
十萬頌般若波羅蜜多經

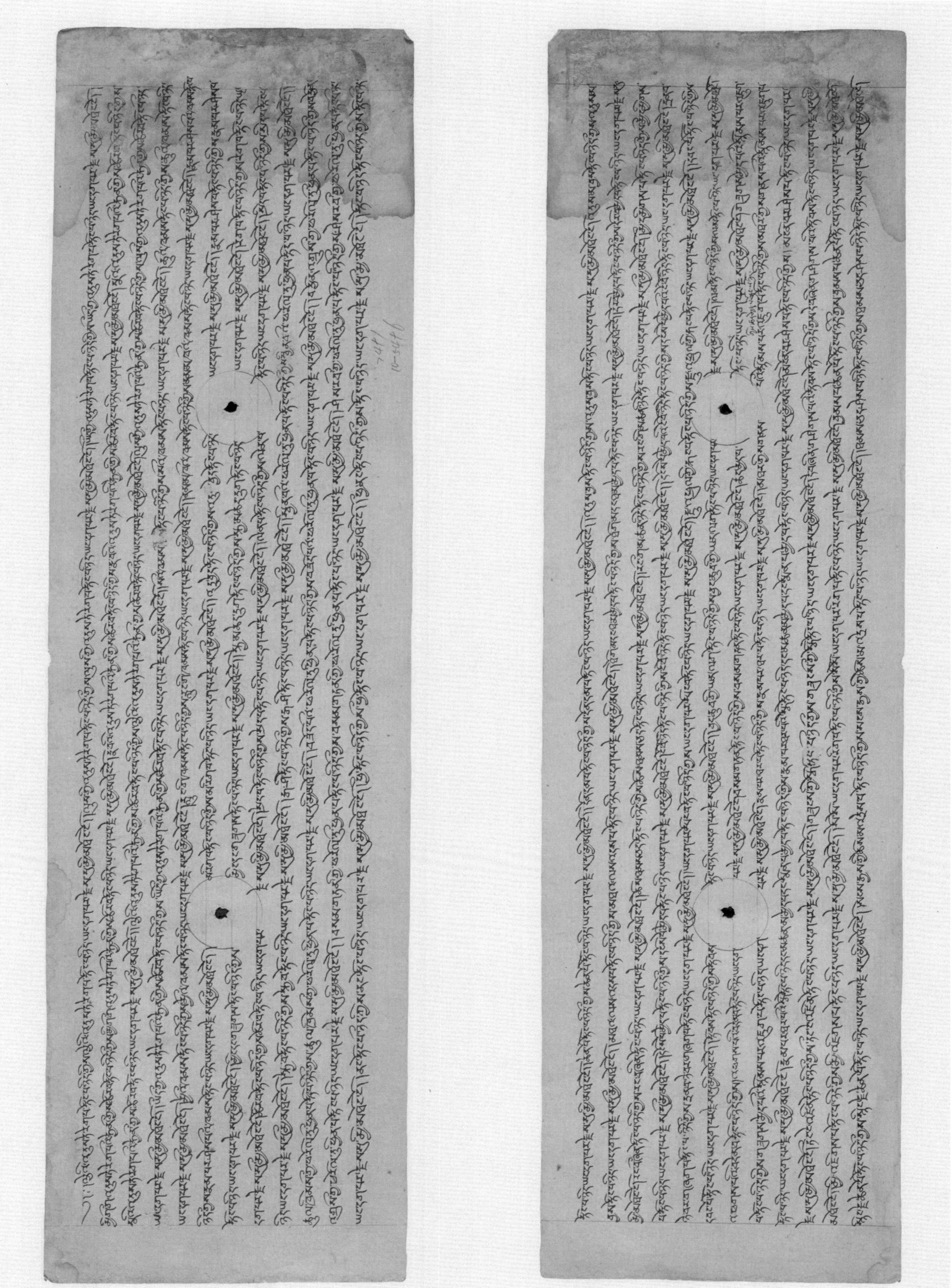

敦博 Db.t.5496 (R-V) ཤེས་རབ་ཀྱི་ཕ་རོལ་ཏུ་ཕྱིན་པ་སྟོང་ཕྲག་བརྒྱ་པ།
十萬頌般若波羅蜜多經

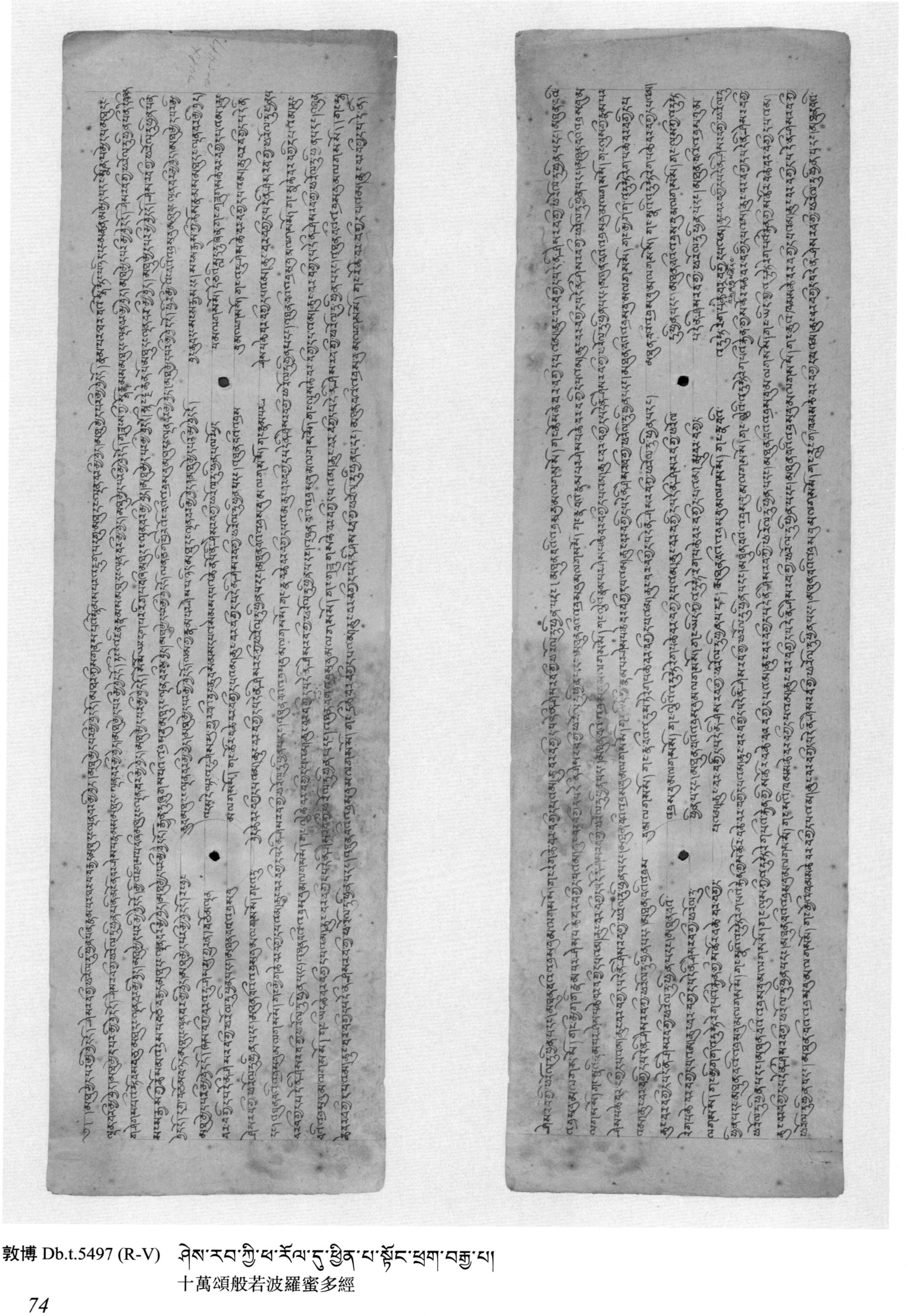

敦博 Db.t.5497 (R-V) ཤེས་རབ་ཀྱི་ཕ་རོལ་ཏུ་ཕྱིན་པ་སྟོང་ཕྲག་བརྒྱ་པ།
十萬頌般若波羅蜜多經

敦博 Db.t.5498 (R-V) ཤེས་རབ་ཀྱི་ཕ་རོལ་ཏུ་ཕྱིན་པ་སྟོང་ཕྲག་བརྒྱ་པ།
十萬頌般若波羅蜜多經

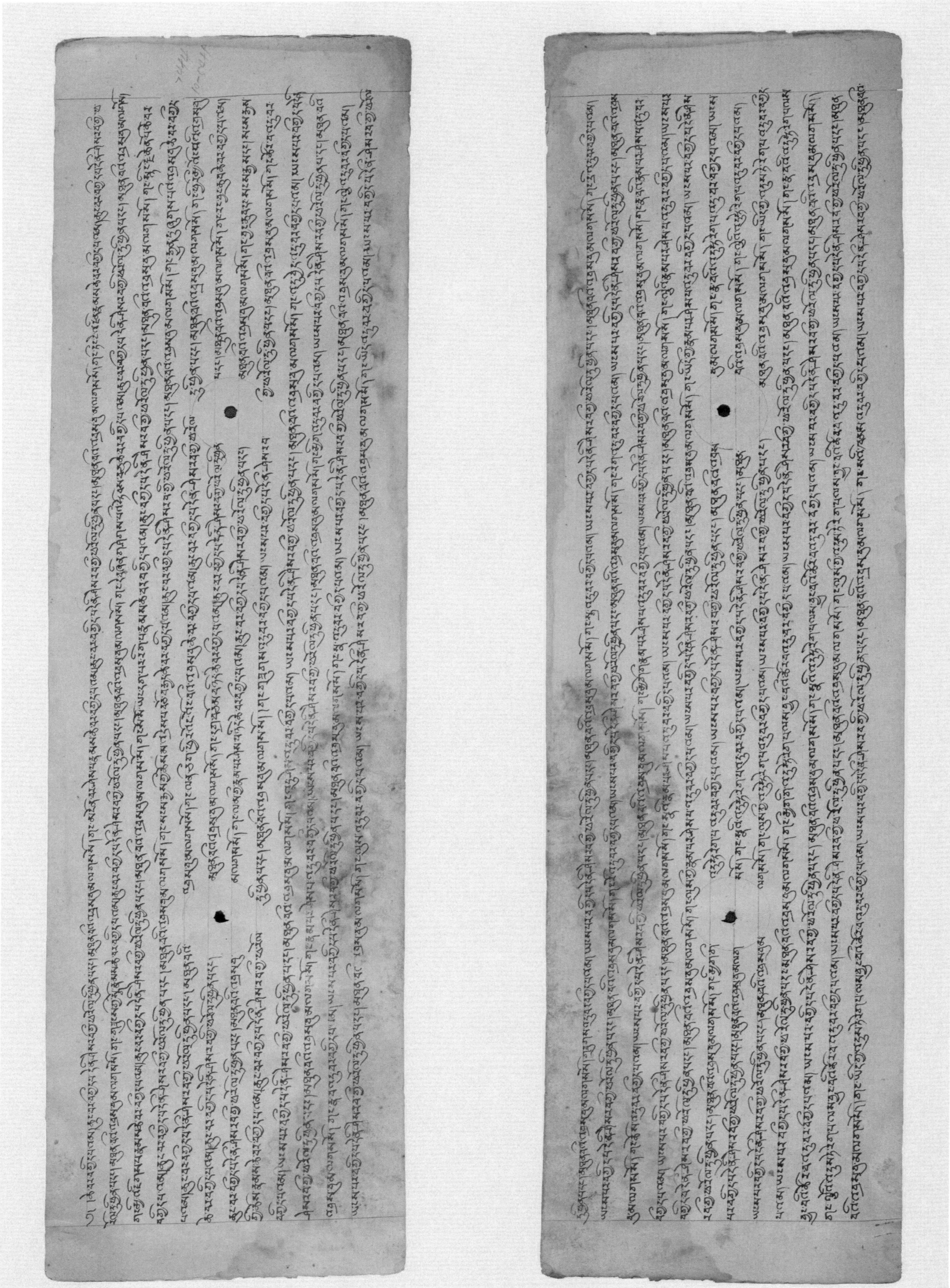

敦博 Db.t.5499 (R-V) ཤེས་རབ་ཀྱི་ཕ་རོལ་ཏུ་ཕྱིན་པ་སྟོང་ཕྲག་བརྒྱ་པ།
十萬頌般若波羅蜜多經

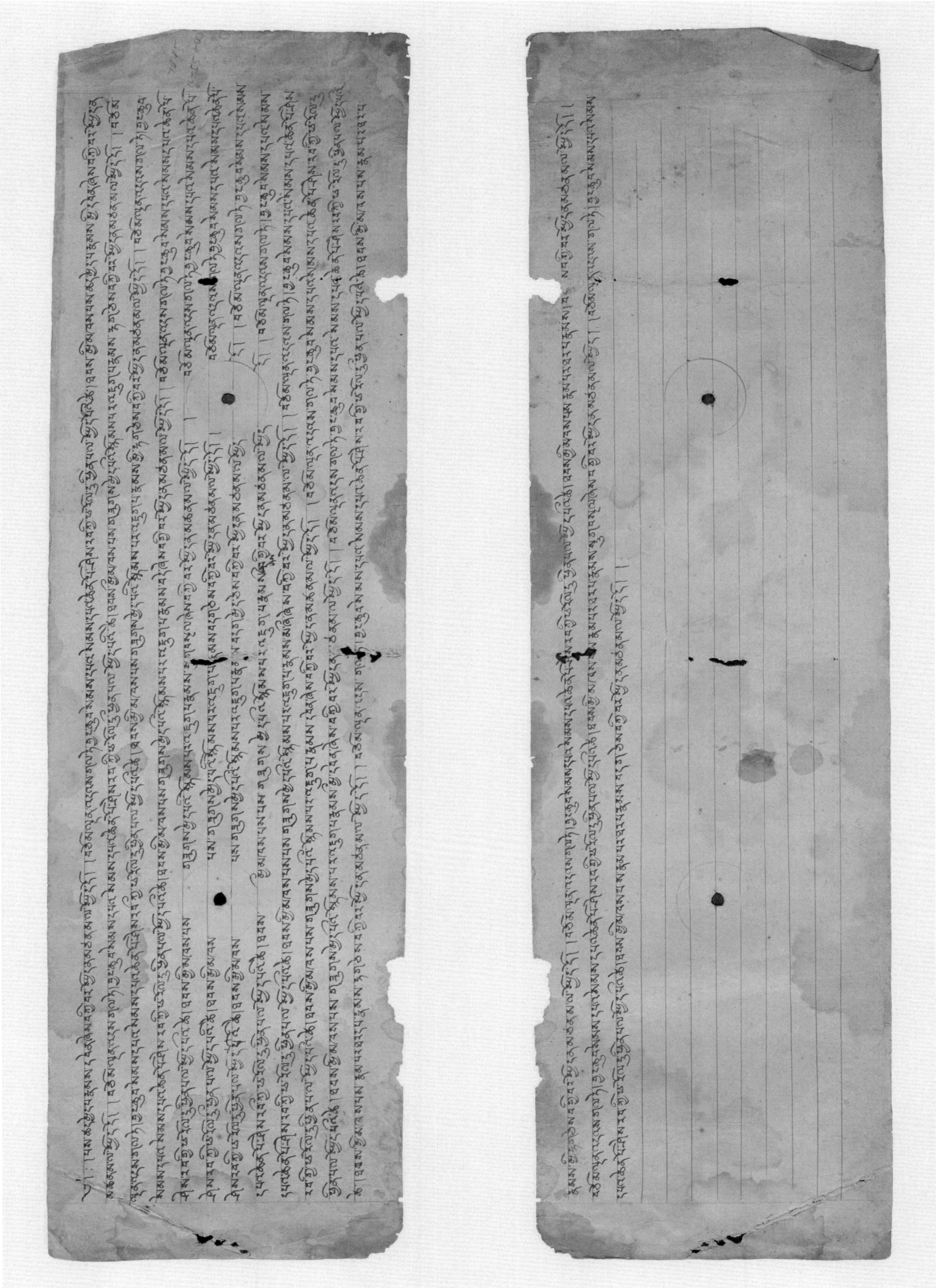

敦博 Db.t.5500 (R-V) ཤེས་རབ་ཀྱི་ཕ་རོལ་ཏུ་ཕྱིན་པ་སྟོང་ཕྲག་བརྒྱ་པ།
十萬頌般若波羅蜜多經

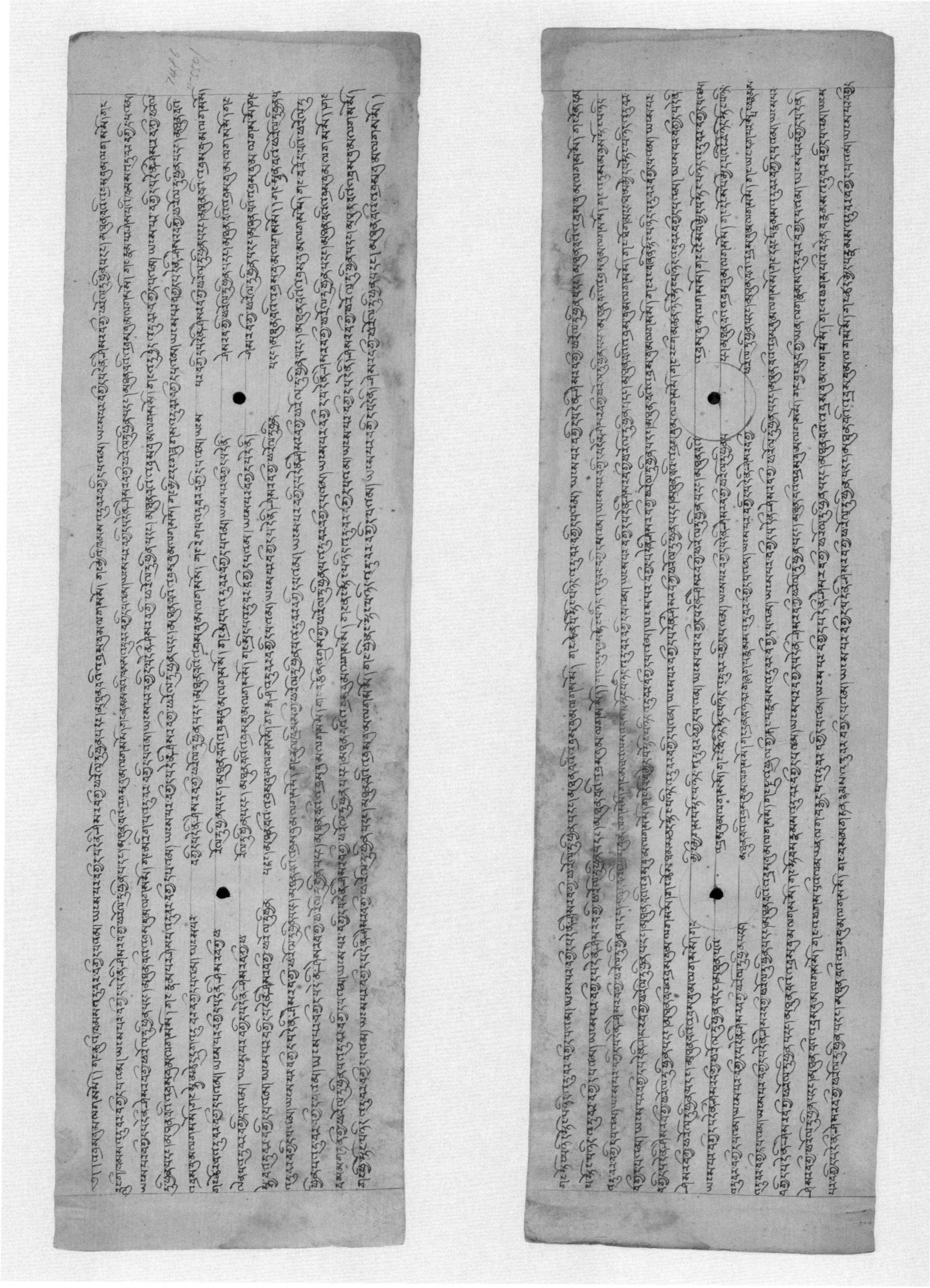

敦博 Db.t.5501 (R-V) ཤེས་རབ་ཀྱི་ཕ་རོལ་ཏུ་ཕྱིན་པ་སྟོང་ཕྲག་བརྒྱ་པ།
十萬頌般若波羅蜜多經

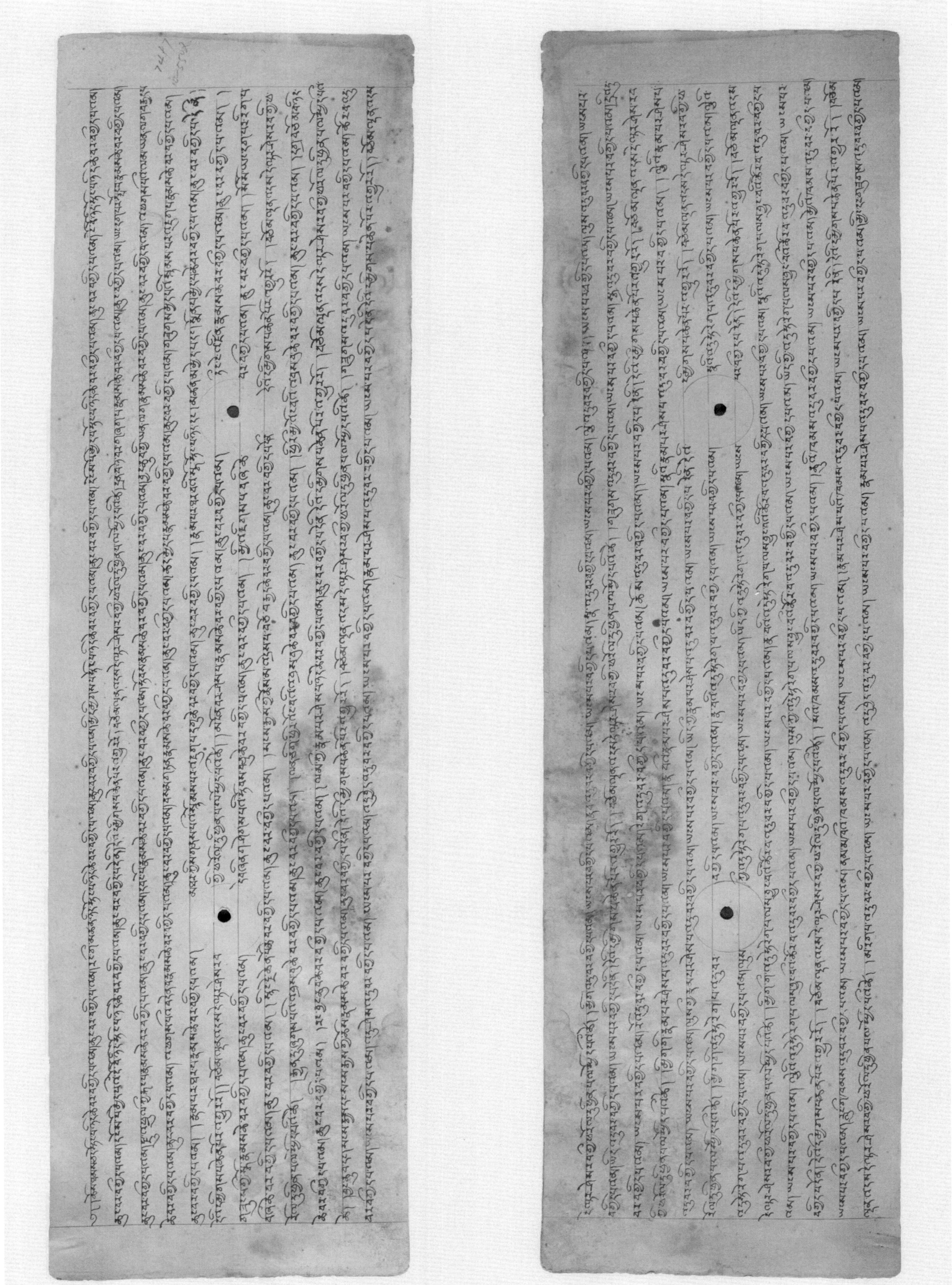

敦博 Db.t.5502 (R-V) ཤེས་རབ་ཀྱི་ཕ་རོལ་ཏུ་ཕྱིན་པ་སྟོང་ཕྲག་བརྒྱ་པ།
十萬頌般若波羅蜜多經

敦博 Db.t.5503 (R-V) ཤེས་རབ་ཀྱི་ཕ་རོལ་ཏུ་ཕྱིན་པ་སྟོང་ཕྲག་བརྒྱ་པ།
十萬頌般若波羅蜜多經

敦博 Db.t.5504 (R-V) ཤེས་རབ་ཀྱི་ཕ་རོལ་ཏུ་ཕྱིན་པ་སྟོང་ཕྲག་བརྒྱ་པ།
十萬頌般若波羅蜜多經

敦博 Db.t.5505 (R-V)　ཤེས་རབ་ཀྱི་ཕ་རོལ་ཏུ་ཕྱིན་པ་སྟོང་ཕྲག་བརྒྱ་པ།
十萬頌般若波羅蜜多經

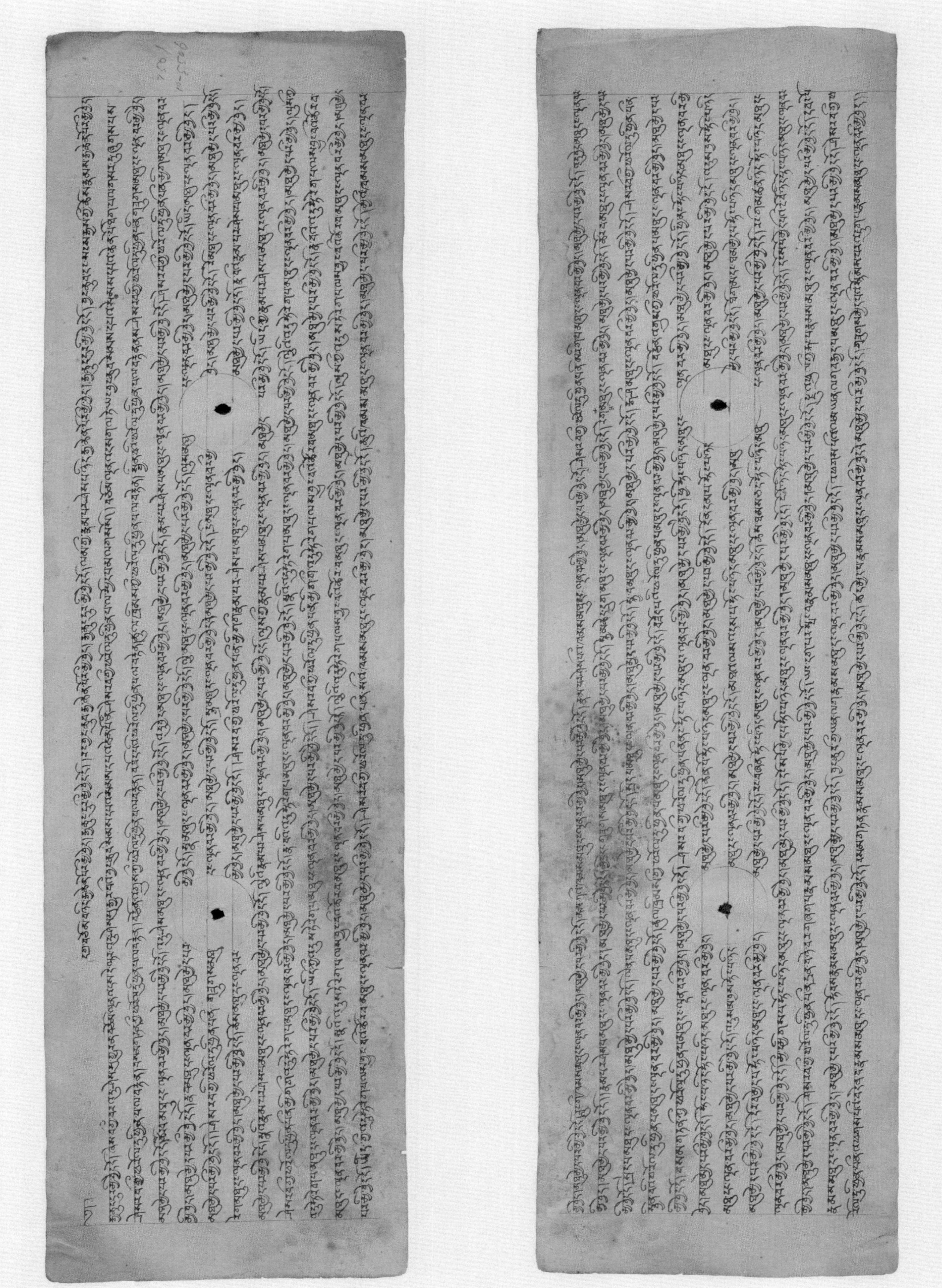

敦博 Db.t.5506 (R-V) ཤེས་རབ་ཀྱི་ཕ་རོལ་ཏུ་ཕྱིན་པ་སྟོང་ཕྲག་བརྒྱ་པ།
十萬頌般若波羅蜜多經

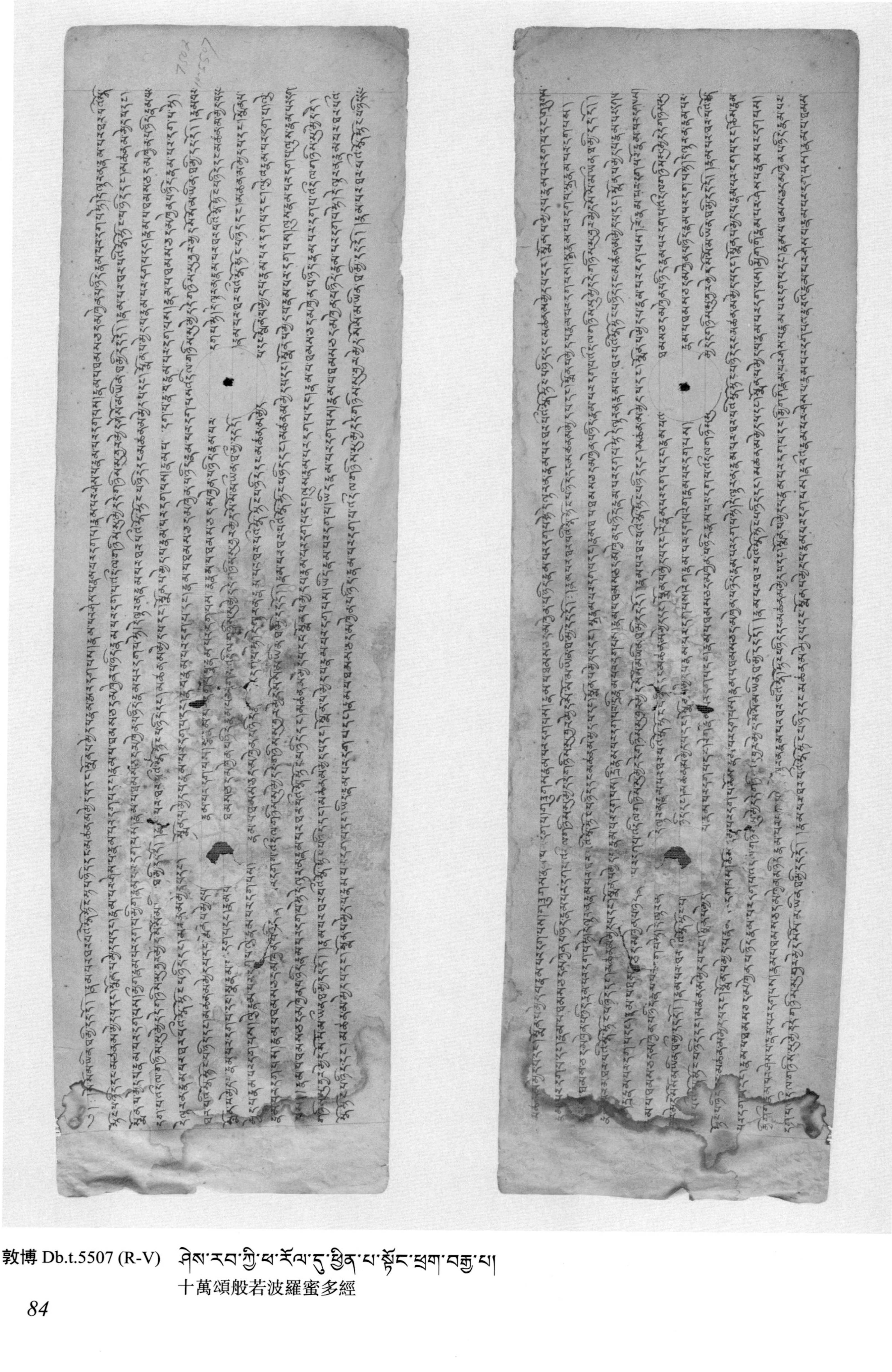

敦博 Db.t.5507 (R-V) ཤེས་རབ་ཀྱི་ཕ་རོལ་ཏུ་ཕྱིན་པ་སྟོང་ཕྲག་བརྒྱ་པ།
十萬頌般若波羅蜜多經

敦博 Db.t.5508 (R-V)　ཤེས་རབ་ཀྱི་ཕ་རོལ་ཏུ་ཕྱིན་པ་སྟོང་ཕྲག་བརྒྱ་པ།
十萬頌般若波羅蜜多經

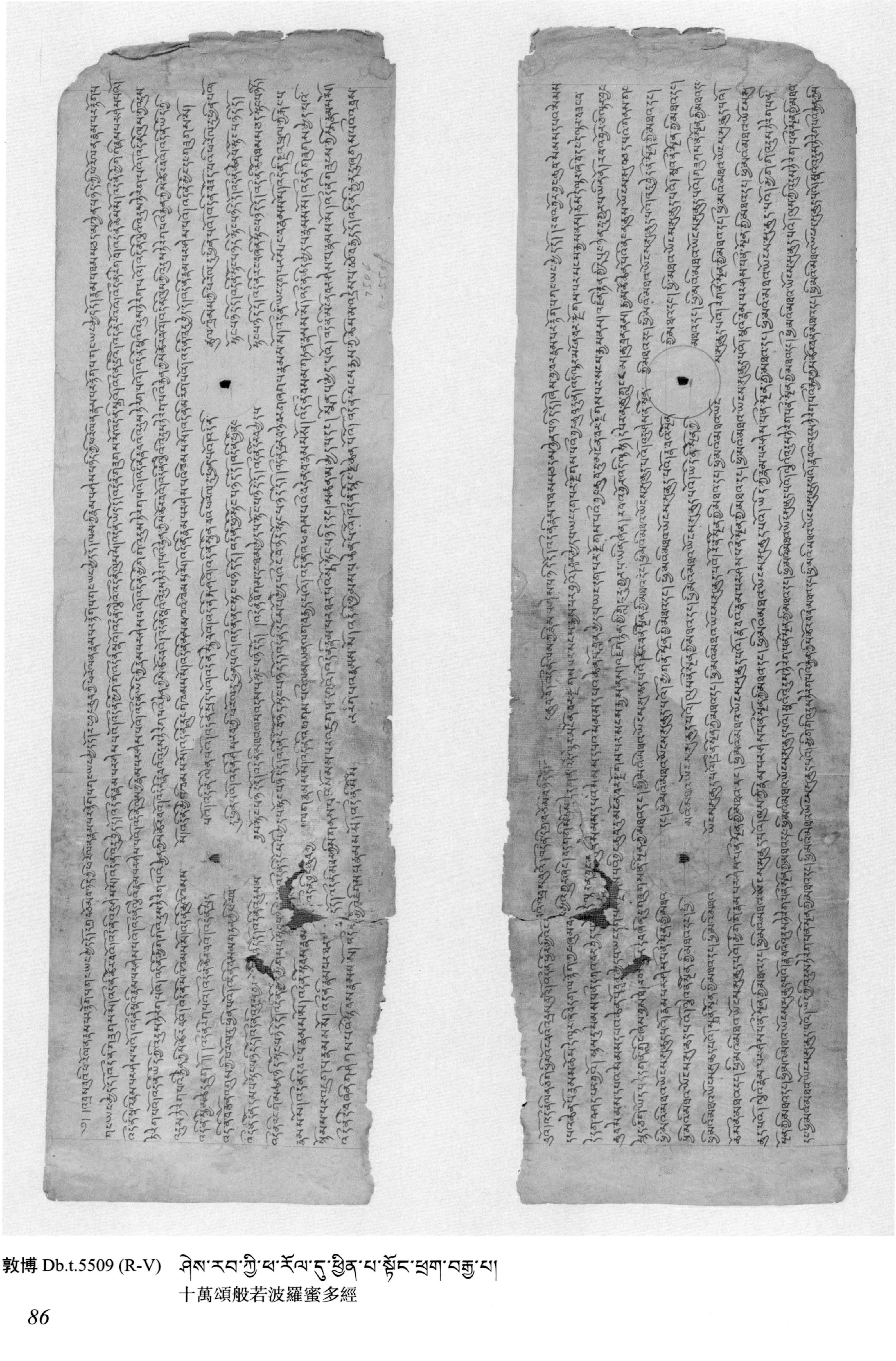

敦博 Db.t.5509 (R-V) ཤེས་རབ་ཀྱི་ཕ་རོལ་ཏུ་ཕྱིན་པ་སྟོང་ཕྲག་བརྒྱ་པ།
十萬頌般若波羅蜜多經

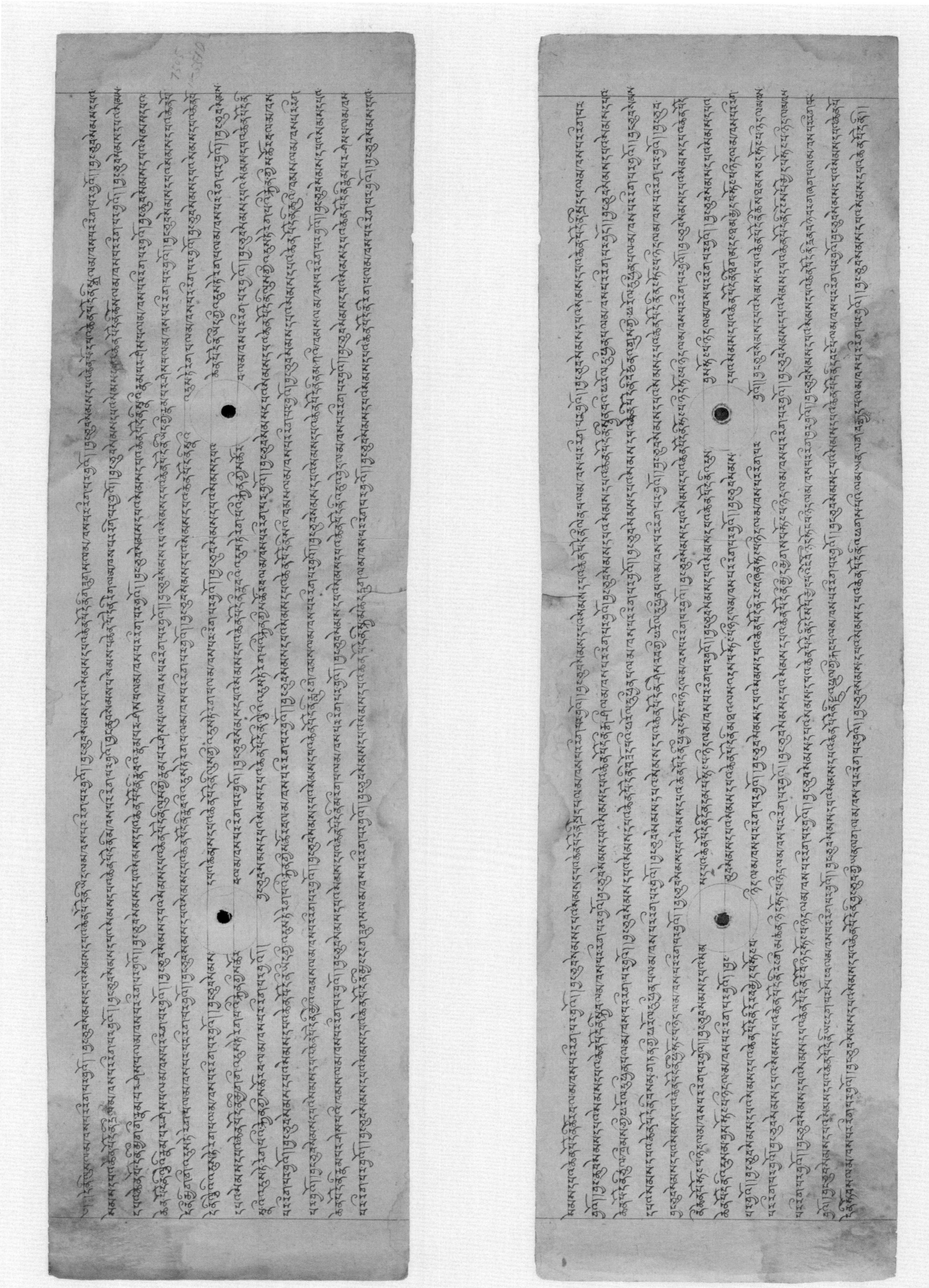

敦博 Db.t.5510 (R-V)　ཤེས་རབ་ཀྱི་ཕ་རོལ་ཏུ་ཕྱིན་པ་སྟོང་ཕྲག་བརྒྱ་པ།
十萬頌般若波羅蜜多經

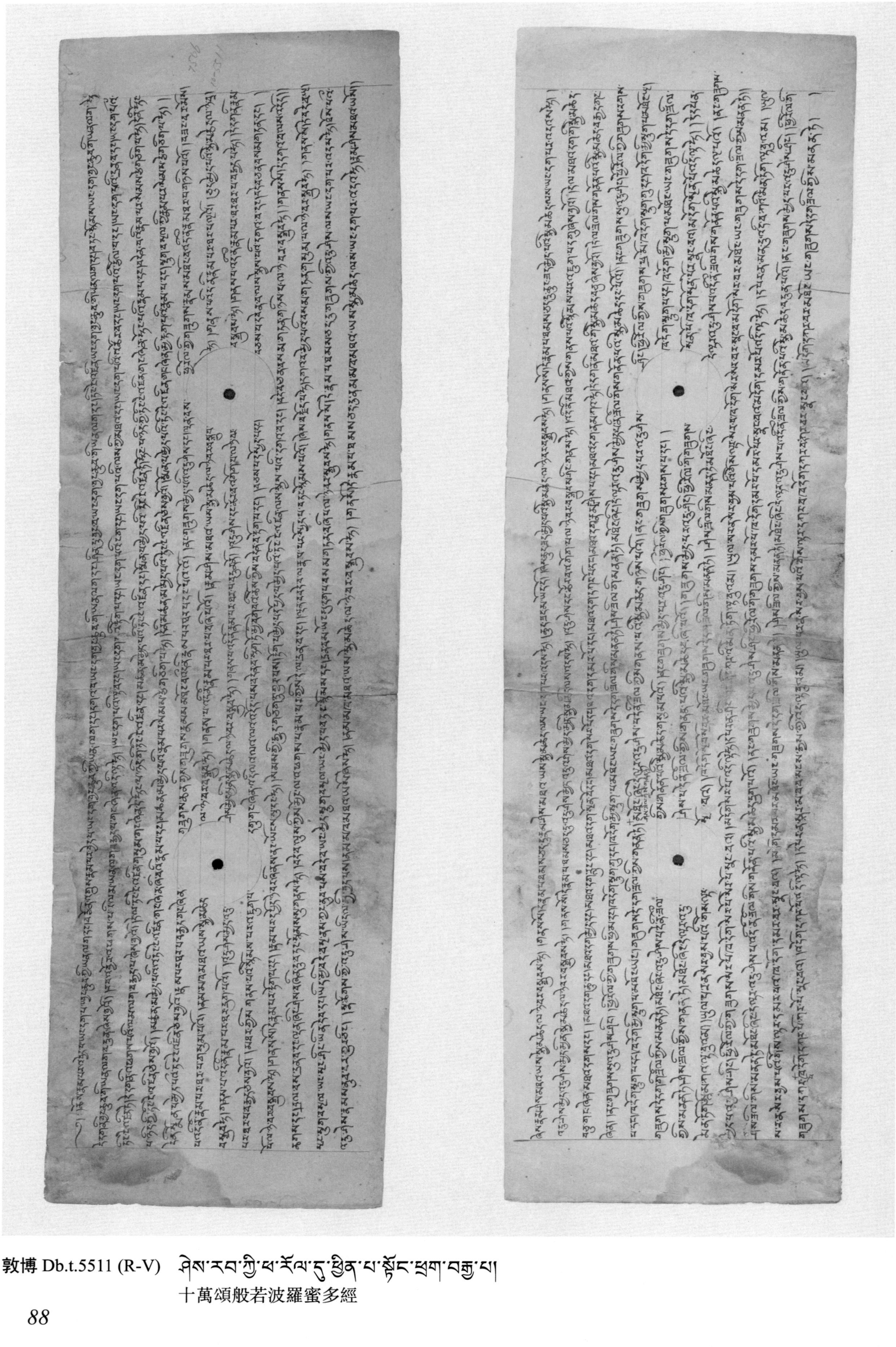

敦博 Db.t.5511 (R-V) ཤེས་རབ་ཀྱི་ཕ་རོལ་ཏུ་ཕྱིན་པ་སྟོང་ཕྲག་བརྒྱ་པ།
十萬頌般若波羅蜜多經

敦博 Db.t.5512 (R-V) ཤེས་རབ་ཀྱི་ཕ་རོལ་ཏུ་ཕྱིན་པ་སྟོང་ཕྲག་བརྒྱ་པ།
十萬頌般若波羅蜜多經

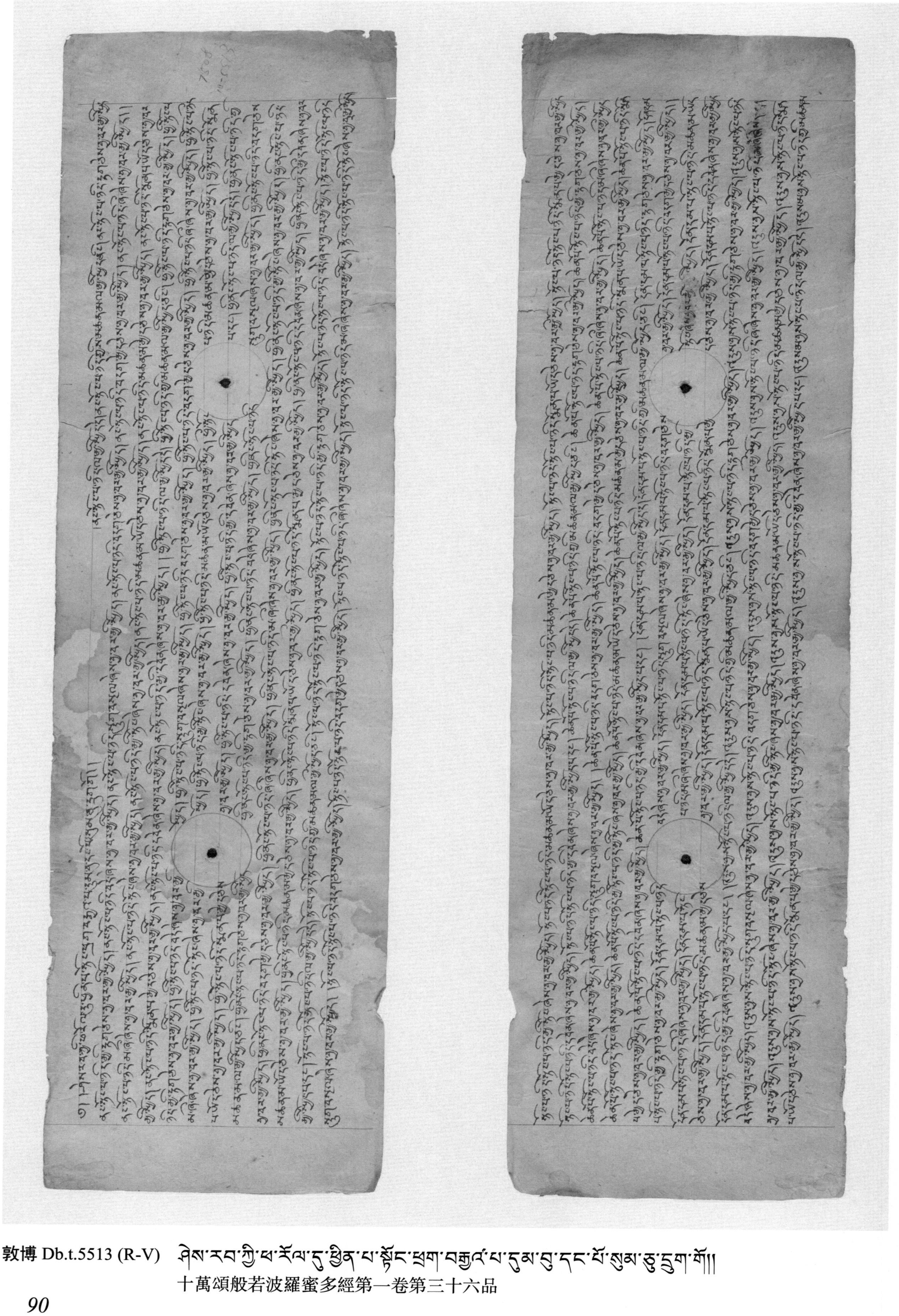

敦博 Db.t.5513 (R-V) ཤེས་རབ་ཀྱི་ཕ་རོལ་ཏུ་ཕྱིན་པ་སྟོང་ཕྲག་བརྒྱའ་པ་དུམ་བུ་དང་པོ་སུམ་ཅུ་དྲུག་གོ||
十萬頌般若波羅蜜多經第一卷第三十六品

敦博 Db.t.5514 (R-V) ཤེས་རབ་ཀྱི་ཕ་རོལ་ཏུ་ཕྱིན་པ་སྟོང་ཕྲག་བརྒྱ་པ།
十萬頌般若波羅蜜多經

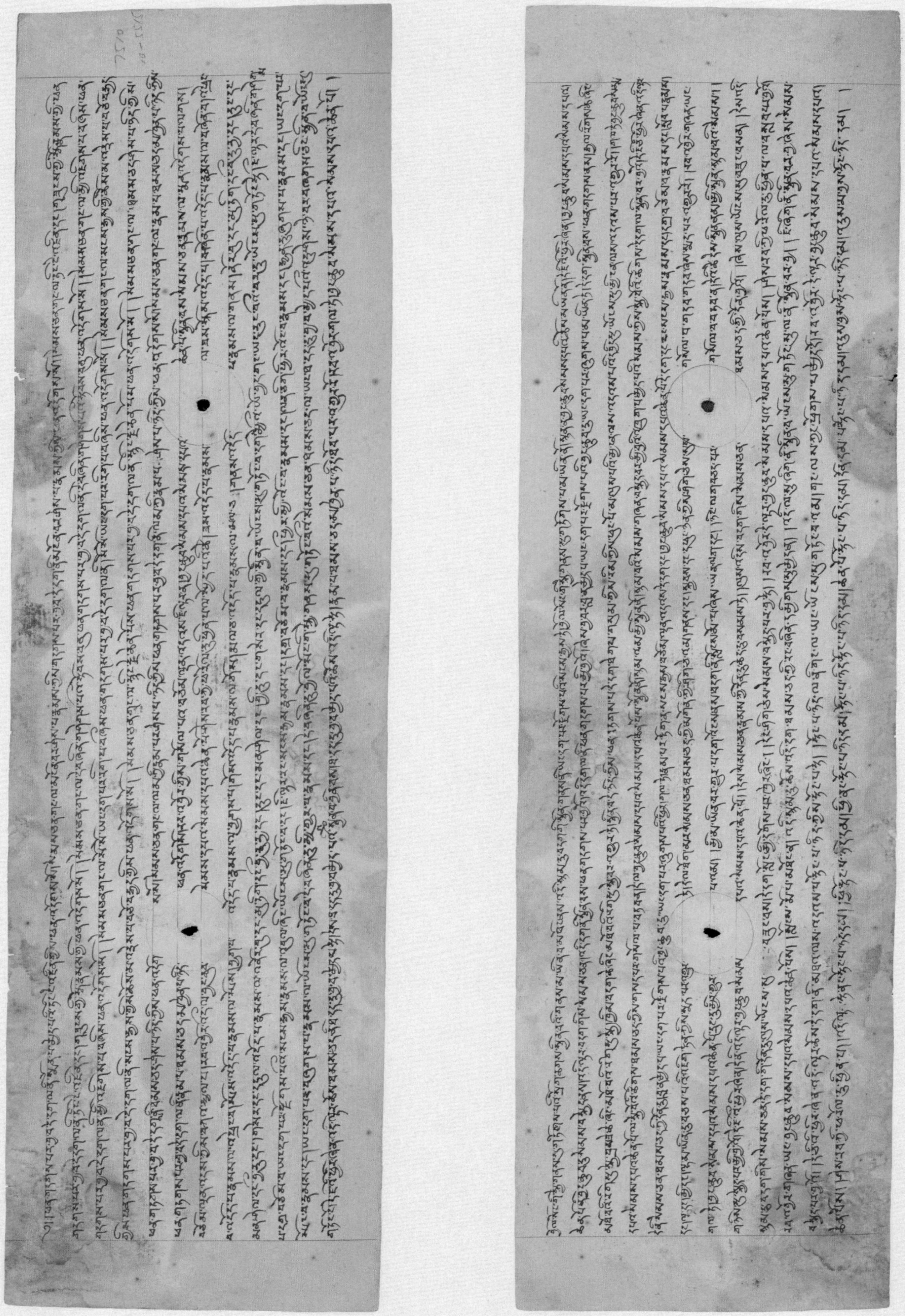

敦博 Db.t.5515 (R-V) ཤེས་རབ་ཀྱི་ཕ་རོལ་ཏུ་ཕྱིན་པ་སྟོང་ཕྲག་བརྒྱ་པ།
十萬頌般若波羅蜜多經

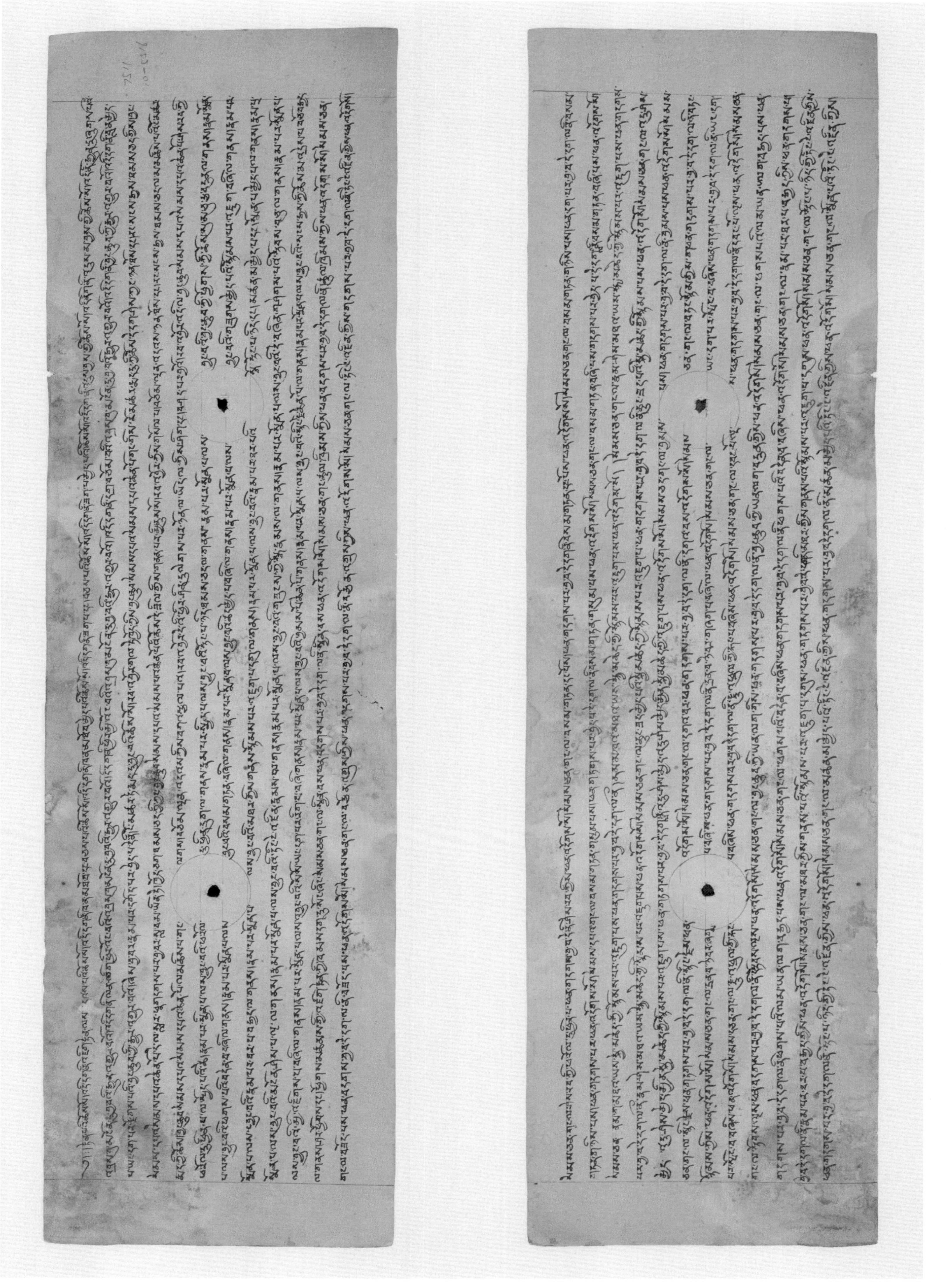

敦博 Db.t.5516 (R-V) ཤེས་རབ་ཀྱི་ཕ་རོལ་ཏུ་ཕྱིན་པ་སྟོང་ཕྲག་བརྒྱ་པ།
十萬頌般若波羅蜜多經

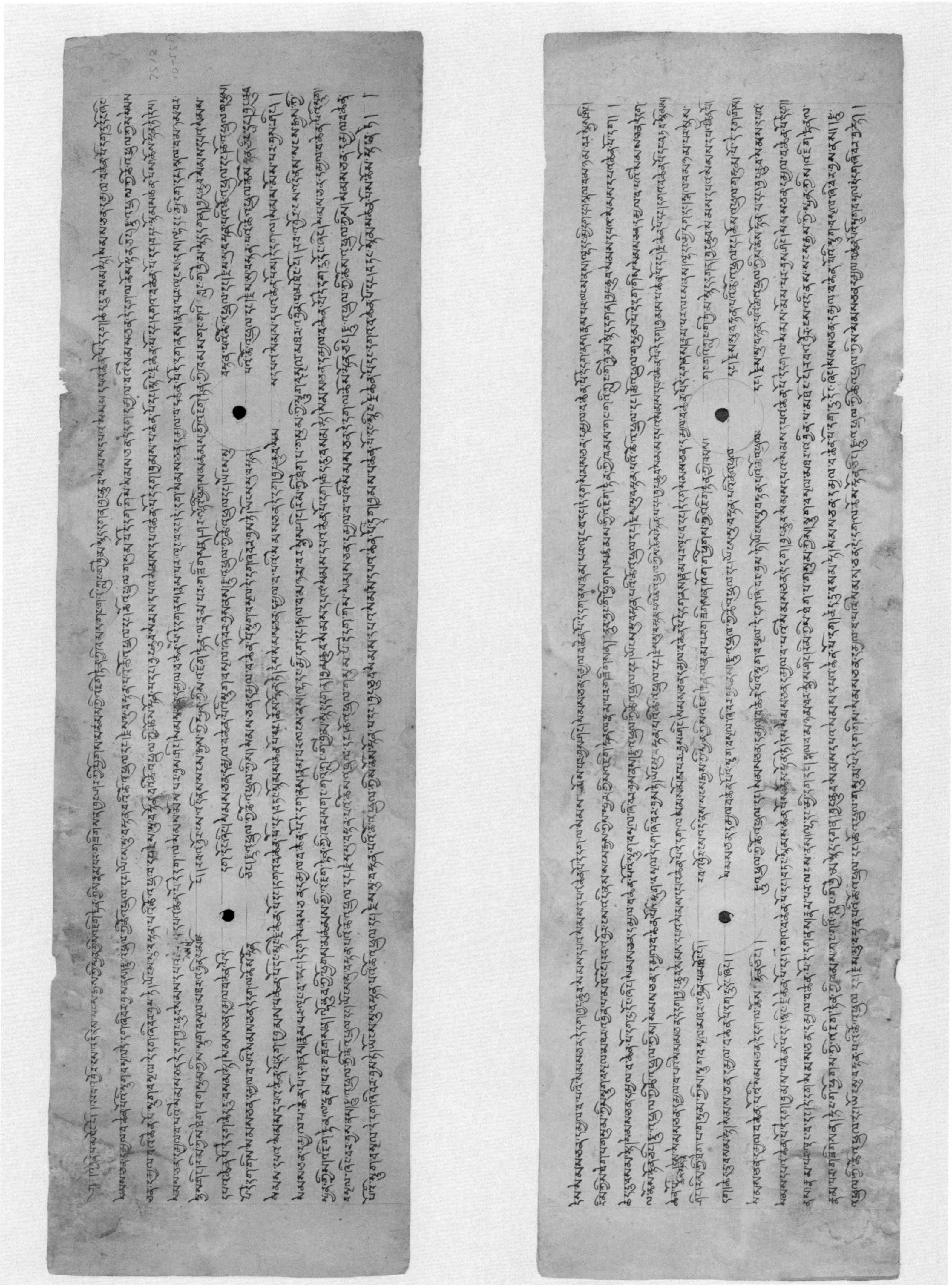

敦博 Db.t.5517 (R-V) ཤེས་རབ་ཀྱི་ཕ་རོལ་ཏུ་ཕྱིན་པ་སྟོང་ཕྲག་བརྒྱ་པ།
十萬頌般若波羅蜜多經

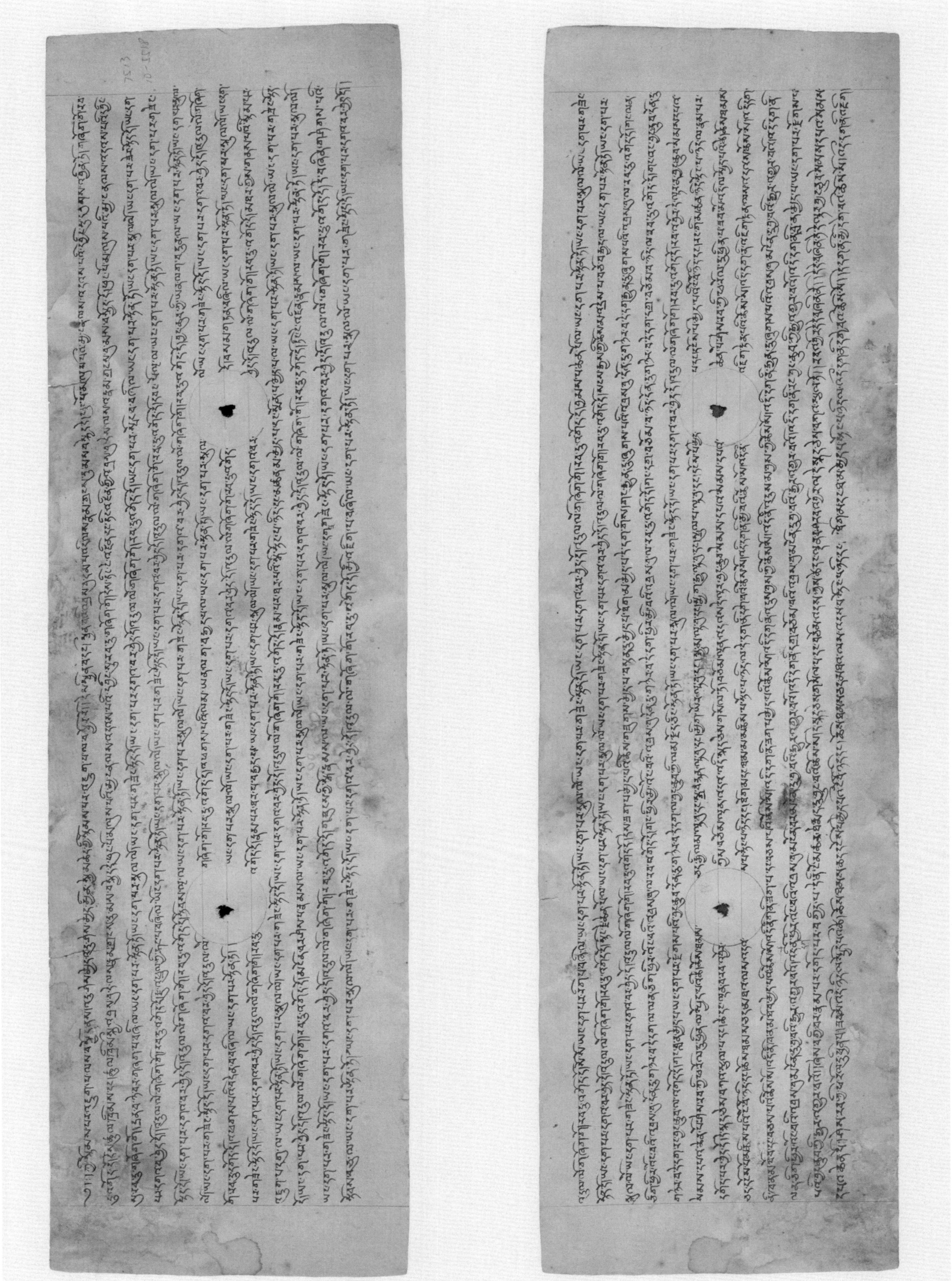

敦博 Db.t.5518 (R-V) ཤེས་རབ་ཀྱི་ཕ་རོལ་ཏུ་ཕྱིན་པ་སྟོང་ཕྲག་བརྒྱ་པ།
十萬頌般若波羅蜜多經

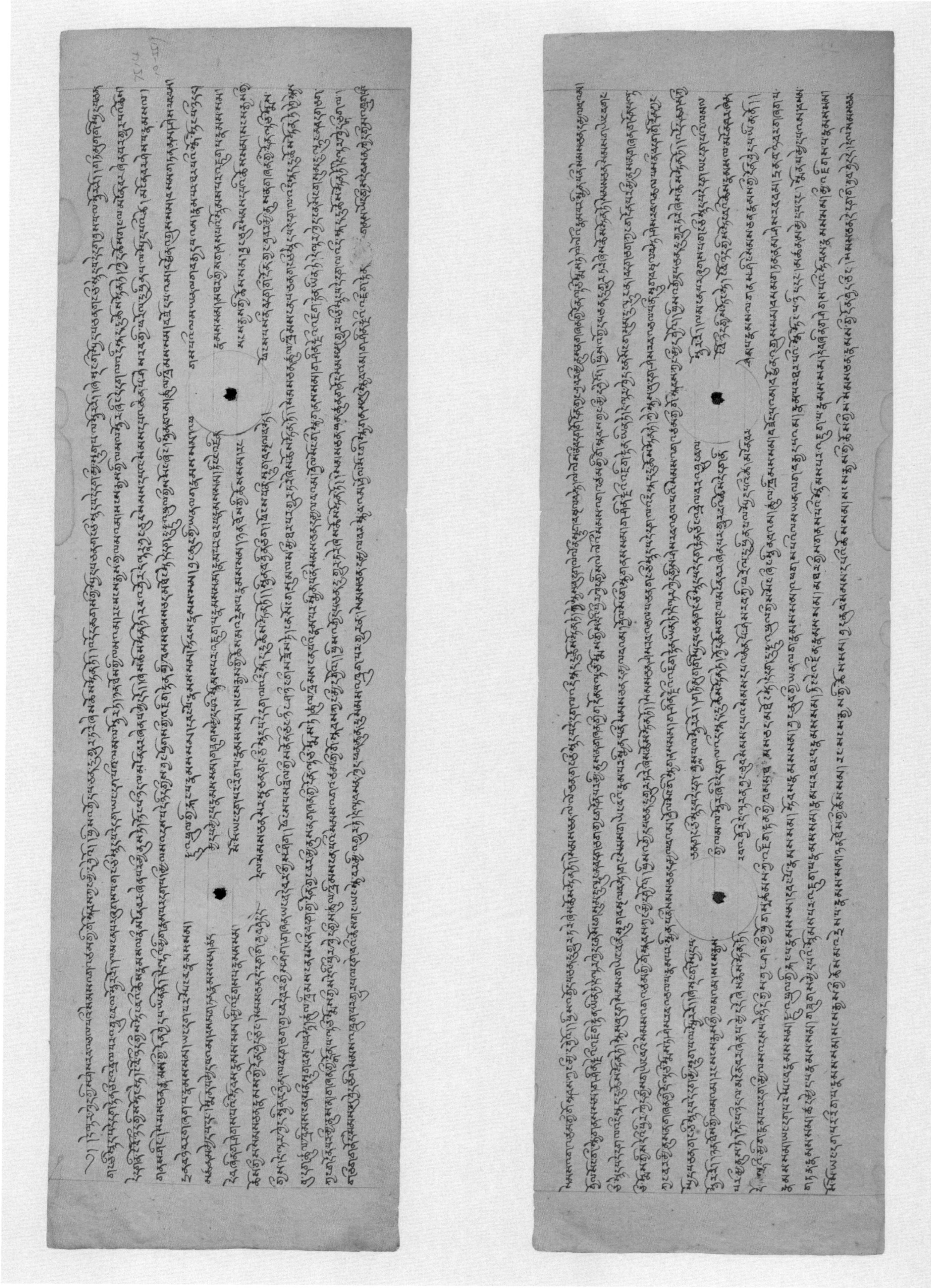

敦博 Db.t.5519 (R-V) ཤེས་རབ་ཀྱི་ཕ་རོལ་ཏུ་ཕྱིན་པ་སྟོང་ཕྲག་བརྒྱ་པ།
十萬頌般若波羅蜜多經

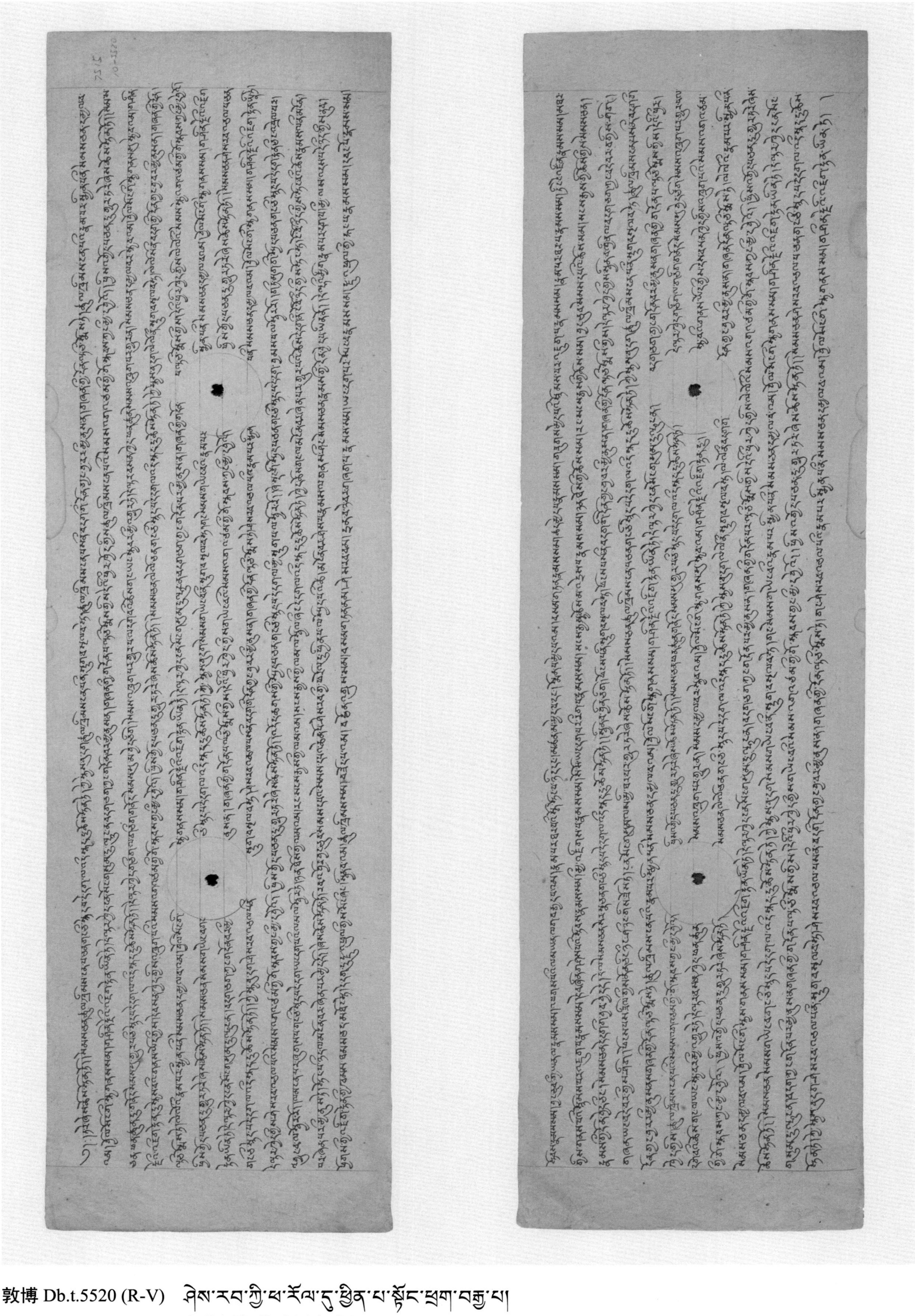

敦博 Db.t.5520 (R-V) ཤེས་རབ་ཀྱི་ཕ་རོལ་ཏུ་ཕྱིན་པ་སྟོང་ཕྲག་བརྒྱ་པ།
十萬頌般若波羅蜜多經

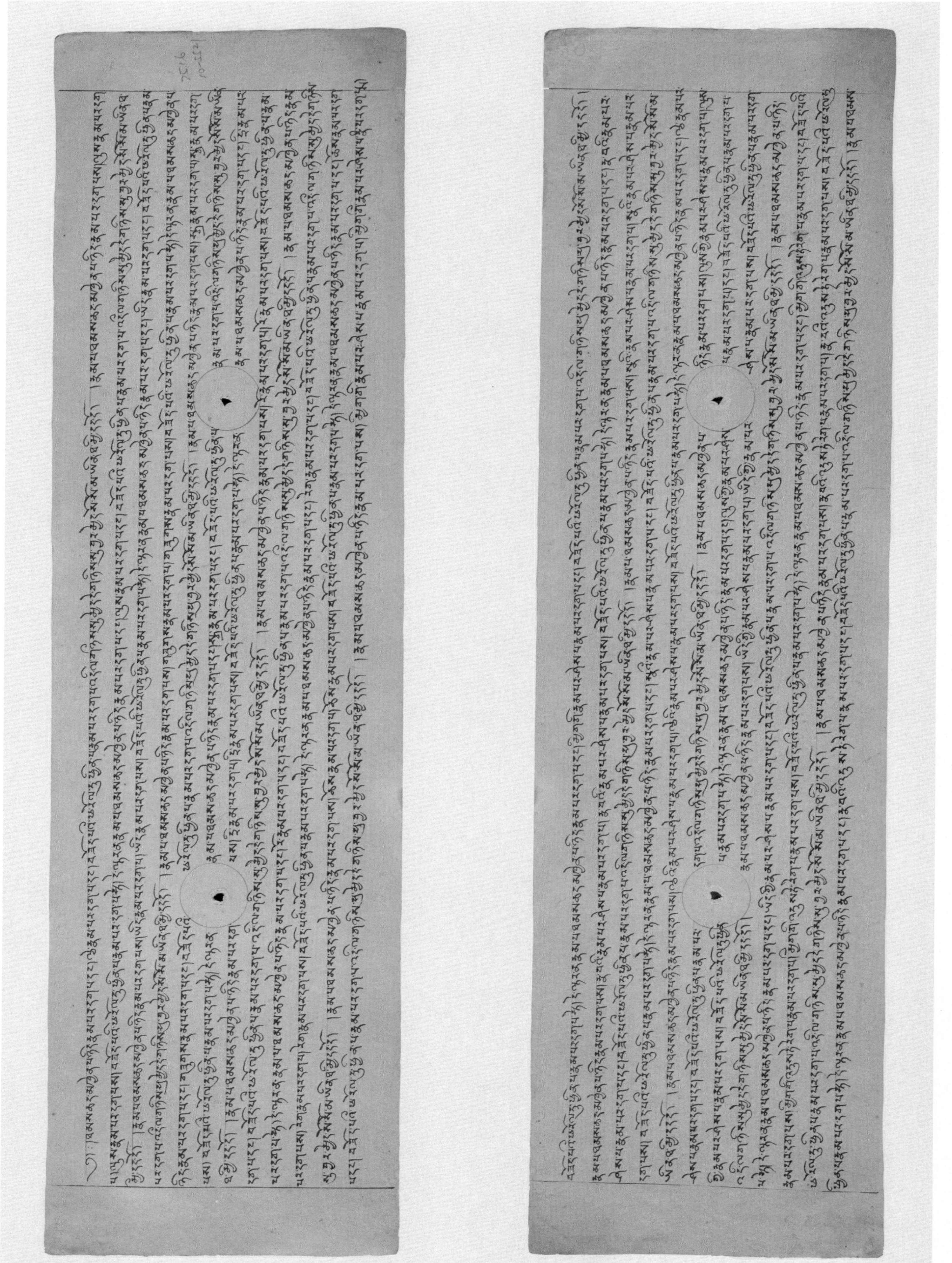

敦博 Db.t.5521 (R-V) ཤེས་རབ་ཀྱི་ཕ་རོལ་ཏུ་ཕྱིན་པ་སྟོང་ཕྲག་བརྒྱ་པ།
十萬頌般若波羅蜜多經

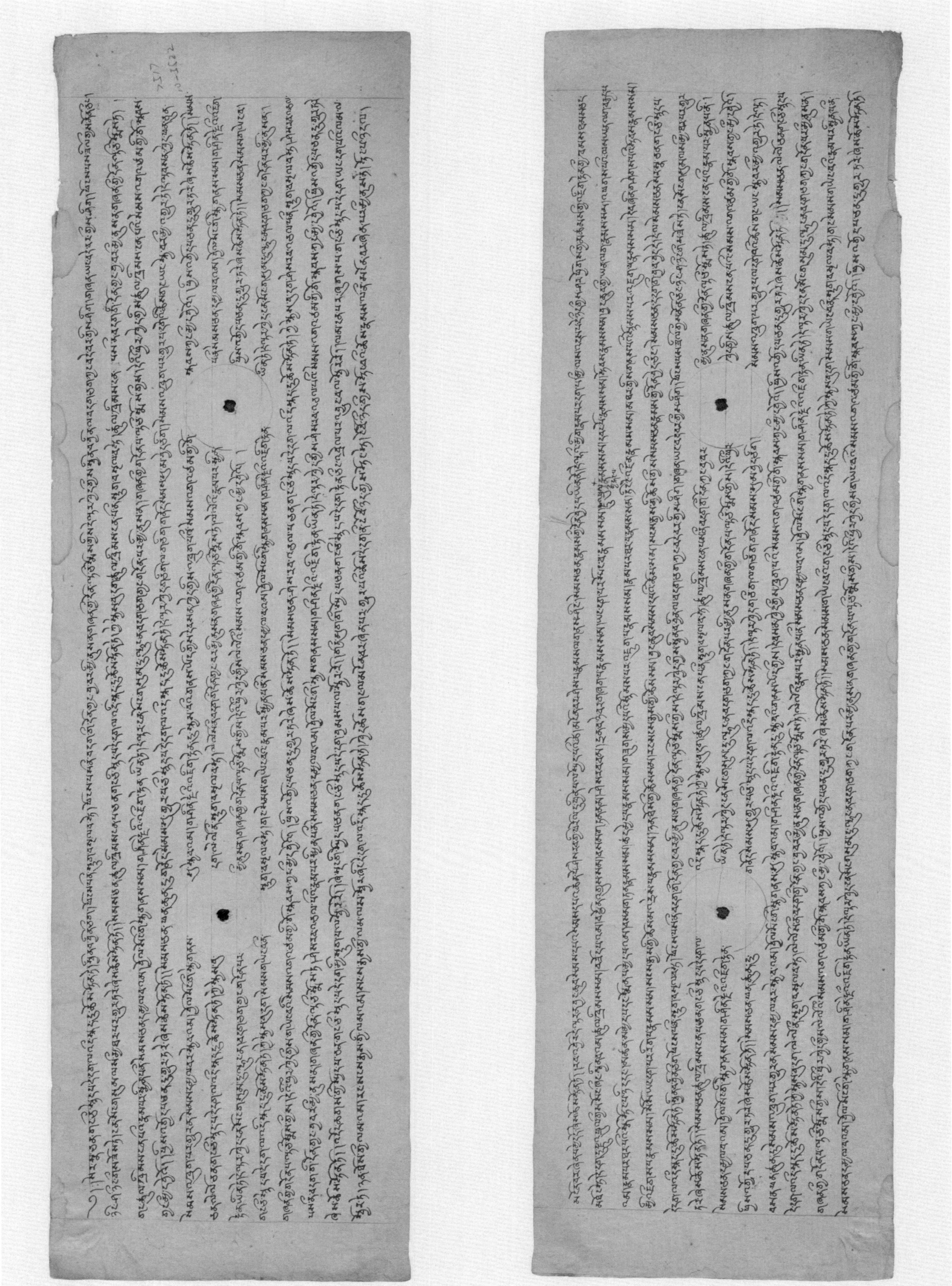

敦博 Db.t.5522 (R-V) ཤེས་རབ་ཀྱི་ཕ་རོལ་ཏུ་ཕྱིན་པ་སྟོང་ཕྲག་བརྒྱ་པ།
十萬頌般若波羅蜜多經

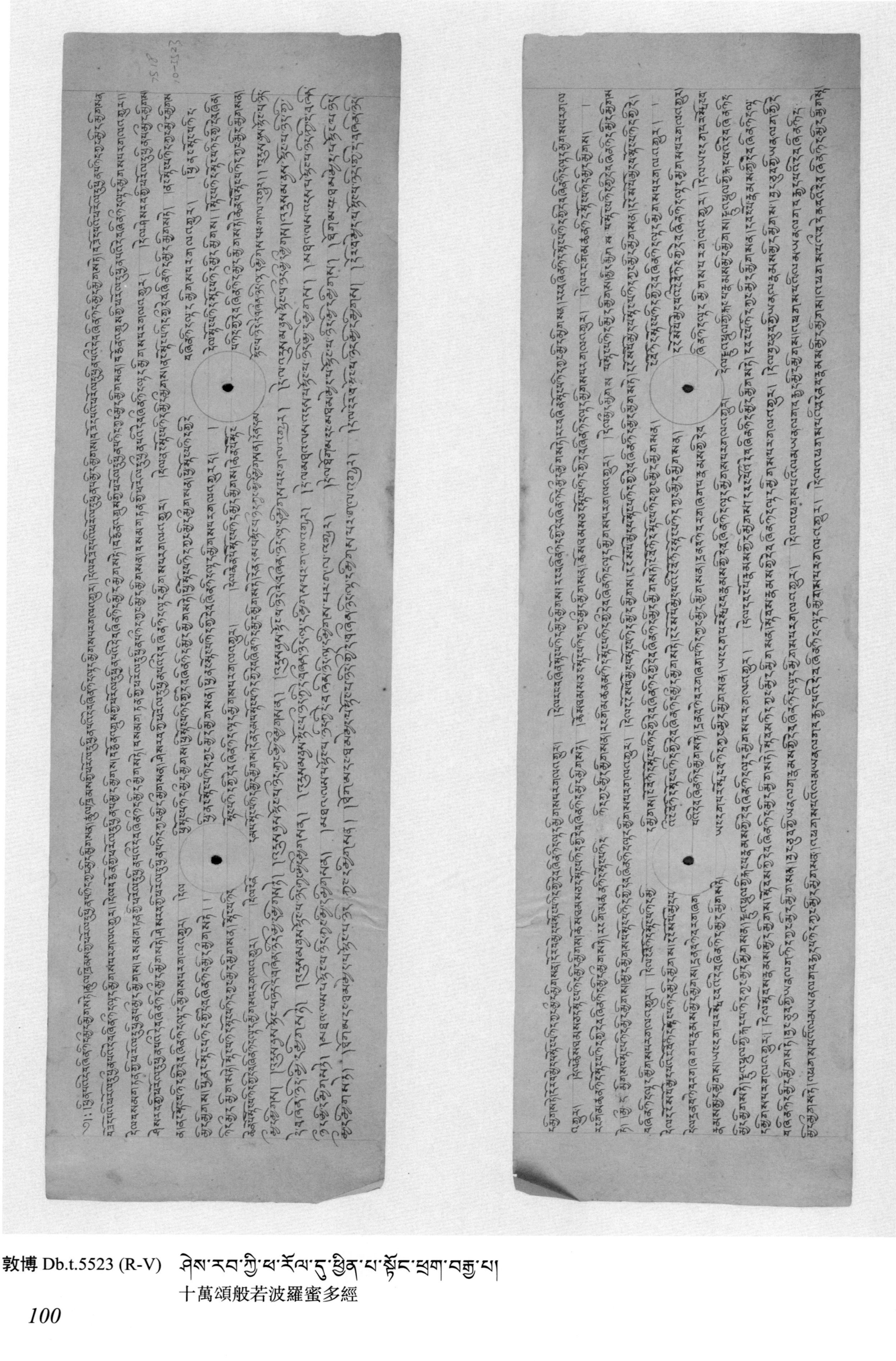

敦博 Db.t.5523 (R-V) ཤེས་རབ་ཀྱི་ཕ་རོལ་ཏུ་ཕྱིན་པ་སྟོང་ཕྲག་བརྒྱ་པ།
十萬頌般若波羅蜜多經

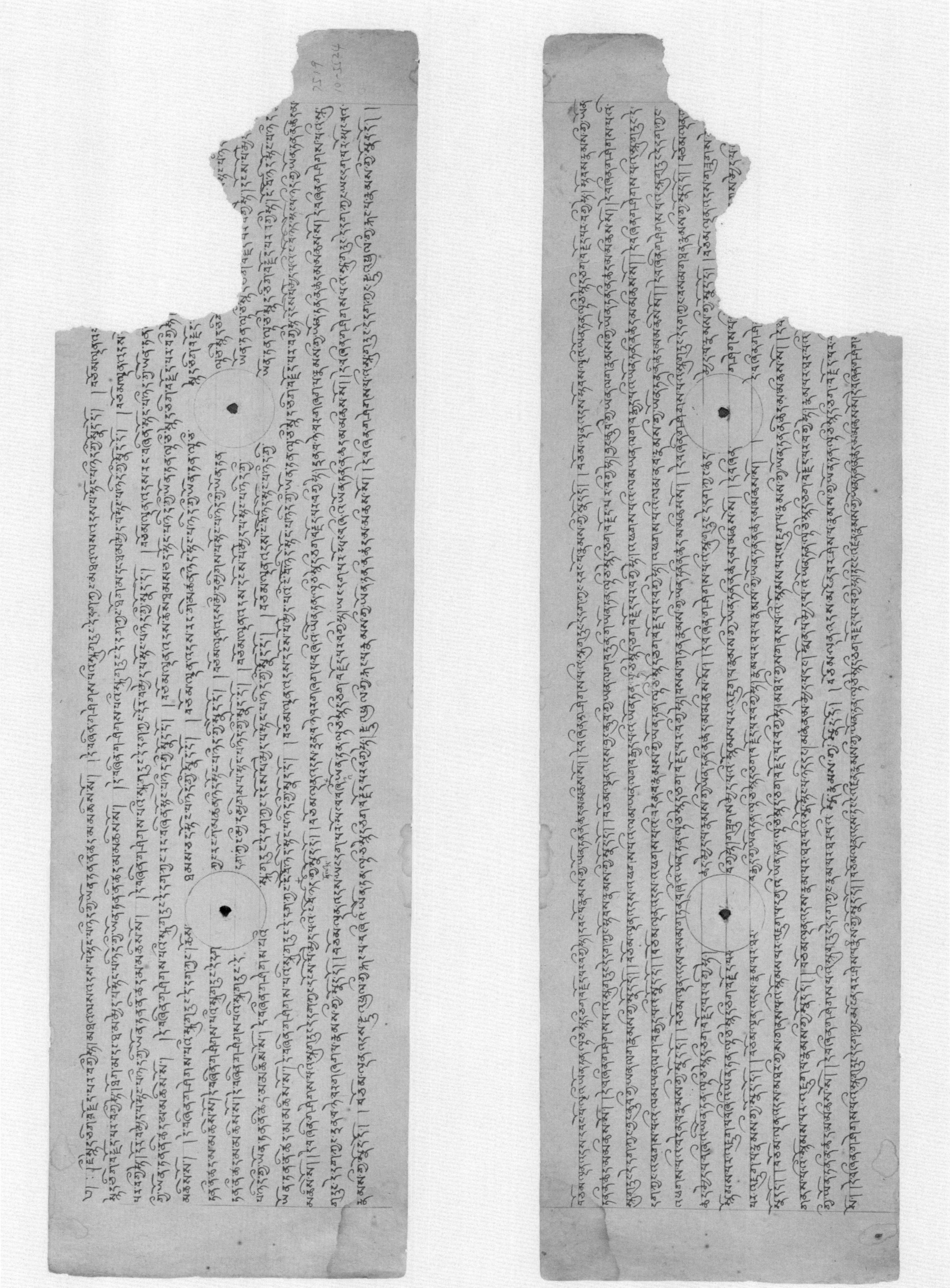

敦博 Db.t.5524 (R-V) ཤེས་རབ་ཀྱི་ཕ་རོལ་ཏུ་ཕྱིན་པ་སྟོང་ཕྲག་བརྒྱ་པ། 十萬頌般若波羅蜜多經

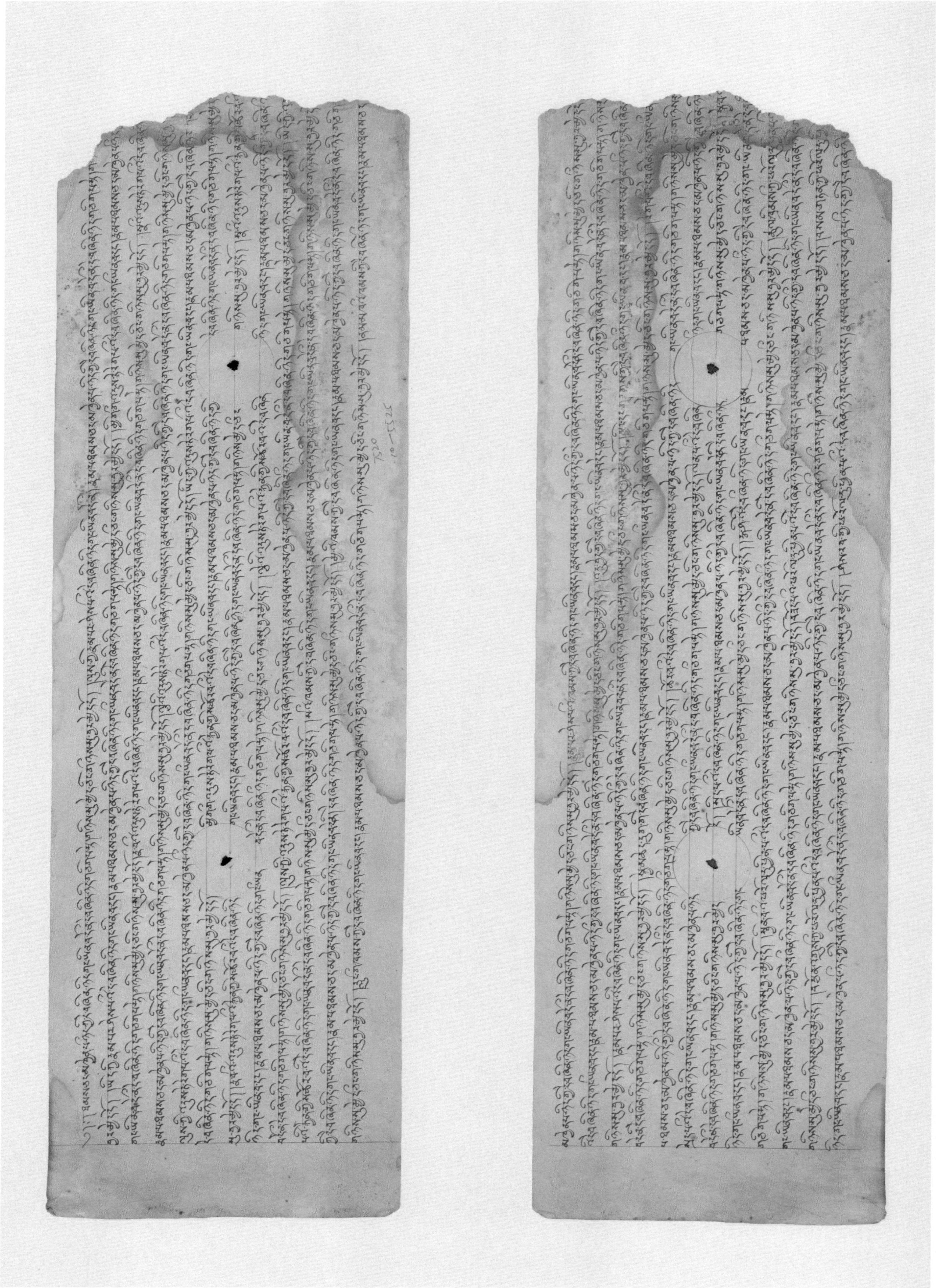

敦博 Db.t.5525 (R-V) ཤེས་རབ་ཀྱི་ཕ་རོལ་ཏུ་ཕྱིན་པ་སྟོང་ཕྲག་བརྒྱ་པ།
十萬頌般若波羅蜜多經

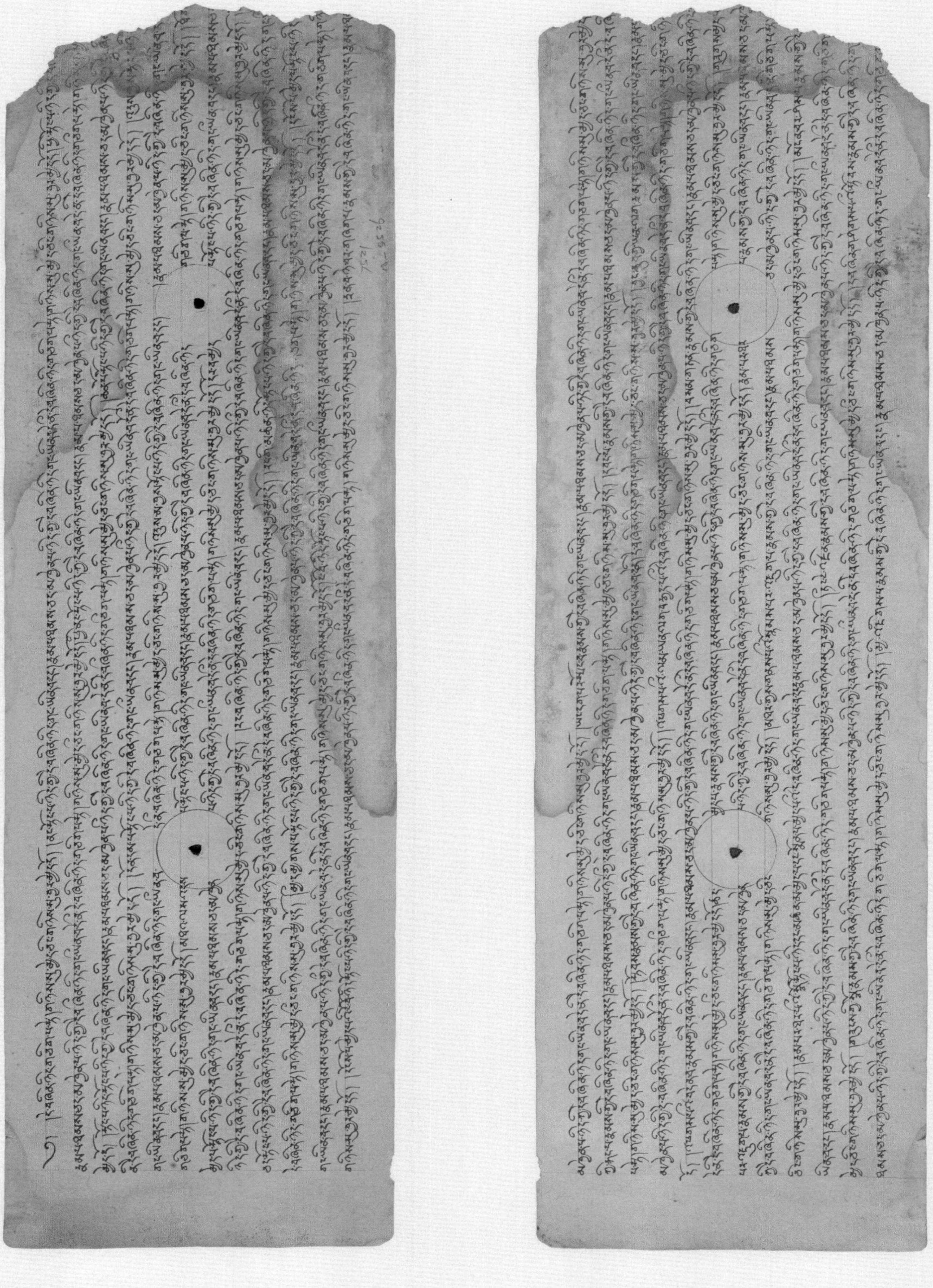

敦博 Db.t.5526 (R-V) ཤེས་རབ་ཀྱི་ཕ་རོལ་ཏུ་ཕྱིན་པ་སྟོང་ཕྲག་བརྒྱ་པ།
十萬頌般若波羅蜜多經

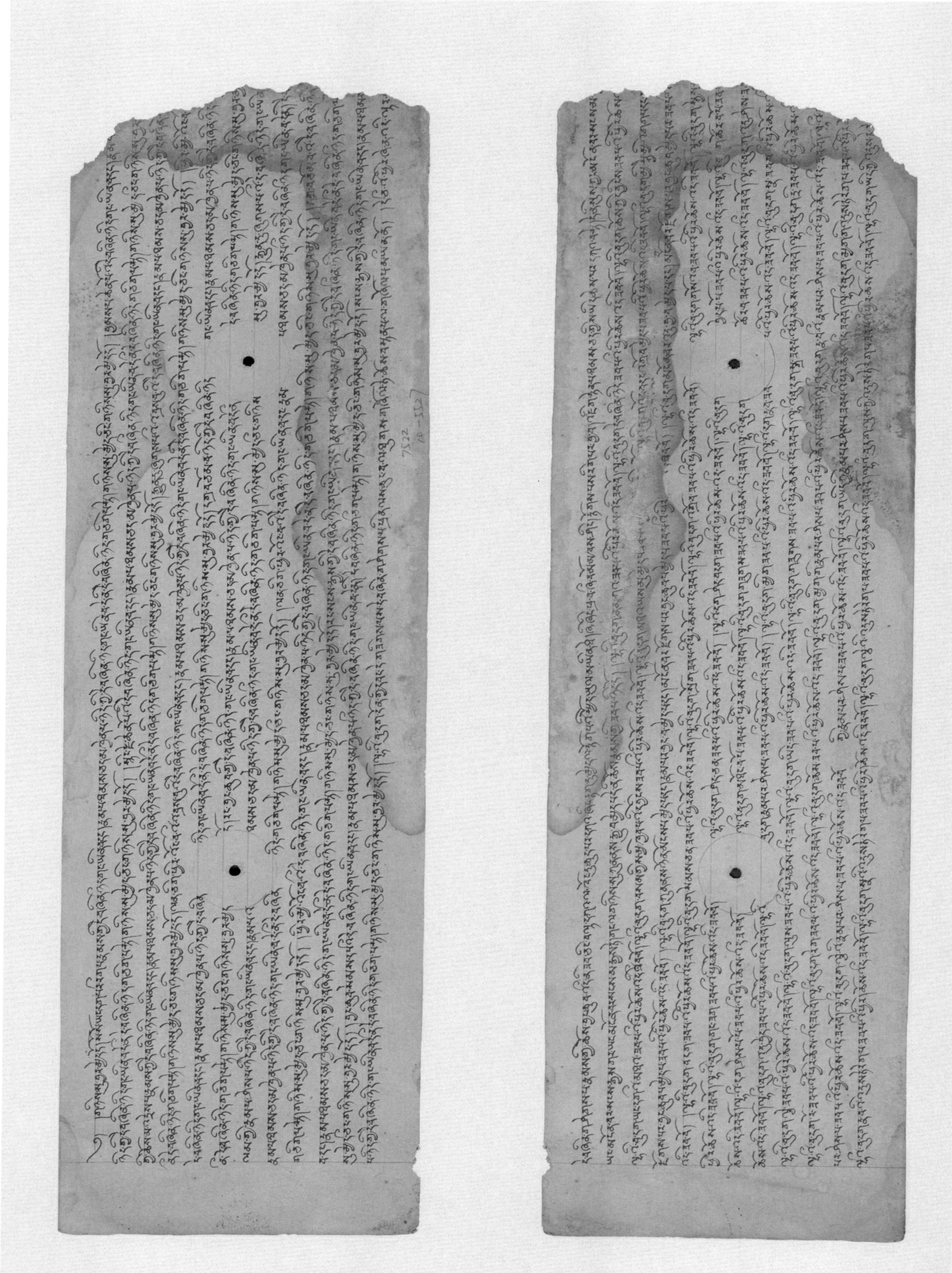

敦博 Db.t.5527 (R-V) ཤེས་རབ་ཀྱི་ཕ་རོལ་ཏུ་ཕྱིན་པ་སྟོང་ཕྲག་བརྒྱ་པ།
十萬頌般若波羅蜜多經

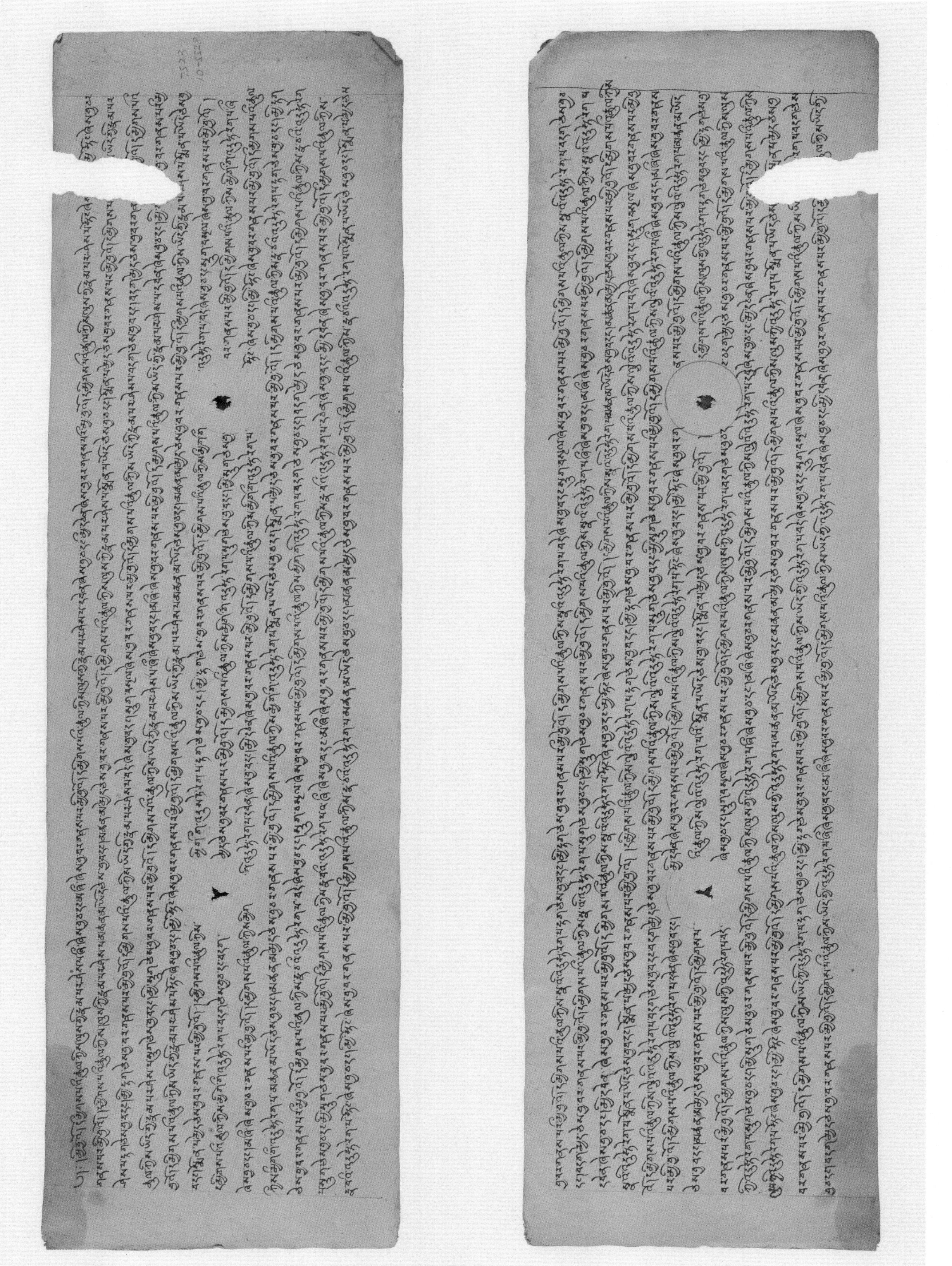

敦博 Db.t.5528 (R-V) ཤེས་རབ་ཀྱི་ཕ་རོལ་ཏུ་ཕྱིན་པ་སྟོང་ཕྲག་བརྒྱ་པ།
十萬頌般若波羅蜜多經

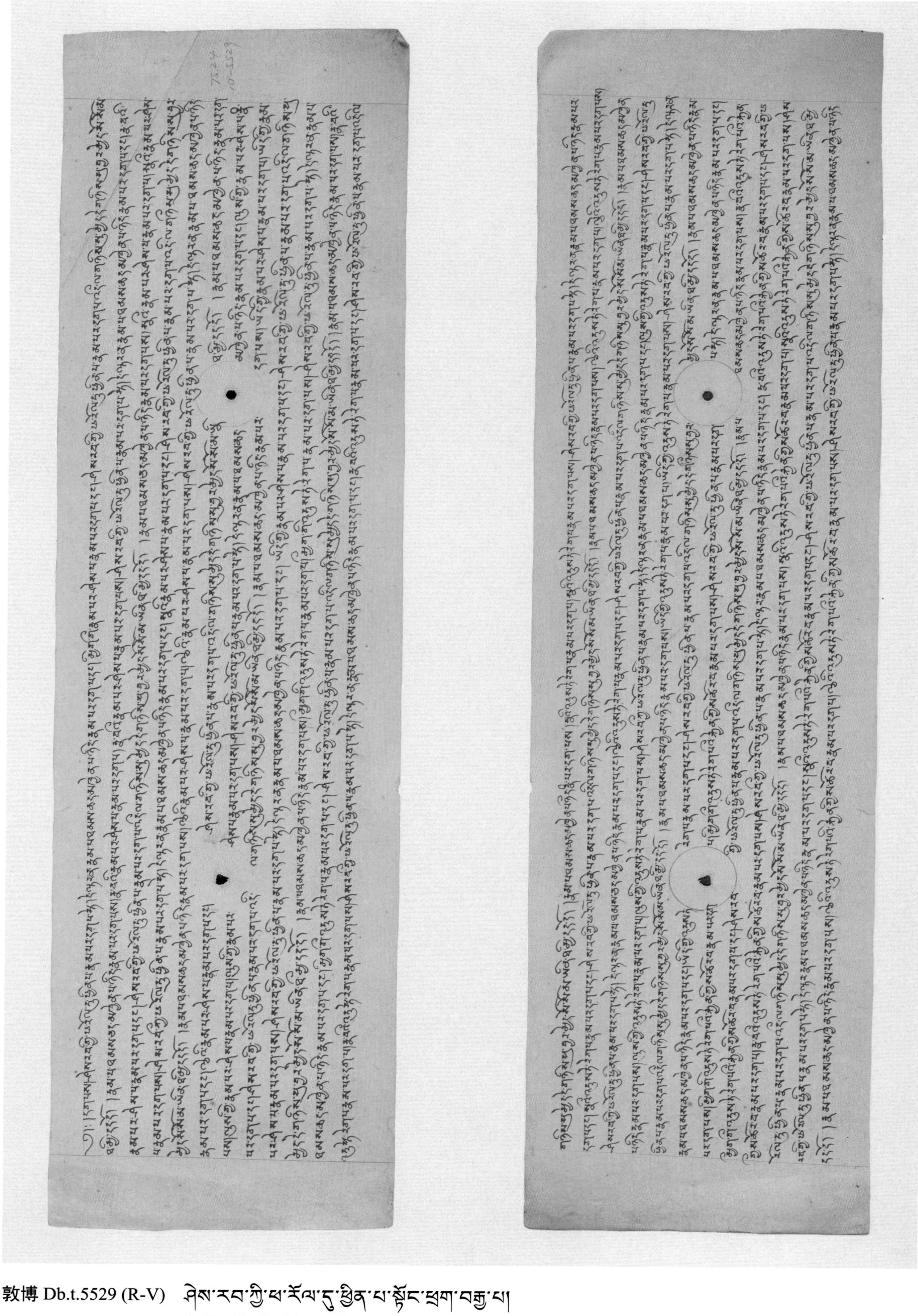

敦博 Db.t.5529 (R-V) ཤེས་རབ་ཀྱི་ཕ་རོལ་ཏུ་ཕྱིན་པ་སྟོང་ཕྲག་བརྒྱ་པ།
十萬頌般若波羅蜜多經

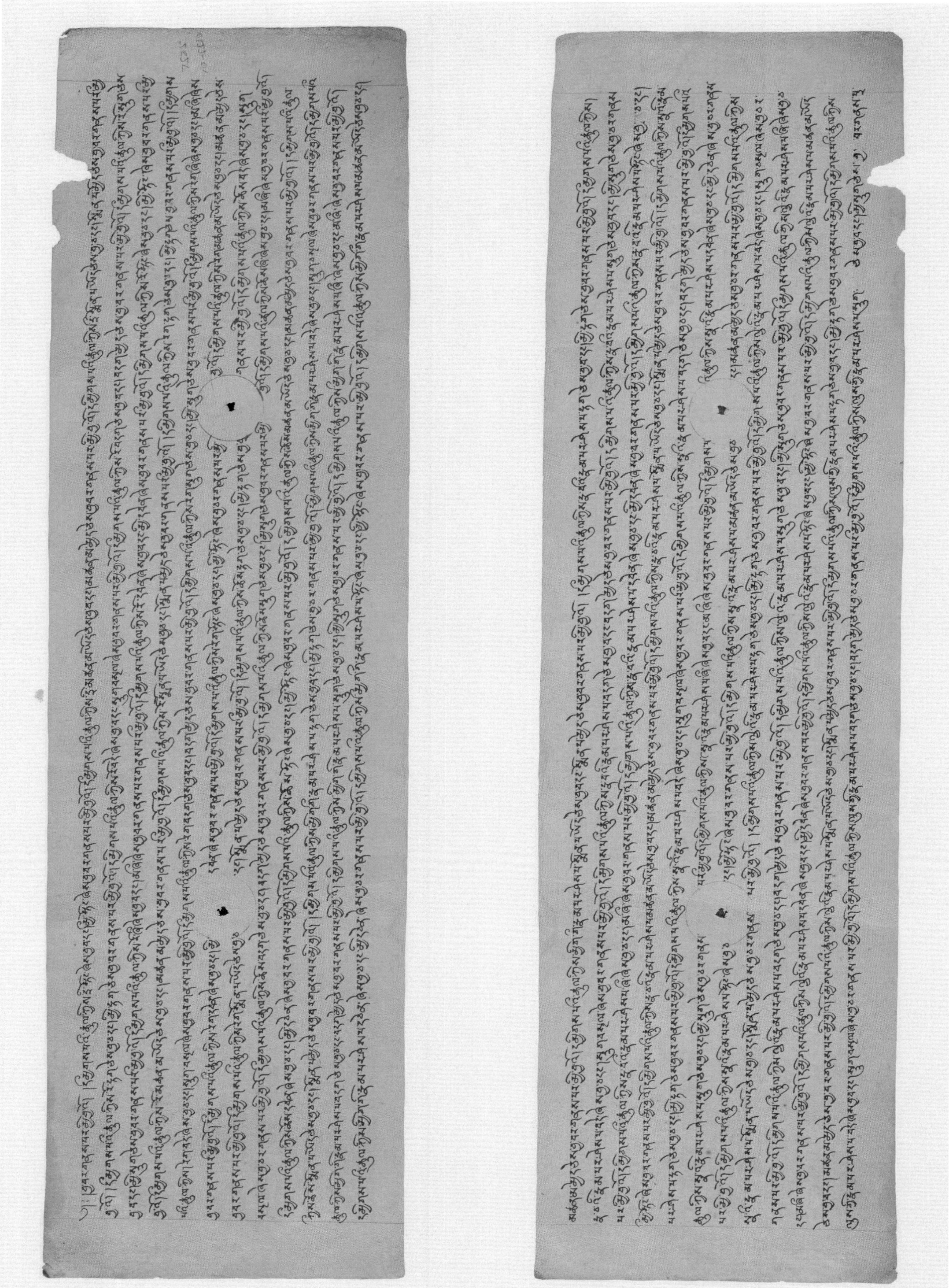

敦博 Db.t.5530 (R-V) ཤེས་རབ་ཀྱི་ཕ་རོལ་ཏུ་ཕྱིན་པ་སྟོང་ཕྲག་བརྒྱ་པ།
十萬頌般若波羅蜜多經

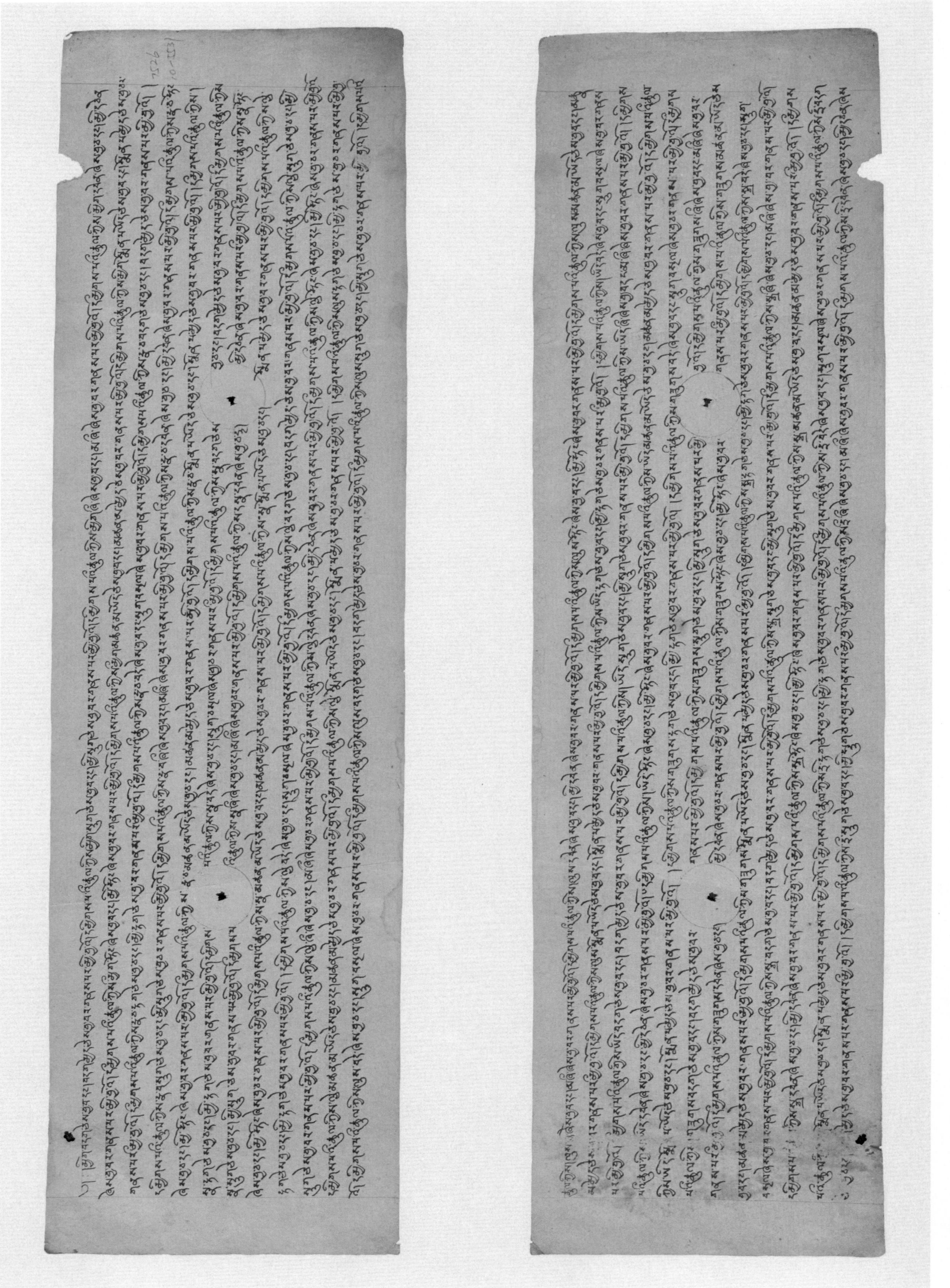

敦博 Db.t.5531 (R-V) ཤེས་རབ་ཀྱི་ཕ་རོལ་ཏུ་ཕྱིན་པ་སྟོང་ཕྲག་བརྒྱ་པ།
十萬頌般若波羅蜜多經

敦博 Db.t.5532 (R-V) ཤེས་རབ་ཀྱི་ཕ་རོལ་ཏུ་ཕྱིན་པ་སྟོང་ཕྲག་བརྒྱ་པ།
十萬頌般若波羅蜜多經

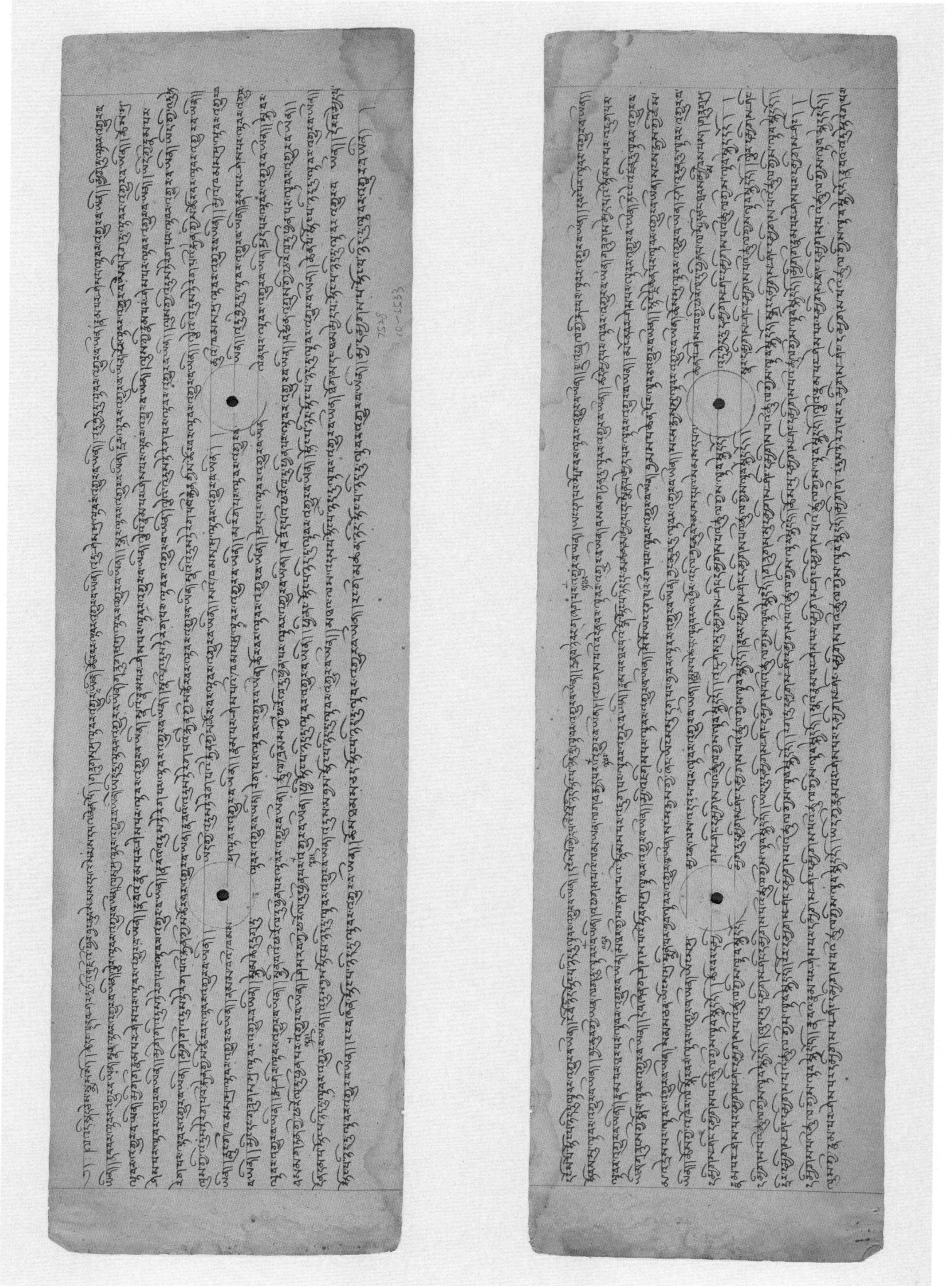

敦博 Db.t.5533 (R-V) ཤེས་རབ་ཀྱི་ཕ་རོལ་ཏུ་ཕྱིན་པ་སྟོང་ཕྲག་བརྒྱ་པ།
十萬頌般若波羅蜜多經

敦博 Db.t.5534 (R-V) ཤེས་རབ་ཀྱི་ཕ་རོལ་ཏུ་ཕྱིན་པ་སྟོང་ཕྲག་བརྒྱ་པ།
十萬頌般若波羅蜜多經

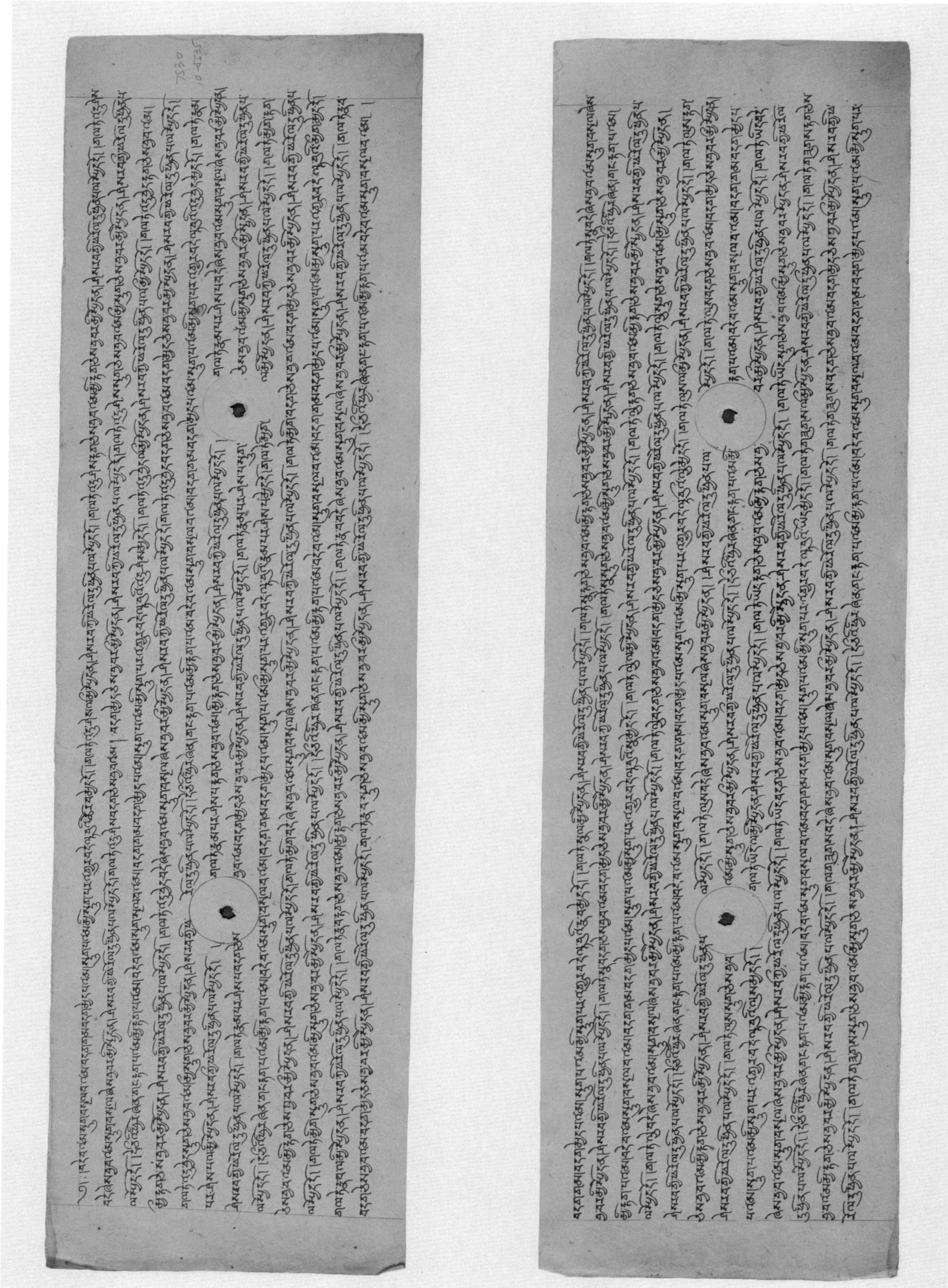

敦博 Db.t.5535 (R-V)　ཤེས་རབ་ཀྱི་ཕ་རོལ་ཏུ་ཕྱིན་པ་སྟོང་ཕྲག་བརྒྱ་པ།

十萬頌般若波羅蜜多經

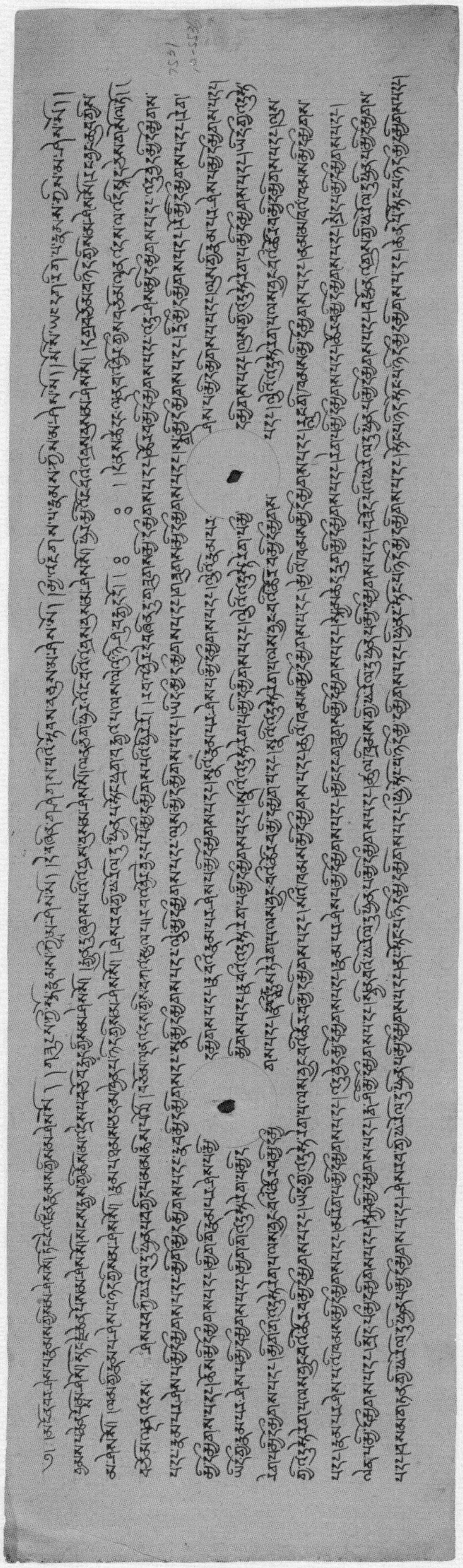

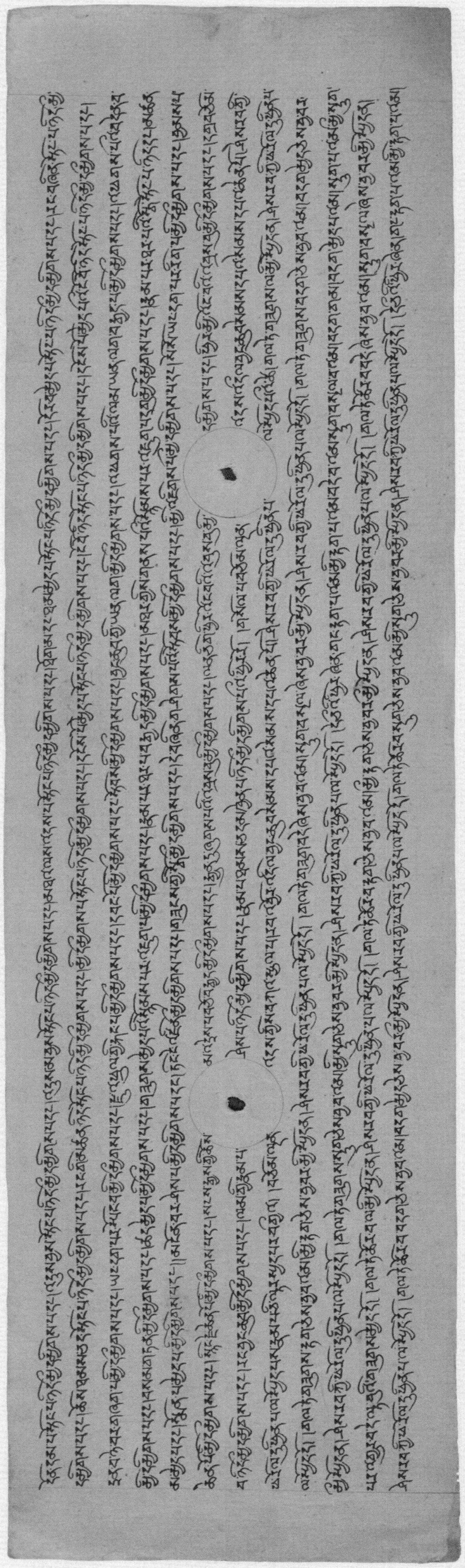

敦博 Db.t.5536 (R-V) ཤེས་རབ་ཀྱི་ཕ་རོལ་ཏུ་ཕྱིན་པ་སྟོང་ཕྲག་བརྒྱ་པ།
十萬頌般若波羅蜜多經

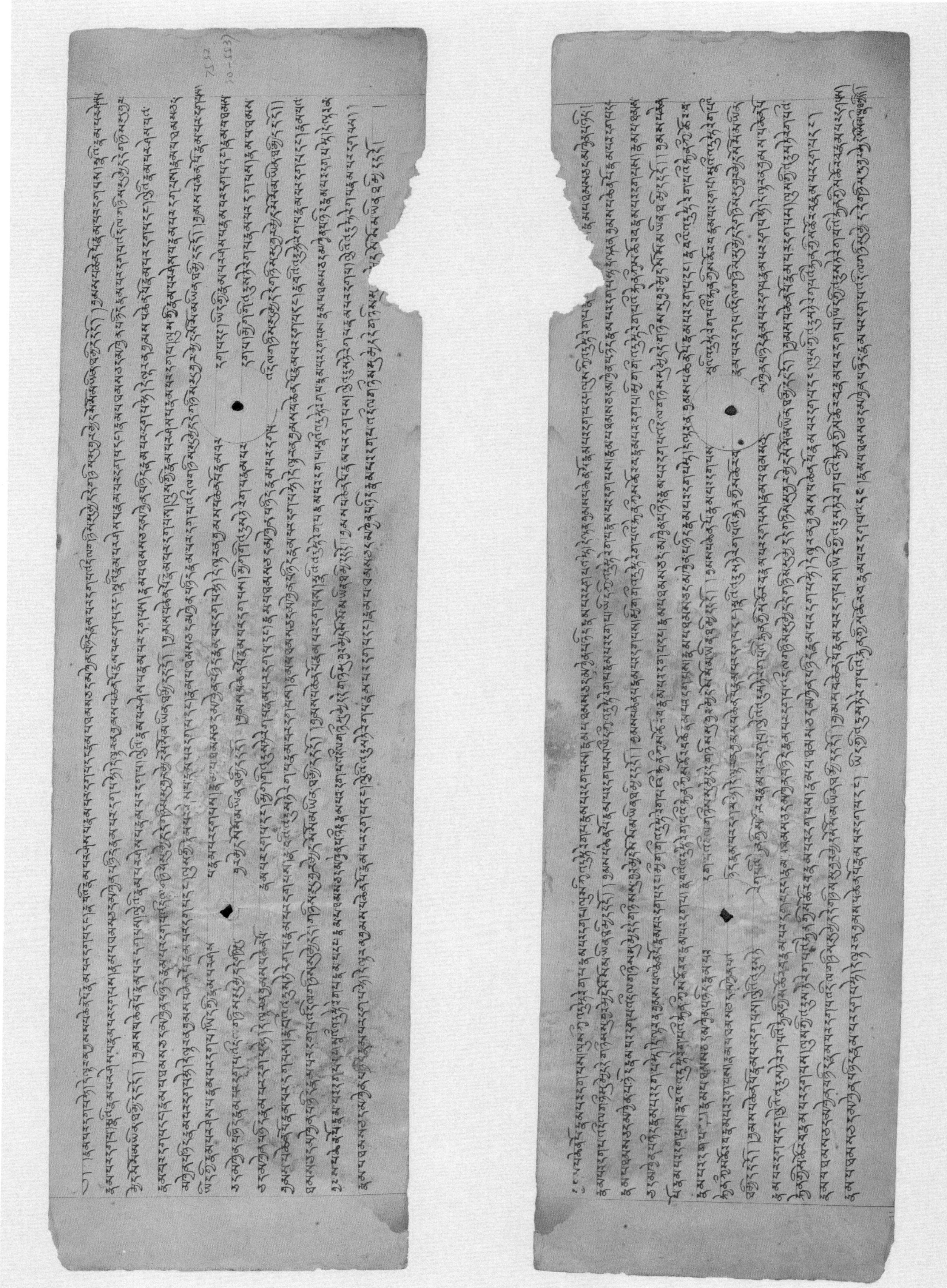

敦博 Db.t.5537 (R-V) ཤེས་རབ་ཀྱི་ཕ་རོལ་ཏུ་ཕྱིན་པ་སྟོང་ཕྲག་བརྒྱ་པ།
十萬頌般若波羅蜜多經

敦博 Db.t.5538 (R-V)　ཤེས་རབ་ཀྱི་ཕ་རོལ་ཏུ་ཕྱིན་པ་སྟོང་ཕྲག་བརྒྱ་པ་དུམ་བུ་གསུམ་པ་བམ་པོ་སུམ་བཅུ་པོ།།
十萬頌般若波羅蜜多經第三卷第三十品

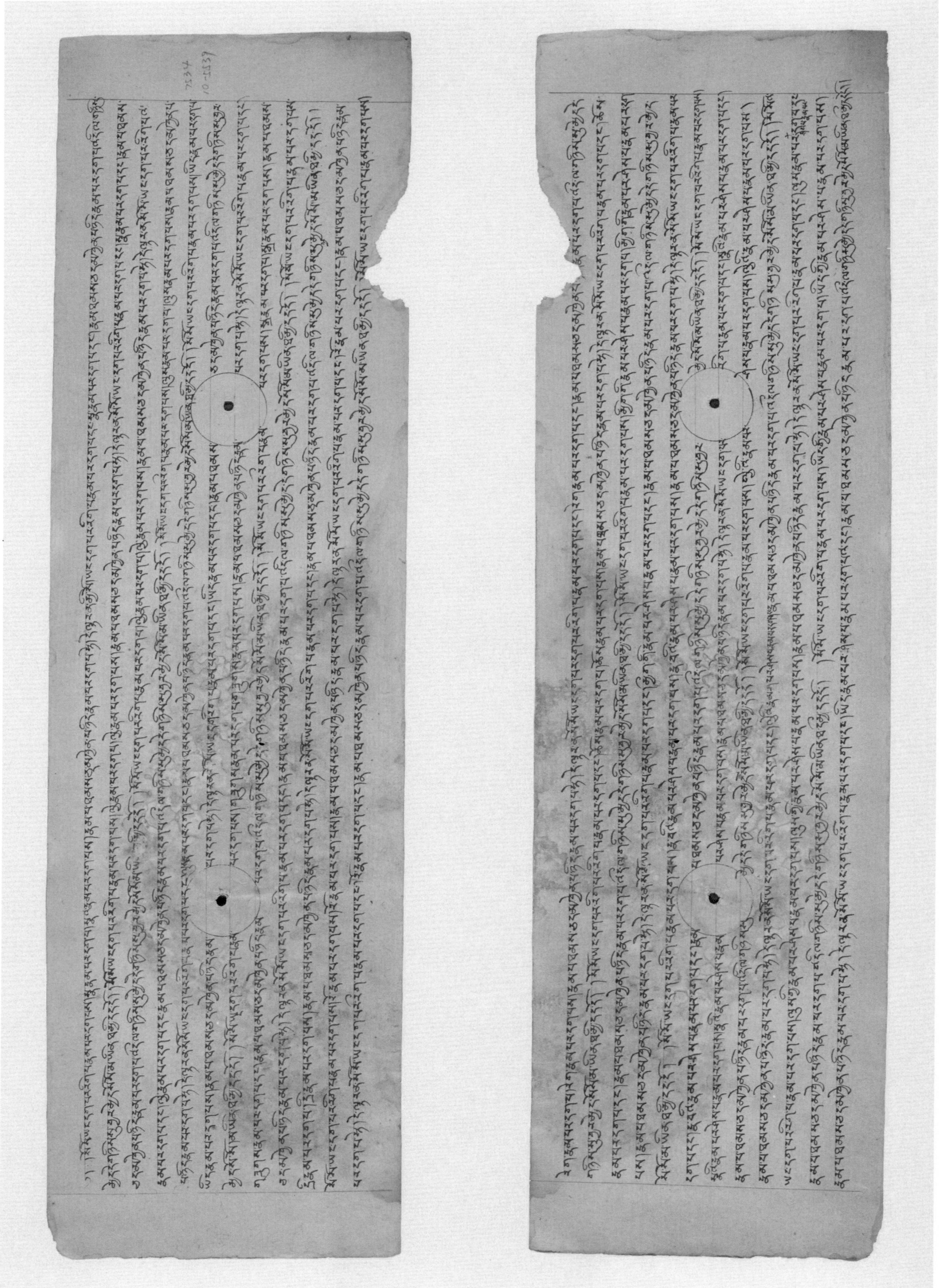

敦博 Db.t.5539 (R-V) ཤེས་རབ་ཀྱི་ཕ་རོལ་ཏུ་ཕྱིན་པ་སྟོང་ཕྲག་བརྒྱ་པ།
十萬頌般若波羅蜜多經

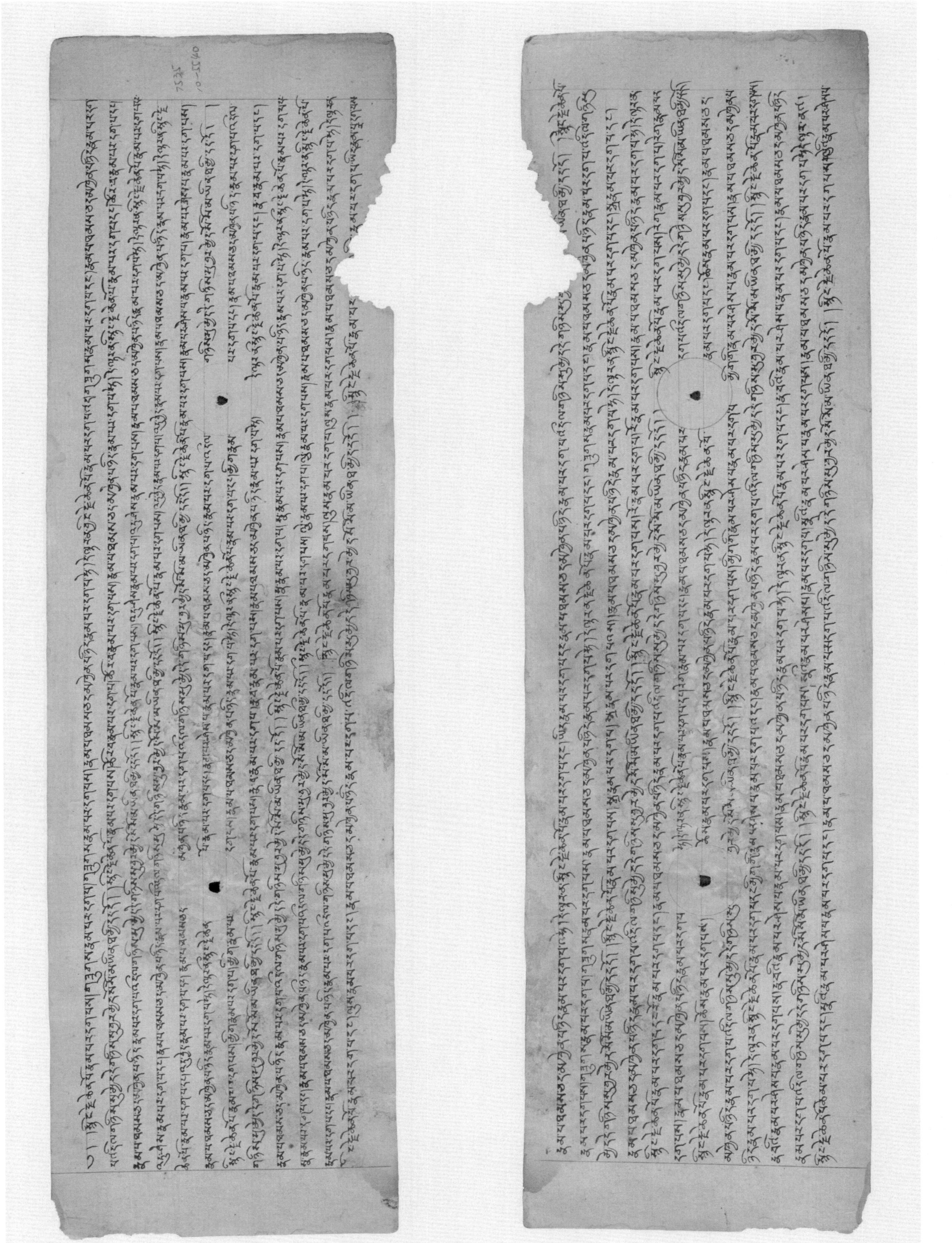

敦博 Db.t.5540 (R-V) ཤེས་རབ་ཀྱི་ཕ་རོལ་ཏུ་ཕྱིན་པ་སྟོང་ཕྲག་བརྒྱ་པ།
十萬頌般若波羅蜜多經

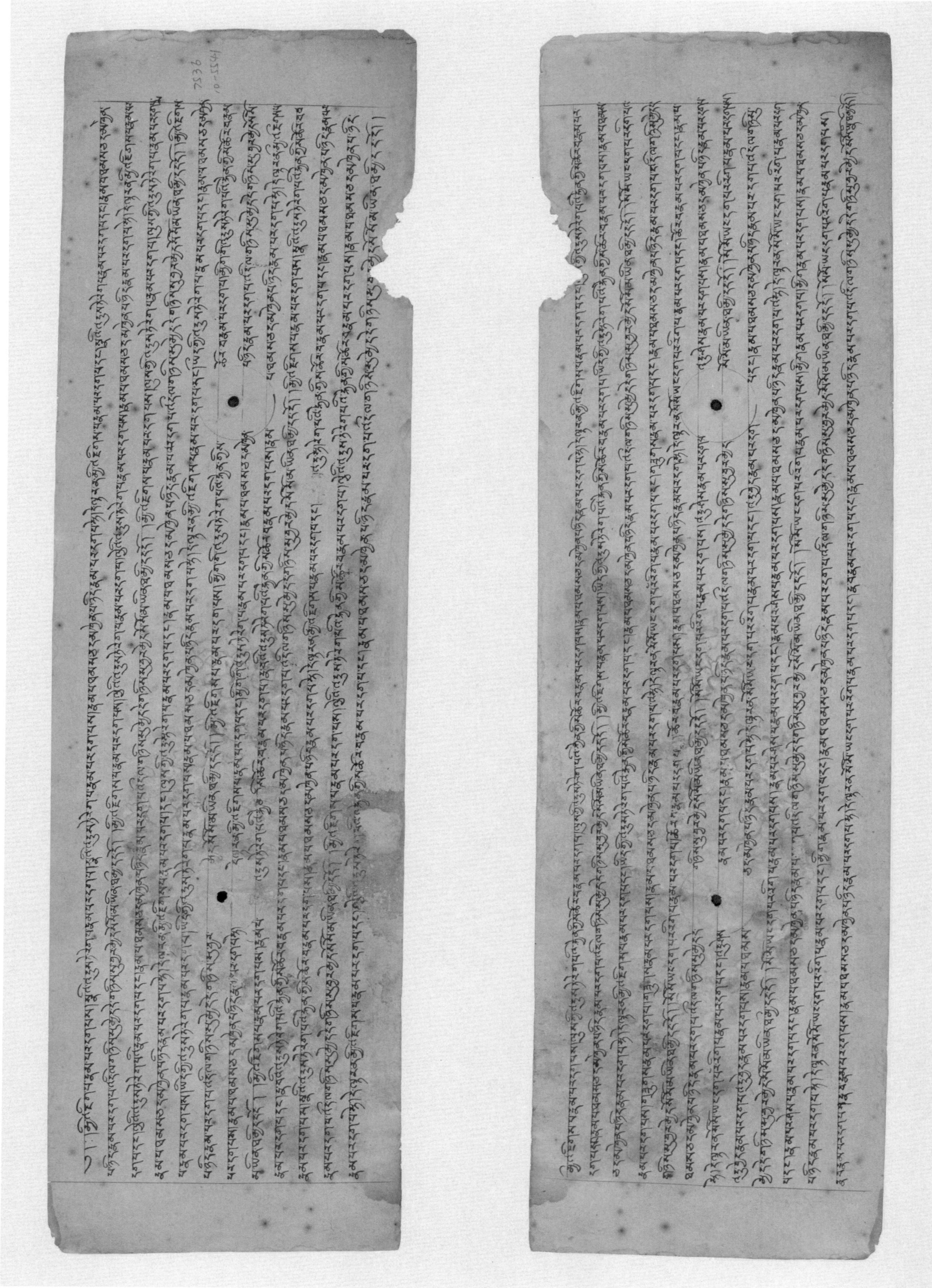

敦博 Db.t.5541 (R-V) ཤེས་རབ་ཀྱི་ཕ་རོལ་ཏུ་ཕྱིན་པ་སྟོང་ཕྲག་བརྒྱ་པ།
十萬頌般若波羅蜜多經

敦博 Db.t.5542 (R-V) ཤེས་རབ་ཀྱི་ཕ་རོལ་ཏུ་ཕྱིན་པ་སྟོང་ཕྲག་བརྒྱ་པ།
十萬頌般若波羅蜜多經

敦博 Db.t.5543 (R-V) ཤེས་རབ་ཀྱི་ཕ་རོལ་ཏུ་ཕྱིན་པ་སྟོང་ཕྲག་བརྒྱ་པ།
十萬頌般若波羅蜜多經

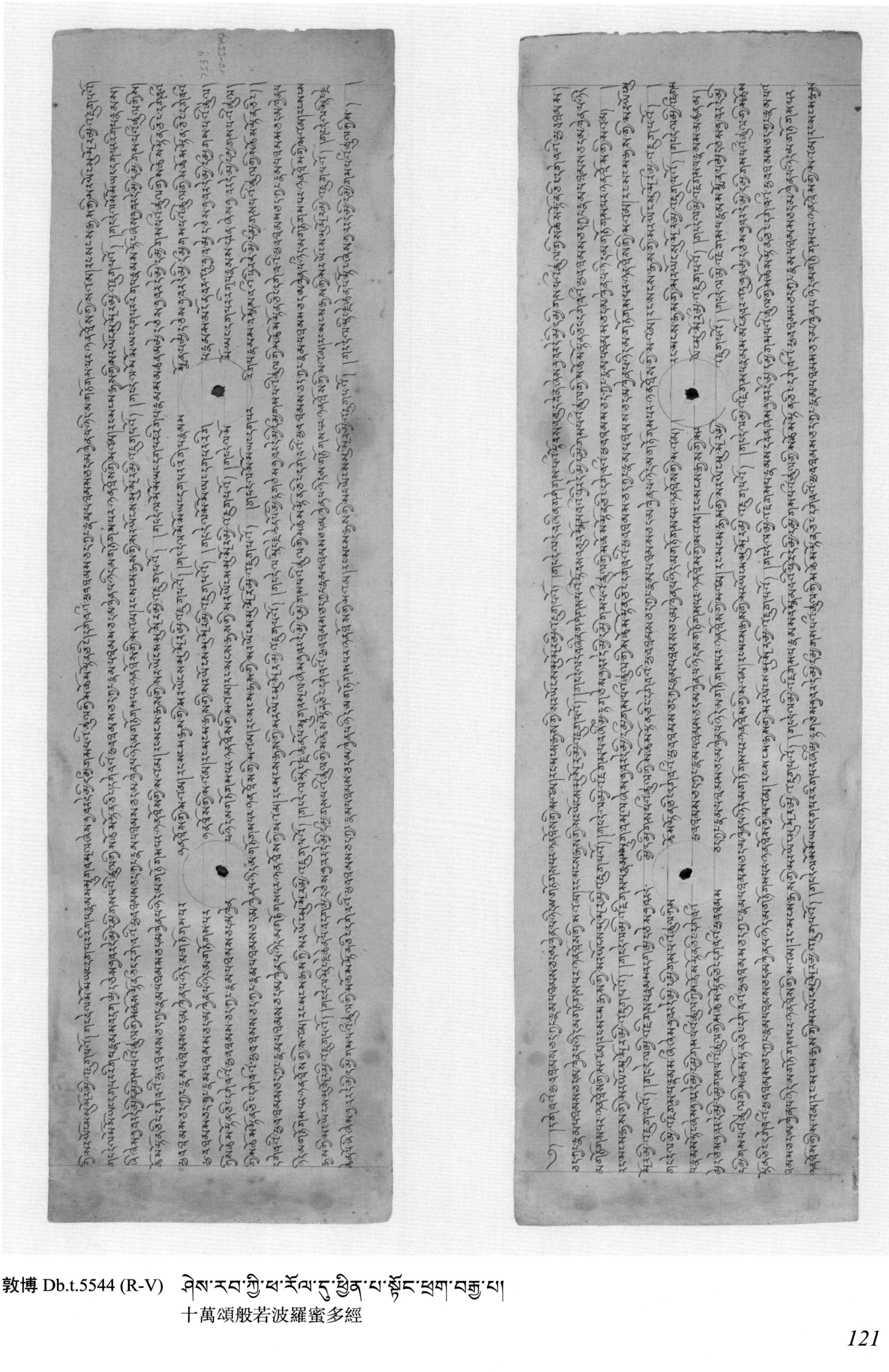

敦博 Db.t.5544 (R-V) ཤེས་རབ་ཀྱི་ཕ་རོལ་ཏུ་ཕྱིན་པ་སྟོང་ཕྲག་བརྒྱ་པ།
十萬頌般若波羅蜜多經

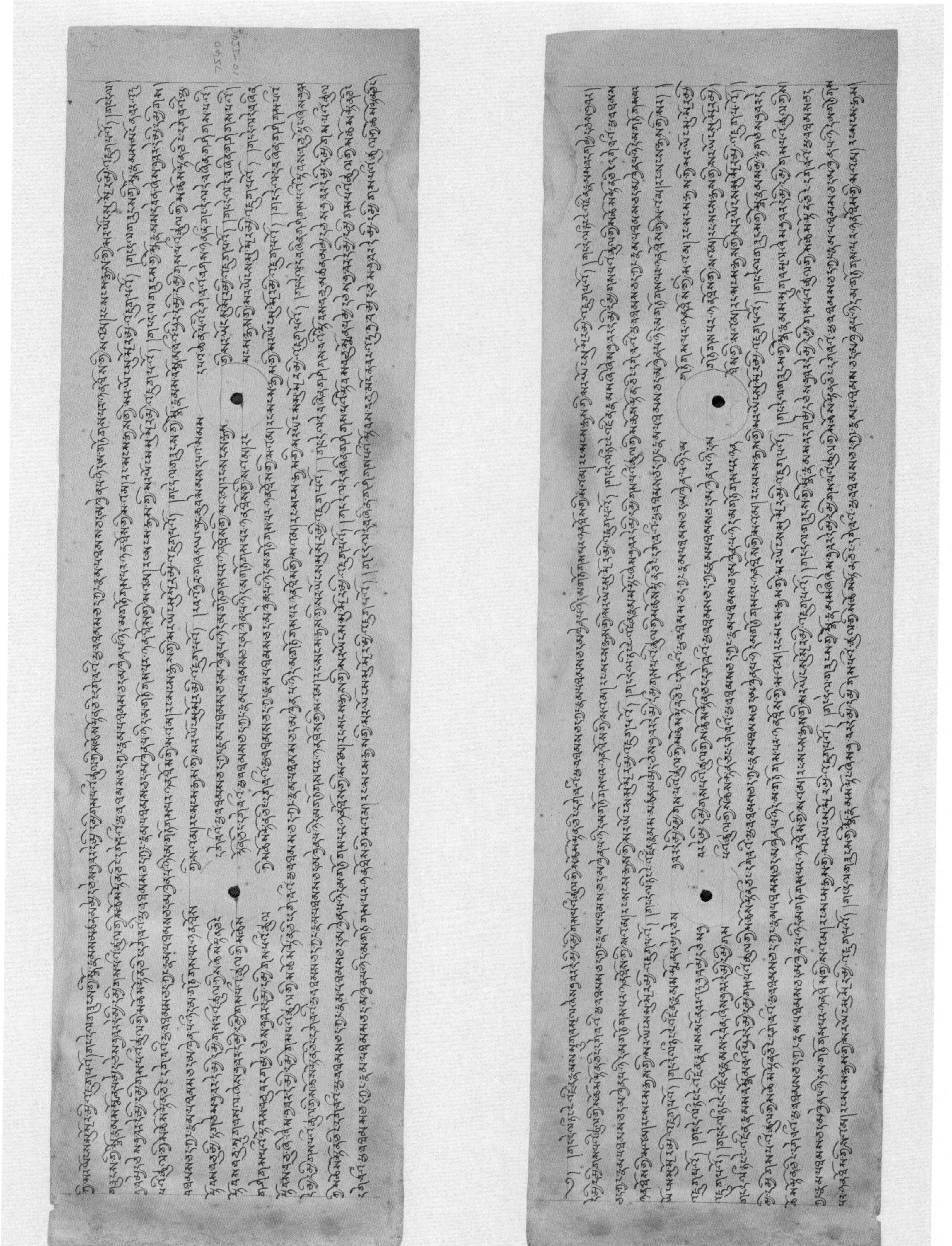

敦博 Db.t.5545 (R-V) ཤེས་རབ་ཀྱི་ཕ་རོལ་ཏུ་ཕྱིན་པ་སྟོང་ཕྲག་བརྒྱ་པ།
十萬頌般若波羅蜜多經

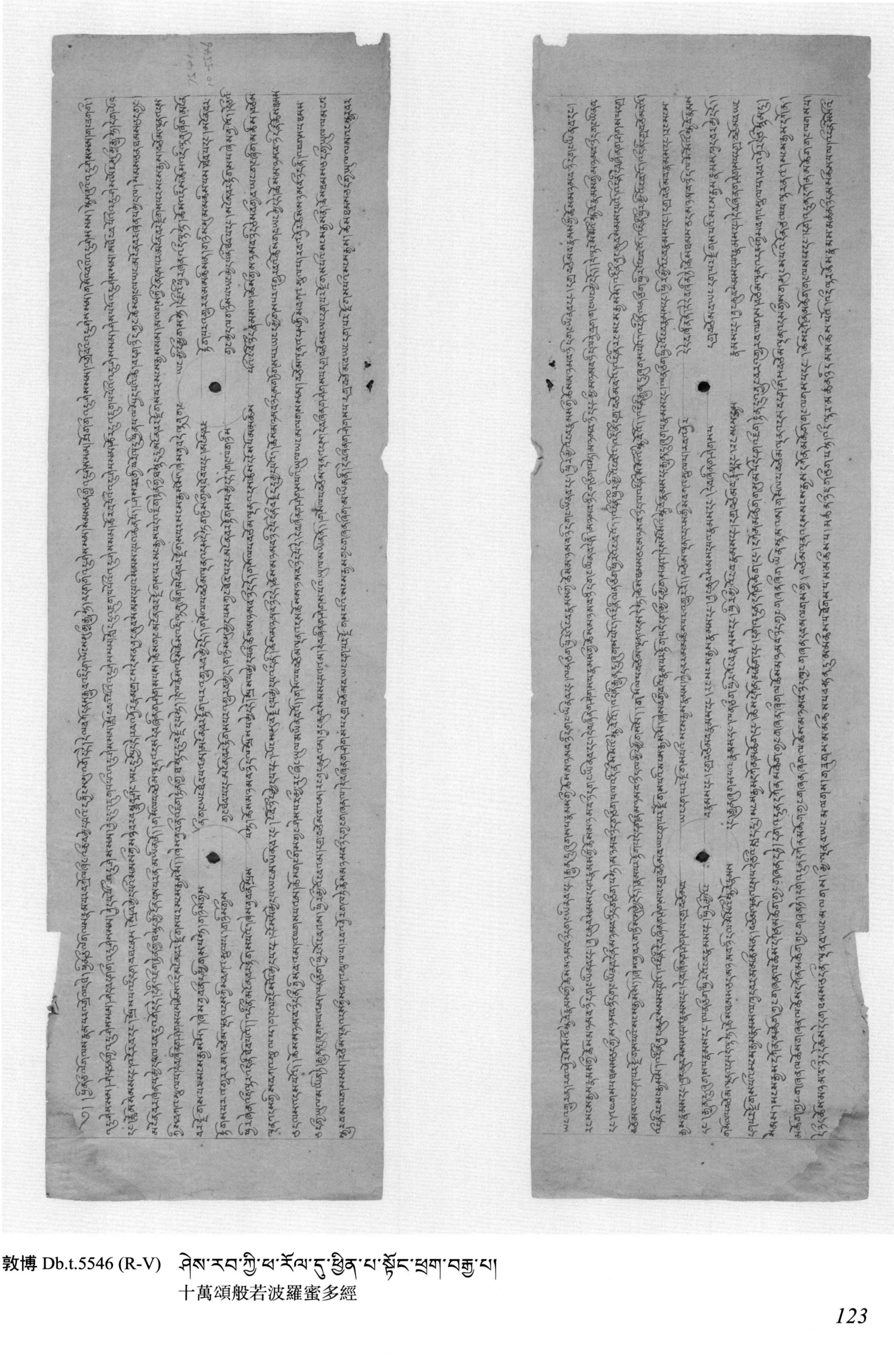

敦博 Db.t.5546 (R-V)　ཤེས་རབ་ཀྱི་ཕ་རོལ་ཏུ་ཕྱིན་པ་སྟོང་ཕྲག་བརྒྱ་པ།
十萬頌般若波羅蜜多經

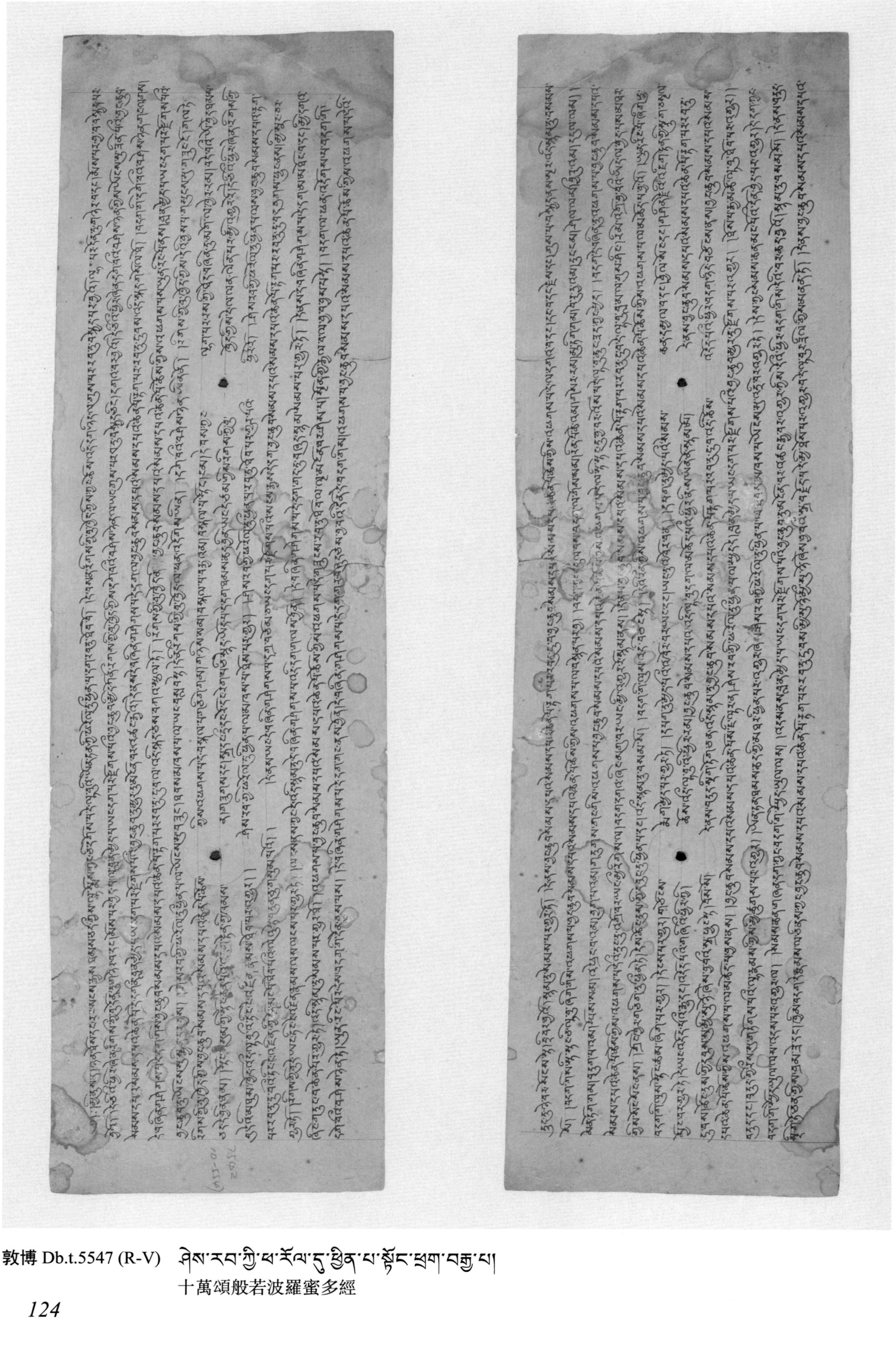

敦博 Db.t.5547 (R-V) ཤེས་རབ་ཀྱི་ཕ་རོལ་ཏུ་ཕྱིན་པ་སྟོང་ཕྲག་བརྒྱ་པ།
十萬頌般若波羅蜜多經

敦博 Db.t.5548 (R-V) ཤེས་རབ་ཀྱི་ཕ་རོལ་ཏུ་ཕྱིན་པ་སྟོང་ཕྲག་བརྒྱ་པ།
十萬頌般若波羅蜜多經

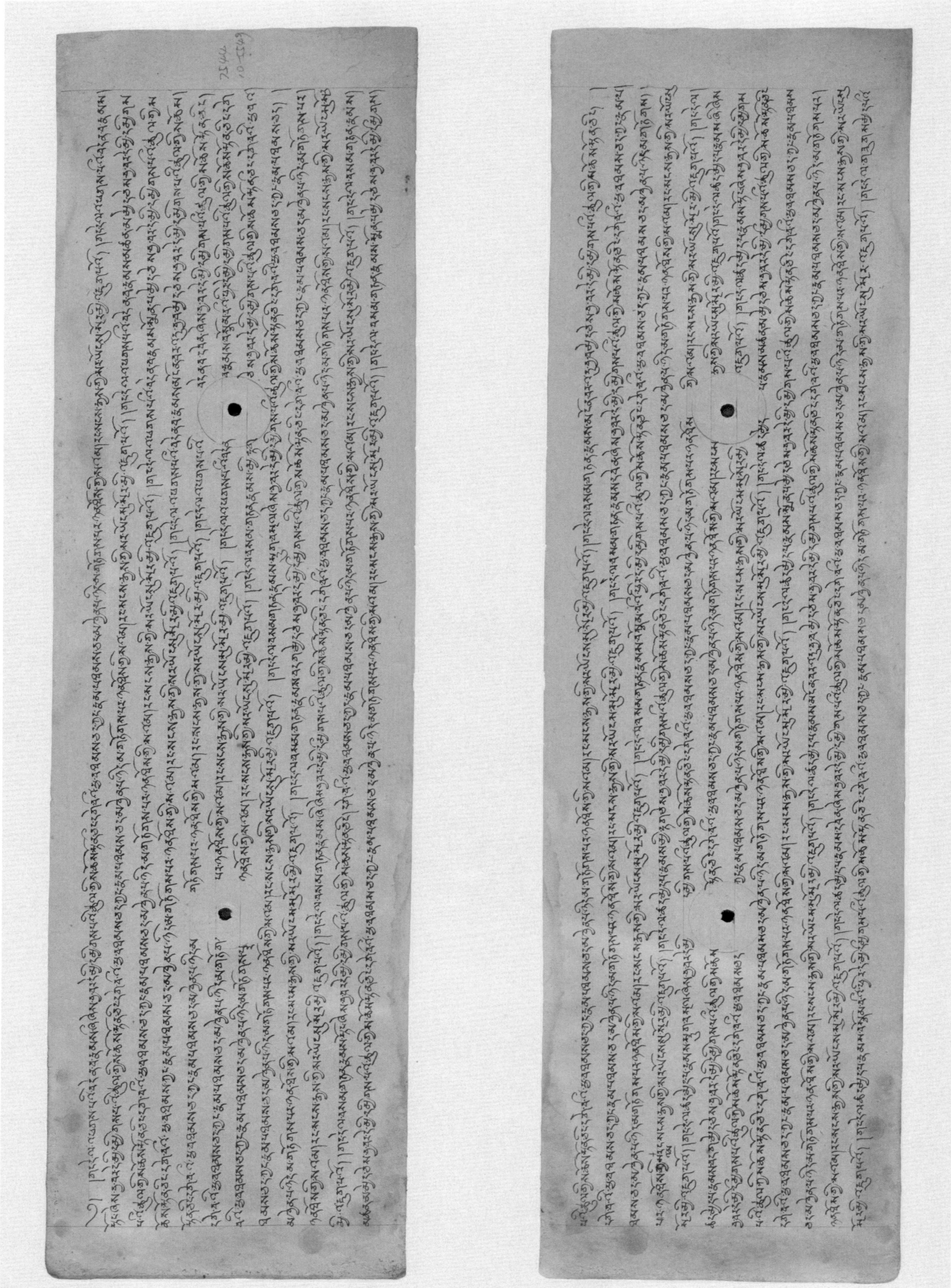

敦博 Db.t.5549 (R-V) ཤེས་རབ་ཀྱི་ཕ་རོལ་ཏུ་ཕྱིན་པ་སྟོང་ཕྲག་བརྒྱ་པ།
十萬頌般若波羅蜜多經

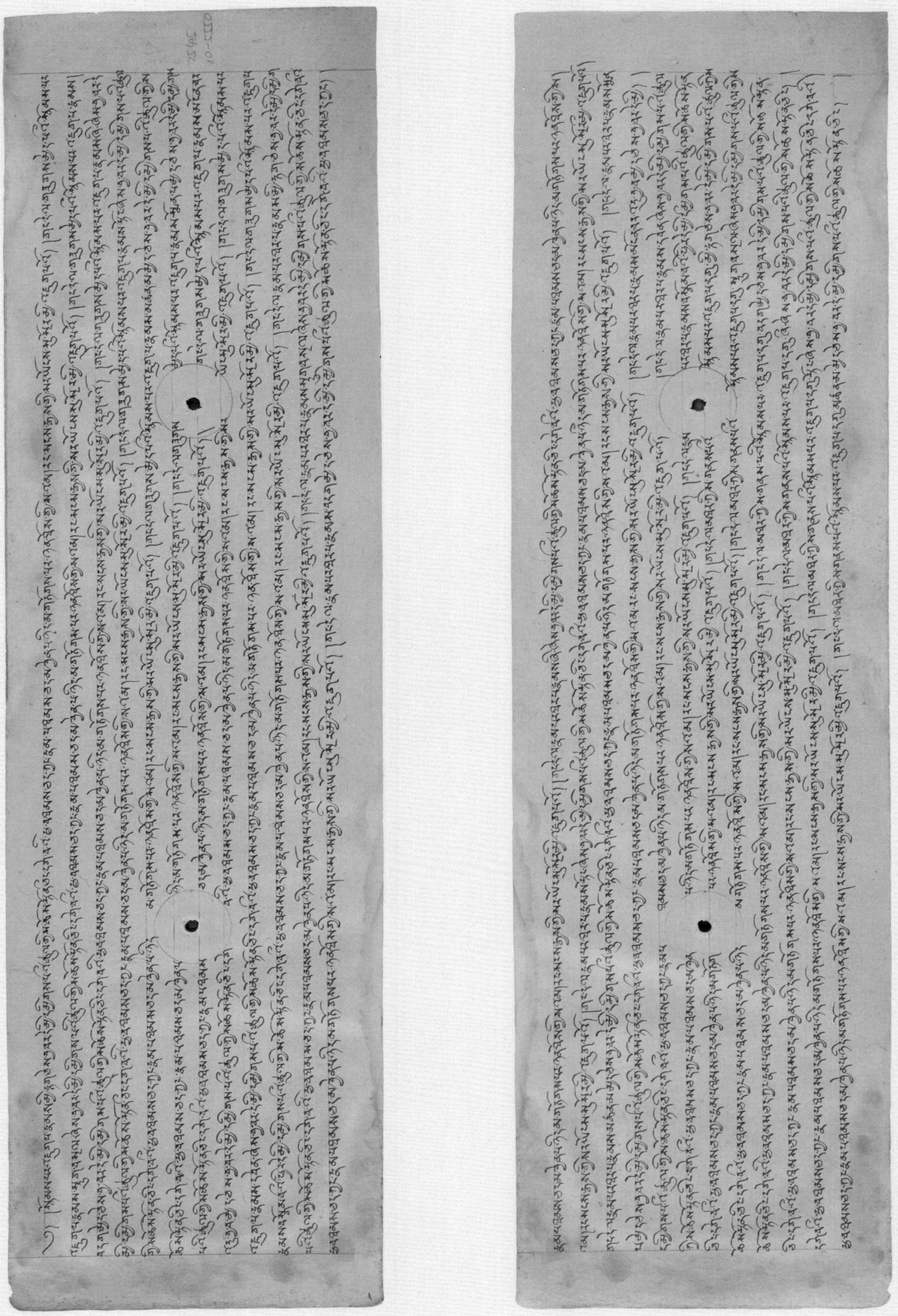

敦博 Db.t.5550 (R-V) ཤེས་རབ་ཀྱི་ཕ་རོལ་ཏུ་ཕྱིན་པ་སྟོང་ཕྲག་བརྒྱ་པ།
十萬頌般若波羅蜜多經

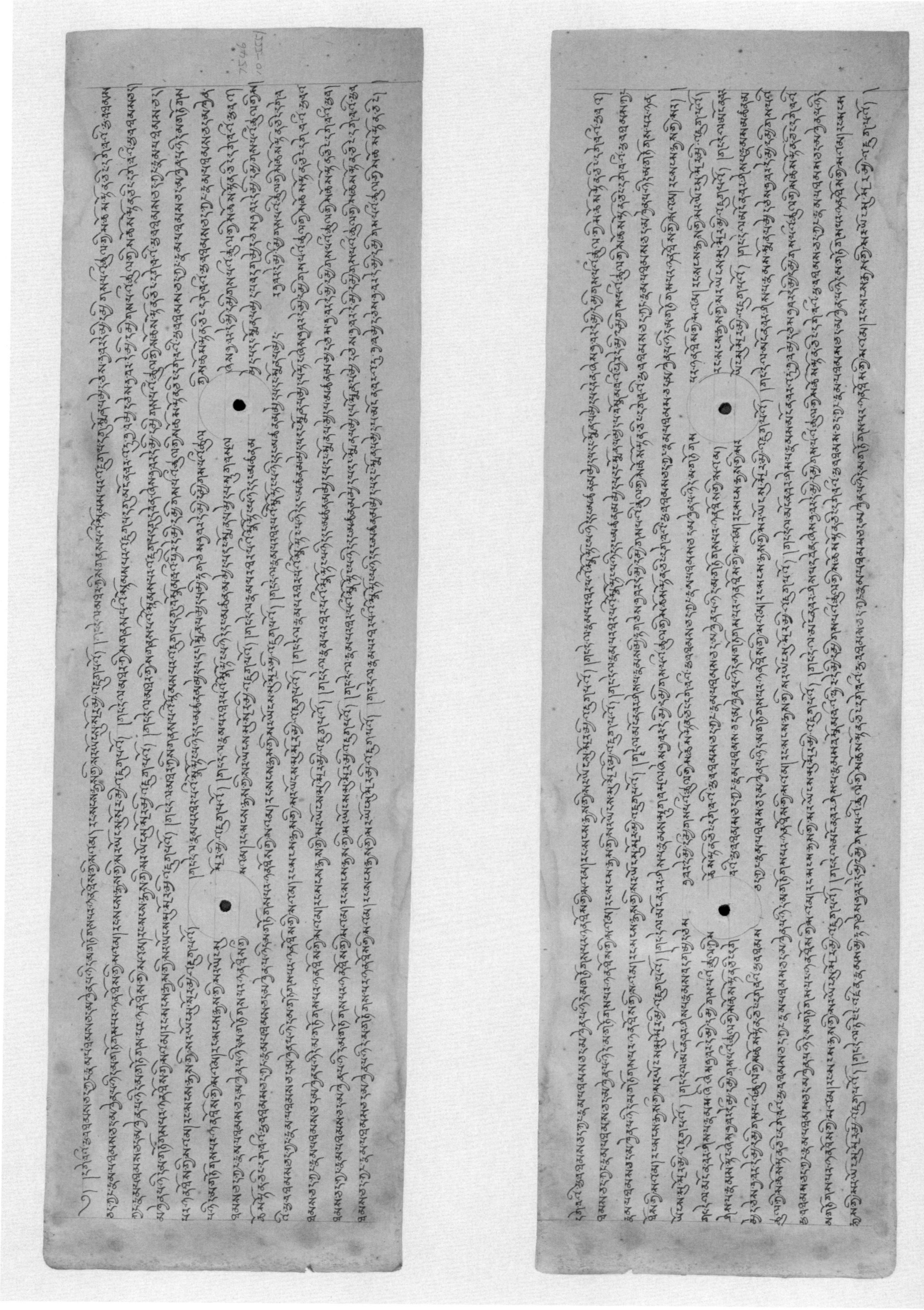

敦博 Db.t.5551 (R-V) ཤེས་རབ་ཀྱི་ཕ་རོལ་ཏུ་ཕྱིན་པ་སྟོང་ཕྲག་བརྒྱ་པ།
十萬頌般若波羅蜜多經

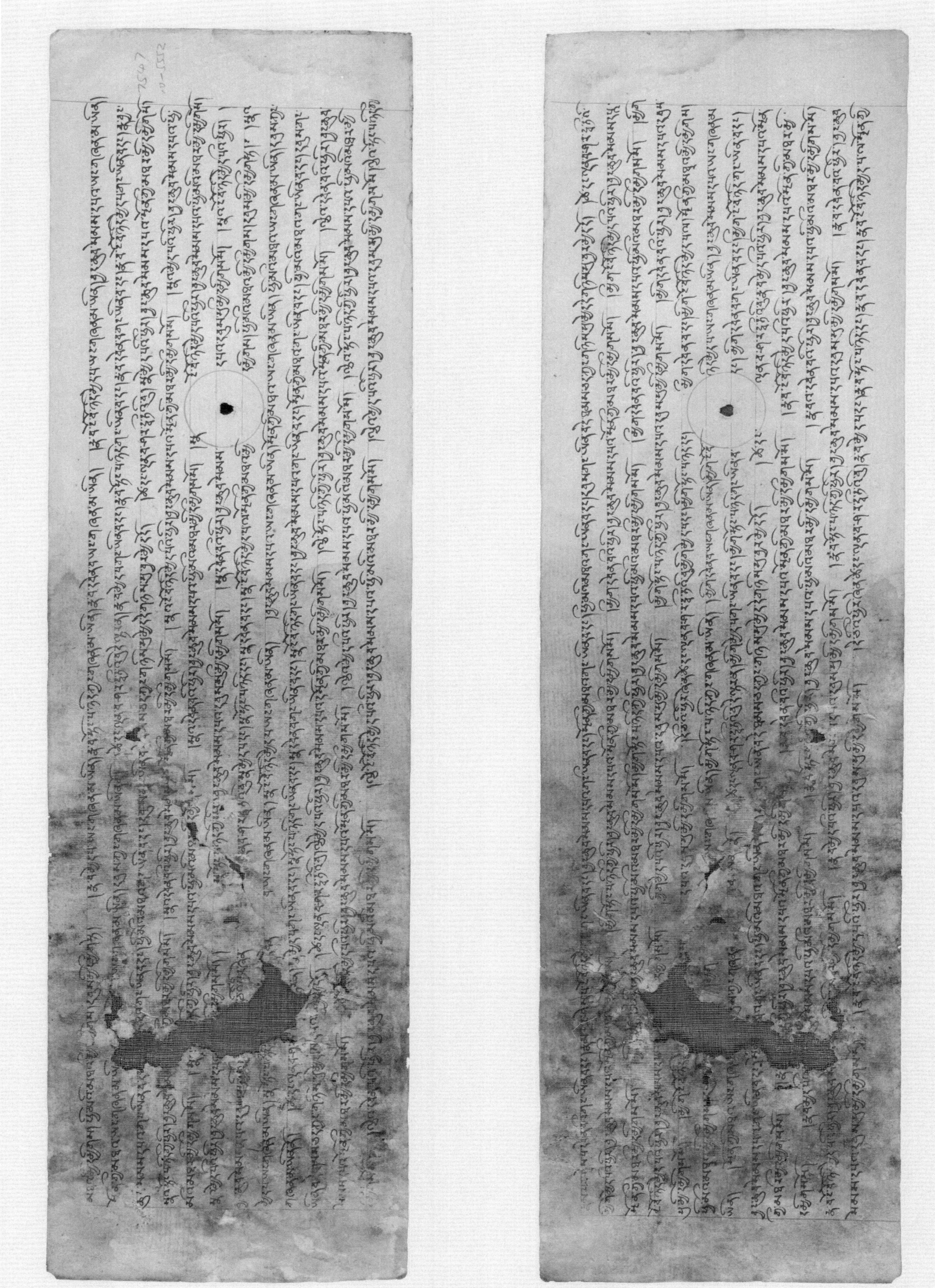

敦博 Db.t.5552 (R-V) ཤེས་རབ་ཀྱི་ཕ་རོལ་ཏུ་ཕྱིན་པ་སྟོང་ཕྲག་བརྒྱ་པ།
十萬頌般若波羅蜜多經

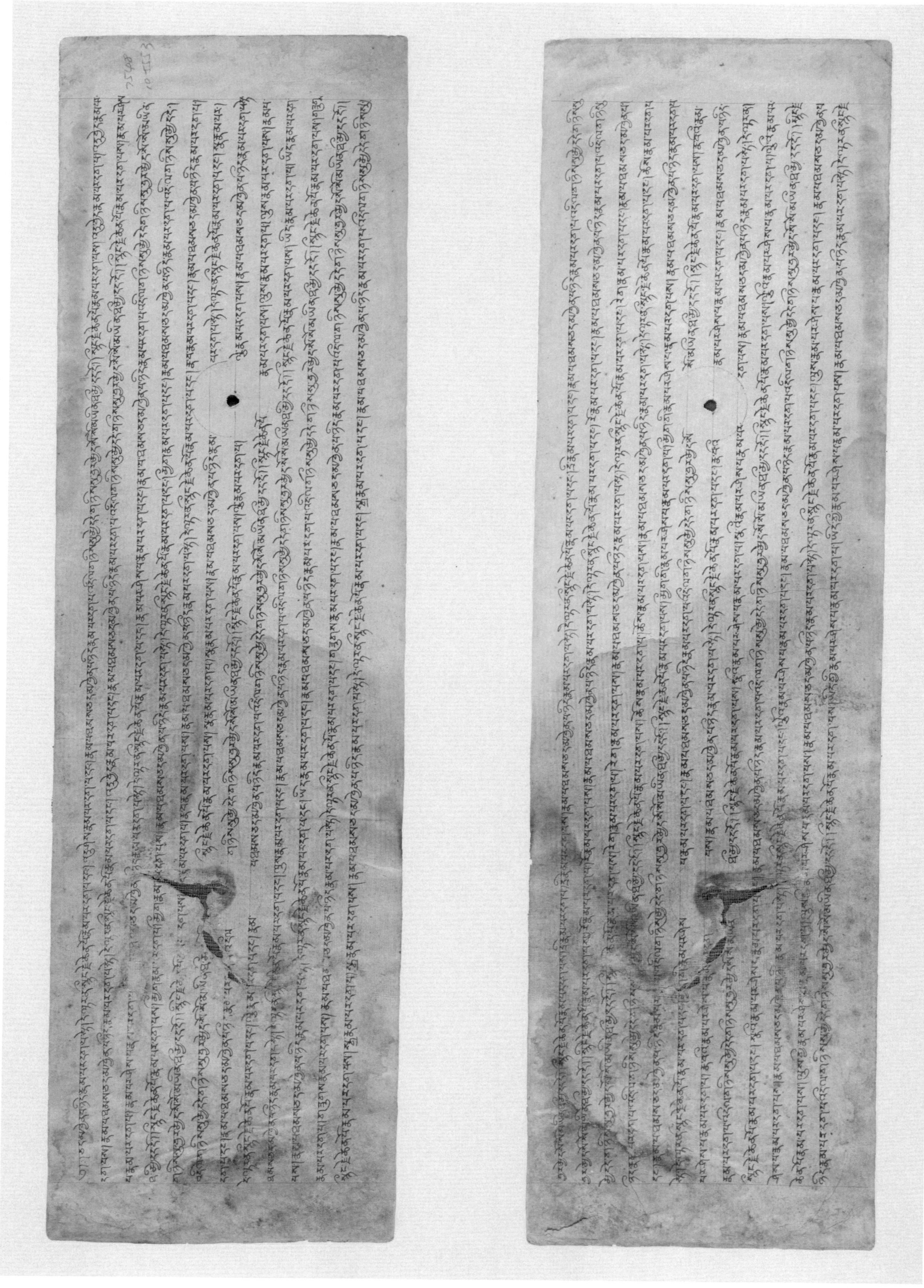

敦博 Db.t.5553 (R-V) ཤེས་རབ་ཀྱི་ཕ་རོལ་ཏུ་ཕྱིན་པ་སྟོང་ཕྲག་བརྒྱ་པ།
十萬頌般若波羅蜜多經

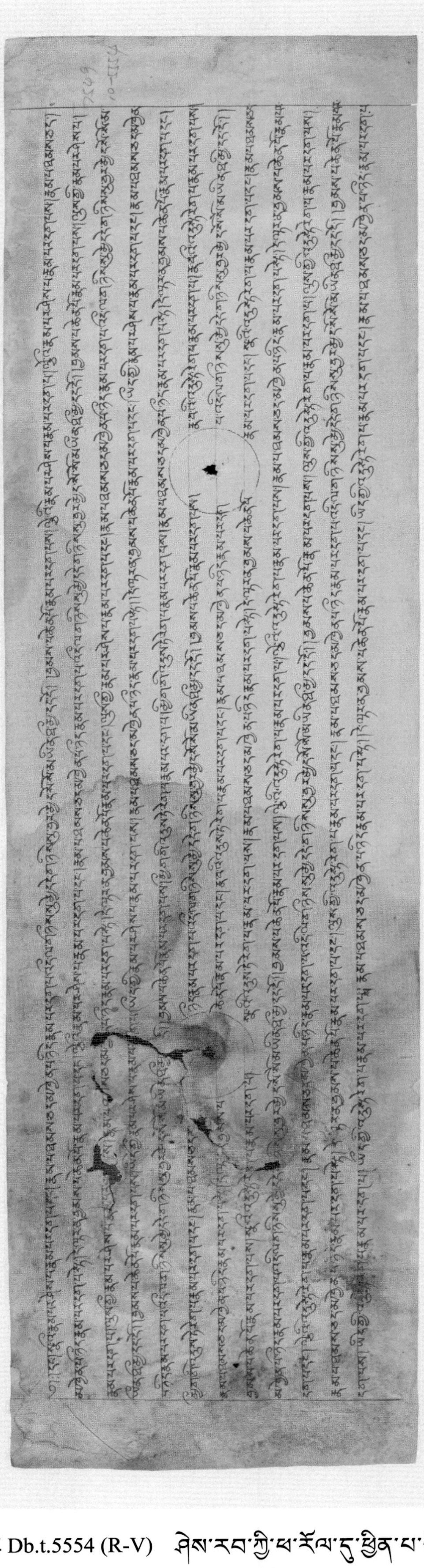

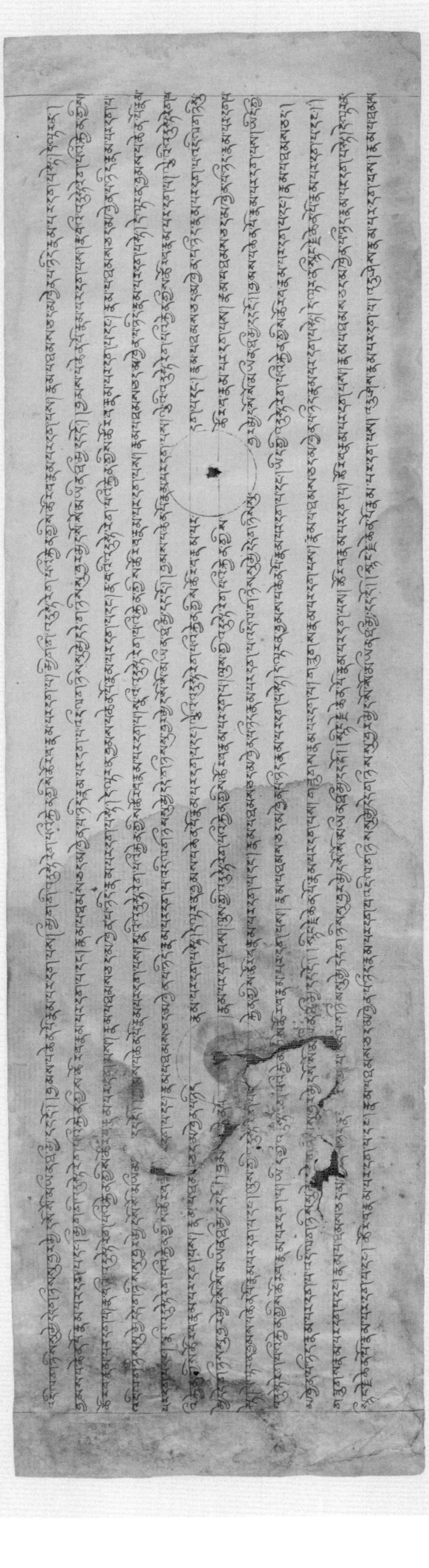

敦博 Db.t.5554 (R-V) ཤེས་རབ་ཀྱི་ཕ་རོལ་ཏུ་ཕྱིན་པ་སྟོང་ཕྲག་བརྒྱ་པ།
十萬頌般若波羅蜜多經

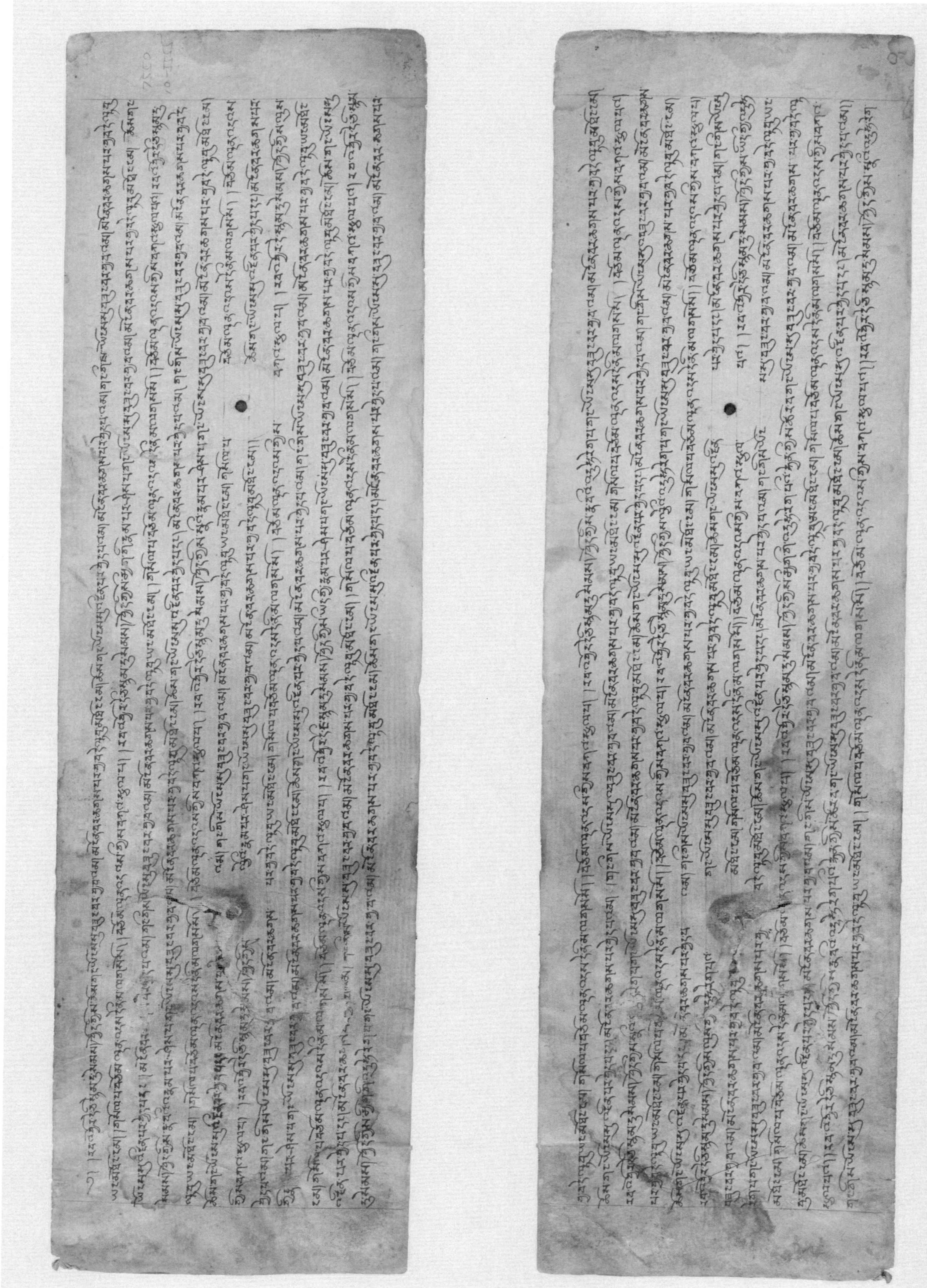

敦博 Db.t.5555 (R-V) ཤེས་རབ་ཀྱི་ཕ་རོལ་ཏུ་ཕྱིན་པ་སྟོང་ཕྲག་བརྒྱ་པ།
十萬頌般若波羅蜜多經

敦博 Db.t.5556 (R-V) ཤེས་རབ་ཀྱི་ཕ་རོལ་ཏུ་ཕྱིན་པ་སྟོང་ཕྲག་བརྒྱ་པ།
十萬頌般若波羅蜜多經

敦博 Db.t.5557 (R-V) ཤེས་རབ་ཀྱི་ཕ་རོལ་ཏུ་ཕྱིན་པ་སྟོང་ཕྲག་བརྒྱ་པ།
十萬頌般若波羅蜜多經

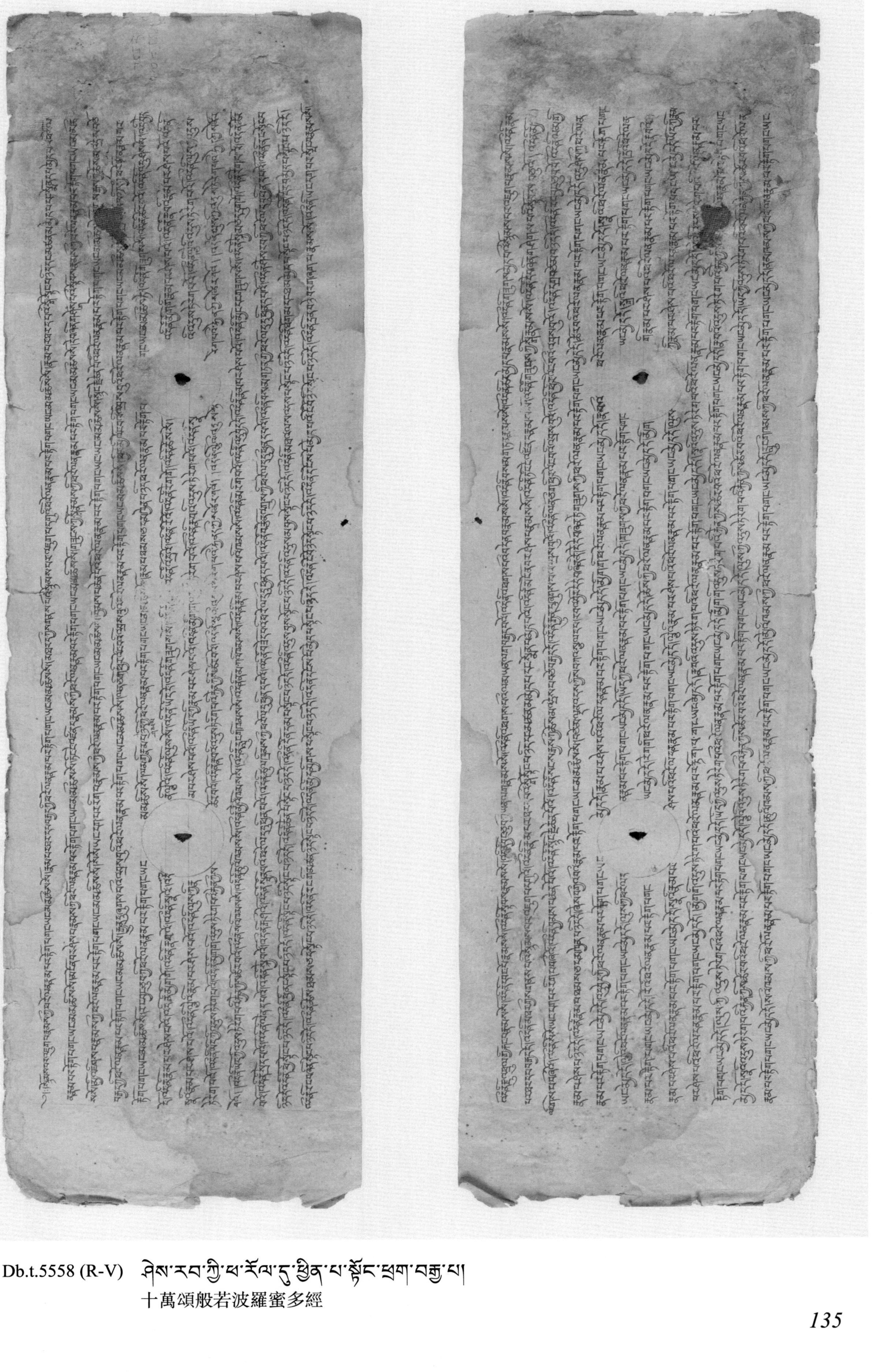

敦博 Db.t.5558 (R-V) ཤེས་རབ་ཀྱི་ཕ་རོལ་ཏུ་ཕྱིན་པ་སྟོང་ཕྲག་བརྒྱ་པ།
十萬頌般若波羅蜜多經

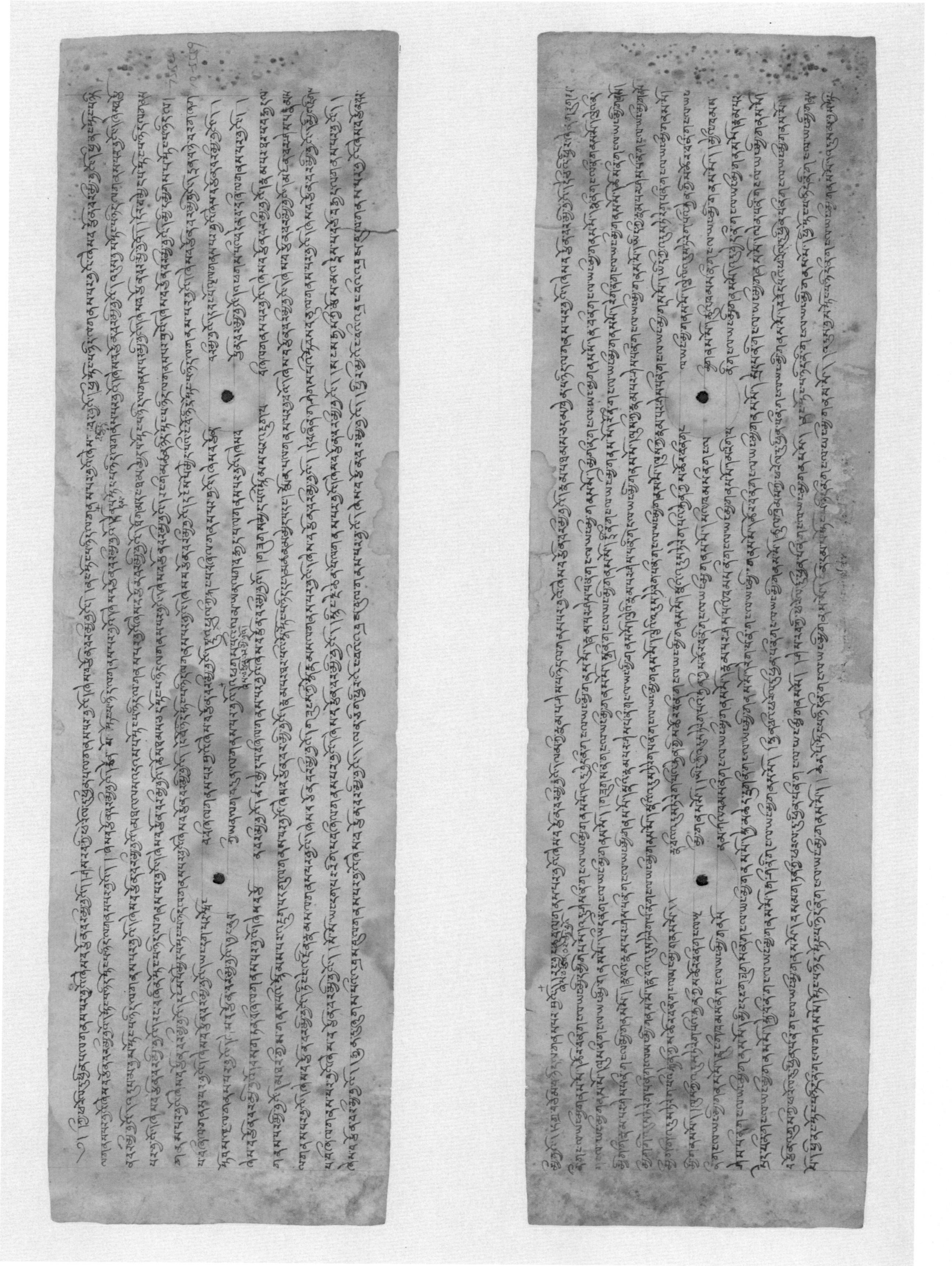

敦博 Db.t.5559 (R-V) ཤེས་རབ་ཀྱི་ཕ་རོལ་ཏུ་ཕྱིན་པ་སྟོང་ཕྲག་བརྒྱ་པ།
十萬頌般若波羅蜜多經

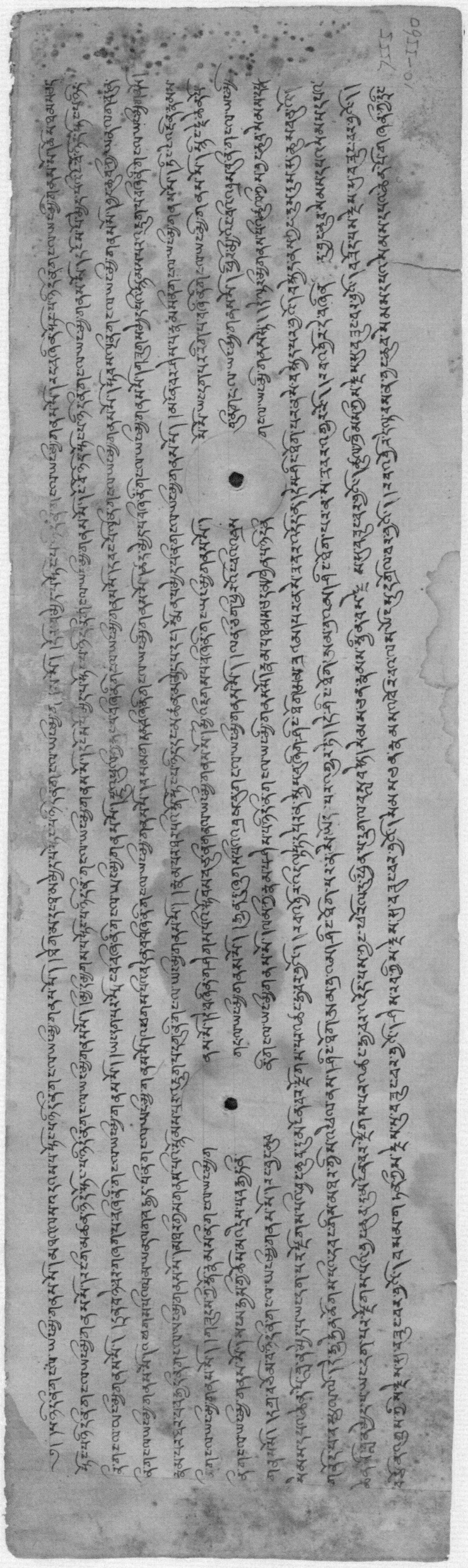

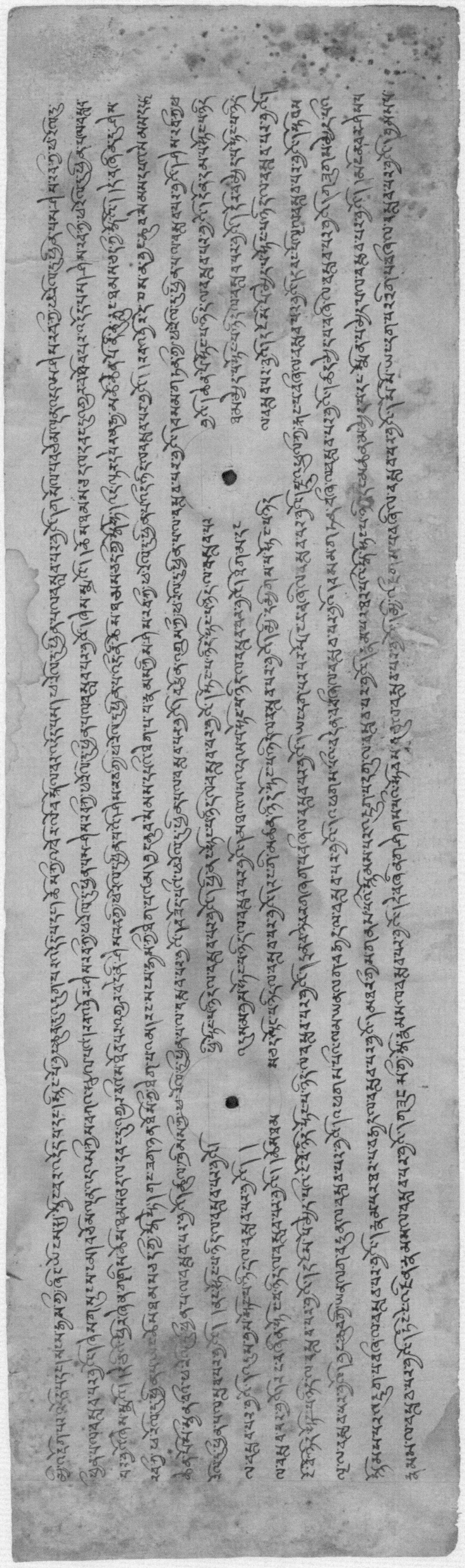

敦博 Db.t.5560 (R-V) ཤེས་རབ་ཀྱི་ཕ་རོལ་ཏུ་ཕྱིན་པ་སྟོང་ཕྲག་བརྒྱ་པ།
十萬頌般若波羅蜜多經

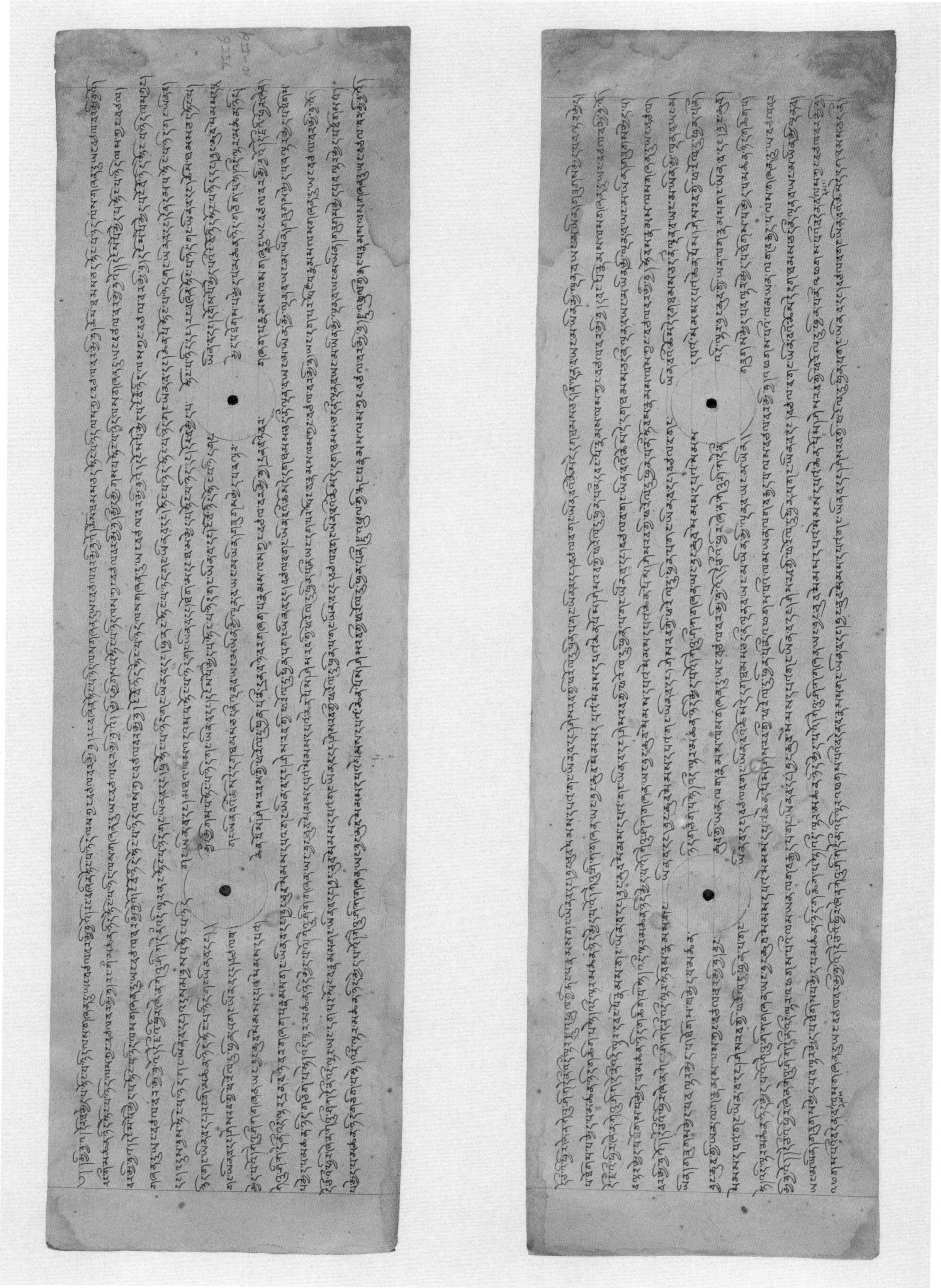

敦博 Db.t.5561 (R-V) ཤེས་རབ་ཀྱི་ཕ་རོལ་དུ་ཕྱིན་པ་སྟོང་ཕྲག་བརྒྱ་པ།
十萬頌般若波羅蜜多經

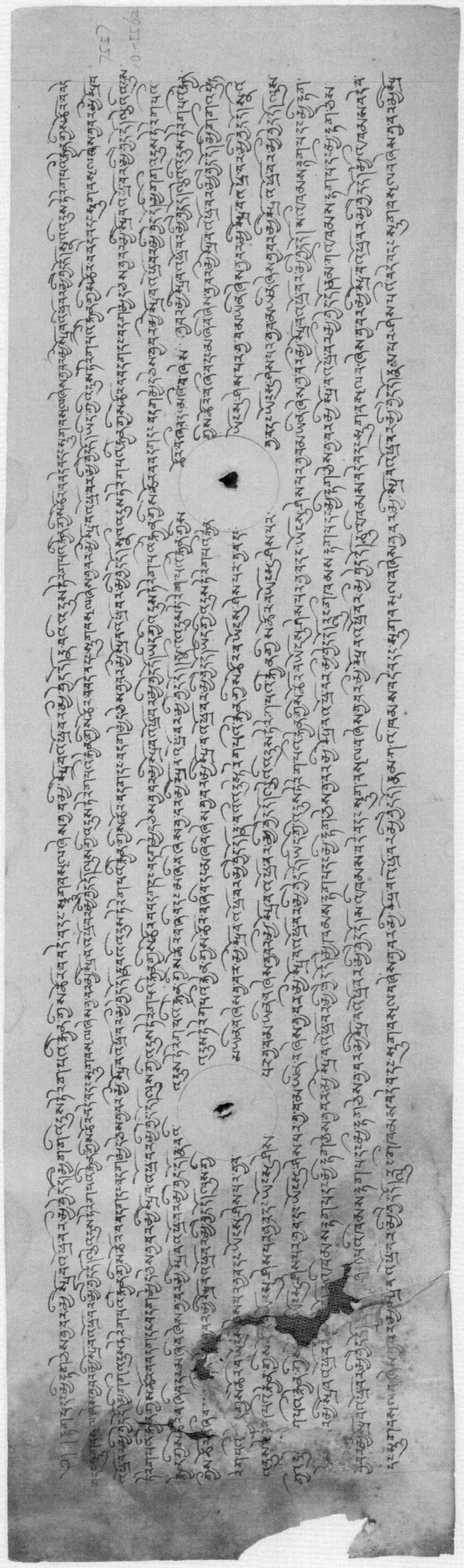

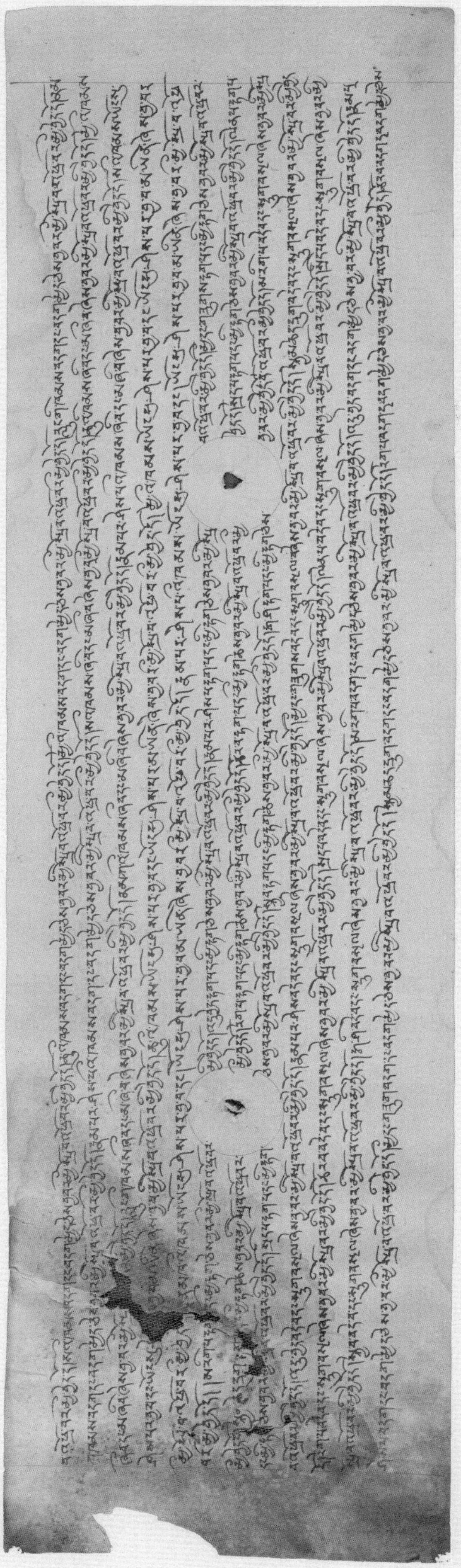

敦博 Db.t.5562 (R-V) ཤེས་རབ་ཀྱི་ཕ་རོལ་ཏུ་ཕྱིན་པ་སྟོང་ཕྲག་བརྒྱ་པ།
十萬頌般若波羅蜜多經

敦博 Db.t.5563 (R-V) ཤེས་རབ་ཀྱི་ཕ་རོལ་ཏུ་ཕྱིན་པ་སྟོང་ཕྲག་བརྒྱ་པ།
十萬頌般若波羅蜜多經

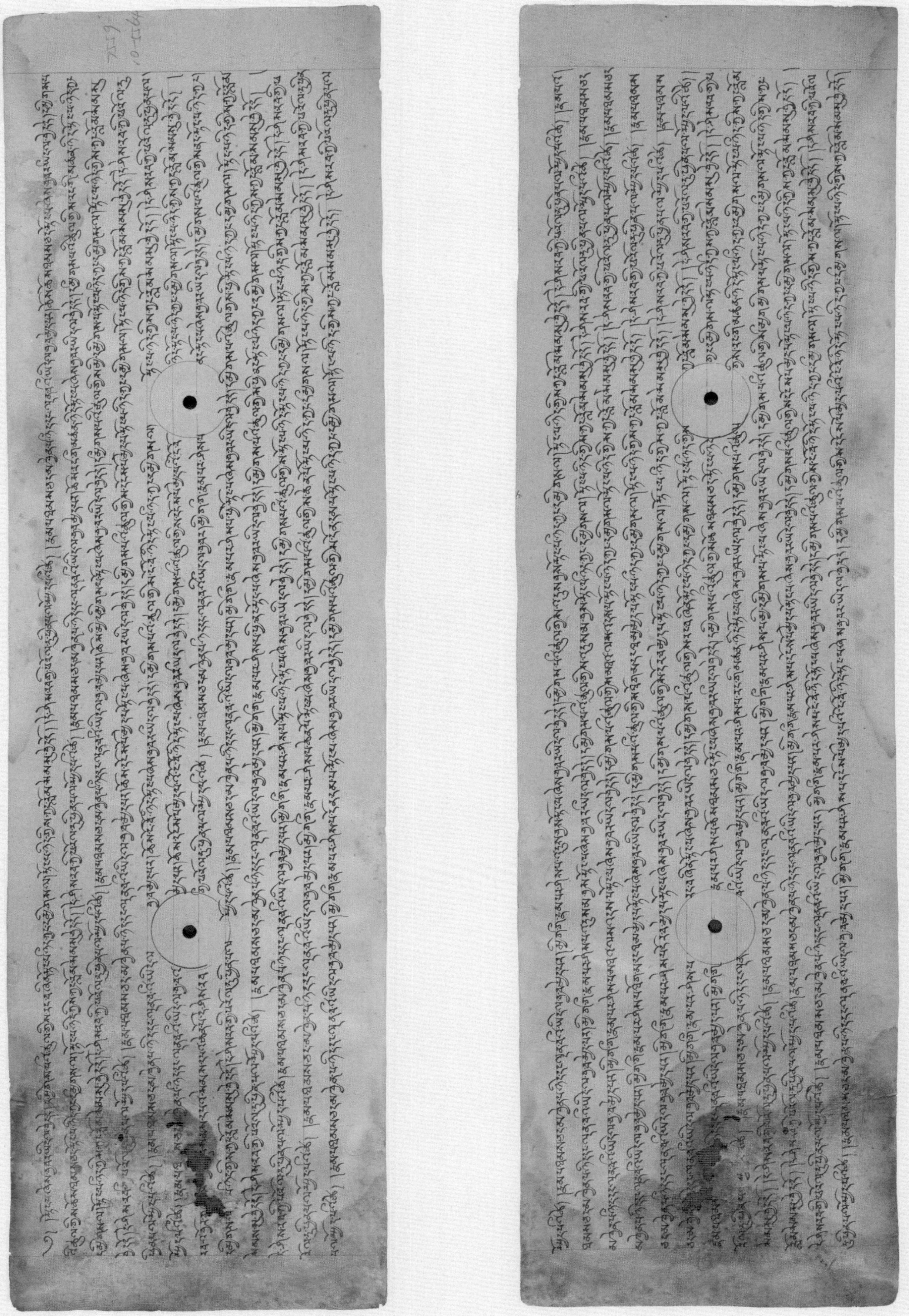

敦博 Db.t.5564 (R-V) ཤེས་རབ་ཀྱི་ཕ་རོལ་ཏུ་ཕྱིན་པ་སྟོང་ཕྲག་བརྒྱ་པ།
十萬頌般若波羅蜜多經

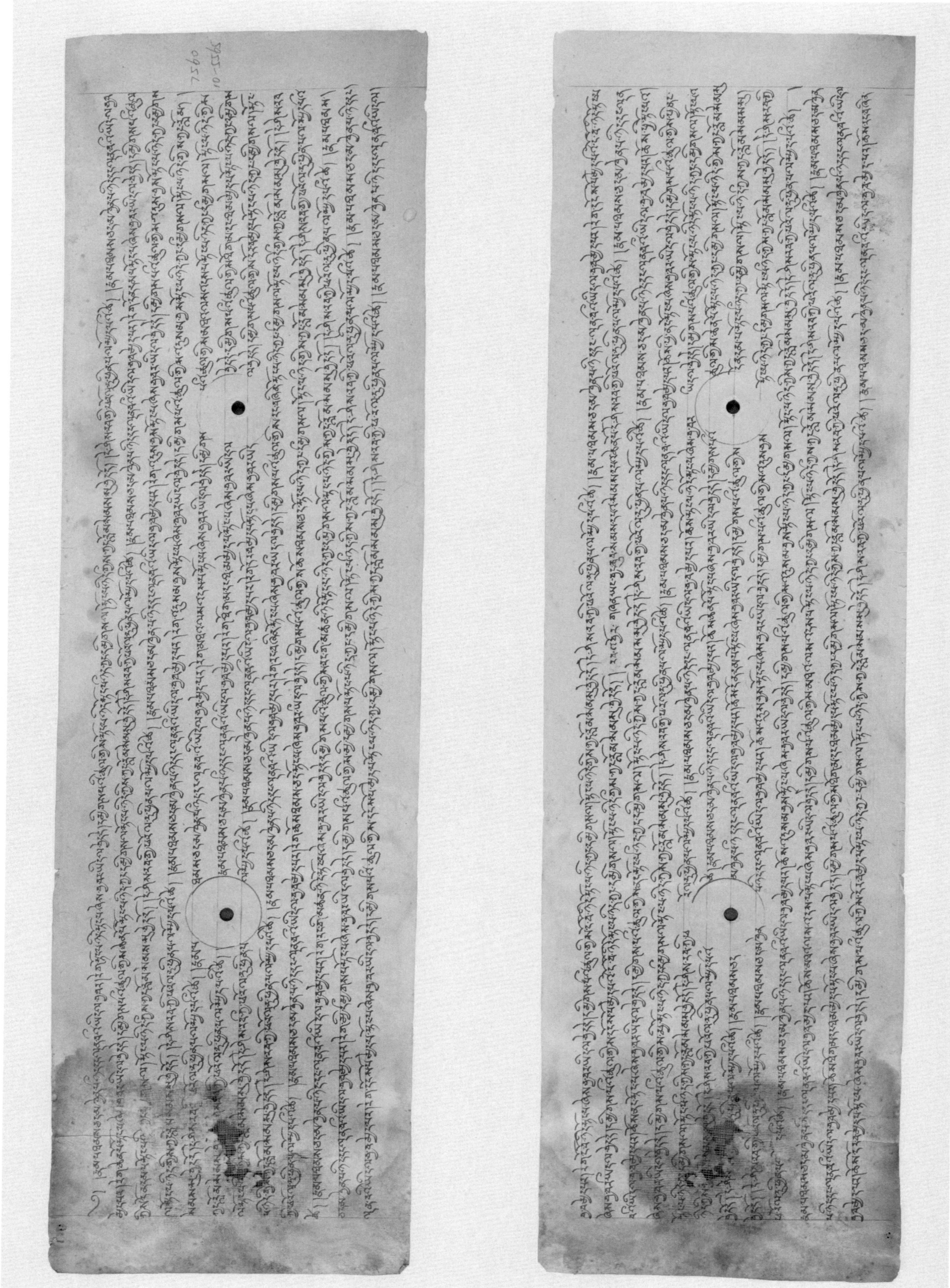

敦博 Db.t.5565 (R-V) ཤེས་རབ་ཀྱི་ཕ་རོལ་ཏུ་ཕྱིན་པ་སྟོང་ཕྲག་བརྒྱ་པ།
十萬頌般若波羅蜜多經

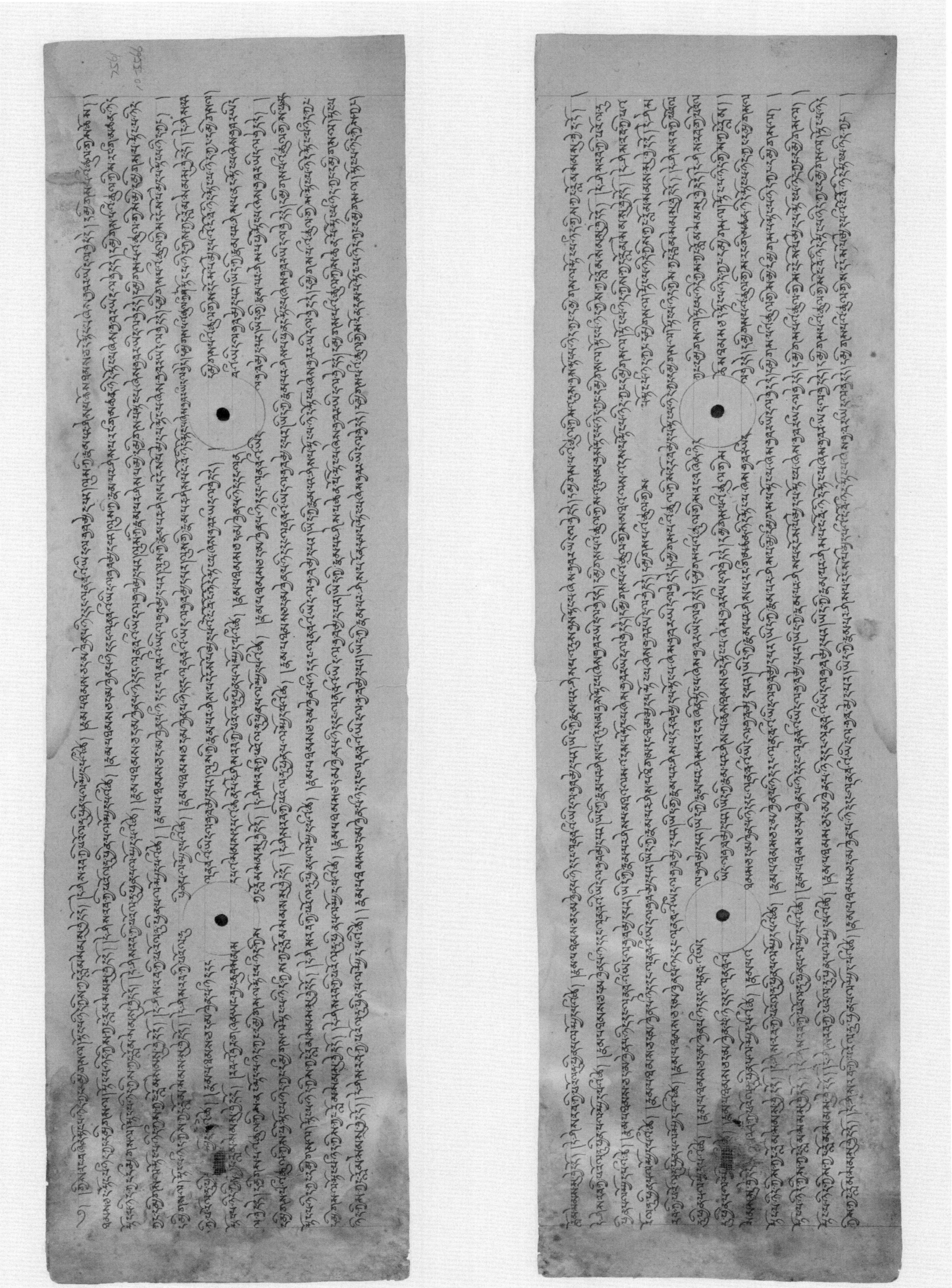

敦博 Db.t.5566 (R-V) ཤེས་རབ་ཀྱི་ཕ་རོལ་ཏུ་ཕྱིན་པ་སྟོང་ཕྲག་བརྒྱ་པ།
十萬頌般若波羅蜜多經

敦博 Db.t.5567 (R-V) ཤེས་རབ་ཀྱི་ཕ་རོལ་ཏུ་ཕྱིན་པ་སྟོང་ཕྲག་བརྒྱ་པ།
十萬頌般若波羅蜜多經

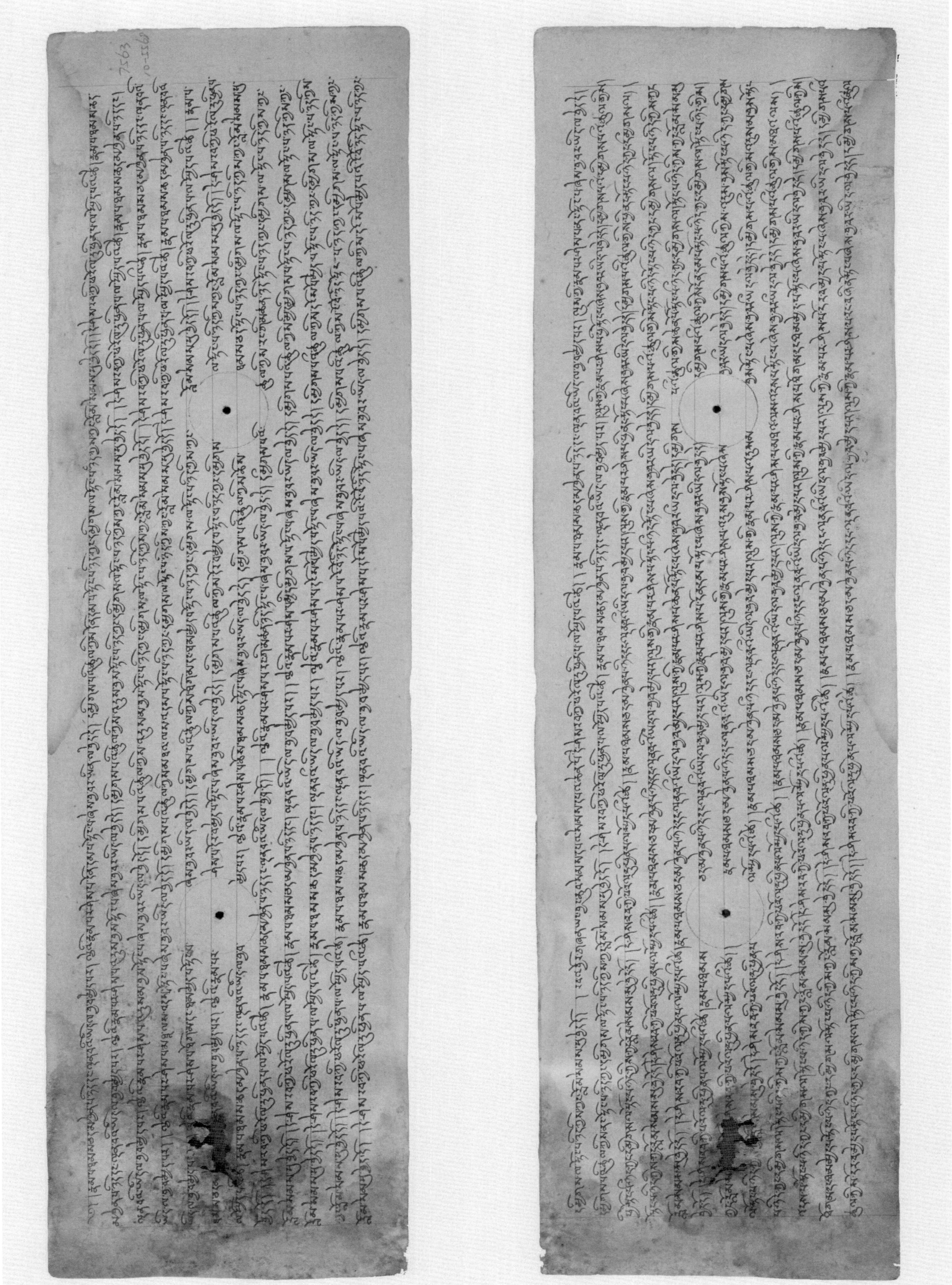

敦博 Db.t.5568 (R-V)　ཤེས་རབ་ཀྱི་ཕ་རོལ་ཏུ་ཕྱིན་པ་སྟོང་ཕྲག་བརྒྱ་པ།
十萬頌般若波羅蜜多經

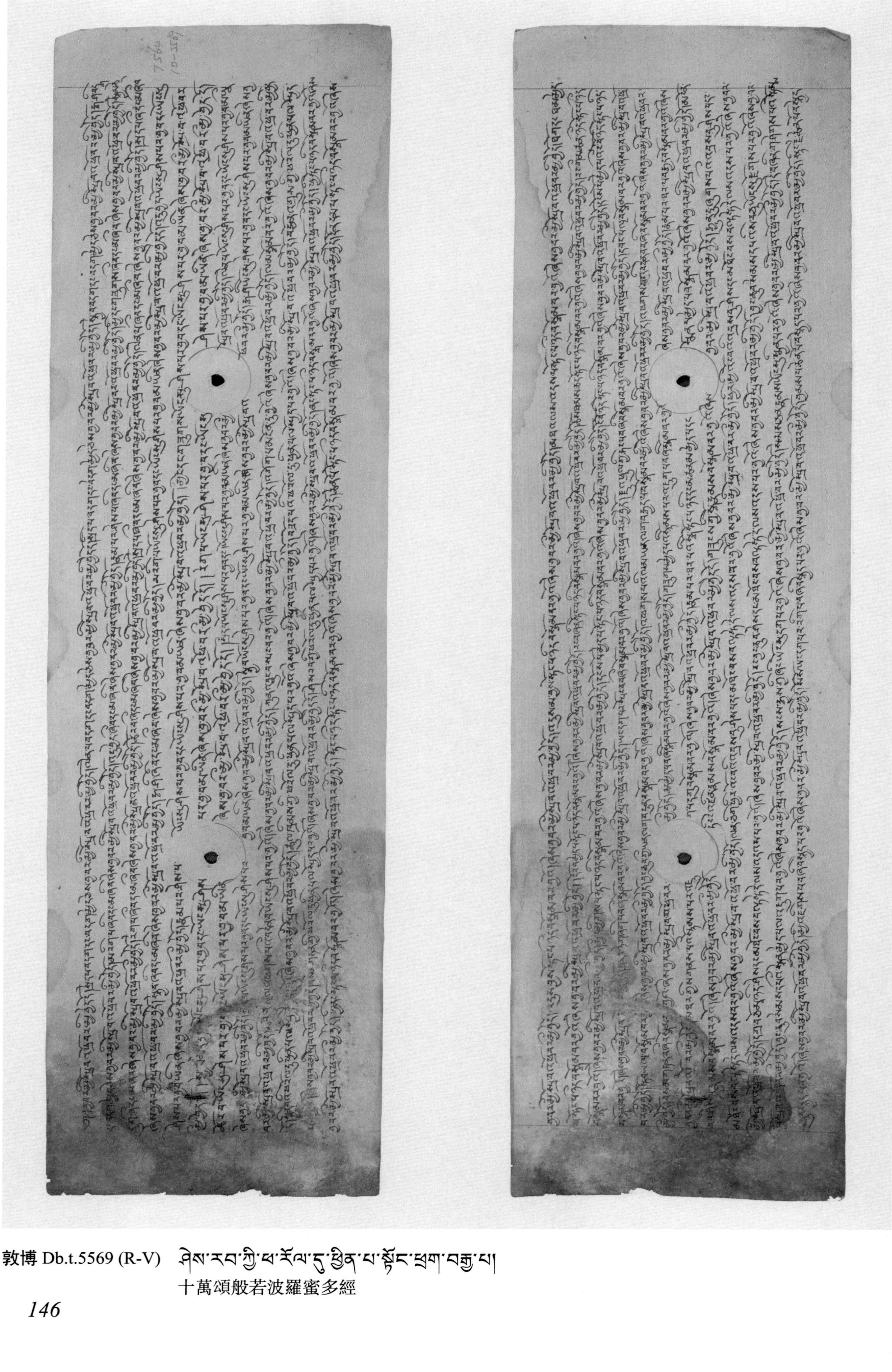

敦博 Db.t.5569 (R-V) ཤེས་རབ་ཀྱི་ཕ་རོལ་དུ་ཕྱིན་པ་སྟོང་ཕྲག་བརྒྱ་པ།
十萬頌般若波羅蜜多經

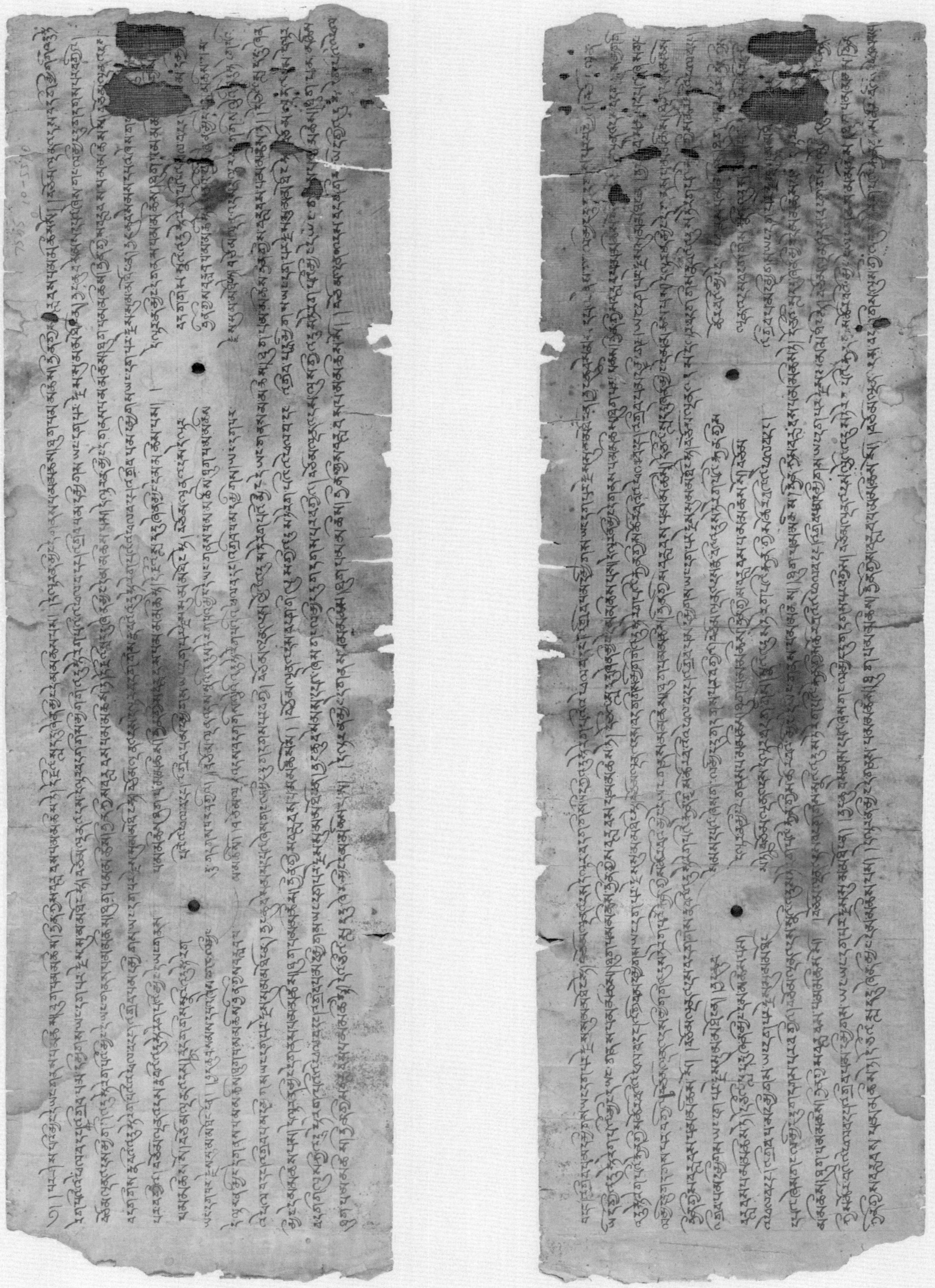

敦博 Db.t.5570 (R-V) ཤེས་རབ་ཀྱི་ཕ་རོལ་ཏུ་ཕྱིན་པ་སྟོང་ཕྲག་བརྒྱ་པ།
十萬頌般若波羅蜜多經

敦博 Db.t.5571 (R-V) ཤེས་རབ་ཀྱི་ཕ་རོལ་ཏུ་ཕྱིན་པ་སྟོང་ཕྲག་བརྒྱ་པ།
十萬頌般若波羅蜜多經

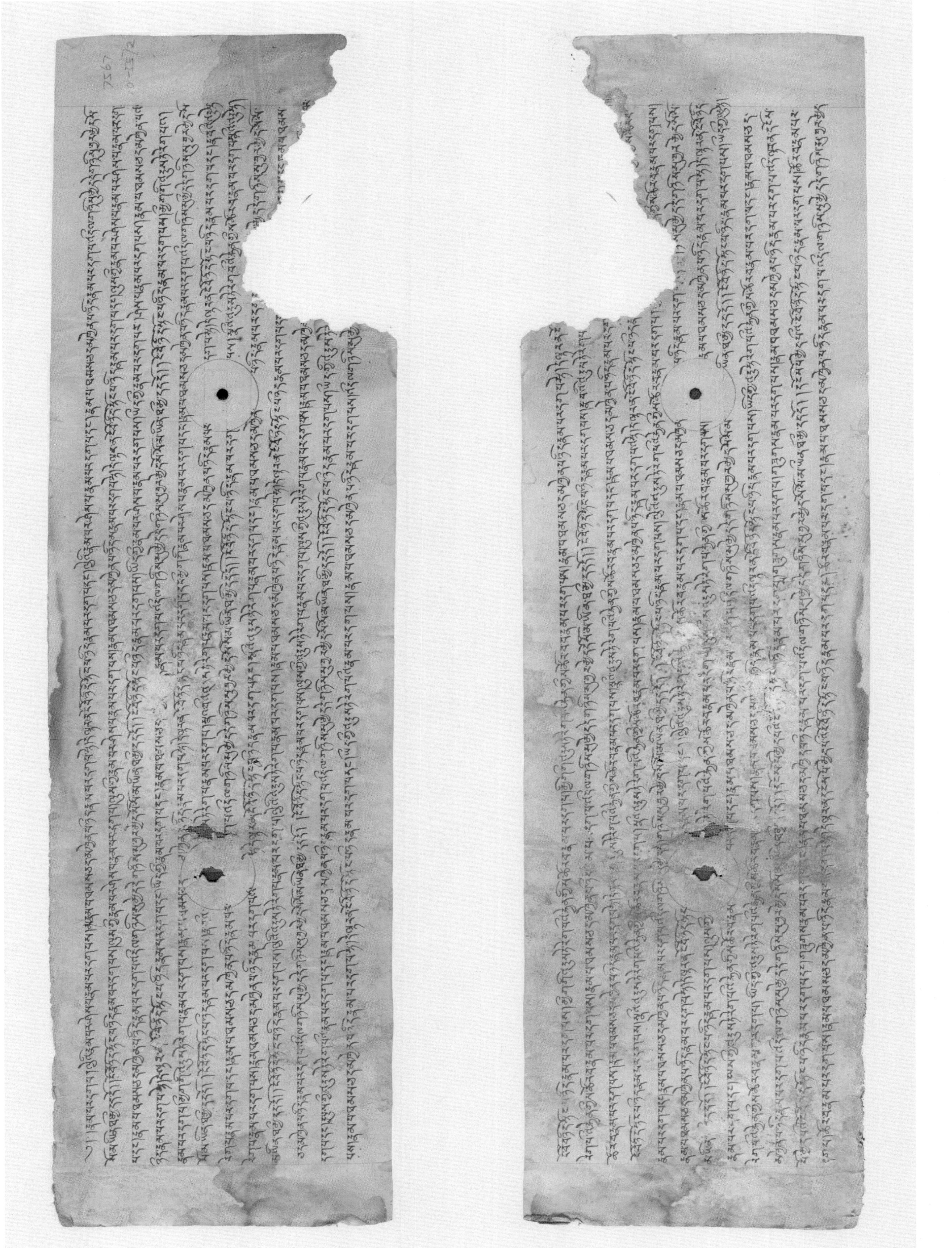

敦博 Db.t.5572 (R-V) ཤེས་རབ་ཀྱི་ཕ་རོལ་ཏུ་ཕྱིན་པ་སྟོང་ཕྲག་བརྒྱ་པ།
十萬頌般若波羅蜜多經

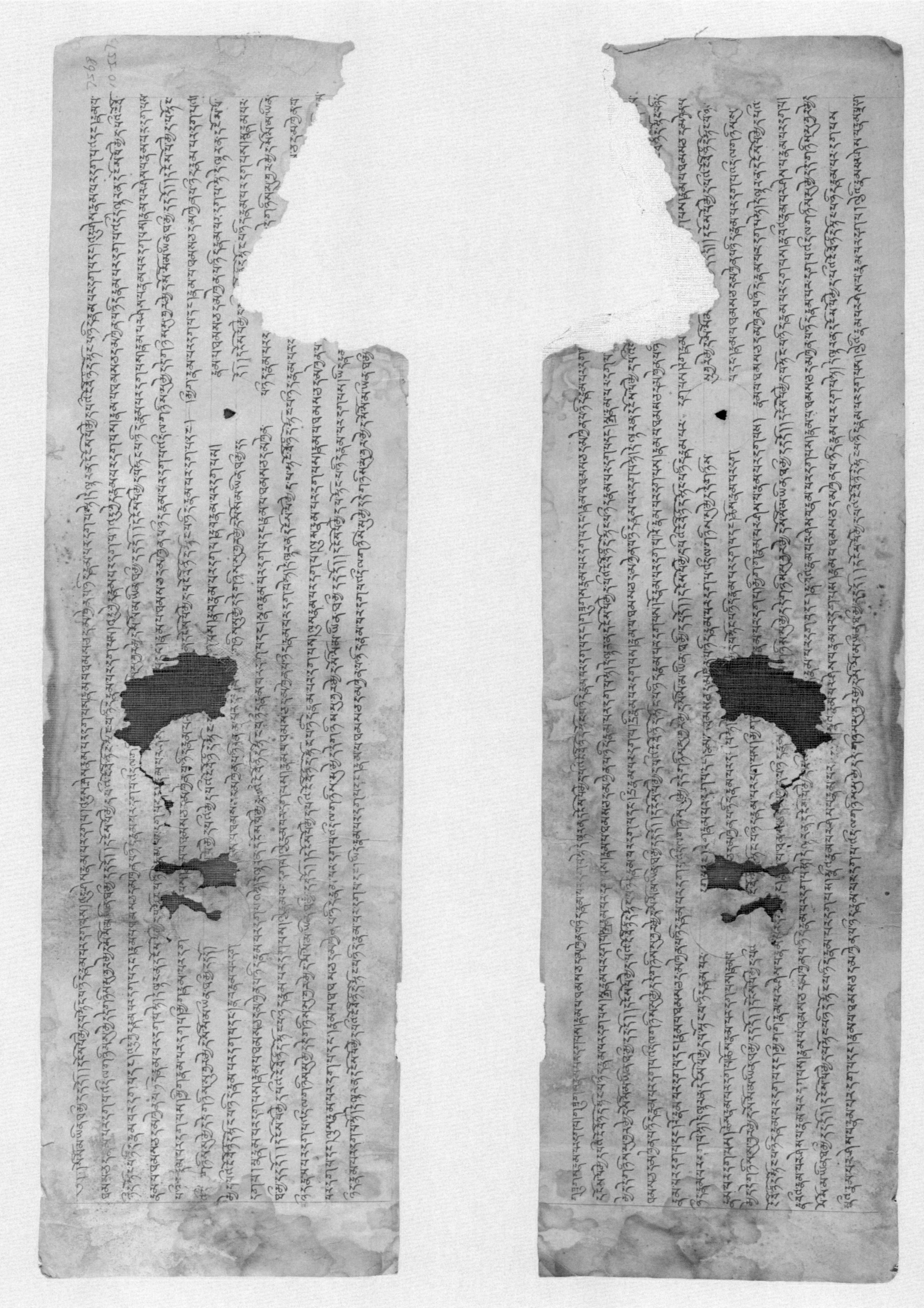

敦博 Db.t.5573 (R-V) ཤེས་རབ་ཀྱི་ཕ་རོལ་ཏུ་ཕྱིན་པ་སྟོང་ཕྲག་བརྒྱ་པ།
十萬頌般若波羅蜜多經

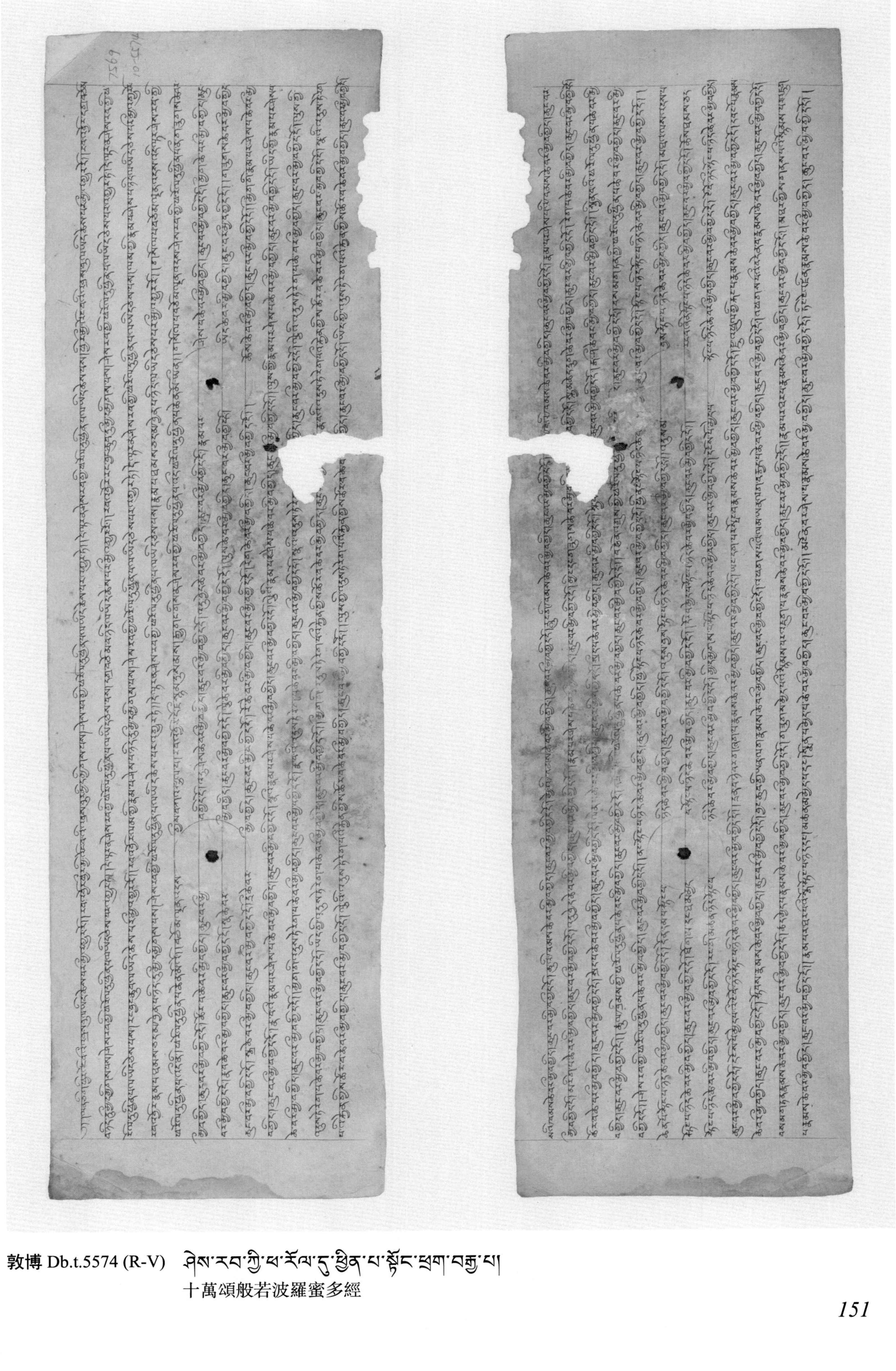

敦博 Db.t.5574 (R-V) ཤེས་རབ་ཀྱི་ཕ་རོལ་ཏུ་ཕྱིན་པ་སྟོང་ཕྲག་བརྒྱ་པ།
十萬頌般若波羅蜜多經

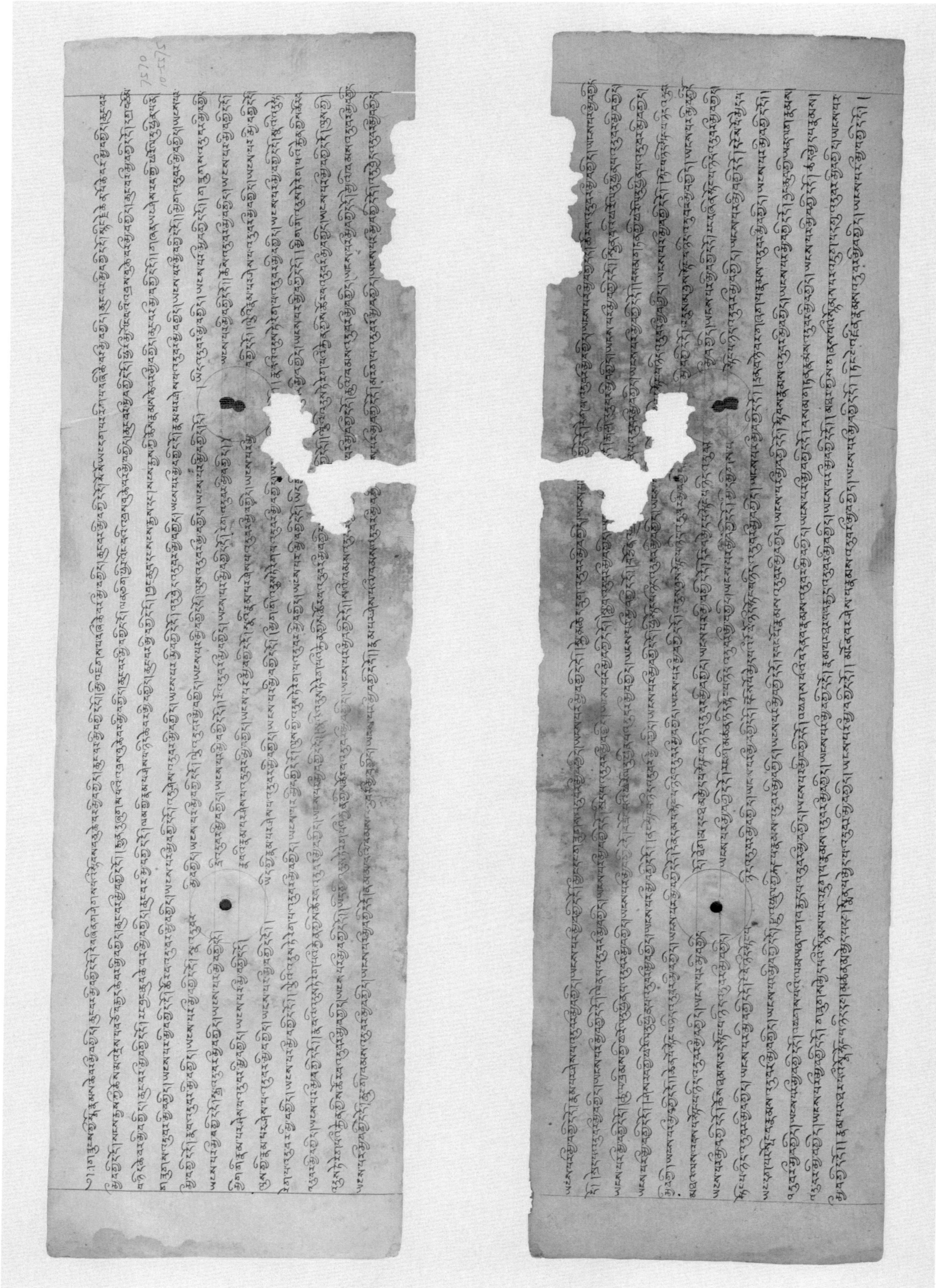

敦博 Db.t.5575 (R-V) ཤེས་རབ་ཀྱི་ཕ་རོལ་ཏུ་ཕྱིན་པ་སྟོང་ཕྲག་བརྒྱ་པ།
十萬頌般若波羅蜜多經

敦博 Db.t.5576 (R-V) ཤེས་རབ་ཀྱི་ཕ་རོལ་ཏུ་ཕྱིན་པ་སྟོང་ཕྲག་བརྒྱ་པ།
十萬頌般若波羅蜜多經

敦博 Db.t.5577 (R-V) ཤེས་རབ་ཀྱི་ཕ་རོལ་ཏུ་ཕྱིན་པ་སྟོང་ཕྲག་བརྒྱ་པ།
十萬頌般若波羅蜜多經

敦博 Db.t.5578 (R-V) ཤེས་རབ་ཀྱི་ཕ་རོལ་ཏུ་ཕྱིན་པ་སྟོང་ཕྲག་བརྒྱ་པ།
十萬頌般若波羅蜜多經

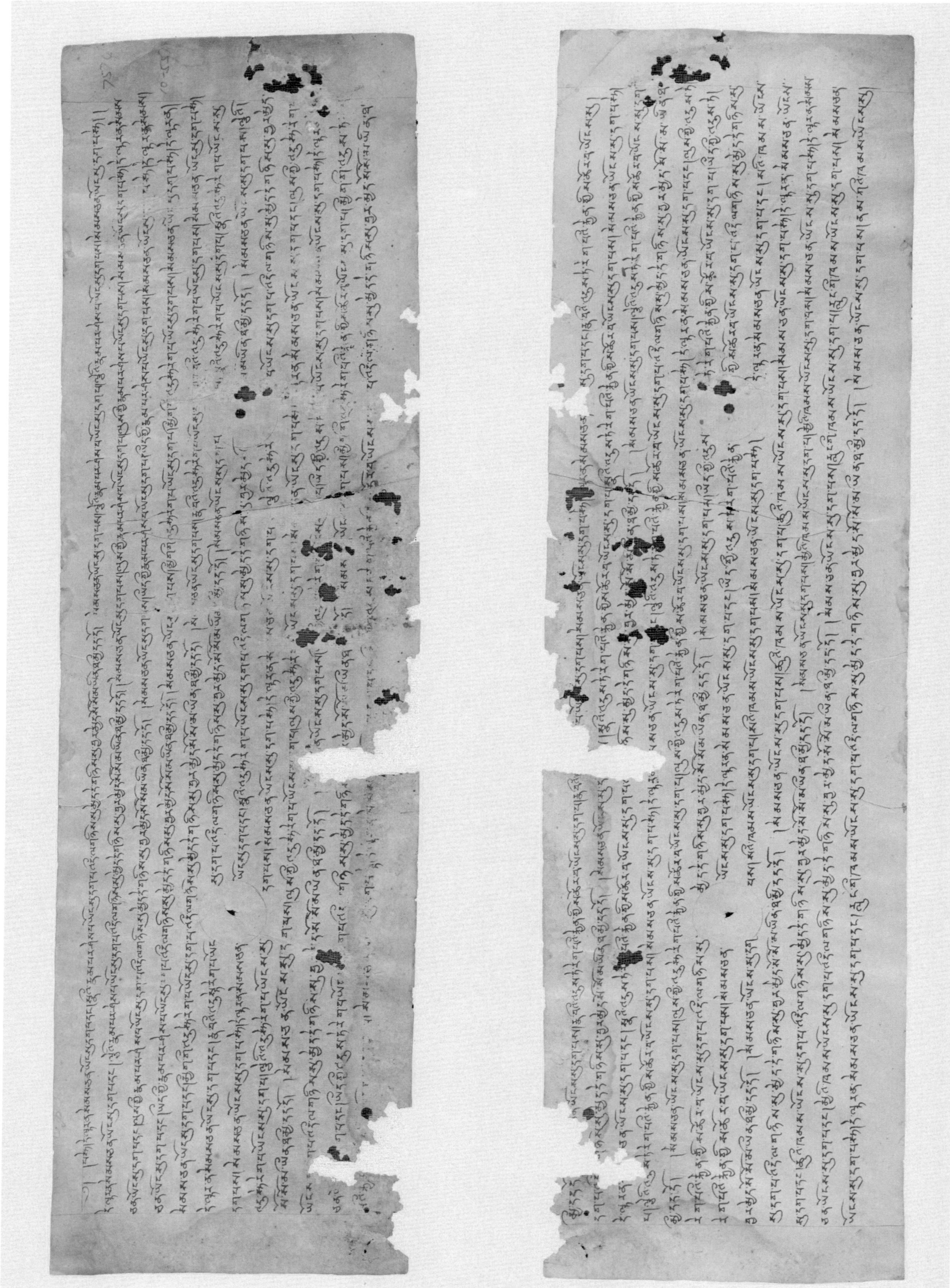

敦博 Db.t.5579 (R-V) ཤེས་རབ་ཀྱི་ཕ་རོལ་ཏུ་ཕྱིན་པ་སྟོང་ཕྲག་བརྒྱ་པ།
十萬頌般若波羅蜜多經

敦博 Db.t.5580 (R-V)　ཤེས་རབ་ཀྱི་ཕ་རོལ་ཏུ་ཕྱིན་པ་སྟོང་ཕྲག་བརྒྱ་པ།
十萬頌般若波羅蜜多經

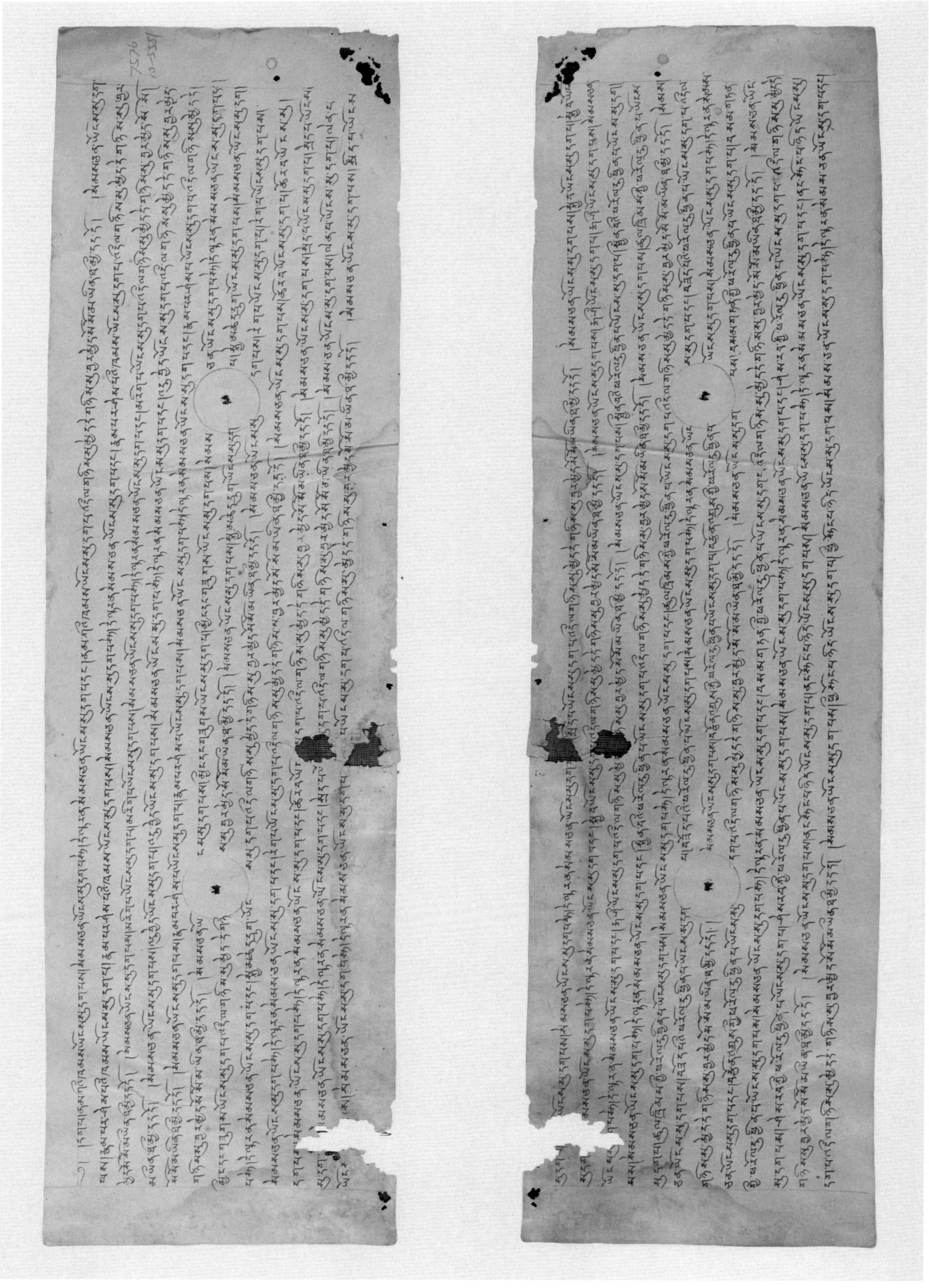

敦博 Db.t.5581 (R-V) ཤེས་རབ་ཀྱི་ཕ་རོལ་ཏུ་ཕྱིན་པ་སྟོང་ཕྲག་བརྒྱ་པ།
十萬頌般若波羅蜜多經

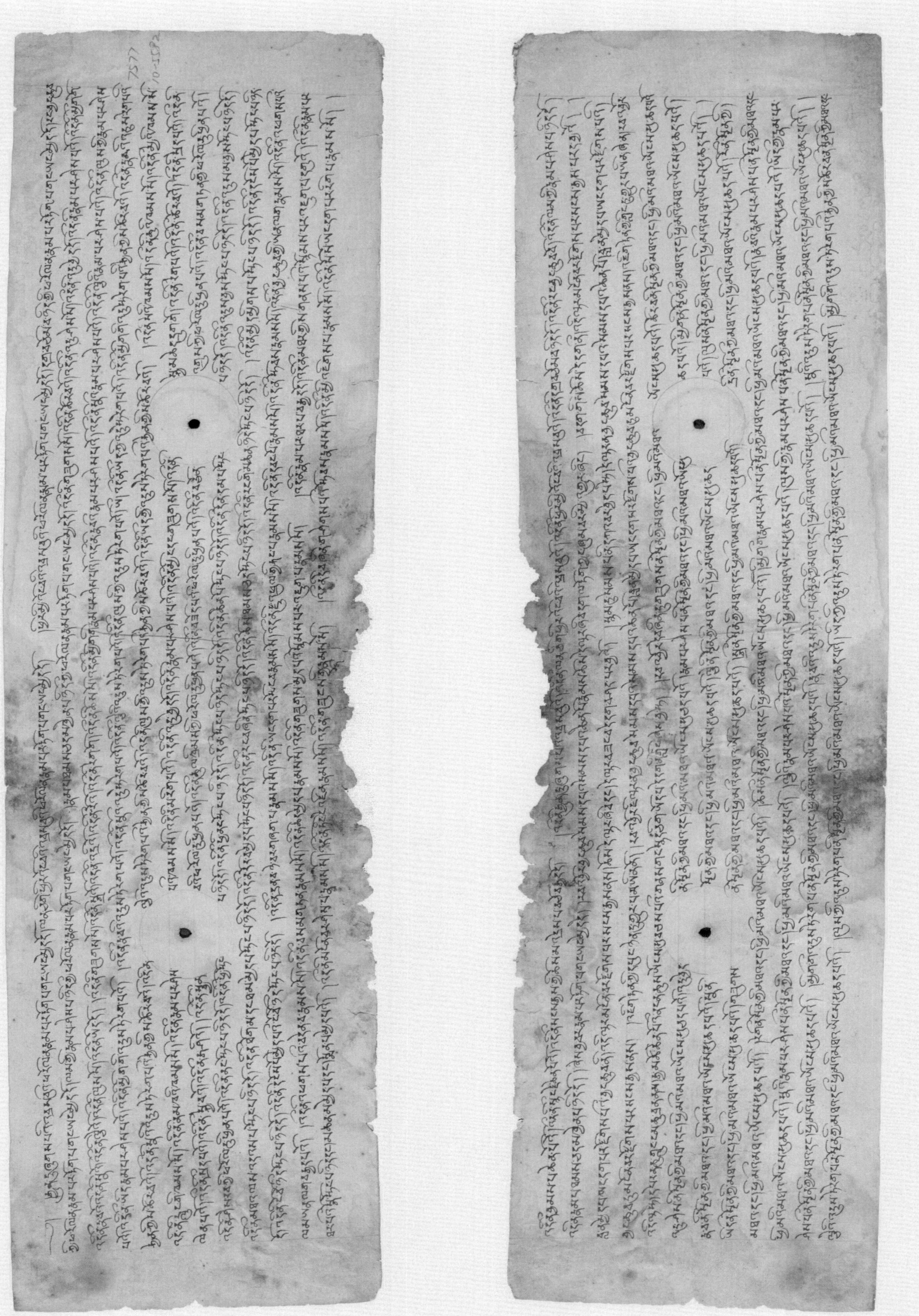

敦博 Db.t.5582 (R-V) ཤེས་རབ་ཀྱི་པ་རོལ་ཏུ་ཕྱིན་པ་སྟོང་ཕྲག་བརྒྱ་པ།
十萬頌般若波羅蜜多經

敦博 Db.t.5583 (R-V) ཤེས་རབ་ཀྱི་ཕ་རོལ་ཏུ་ཕྱིན་པ་སྟོང་ཕྲག་བརྒྱ་པ།
十萬頌般若波羅蜜多經

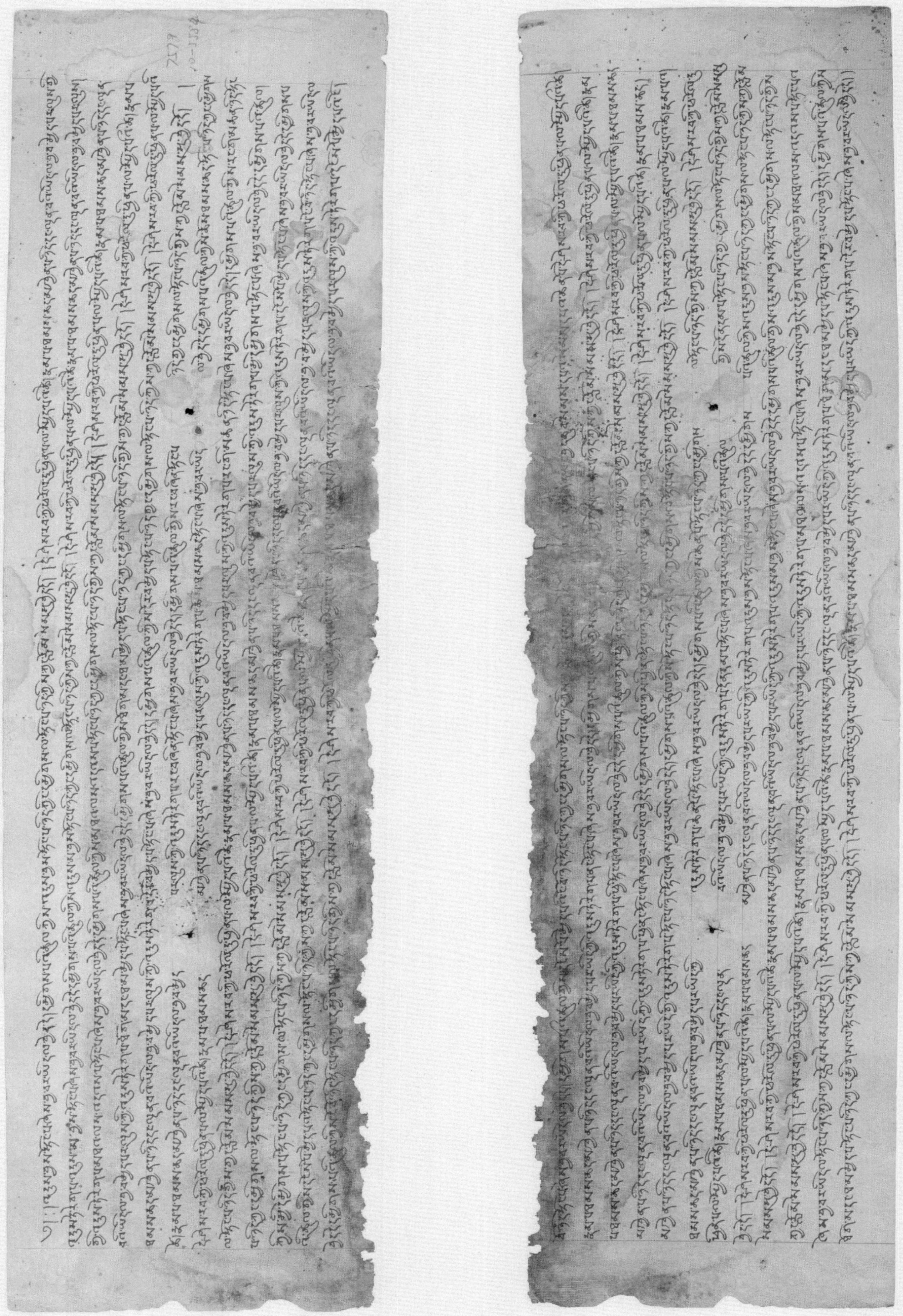

敦博 Db.t.5584 (R-V) ཤེས་རབ་ཀྱི་ཕ་རོལ་ཏུ་ཕྱིན་པ་སྟོང་ཕྲག་བརྒྱ་པ།
十萬頌般若波羅蜜多經

敦博 Db.t.5585 (R-V) ཤེས་རབ་ཀྱི་ཕ་རོལ་ཏུ་ཕྱིན་པ་སྟོང་ཕྲག་བརྒྱ་པ།
十萬頌般若波羅蜜多經

敦博 Db.t.5586 (R-V) ཤེས་རབ་ཀྱི་ཕ་རོལ་ཏུ་ཕྱིན་པ་སྟོང་ཕྲག་བརྒྱ་པ།
十萬頌般若波羅蜜多經

敦博 Db.t.5587 (R-V) ཤེས་རབ་ཀྱི་ཕ་རོལ་ཏུ་ཕྱིན་པ་སྟོང་ཕྲག་བརྒྱ་པ།
十萬頌般若波羅蜜多經

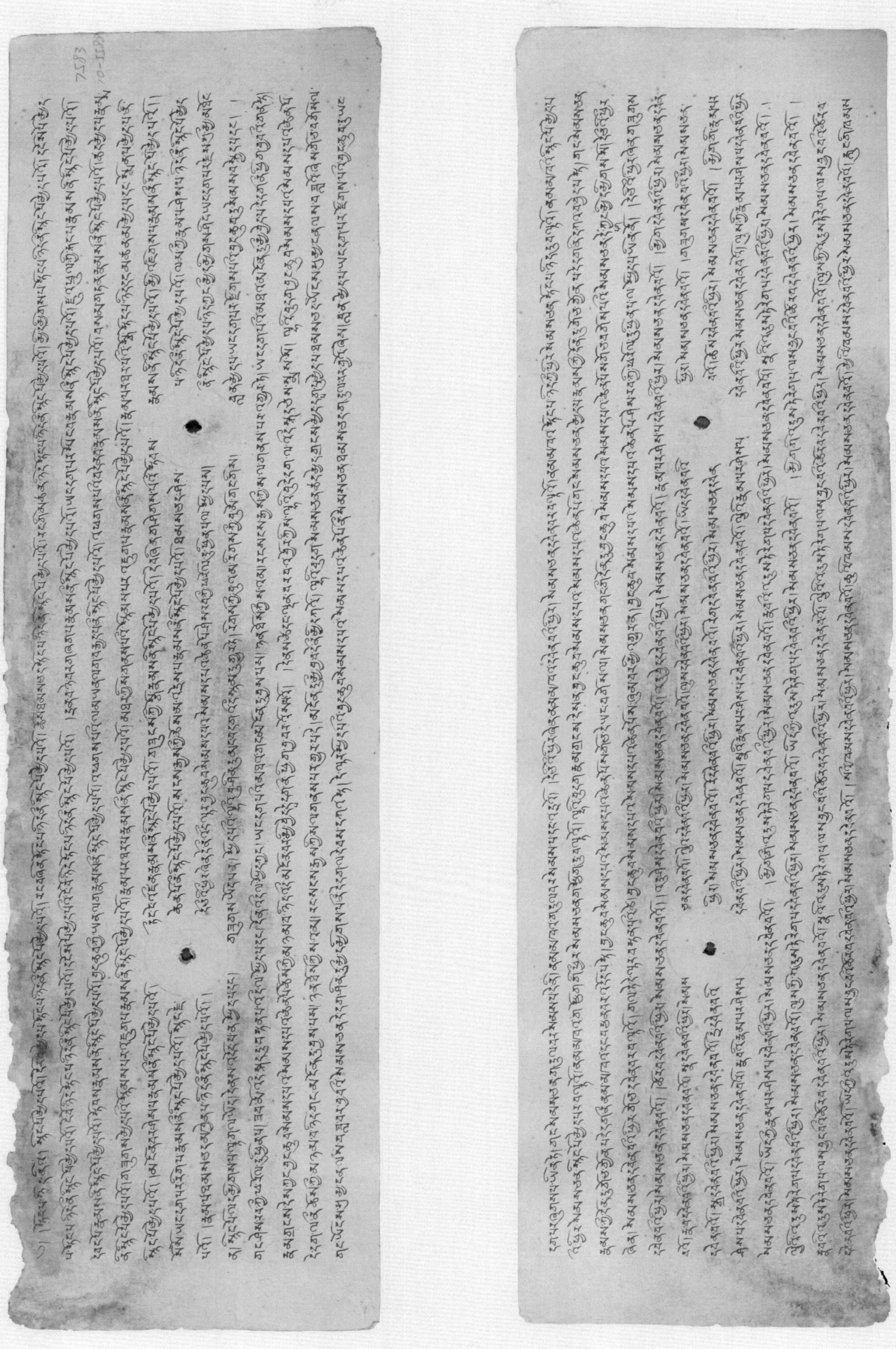

敦博 Db.t.5588 (R-V) ཤེས་རབ་ཀྱི་ཕ་རོལ་ཏུ་ཕྱིན་པ་སྟོང་ཕྲག་བརྒྱ་པ།
十萬頌般若波羅蜜多經

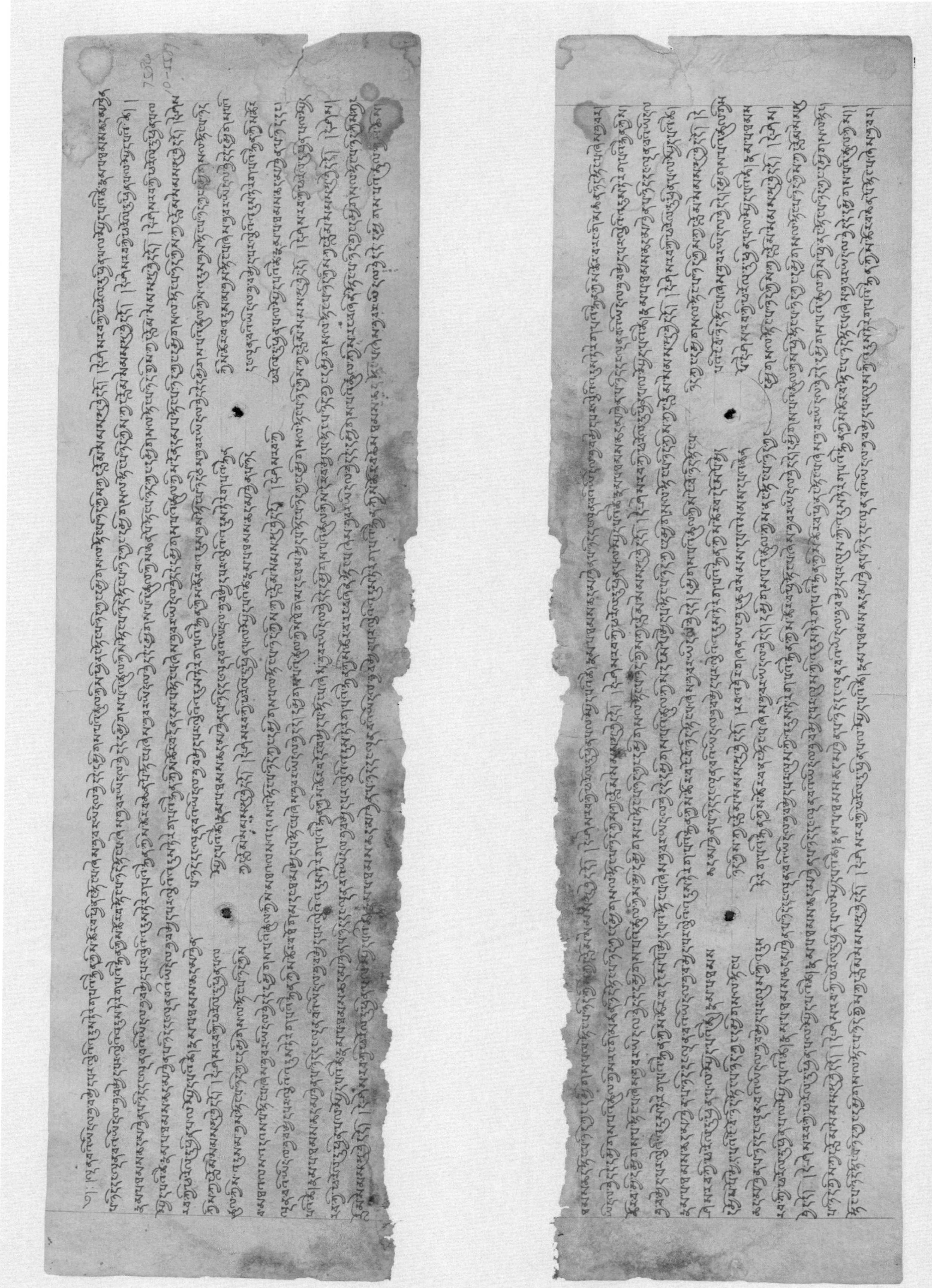

敦博 Db.t.5589 (R-V) ཤེས་རབ་ཀྱི་ཕ་རོལ་ཏུ་ཕྱིན་པ་སྟོང་ཕྲག་བརྒྱ་པ།
十萬頌般若波羅蜜多經

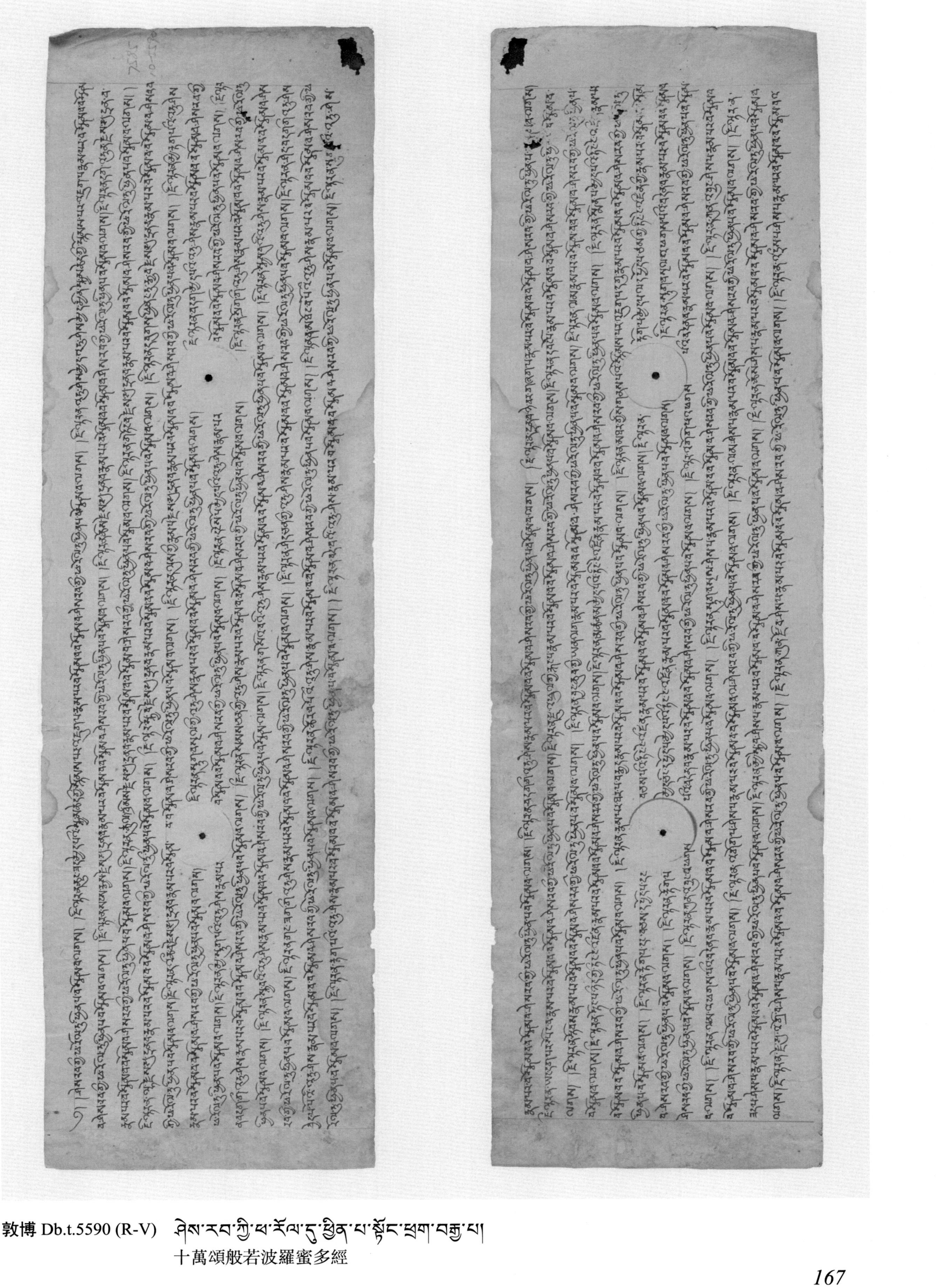

敦博 Db.t.5590 (R-V) ཤེས་རབ་ཀྱི་ཕ་རོལ་ཏུ་ཕྱིན་པ་སྟོང་ཕྲག་བརྒྱ་པ།
十萬頌般若波羅蜜多經

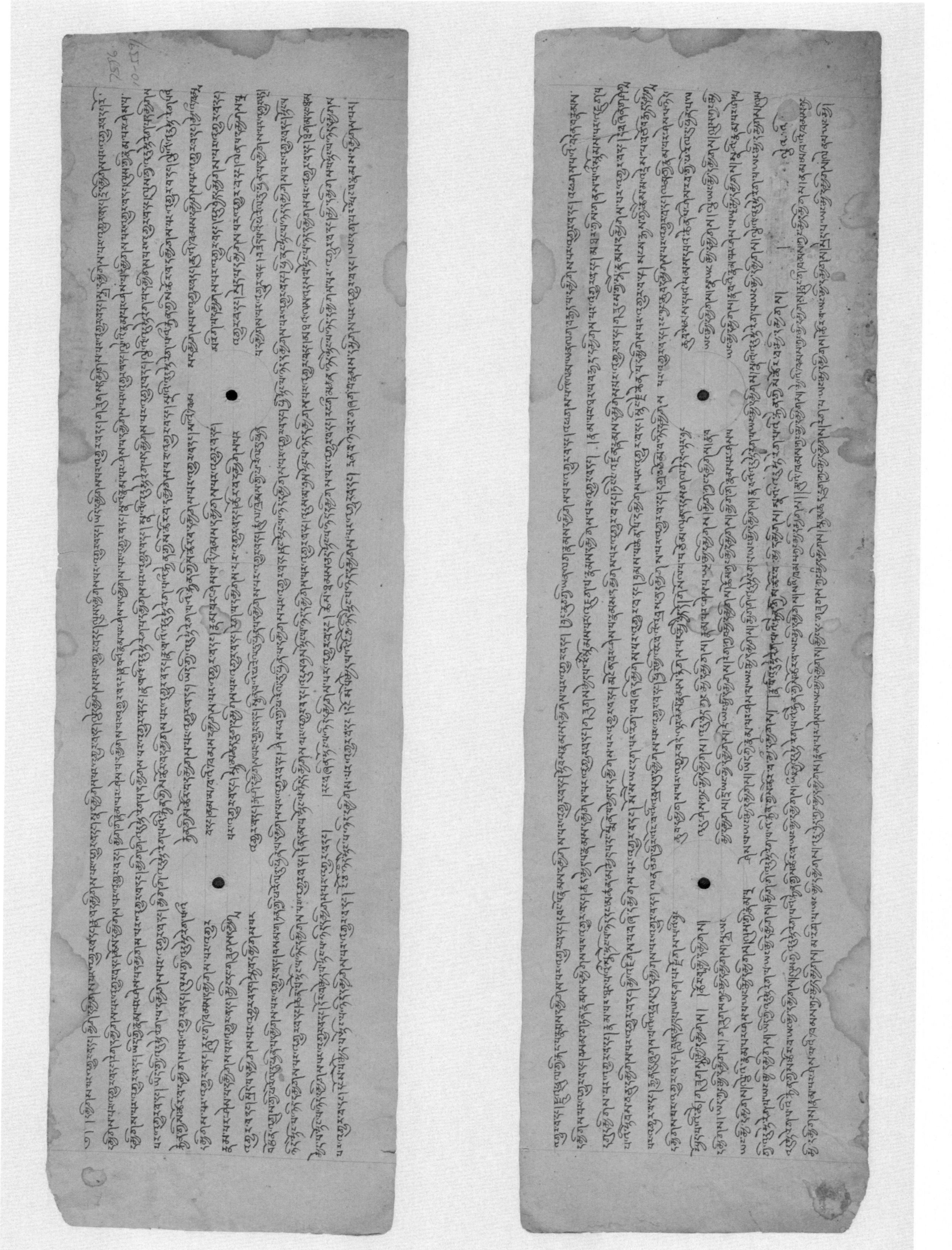

敦博 Db.t.5591 (R-V) ཤེས་རབ་ཀྱི་ཕ་རོལ་ཏུ་ཕྱིན་པ་སྟོང་ཕྲག་བརྒྱ་པ། 十萬頌般若波羅蜜多經

敦博 Db.t.5592 (R-V) ཤེས་རབ་ཀྱི་ཕ་རོལ་ཏུ་ཕྱིན་པ་སྟོང་ཕྲག་བརྒྱ་པ།
十萬頌般若波羅蜜多經

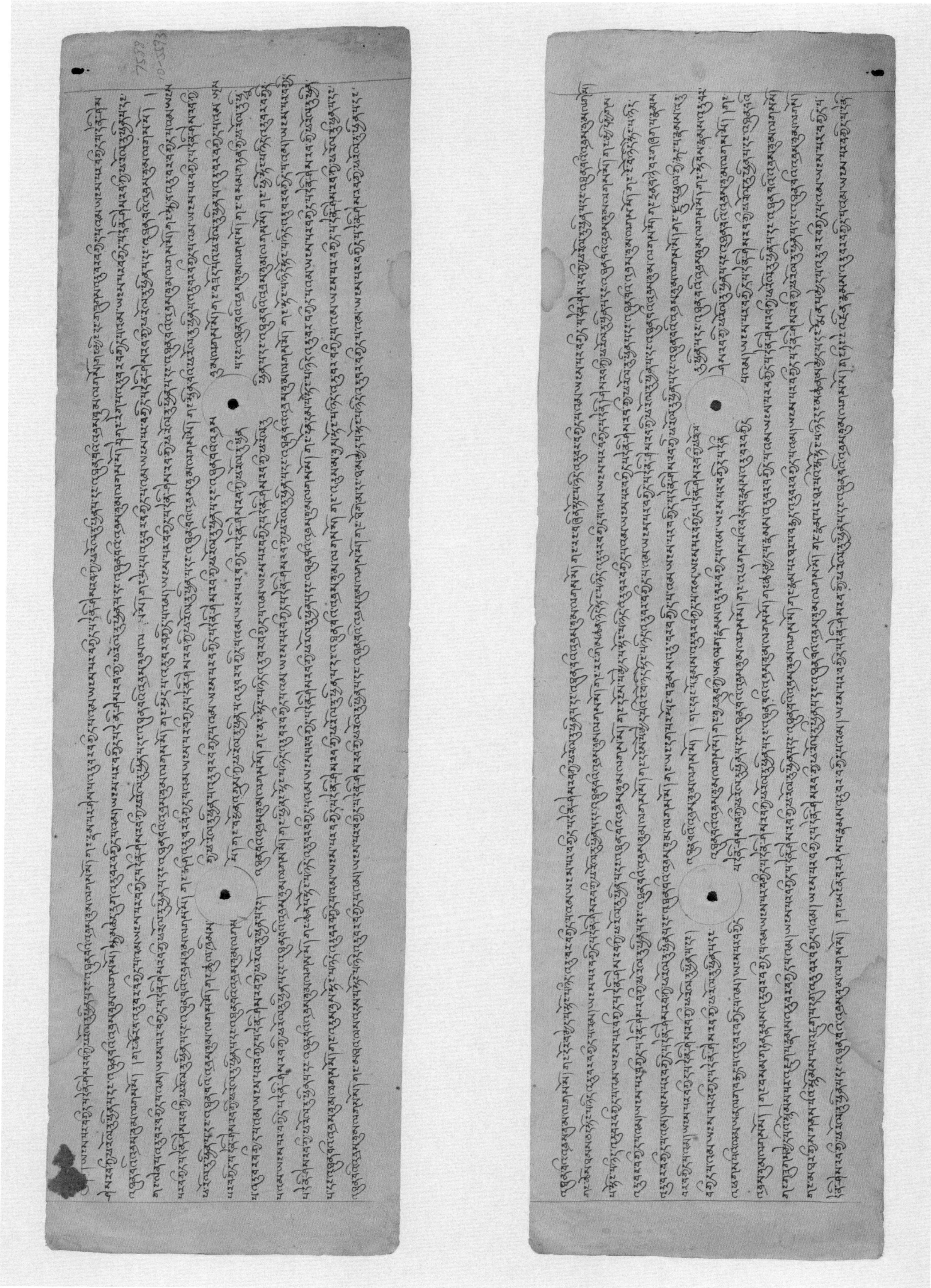

敦博 Db.t.5593 (R-V) ཤེས་རབ་ཀྱི་ཕ་རོལ་ཏུ་ཕྱིན་པ་སྟོང་ཕྲག་བརྒྱ་པ།
十萬頌般若波羅蜜多經

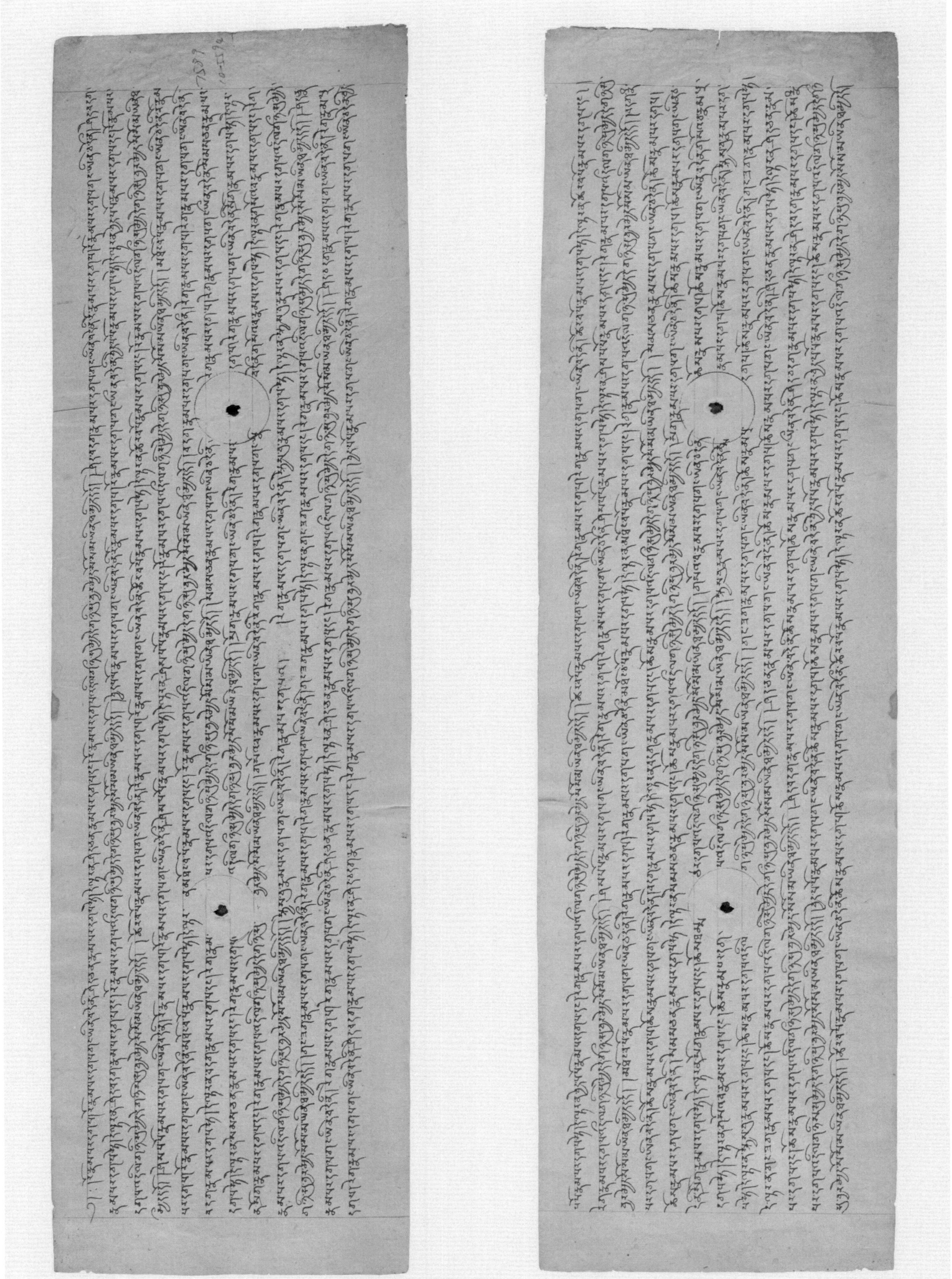

敦博 Db.t.5594 (R-V) ཤེས་རབ་ཀྱི་ཕ་རོལ་ཏུ་ཕྱིན་པ་སྟོང་ཕྲག་བརྒྱ་པ།
十萬頌般若波羅蜜多經

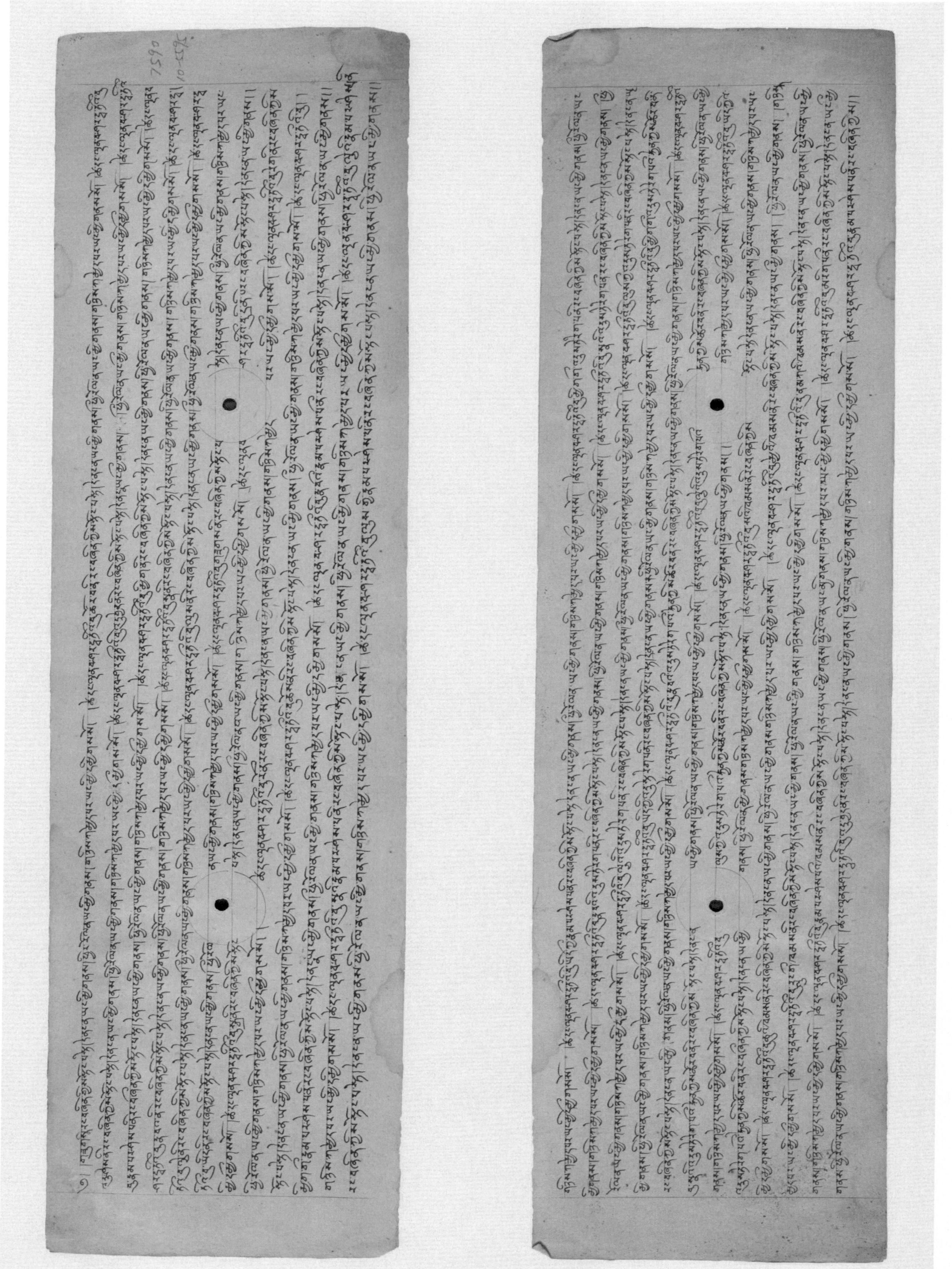

敦博 Db.t.5595 (R-V) ཤེས་རབ་ཀྱི་ཕ་རོལ་ཏུ་ཕྱིན་པ་སྟོང་ཕྲག་བརྒྱ་པ།
十萬頌般若波羅蜜多經

敦博 Db.t.5596 (R-V) ཤེས་རབ་ཀྱི་ཕ་རོལ་ཏུ་ཕྱིན་པ་སྟོང་ཕྲག་བརྒྱ་པ།
十萬頌般若波羅蜜多經

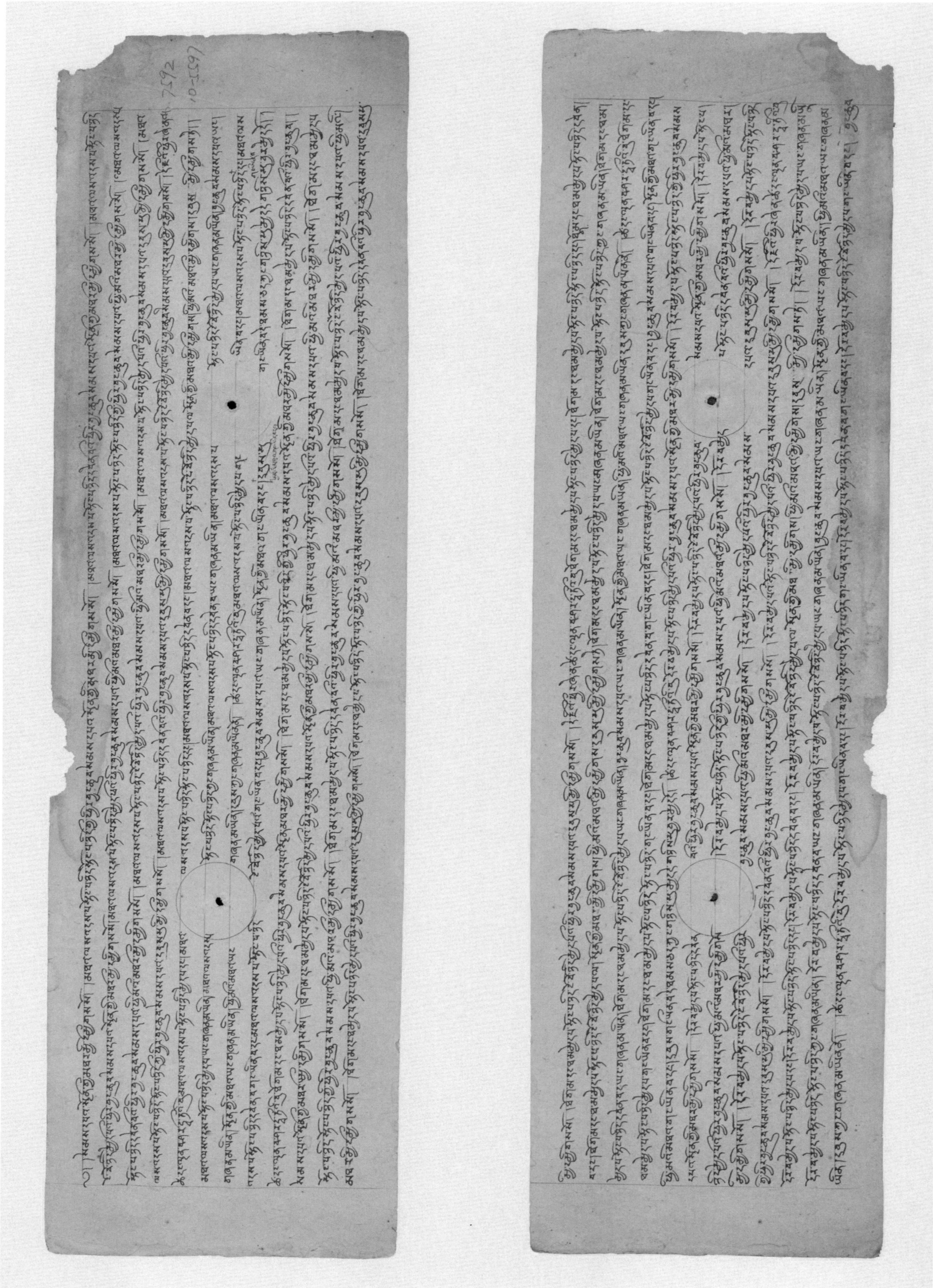

敦博 Db.t.5597 (R-V) ཤེས་རབ་ཀྱི་ཕ་རོལ་ཏུ་ཕྱིན་པ་སྟོང་ཕྲག་བརྒྱ་པ།

十萬頌般若波羅蜜多經

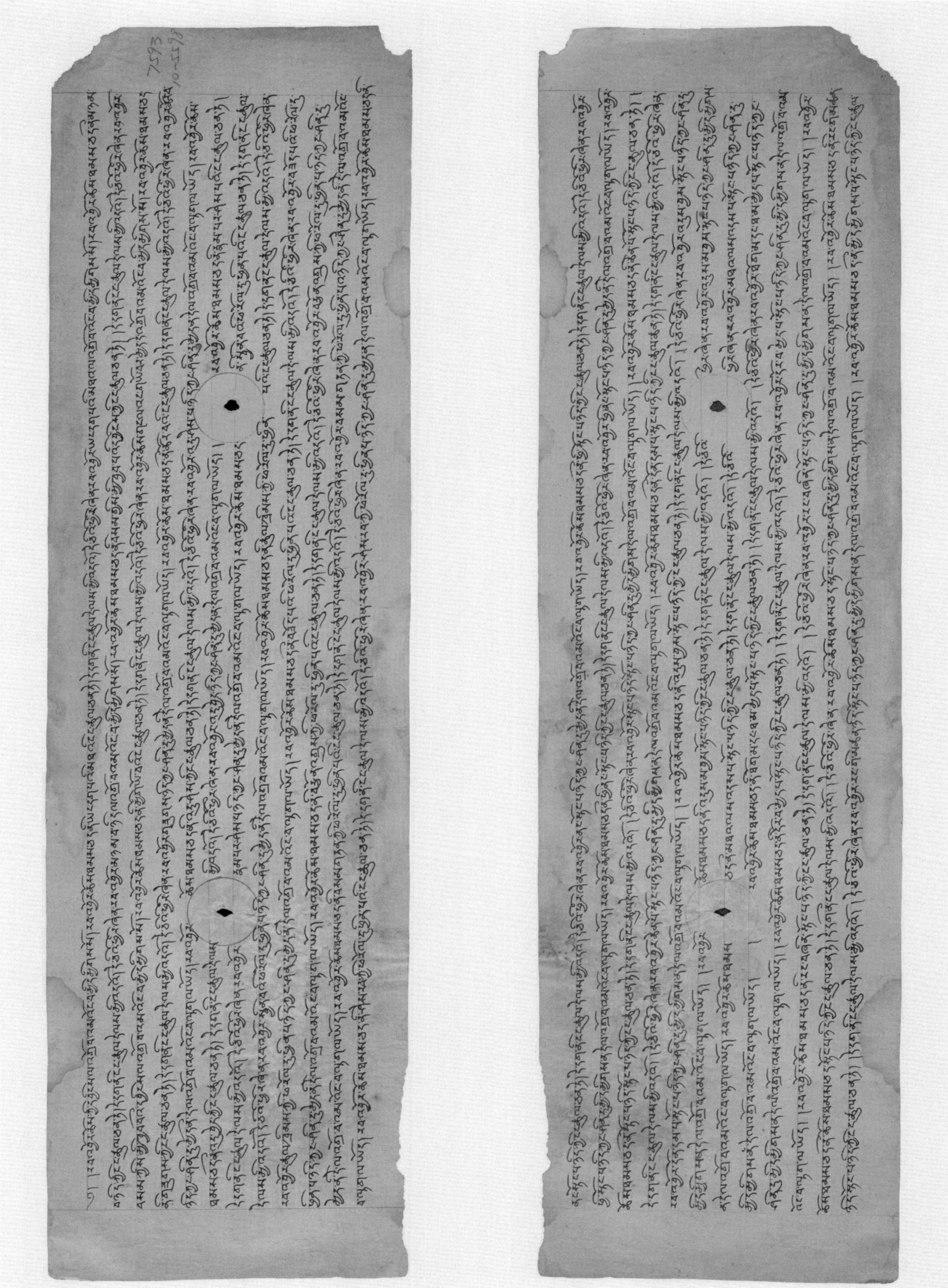

敦博 Db.t.5598 (R-V) ཤེས་རབ་ཀྱི་ཕ་རོལ་ཏུ་ཕྱིན་པ་སྟོང་ཕྲག་བརྒྱ་པ།
十萬頌般若波羅蜜多經

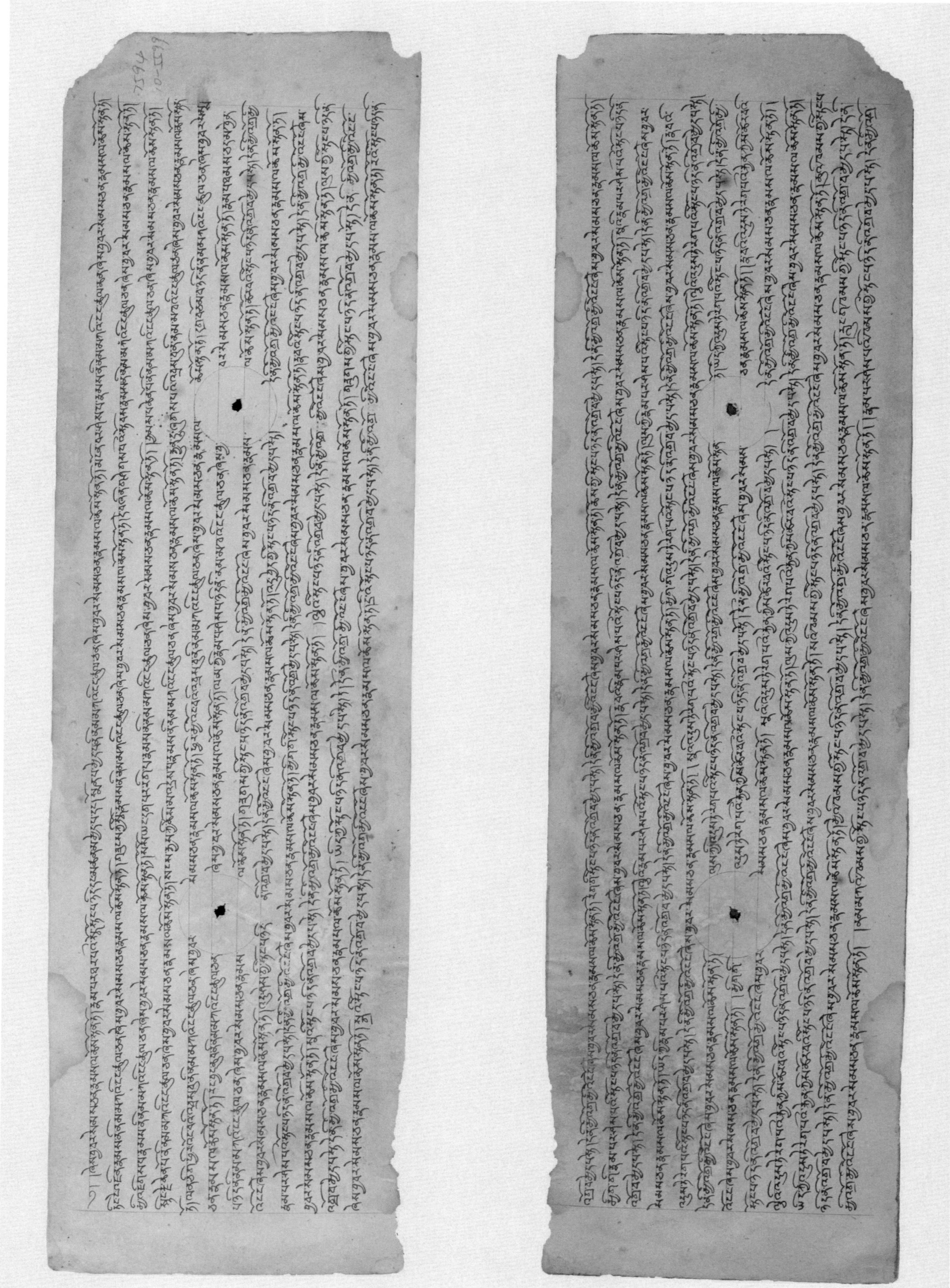

敦博 Db.t.5599 (R-V) ཤེས་རབ་ཀྱི་ཕ་རོལ་ཏུ་ཕྱིན་པ་སྟོང་ཕྲག་བརྒྱ་པ།
十萬頌般若波羅蜜多經

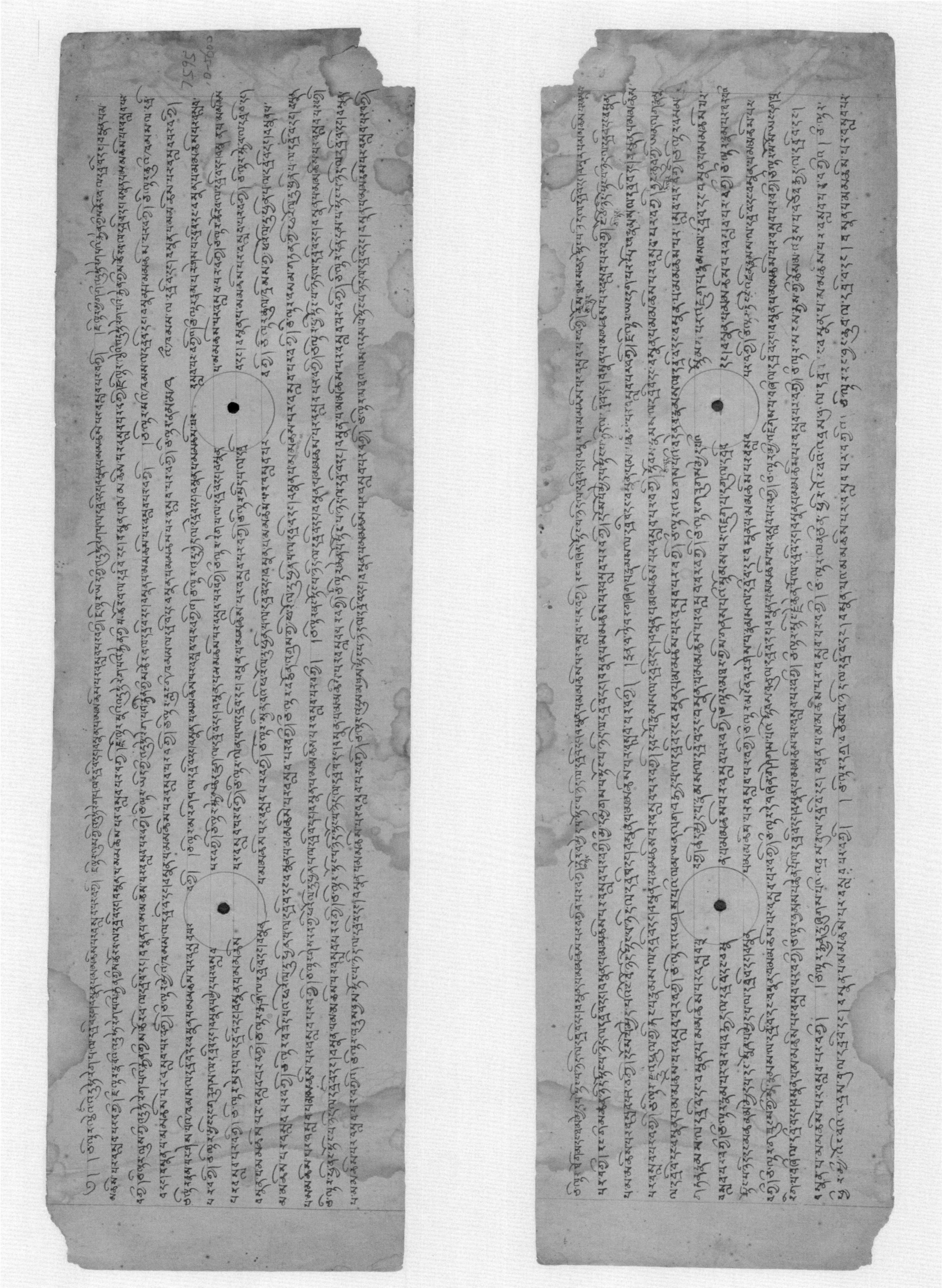

敦博 Db.t.5600 (R-V) ཤེས་རབ་ཀྱི་ཕ་རོལ་ཏུ་ཕྱིན་པ་སྟོང་ཕྲག་བརྒྱ་པ།
十萬頌般若波羅蜜多經

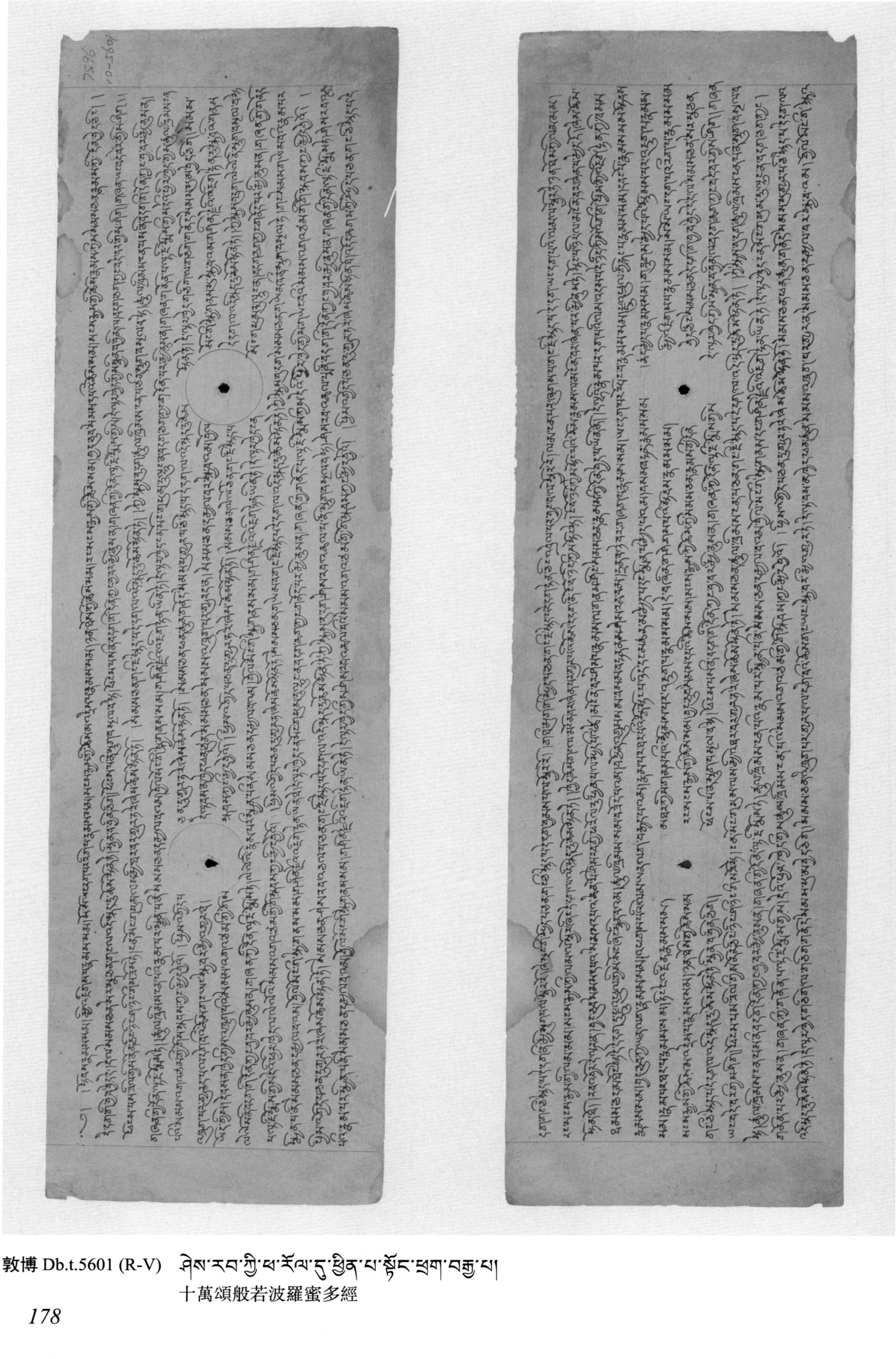

敦博 Db.t.5601 (R-V) ཤེས་རབ་ཀྱི་ཕ་རོལ་ཏུ་ཕྱིན་པ་སྟོང་ཕྲག་བརྒྱ་པ།
十萬頌般若波羅蜜多經

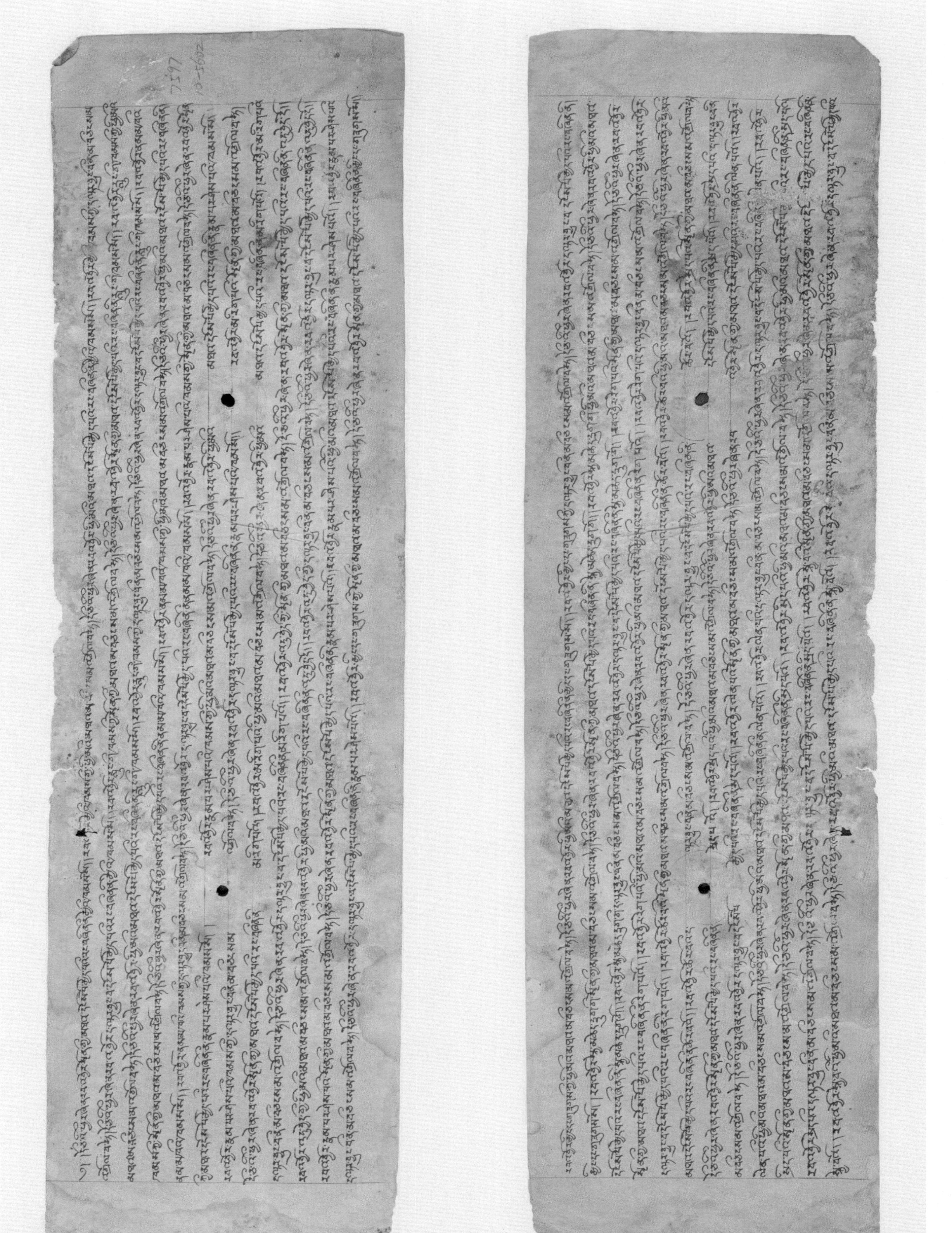

敦博 Db.t.5602 (R-V)　ཤེས་རབ་ཀྱི་ཕ་རོལ་ཏུ་ཕྱིན་པ་སྟོང་ཕྲག་བརྒྱ་པ།
十萬頌般若波羅蜜多經

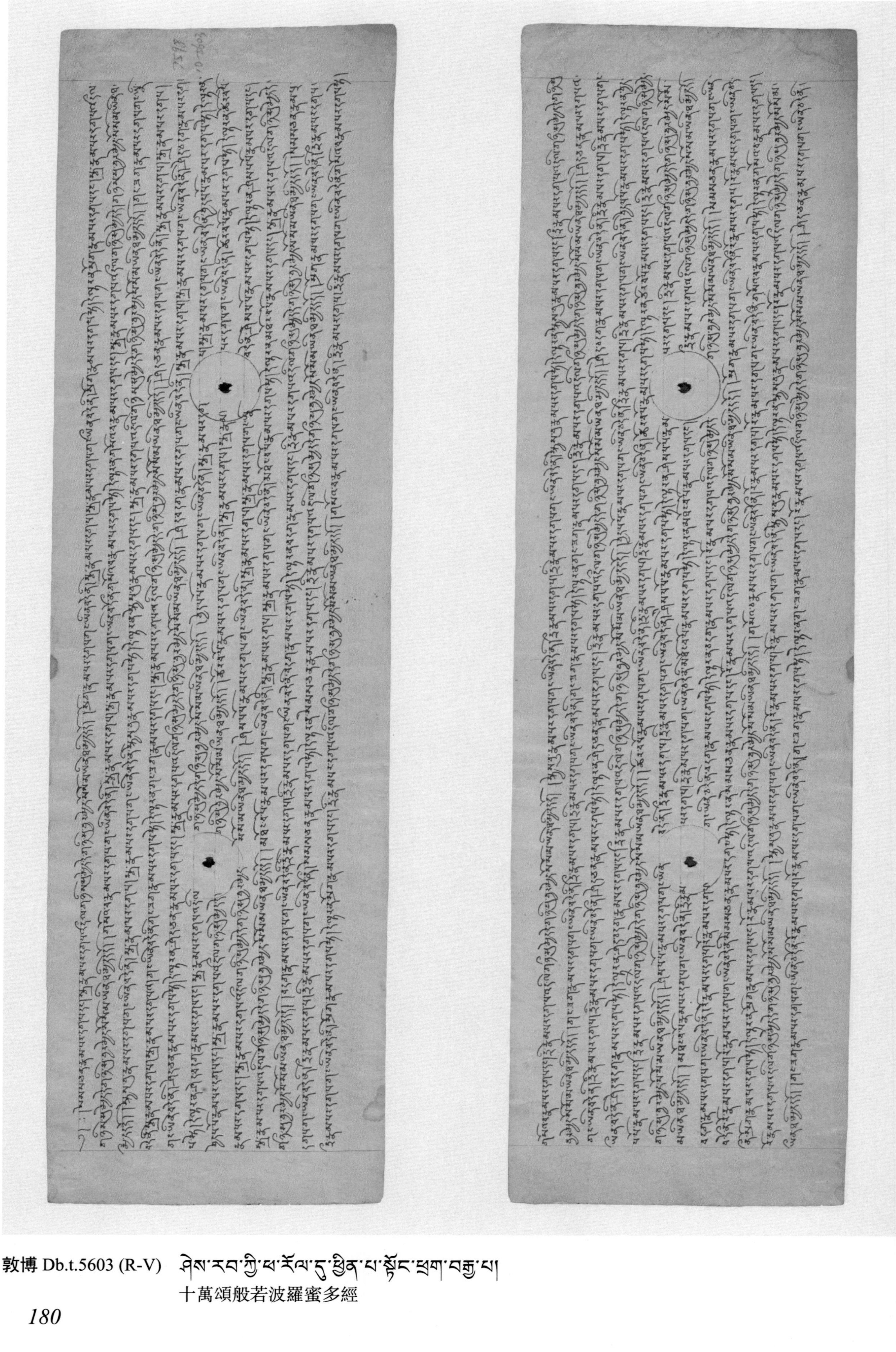

敦博 Db.t.5603 (R-V) ཤེས་རབ་ཀྱི་ཕ་རོལ་ཏུ་ཕྱིན་པ་སྟོང་ཕྲག་བརྒྱ་པ།
十萬頌般若波羅蜜多經

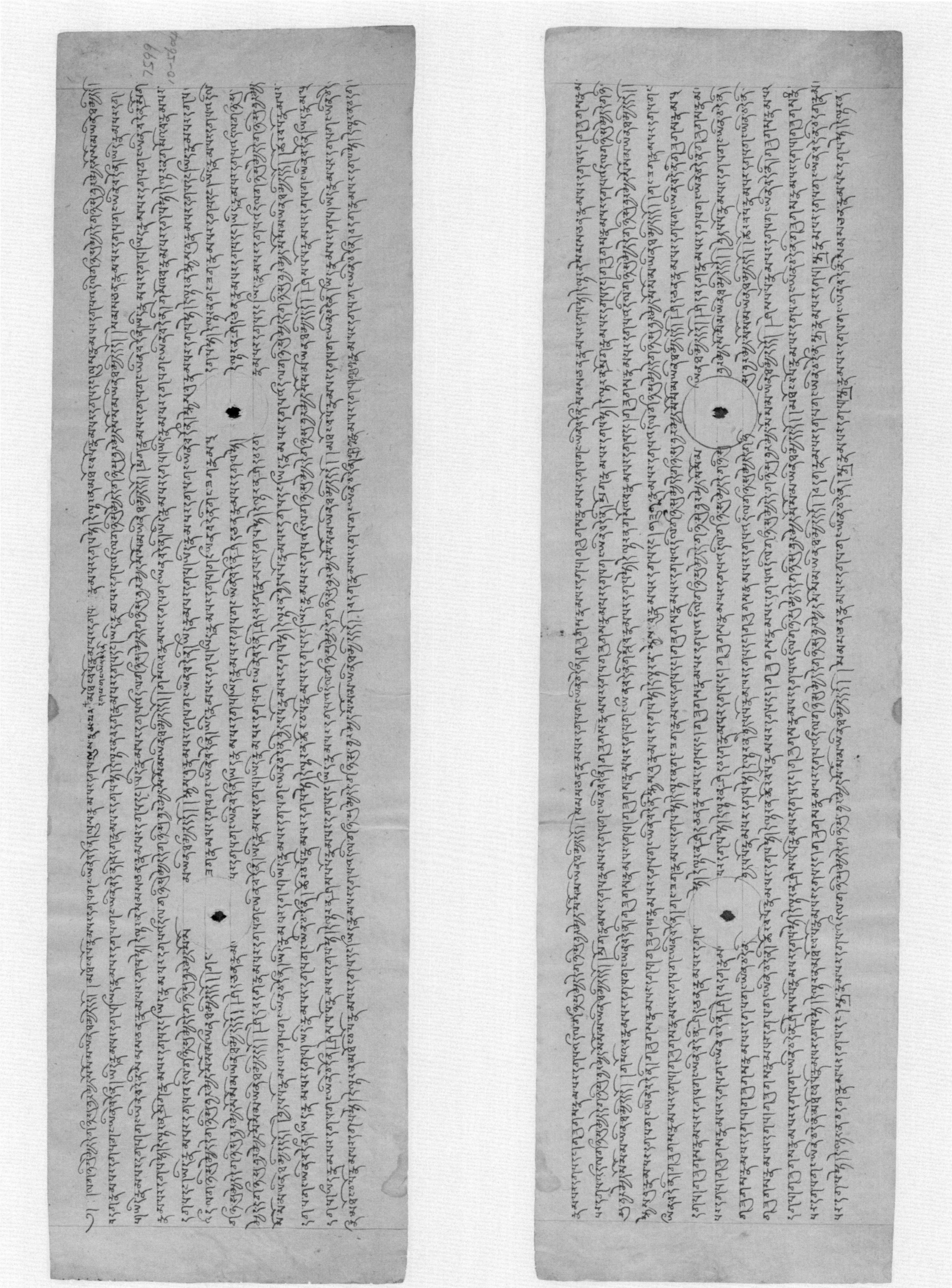

敦博 Db.t.5604 (R-V) ཤེས་རབ་ཀྱི་ཕ་རོལ་ཏུ་ཕྱིན་པ་སྟོང་ཕྲག་བརྒྱ་པ།
十萬頌般若波羅蜜多經

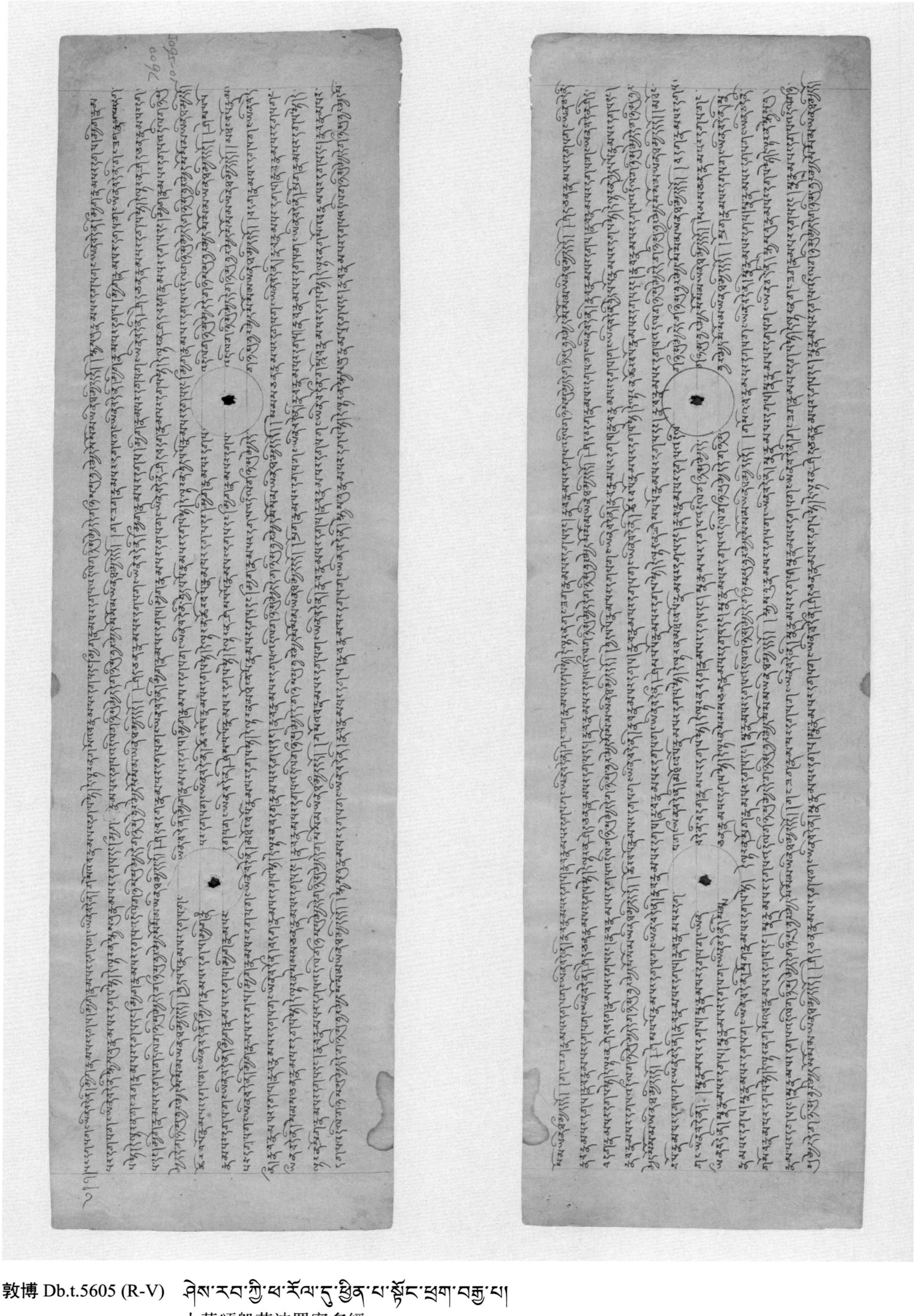

敦博 Db.t.5605 (R-V)　ཤེས་རབ་ཀྱི་ཕ་རོལ་ཏུ་ཕྱིན་པ་སྟོང་ཕྲག་བརྒྱ་པ།
十萬頌般若波羅蜜多經

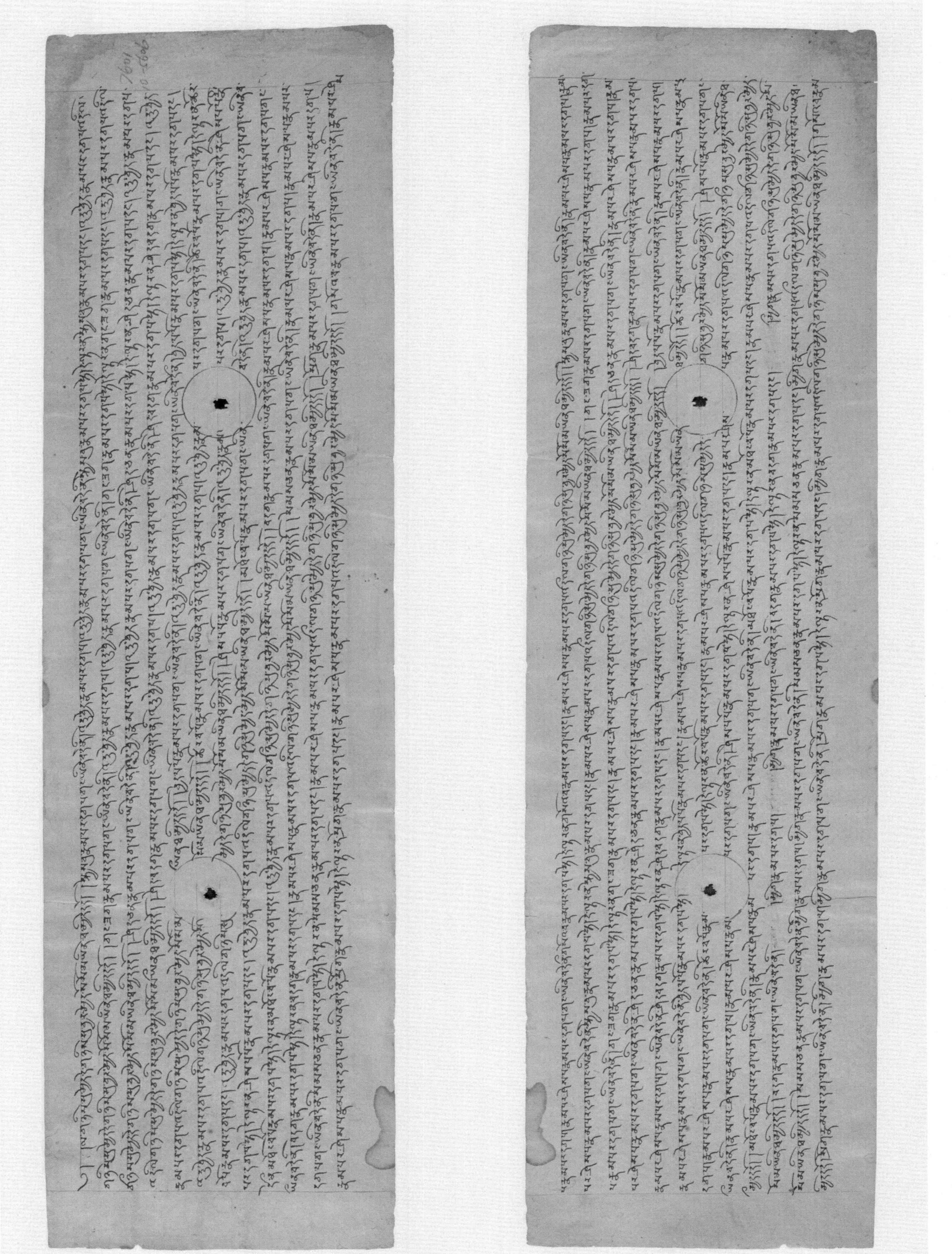

敦博 Db.t.5606 (R-V) ཤེས་རབ་ཀྱི་ཕ་རོལ་ཏུ་ཕྱིན་པ་སྟོང་ཕྲག་བརྒྱ་པ།
十萬頌般若波羅蜜多經

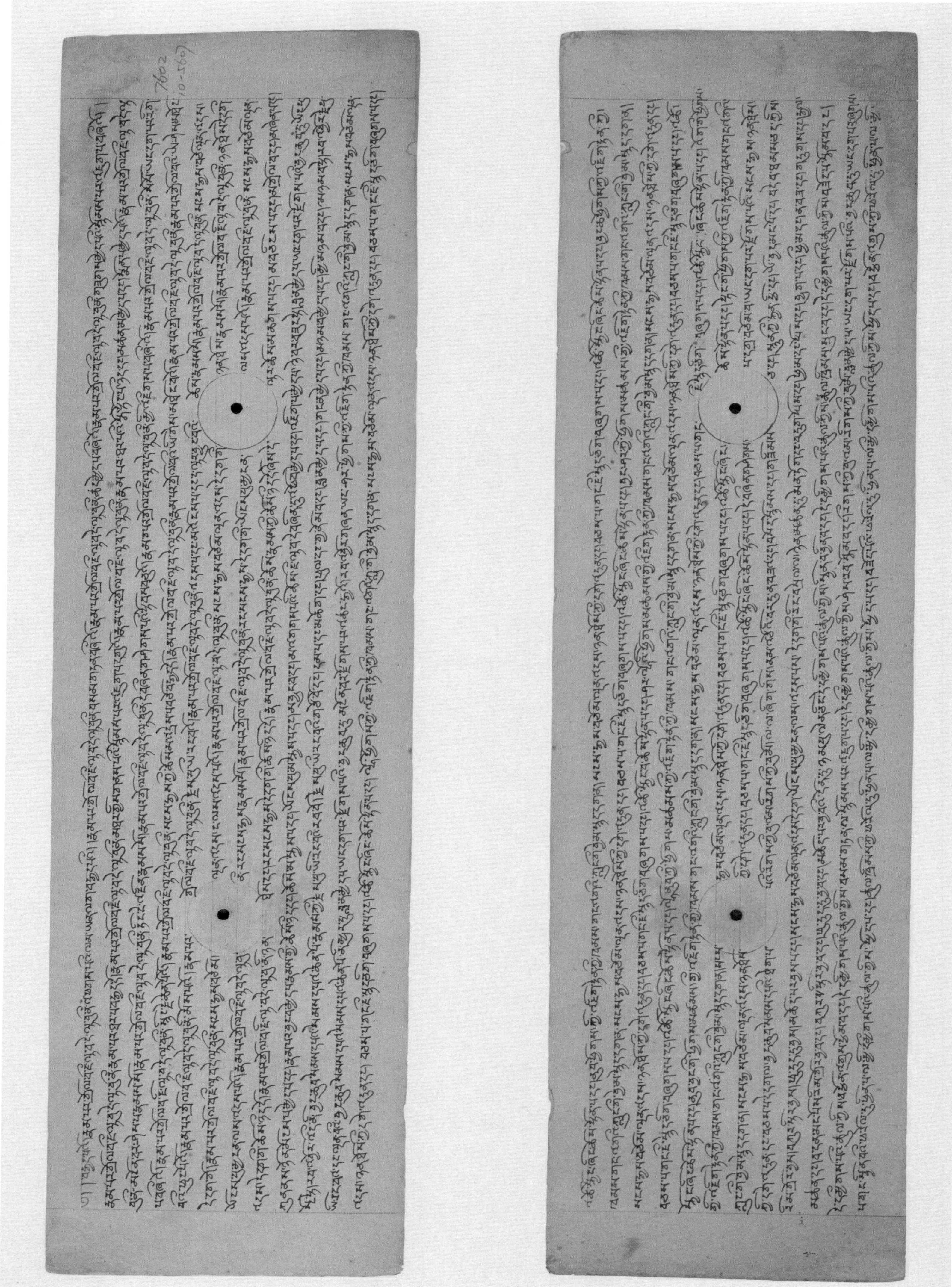

敦博 Db.t.5607 (R-V) ཤེས་རབ་ཀྱི་ཕ་རོལ་དུ་ཕྱིན་པ་སྟོང་ཕྲག་བརྒྱ་པ།
十萬頌般若波羅蜜多經

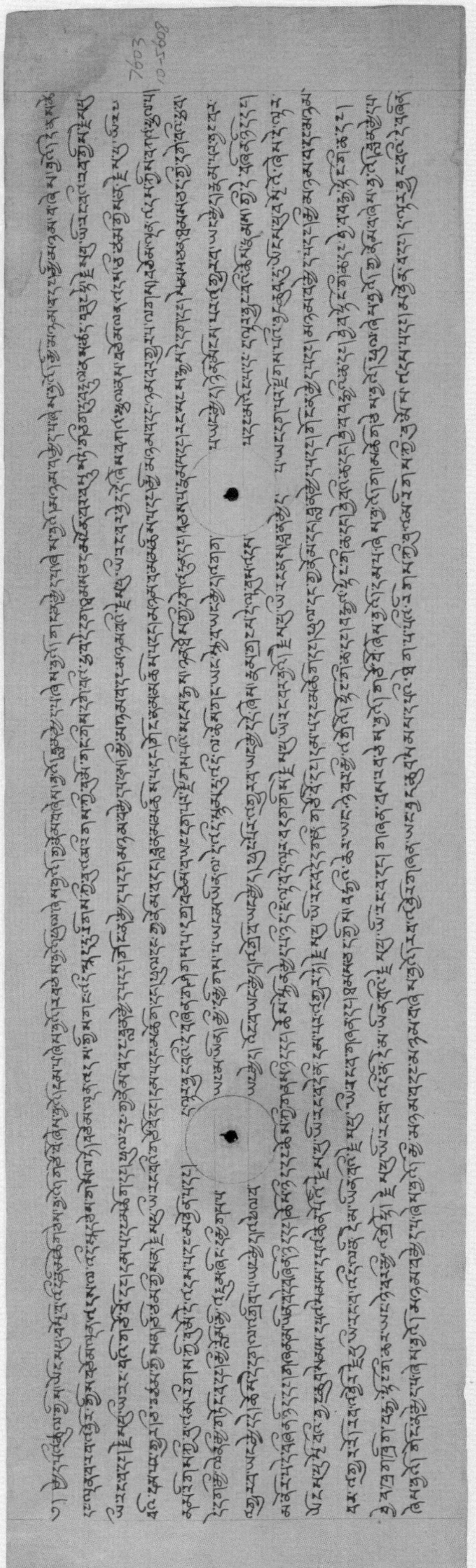

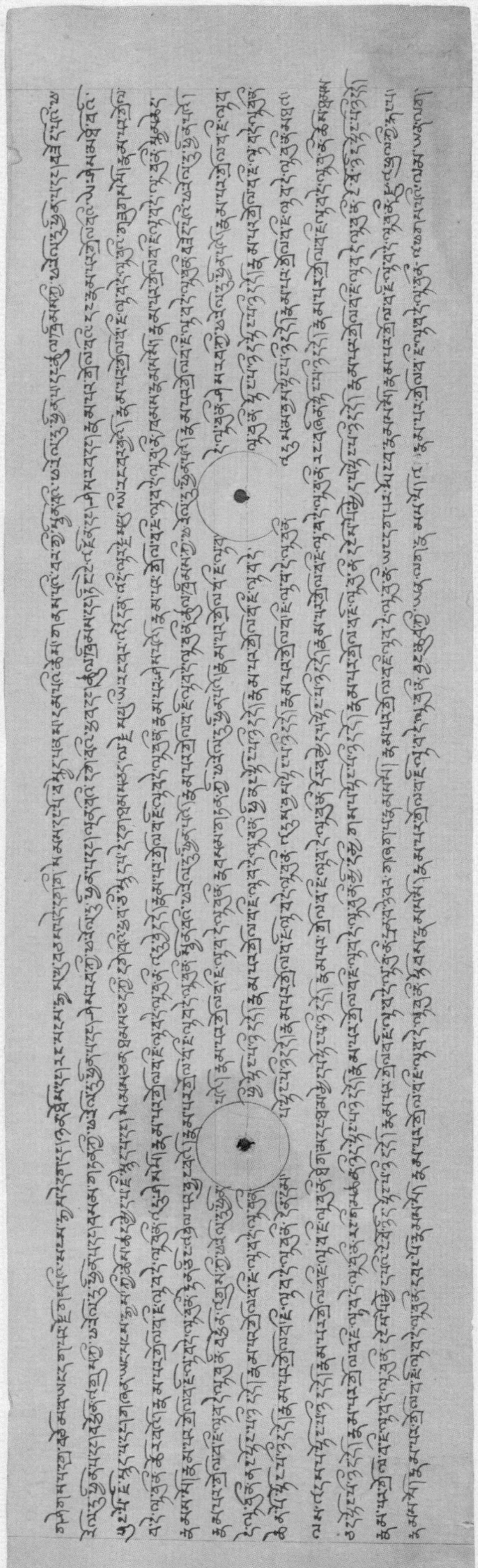

敦博 Db.t.5608 (R-V) ཤེས་རབ་ཀྱི་ཕ་རོལ་ཏུ་ཕྱིན་པ་སྟོང་ཕྲག་བརྒྱ་པ།
十萬頌般若波羅蜜多經

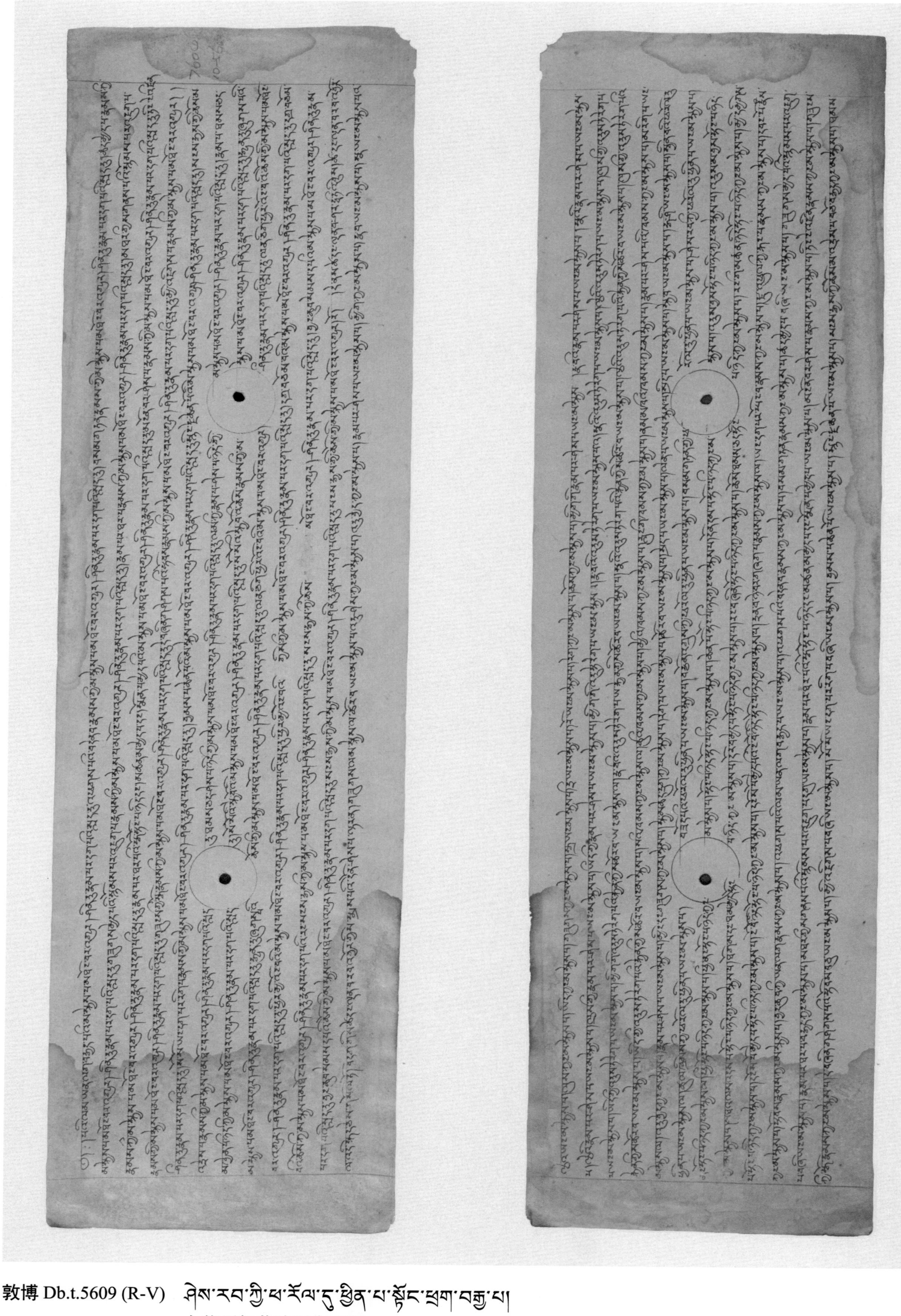

敦博 Db.t.5609 (R-V) ཤེས་རབ་ཀྱི་ཕ་རོལ་ཏུ་ཕྱིན་པ་སྟོང་ཕྲག་བརྒྱ་པ།
十萬頌般若波羅蜜多經

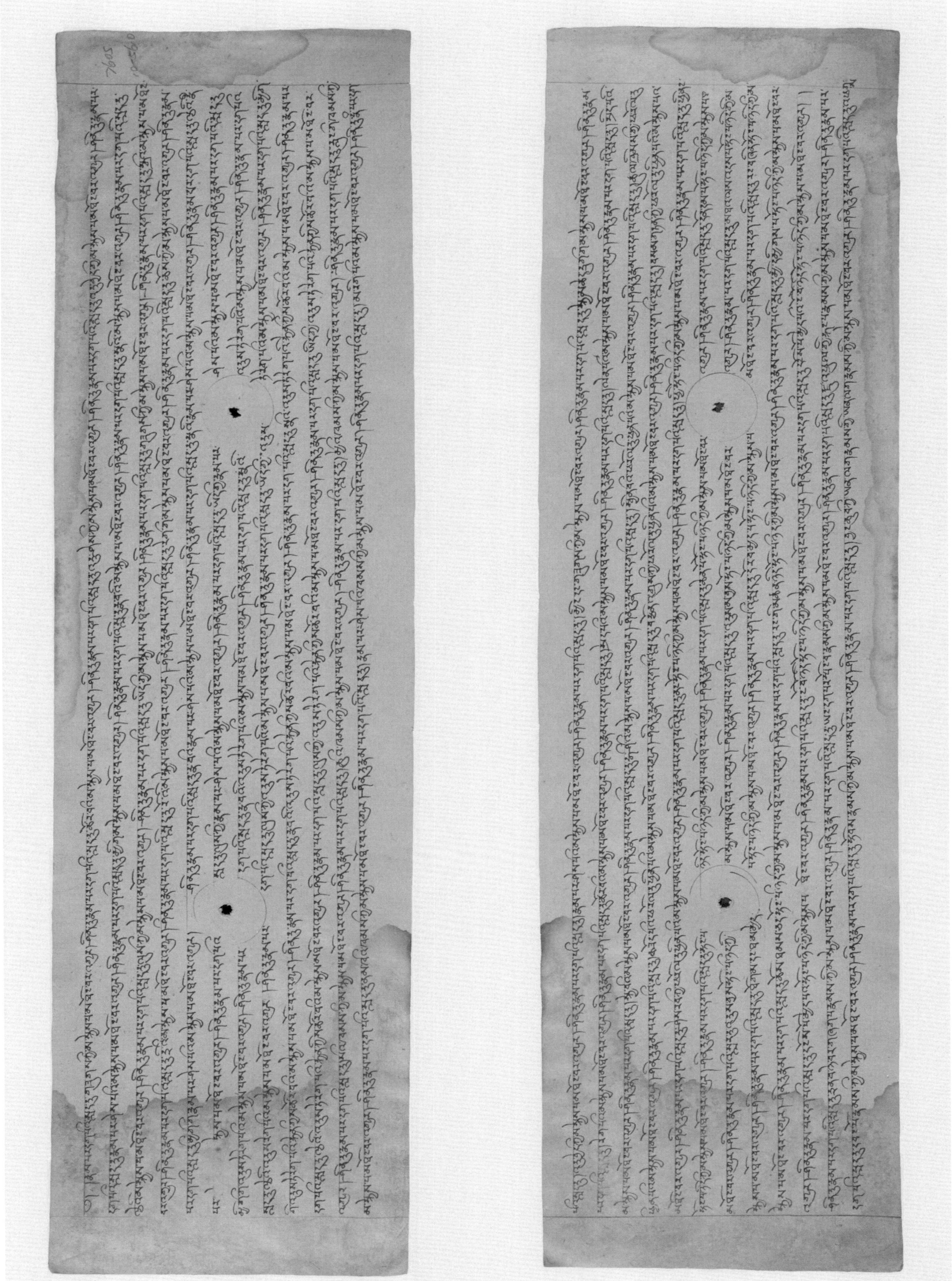

敦博 Db.t.5610 (R-V) ཤེས་རབ་ཀྱི་ཕ་རོལ་ཏུ་ཕྱིན་པ་སྟོང་ཕྲག་བརྒྱ་པ།
十萬頌般若波羅蜜多經

敦博 Db.t.5611 (R-V) ཤེས་རབ་ཀྱི་ཕ་རོལ་ཏུ་ཕྱིན་པ་སྟོང་ཕྲག་བརྒྱ་པ།
十萬頌般若波羅蜜多經

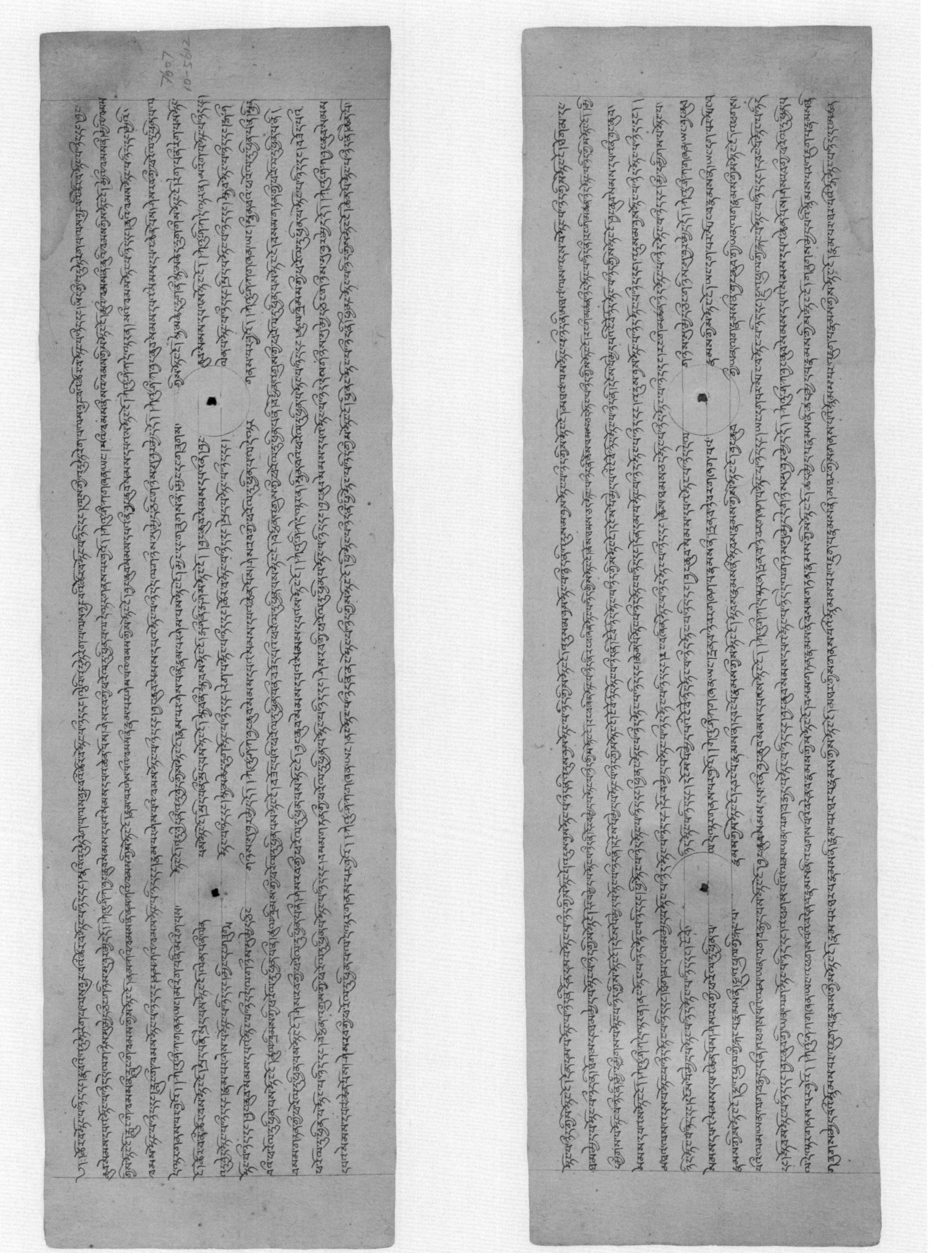

敦博 Db.t.5612 (R-V)　ཤེས་རབ་ཀྱི་ཕ་རོལ་ཏུ་ཕྱིན་པ་སྟོང་ཕྲག་བརྒྱ་པ།
十萬頌般若波羅蜜多經

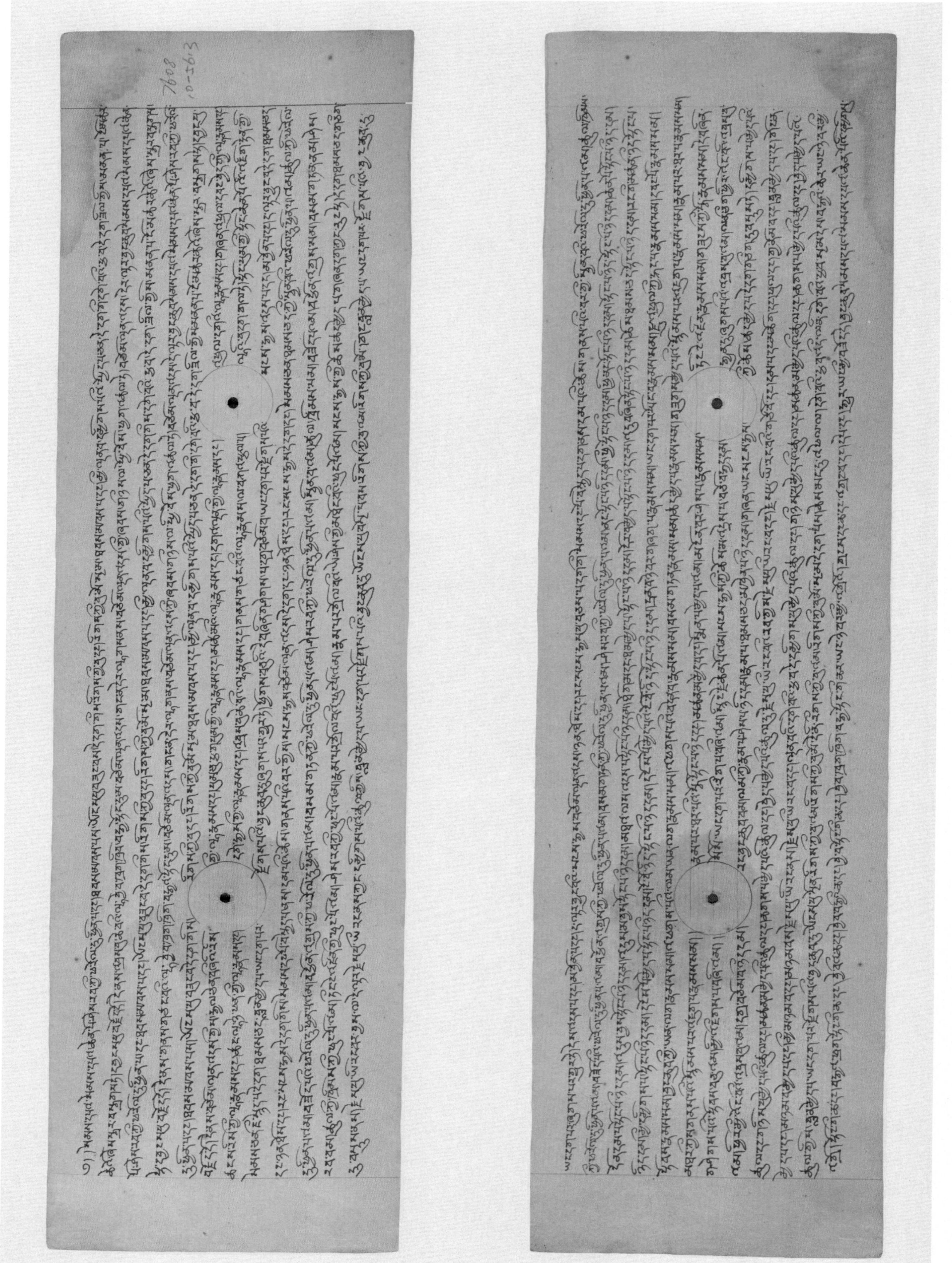

敦博 Db.t.5613 (R-V) ཤེས་རབ་ཀྱི་ཕ་རོལ་ཏུ་ཕྱིན་པ་སྟོང་ཕྲག་བརྒྱ་པ།
十萬頌般若波羅蜜多經

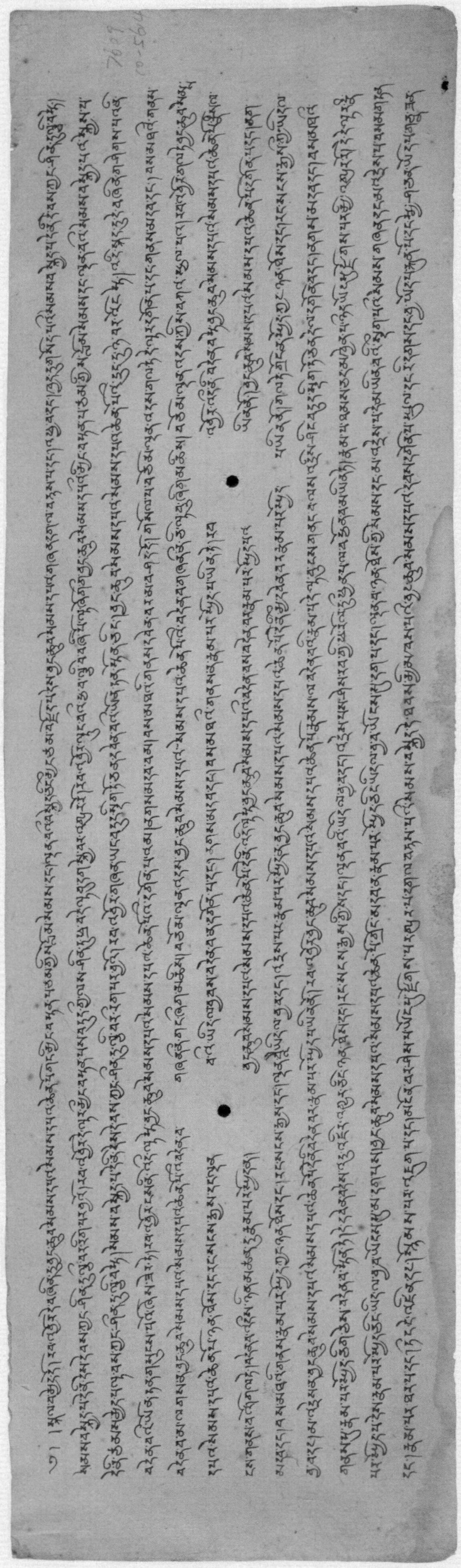

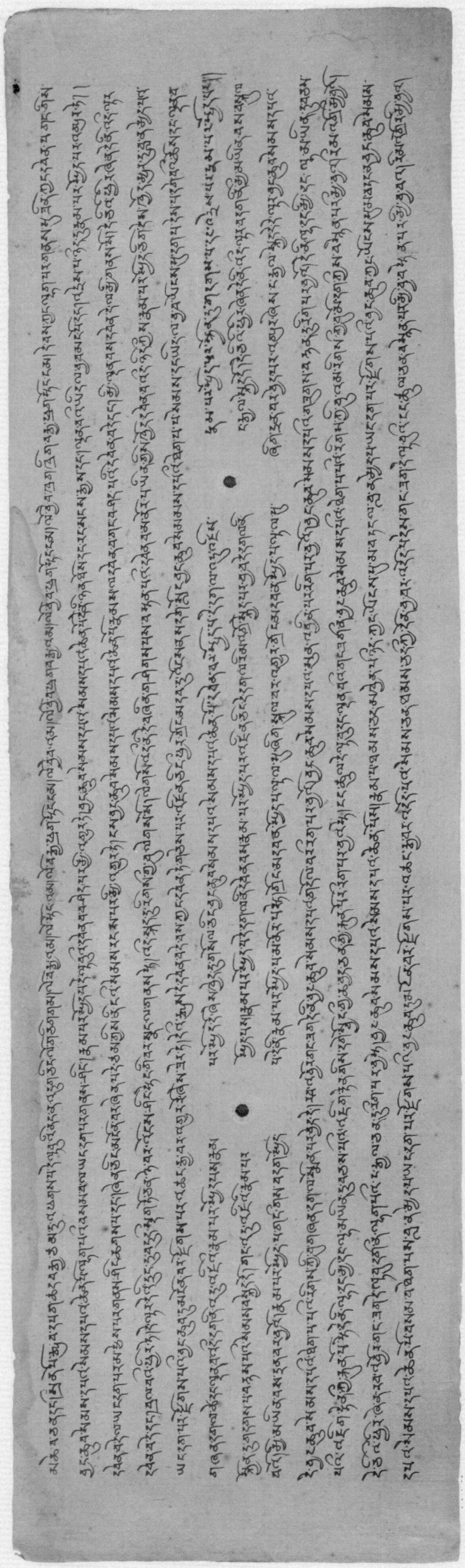

敦博 Db.t.5614 (R-V) ཤེས་རབ་ཀྱི་ཕ་རོལ་ཏུ་ཕྱིན་པ་སྟོང་ཕྲག་བརྒྱ་པ།
十萬頌般若波羅蜜多經

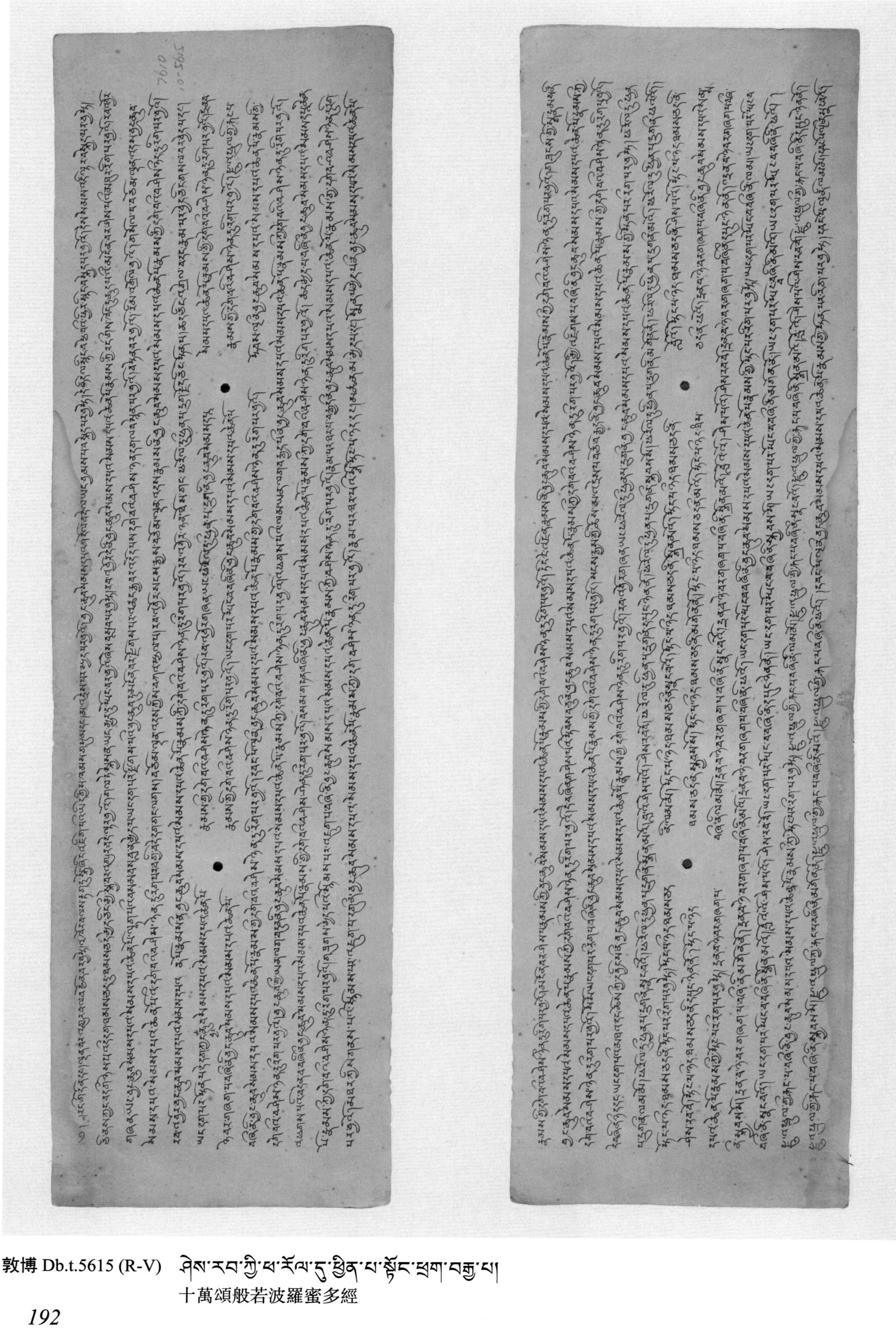

敦博 Db.t.5615 (R-V) ཤེས་རབ་ཀྱི་ཕ་རོལ་ཏུ་ཕྱིན་པ་སྟོང་ཕྲག་བརྒྱ་པ།
十萬頌般若波羅蜜多經

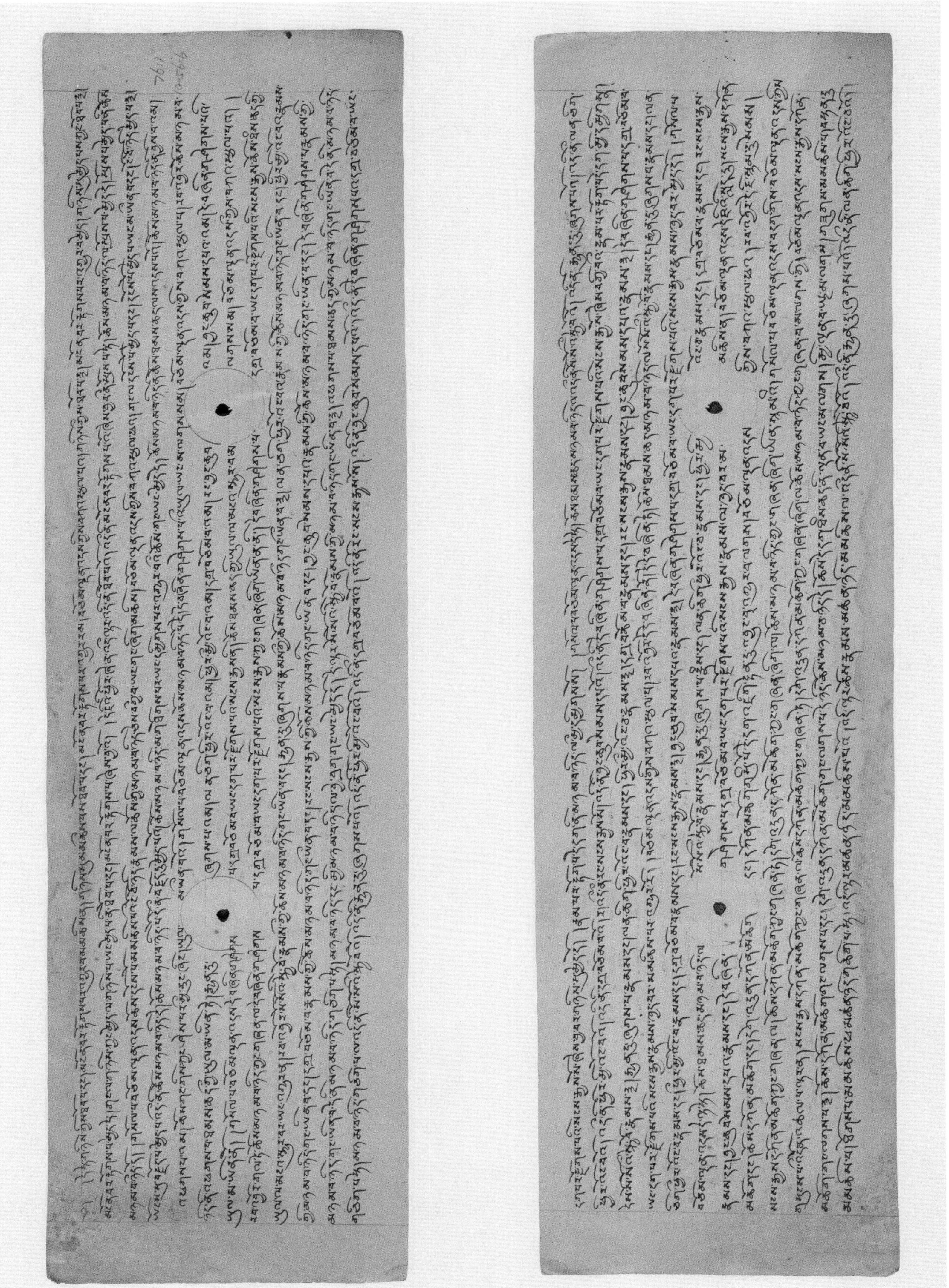

敦博 Db.t.5616 (R-V) ཤེས་རབ་ཀྱི་ཕ་རོལ་ཏུ་ཕྱིན་པ་སྟོང་ཕྲག་བརྒྱ་པ།
十萬頌般若波羅蜜多經

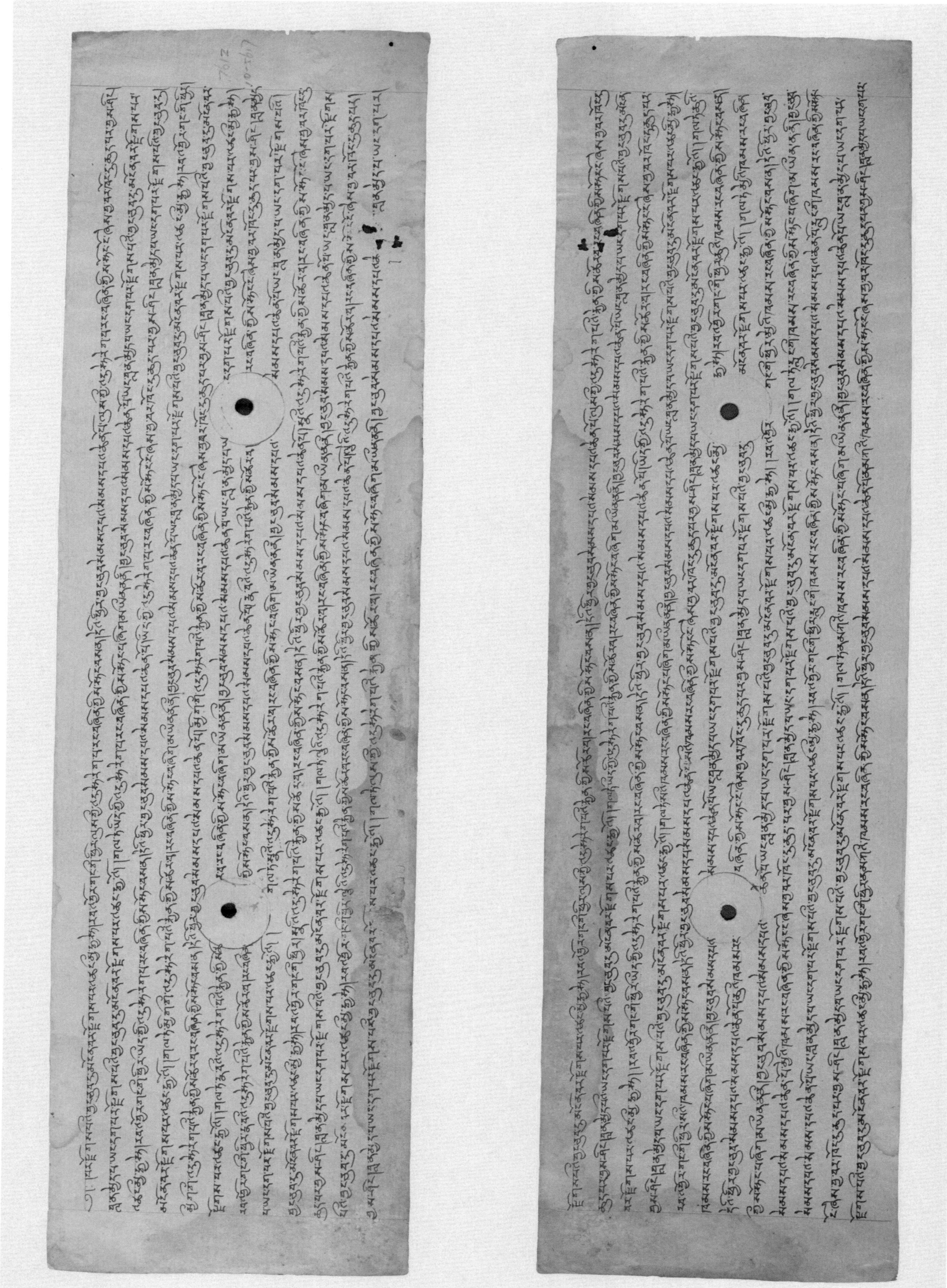

敦博 Db.t.5617 (R-V) ཤེས་རབ་ཀྱི་ཕ་རོལ་ཏུ་ཕྱིན་པ་སྟོང་ཕྲག་བརྒྱ་པ།
十萬頌般若波羅蜜多經

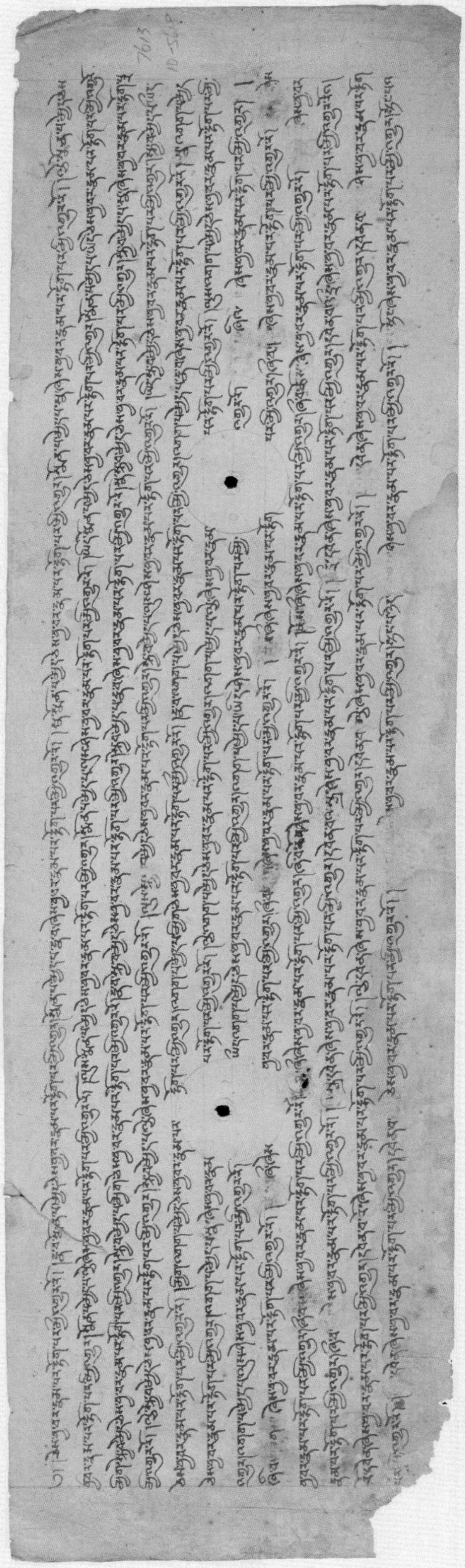

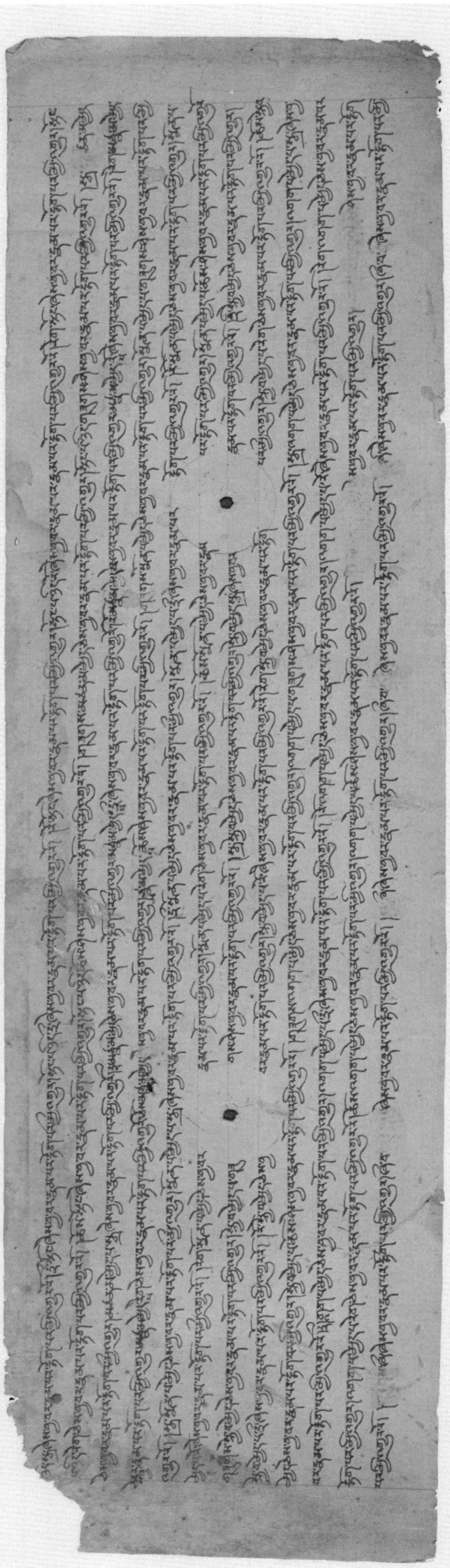

敦博 Db.t.5618 (R-V) ཤེས་རབ་ཀྱི་ཕ་རོལ་ཏུ་ཕྱིན་པ་སྟོང་ཕྲག་བརྒྱ་པ།
十萬頌般若波羅蜜多經

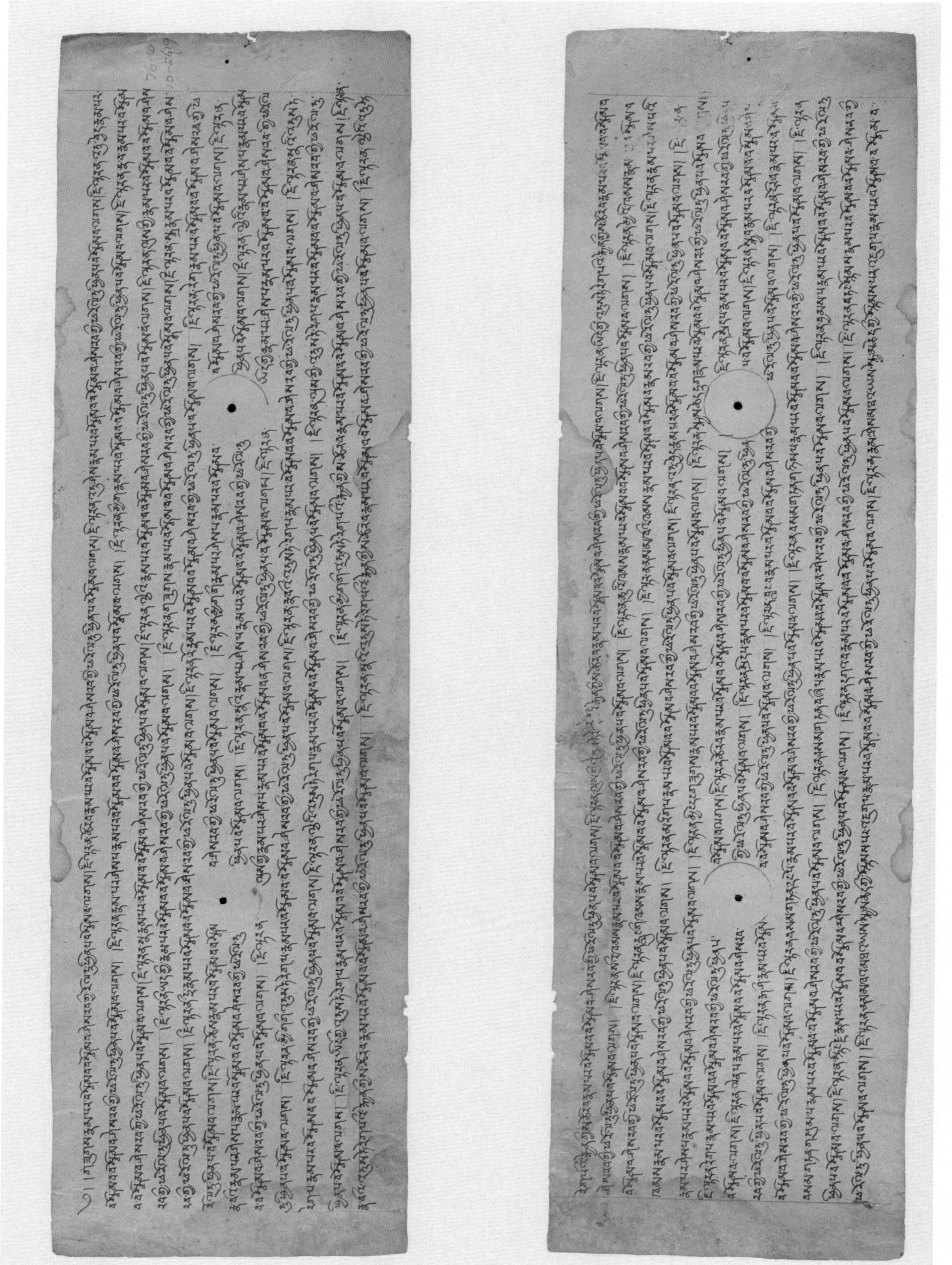

敦博 Db.t.5619 (R-V)　ཤེས་རབ་ཀྱི་ཕ་རོལ་ཏུ་ཕྱིན་པ་སྟོང་ཕྲག་བརྒྱ་པ།
十萬頌般若波羅蜜多經

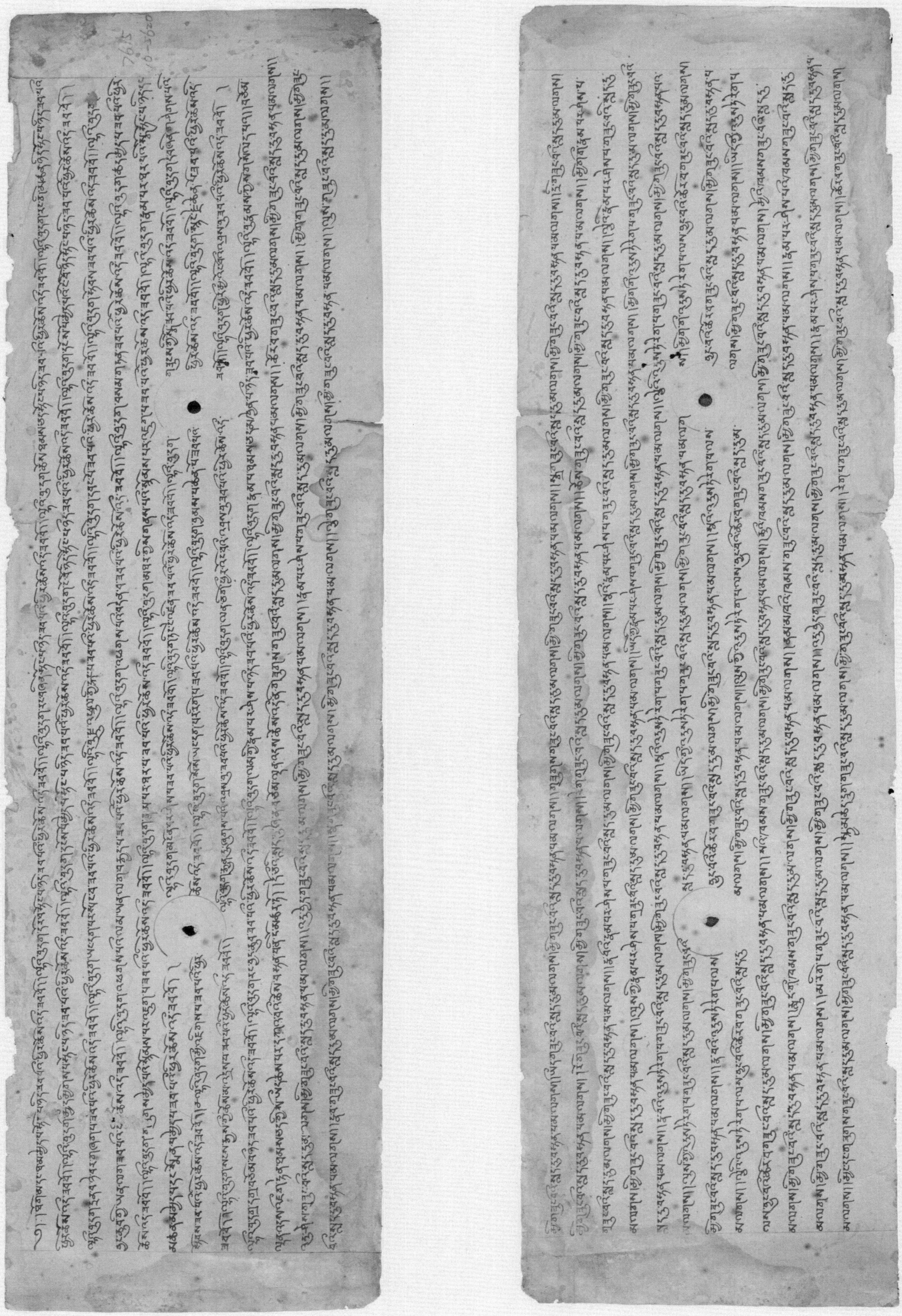

敦博 Db.t.5620 (R-V) ཤེས་རབ་ཀྱི་ཕ་རོལ་ཏུ་ཕྱིན་པ་སྟོང་ཕྲག་བརྒྱ་པ།
十萬頌般若波羅蜜多經

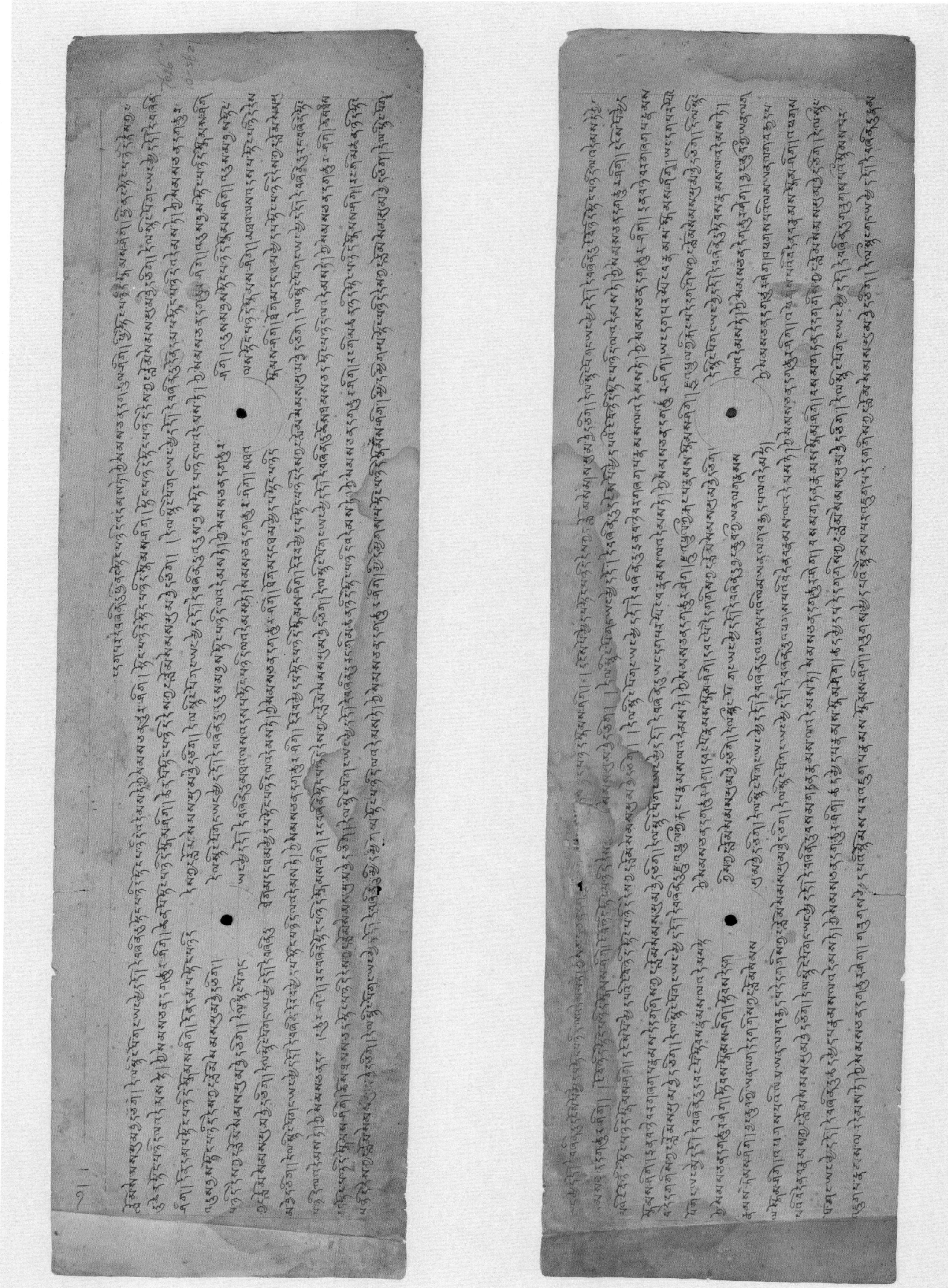

敦博 Db.t.5621 (R-V) ཤེས་རབ་ཀྱི་ཕ་རོལ་ཏུ་ཕྱིན་པ་སྟོང་ཕྲག་བརྒྱ་པ།
十萬頌般若波羅蜜多經

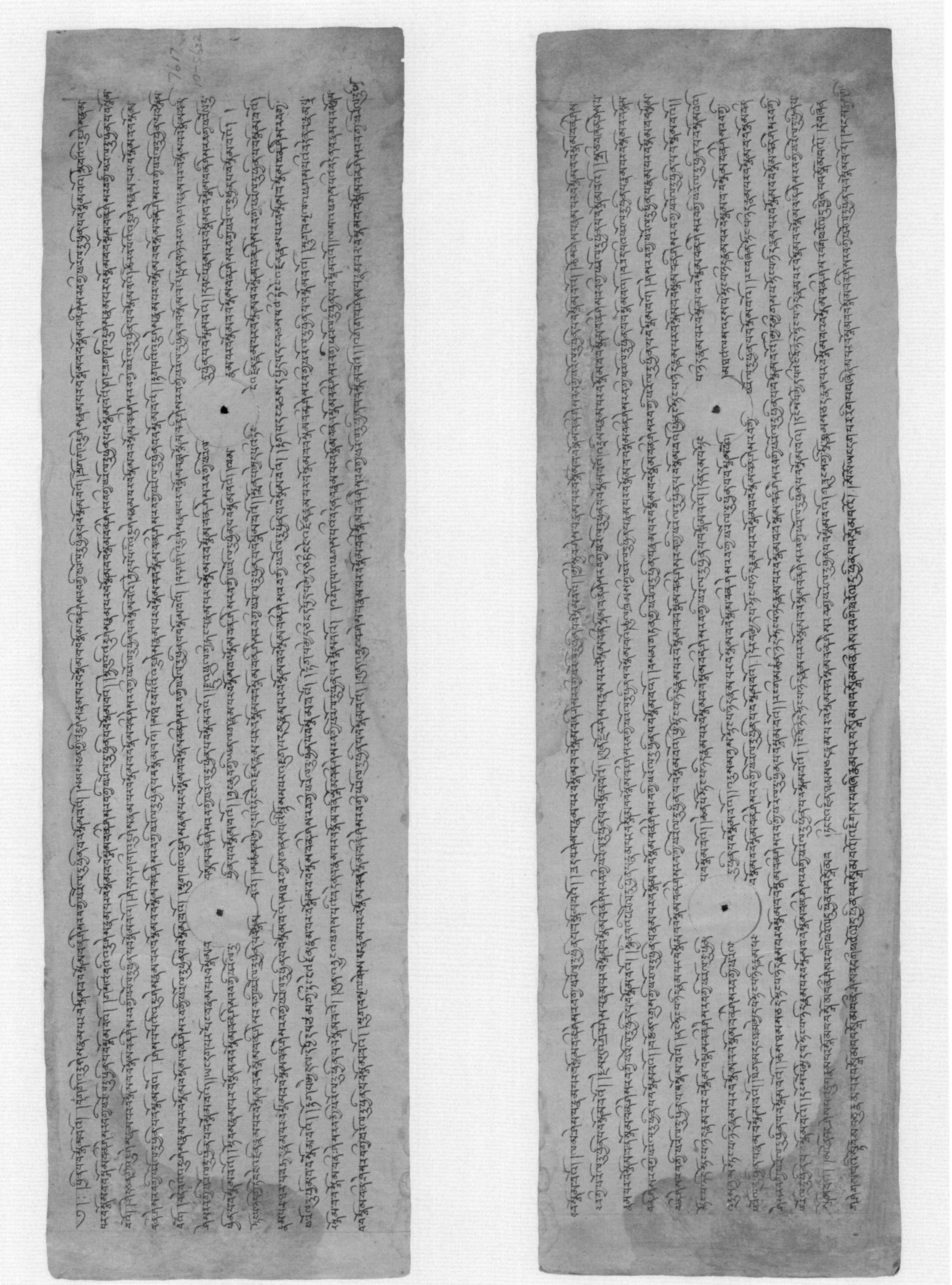

敦博 Db.t.5622 (R-V)　ཤེས་རབ་ཀྱི་ཕ་རོལ་ཏུ་ཕྱིན་པ་སྟོང་ཕྲག་བརྒྱ་པ།
十萬頌般若波羅蜜多經

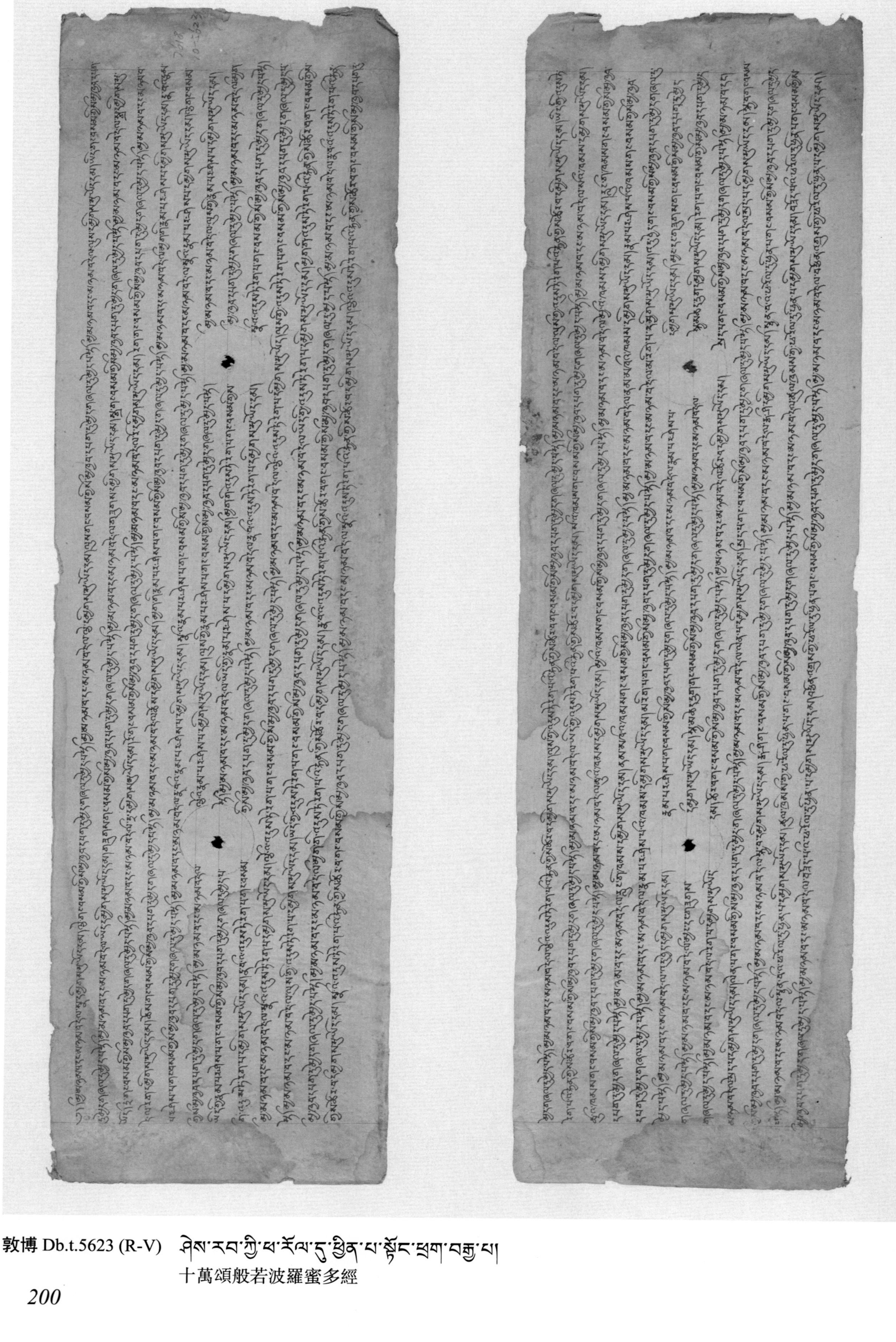

敦博 Db.t.5623 (R-V) ཤེས་རབ་ཀྱི་ཕ་རོལ་ཏུ་ཕྱིན་པ་སྟོང་ཕྲག་བརྒྱ་པ།
十萬頌般若波羅蜜多經

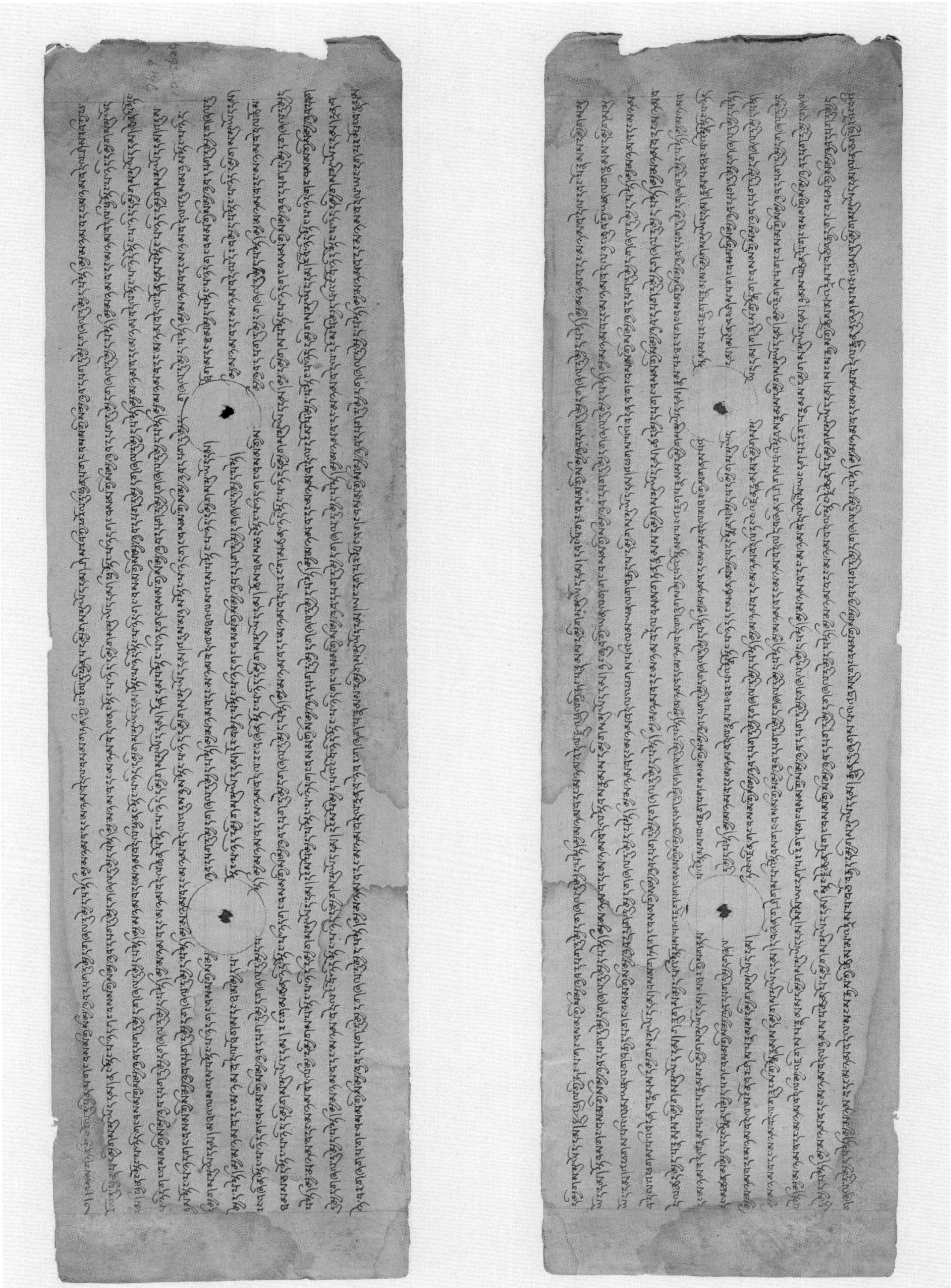

敦博 Db.t.5624 (R-V) ཤེས་རབ་ཀྱི་ཕ་རོལ་ཏུ་ཕྱིན་པ་སྟོང་ཕྲག་བརྒྱ་པ།
十萬頌般若波羅蜜多經

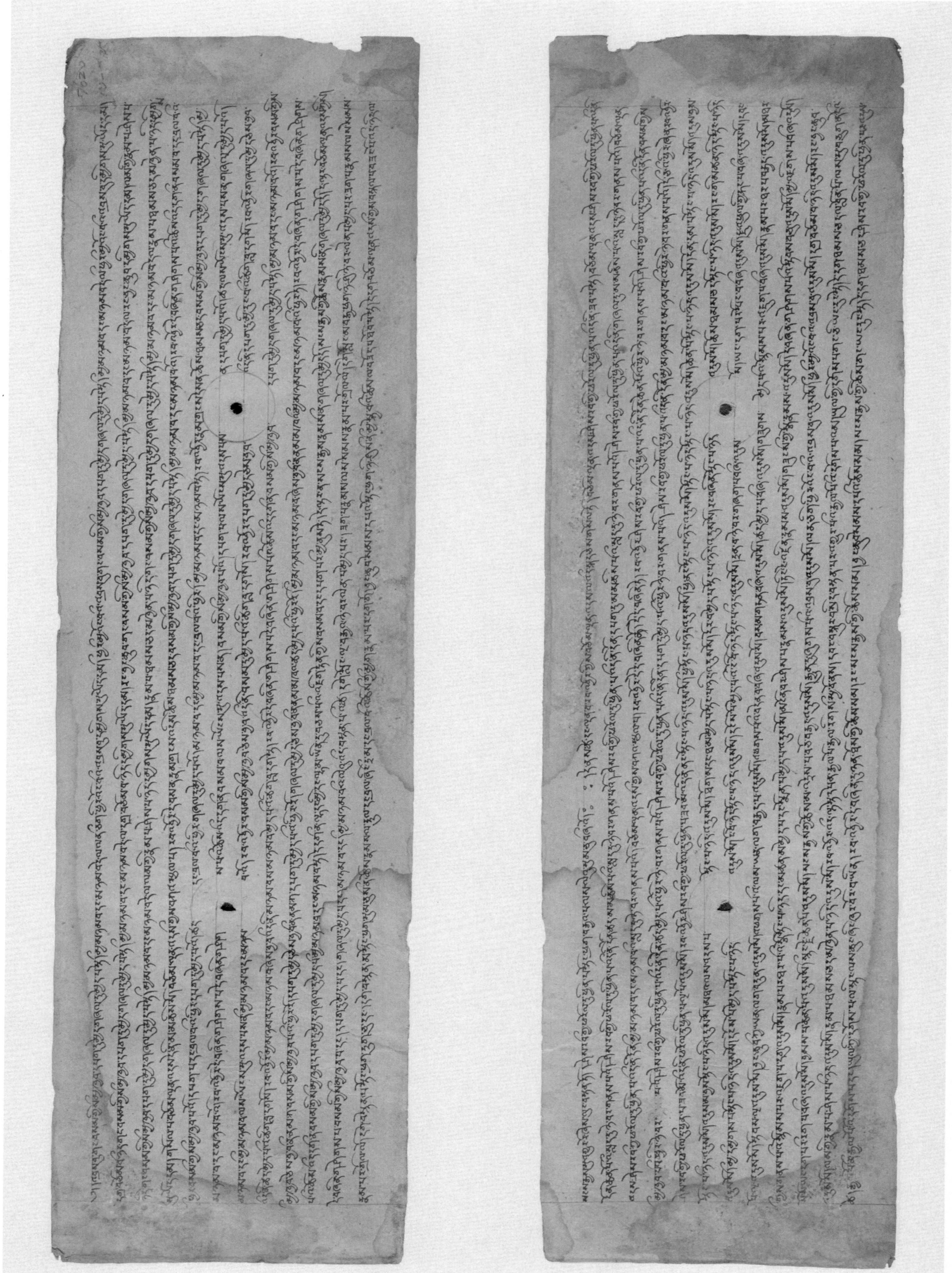

敦博 Db.t.5625 (R-V) ཤེས་རབ་ཀྱི་ཕ་རོལ་ཏུ་ཕྱིན་པ་སྟོང་ཕྲག་བརྒྱ་པ།
十萬頌般若波羅蜜多經

敦博 Db.t.5626 (R-V) ཤེས་རབ་ཀྱི་ཕ་རོལ་ཏུ་ཕྱིན་པ་སྟོང་ཕྲག་བརྒྱ་པ།
十萬頌般若波羅蜜多經

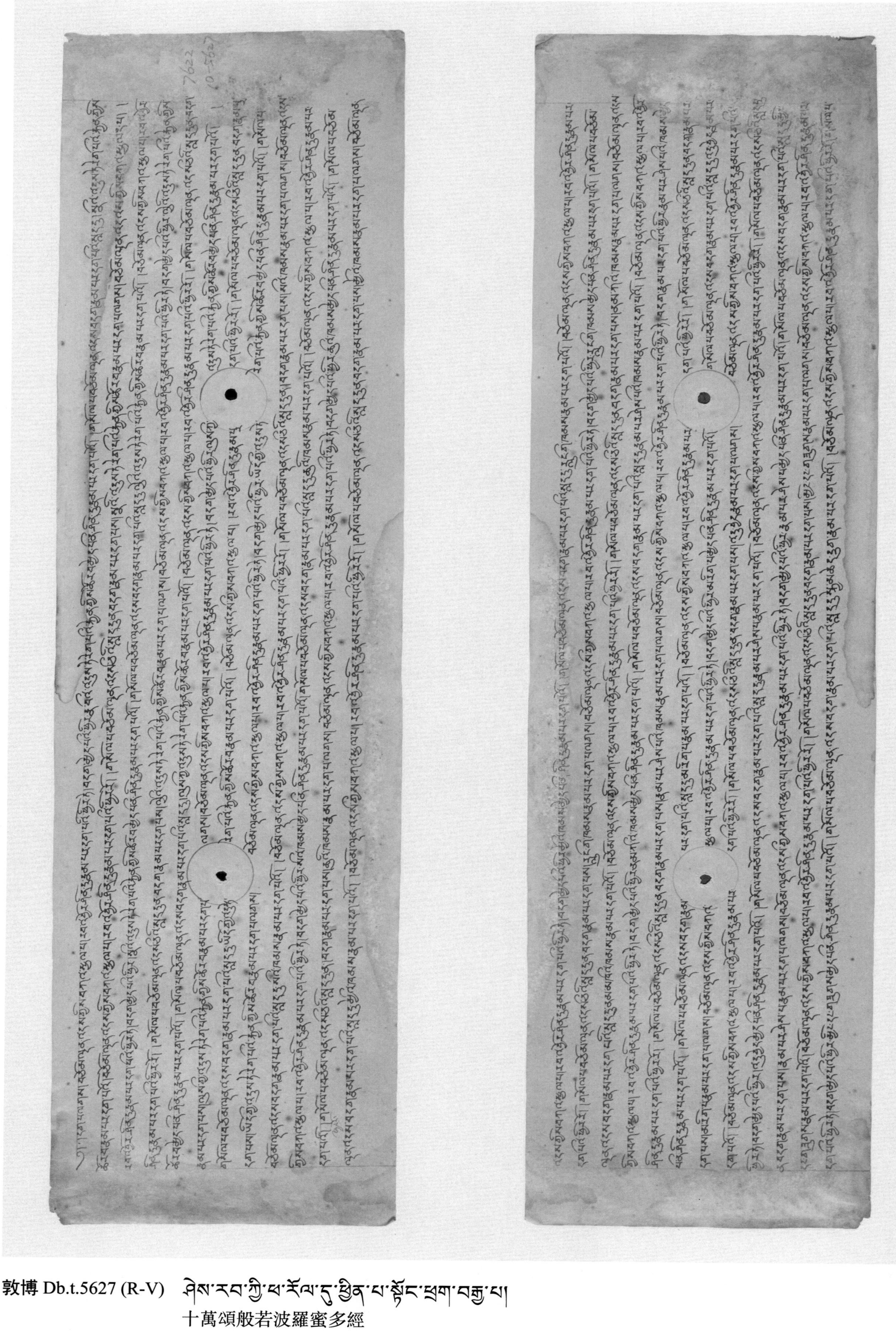

敦博 Db.t.5627 (R-V) ཤེས་རབ་ཀྱི་ཕ་རོལ་ཏུ་ཕྱིན་པ་སྟོང་ཕྲག་བརྒྱ་པ།
十萬頌般若波羅蜜多經

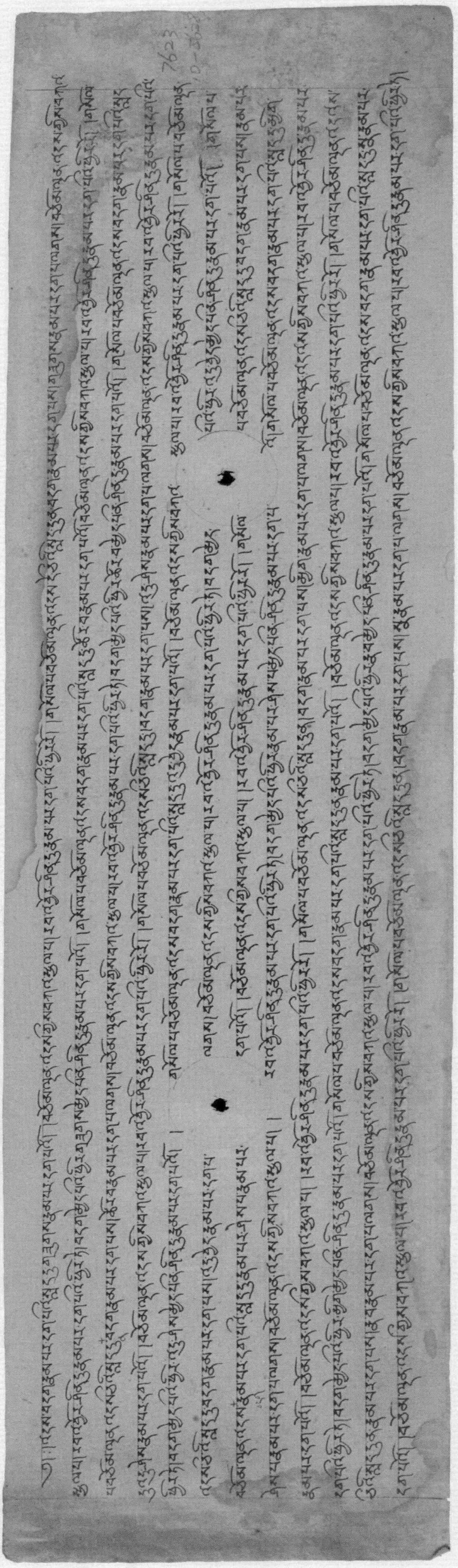

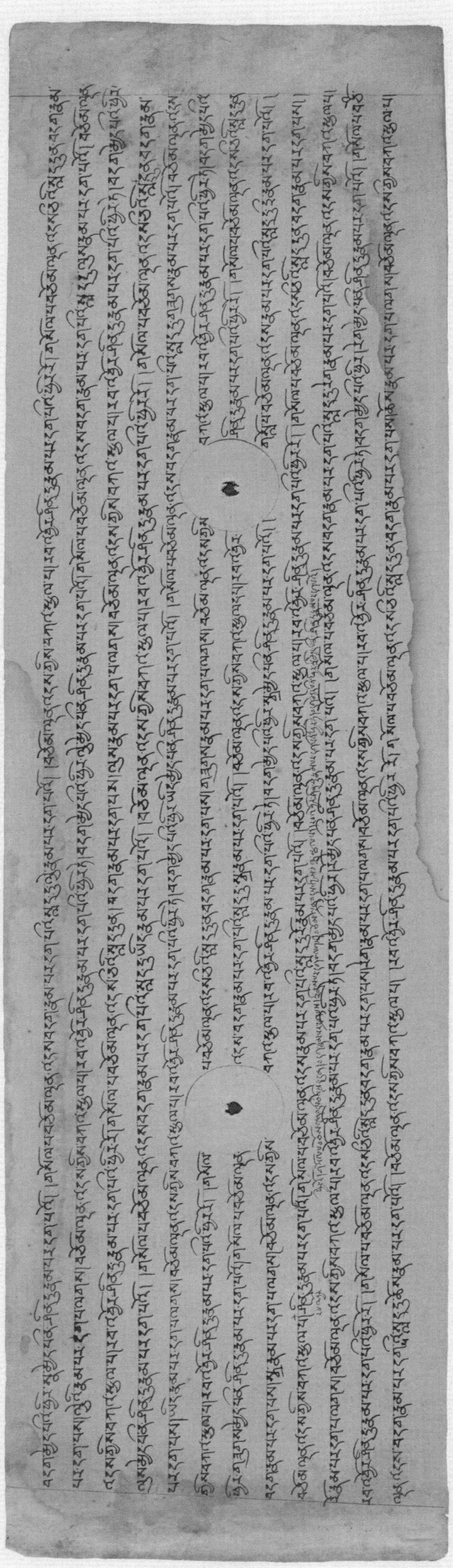

敦博 Db.t.5628 (R-V) ཤེས་རབ་ཀྱི་ཕ་རོལ་ཏུ་ཕྱིན་པ་སྟོང་ཕྲག་བརྒྱ་པ།
十萬頌般若波羅蜜多經

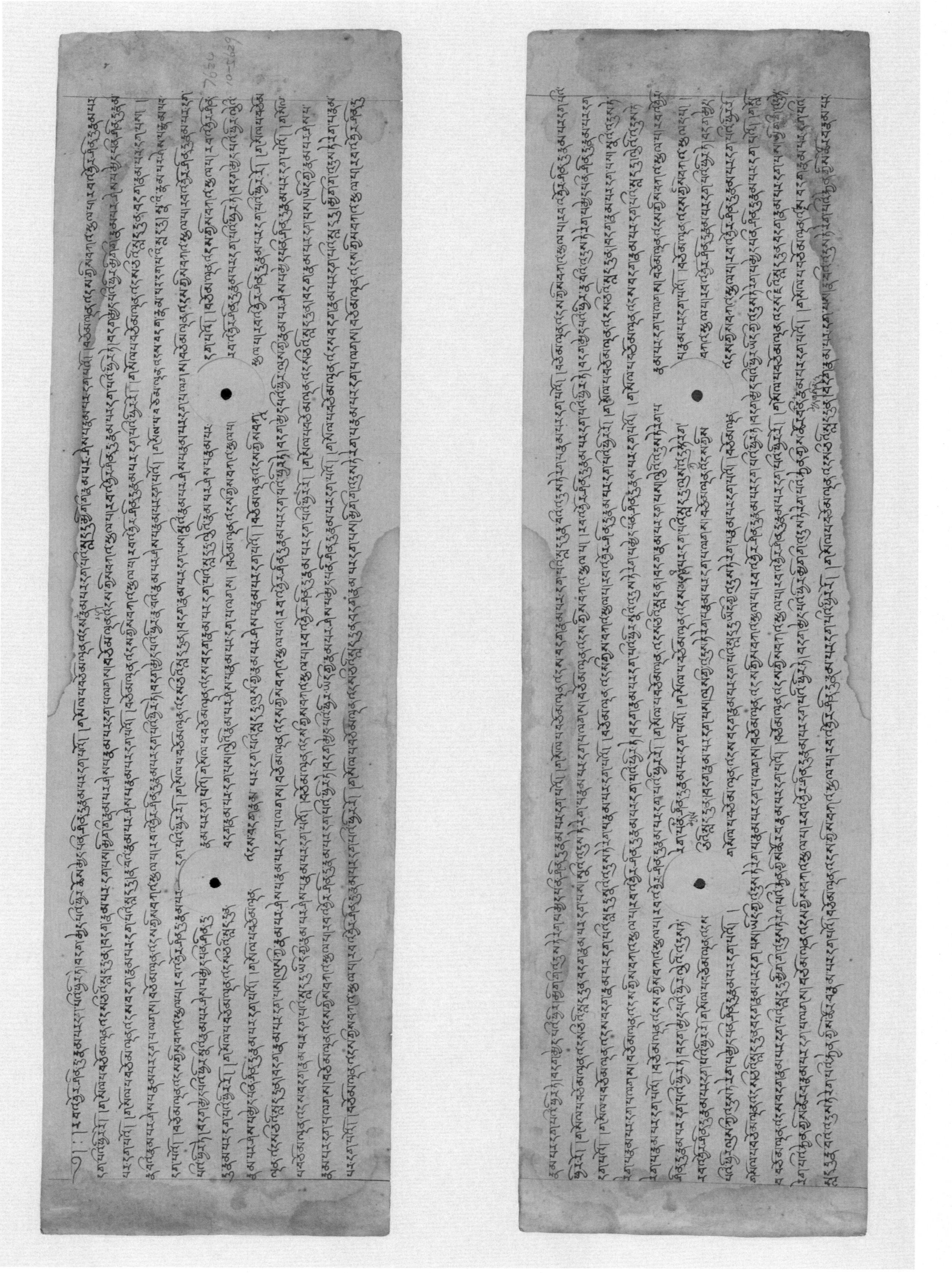

敦博 Db.t.5629 (R-V) ཤེས་རབ་ཀྱི་ཕ་རོལ་ཏུ་ཕྱིན་པ་སྟོང་ཕྲག་བརྒྱ་པ།
十萬頌般若波羅蜜多經

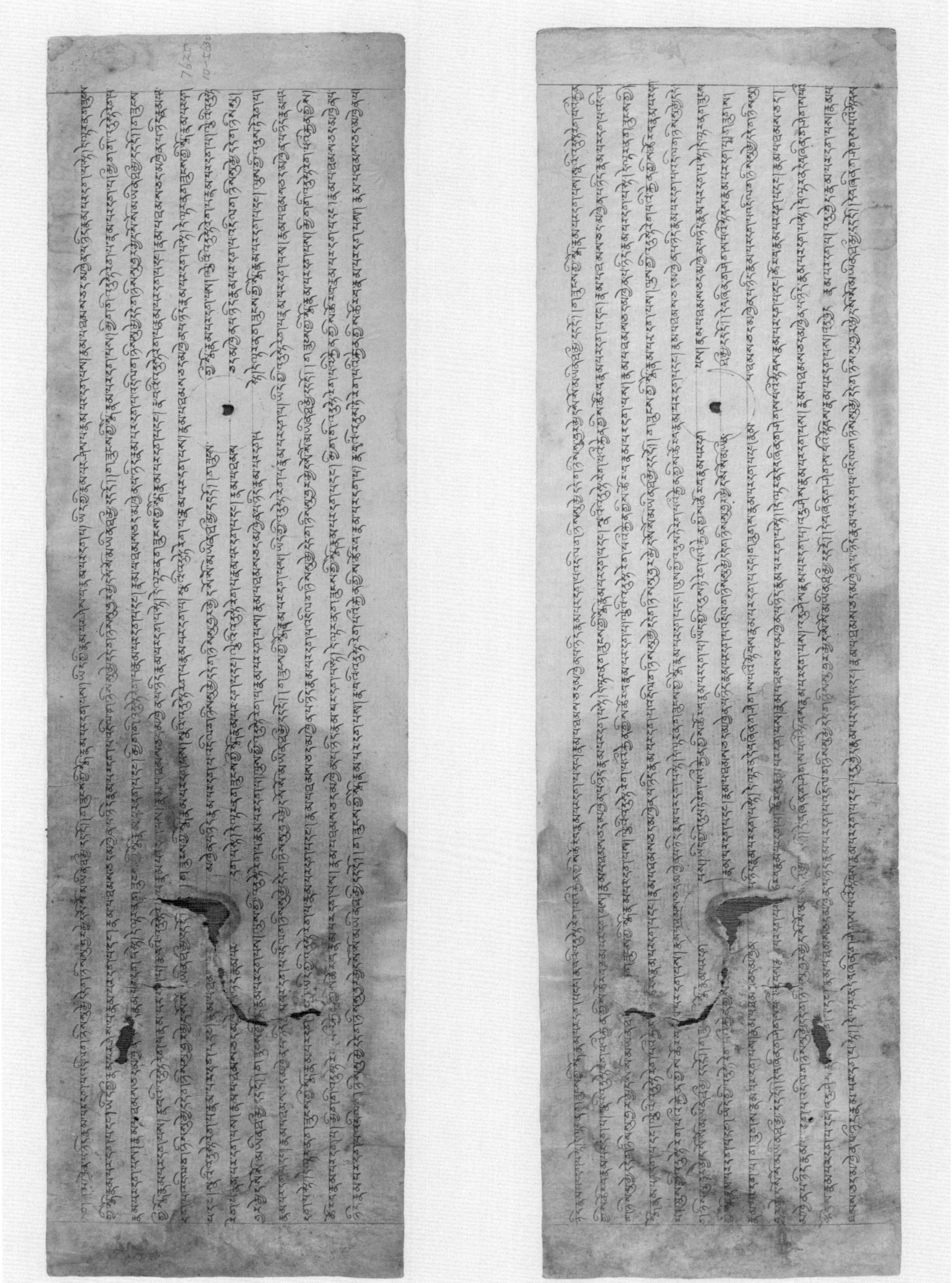

敦博 Db.t.5630 (R-V) ཤེས་རབ་ཀྱི་ཕ་རོལ་ཏུ་ཕྱིན་པ་སྟོང་ཕྲག་བརྒྱ་པ།

十萬頌般若波羅蜜多經

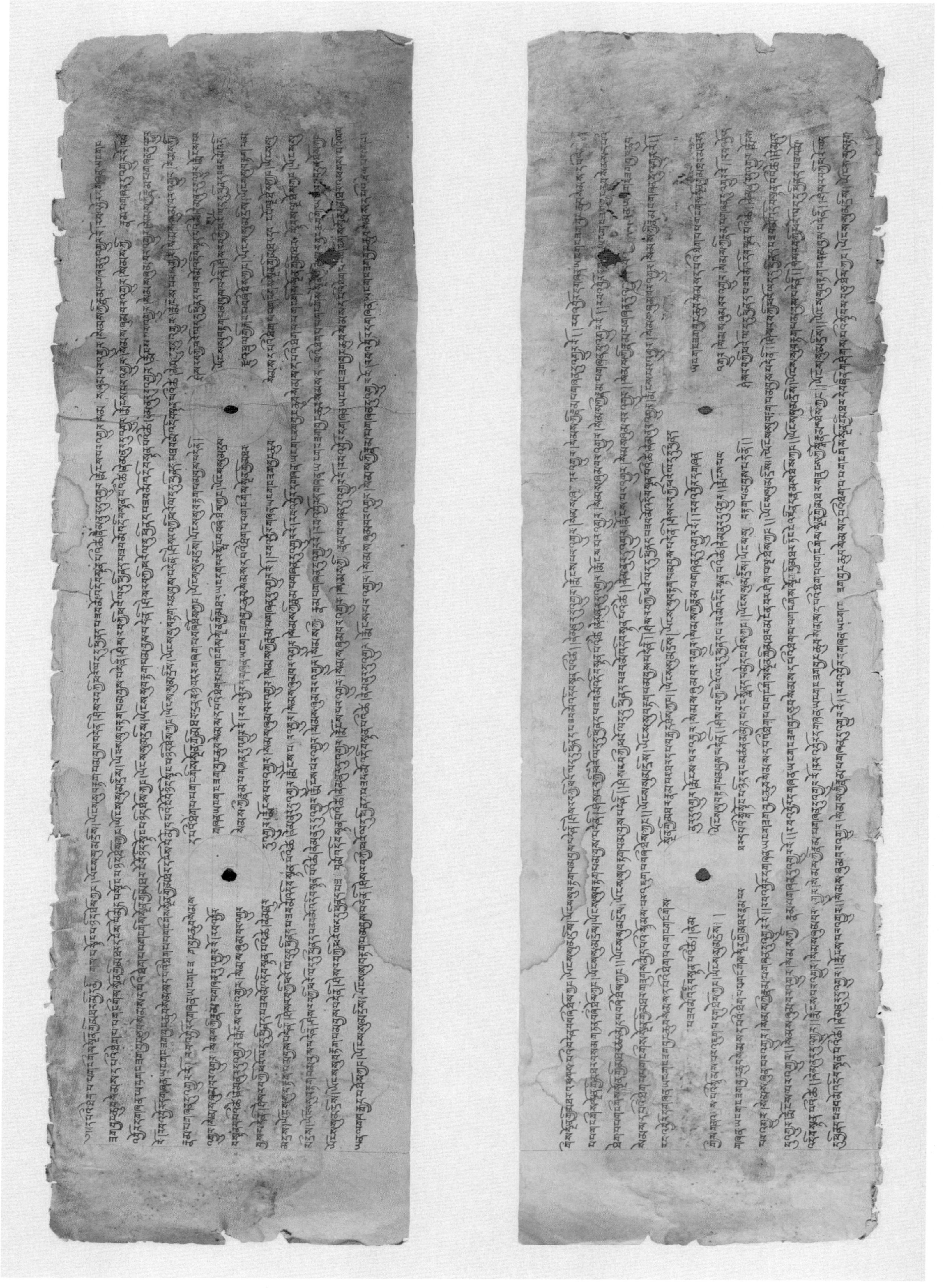

敦博 Db.t.5631 (R-V) ཤེས་རབ་ཀྱི་ཕ་རོལ་ཏུ་ཕྱིན་པ་སྟོང་ཕྲག་བརྒྱ་པ། 十萬頌般若波羅蜜多經

敦博 Db.t.5632 (R-V) ཤེས་རབ་ཀྱི་ཕ་རོལ་ཏུ་ཕྱིན་པ་སྟོང་ཕྲག་བརྒྱ་པ།
十萬頌般若波羅蜜多經

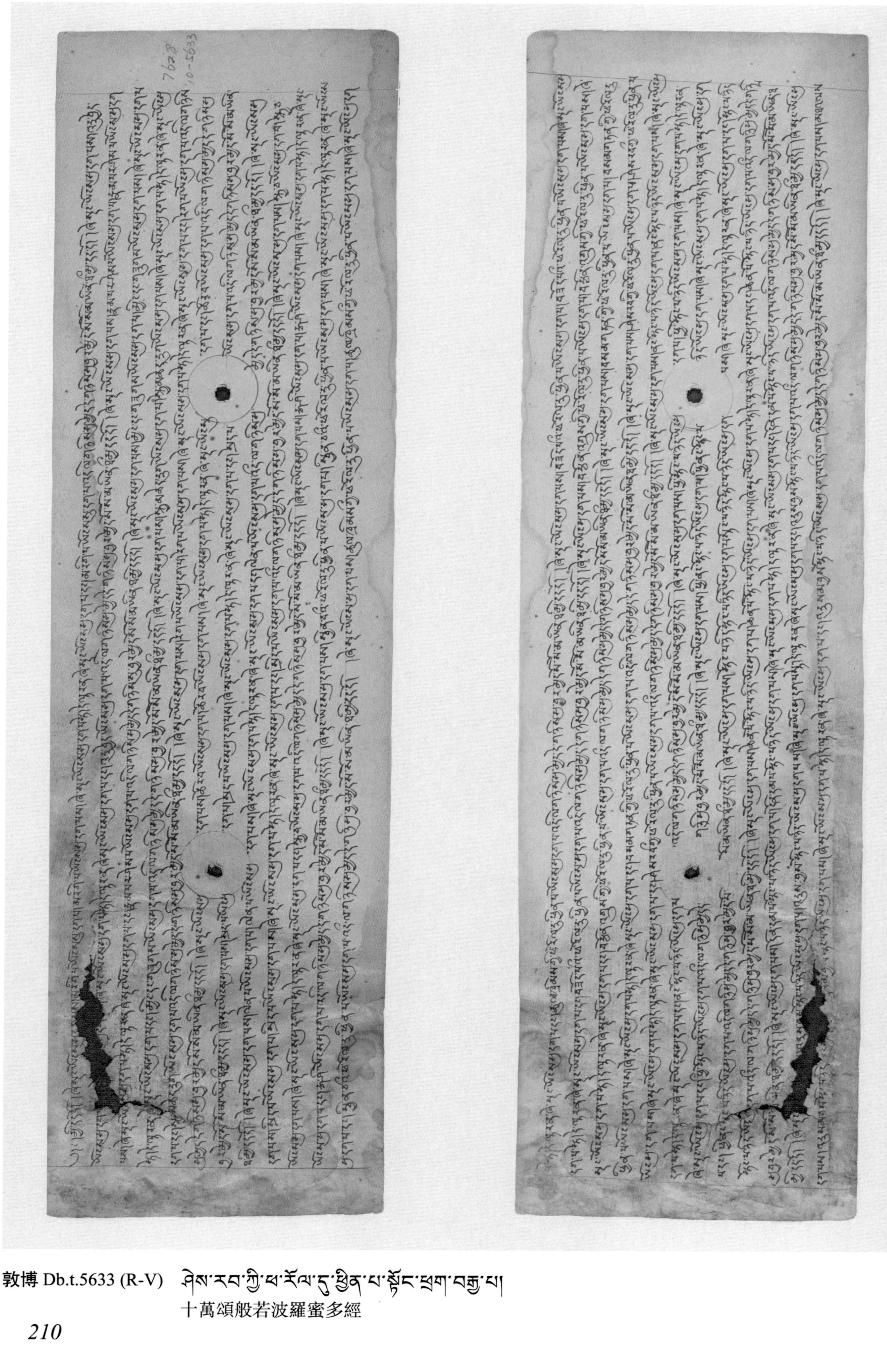

敦博 Db.t.5633 (R-V) ཤེས་རབ་ཀྱི་ཕ་རོལ་ཏུ་ཕྱིན་པ་སྟོང་ཕྲག་བརྒྱ་པ།
十萬頌般若波羅蜜多經

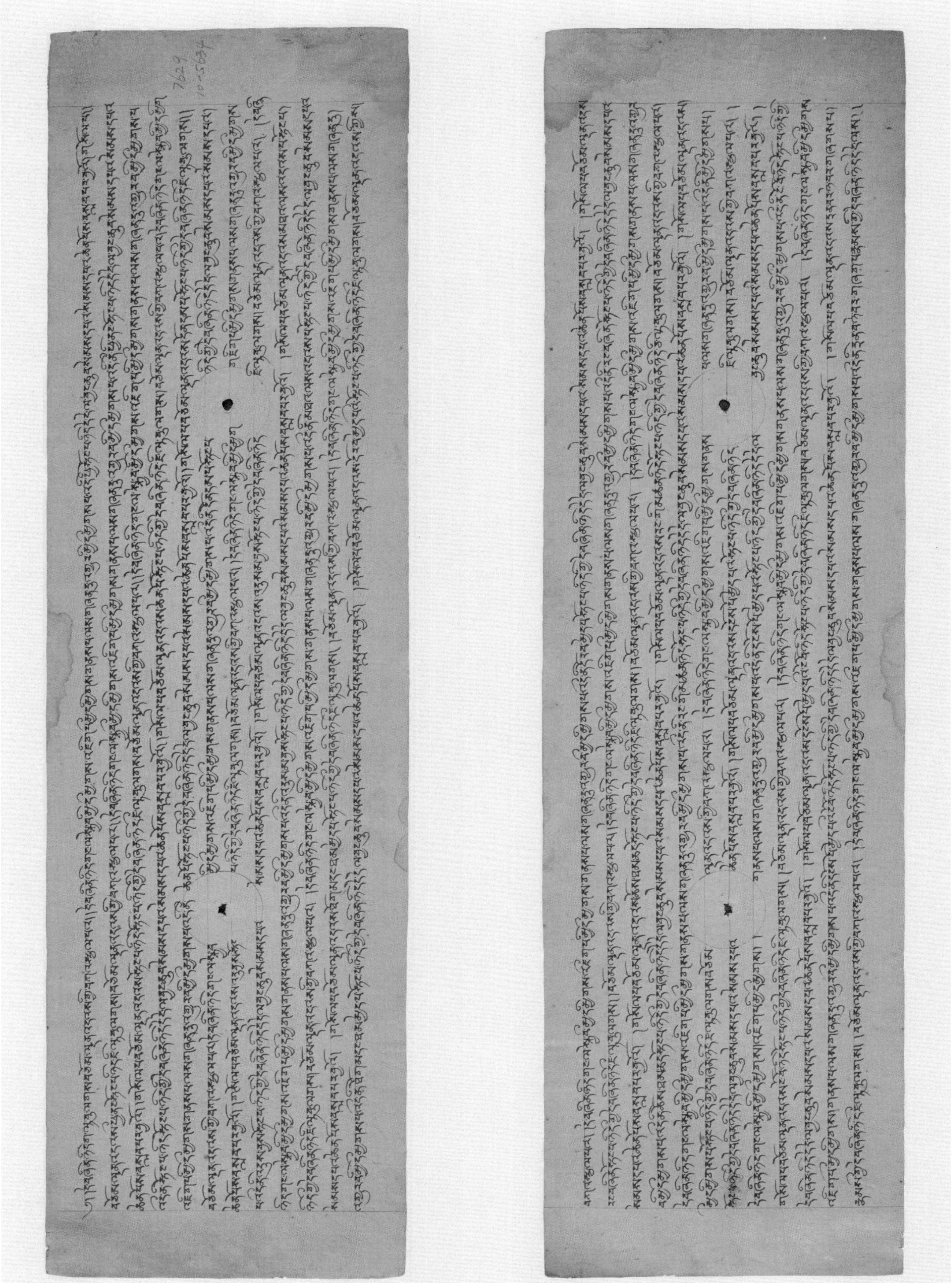

敦博 Db.t.5634 (R-V) ཤེས་རབ་ཀྱི་ཕ་རོལ་ཏུ་ཕྱིན་པ་སྟོང་ཕྲག་བརྒྱ་པ།
十萬頌般若波羅蜜多經

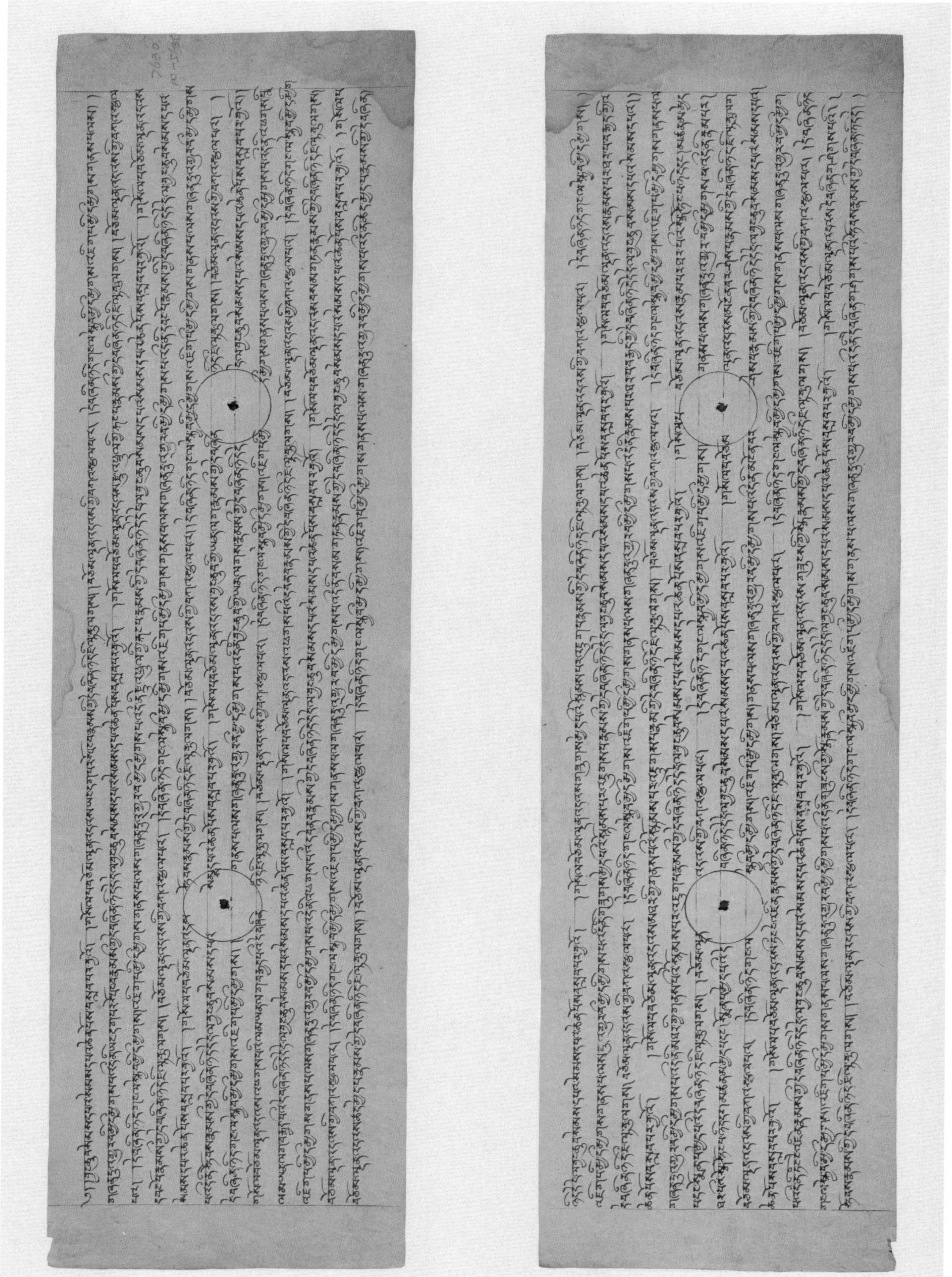

敦博 Db.t.5635 (R-V) ཤེས་རབ་ཀྱི་ཕ་རོལ་ཏུ་ཕྱིན་པ་སྟོང་ཕྲག་བརྒྱ་པ།
十萬頌般若波羅蜜多經

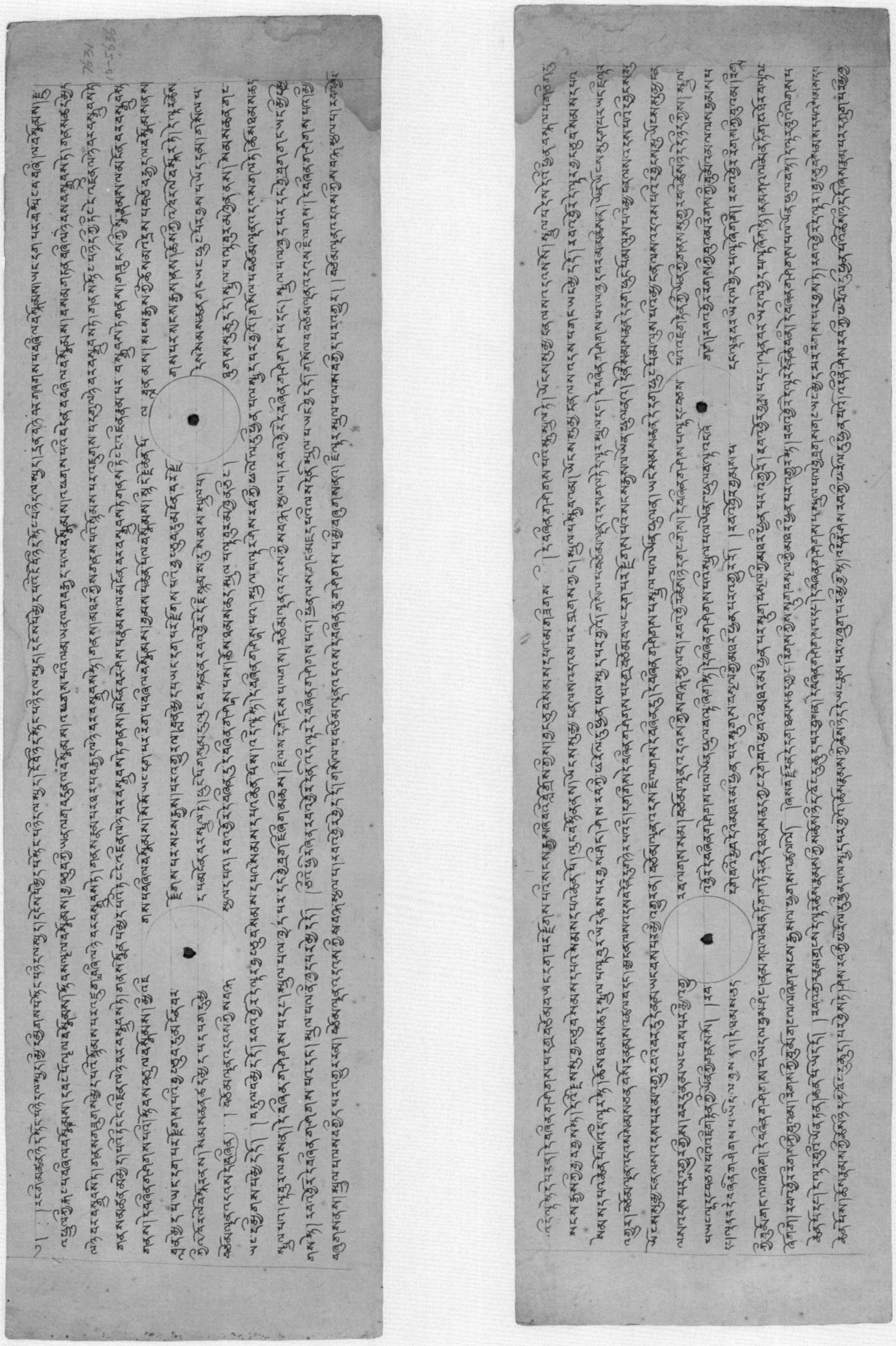

敦博 Db.t.5636 (R-V) ཤེས་རབ་ཀྱི་ཕ་རོལ་ཏུ་ཕྱིན་པ་སྟོང་ཕྲག་བརྒྱ་པ།
十萬頌般若波羅蜜多經

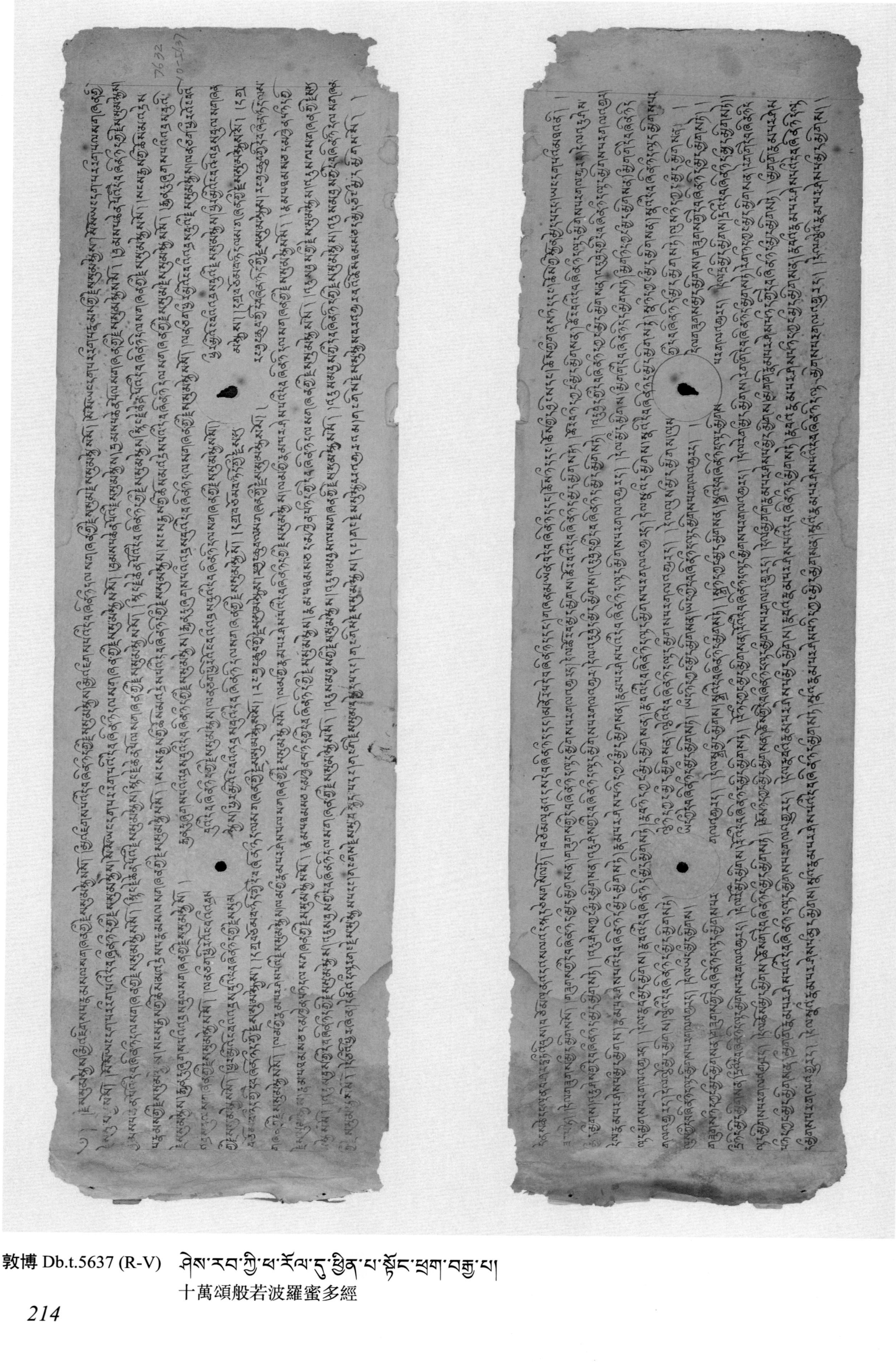

敦博 Db.t.5637 (R-V) ཤེས་རབ་ཀྱི་ཕ་རོལ་ཏུ་ཕྱིན་པ་སྟོང་ཕྲག་བརྒྱ་པ།
十萬頌般若波羅蜜多經

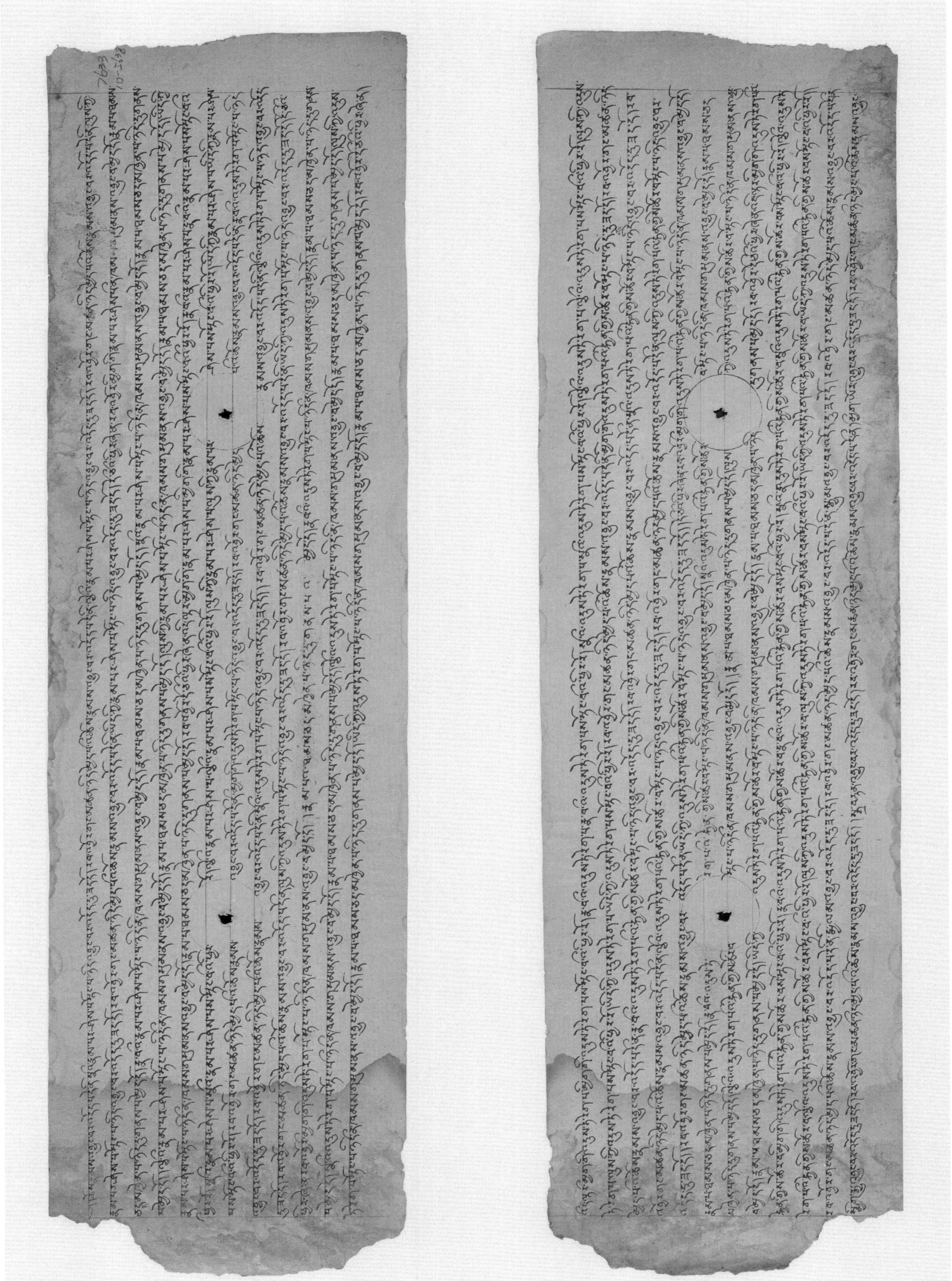

敦博 Db.t.5638 (R-V) ཤེས་རབ་ཀྱི་ཕ་རོལ་ཏུ་ཕྱིན་པ་སྟོང་ཕྲག་བརྒྱ་པ།
十萬頌般若波羅蜜多經

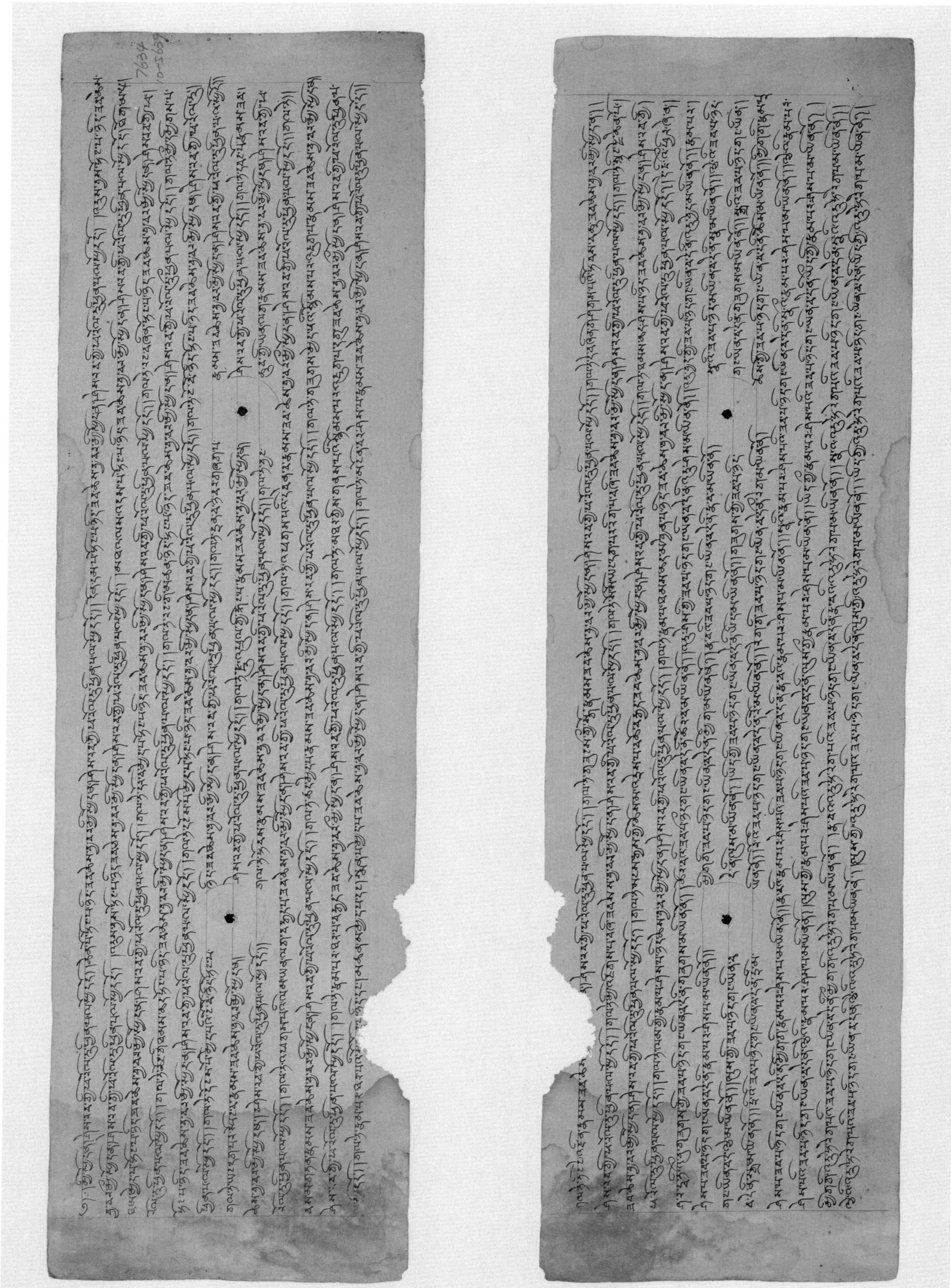

敦博 Db.t.5639 (R-V) ཤེས་རབ་ཀྱི་ཕ་རོལ་ཏུ་ཕྱིན་པ་སྟོང་ཕྲག་བརྒྱ་པ།
十萬頌般若波羅蜜多經

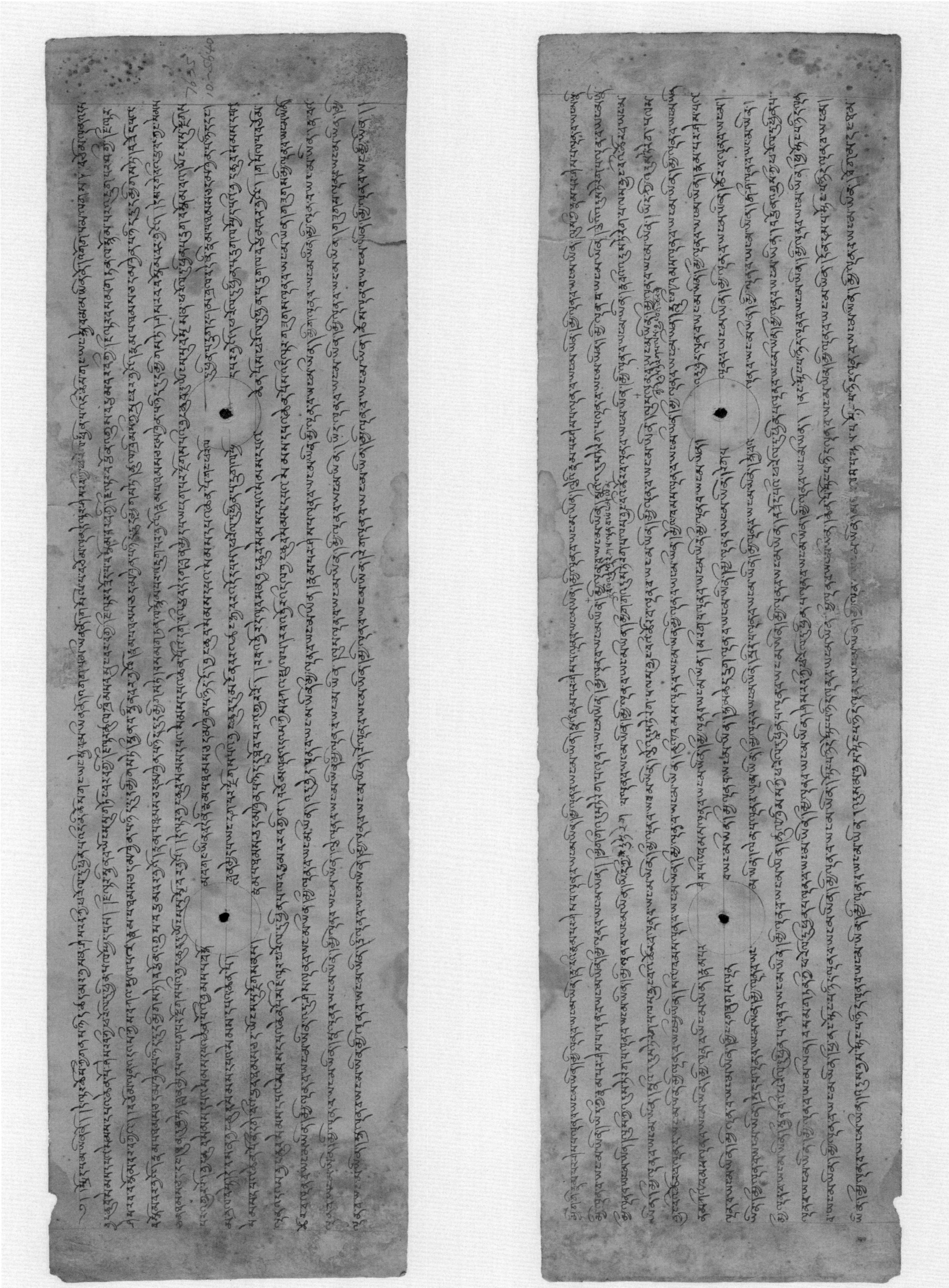

敦博 Db.t.5640 (R-V)　ཤེས་རབ་ཀྱི་ཕ་རོལ་ཏུ་ཕྱིན་པ་སྟོང་ཕྲག་བརྒྱ་པ།
十萬頌般若波羅蜜多經

敦博 Db.t.5641 (R-V) ཤེས་རབ་ཀྱི་ཕ་རོལ་ཏུ་ཕྱིན་པ་སྟོང་ཕྲག་བརྒྱ་པ།
十萬頌般若波羅蜜多經

敦博 Db.t.5642 (R-V) ཤེས་རབ་ཀྱི་ཕ་རོལ་ཏུ་ཕྱིན་པ་སྟོང་ཕྲག་བརྒྱ་པ།
十萬頌般若波羅蜜多經

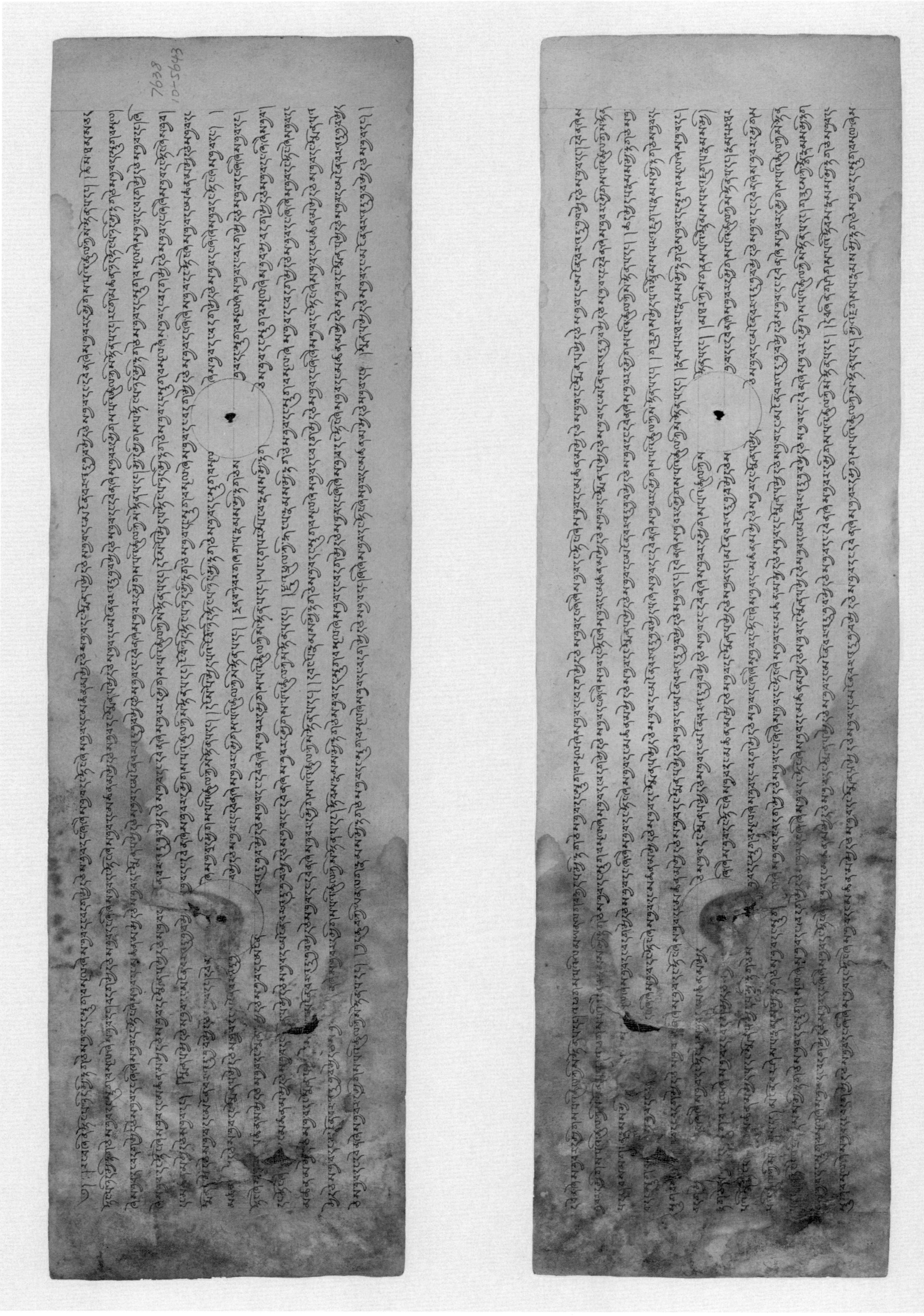

敦博 Db.t.5643 (R-V) ཤེས་རབ་ཀྱི་ཕ་རོལ་ཏུ་ཕྱིན་པ་སྟོང་ཕྲག་བརྒྱ་པ།
十萬頌般若波羅蜜多經

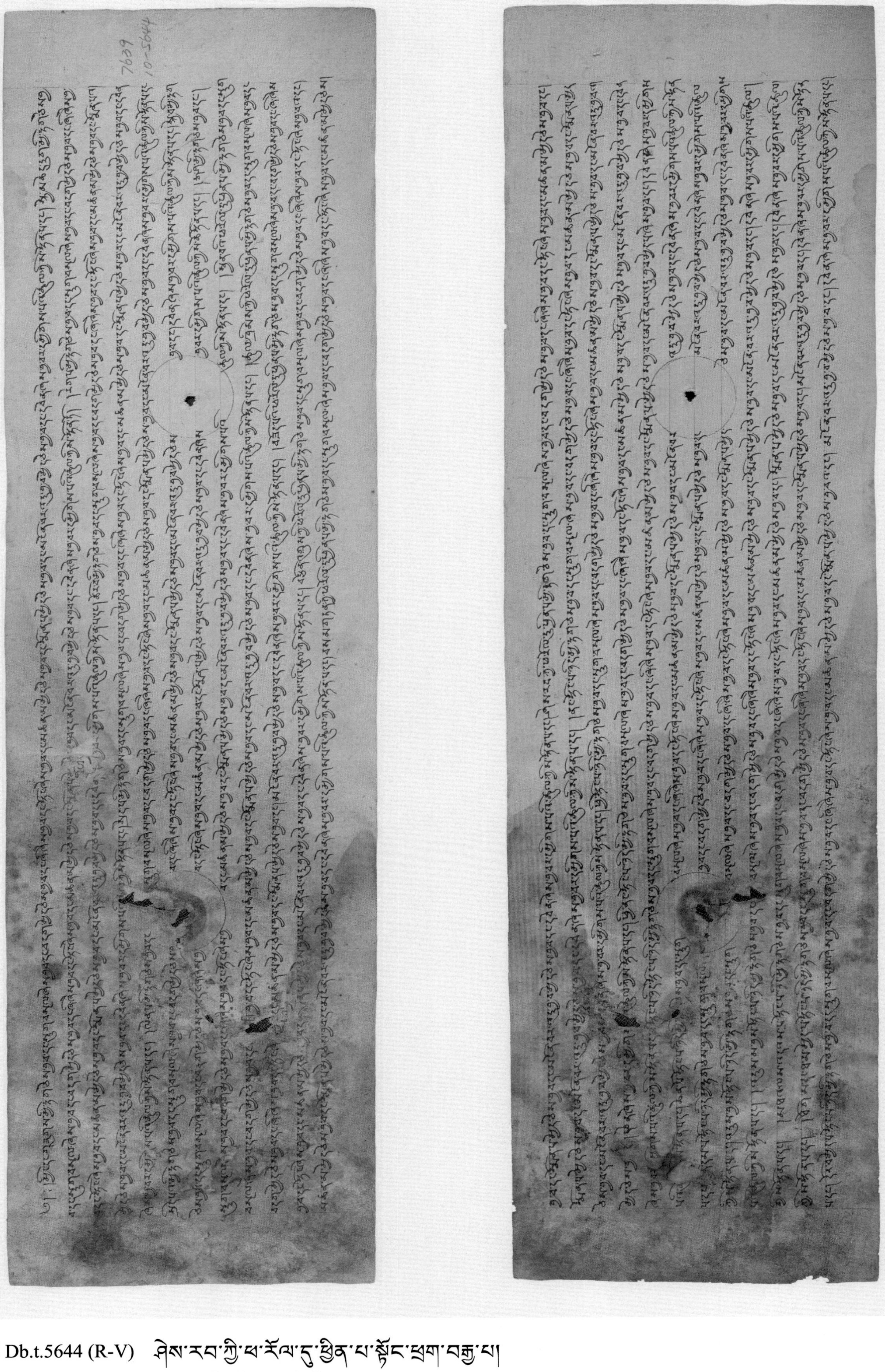

敦博 Db.t.5644 (R-V) ཤེས་རབ་ཀྱི་ཕ་རོལ་ཏུ་ཕྱིན་པ་སྟོང་ཕྲག་བརྒྱ་པ།
十萬頌般若波羅蜜多經

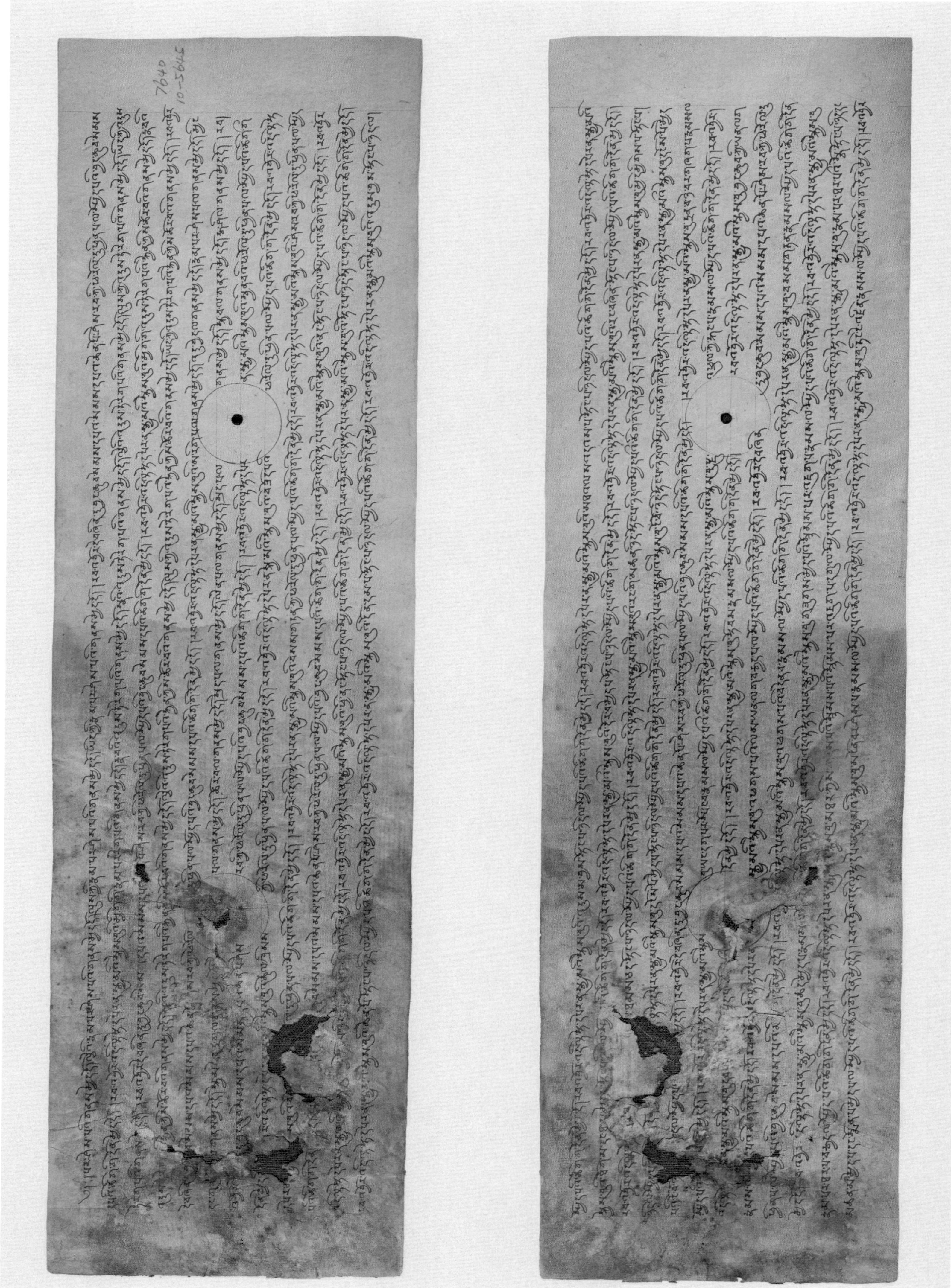

敦博 Db.t.5645 (R-V) ཤེས་རབ་ཀྱི་ཕ་རོལ་ཏུ་ཕྱིན་པ་སྟོང་ཕྲག་བརྒྱ་པ།
十萬頌般若波羅蜜多經

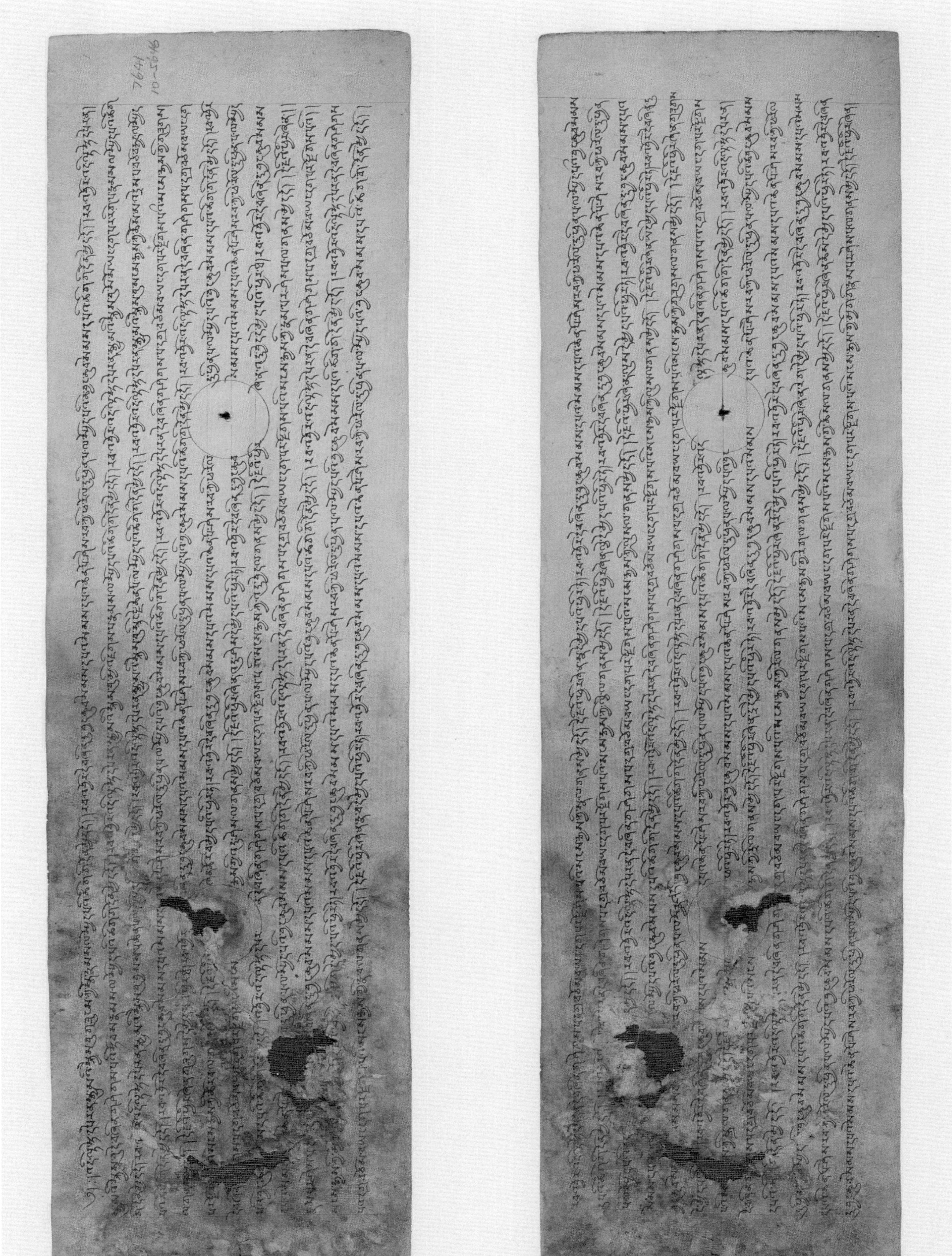

敦博 Db.t.5646 (R-V) ཤེས་རབ་ཀྱི་ཕ་རོལ་ཏུ་ཕྱིན་པ་སྟོང་ཕྲག་བརྒྱ་པ།

十萬頌般若波羅蜜多經

敦博 Db.t.5647 (R-V) ཤེས་རབ་ཀྱི་ཕ་རོལ་ཏུ་ཕྱིན་པ་སྟོང་ཕྲག་བརྒྱ་པ།
十萬頌般若波羅蜜多經

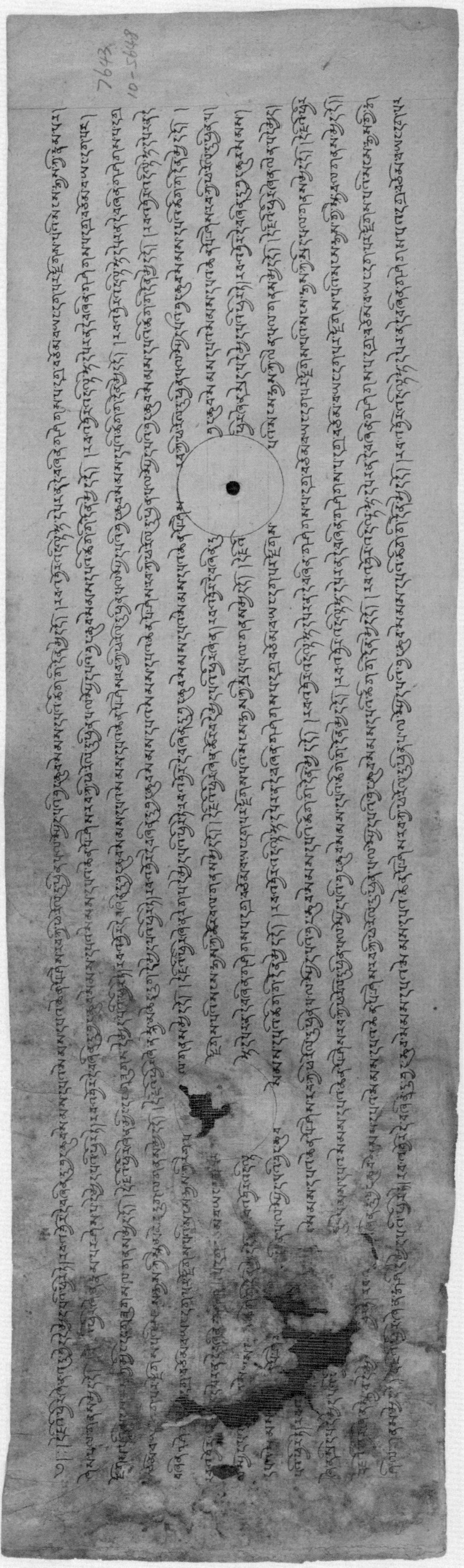

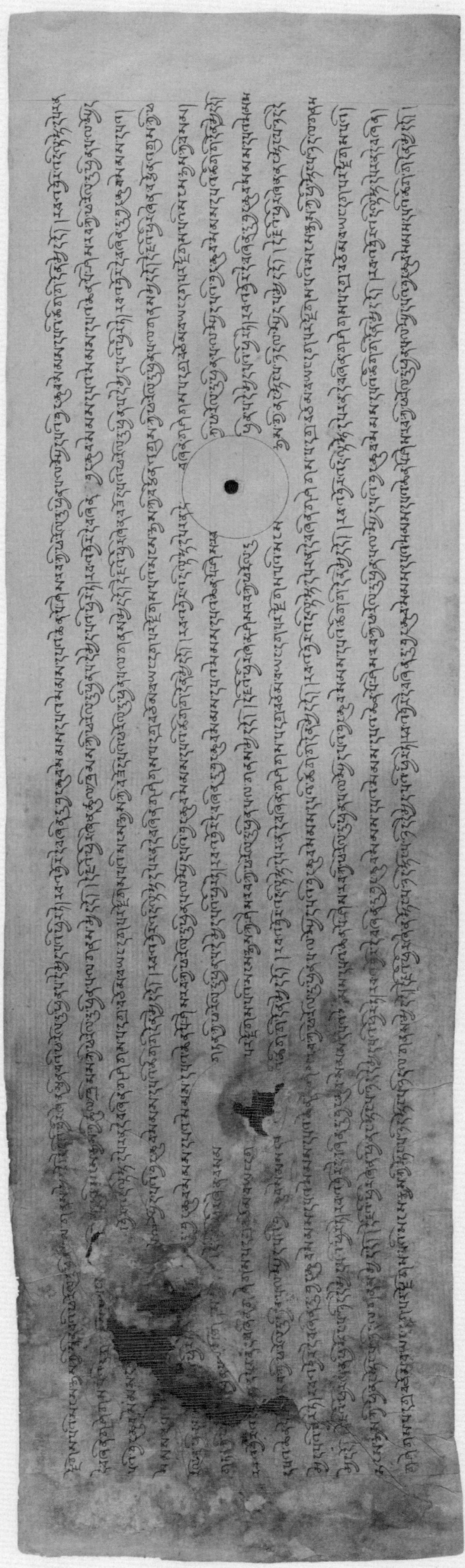

敦博 Db.t.5648 (R-V) ཤེས་རབ་ཀྱི་ཕ་རོལ་ཏུ་ཕྱིན་པ་སྟོང་ཕྲག་བརྒྱ་པ།
十萬頌般若波羅蜜多經

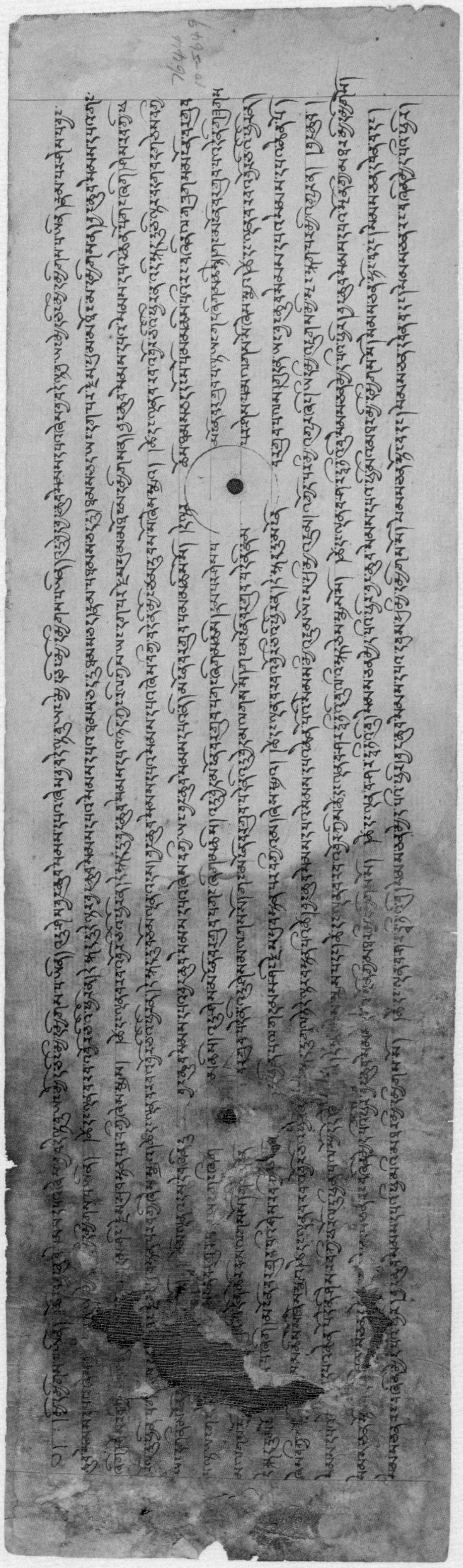 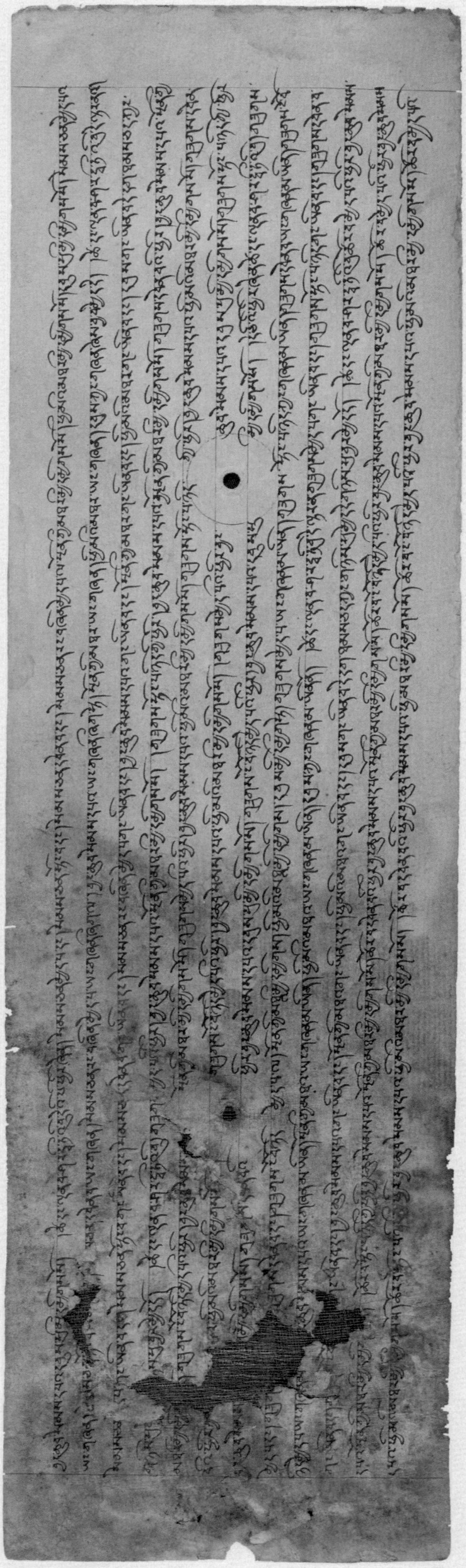

敦博 Db.t.5649 (R-V) ཤེས་རབ་ཀྱི་ཕ་རོལ་ཏུ་ཕྱིན་པ་སྟོང་ཕྲག་བརྒྱ་པ།
十萬頌般若波羅蜜多經

敦博 Db.t.5650 (R-V) ཤེས་རབ་ཀྱི་ཕ་རོལ་ཏུ་ཕྱིན་པ་སྟོང་ཕྲག་བརྒྱ་པ།
十萬頌般若波羅蜜多經

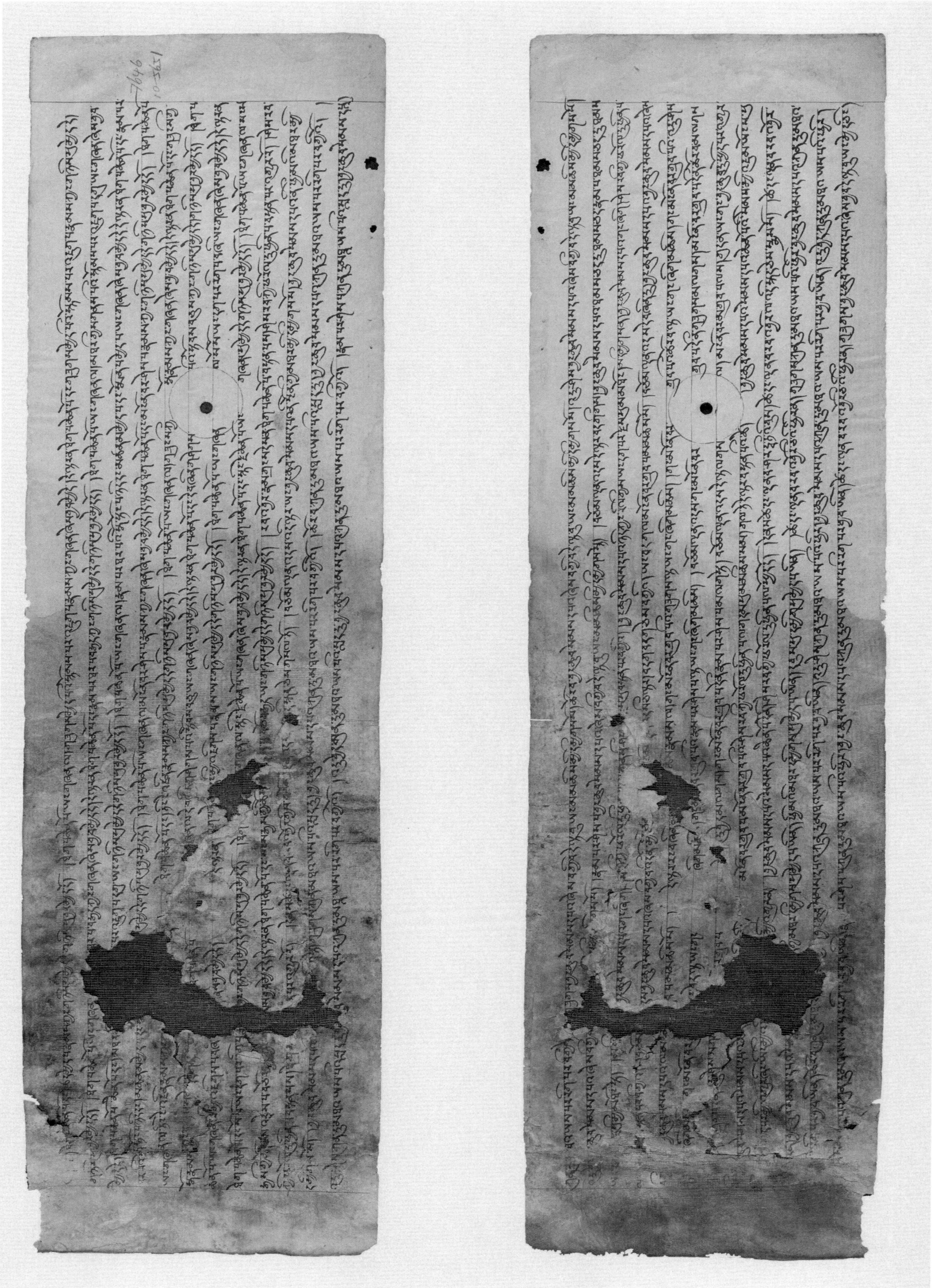

敦博 Db.t.5651 (R-V) ཤེས་རབ་ཀྱི་ཕ་རོལ་ཏུ་ཕྱིན་པ་སྟོང་ཕྲག་བརྒྱ་པ།
十萬頌般若波羅蜜多經

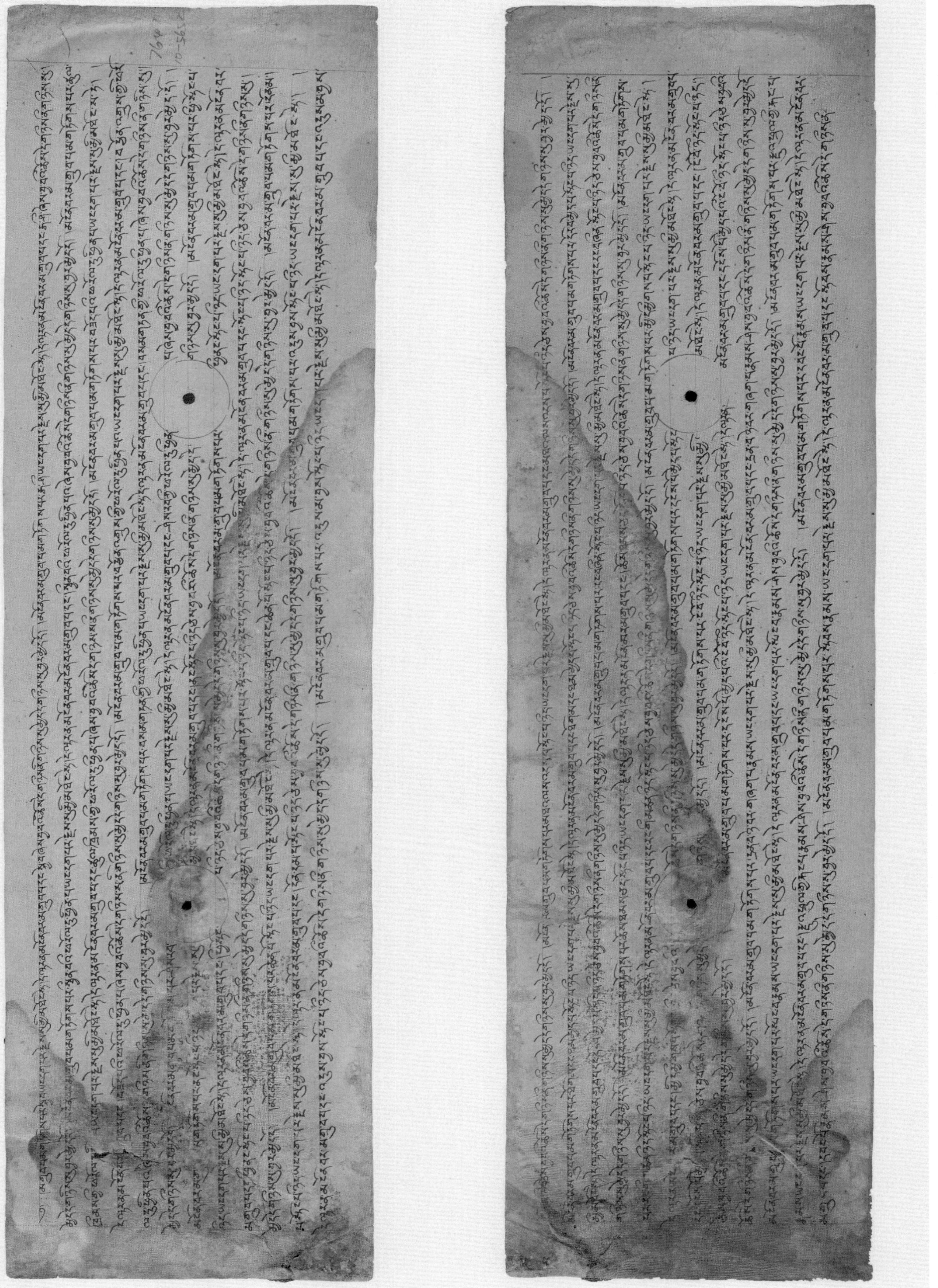

敦博 Db.t.5652 (R-V) ཤེས་རབ་ཀྱི་ཕ་རོལ་ཏུ་ཕྱིན་པ་སྟོང་ཕྲག་བརྒྱ་པ།
十萬頌般若波羅蜜多經

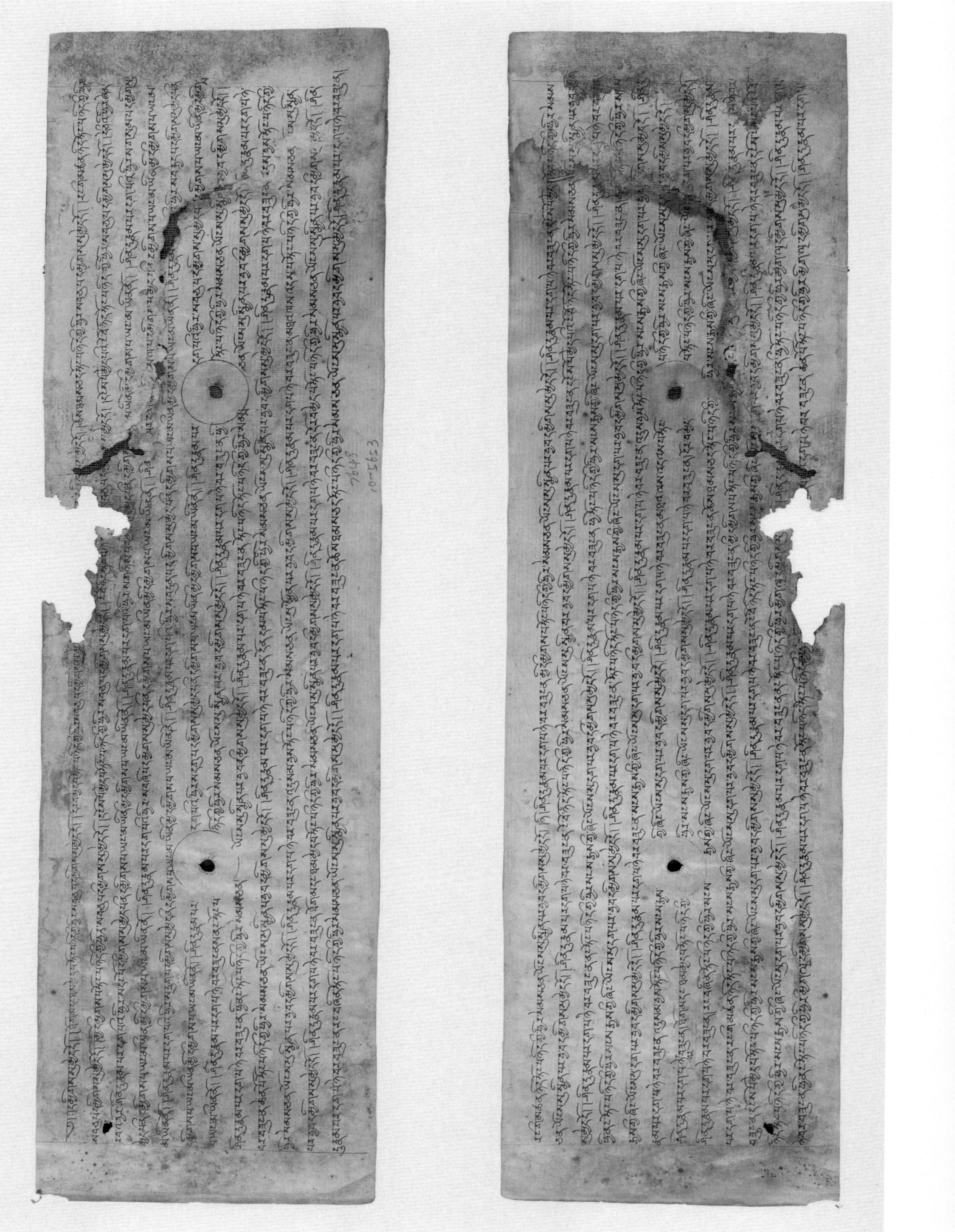

敦博 Db.t.5653 (R-V) ཤེས་རབ་ཀྱི་ཕ་རོལ་ཏུ་ཕྱིན་པ་སྟོང་ཕྲག་བརྒྱ་པ།
十萬頌般若波羅蜜多經

敦博 Db.t.5654 (R-V) ཤེས་རབ་ཀྱི་ཕ་རོལ་ཏུ་ཕྱིན་པ་སྟོང་ཕྲག་བརྒྱ་པ།
十萬頌般若波羅蜜多經

敦博 Db.t.5655 (R-V) ཤེས་རབ་ཀྱི་ཕ་རོལ་ཏུ་ཕྱིན་པ་སྟོང་ཕྲག་བརྒྱ་པ།
十萬頌般若波羅蜜多經

敦博 Db.t.5656 (R-V) ཤེས་རབ་ཀྱི་ཕ་རོལ་ཏུ་ཕྱིན་པ་སྟོང་ཕྲག་བརྒྱ་པ།
十萬頌般若波羅蜜多經

敦博 Db.t.5657 (R-V) ཤེས་རབ་ཀྱི་ཕ་རོལ་ཏུ་ཕྱིན་པ་སྟོང་ཕྲག་བརྒྱ་པ།
十萬頌般若波羅蜜多經

敦博 Db.t.5658 (R-V) ཤེས་རབ་ཀྱི་ཕ་རོལ་ཏུ་ཕྱིན་པ་སྟོང་ཕྲག་བརྒྱ་པ།
十萬頌般若波羅蜜多經

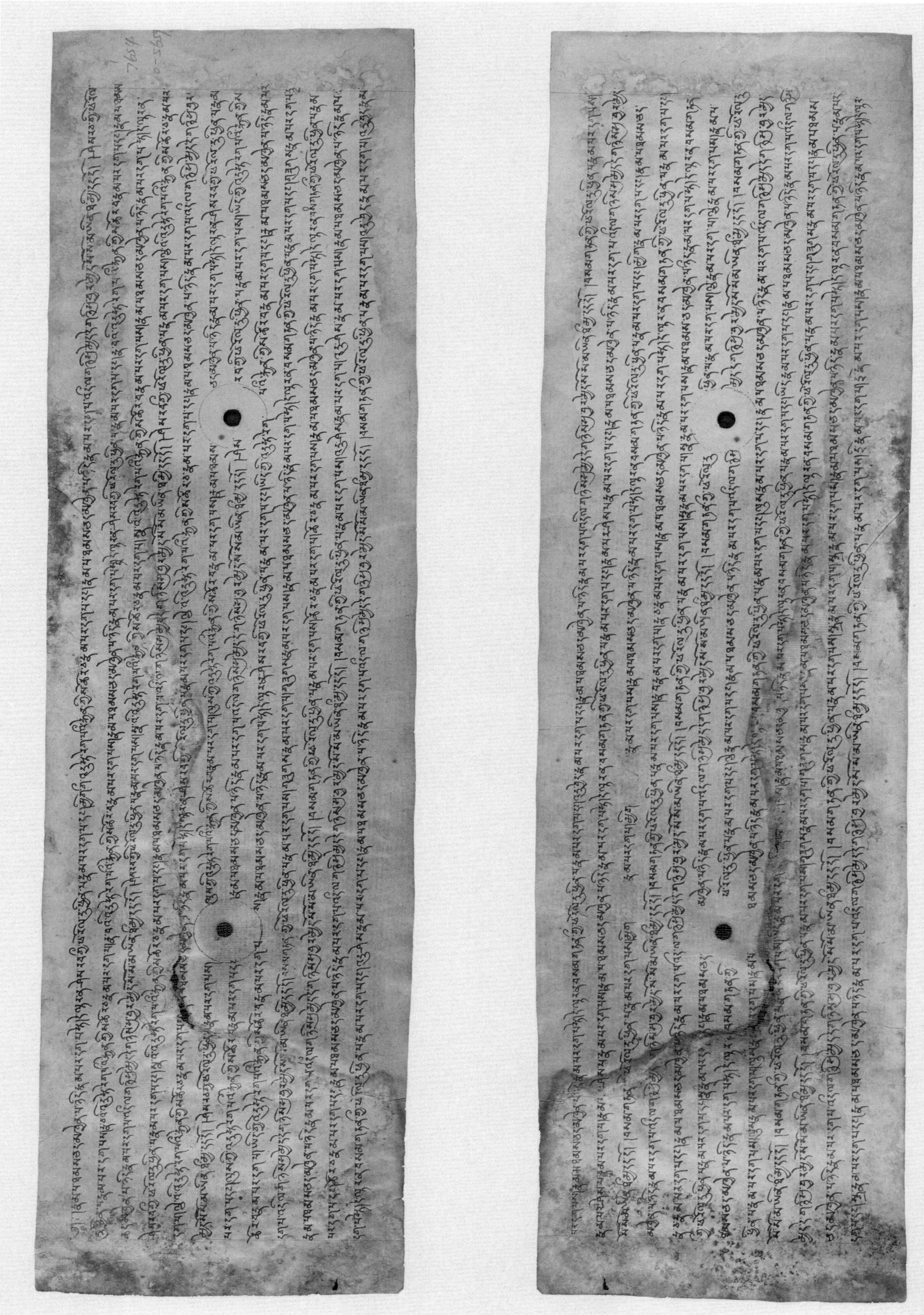

敦博 Db.t.5659 (R-V) ཤེས་རབ་ཀྱི་ཕ་རོལ་ཏུ་ཕྱིན་པ་སྟོང་ཕྲག་བརྒྱ་པ།
十萬頌般若波羅蜜多經

敦博 Db.t.5660 (R-V) ཤེས་རབ་ཀྱི་ཕ་རོལ་ཏུ་ཕྱིན་པ་སྟོང་ཕྲག་བརྒྱ་པ།
十萬頌般若波羅蜜多經

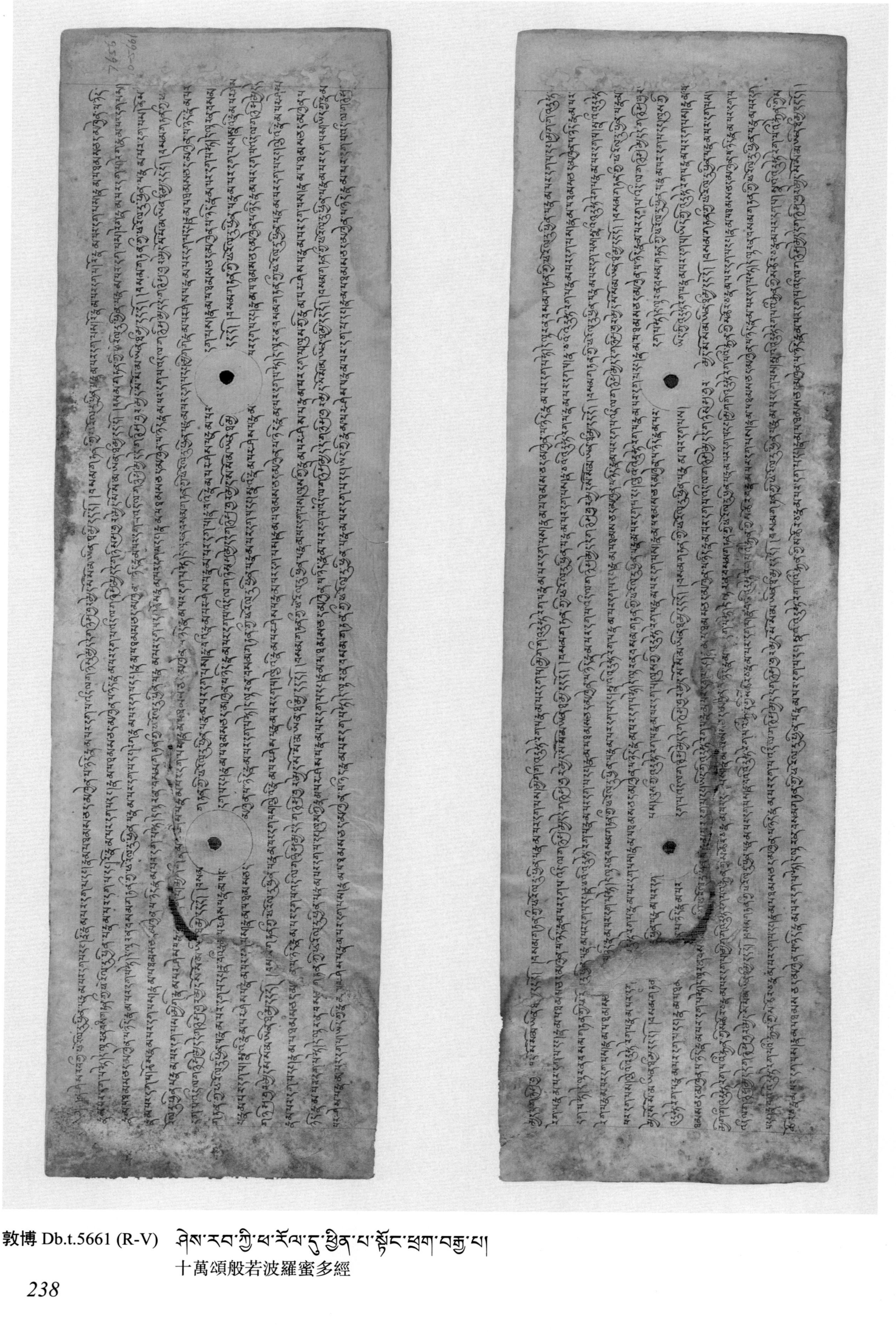

敦博 Db.t.5661 (R-V) ཤེས་རབ་ཀྱི་ཕ་རོལ་ཏུ་ཕྱིན་པ་སྟོང་ཕྲག་བརྒྱ་པ།
十萬頌般若波羅蜜多經

敦博 Db.t.5662 (R-V) ཤེས་རབ་ཀྱི་ཕ་རོལ་ཏུ་ཕྱིན་པ་སྟོང་ཕྲག་བརྒྱ་པ།
十萬頌般若波羅蜜多經

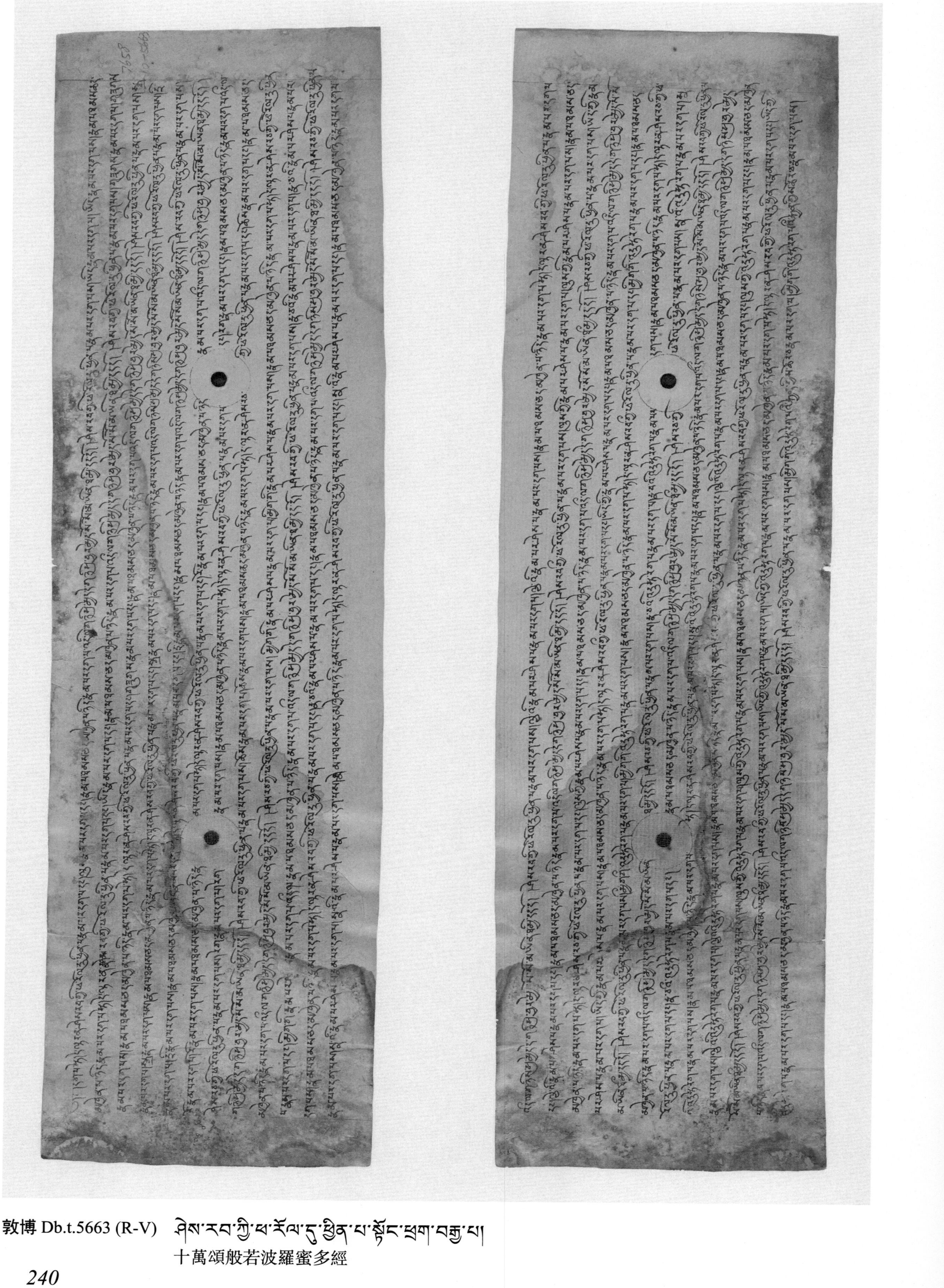

敦博 Db.t.5663 (R-V) ཤེས་རབ་ཀྱི་ཕ་རོལ་ཏུ་ཕྱིན་པ་སྟོང་ཕྲག་བརྒྱ་པ།

十萬頌般若波羅蜜多經

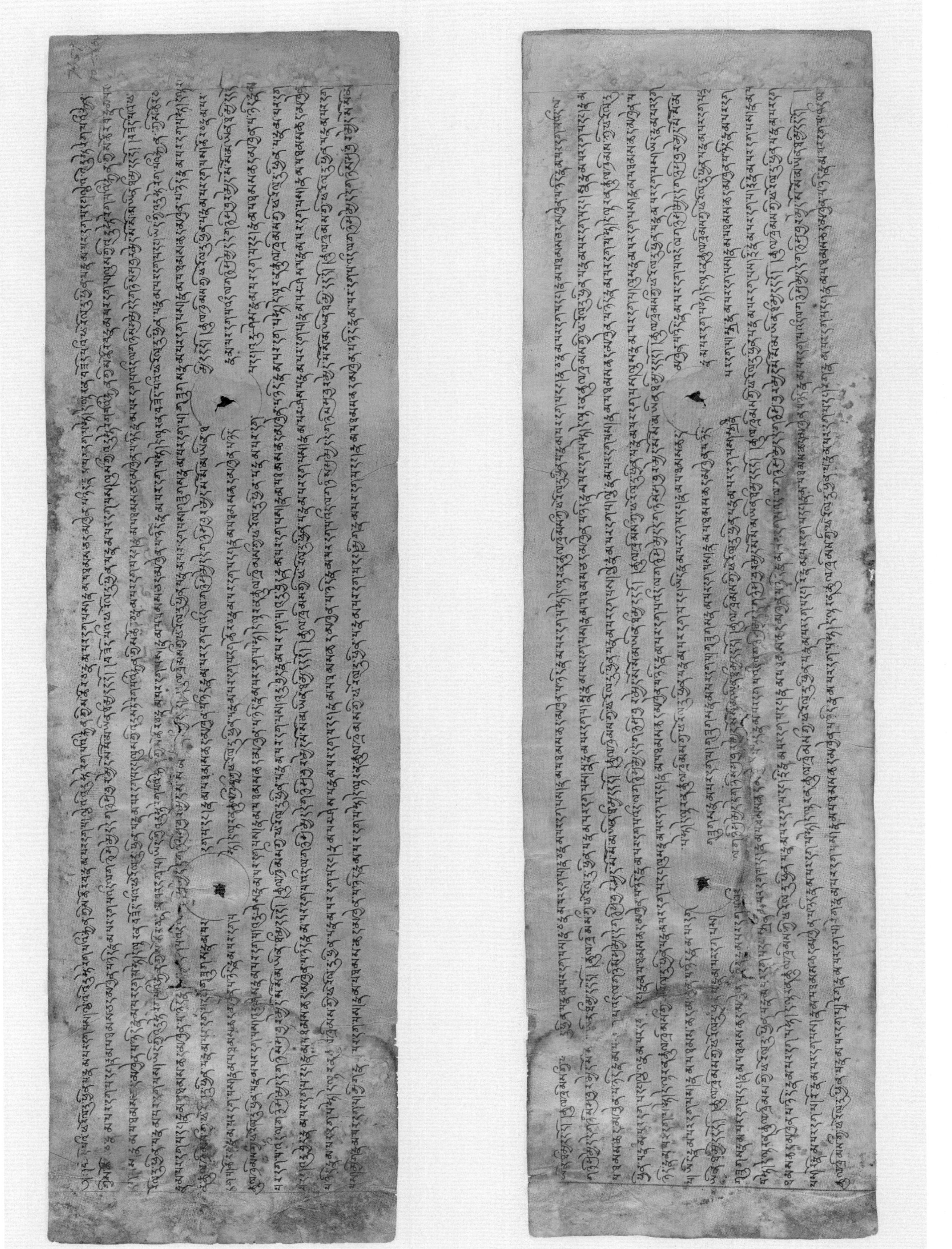

敦博 Db.t.5664 (R-V) ཤེས་རབ་ཀྱི་ཕ་རོལ་ཏུ་ཕྱིན་པ་སྟོང་ཕྲག་བརྒྱ་པ།
十萬頌般若波羅蜜多經

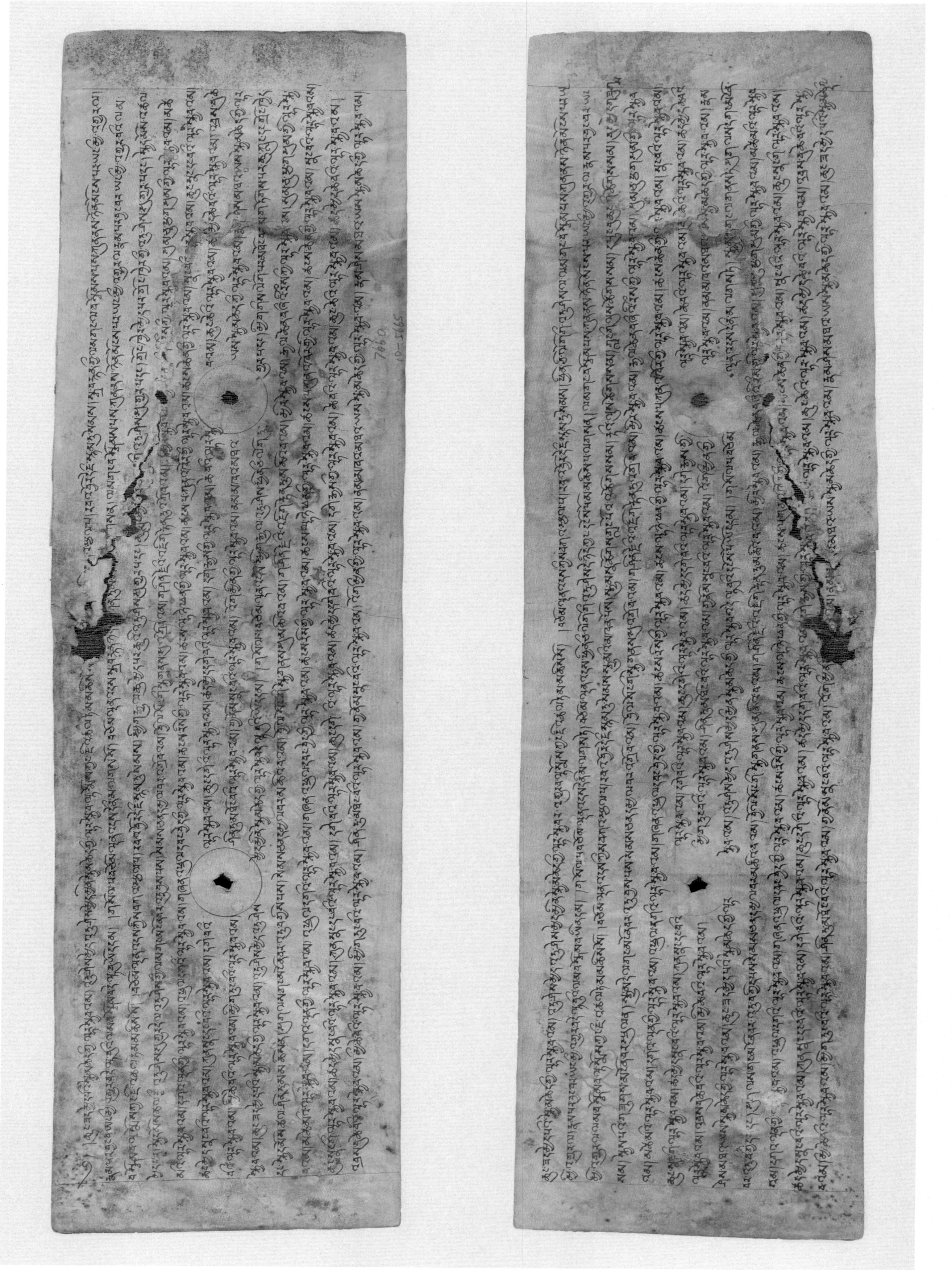

敦博 Db.t.5665 (R-V) ཤེས་རབ་ཀྱི་ཕ་རོལ་ཏུ་ཕྱིན་པ་སྟོང་ཕྲག་བརྒྱ་པ།
十萬頌般若波羅蜜多經

敦博 Db.t.5666 (R-V) ཤེས་རབ་ཀྱི་ཕ་རོལ་ཏུ་ཕྱིན་པ་སྟོང་ཕྲག་བརྒྱའ་པ་དུམ་བུ་གསུམ་པ་བམ་པོ་བཅོ་བརྒྱད་དོ།།

十萬頌般若波羅蜜多經第三卷第十八品

敦博 Db.t.5667 (R-V) ཤེས་རབ་ཀྱི་ཕ་རོལ་ཏུ་ཕྱིན་པ་སྟོང་ཕྲག་བརྒྱ་པ།
十萬頌般若波羅蜜多經

敦博 Db.t.5668 (R-V) ཤེས་རབ་ཀྱི་ཕ་རོལ་ཏུ་ཕྱིན་པ་སྟོང་ཕྲག་བརྒྱ་པ།
十萬頌般若波羅蜜多經

敦博 Db.t.5669 (R-V) ཤེས་རབ་ཀྱི་ཕ་རོལ་ཏུ་ཕྱིན་པ་སྟོང་ཕྲག་བརྒྱ་པ།
十萬頌般若波羅蜜多經

敦博 Db.t.5670 (R-V) ཤེས་རབ་ཀྱི་ཕ་རོལ་ཏུ་ཕྱིན་པ་སྟོང་ཕྲག་བརྒྱ་པ།
十萬頌般若波羅蜜多經

敦博 Db.t.5671 (R-V) ཤེས་རབ་ཀྱི་ཕ་རོལ་ཏུ་ཕྱིན་པ་སྟོང་ཕྲག་བརྒྱ་པ་དུམ་བུ་བཞི་པ་བམ་པོ་བདུན་ཅུ་བཞི་པོ།།
十萬頌般若波羅蜜多經第四卷第七十四品

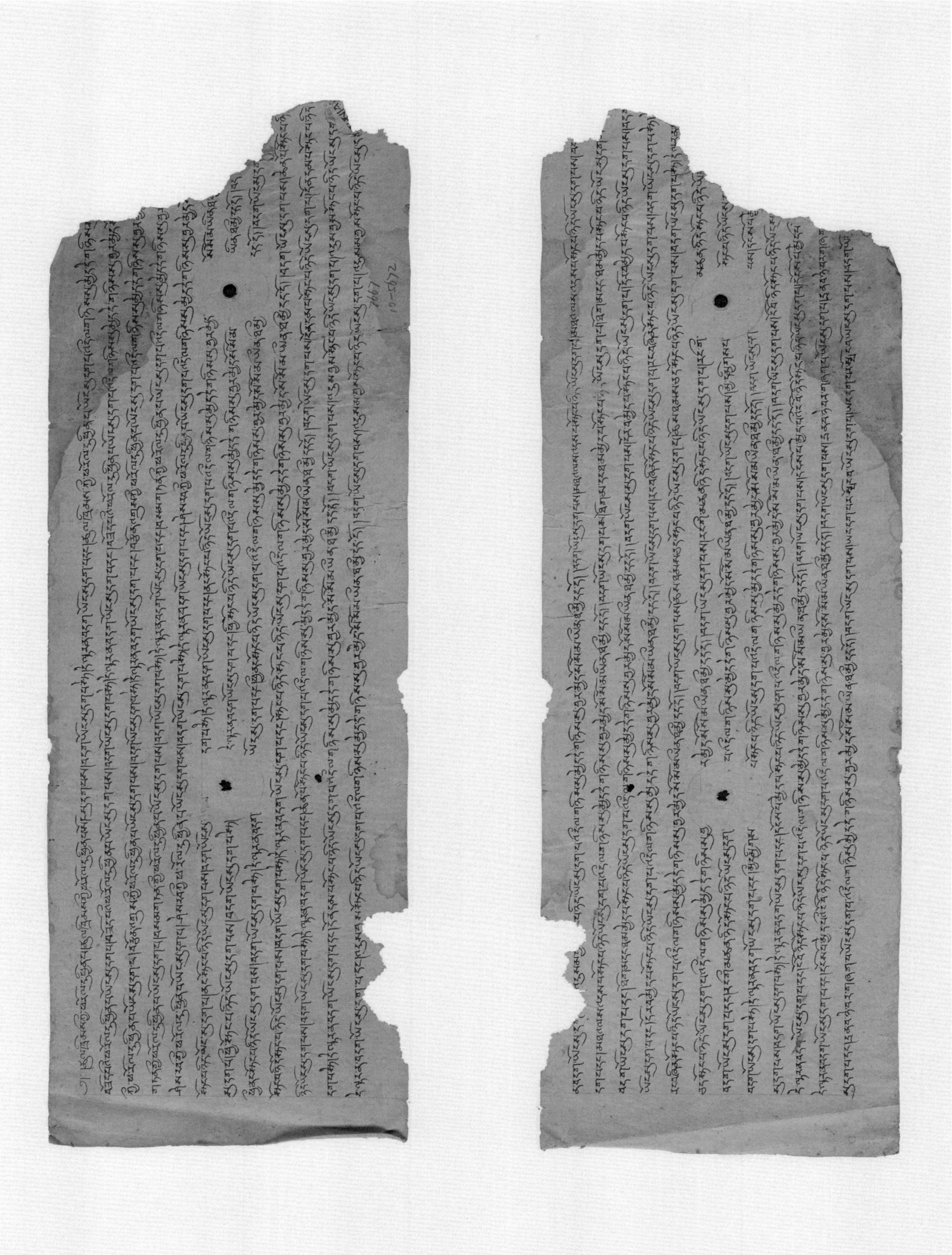

敦博 Db.t.5672 (R-V) ཤེས་རབ་ཀྱི་ཕ་རོལ་ཏུ་ཕྱིན་པ་སྟོང་ཕྲག་བརྒྱ་པ།
十萬頌般若波羅蜜多經

敦博 Db.t.5673 (R-V) ཤེས་རབ་ཀྱི་ཕ་རོལ་དུ་ཕྱིན་པ་སྟོང་ཕྲག་བརྒྱ་པ།
十萬頌般若波羅蜜多經

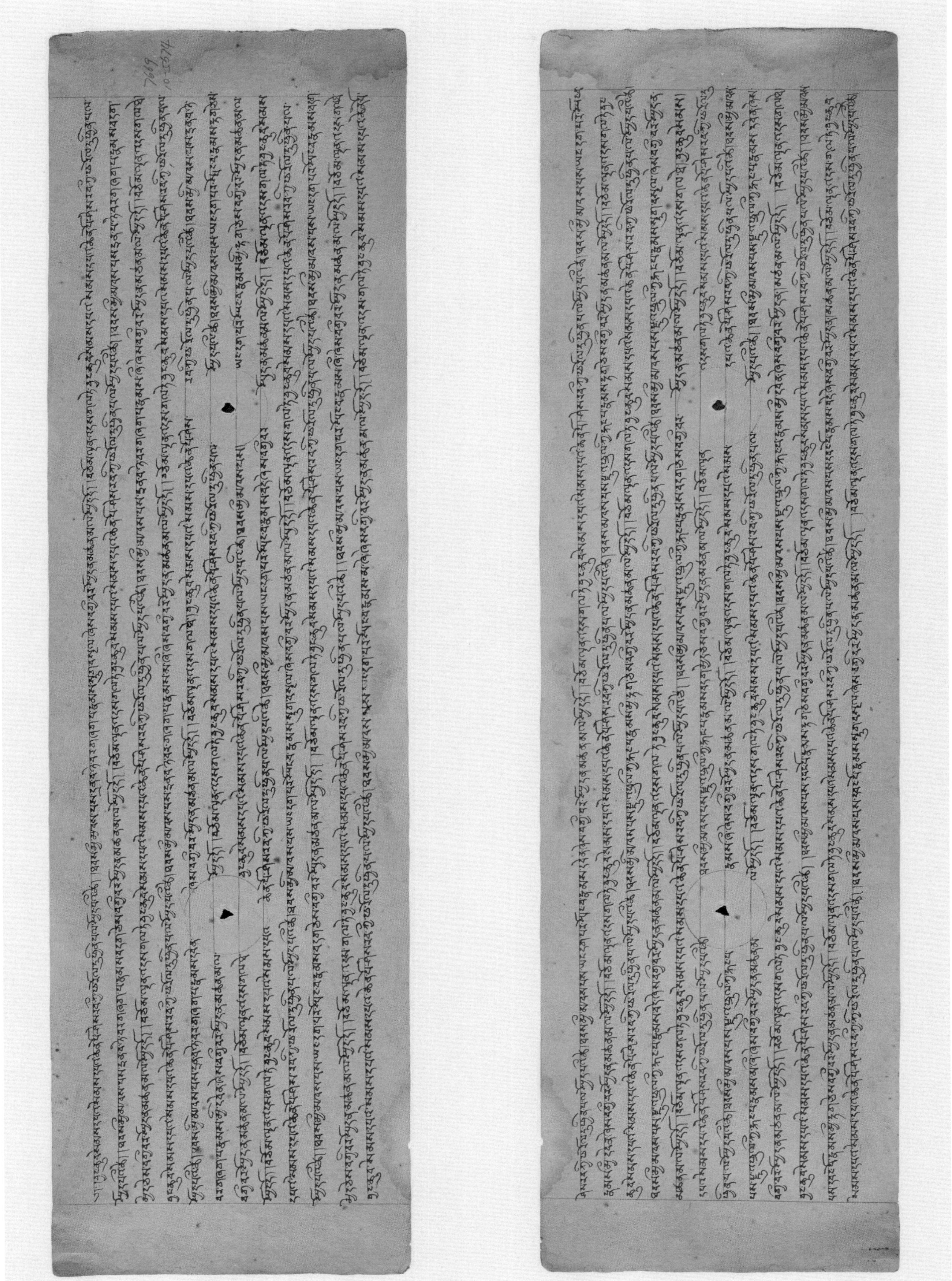

敦博 Db.t.5674 (R-V) ཤེས་རབ་ཀྱི་ཕ་རོལ་ཏུ་ཕྱིན་པ་སྟོང་ཕྲག་བརྒྱ་པ།

十萬頌般若波羅蜜多經

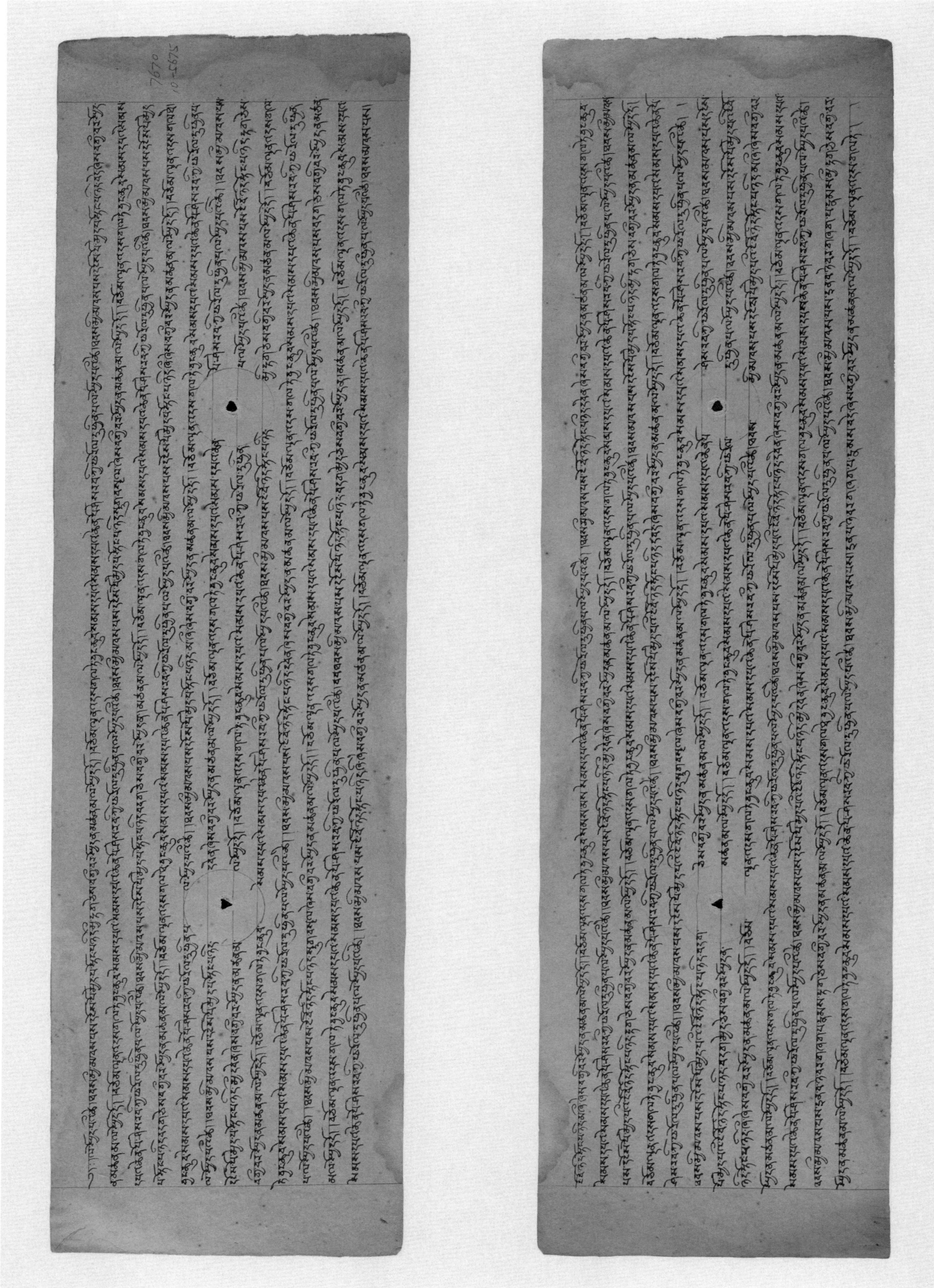

敦博 Db.t.5675 (R-V) ཤེས་རབ་ཀྱི་ཕ་རོལ་ཏུ་ཕྱིན་པ་སྟོང་ཕྲག་བརྒྱ་པ།
十萬頌般若波羅蜜多經

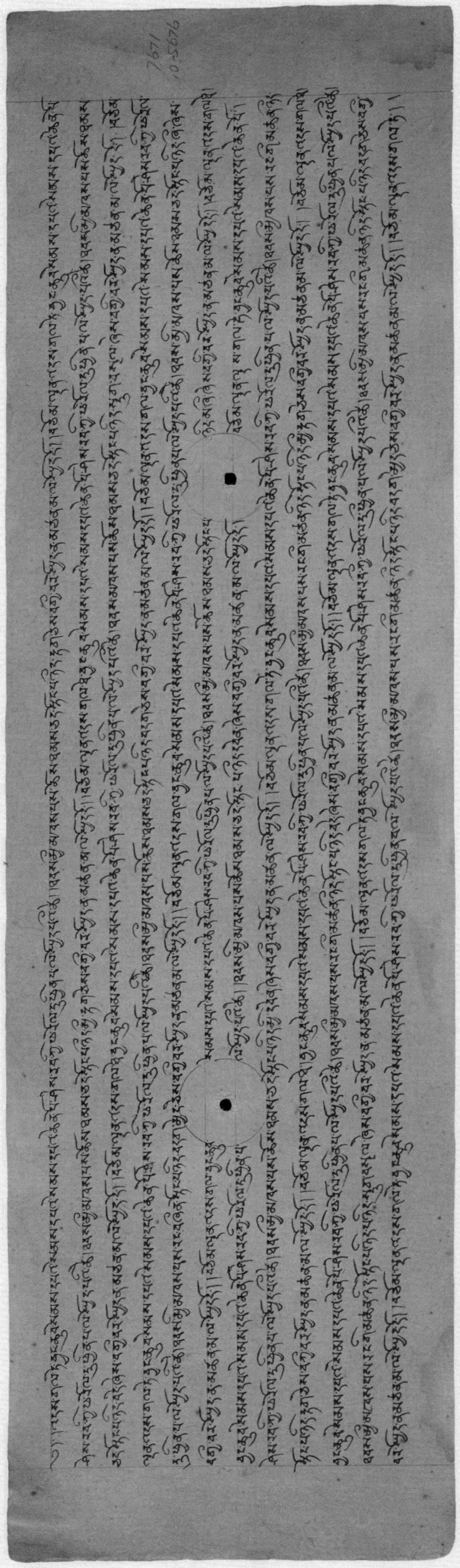

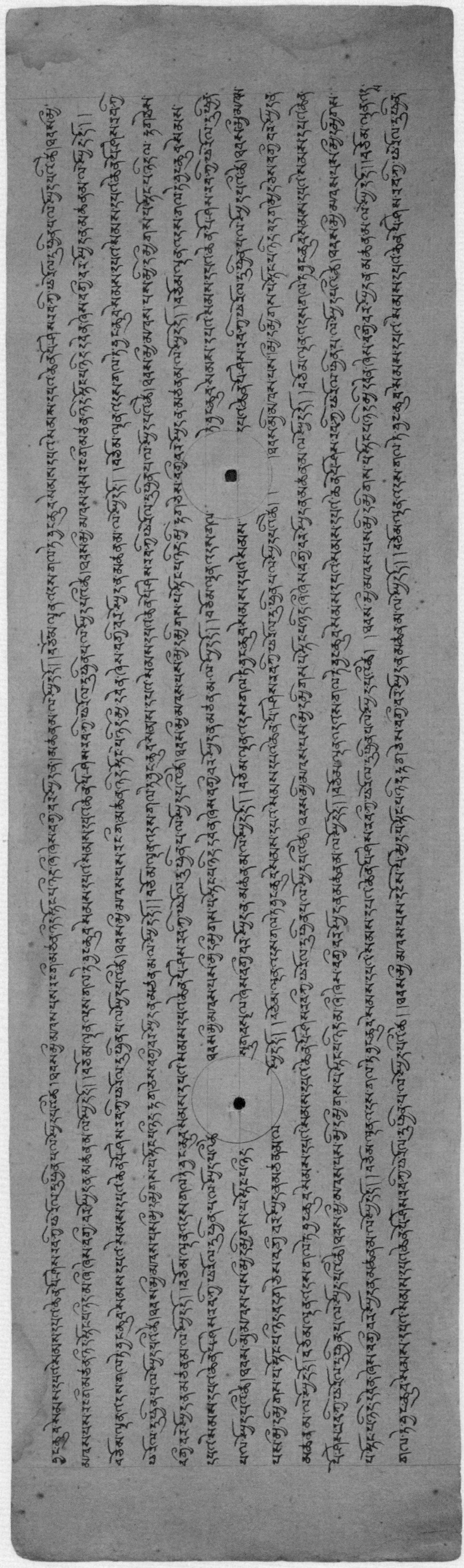

敦博 Db.t.5676 (R-V) ཤེས་རབ་ཀྱི་ཕ་རོལ་ཏུ་ཕྱིན་པ་སྟོང་ཕྲག་བརྒྱ་པ།
十萬頌般若波羅蜜多經

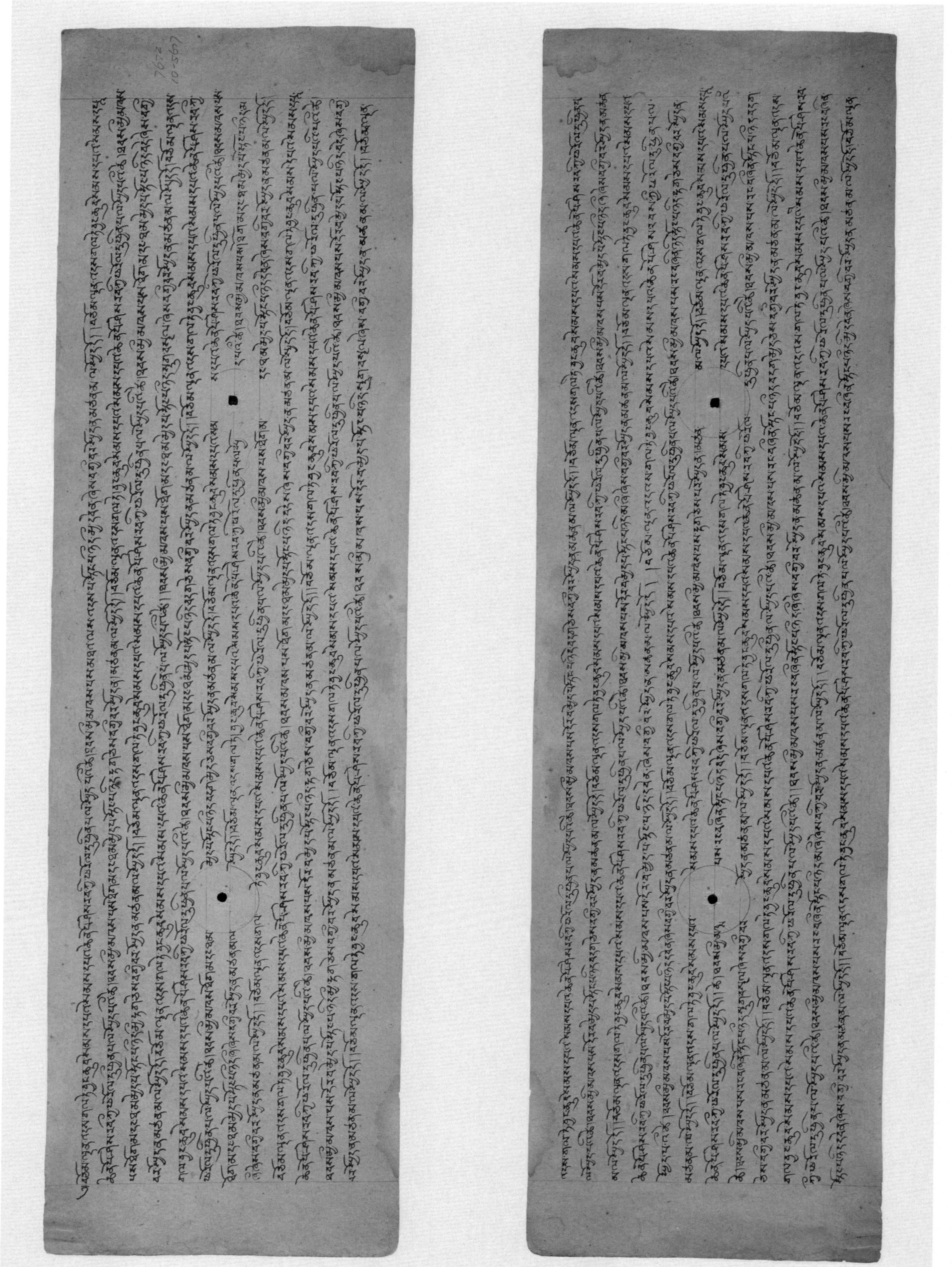

敦博 Db.t.5677 (R-V) ཤེས་རབ་ཀྱི་ཕ་རོལ་ཏུ་ཕྱིན་པ་སྟོང་ཕྲག་བརྒྱ་པ།
十萬頌般若波羅蜜多經

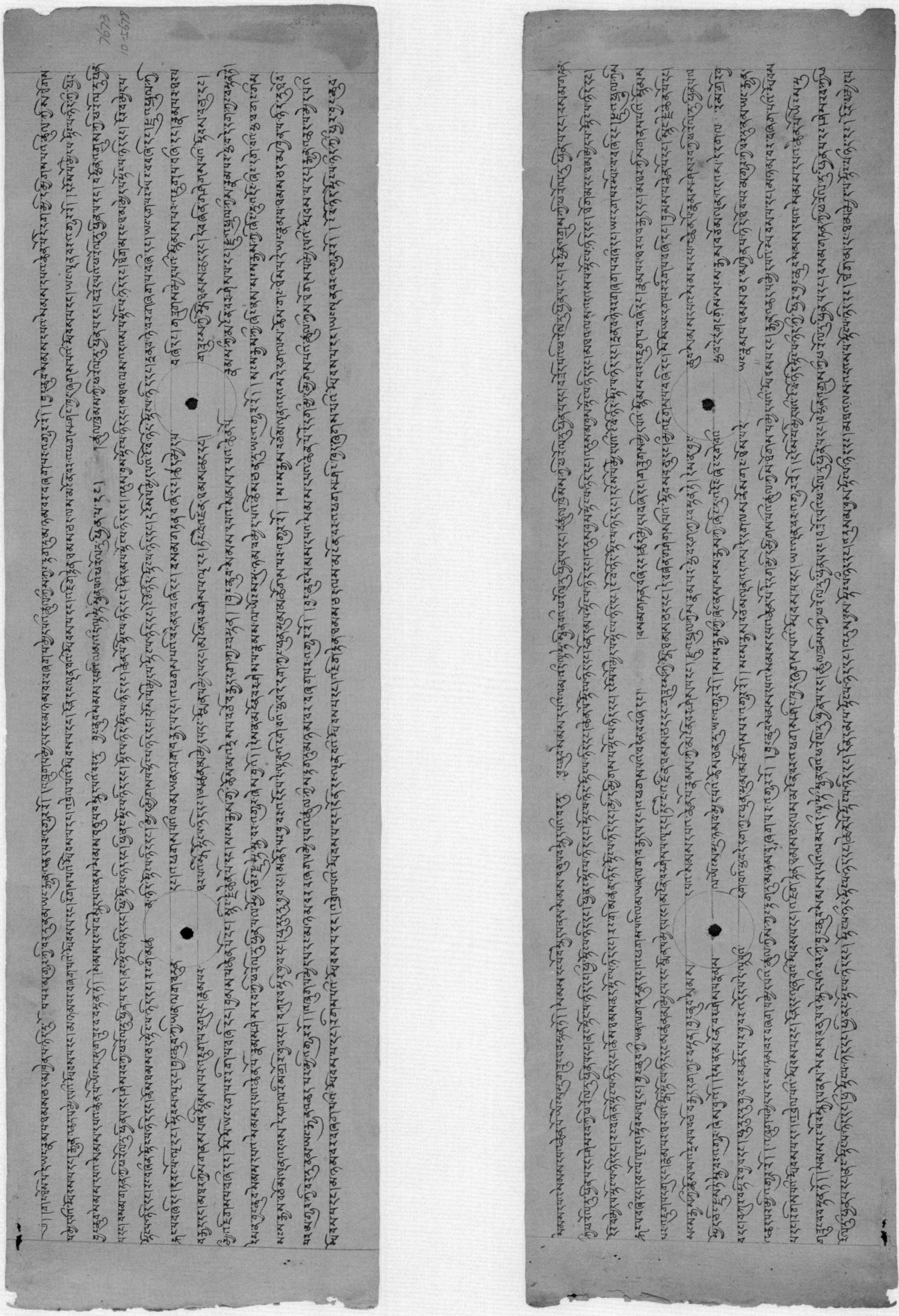

敦博 Db.t.5678 (R-V) ཤེས་རབ་ཀྱི་ཕ་རོལ་ཏུ་ཕྱིན་པ་སྟོང་ཕྲག་བརྒྱ་པ།
十萬頌般若波羅蜜多經

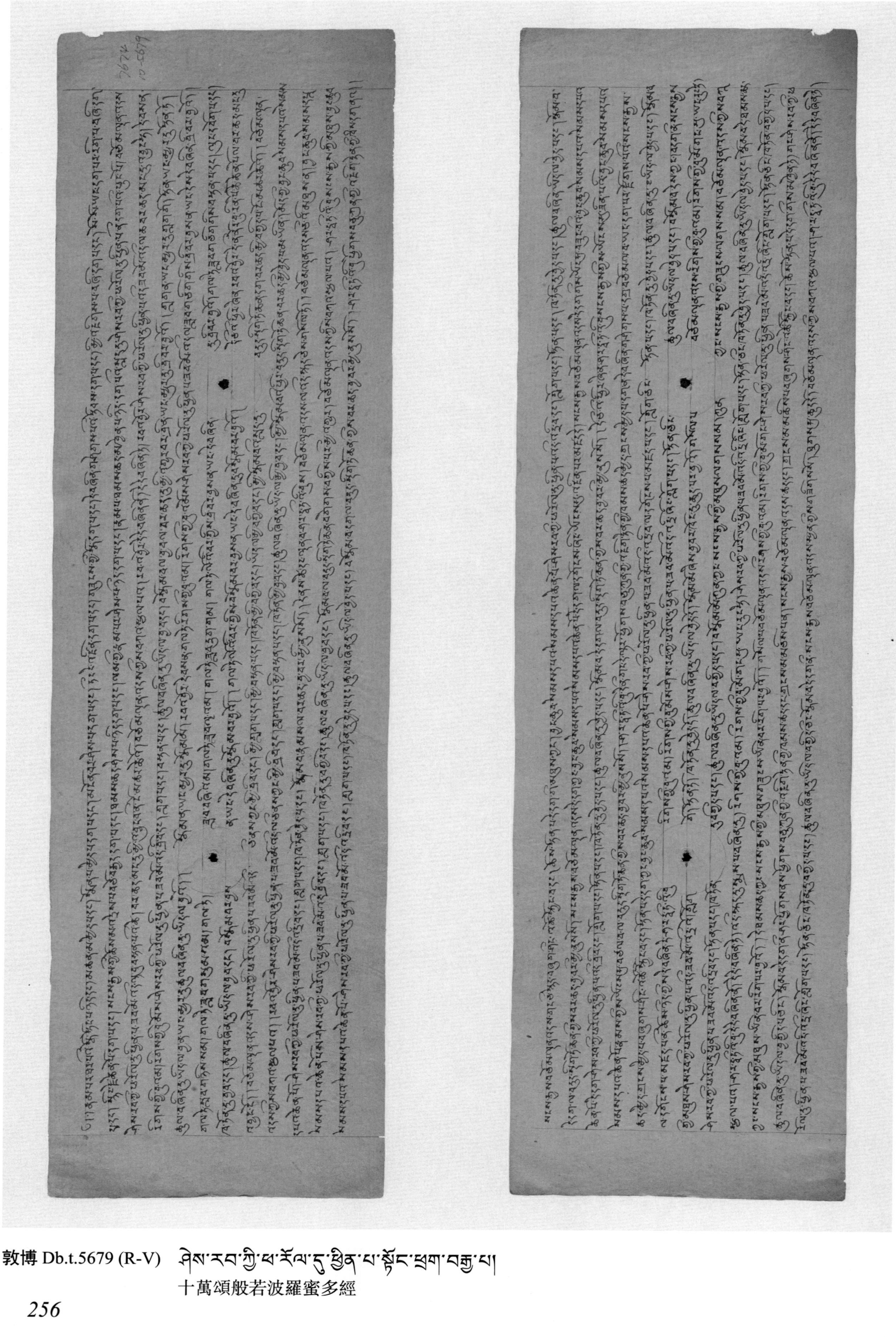

敦博 Db.t.5679 (R-V) ཤེས་རབ་ཀྱི་ཕ་རོལ་ཏུ་ཕྱིན་པ་སྟོང་ཕྲག་བརྒྱ་པ།
十萬頌般若波羅蜜多經

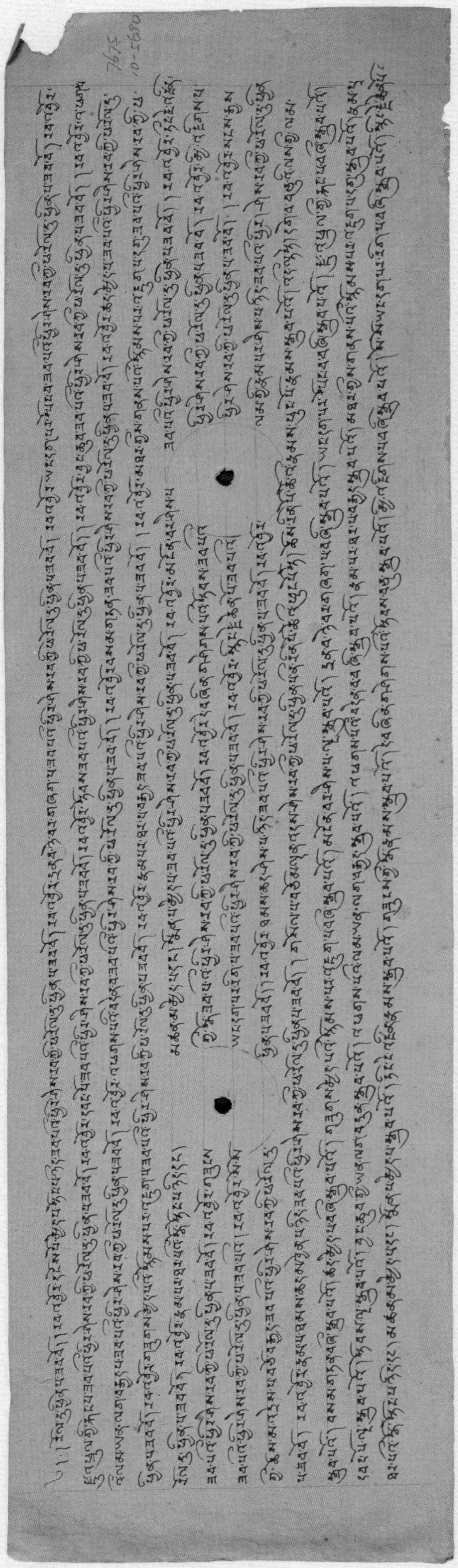

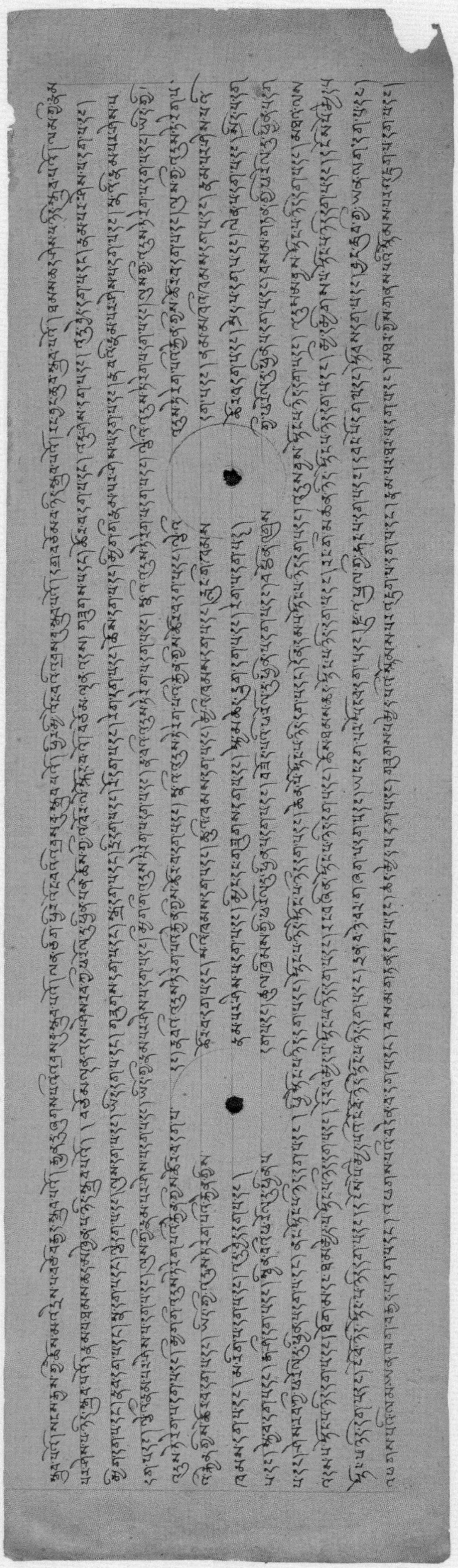

敦博 Db.t.5680 (R-V) ཤེས་རབ་ཀྱི་ཕ་རོལ་ཏུ་ཕྱིན་པ་སྟོང་ཕྲག་བརྒྱ་པ།
十萬頌般若波羅蜜多經

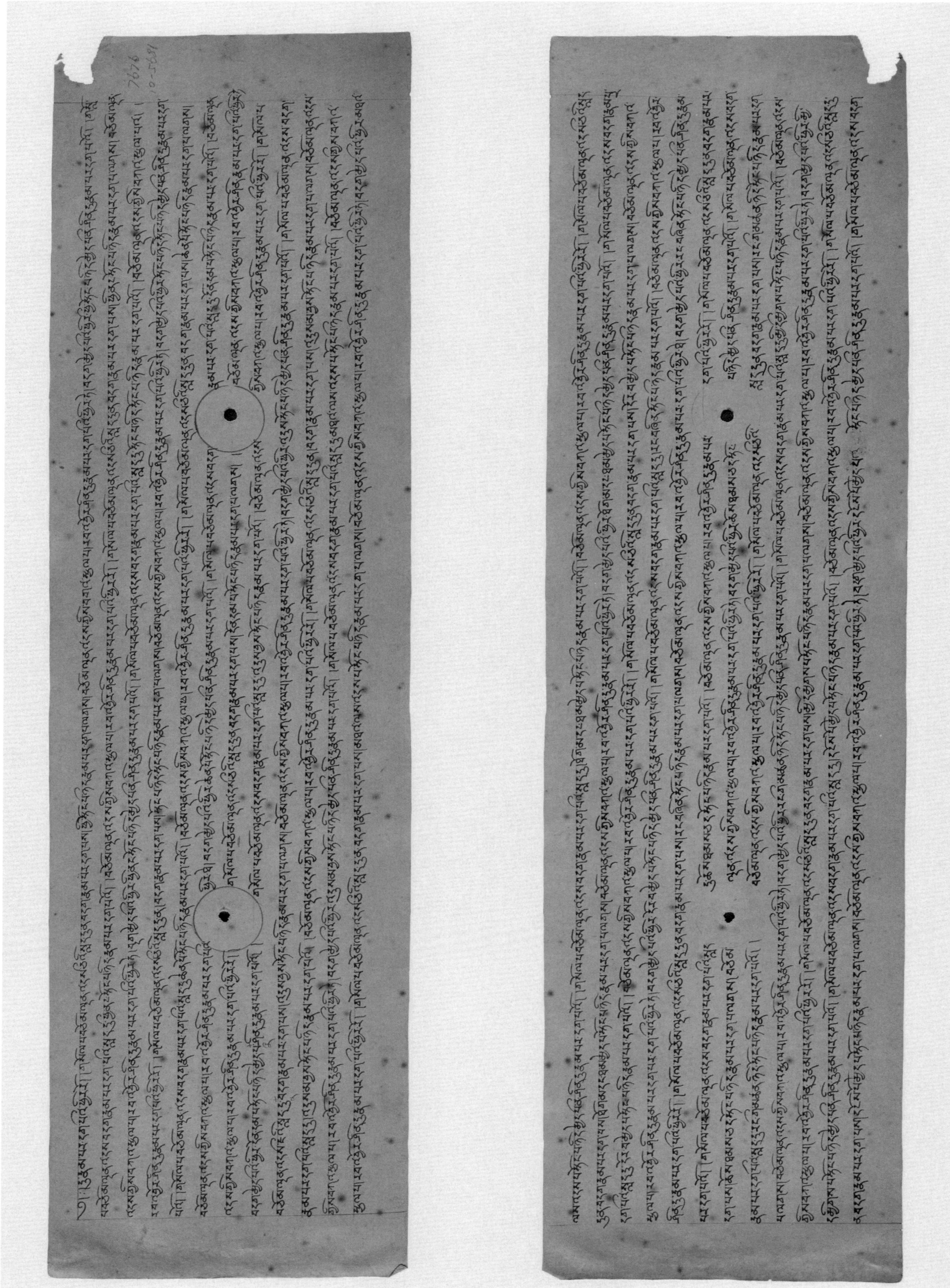

敦博 Db.t.5681 (R-V) ཤེས་རབ་ཀྱི་ཕ་རོལ་ཏུ་ཕྱིན་པ་སྟོང་ཕྲག་བརྒྱ་པ།
十萬頌般若波羅蜜多經

敦博 Db.t.5682 (R-V) ཤེས་རབ་ཀྱི་ཕ་རོལ་ཏུ་ཕྱིན་པ་སྟོང་ཕྲག་བརྒྱ་པ།
十萬頌般若波羅蜜多經

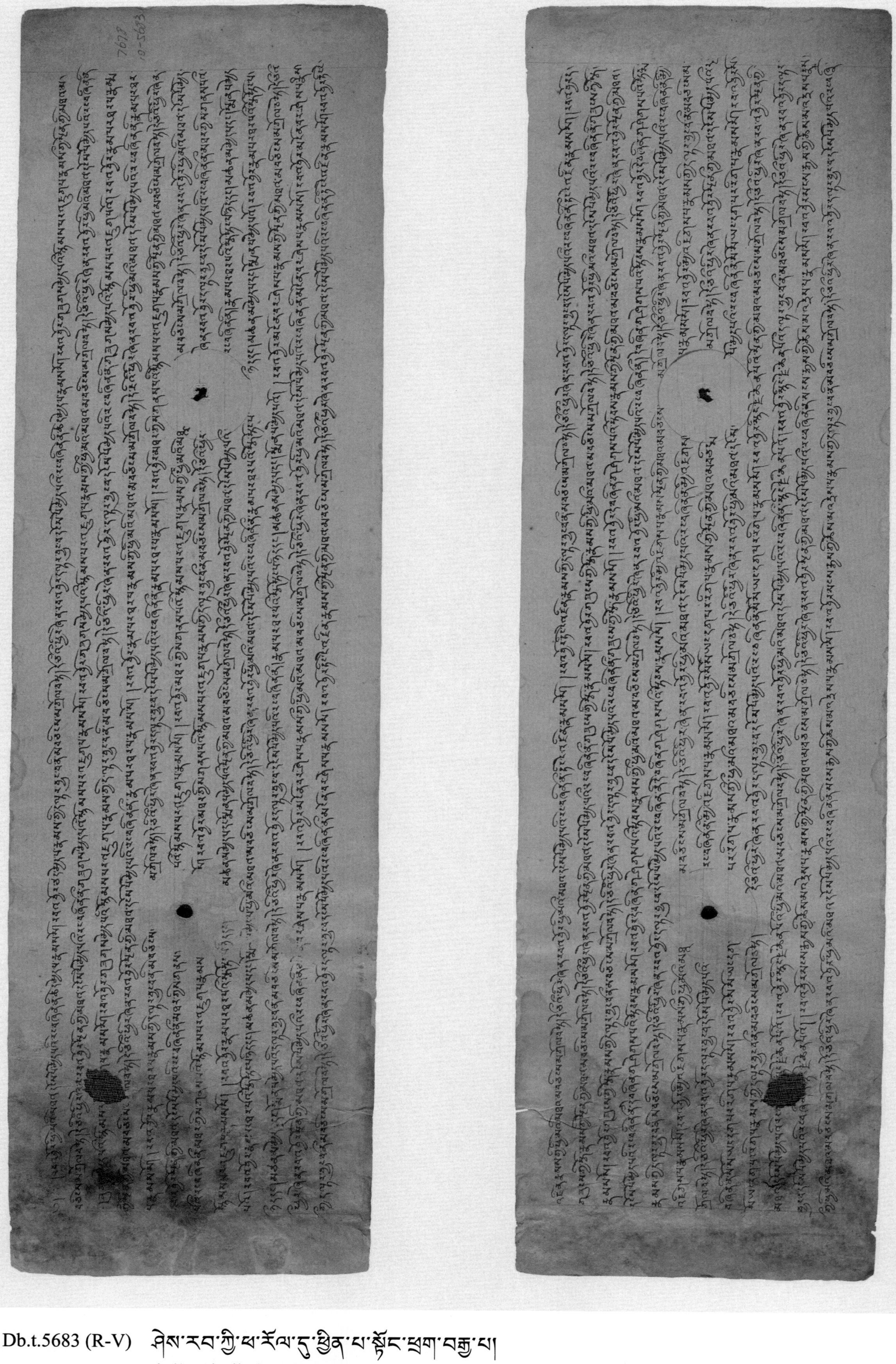

敦博 Db.t.5683 (R-V) ཤེས་རབ་ཀྱི་ཕ་རོལ་དུ་ཕྱིན་པ་སྟོང་ཕྲག་བརྒྱ་པ།
十萬頌般若波羅蜜多經

敦博 Db.t.5684 (R-V) ཤེས་རབ་ཀྱི་ཕ་རོལ་ཏུ་ཕྱིན་པ་སྟོང་ཕྲག་བརྒྱ་པ།
十萬頌般若波羅蜜多經

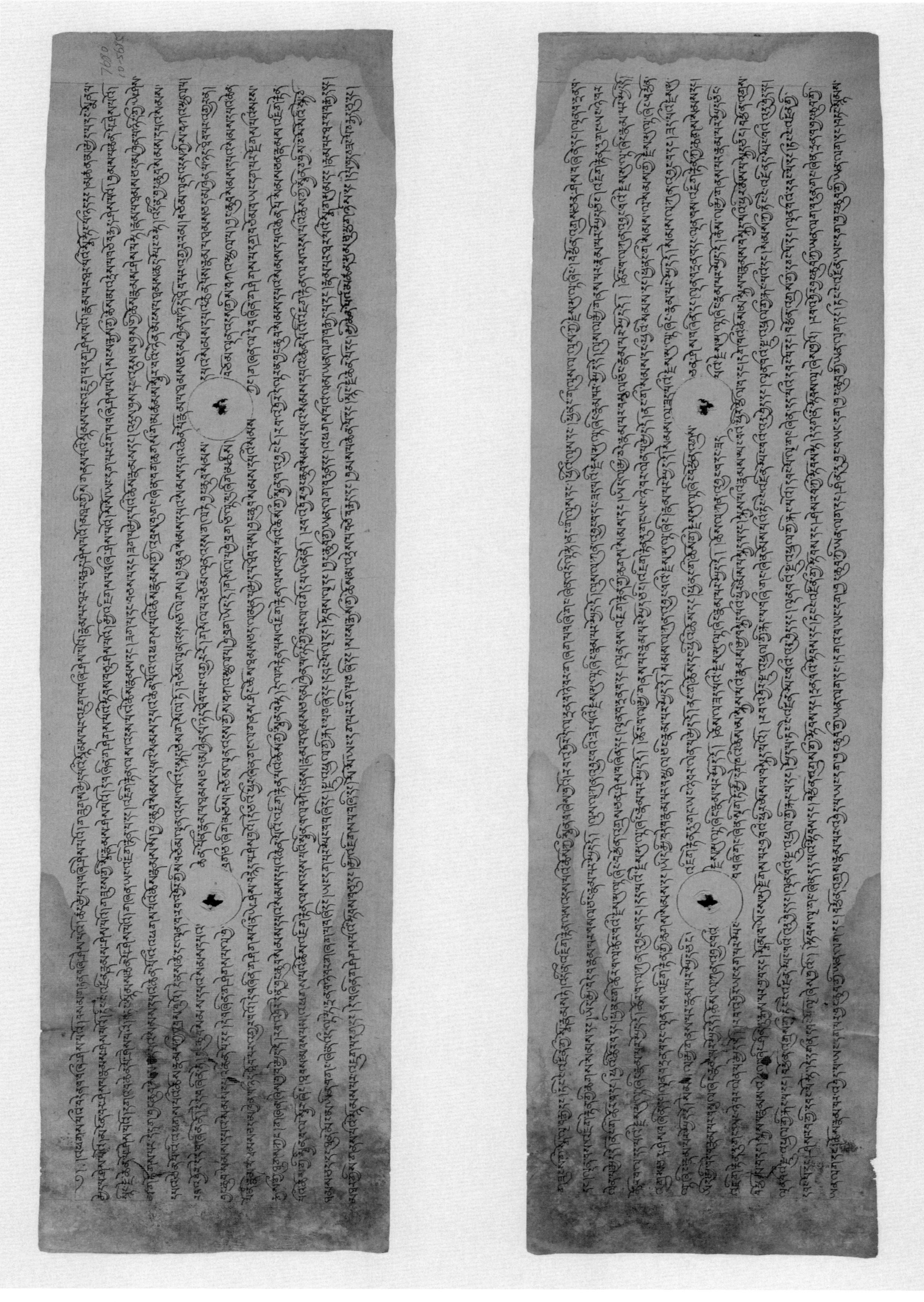

敦博 Db.t.5685 (R-V)　ཤེས་རབ་ཀྱི་ཕ་རོལ་ཏུ་ཕྱིན་པ་སྟོང་ཕྲག་བརྒྱ་པ།
十萬頌般若波羅蜜多經

敦博 Db.t.5686 (R-V)　ཤེས་རབ་ཀྱི་ཕ་རོལ་ཏུ་ཕྱིན་པ་སྟོང་ཕྲག་བརྒྱ་པ།
十萬頌般若波羅蜜多經

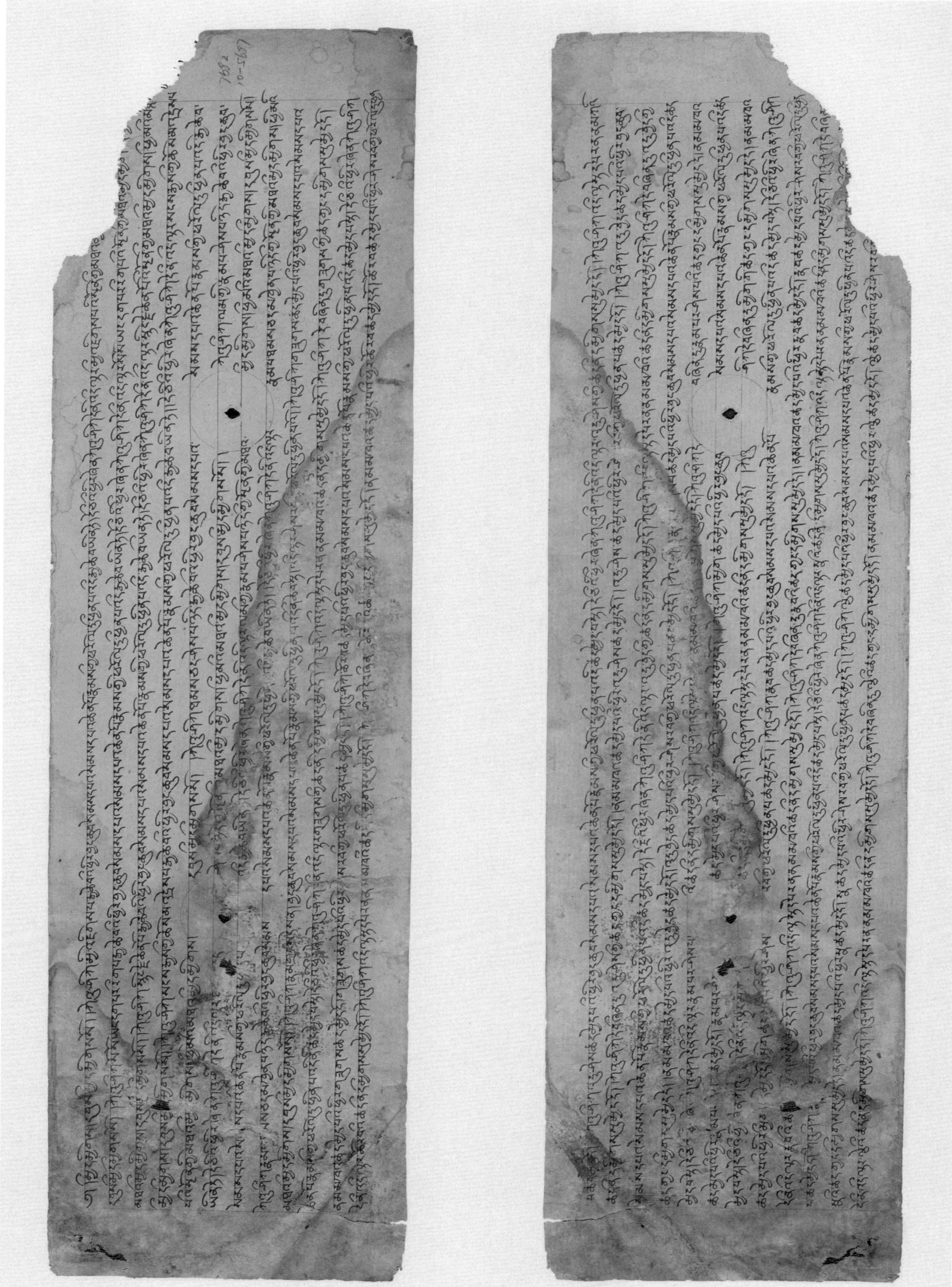

敦博 Db.t.5687 (R-V) ཤེས་རབ་ཀྱི་ཕ་རོལ་ཏུ་ཕྱིན་པ་སྟོང་ཕྲག་བརྒྱ་པ།
十萬頌般若波羅蜜多經

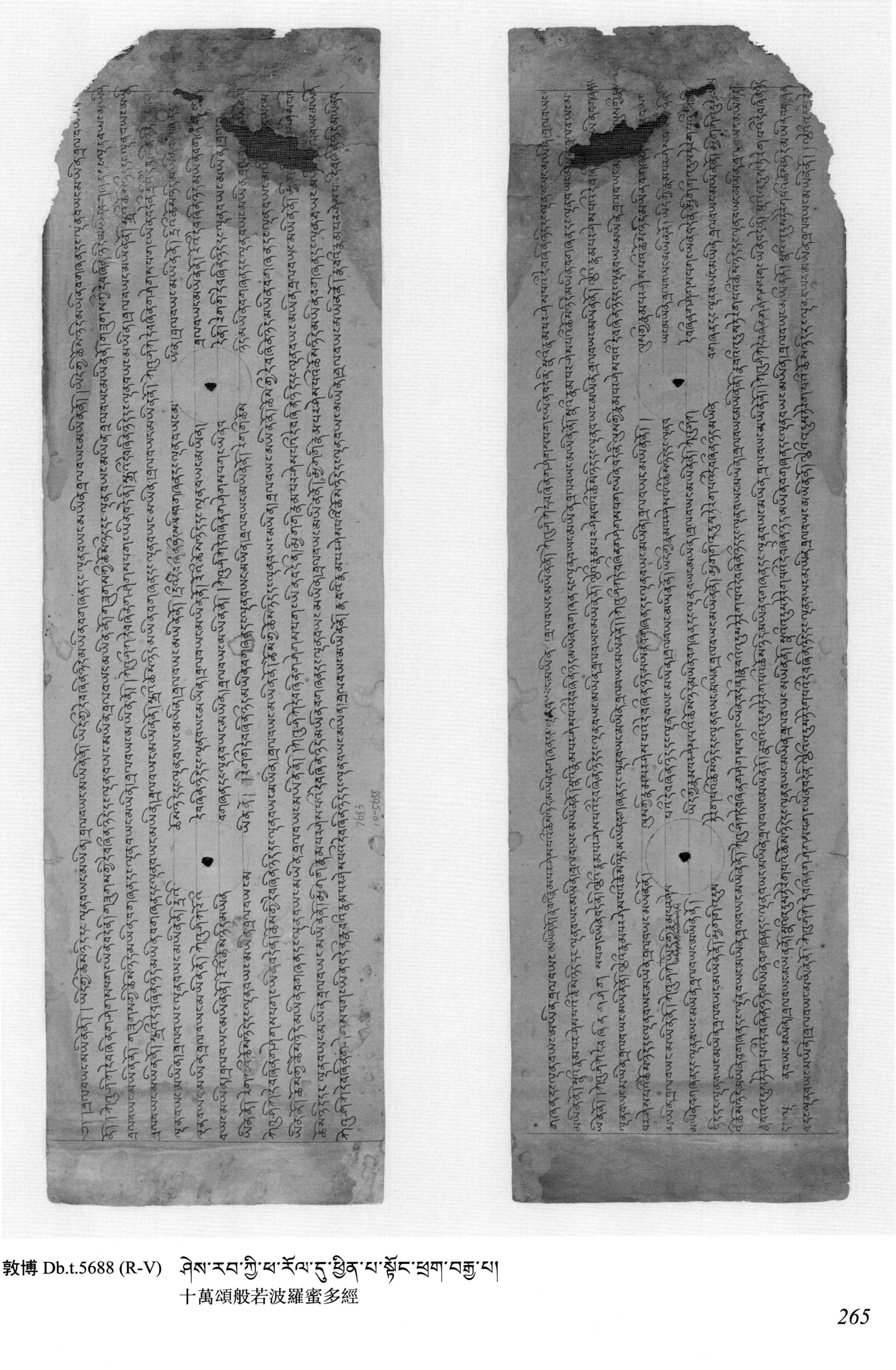

敦博 Db.t.5688 (R-V) ཤེས་རབ་ཀྱི་ཕ་རོལ་ཏུ་ཕྱིན་པ་སྟོང་ཕྲག་བརྒྱ་པ།
十萬頌般若波羅蜜多經

敦博 Db.t.5689 (R-V) ཤེས་རབ་ཀྱི་ཕ་རོལ་ཏུ་ཕྱིན་པ་སྟོང་ཕྲག་བརྒྱ་པ།
十萬頌般若波羅蜜多經

敦博 Db.t.5690 (R-V) ཤེས་རབ་ཀྱི་ཕ་རོལ་ཏུ་ཕྱིན་པ་སྟོང་ཕྲག་བརྒྱ་པ།
十萬頌般若波羅蜜多經

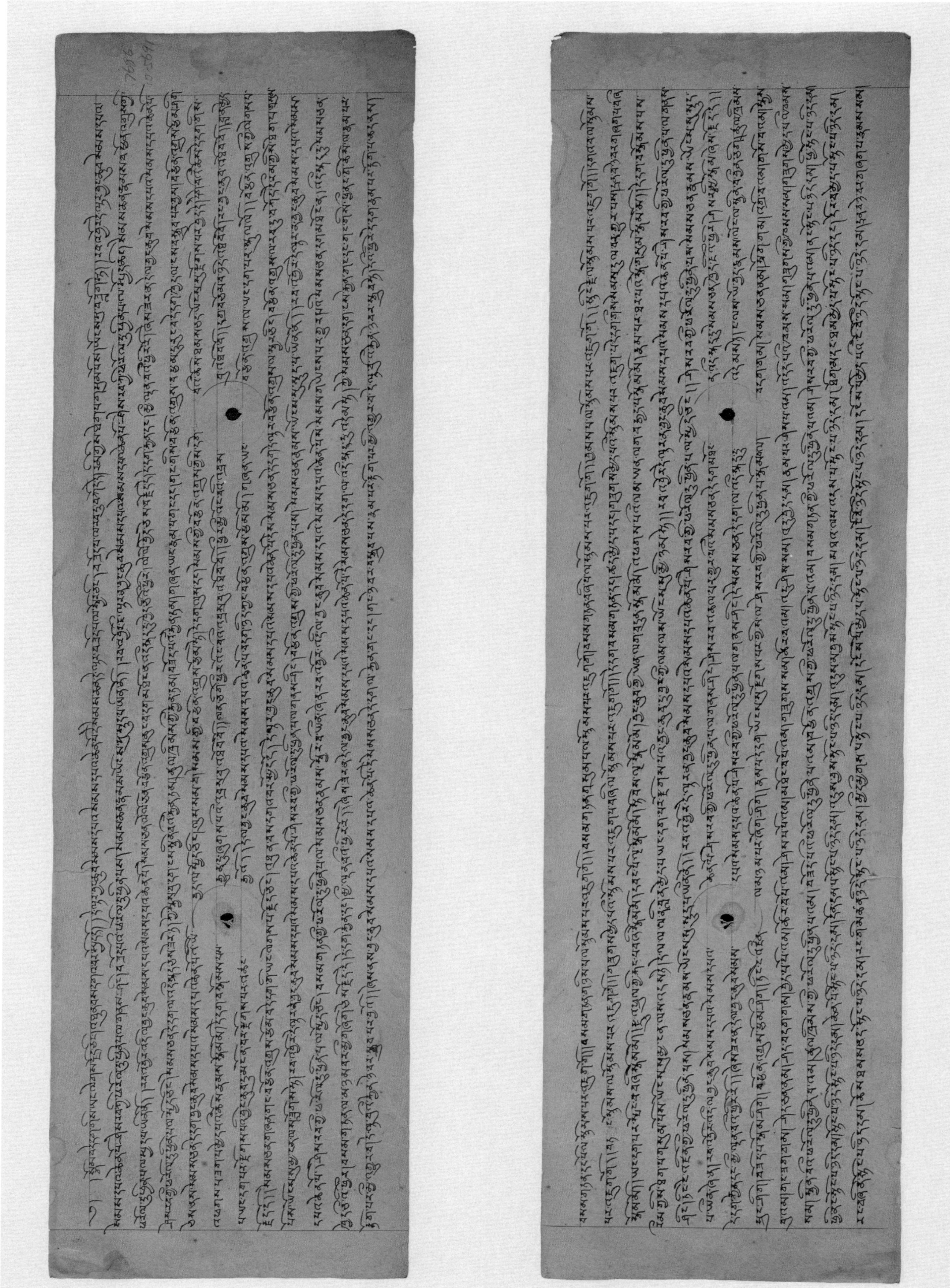

敦博 Db.t.5691 (R-V) ཤེས་རབ་ཀྱི་ཕ་རོལ་ཏུ་ཕྱིན་པ་སྟོང་ཕྲག་བརྒྱ་པ།
十萬頌般若波羅蜜多經

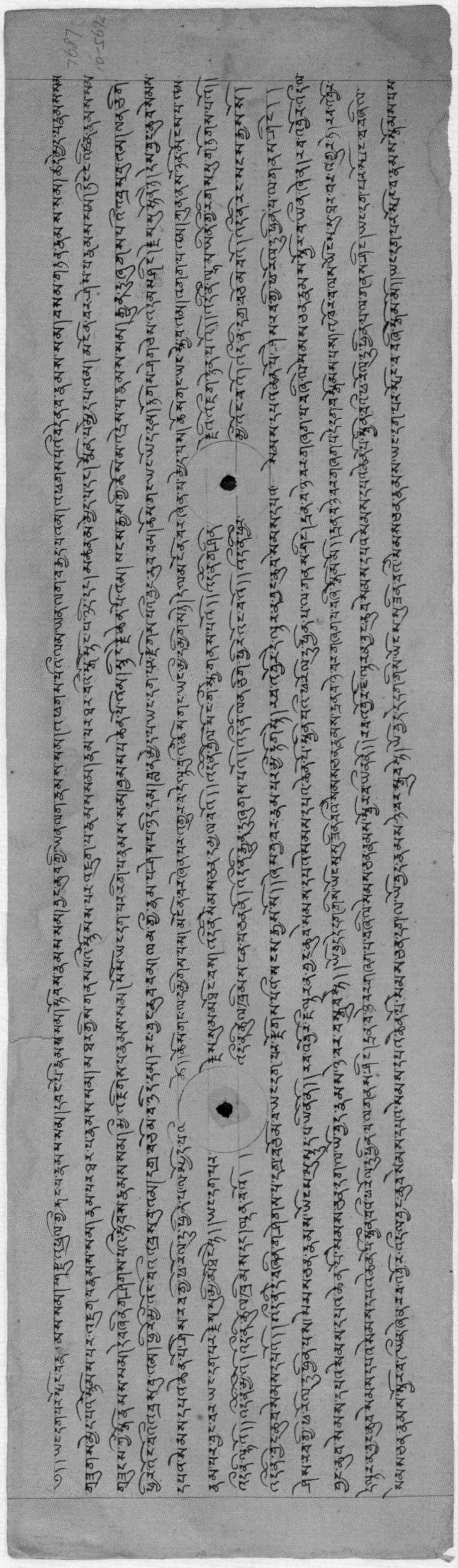

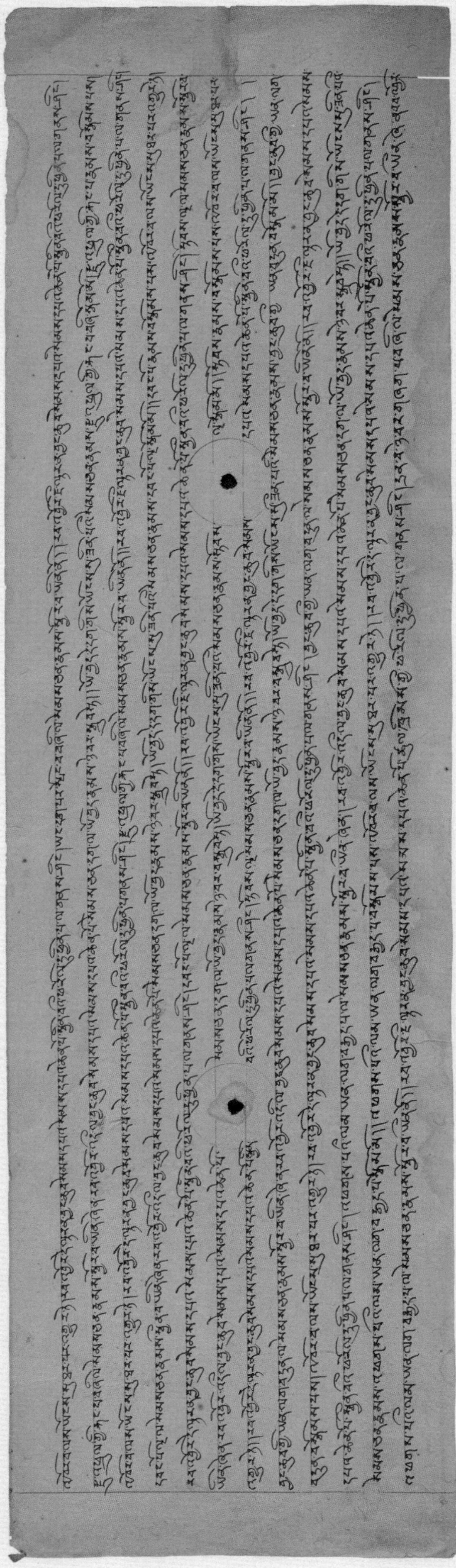

敦博 Db.t.5692 (R-V) ཤེས་རབ་ཀྱི་ཕ་རོལ་ཏུ་ཕྱིན་པ་སྟོང་ཕྲག་བརྒྱ་པ།
十萬頌般若波羅蜜多經

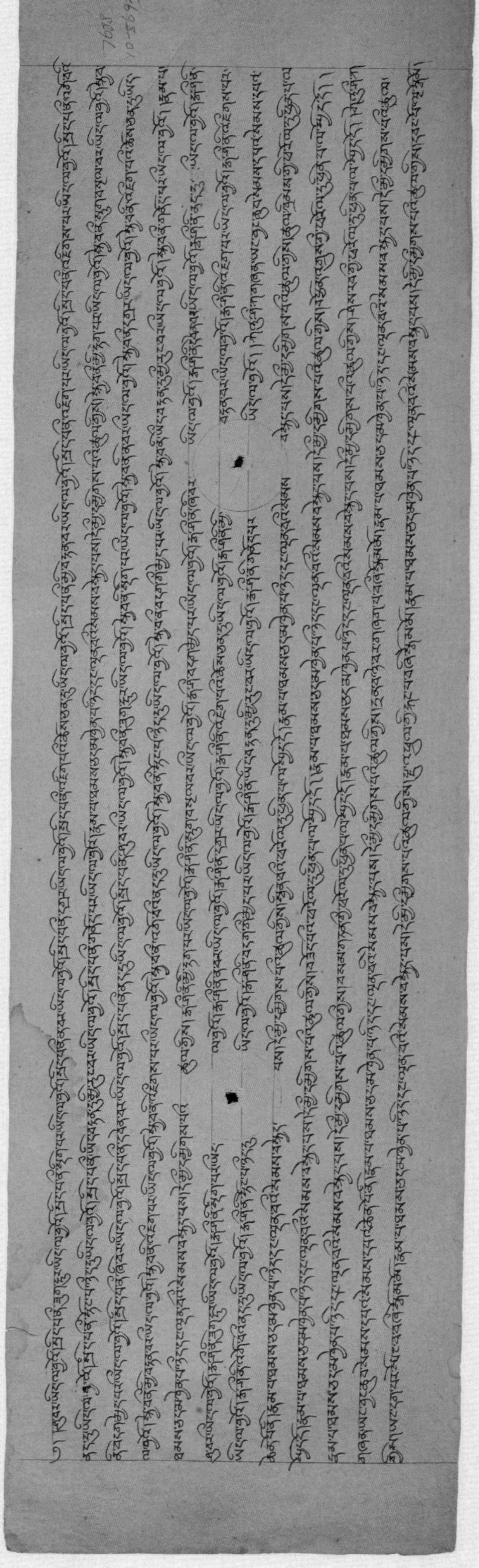

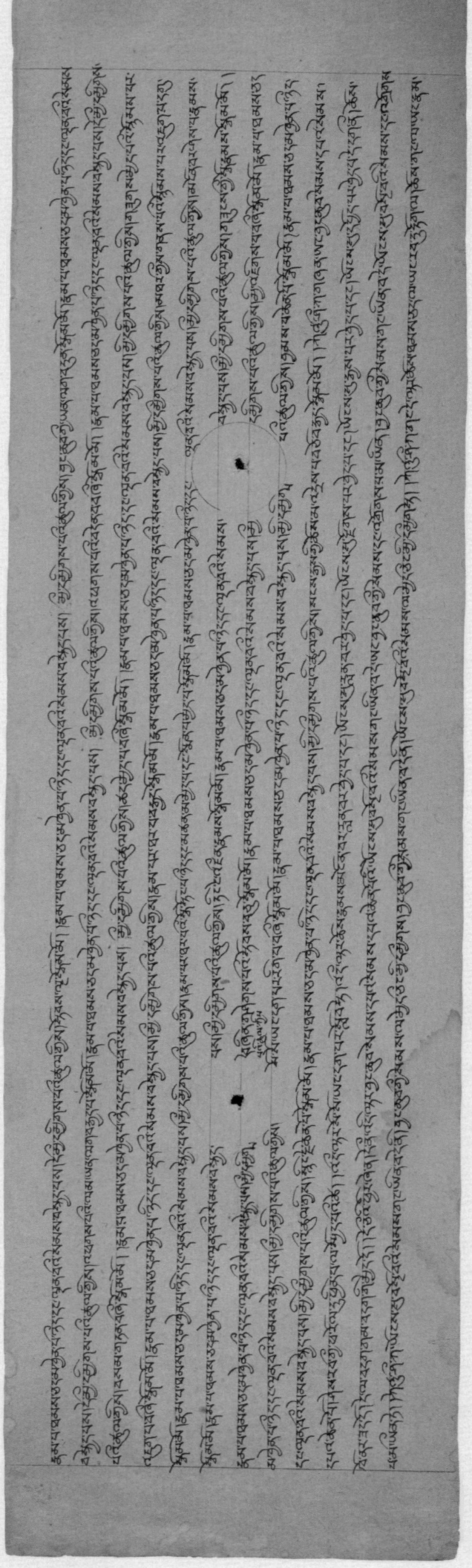

敦博 Db.t.5693 (R-V) ཤེས་རབ་ཀྱི་ཕ་རོལ་ཏུ་ཕྱིན་པ་སྟོང་ཕྲག་བརྒྱ་པ།
十萬頌般若波羅蜜多經

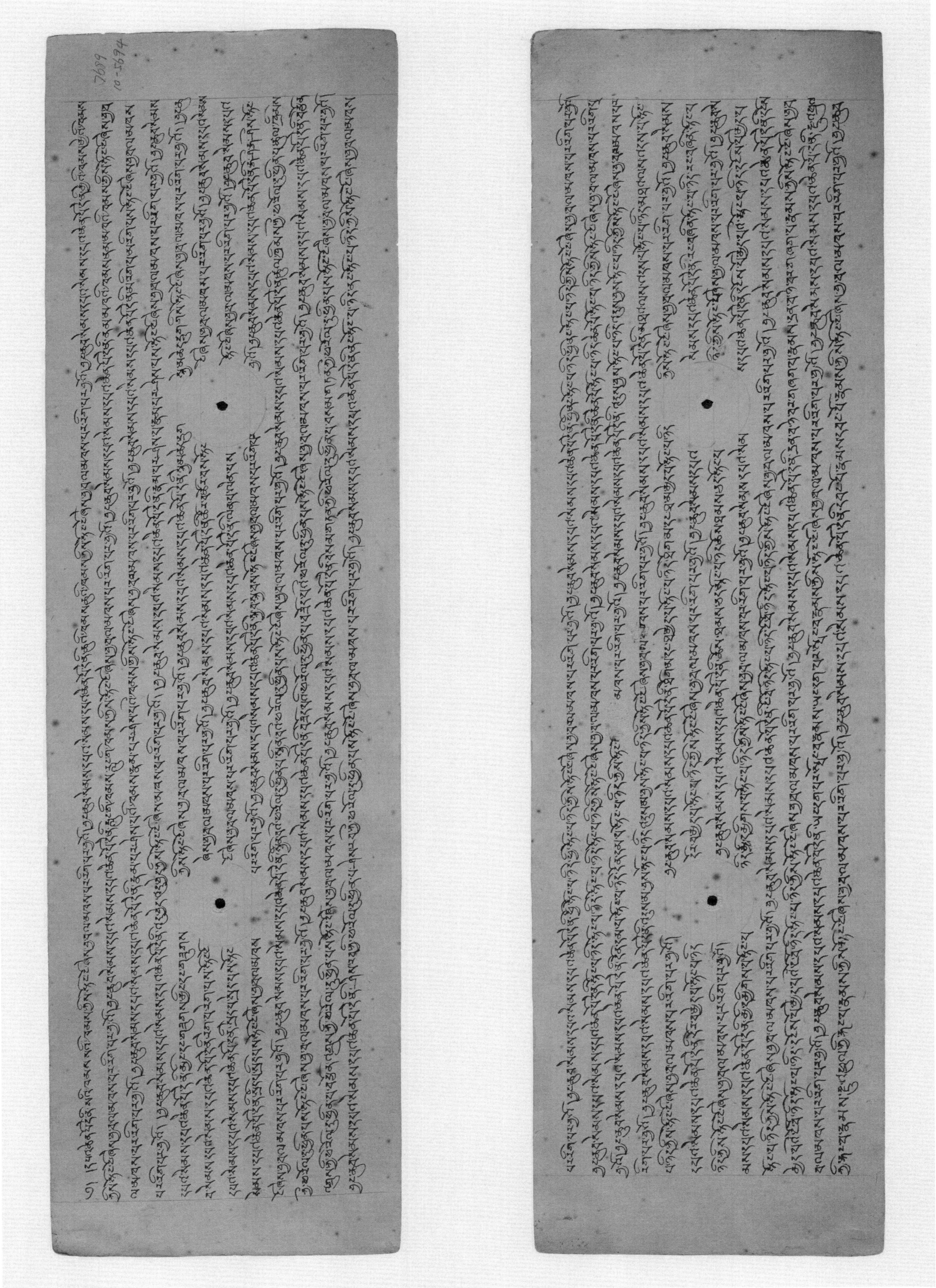

敦博 Db.t.5694 (R-V)　ཤེས་རབ་ཀྱི་ཕ་རོལ་ཏུ་ཕྱིན་པ་སྟོང་ཕྲག་བརྒྱ་པ།
十萬頌般若波羅蜜多經

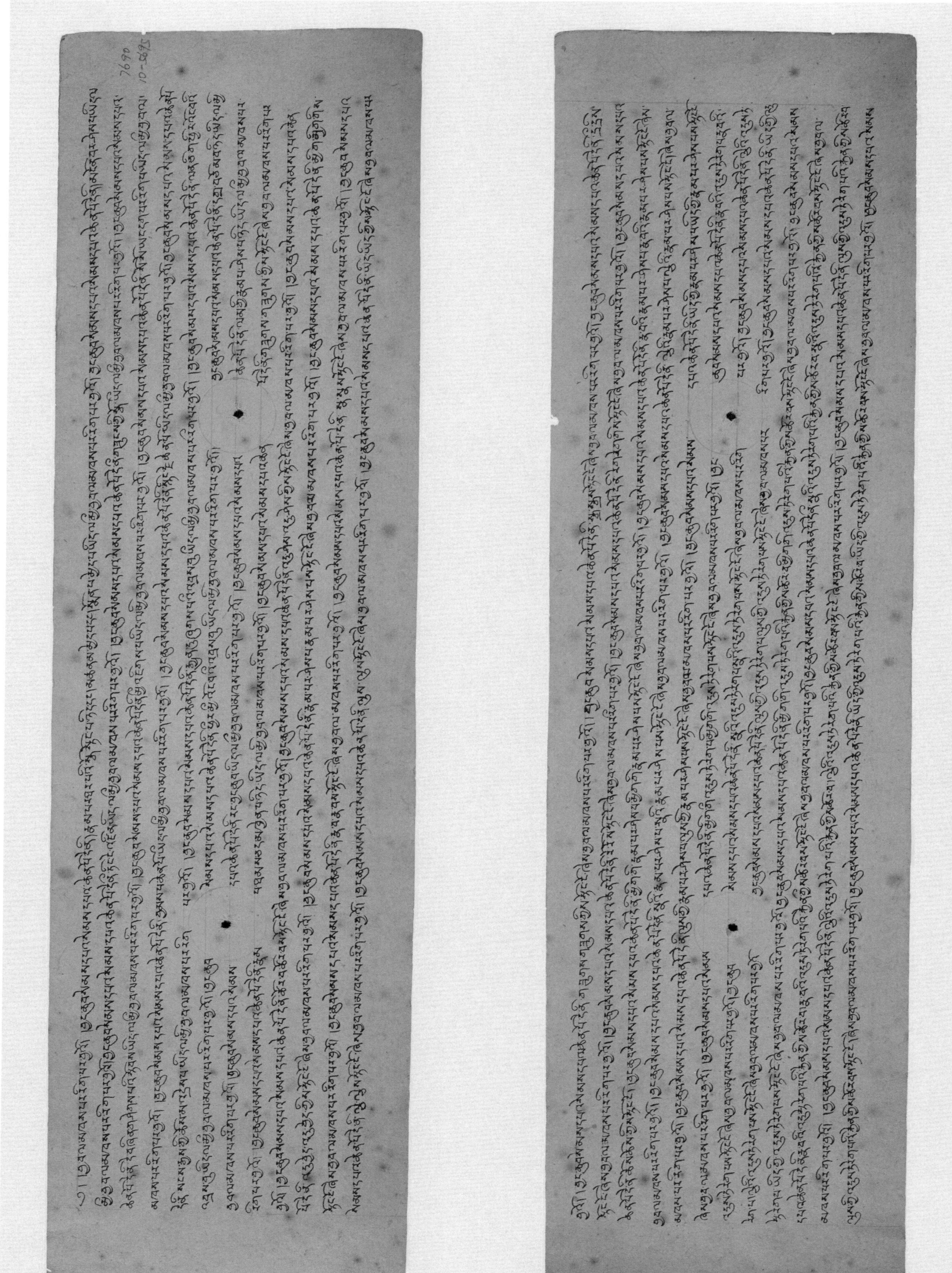

敦博 Db.t.5695 (R-V) ཤེས་རབ་ཀྱི་ཕ་རོལ་ཏུ་ཕྱིན་པ་སྟོང་ཕྲག་བརྒྱ་པ།
十萬頌般若波羅蜜多經

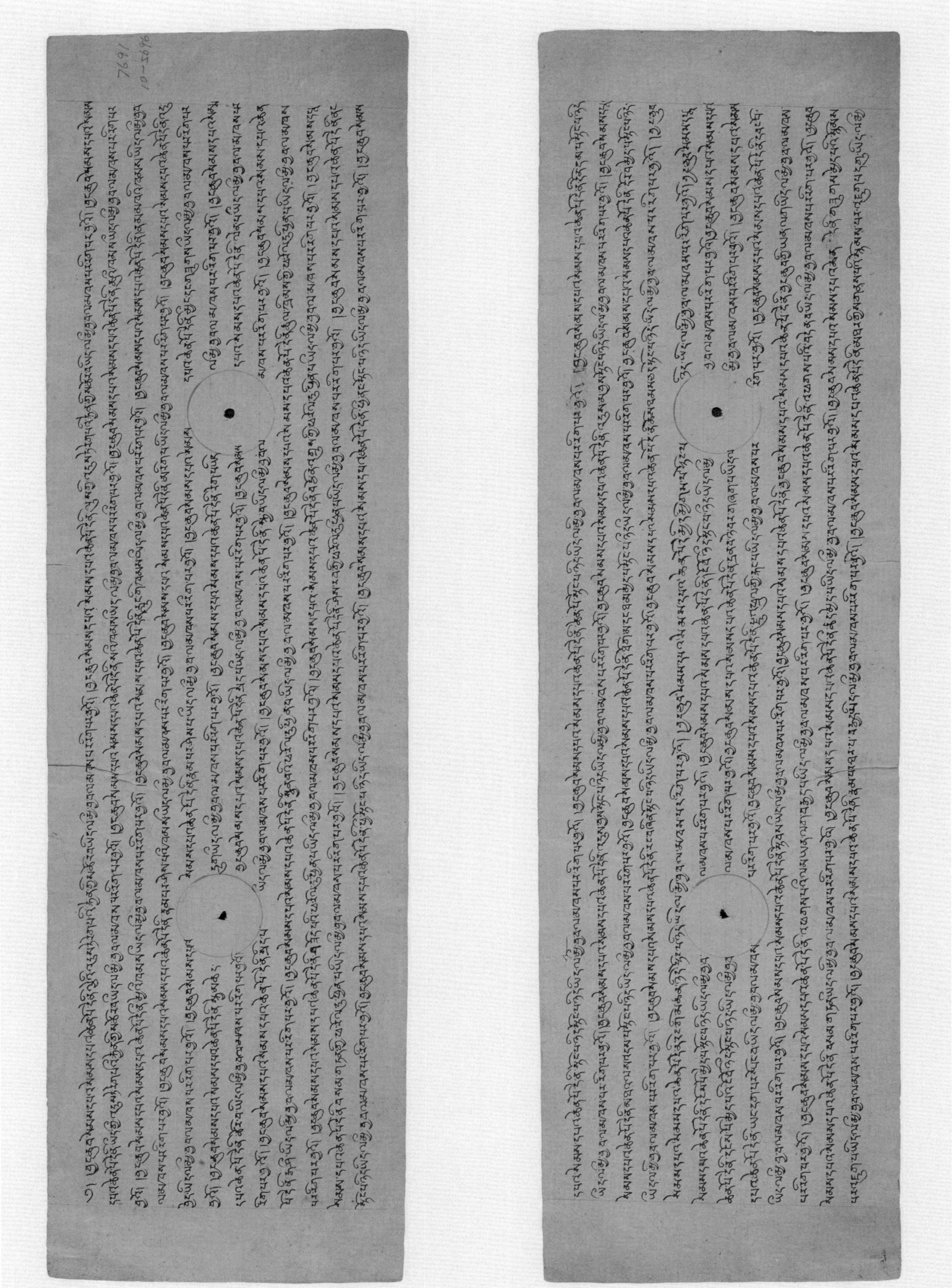

敦博 Db.t.5696 (R-V) ཤེས་རབ་ཀྱི་ཕ་རོལ་ཏུ་ཕྱིན་པ་སྟོང་ཕྲག་བརྒྱ་པ།

十萬頌般若波羅蜜多經

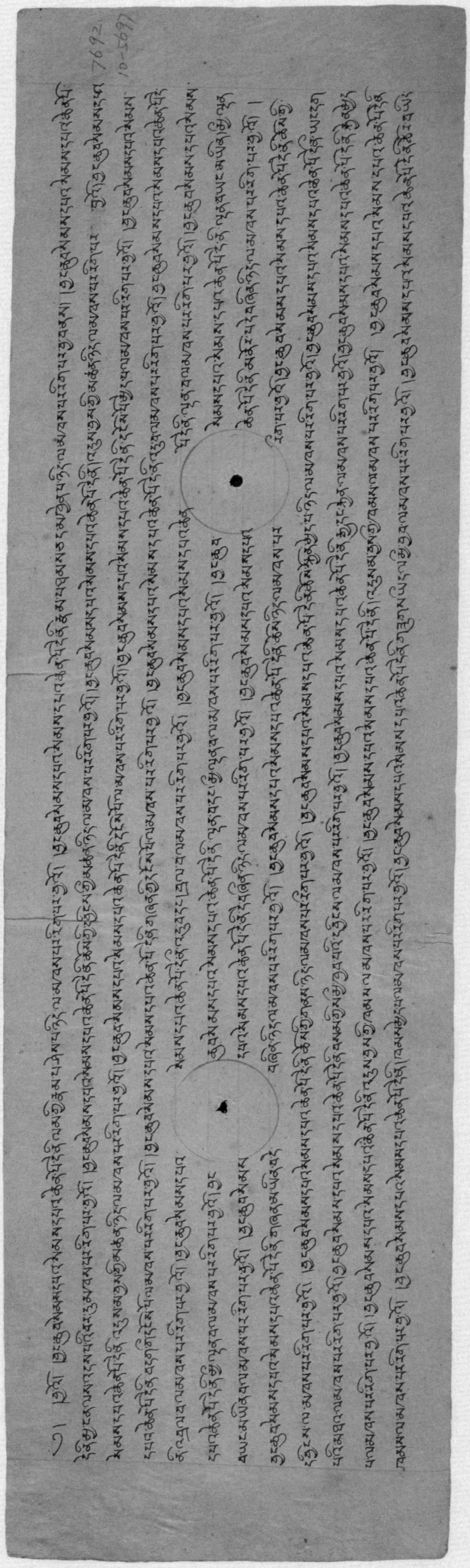

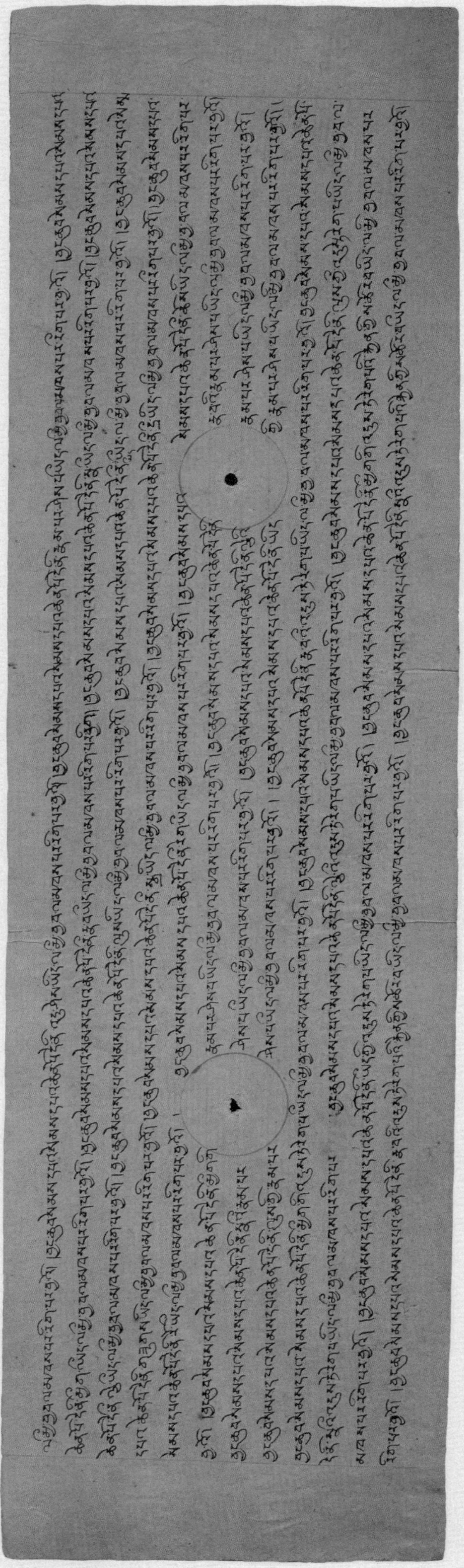

敦博 Db.t.5697 (R-V) ཤེས་རབ་ཀྱི་ཕ་རོལ་ཏུ་ཕྱིན་པ་སྟོང་ཕྲག་བརྒྱ་པ།
十萬頌般若波羅蜜多經

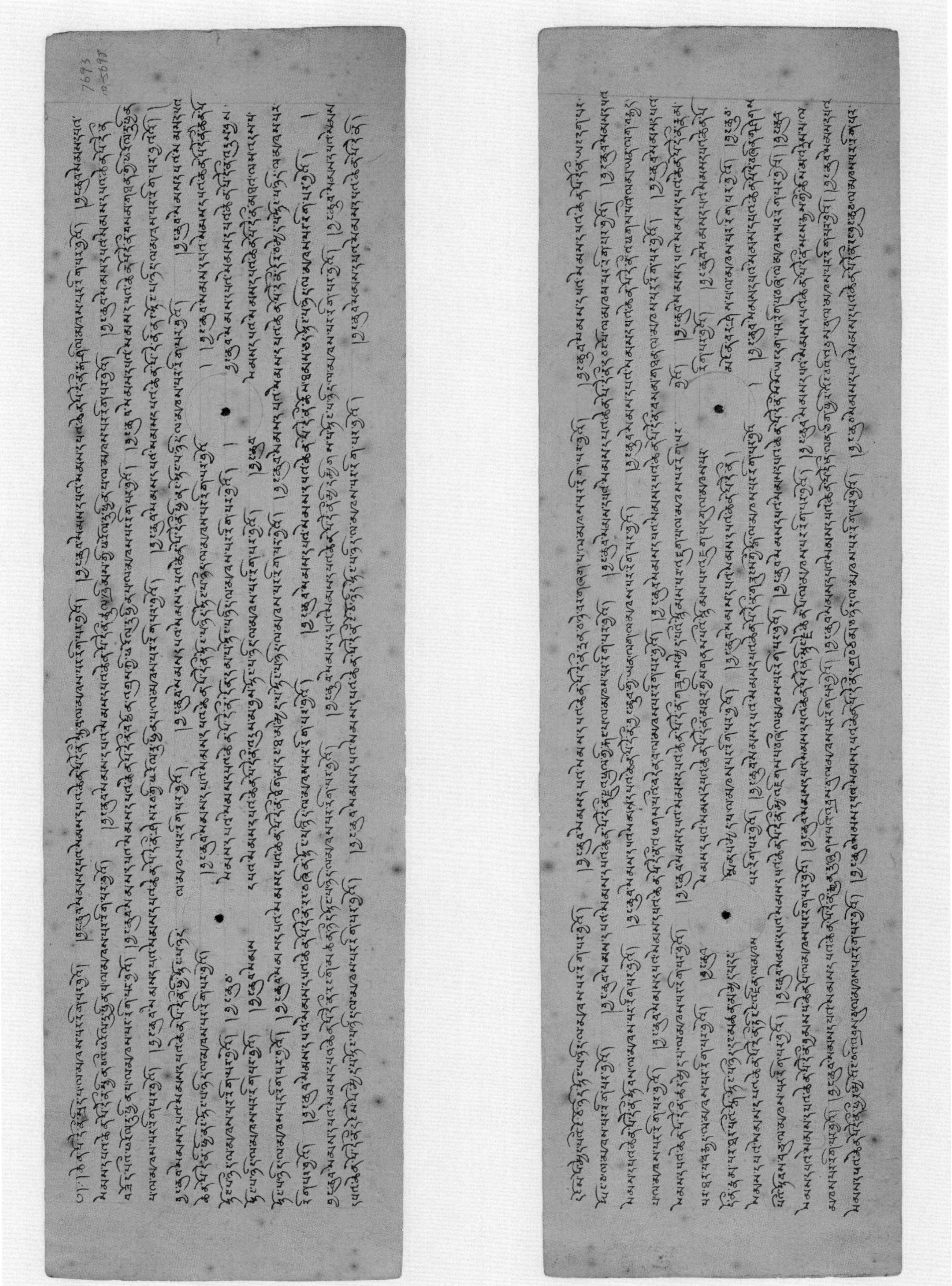

敦博 Db.t.5698 (R-V) ཤེས་རབ་ཀྱི་ཕ་རོལ་ཏུ་ཕྱིན་པ་སྟོང་ཕྲག་བརྒྱ་པ།
十萬頌般若波羅蜜多經

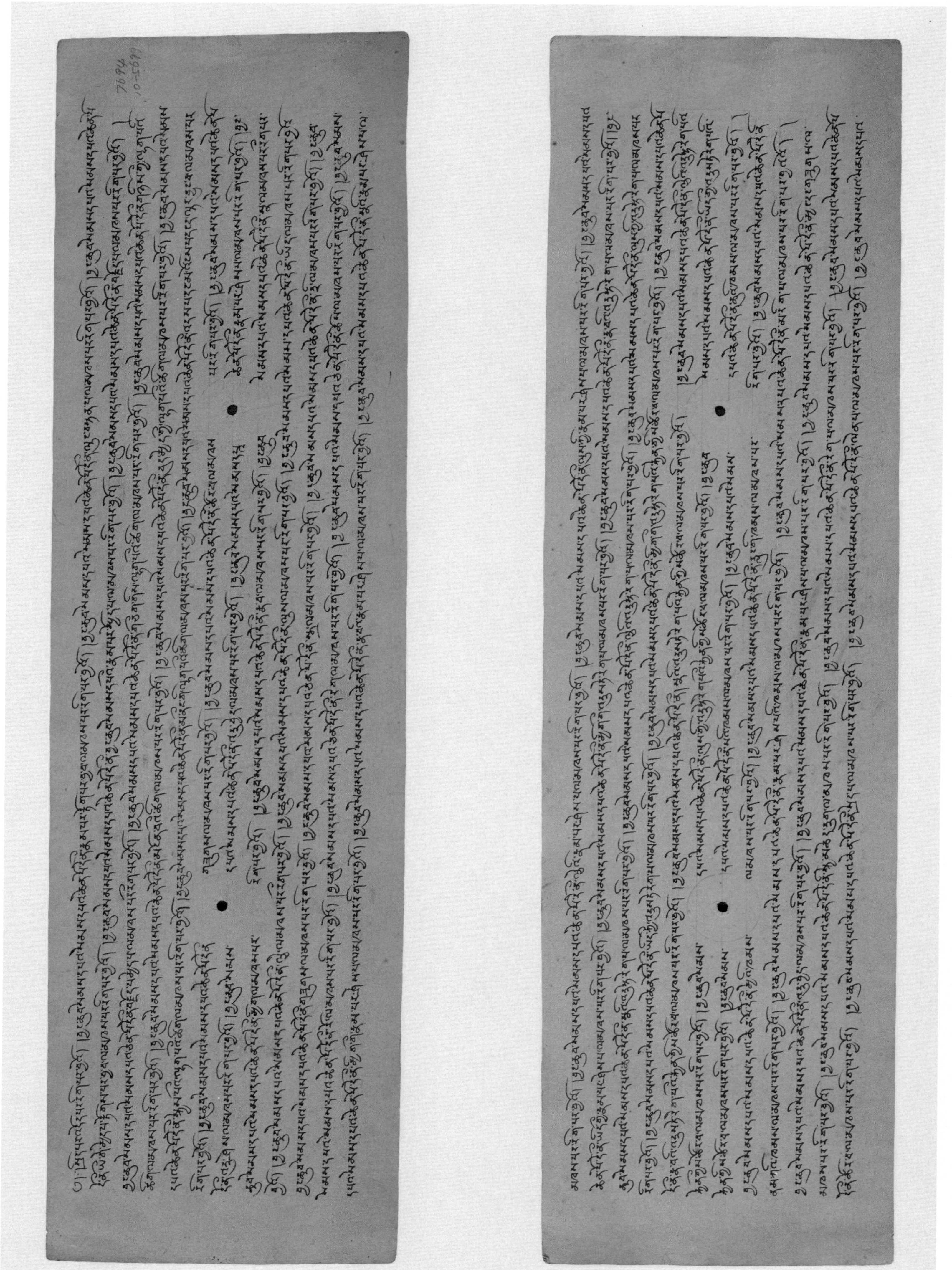

敦博 Db.t.5699 (R-V) ཤེས་རབ་ཀྱི་ཕ་རོལ་ཏུ་ཕྱིན་པ་སྟོང་ཕྲག་བརྒྱ་པ།
十萬頌般若波羅蜜多經

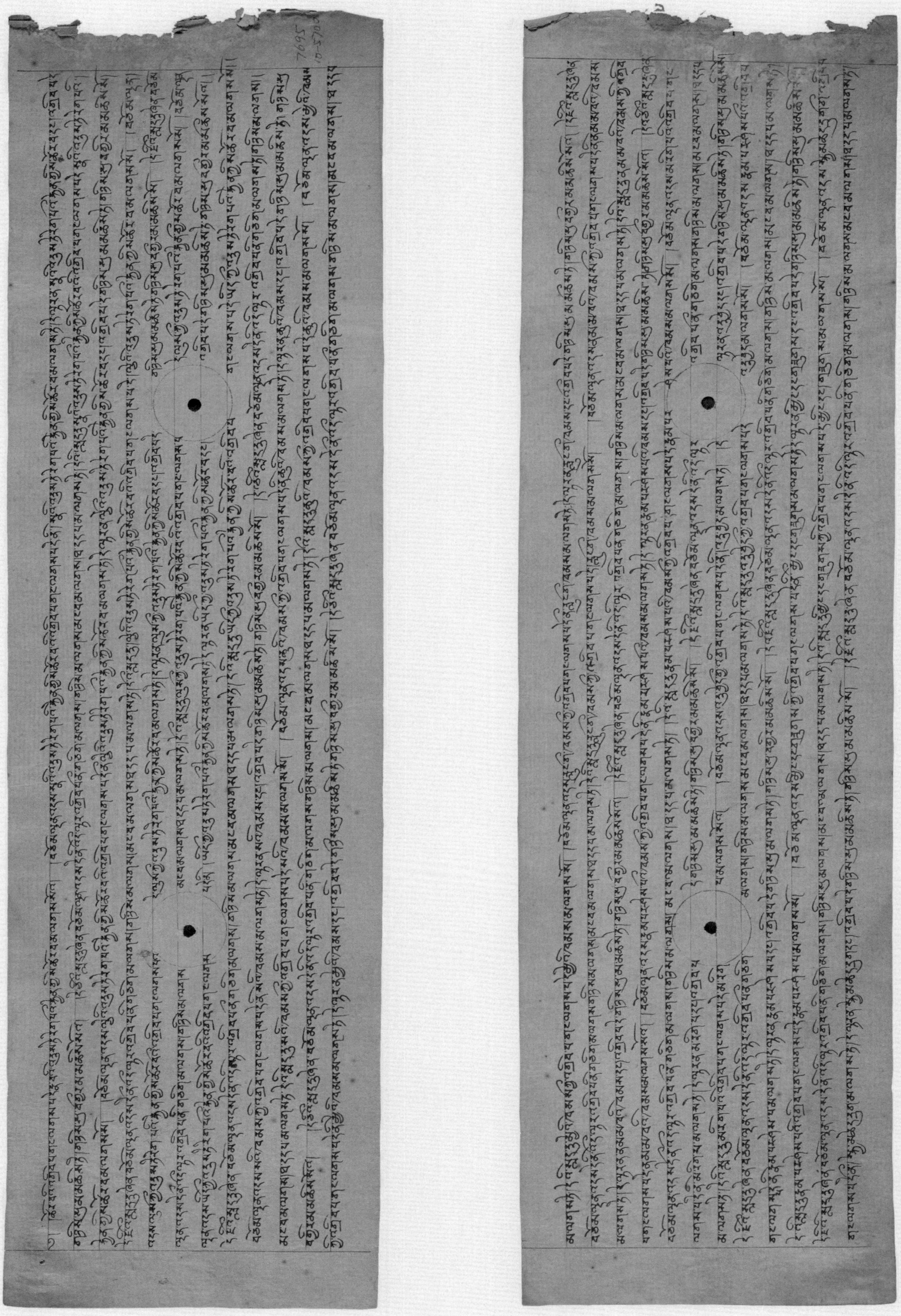

敦博 Db.t.5700 (R-V) ཤེས་རབ་ཀྱི་ཕ་རོལ་ཏུ་ཕྱིན་པ་སྟོང་ཕྲག་བརྒྱ་པ།
十萬頌般若波羅蜜多經

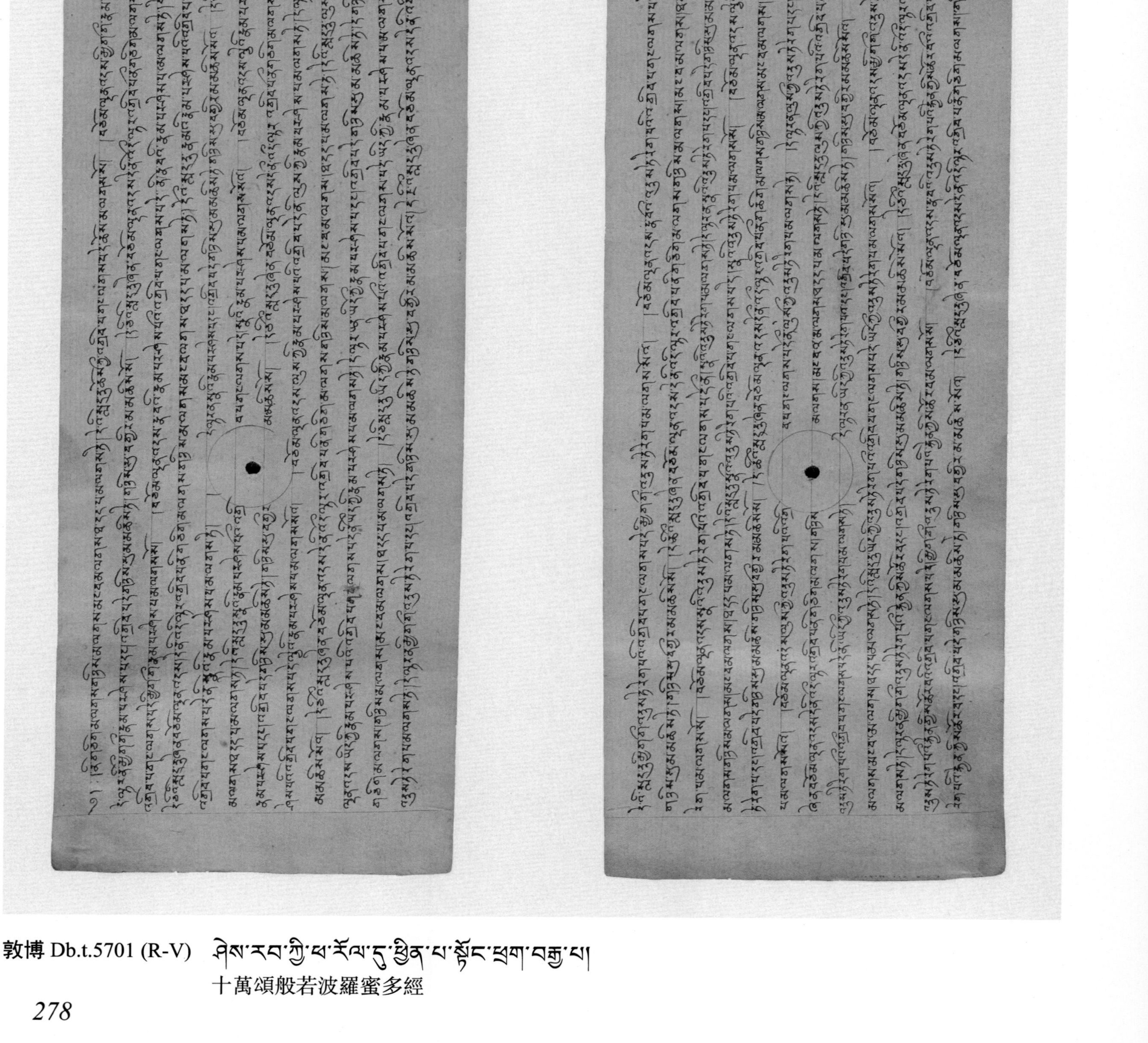

敦博 Db.t.5701 (R-V) ཤེས་རབ་ཀྱི་ཕ་རོལ་ཏུ་ཕྱིན་པ་སྟོང་ཕྲག་བརྒྱ་པ།
十萬頌般若波羅蜜多經

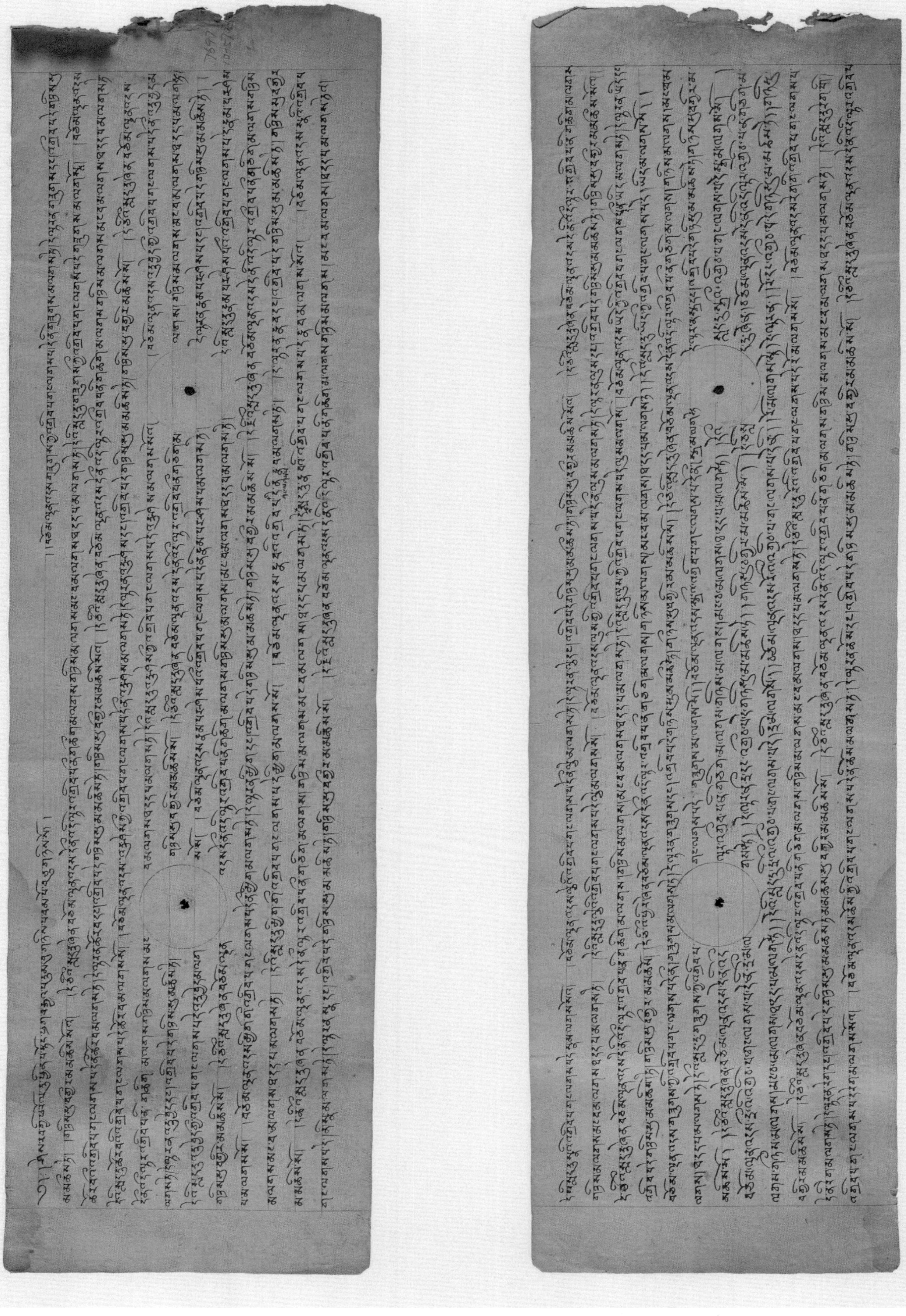

敦博 Db.t.5702 (R-V) ཤེས་རབ་ཀྱི་ཕ་རོལ་ཏུ་ཕྱིན་པ་སྟོང་ཕྲག་བརྒྱའ་པ་དུམ་བུ་གཉིས་པ་བམ་པོ་བཅུ་གཉིས་སོ།།
十萬頌般若波羅蜜多經第二卷第十二品

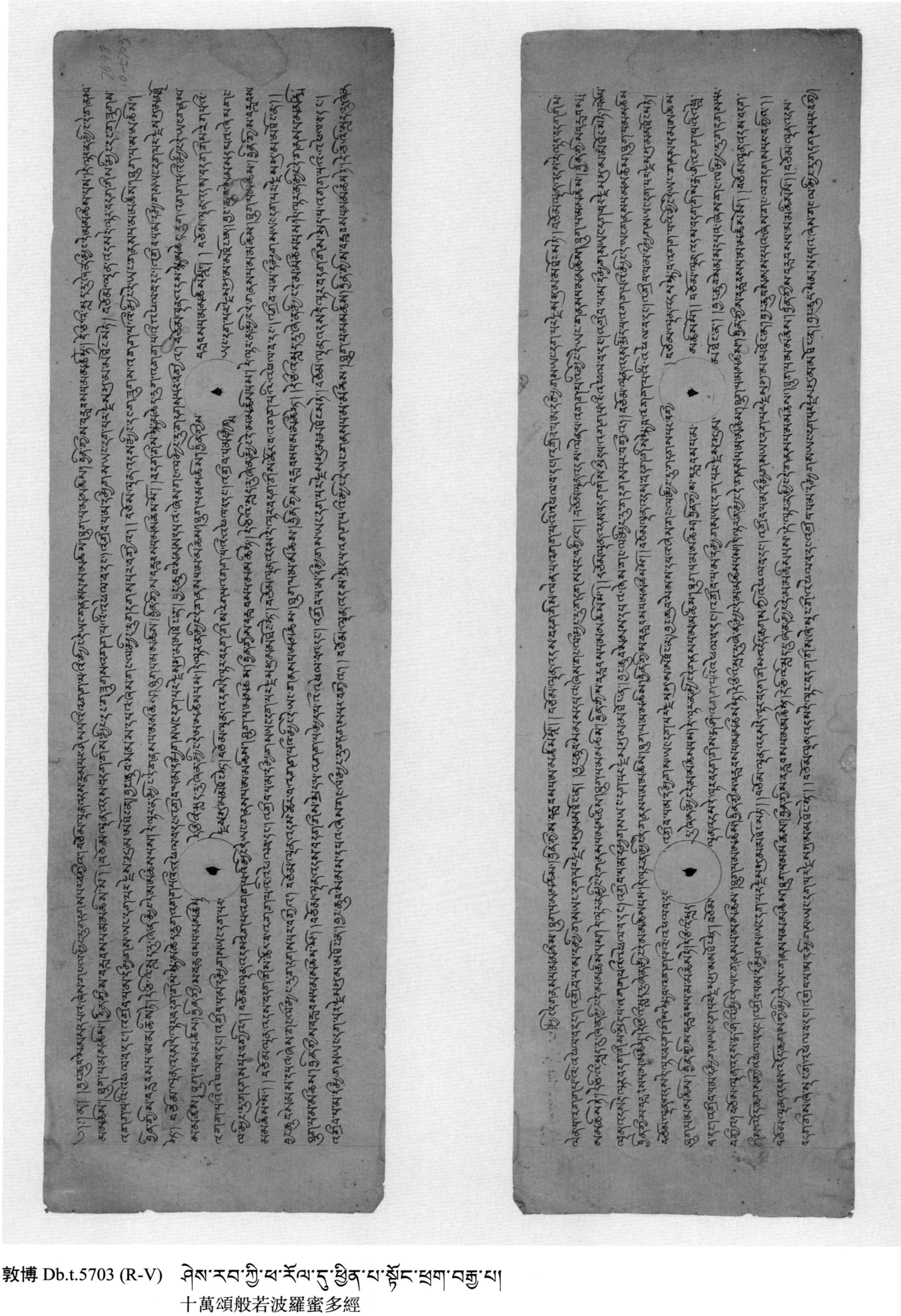

敦博 Db.t.5703 (R-V) ཤེས་རབ་ཀྱི་ཕ་རོལ་ཏུ་ཕྱིན་པ་སྟོང་ཕྲག་བརྒྱ་པ།
十萬頌般若波羅蜜多經

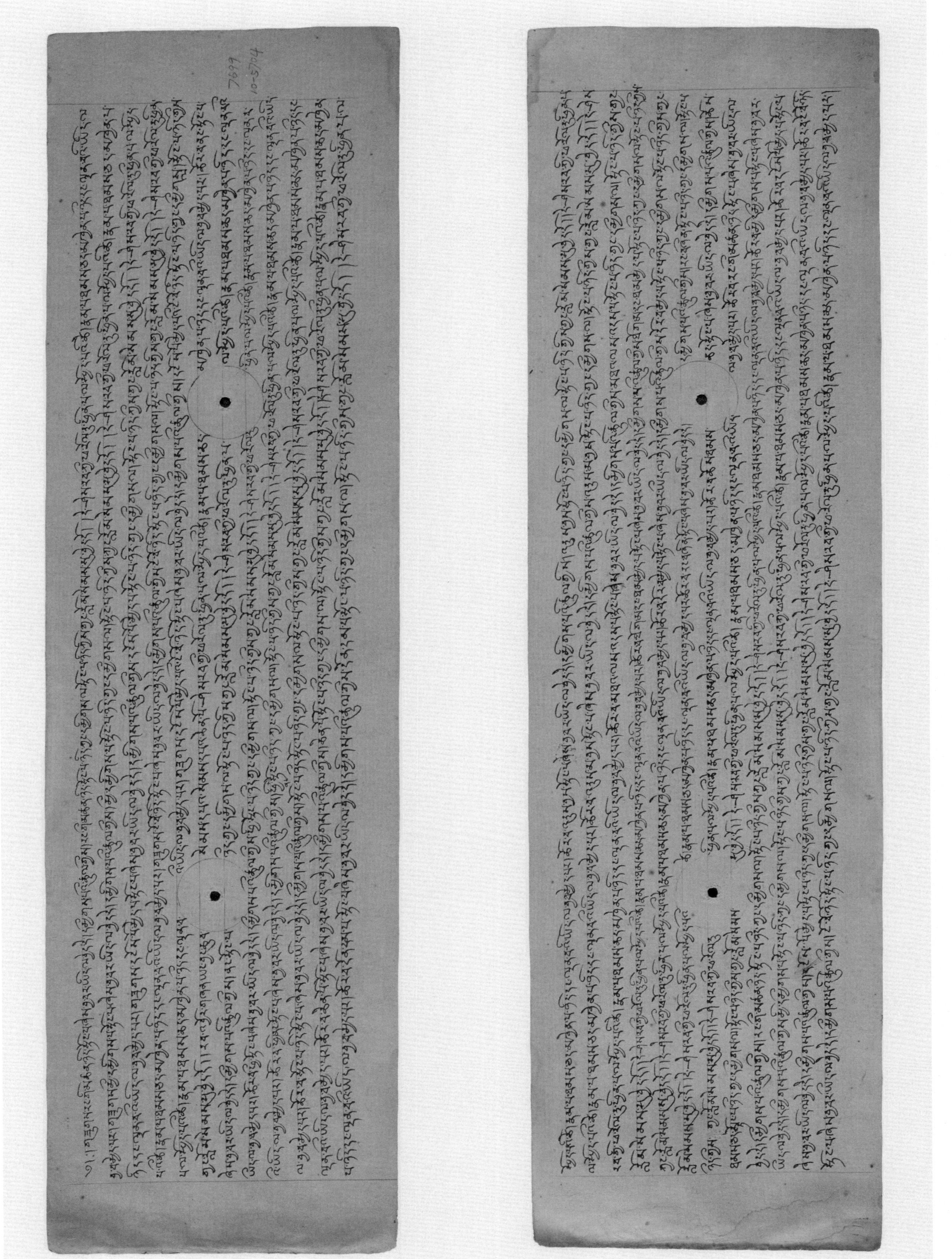

敦博 Db.t.5704 (R-V) ཤེས་རབ་ཀྱི་ཕ་རོལ་ཏུ་ཕྱིན་པ་སྟོང་ཕྲག་བརྒྱ་པ།
十萬頌般若波羅蜜多經

敦博 Db.t.5705 (R-V) ཤེས་རབ་ཀྱི་ཕ་རོལ་ཏུ་ཕྱིན་པ་སྟོང་ཕྲག་བརྒྱ་པ།
十萬頌般若波羅蜜多經

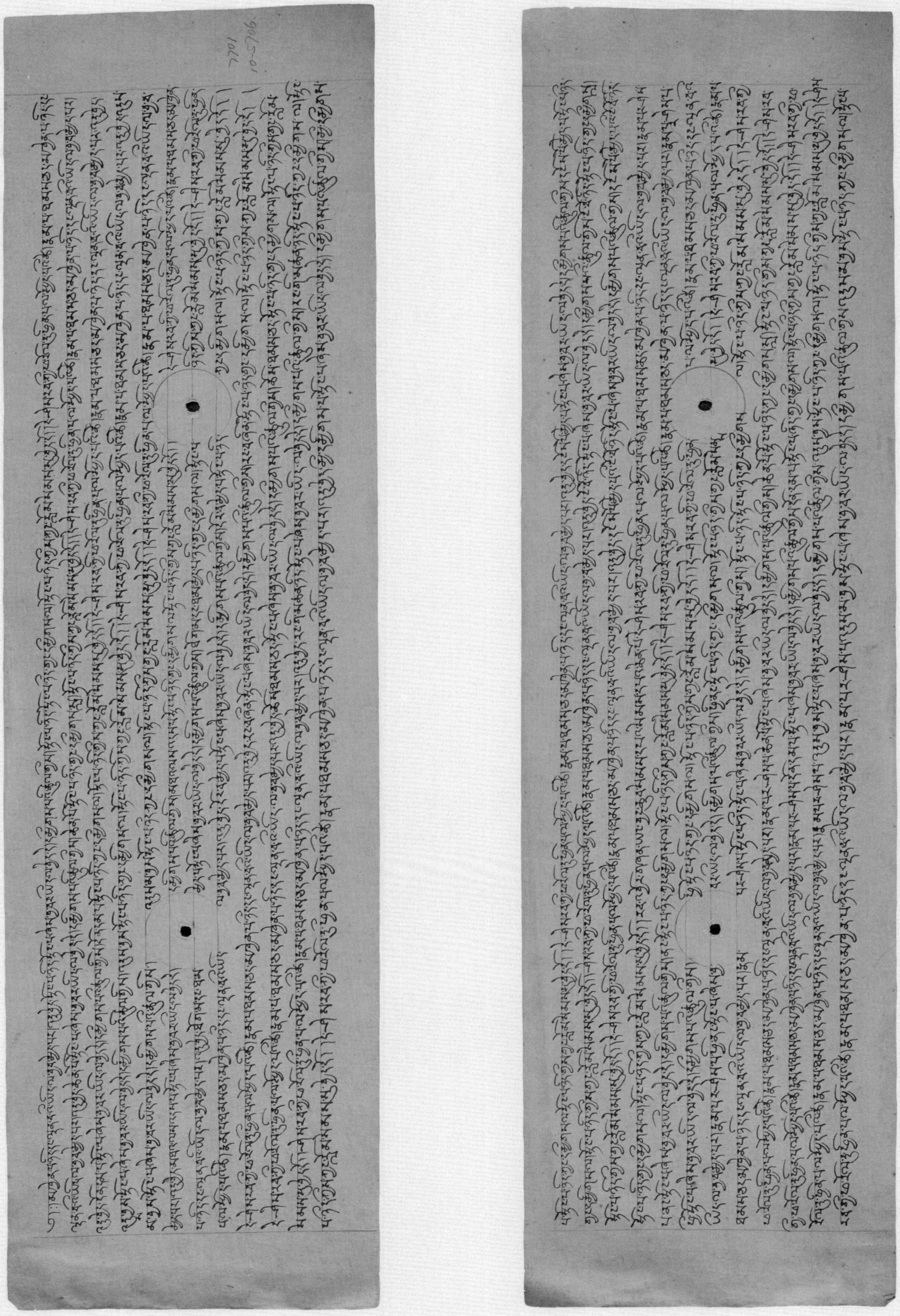

敦博 Db.t.5706 (R-V) ཤེས་རབ་ཀྱི་ཕ་རོལ་ཏུ་ཕྱིན་པ་སྟོང་ཕྲག་བརྒྱ་པ།
十萬頌般若波羅蜜多經

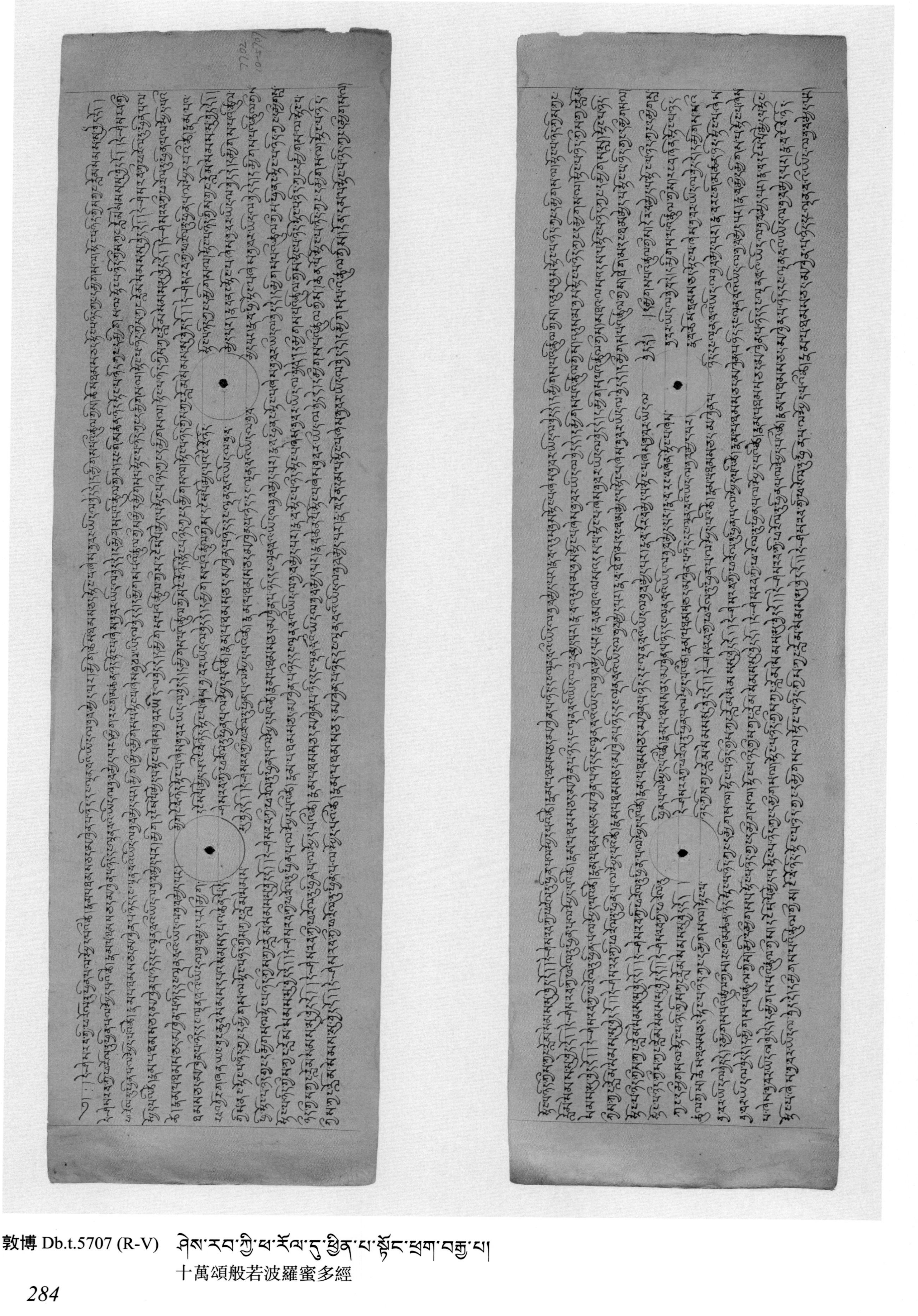

敦博 Db.t.5707 (R-V) ཤེས་རབ་ཀྱི་ཕ་རོལ་ཏུ་ཕྱིན་པ་སྟོང་ཕྲག་བརྒྱ་པ།
十萬頌般若波羅蜜多經

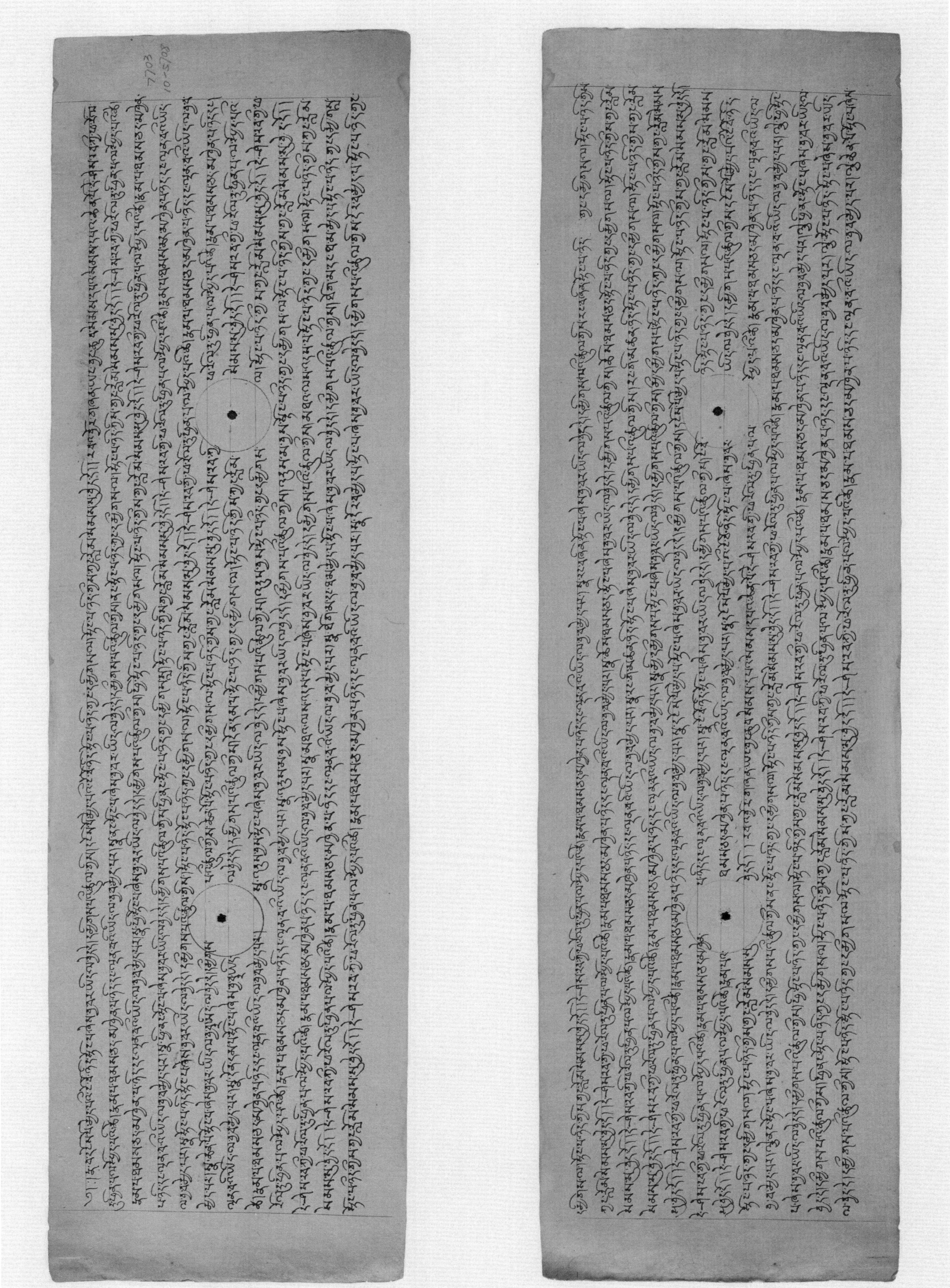

敦博 Db.t.5708 (R-V) ཤེས་རབ་ཀྱི་ཕ་རོལ་ཏུ་ཕྱིན་པ་སྟོང་ཕྲག་བརྒྱ་པ།
十萬頌般若波羅蜜多經

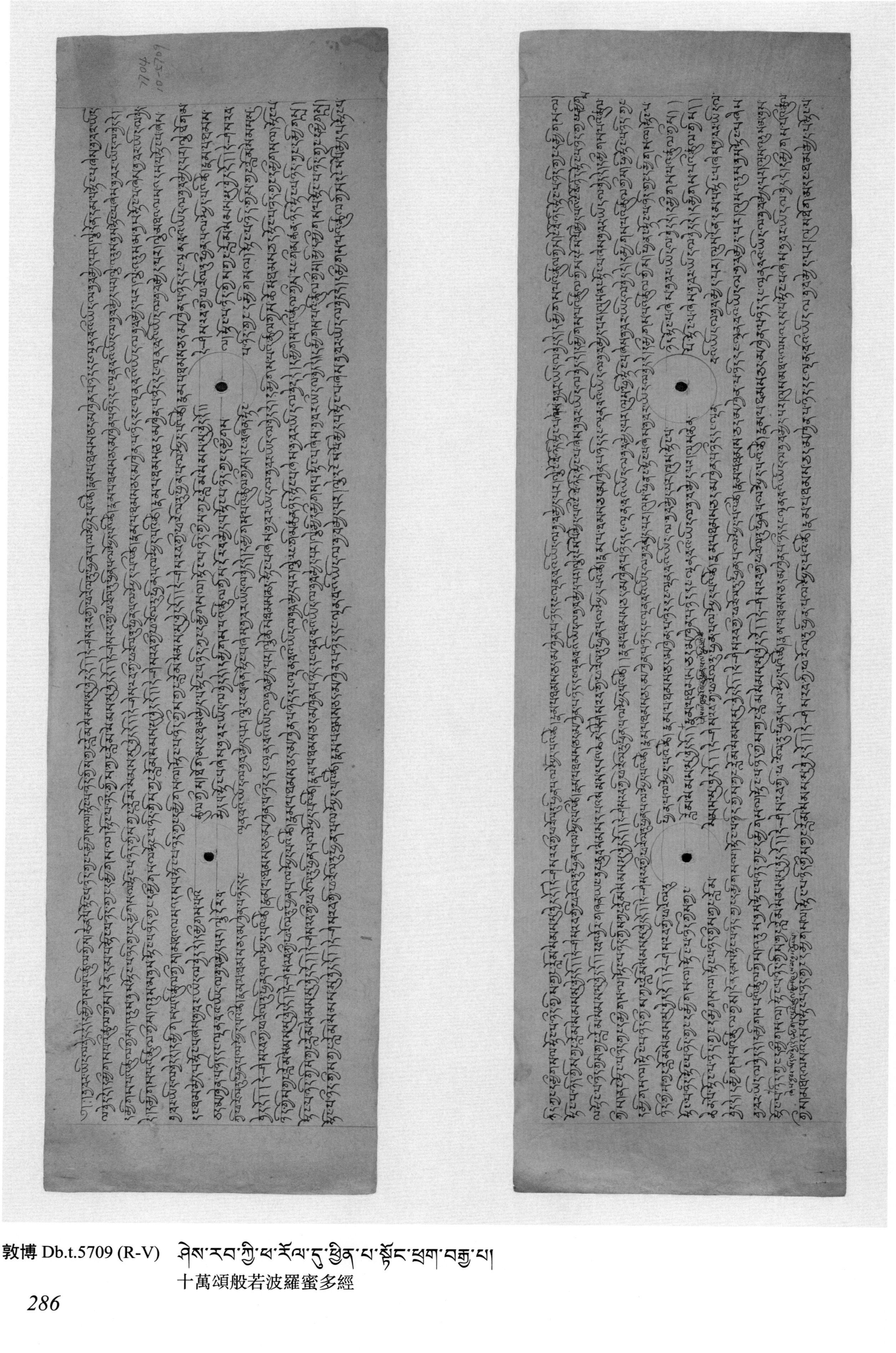

敦博 Db.t.5709 (R-V) ཤེས་རབ་ཀྱི་ཕ་རོལ་ཏུ་ཕྱིན་པ་སྟོང་ཕྲག་བརྒྱ་པ།
十萬頌般若波羅蜜多經

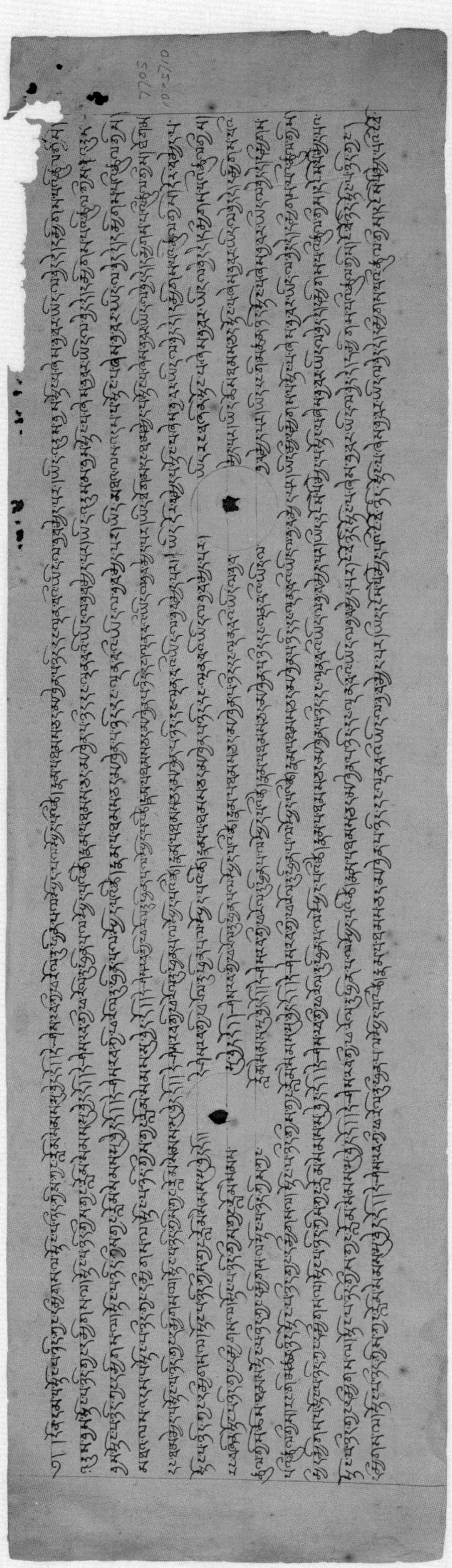
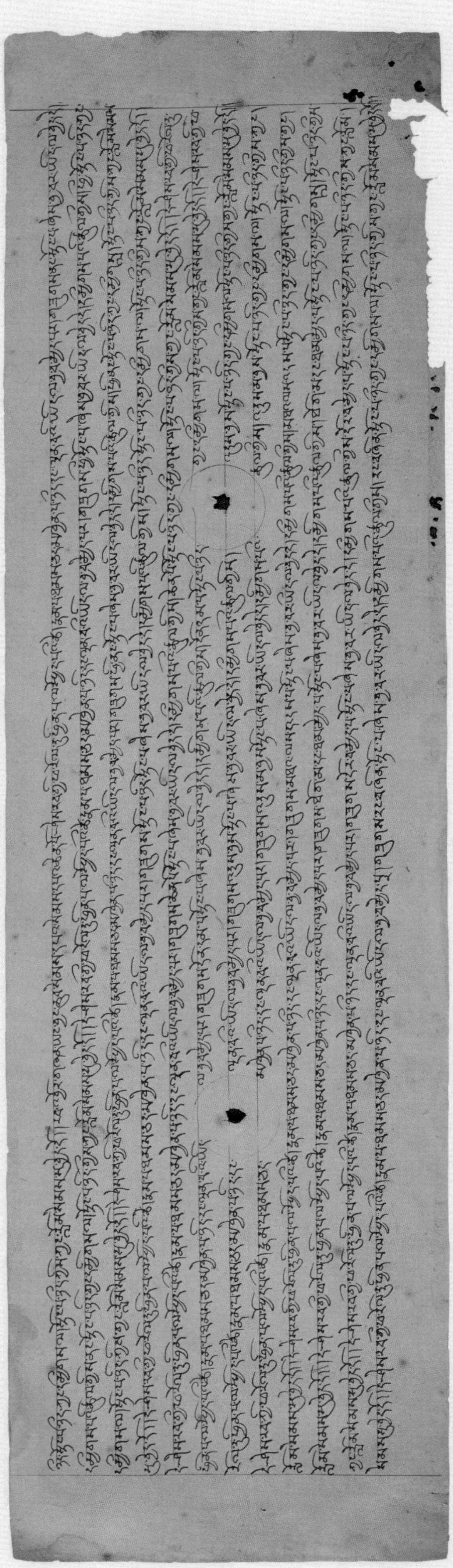

敦博 Db.t.5710 (R-V) ཤེས་རབ་ཀྱི་ཕ་རོལ་ཏུ་ཕྱིན་པ་སྟོང་ཕྲག་བརྒྱ་པ།
十萬頌般若波羅蜜多經

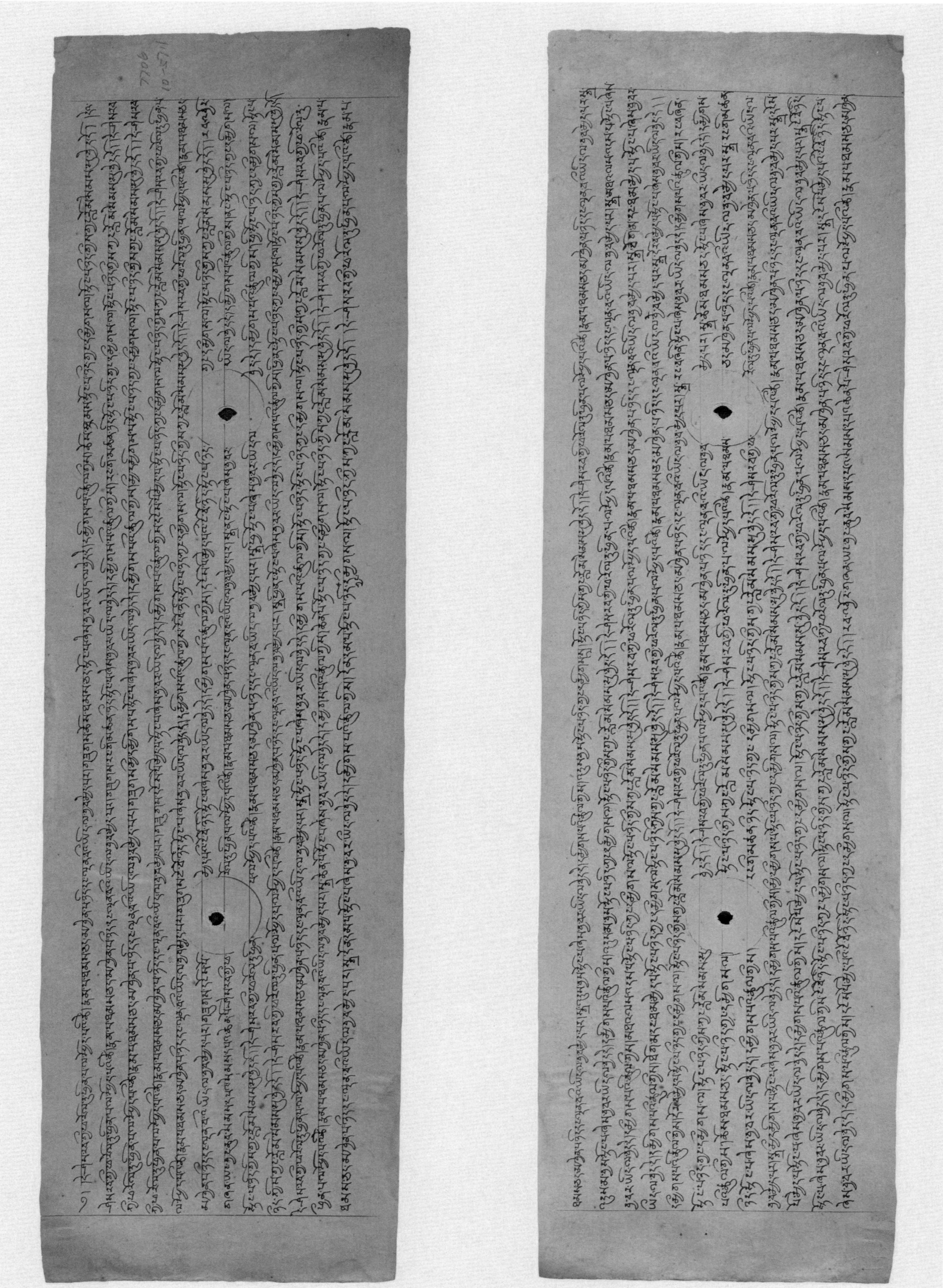

敦博 Db.t.5711 (R-V) ཤེས་རབ་ཀྱི་ཕ་རོལ་ཏུ་ཕྱིན་པ་སྟོང་ཕྲག་བརྒྱ་པ།
十萬頌般若波羅蜜多經

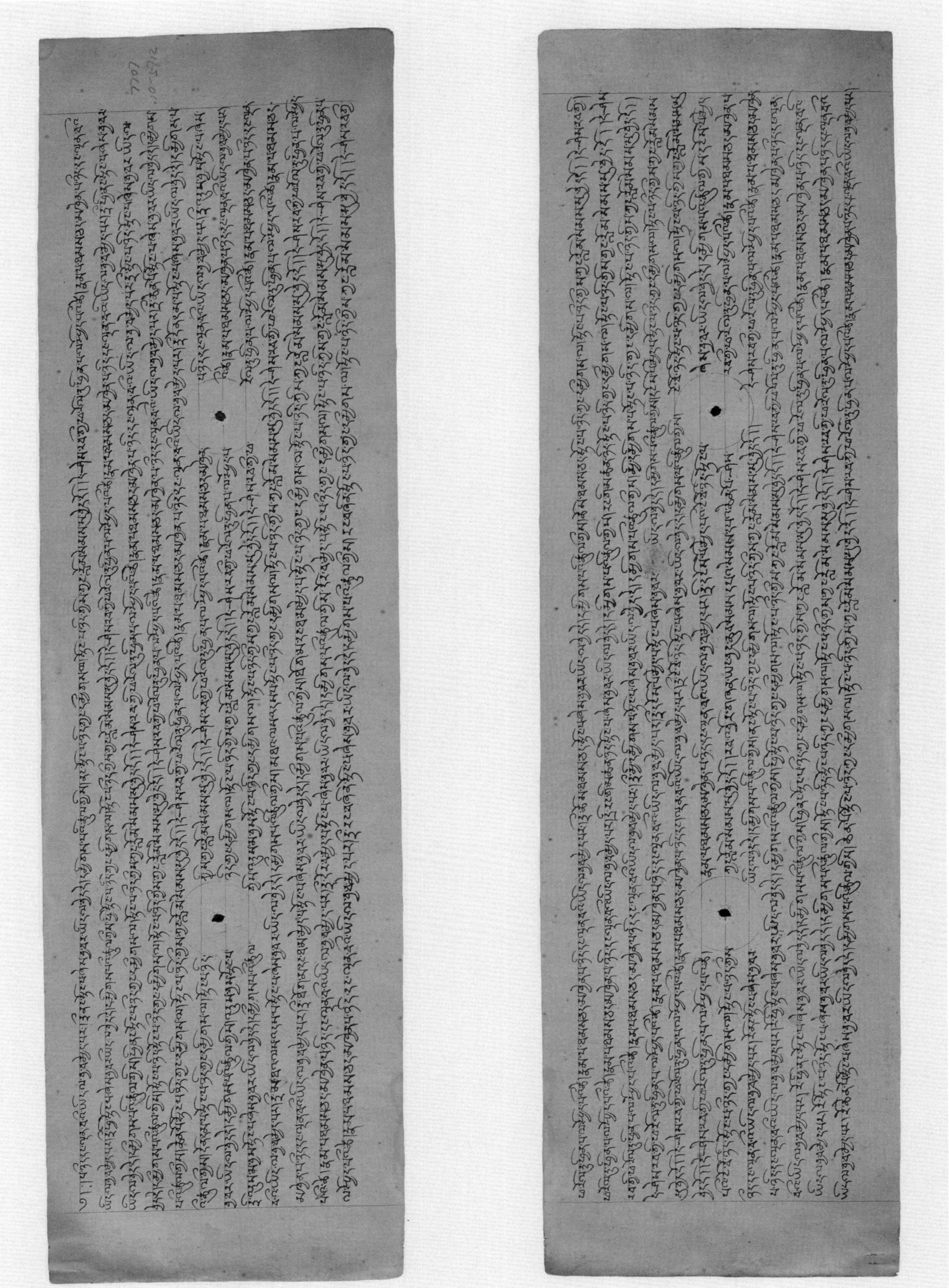

敦博 Db.t.5712 (R-V) ཤེས་རབ་ཀྱི་ཕ་རོལ་ཏུ་ཕྱིན་པ་སྟོང་ཕྲག་བརྒྱ་པ།
十萬頌般若波羅蜜多經

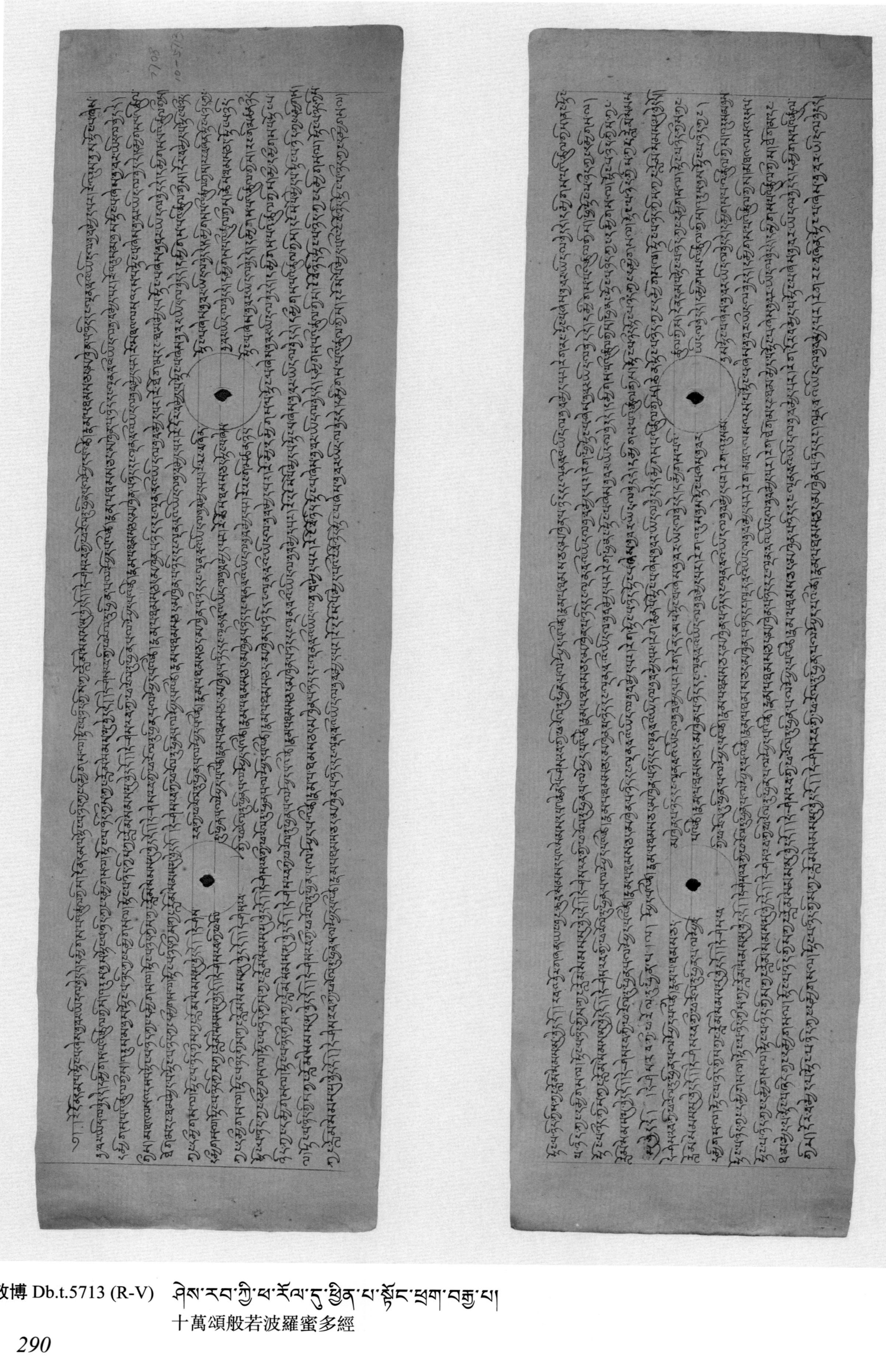

敦博 Db.t.5713 (R-V) ཤེས་རབ་ཀྱི་ཕ་རོལ་ཏུ་ཕྱིན་པ་སྟོང་ཕྲག་བརྒྱ་པ།
十萬頌般若波羅蜜多經

敦博 Db.t.5714 (R-V) ཤེས་རབ་ཀྱི་ཕ་རོལ་ཏུ་ཕྱིན་པ་སྟོང་ཕྲག་བརྒྱ་པ།
十萬頌般若波羅蜜多經

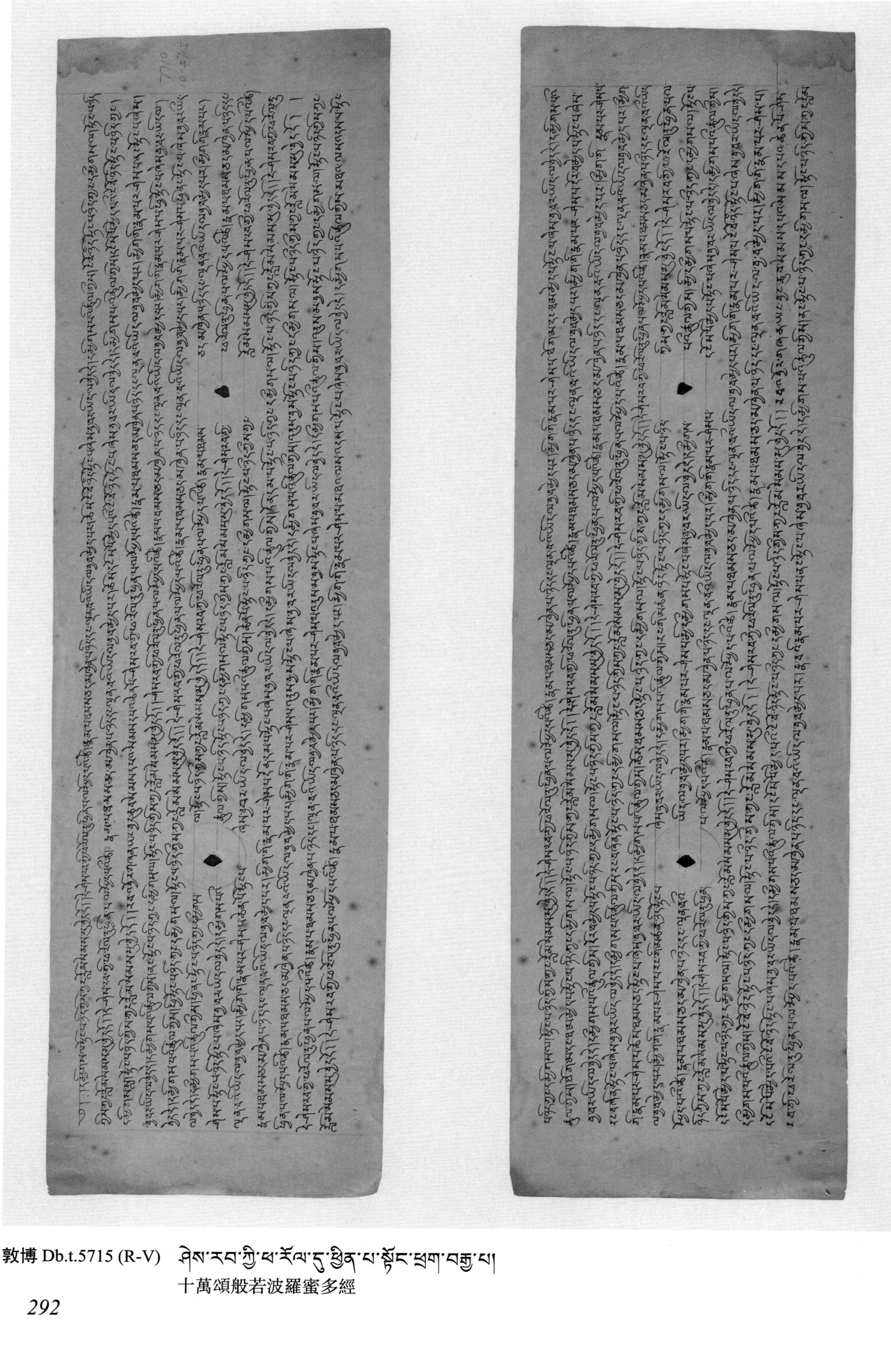

敦博 Db.t.5715 (R-V) ཤེས་རབ་ཀྱི་ཕ་རོལ་ཏུ་ཕྱིན་པ་སྟོང་ཕྲག་བརྒྱ་པ།
十萬頌般若波羅蜜多經

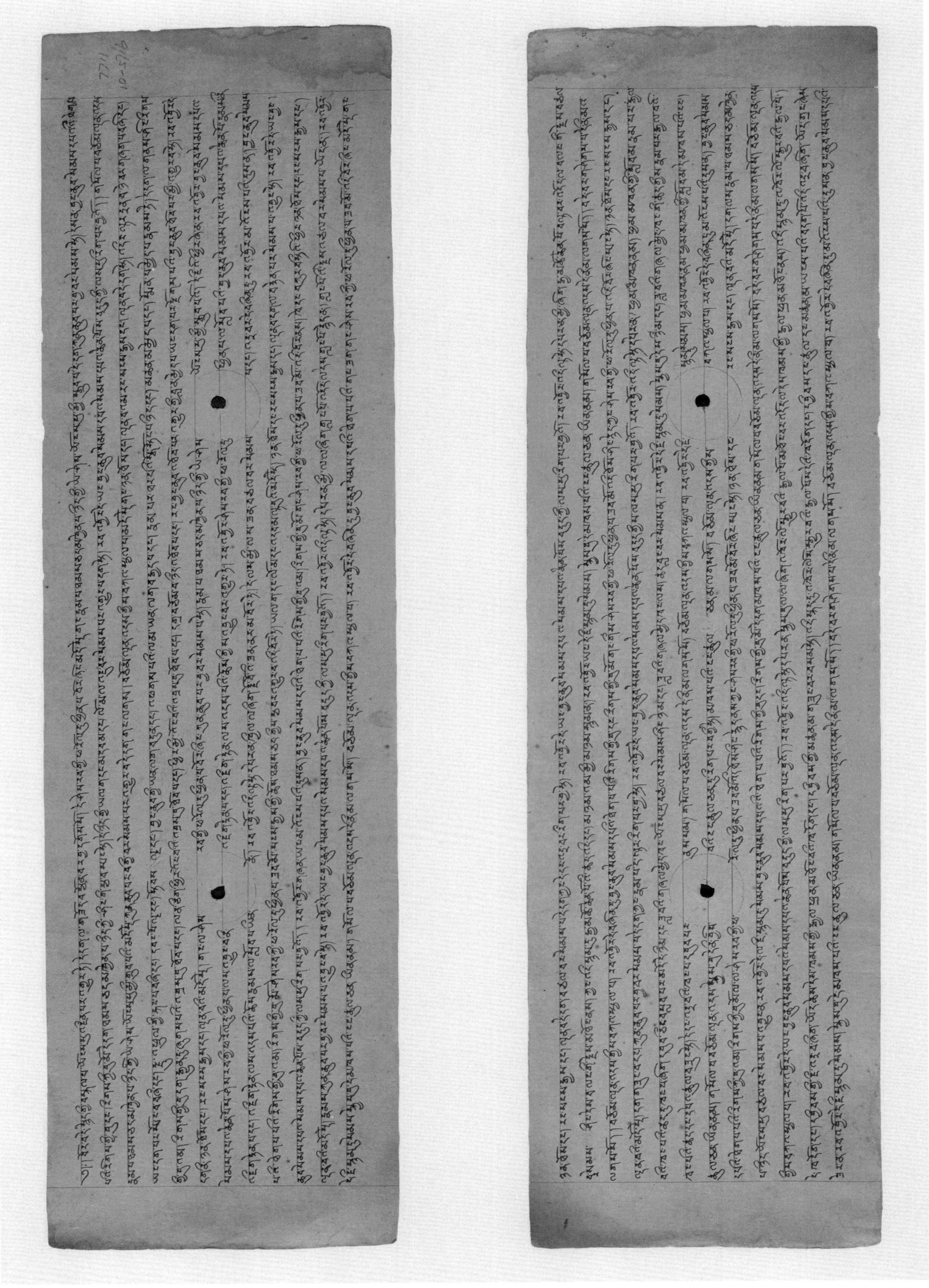

敦博 Db.t.5716 (R-V) ཤེས་རབ་ཀྱི་ཕ་རོལ་ཏུ་ཕྱིན་པ་སྟོང་ཕྲག་བརྒྱ་པ།

十萬頌般若波羅蜜多經

敦博 Db.t.5717 (R-V) ཤེས་རབ་ཀྱི་ཕ་རོལ་ཏུ་ཕྱིན་པ་སྟོང་ཕྲག་བརྒྱ་པ།
十萬頌般若波羅蜜多經

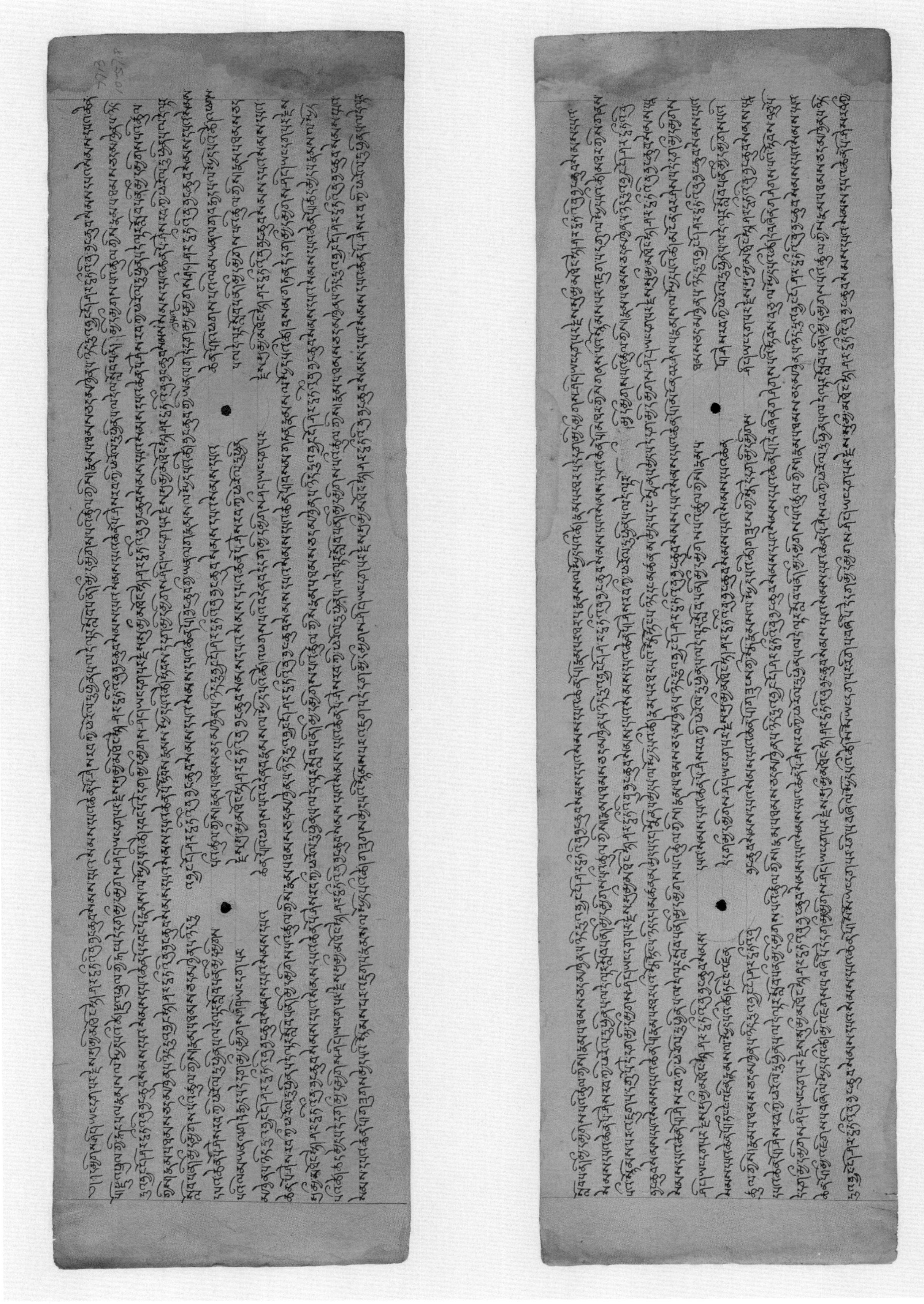

敦博 Db.t.5718 (R-V) ཤེས་རབ་ཀྱི་ཕ་རོལ་ཏུ་ཕྱིན་པ་སྟོང་ཕྲག་བརྒྱ་པ།
十萬頌般若波羅蜜多經

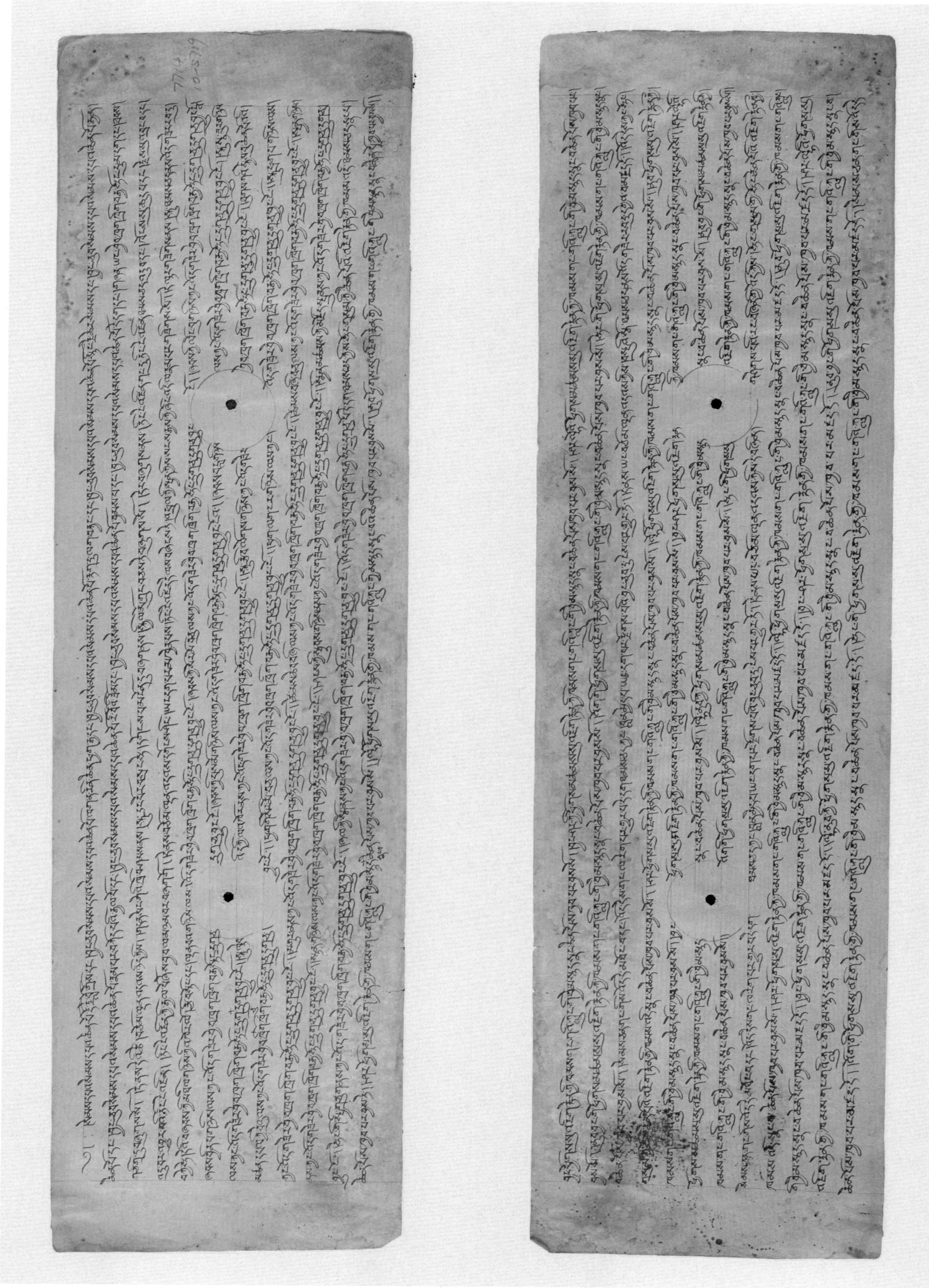

敦博 Db.t.5719 (R-V) ཤེས་རབ་ཀྱི་ཕ་རོལ་ཏུ་ཕྱིན་པ་སྟོང་ཕྲག་བརྒྱ་པ།
十萬頌般若波羅蜜多經

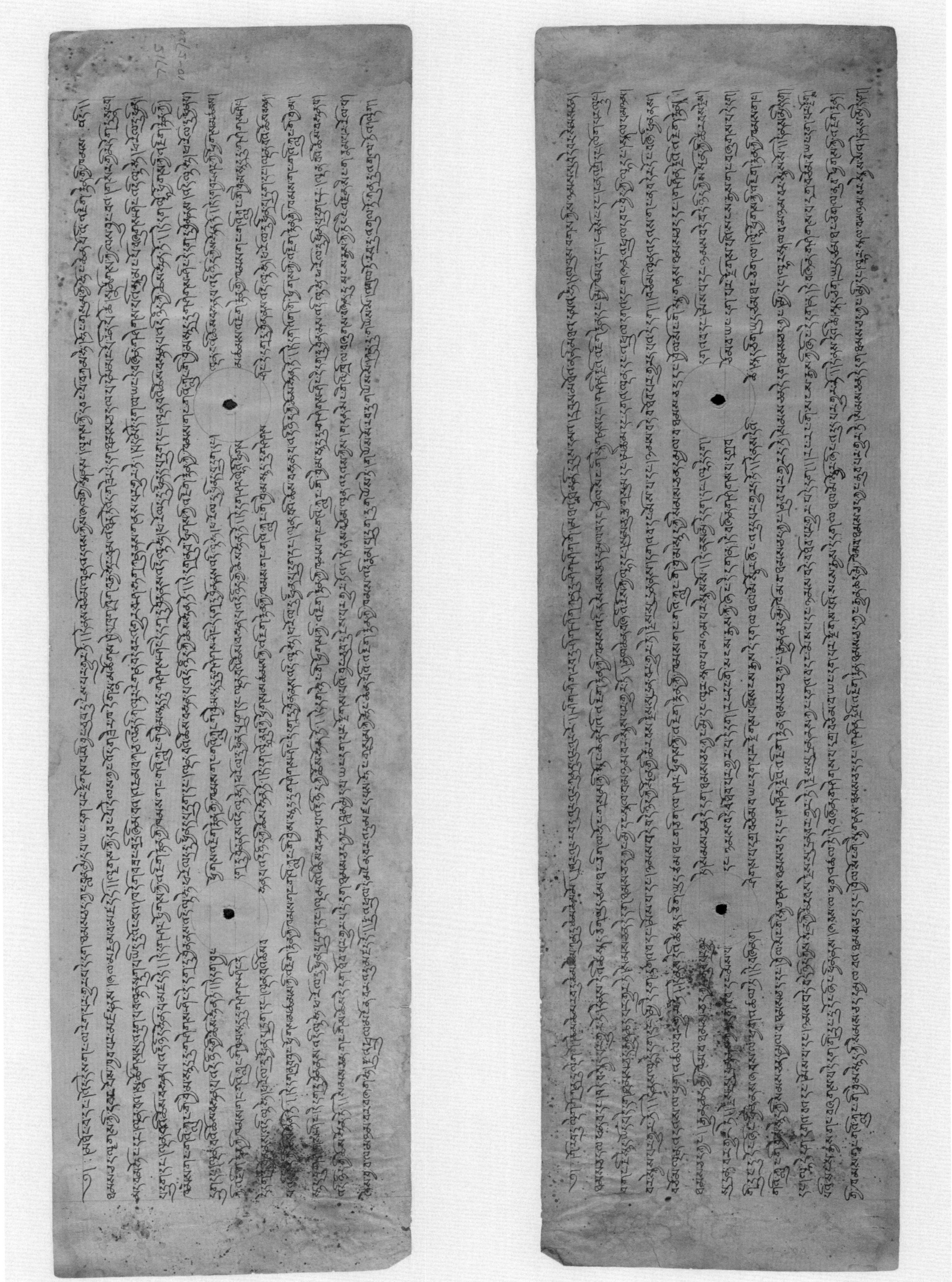

敦博 Db.t.5720 (R-V)　ཤེས་རབ་ཀྱི་ཕ་རོལ་ཏུ་ཕྱིན་པ་སྟོང་ཕྲག་བརྒྱ་པ།

十萬頌般若波羅蜜多經

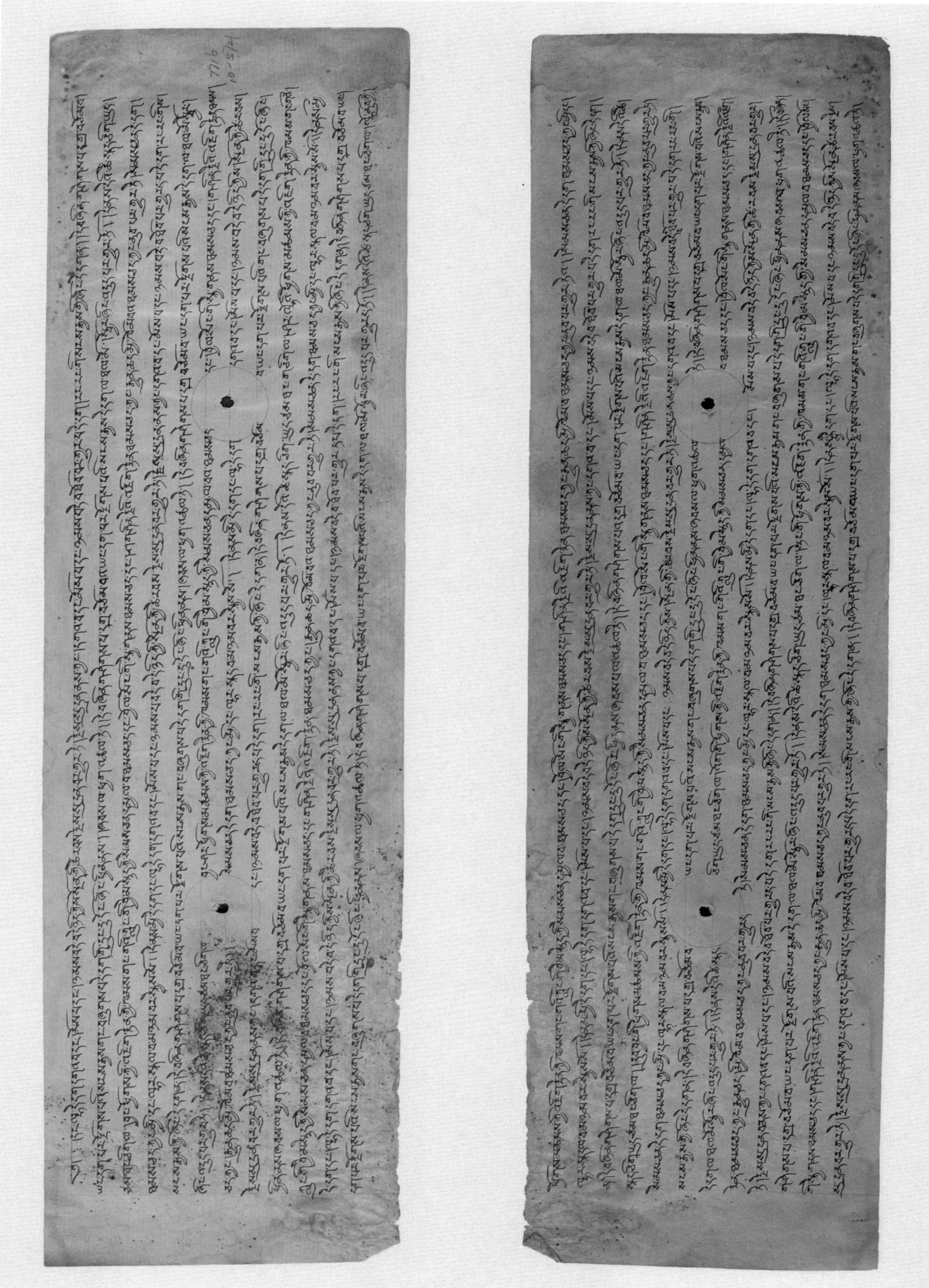

敦博 Db.t.5721 (R-V) ཤེས་རབ་ཀྱི་ཕ་རོལ་ཏུ་ཕྱིན་པ་སྟོང་ཕྲག་བརྒྱ་པ།
十萬頌般若波羅蜜多經

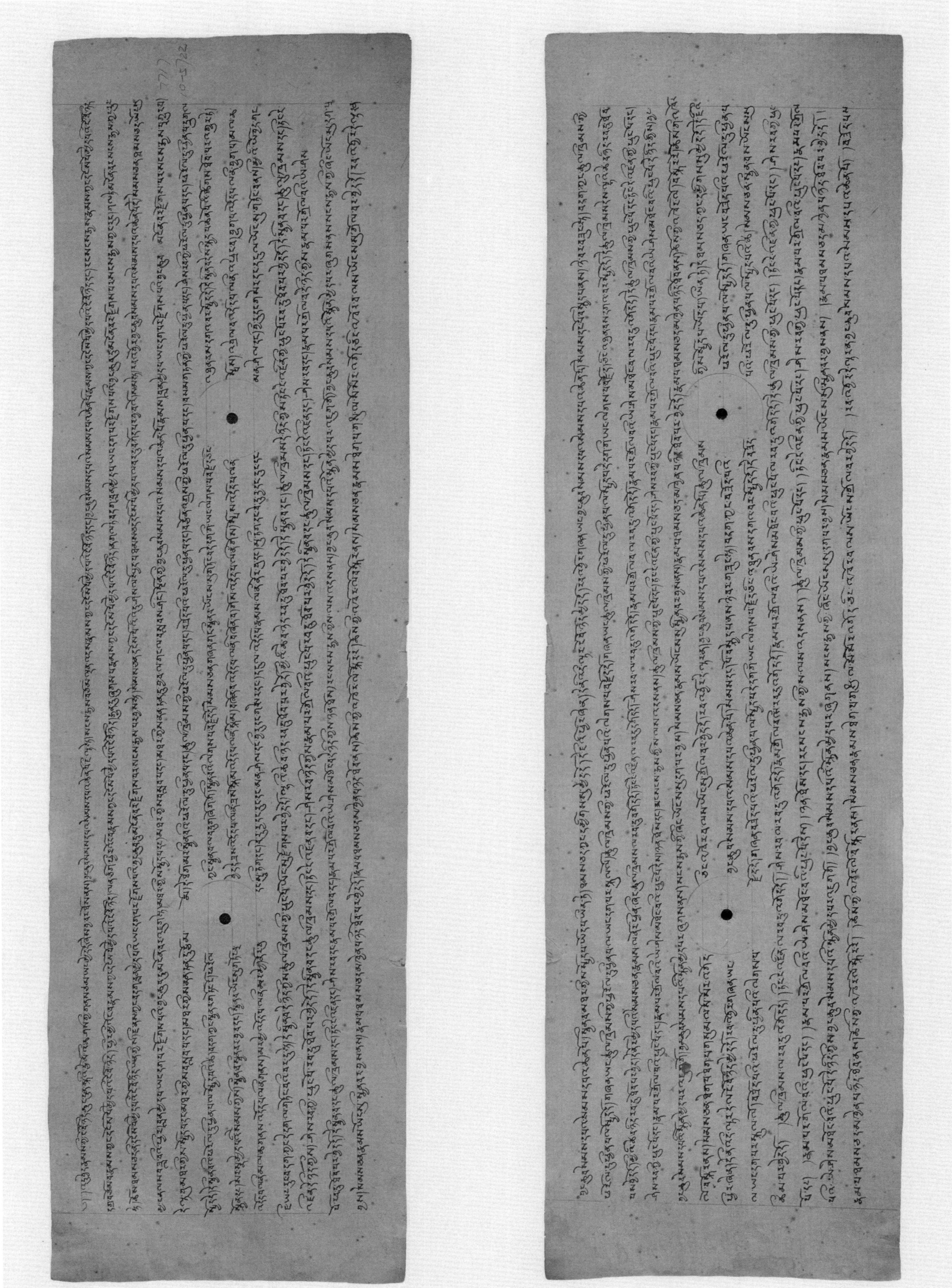

敦博 Db.t.5722 (R-V) ཤེས་རབ་ཀྱི་ཕ་རོལ་ཏུ་ཕྱིན་པ་སྟོང་ཕྲག་བརྒྱ་པ།
十萬頌般若波羅蜜多經

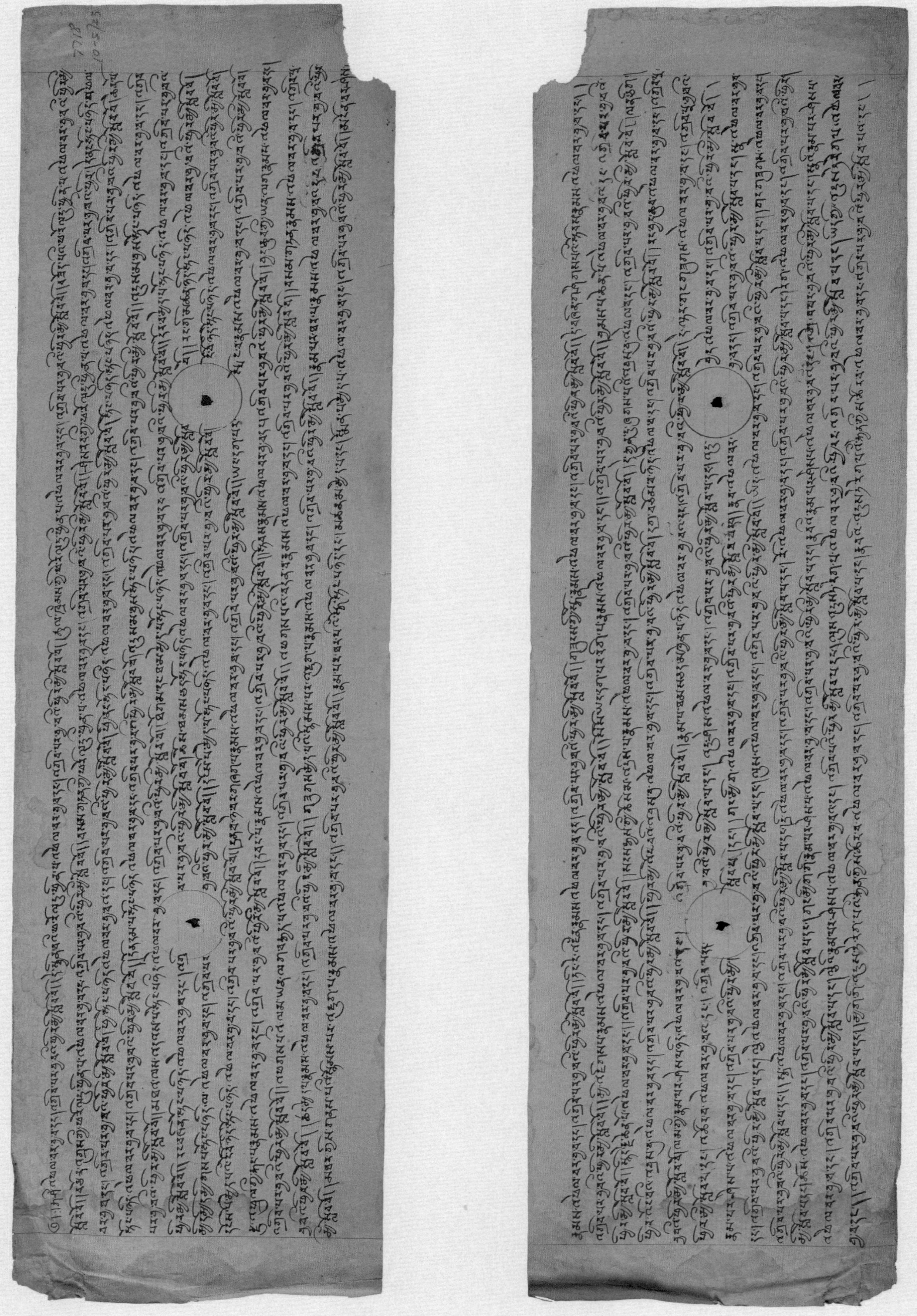

敦博 Db.t.5723 (R-V) ཤེས་རབ་ཀྱི་ཕ་རོལ་ཏུ་ཕྱིན་པ་སྟོང་ཕྲག་བརྒྱ་པ།
十萬頌般若波羅蜜多經

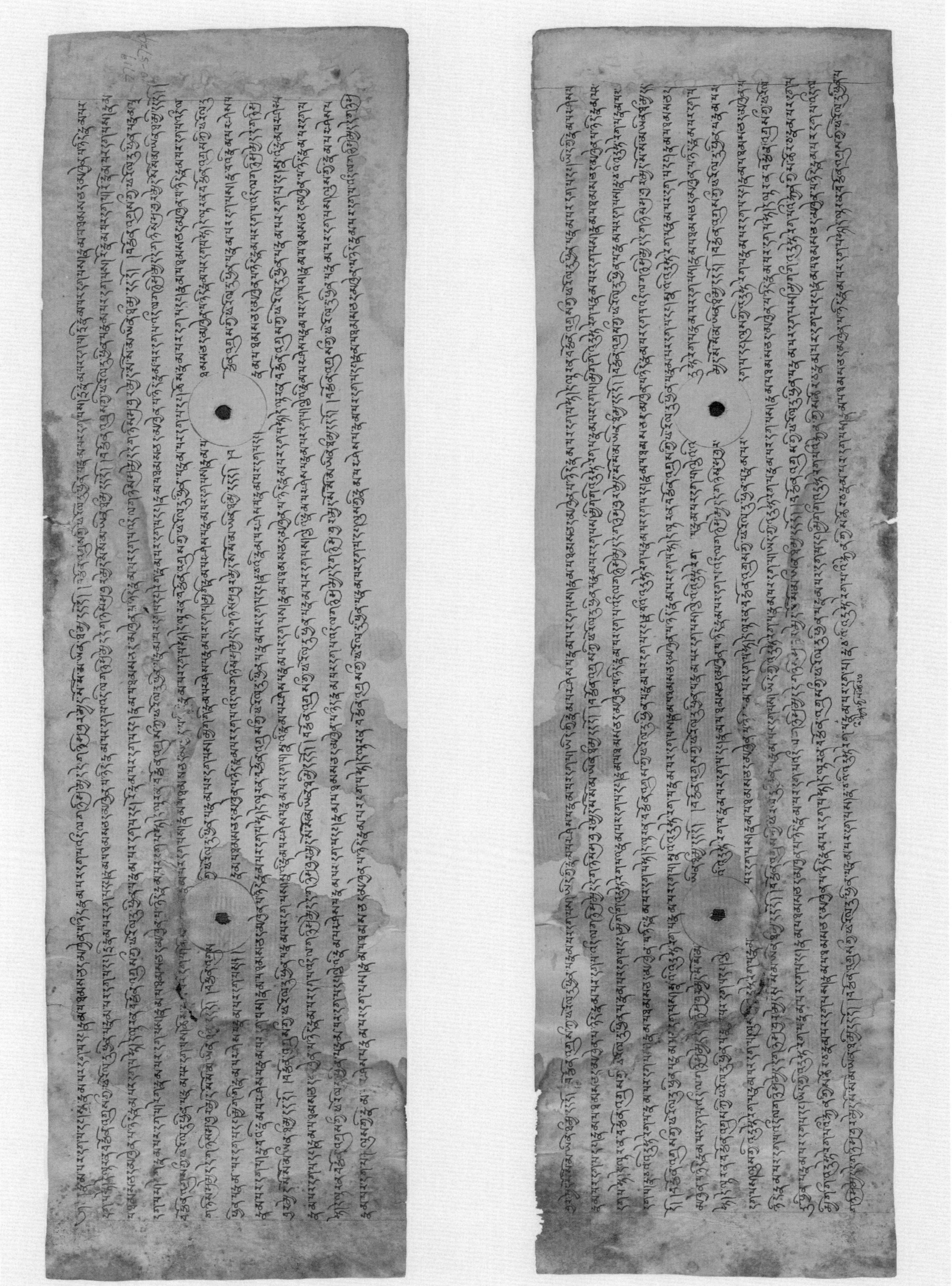

敦博 Db.t.5724 (R-V) ཤེས་རབ་ཀྱི་ཕ་རོལ་ཏུ་ཕྱིན་པ་སྟོང་ཕྲག་བརྒྱ་པ།

十萬頌般若波羅蜜多經

敦博 Db.t.5725 (R-V) ཤེས་རབ་ཀྱི་ཕ་རོལ་ཏུ་ཕྱིན་པ་སྟོང་ཕྲག་བརྒྱ་པ།
十萬頌般若波羅蜜多經

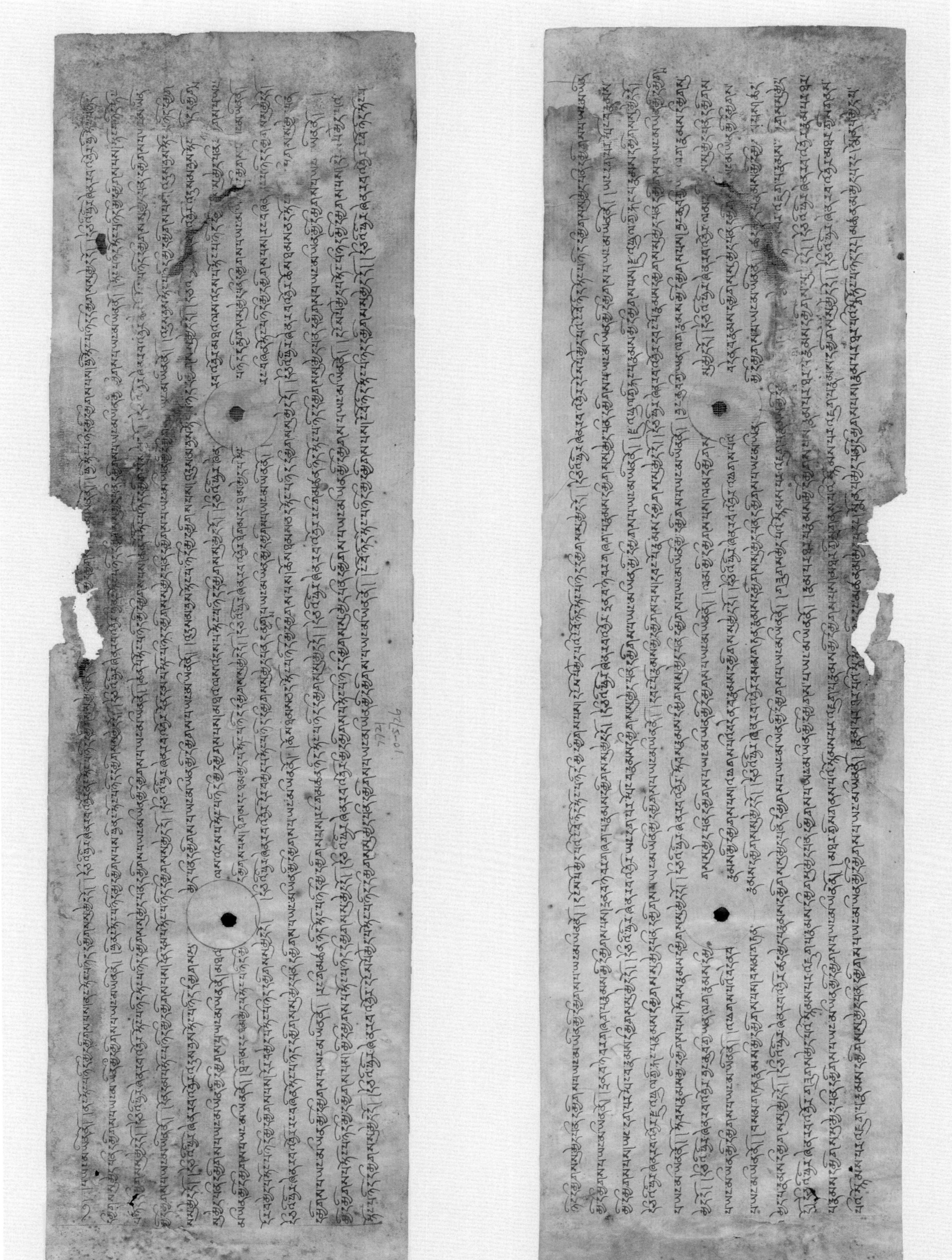

敦博 Db.t.5726 (R-V) ཤེས་རབ་ཀྱི་ཕ་རོལ་ཏུ་ཕྱིན་པ་སྟོང་ཕྲག་བརྒྱ་པ།
十萬頌般若波羅蜜多經

敦博 Db.t.5727 (R-V) ཤེས་རབ་ཀྱི་ཕ་རོལ་ཏུ་ཕྱིན་པ་སྟོང་ཕྲག་བརྒྱ་པ།

十萬頌般若波羅蜜多經

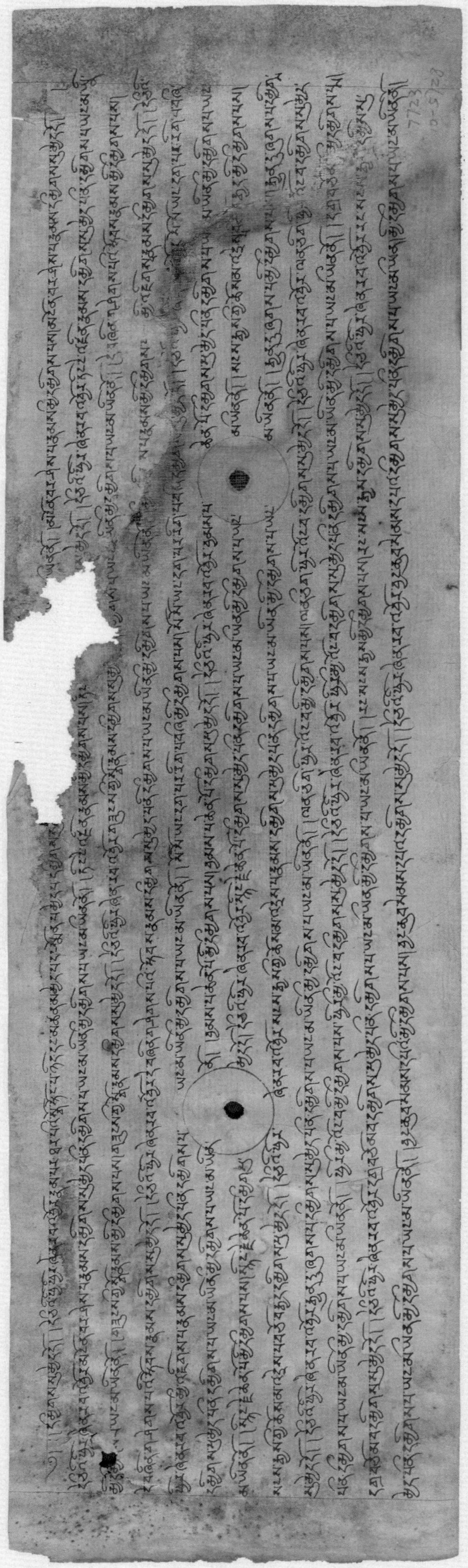

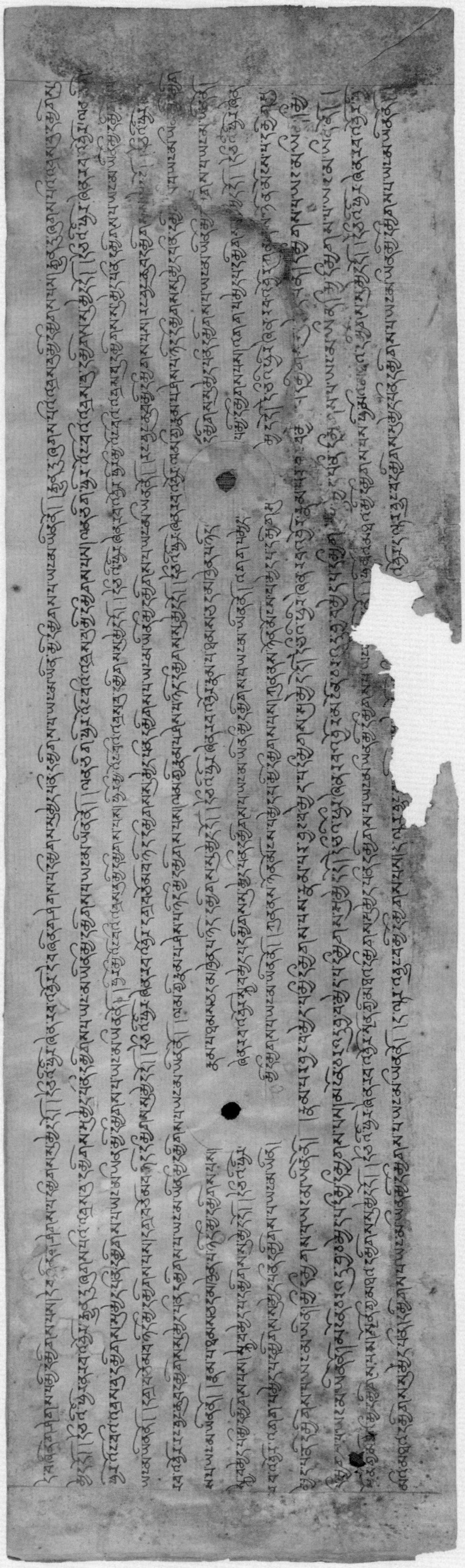

敦博 Db.t.5728 (R-V) ཤེས་རབ་ཀྱི་ཕ་རོལ་ཏུ་ཕྱིན་པ་སྟོང་ཕྲག་བརྒྱ་པ།
十萬頌般若波羅蜜多經

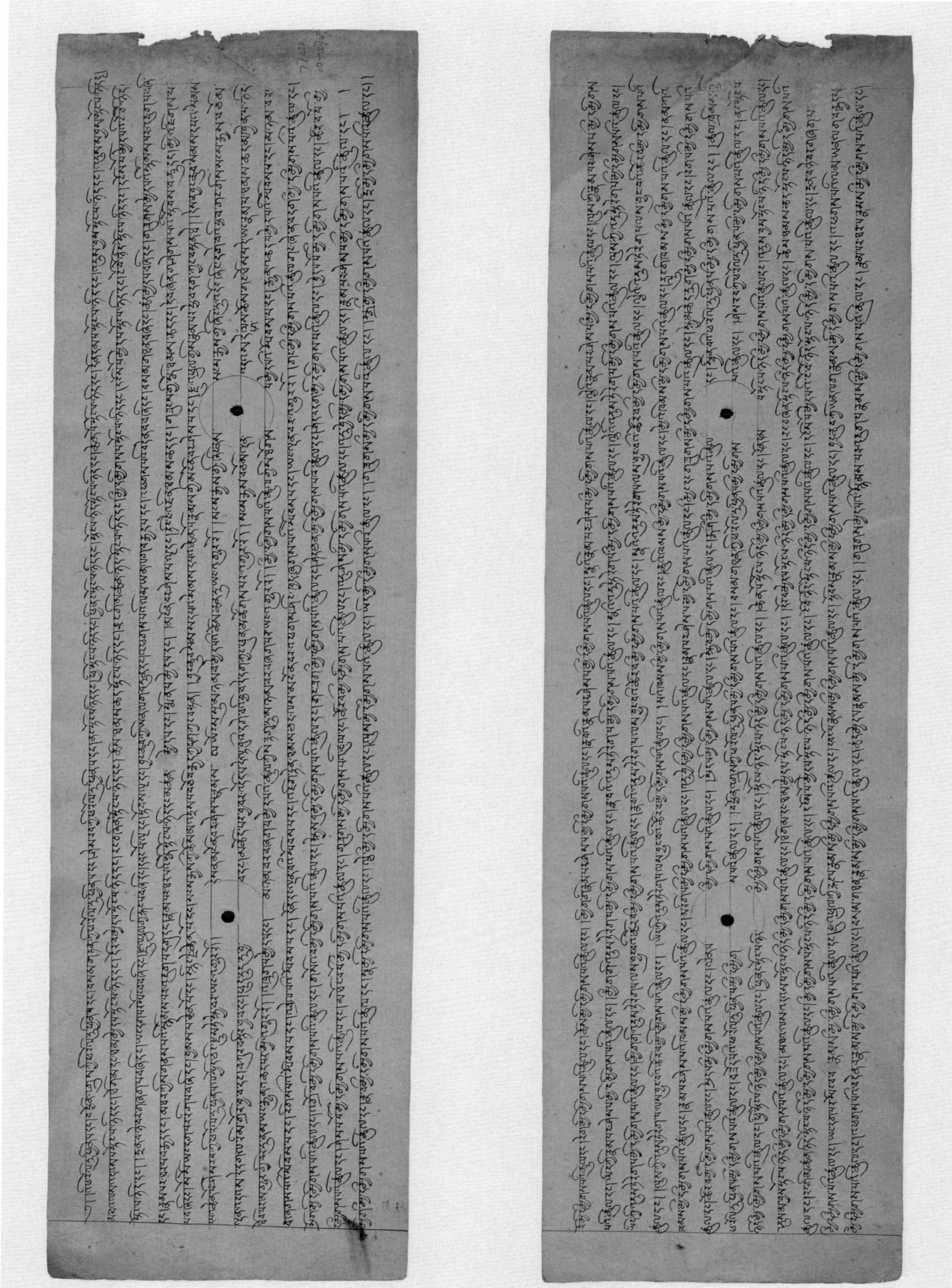

敦博 Db.t.5729 (R-V) ཤེས་རབ་ཀྱི་ཕ་རོལ་ཏུ་ཕྱིན་པ་སྟོང་ཕྲག་བརྒྱ་པ།
十萬頌般若波羅蜜多經

敦博 Db.t.5730 (R-V) ཤེས་རབ་ཀྱི་ཕ་རོལ་ཏུ་ཕྱིན་པ་སྟོང་ཕྲག་བརྒྱ་པ།
十萬頌般若波羅蜜多經

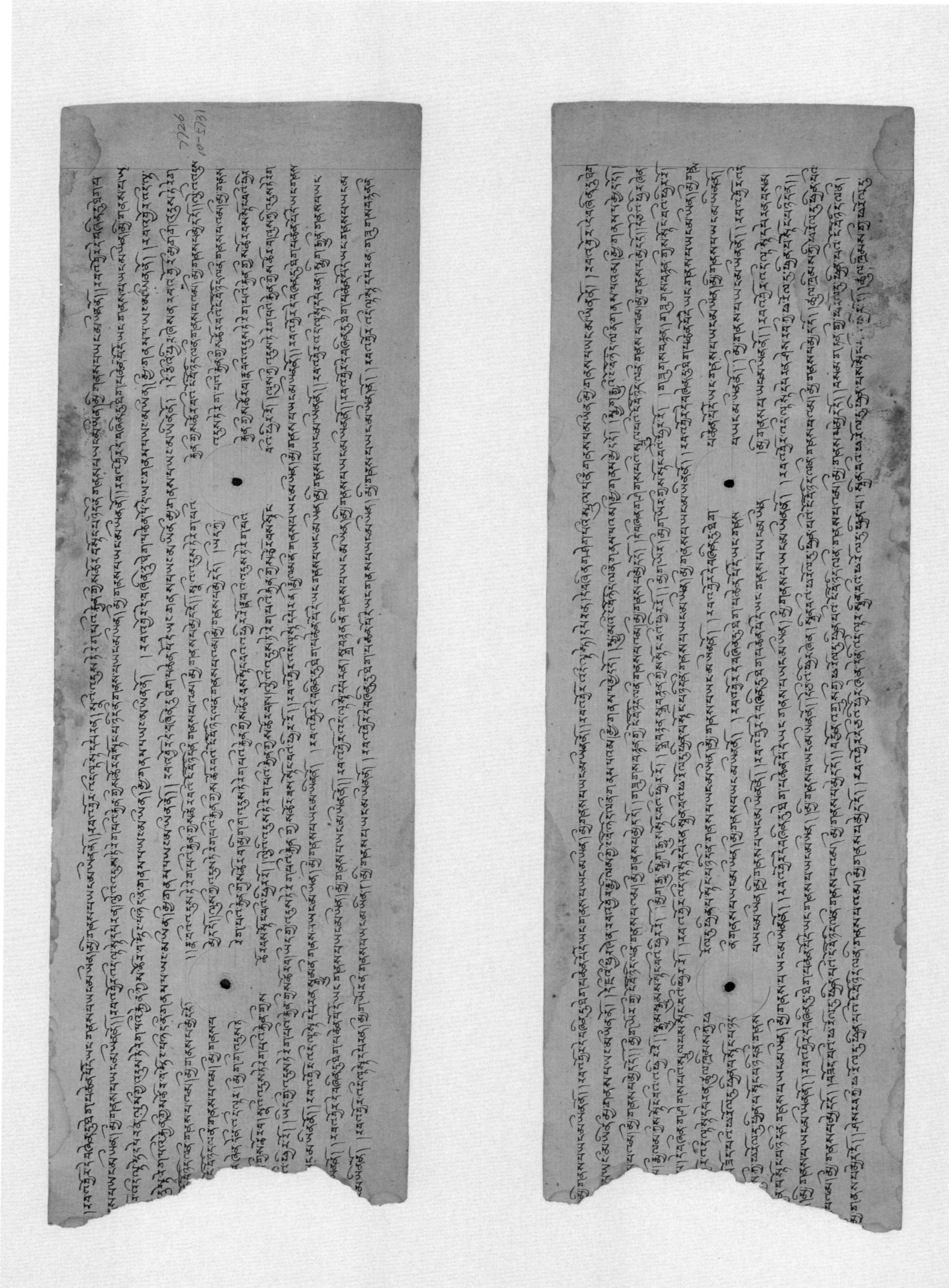

敦博 Db.t.5731 (R-V) ཤེས་རབ་ཀྱི་ཕ་རོལ་ཏུ་ཕྱིན་པ་སྟོང་ཕྲག་བརྒྱ་པ།
十萬頌般若波羅蜜多經

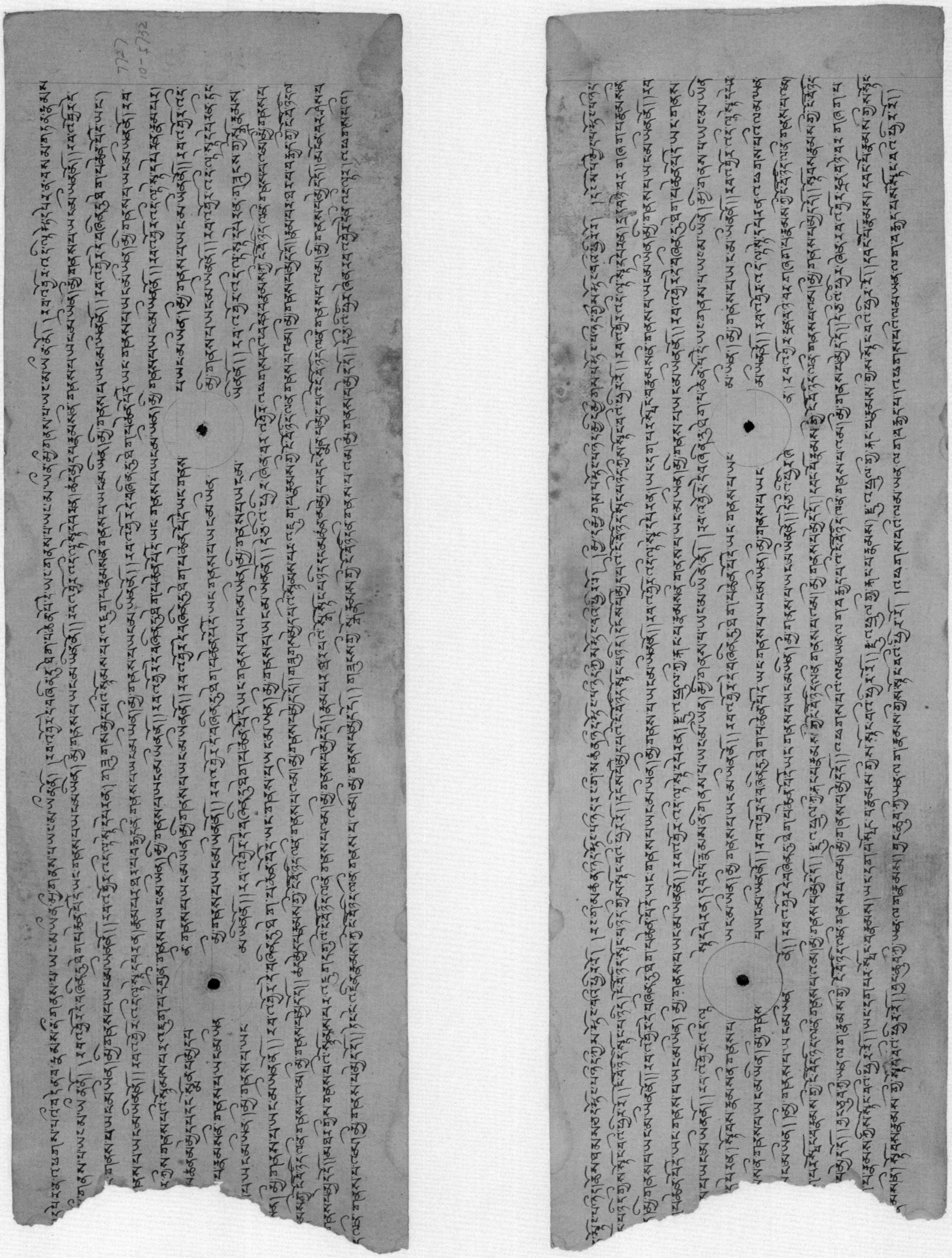

敦博 Db.t.5732 (R-V) ཤེས་རབ་ཀྱི་ཕ་རོལ་ཏུ་ཕྱིན་པ་སྟོང་ཕྲག་བརྒྱ་པ།
十萬頌般若波羅蜜多經

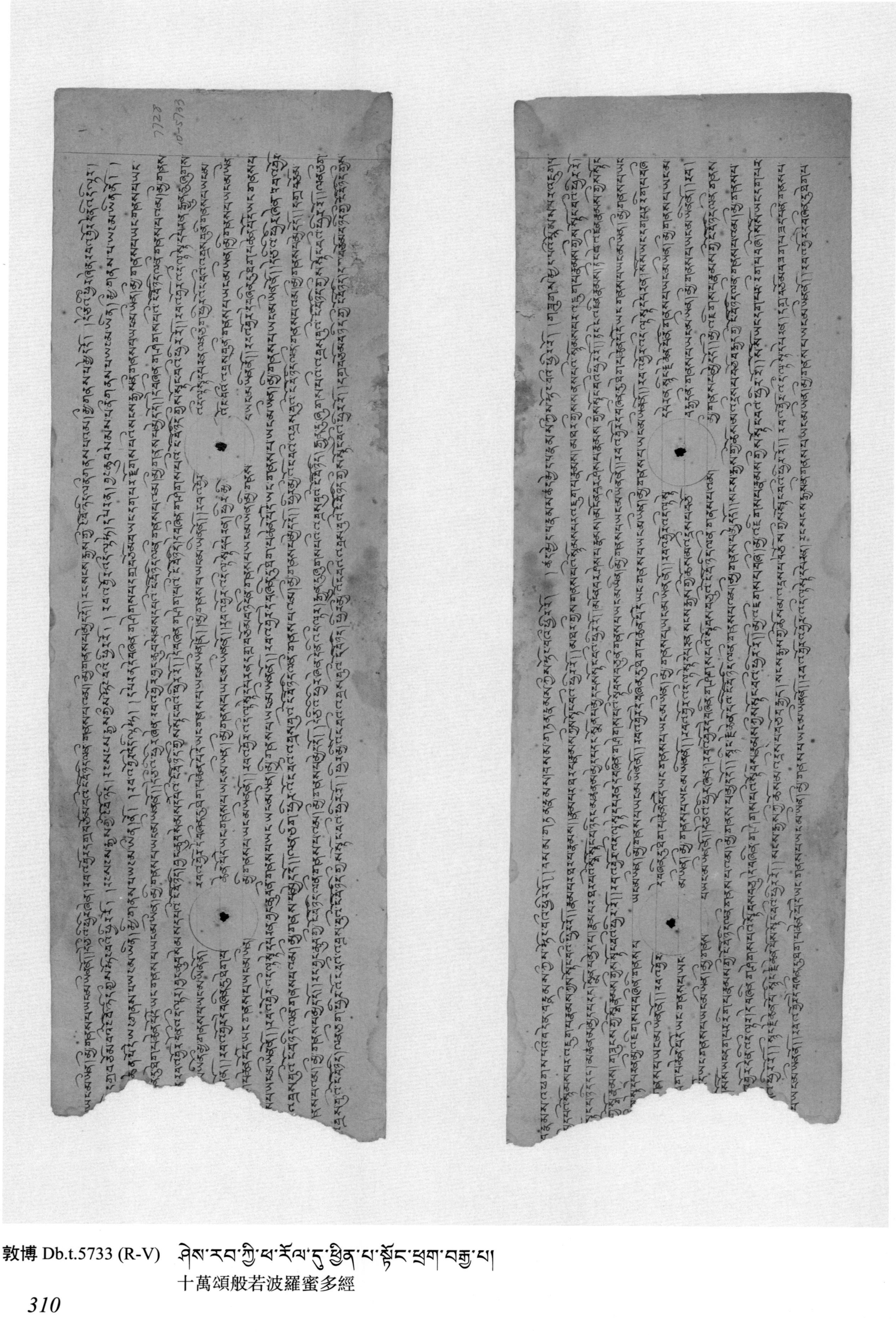

敦博 Db.t.5733 (R-V) ཤེས་རབ་ཀྱི་ཕ་རོལ་ཏུ་ཕྱིན་པ་སྟོང་ཕྲག་བརྒྱ་པ།
十萬頌般若波羅蜜多經

敦博 Db.t.5734 (R-V) ཤེས་རབ་ཀྱི་ཕ་རོལ་ཏུ་ཕྱིན་པ་སྟོང་ཕྲག་བརྒྱ་པ།
十萬頌般若波羅蜜多經

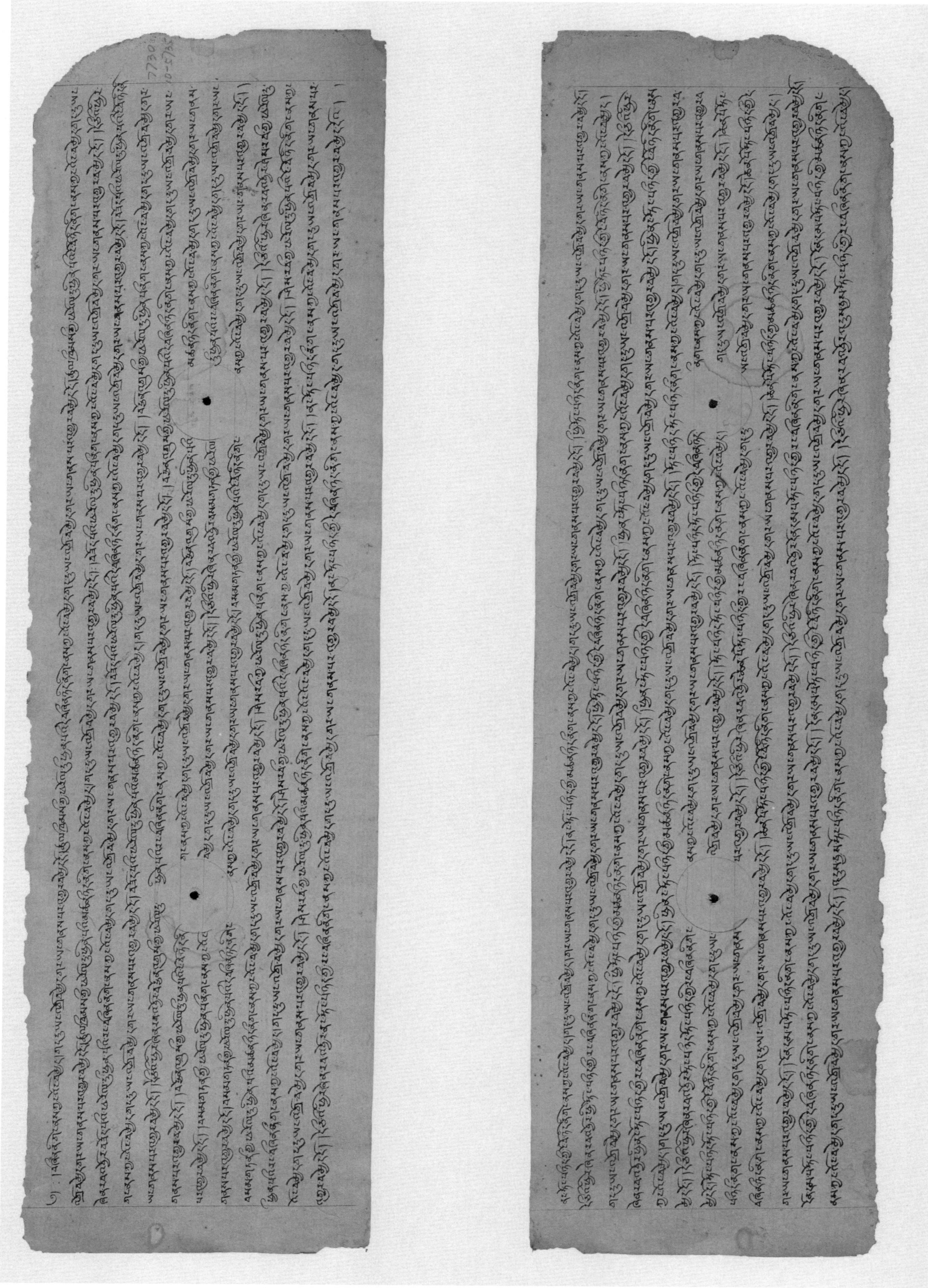

敦博 Db.t.5735 (R-V) ཤེས་རབ་ཀྱི་ཕ་རོལ་ཏུ་ཕྱིན་པ་སྟོང་ཕྲག་བརྒྱ་པ།
十萬頌般若波羅蜜多經

敦博 Db.t.5736 (R-V)　ཤེས་རབ་ཀྱི་ཕ་རོལ་ཏུ་ཕྱིན་པ་སྟོང་ཕྲག་བརྒྱ་པ།
十萬頌般若波羅蜜多經

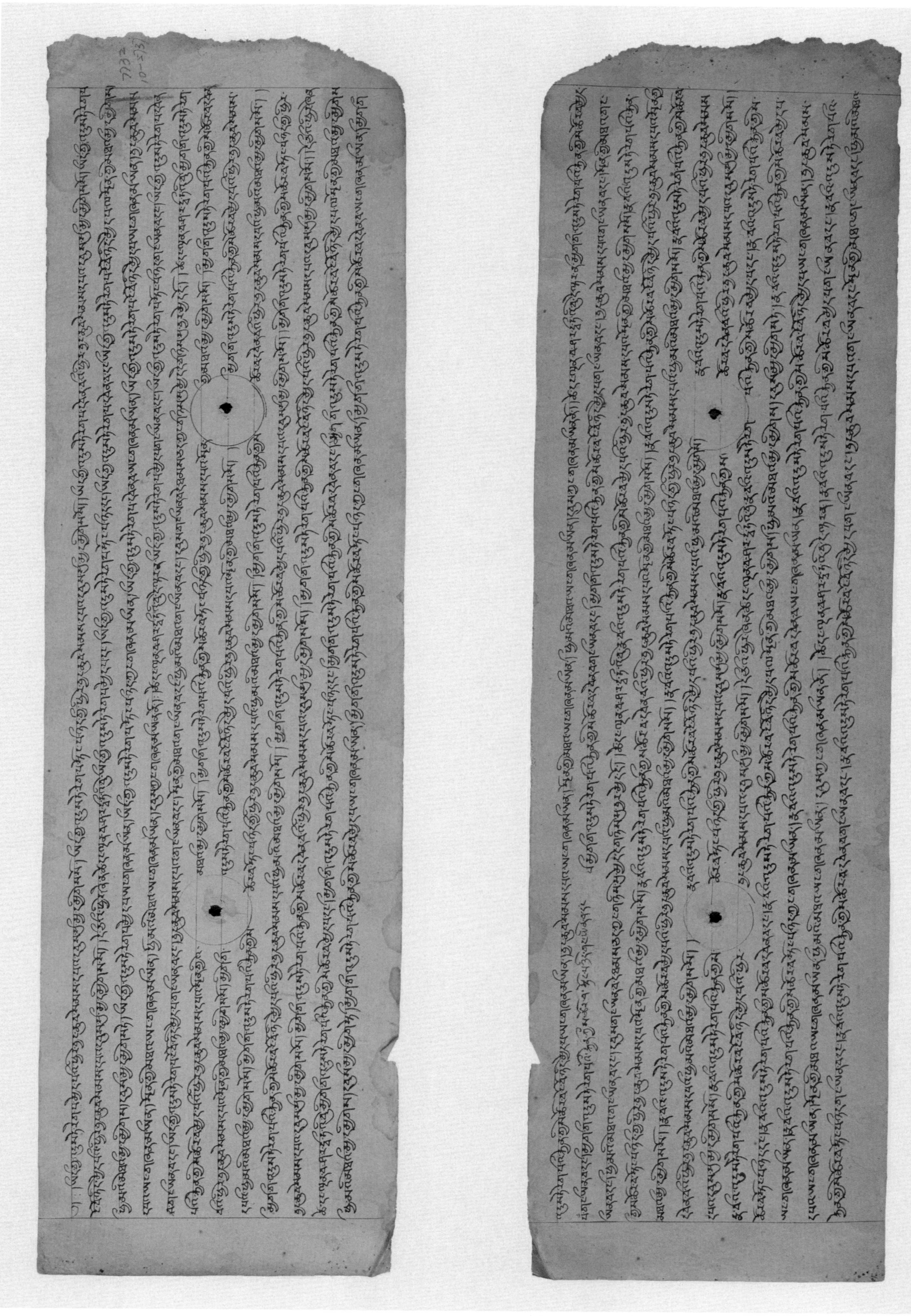

敦博 Db.t.5737 (R-V) ཤེས་རབ་ཀྱི་ཕ་རོལ་ཏུ་ཕྱིན་པ་སྟོང་ཕྲག་བརྒྱ་པ།
十萬頌般若波羅蜜多經

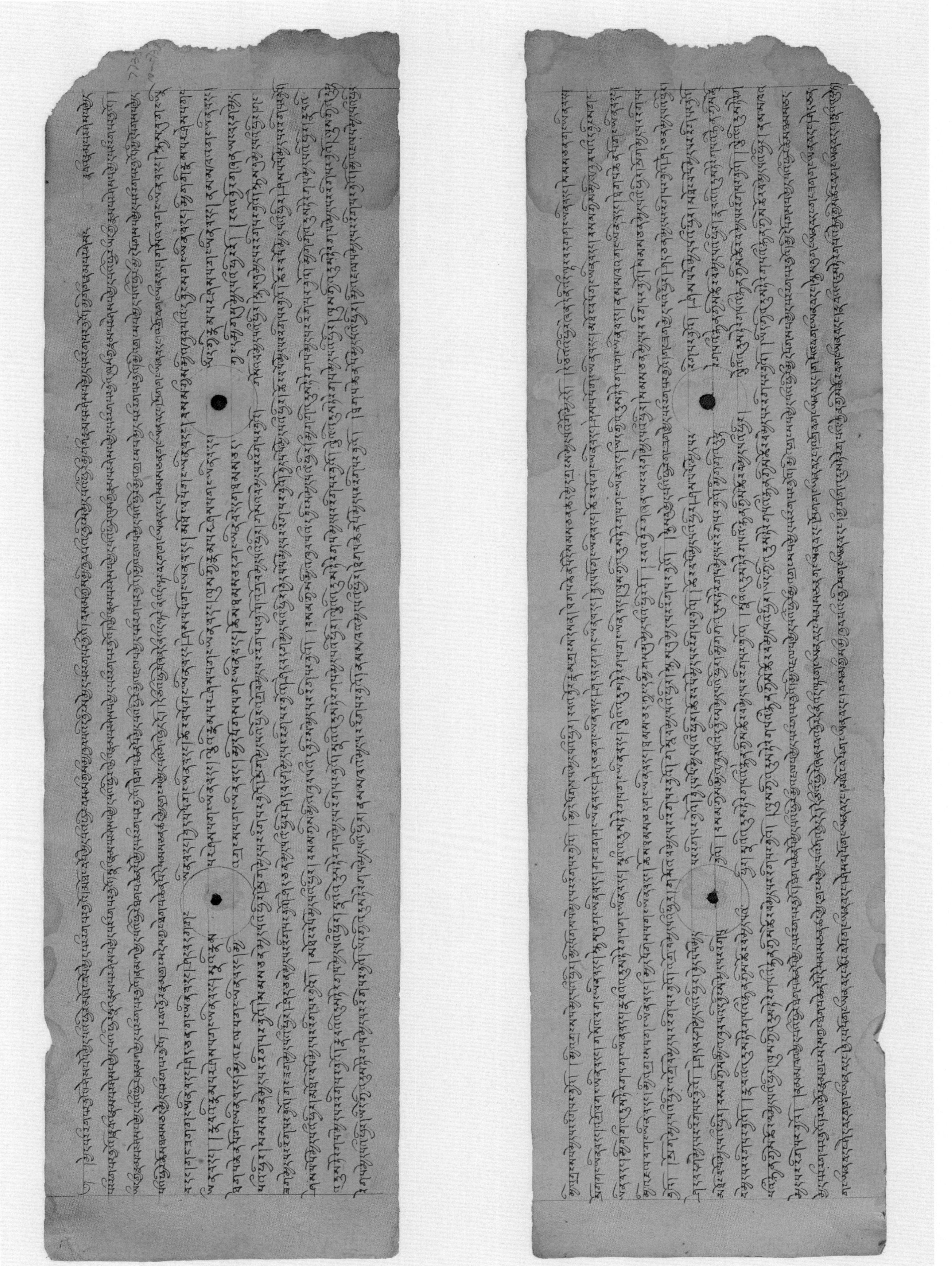

敦博 Db.t.5738 (R-V) ཤེས་རབ་ཀྱི་ཕ་རོལ་ཏུ་ཕྱིན་པ་སྟོང་ཕྲག་བརྒྱ་པ།

十萬頌般若波羅蜜多經

敦博 Db.t.5739 (R-V) ཤེས་རབ་ཀྱི་ཕ་རོལ་ཏུ་ཕྱིན་པ་སྟོང་ཕྲག་བརྒྱ་པ།
十萬頌般若波羅蜜多經

敦博 Db.t.5740 (R-V) ཤེས་རབ་ཀྱི་ཕ་རོལ་ཏུ་ཕྱིན་པ་སྟོང་ཕྲག་བརྒྱ་པ།
十萬頌般若波羅蜜多經

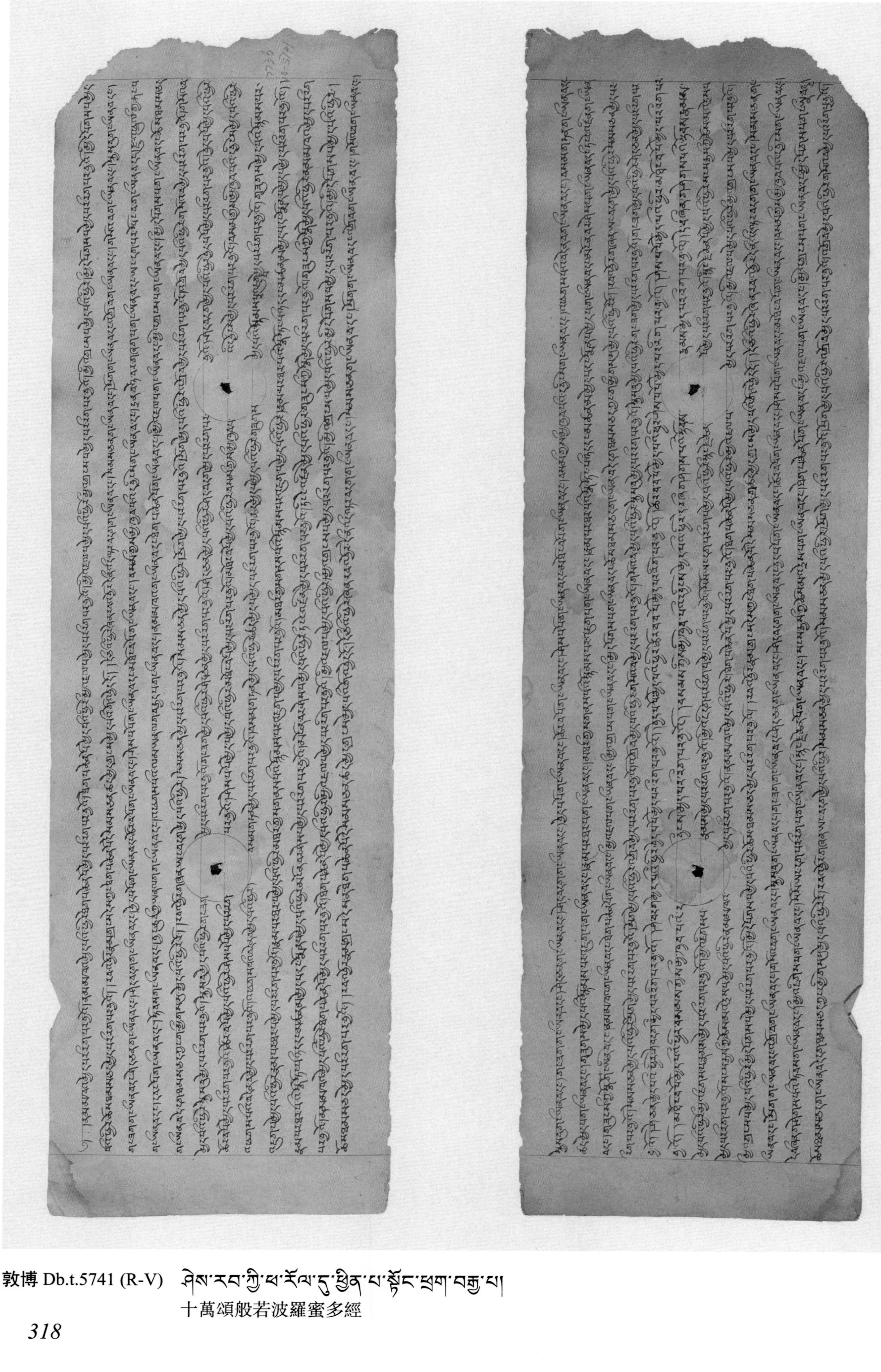

敦博 Db.t.5741 (R-V) ཤེས་རབ་ཀྱི་ཕ་རོལ་ཏུ་ཕྱིན་པ་སྟོང་ཕྲག་བརྒྱ་པ།
十萬頌般若波羅蜜多經

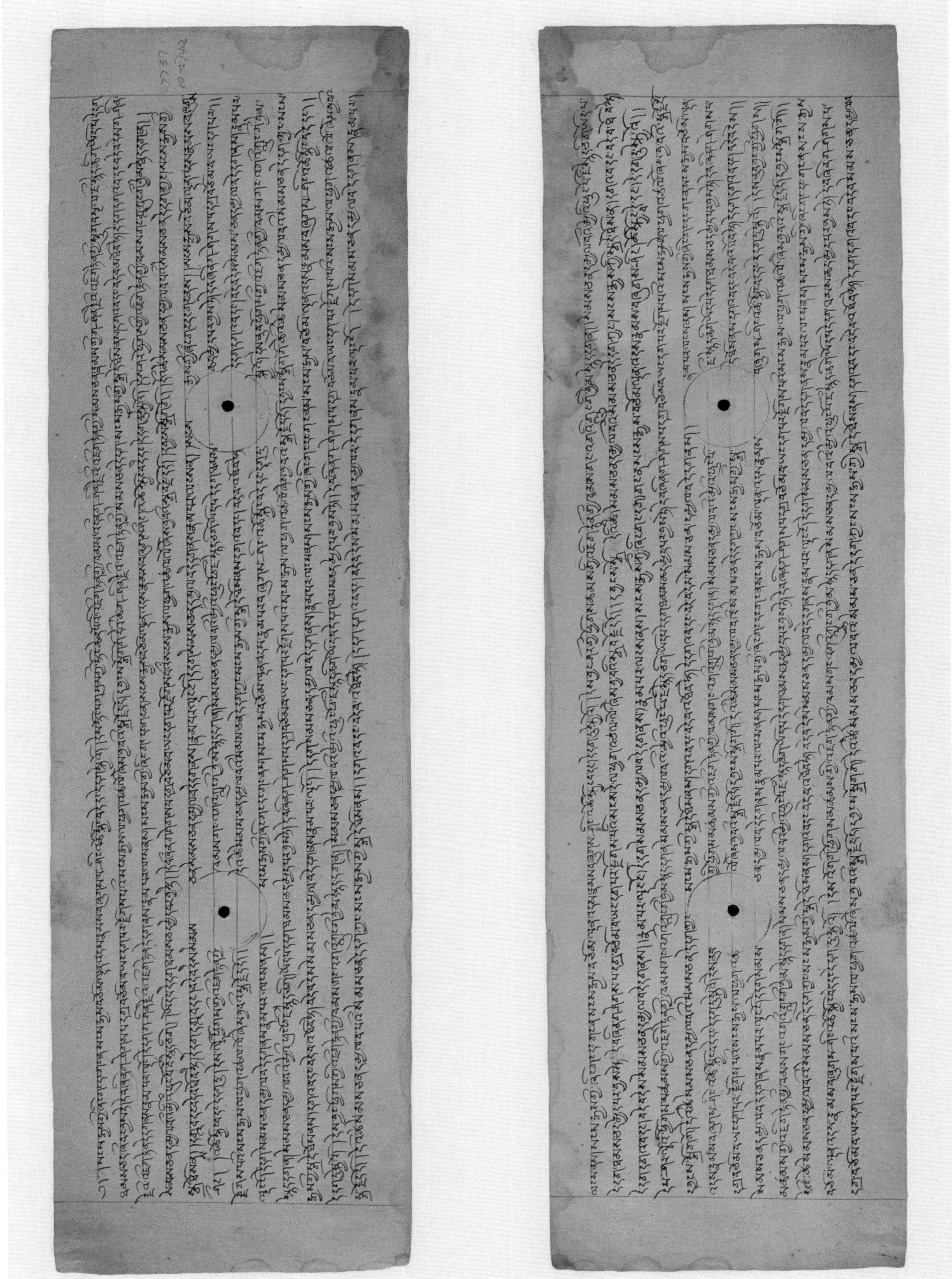

敦博 Db.t.5742 (R-V) ཤེས་རབ་ཀྱི་ཕ་རོལ་ཏུ་ཕྱིན་པ་སྟོང་ཕྲག་བརྒྱ་པ།
十萬頌般若波羅蜜多經

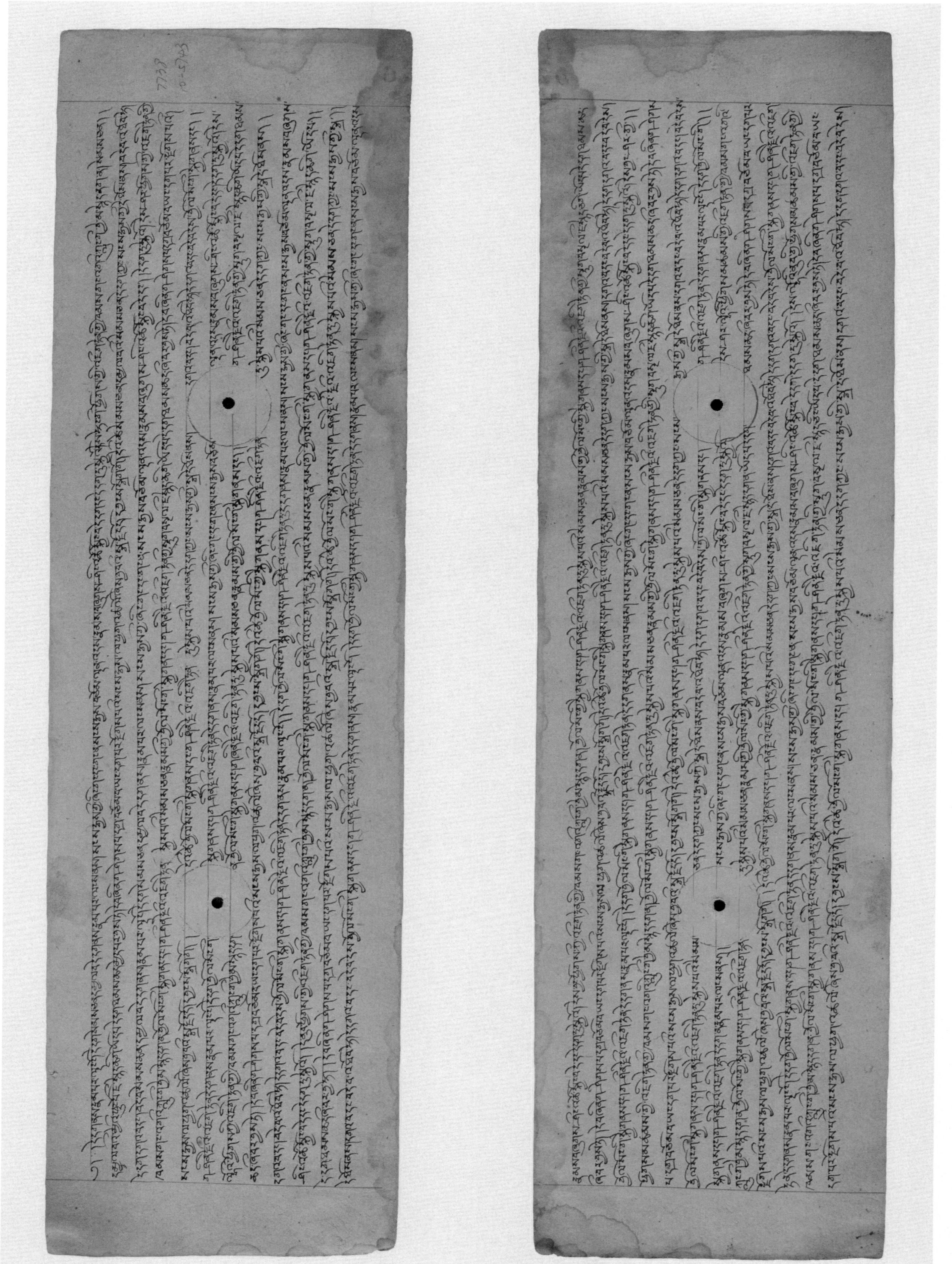

敦博 Db.t.5743 (R-V) ཤེས་རབ་ཀྱི་ཕ་རོལ་ཏུ་ཕྱིན་པ་སྟོང་ཕྲག་བརྒྱ་པ།
十萬頌般若波羅蜜多經

敦博 Db.t.5744 (R-V) ཤེས་རབ་ཀྱི་ཕ་རོལ་ཏུ་ཕྱིན་པ་སྟོང་ཕྲག་བརྒྱ་པ།
十萬頌般若波羅蜜多經

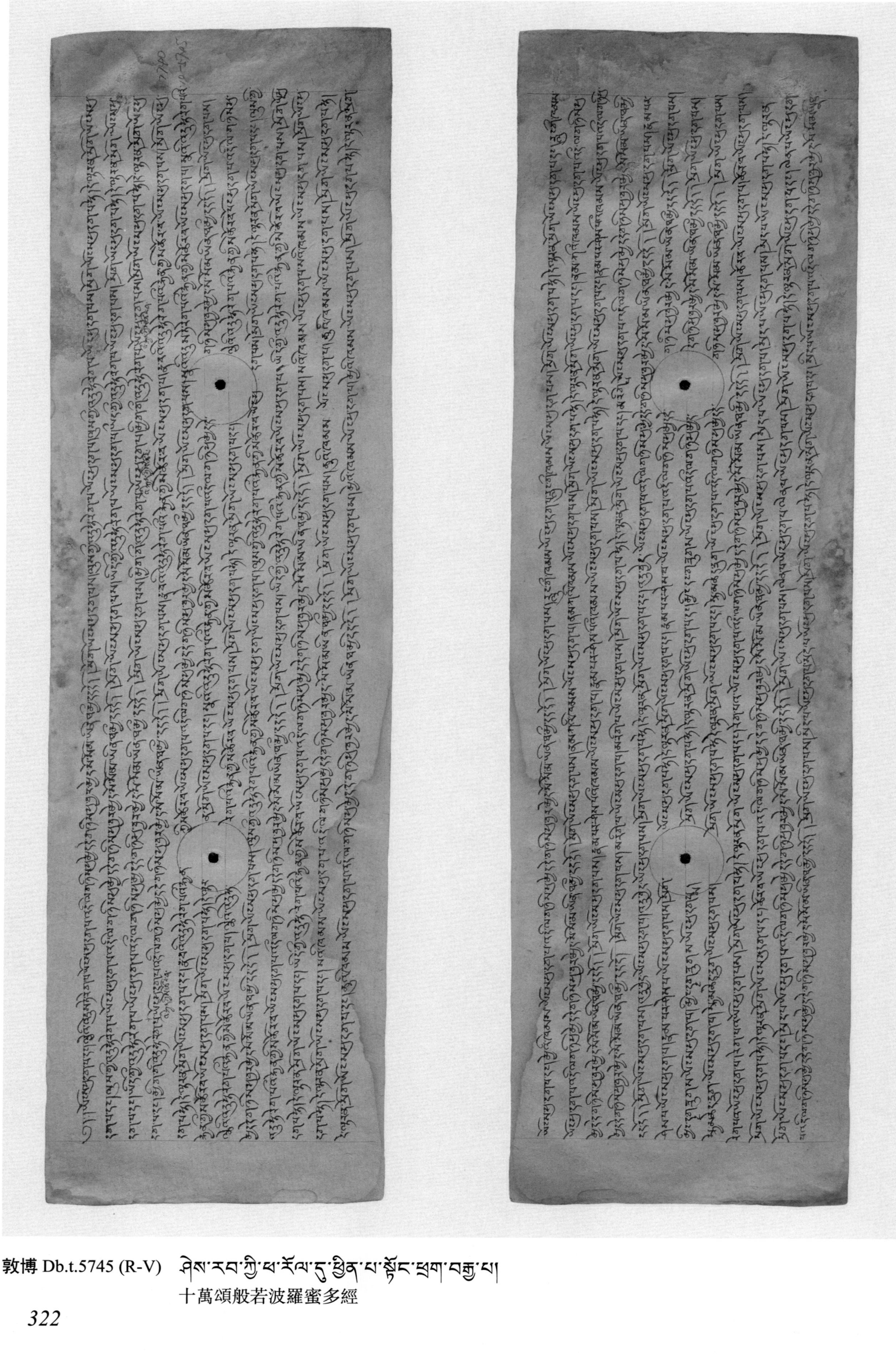

敦博 Db.t.5745 (R-V) ཤེས་རབ་ཀྱི་ཕ་རོལ་ཏུ་ཕྱིན་པ་སྟོང་ཕྲག་བརྒྱ་པ།
十萬頌般若波羅蜜多經

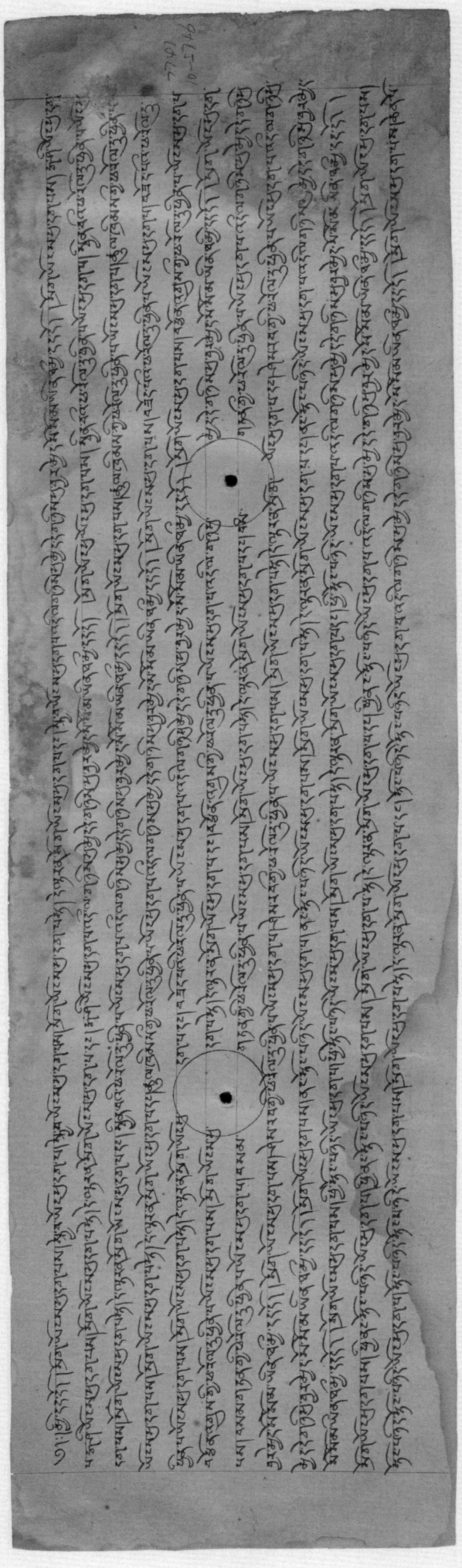

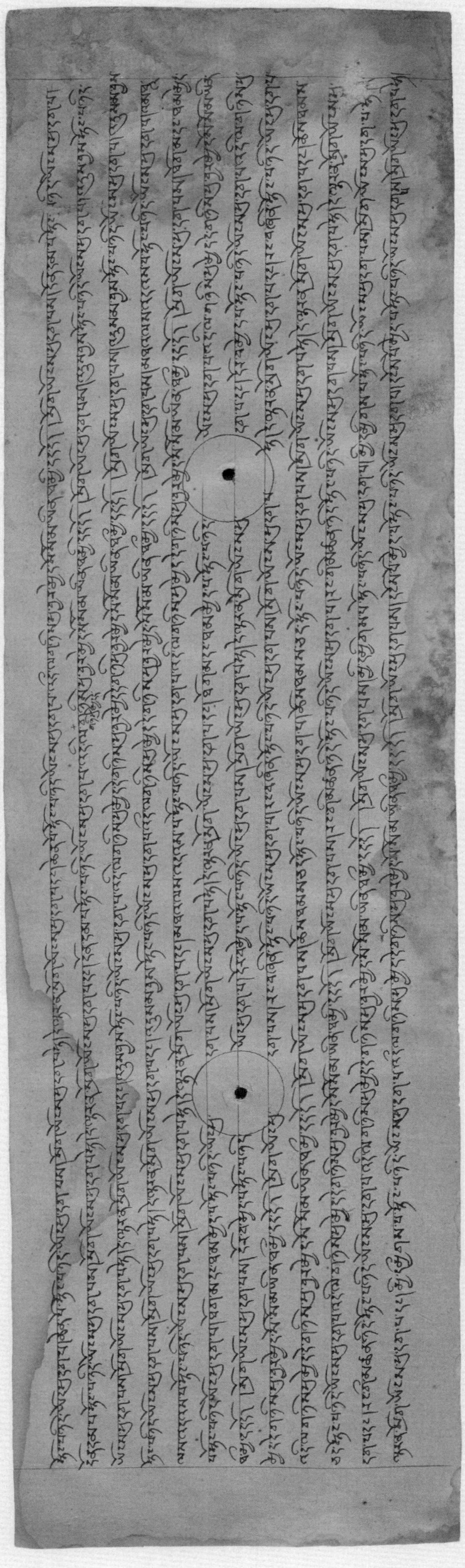

敦博 Db.t.5746 (R-V) ཤེས་རབ་ཀྱི་ཕ་རོལ་ཏུ་ཕྱིན་པ་སྟོང་ཕྲག་བརྒྱ་པ།
十萬頌般若波羅蜜多經

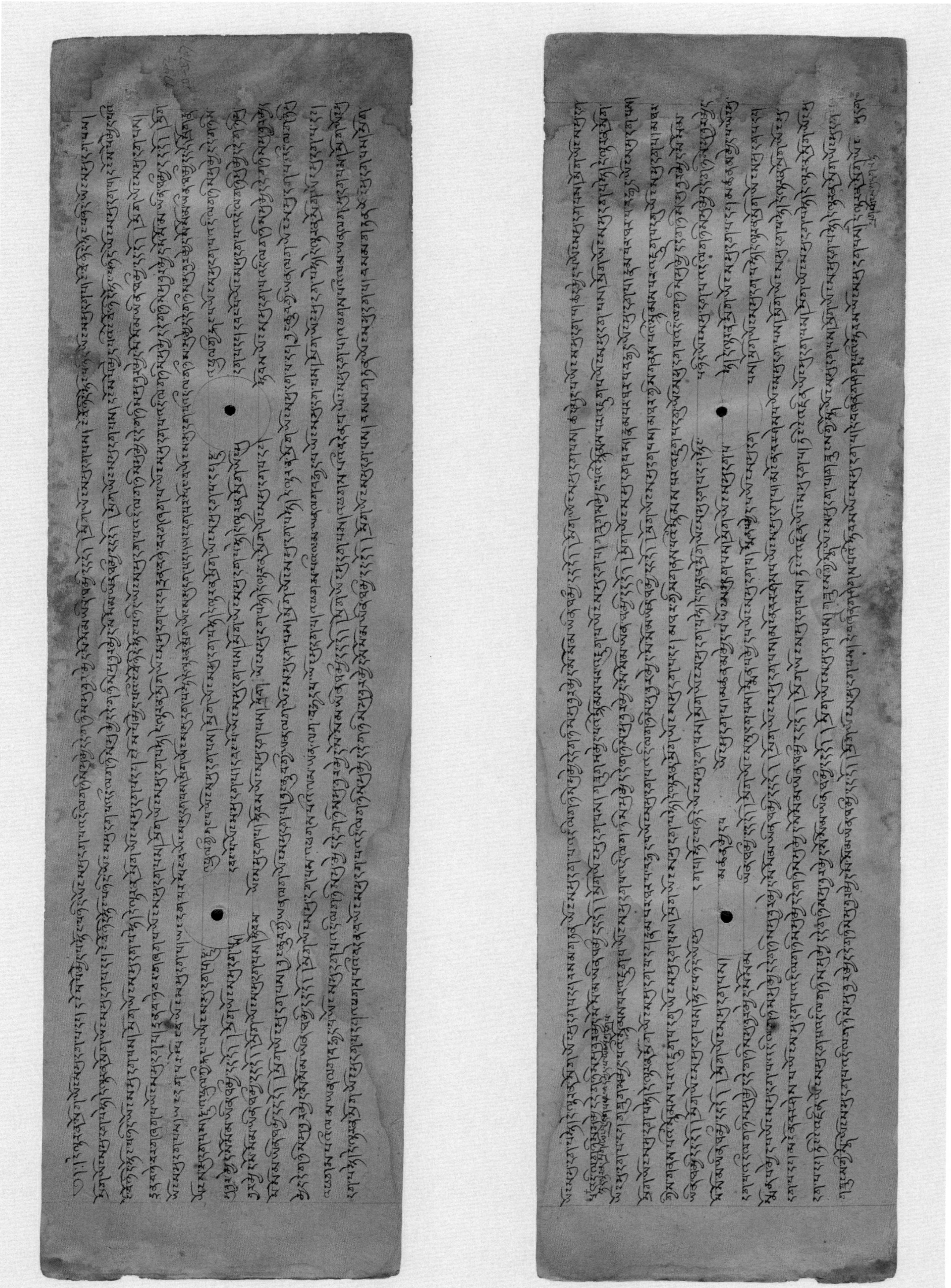

敦博 Db.t.5747 (R-V) ཤེས་རབ་ཀྱི་ཕ་རོལ་ཏུ་ཕྱིན་པ་སྟོང་ཕྲག་བརྒྱ་པ།
十萬頌般若波羅蜜多經

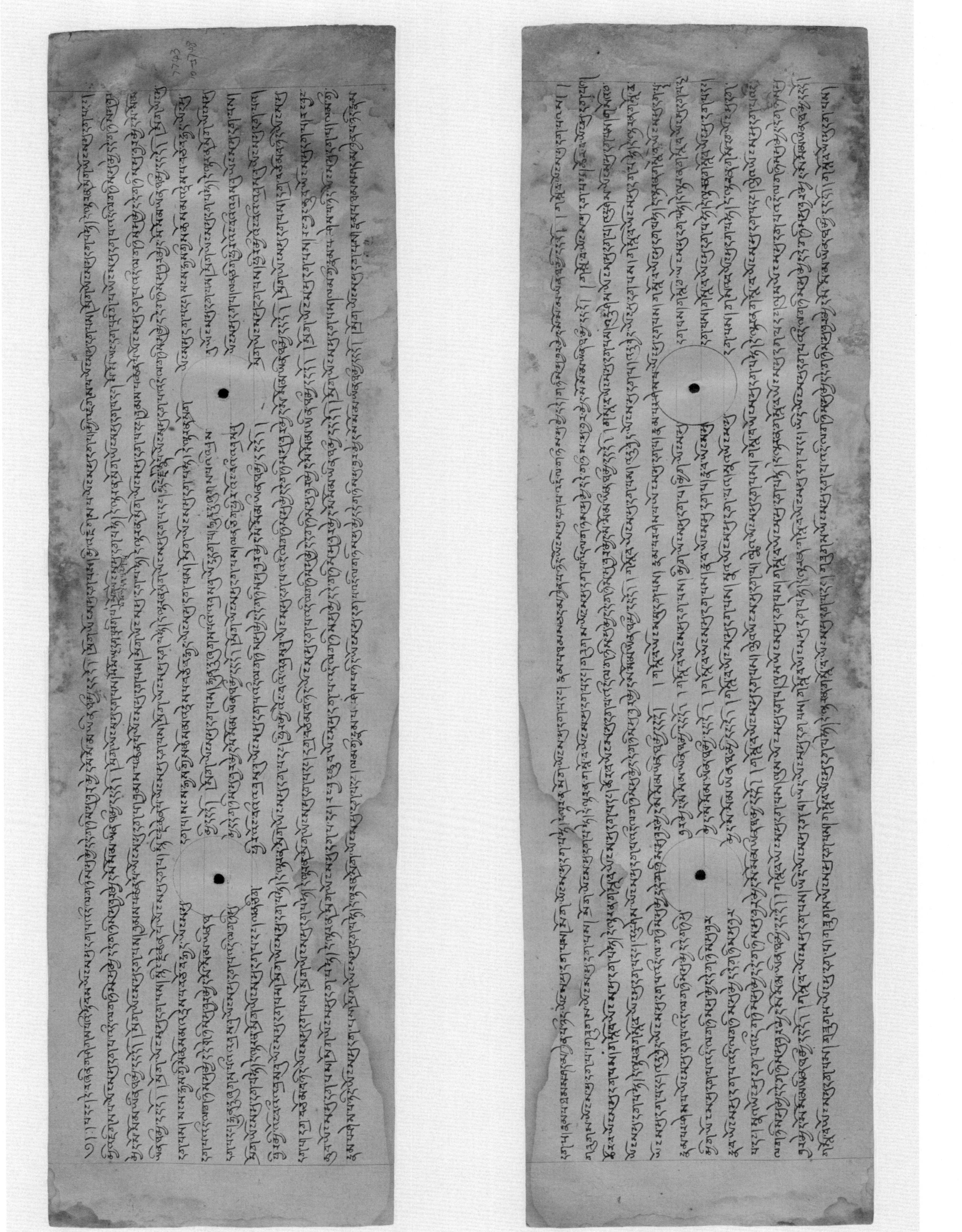

敦博 Db.t.5748 (R-V) ཤེས་རབ་ཀྱི་ཕ་རོལ་ཏུ་ཕྱིན་པ་སྟོང་ཕྲག་བརྒྱ་པ།
十萬頌般若波羅蜜多經

敦博 Db.t.5749 (R-V) ཤེས་རབ་ཀྱི་ཕ་རོལ་ཏུ་ཕྱིན་པ་སྟོང་ཕྲག་བརྒྱ་པ།
十萬頌般若波羅蜜多經

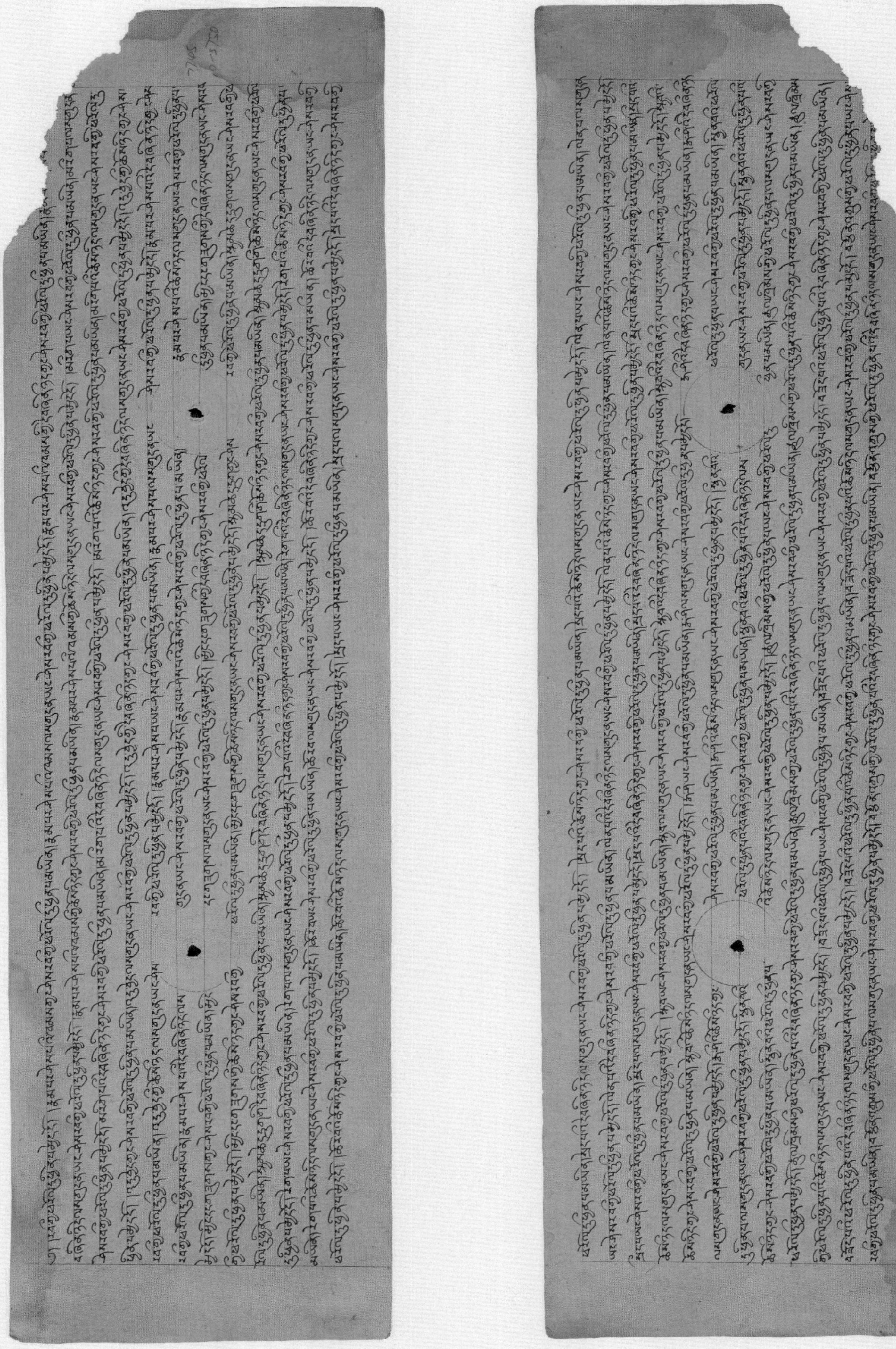

敦博 Db.t.5750 (R-V) ཤེས་རབ་ཀྱི་ཕ་རོལ་ཏུ་ཕྱིན་པ་སྟོང་ཕྲག་བརྒྱ་པ།

十萬頌般若波羅蜜多經

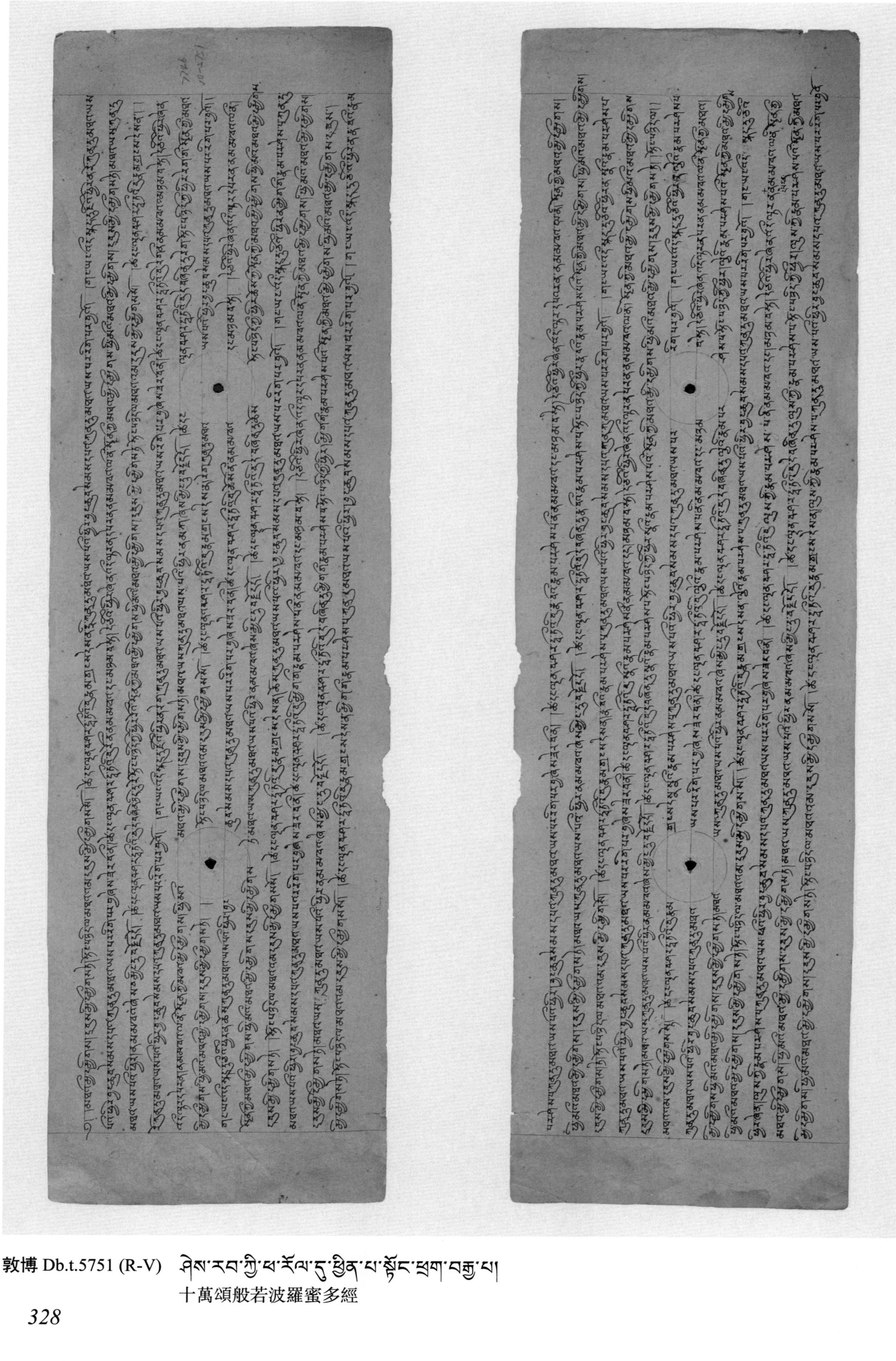

敦博 Db.t.5751 (R-V) ཤེས་རབ་ཀྱི་ཕ་རོལ་ཏུ་ཕྱིན་པ་སྟོང་ཕྲག་བརྒྱ་པ།
十萬頌般若波羅蜜多經

敦博 Db.t.5752 (R-V) ཤེས་རབ་ཀྱི་ཕ་རོལ་ཏུ་ཕྱིན་པ་སྟོང་ཕྲག་བརྒྱ་པ།
十萬頌般若波羅蜜多經

敦博 Db.t.5753 (R-V) ཤེས་རབ་ཀྱི་ཕ་རོལ་ཏུ་ཕྱིན་པ་སྟོང་ཕྲག་བརྒྱ་པ།
十萬頌般若波羅蜜多經

敦博 Db.t.5754 (R-V) ཤེས་རབ་ཀྱི་ཕ་རོལ་ཏུ་ཕྱིན་པ་སྟོང་ཕྲག་བརྒྱ་པ།
十萬頌般若波羅蜜多經

敦博 Db.t.5755 (R-V) ཤེས་རབ་ཀྱི་ཕ་རོལ་ཏུ་ཕྱིན་པ་སྟོང་ཕྲག་བརྒྱ་པ།
十萬頌般若波羅蜜多經

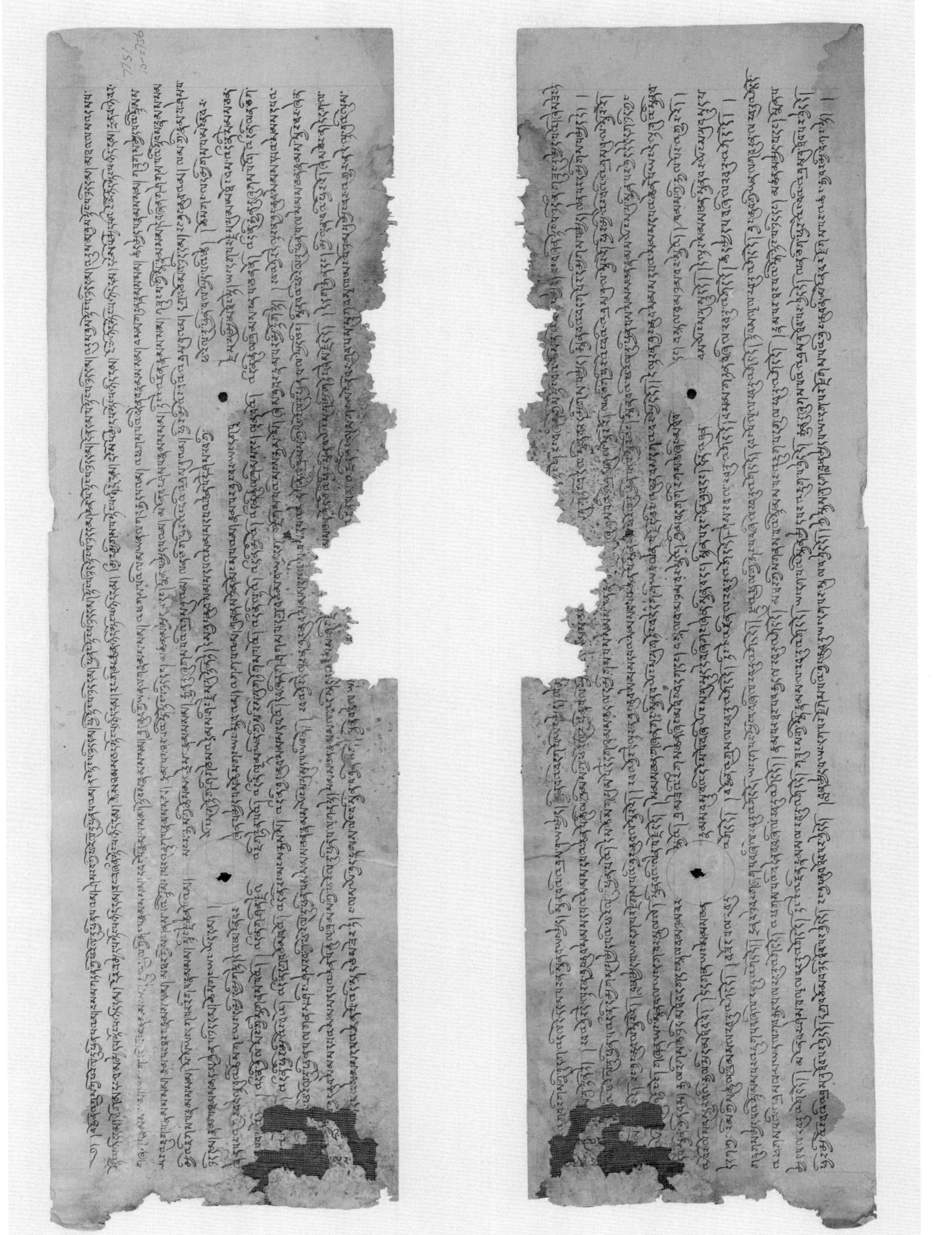

敦博 Db.t.5756 (R-V)　ཤེས་རབ་ཀྱི་ཕ་རོལ་ཏུ་ཕྱིན་པ་སྟོང་ཕྲག་བརྒྱ་པ།

十萬頌般若波羅蜜多經

敦博 Db.t.5757 (R-V) ཤེས་རབ་ཀྱི་ཕ་རོལ་ཏུ་ཕྱིན་པ་སྟོང་ཕྲག་བརྒྱ་པ།
十萬頌般若波羅蜜多經

敦博 Db.t.5758 (R-V) ཤེས་རབ་ཀྱི་ཕ་རོལ་ཏུ་ཕྱིན་པ་སྟོང་ཕྲག་བརྒྱ་པ།
十萬頌般若波羅蜜多經

敦博 Db.t.5759 (R-V) ཤེས་རབ་ཀྱི་ཕ་རོལ་ཏུ་ཕྱིན་པ་སྟོང་ཕྲག་བརྒྱ་པ། 十萬頌般若波羅蜜多經

敦博 Db.t.5760 (R-V) ཤེས་རབ་ཀྱི་ཕ་རོལ་ཏུ་ཕྱིན་པ་སྟོང་ཕྲག་བརྒྱ་པ།
十萬頌般若波羅蜜多經

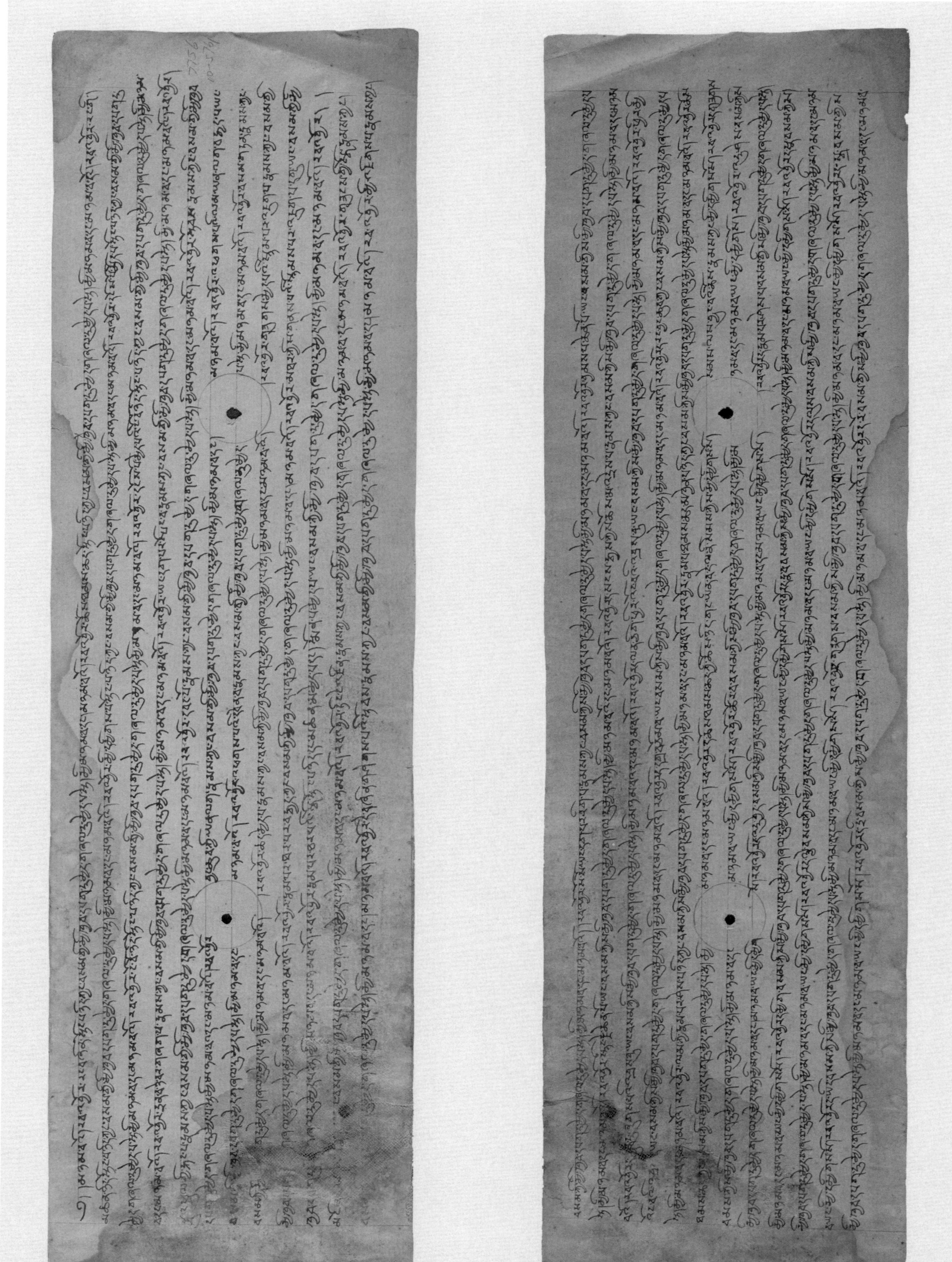

敦博 Db.t.5761 (R-V) ཤེས་རབ་ཀྱི་ཕ་རོལ་ཏུ་ཕྱིན་པ་སྟོང་ཕྲག་བརྒྱ་པ།
十萬頌般若波羅蜜多經

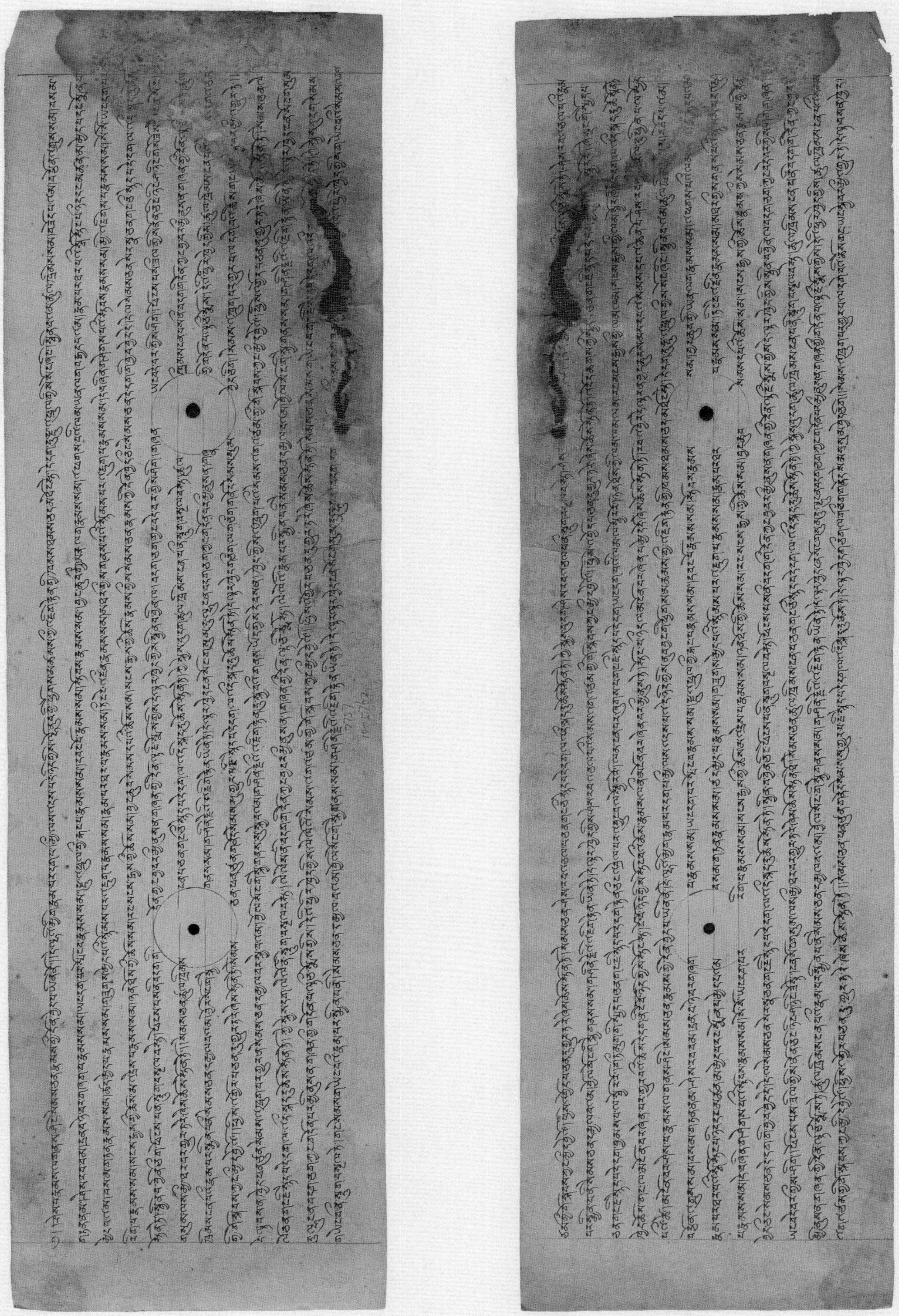

敦博 Db.t.5762 (R-V) ཤེས་རབ་ཀྱི་ཕ་རོལ་ཏུ་ཕྱིན་པ་སྟོང་ཕྲག་བརྒྱ་པ། 十萬頌般若波羅蜜多經

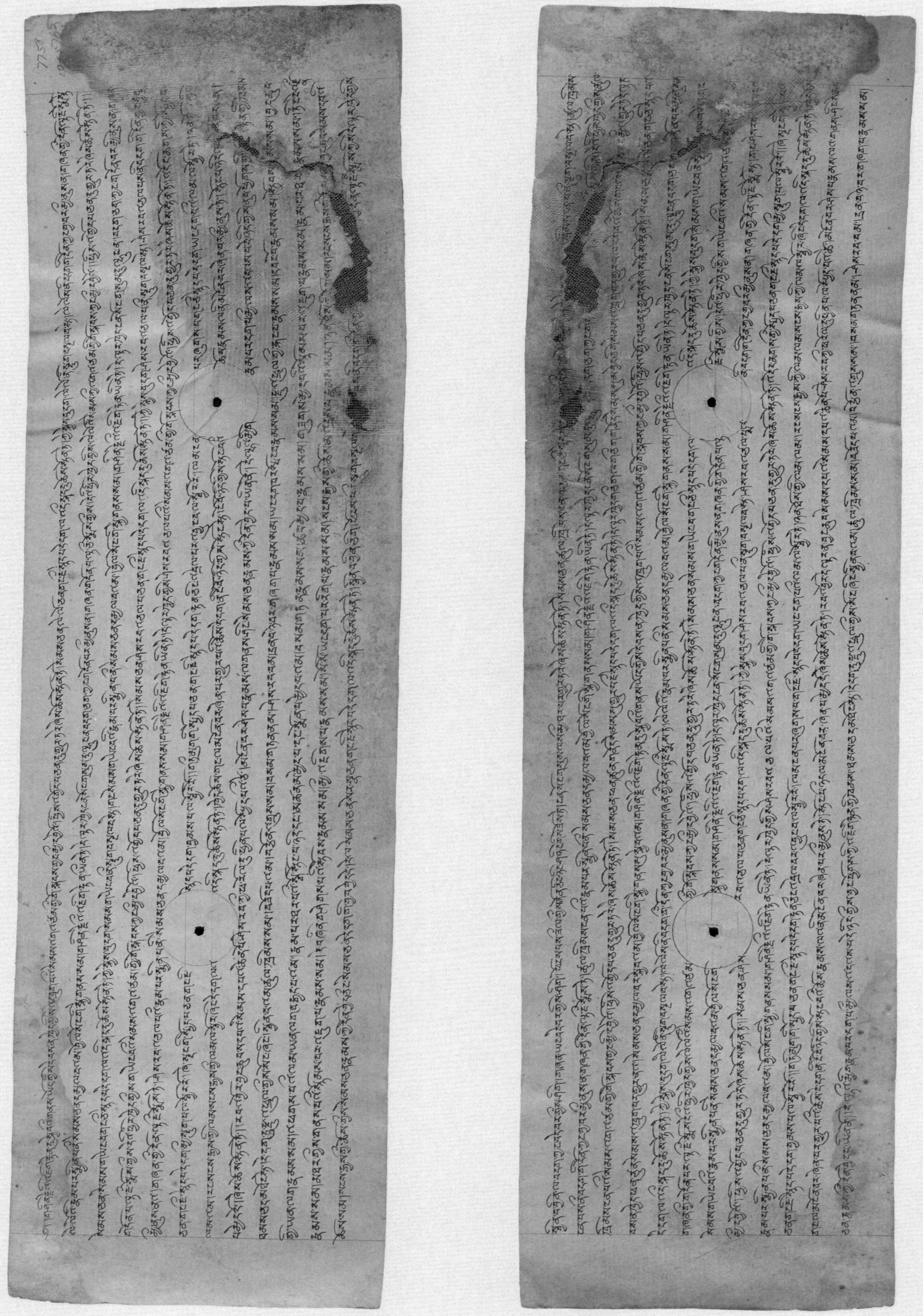

敦博 Db.t.5763 (R-V) ཤེས་རབ་ཀྱི་ཕ་རོལ་ཏུ་ཕྱིན་པ་སྟོང་ཕྲག་བརྒྱ་པ།
十萬頌般若波羅蜜多經

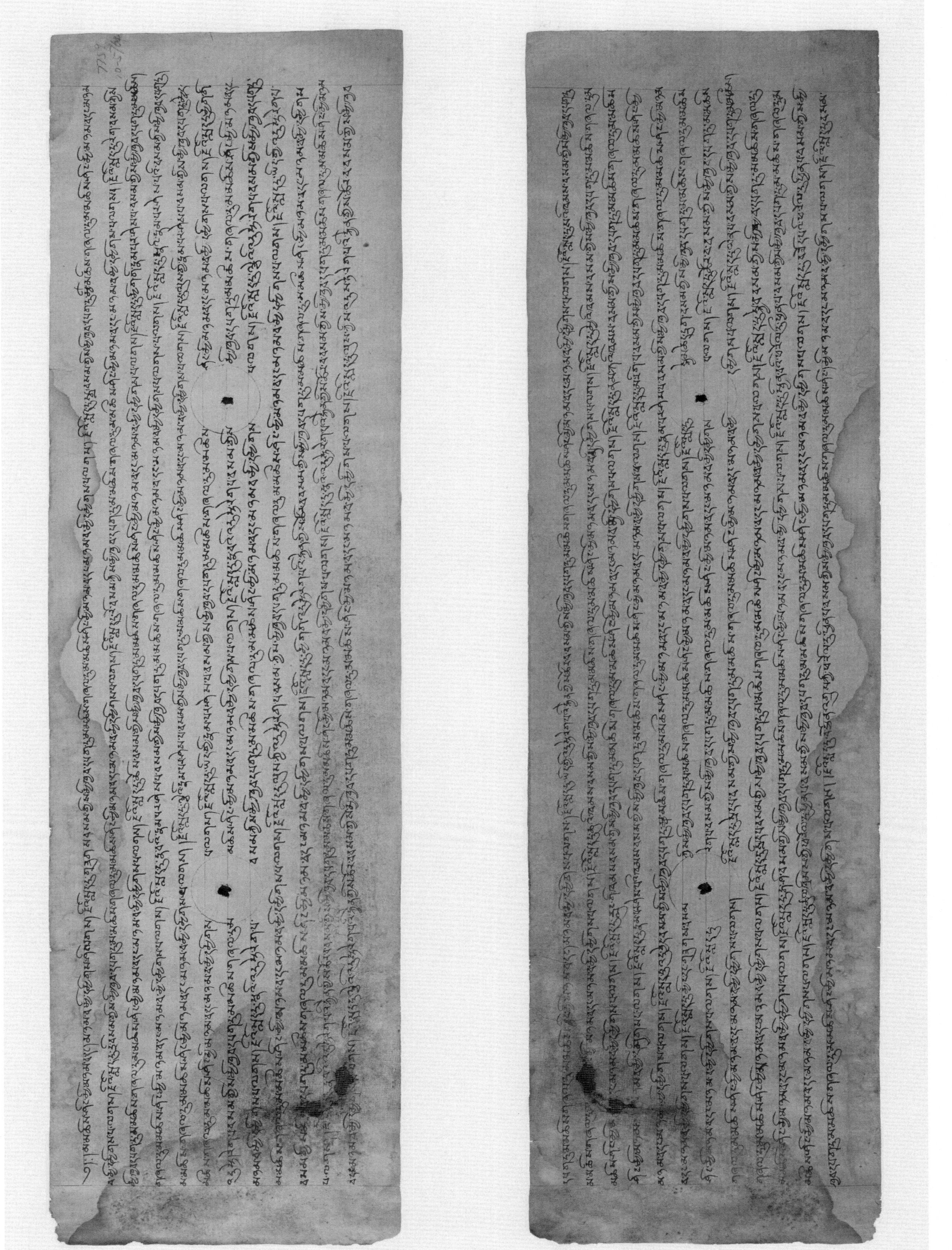

敦博 Db.t.5764 (R-V) ཤེས་རབ་ཀྱི་ཕ་རོལ་ཏུ་ཕྱིན་པ་སྟོང་ཕྲག་བརྒྱ་པ།
十萬頌般若波羅蜜多經

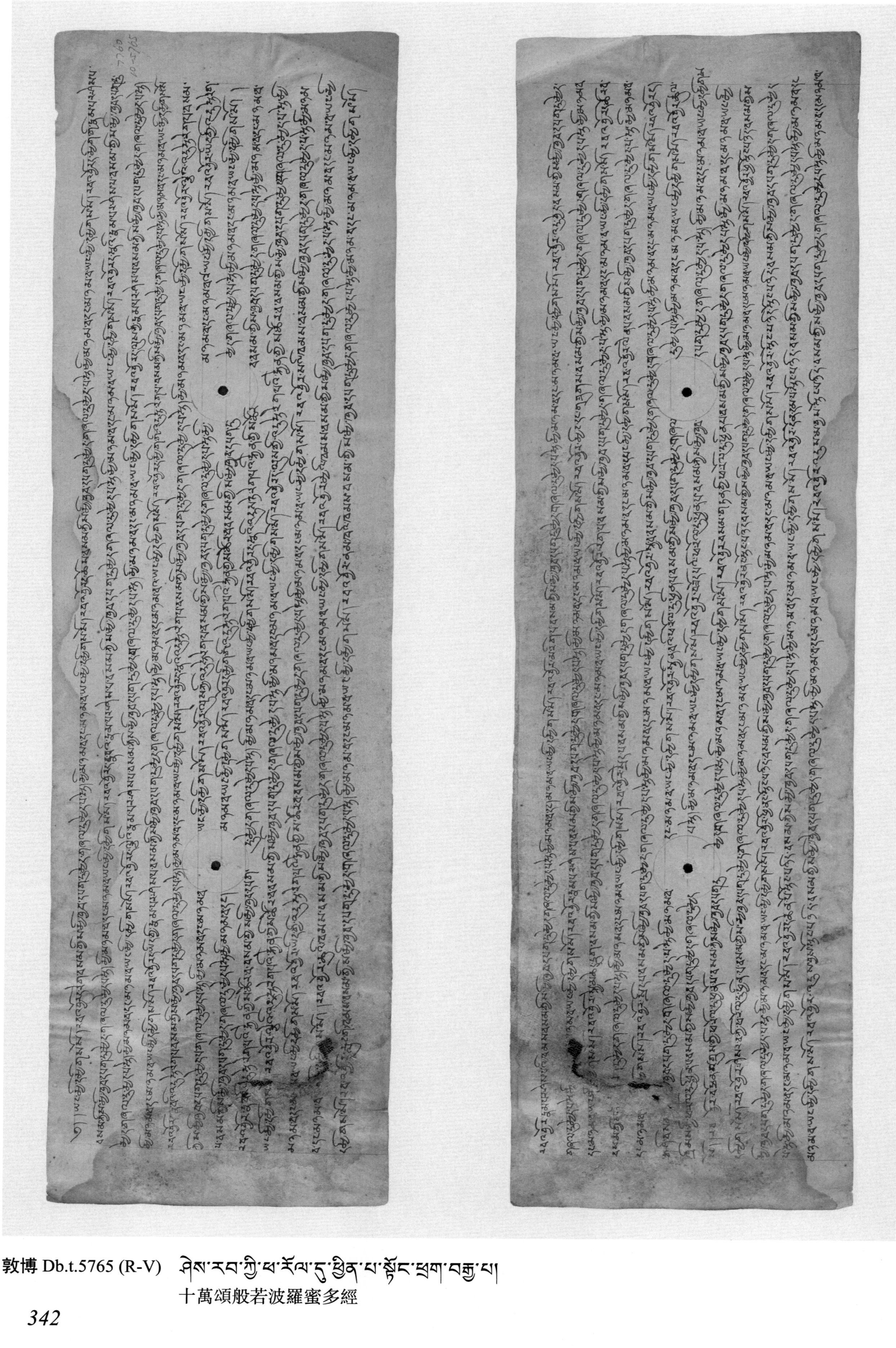

敦博 Db.t.5765 (R-V) ཤེས་རབ་ཀྱི་ཕ་རོལ་ཏུ་ཕྱིན་པ་སྟོང་ཕྲག་བརྒྱ་པ།
十萬頌般若波羅蜜多經

敦博 Db.t.5766 (R-V) ཤེས་རབ་ཀྱི་ཕ་རོལ་ཏུ་ཕྱིན་པ་སྟོང་ཕྲག་བརྒྱ་པ།
十萬頌般若波羅蜜多經

敦博 Db.t.5767 (R-V) ཤེས་རབ་ཀྱི་ཕ་རོལ་ཏུ་ཕྱིན་པ་སྟོང་ཕྲག་བརྒྱ་པ།
十萬頌般若波羅蜜多經

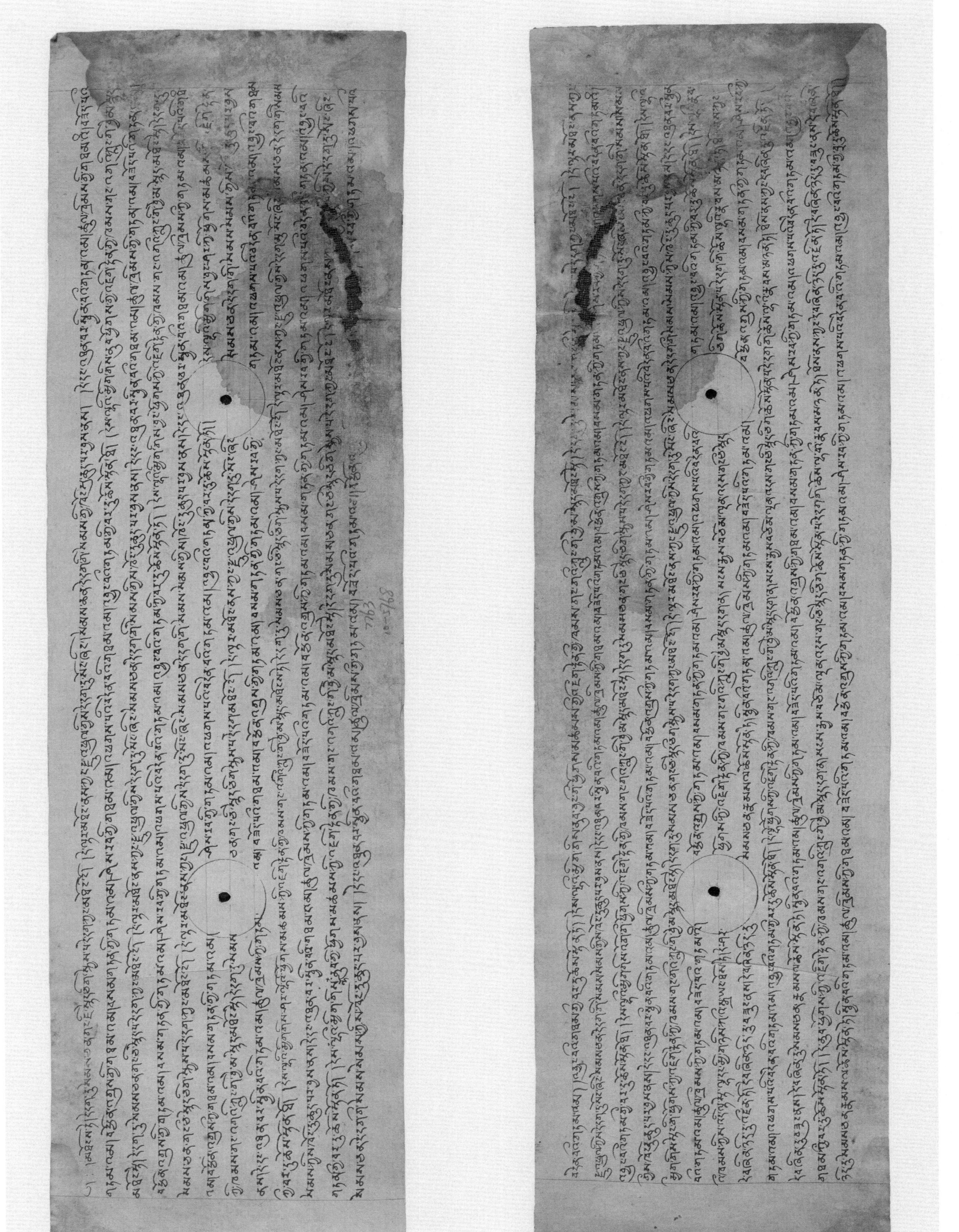

敦博 Db.t.5768 (R-V) ཤེས་རབ་ཀྱི་ཕ་རོལ་ཏུ་ཕྱིན་པ་སྟོང་ཕྲག་བརྒྱ་པ།
十萬頌般若波羅蜜多經

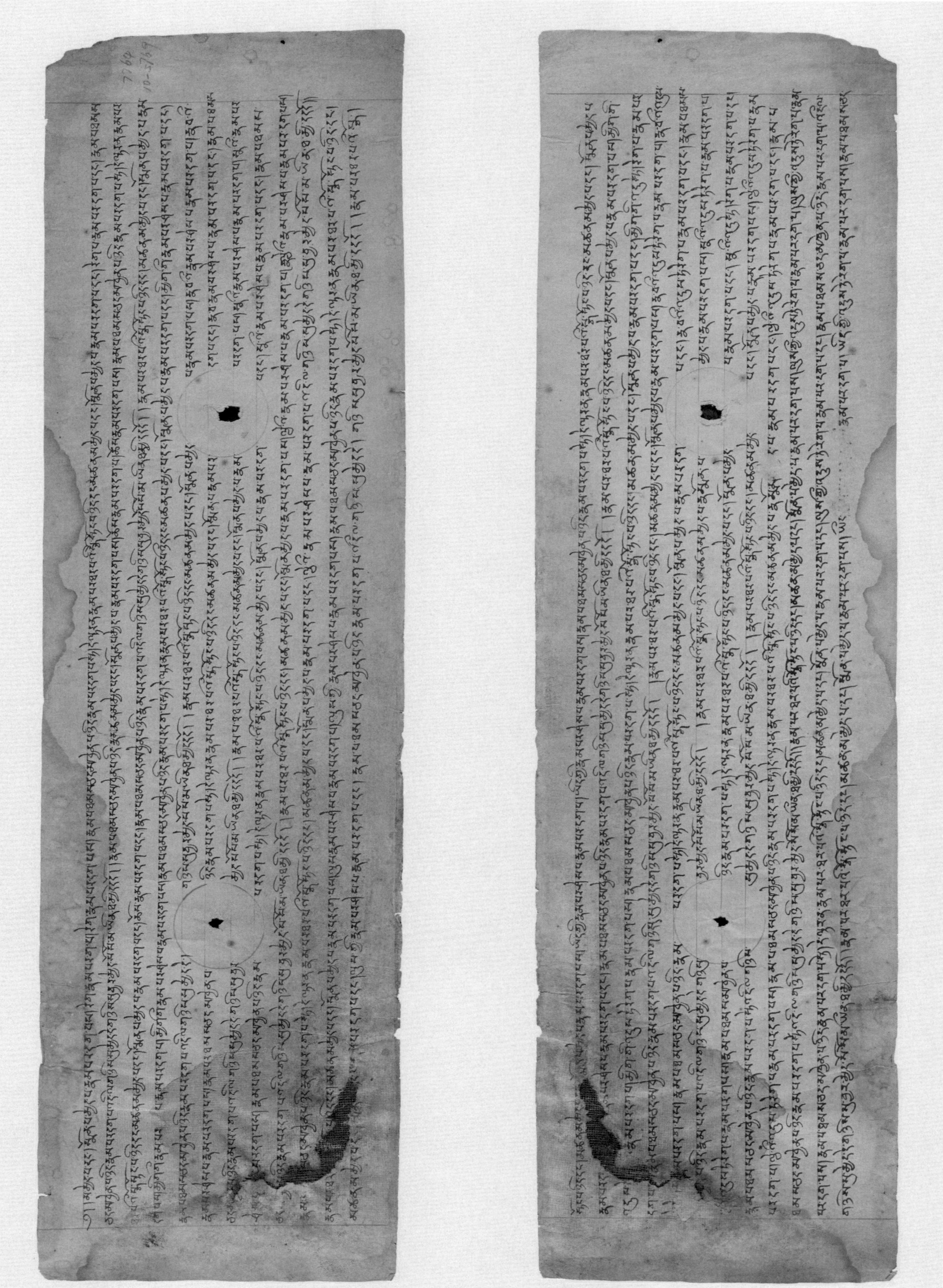

敦博 Db.t.5769 (R-V) ཤེས་རབ་ཀྱི་ཕ་རོལ་ཏུ་ཕྱིན་པ་སྟོང་ཕྲག་བརྒྱ་པ།
十萬頌般若波羅蜜多經

敦博 Db.t.5770 (R-V) ཤེས་རབ་ཀྱི་ཕ་རོལ་ཏུ་ཕྱིན་པ་སྟོང་ཕྲག་བརྒྱ་པ།
十萬頌般若波羅蜜多經

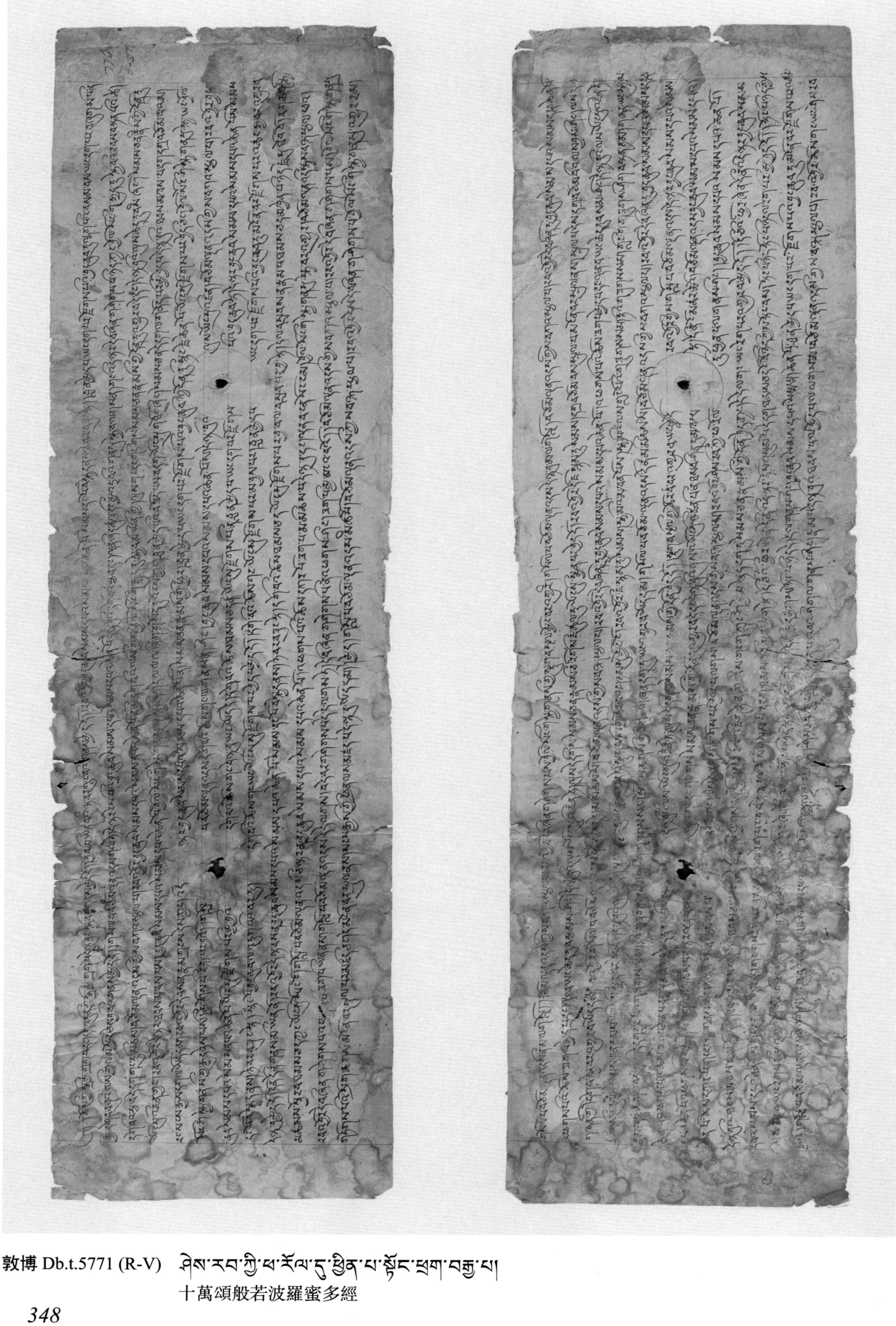

敦博 Db.t.5771 (R-V) ཤེས་རབ་ཀྱི་ཕ་རོལ་ཏུ་ཕྱིན་པ་སྟོང་ཕྲག་བརྒྱ་པ།
十萬頌般若波羅蜜多經

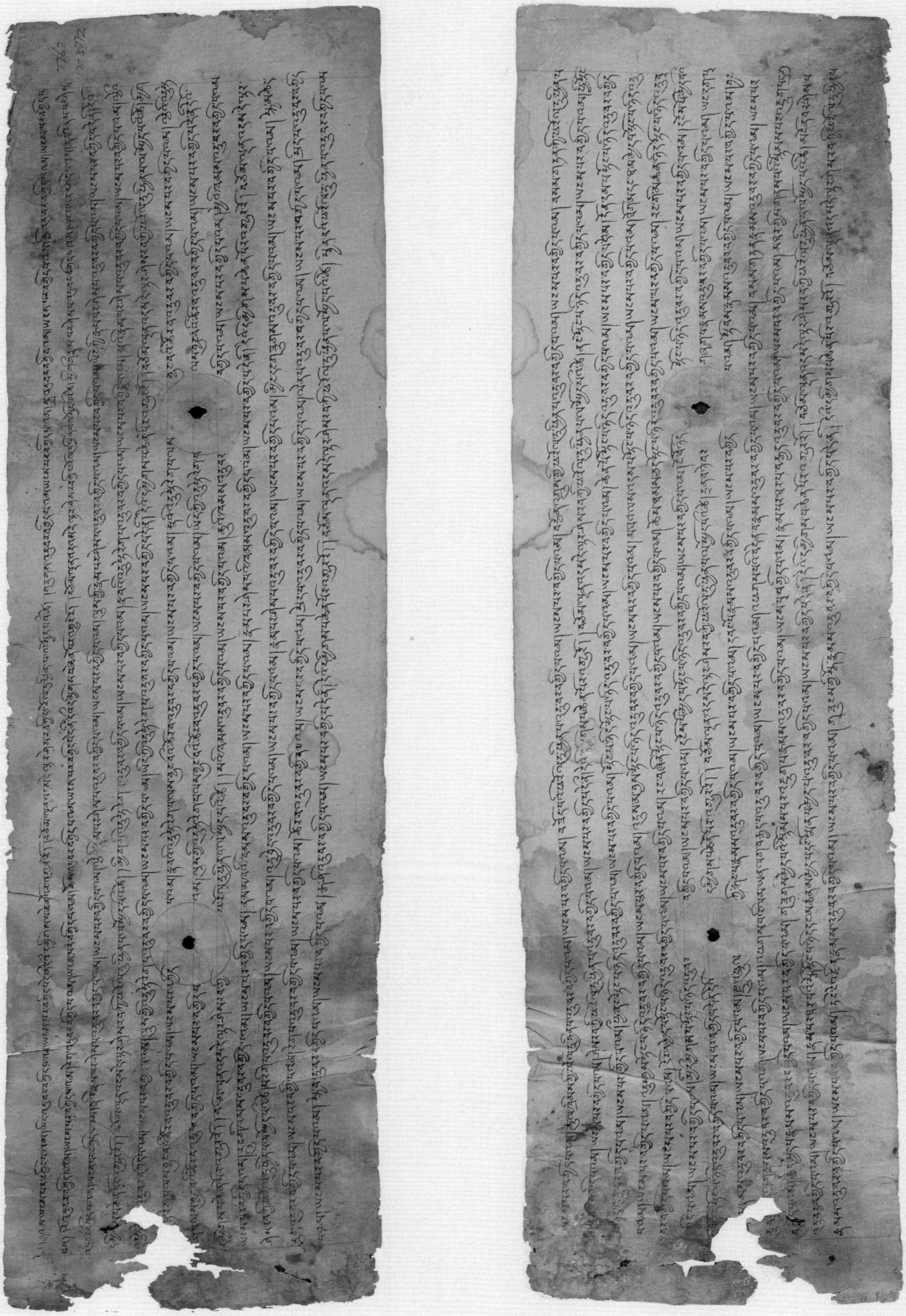

敦博 Db.t.5772 (R-V) ཤེས་རབ་ཀྱི་ཕ་རོལ་ཏུ་ཕྱིན་པ་སྟོང་ཕྲག་བརྒྱ་པ།
十萬頌般若波羅蜜多經

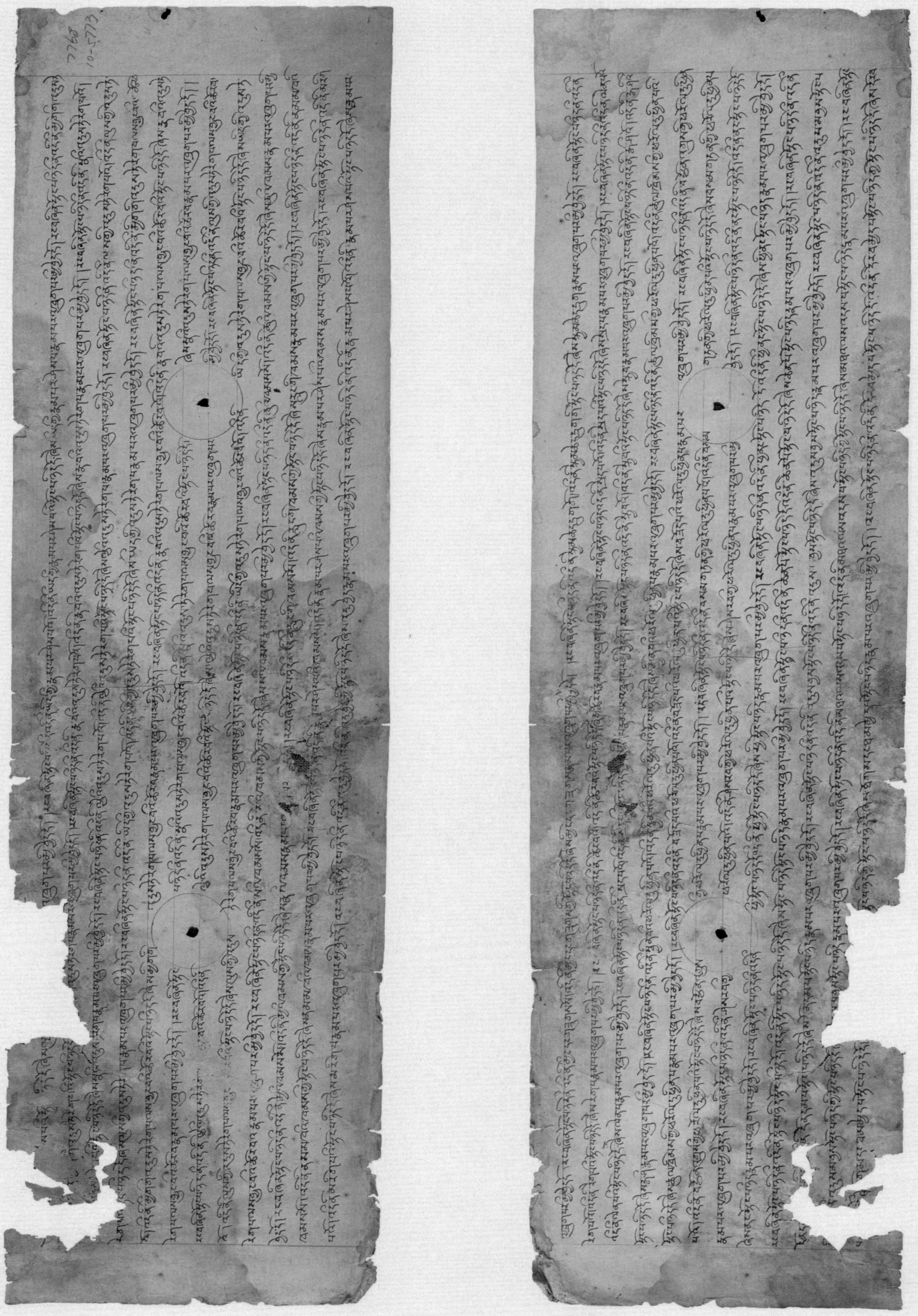

敦博 Db.t.5773 (R-V) ཤེས་རབ་ཀྱི་ཕ་རོལ་ཏུ་ཕྱིན་པ་སྟོང་ཕྲག་བརྒྱ་པ།
十萬頌般若波羅蜜多經

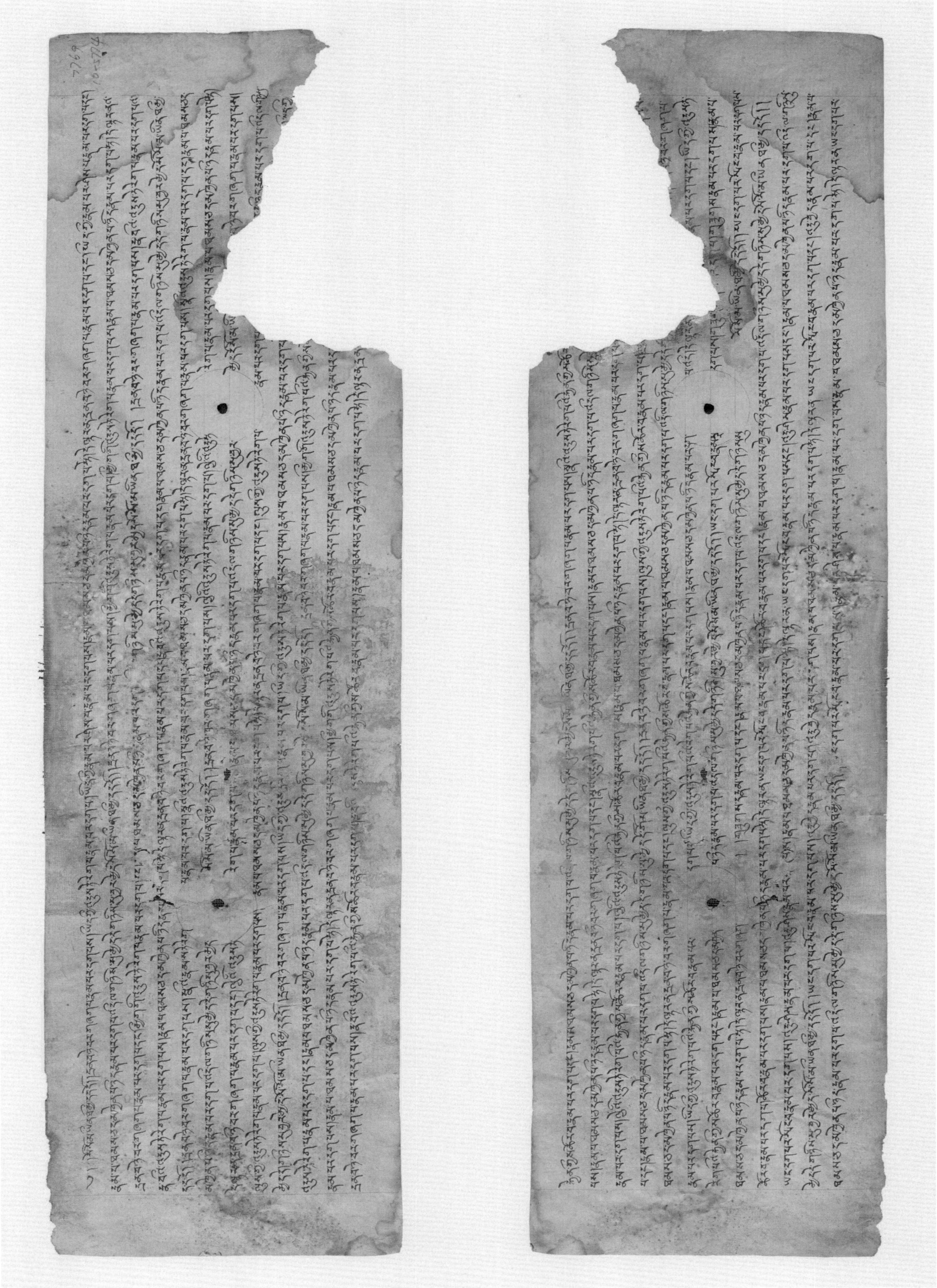

敦博 Db.t.5774 (R-V) ཤེས་རབ་ཀྱི་ཕ་རོལ་ཏུ་ཕྱིན་པ་སྟོང་ཕྲག་བརྒྱ་པ།
十萬頌般若波羅蜜多經

敦博 Db.t.5775 (R-V) ཤེས་རབ་ཀྱི་ཕ་རོལ་ཏུ་ཕྱིན་པ་སྟོང་ཕྲག་བརྒྱ་པ།
十萬頌般若波羅蜜多經

敦博 Db.t.5776 (R-V) ཤེས་རབ་ཀྱི་ཕ་རོལ་ཏུ་ཕྱིན་པ་སྟོང་ཕྲག་བརྒྱ་པ།
十萬頌般若波羅蜜多經

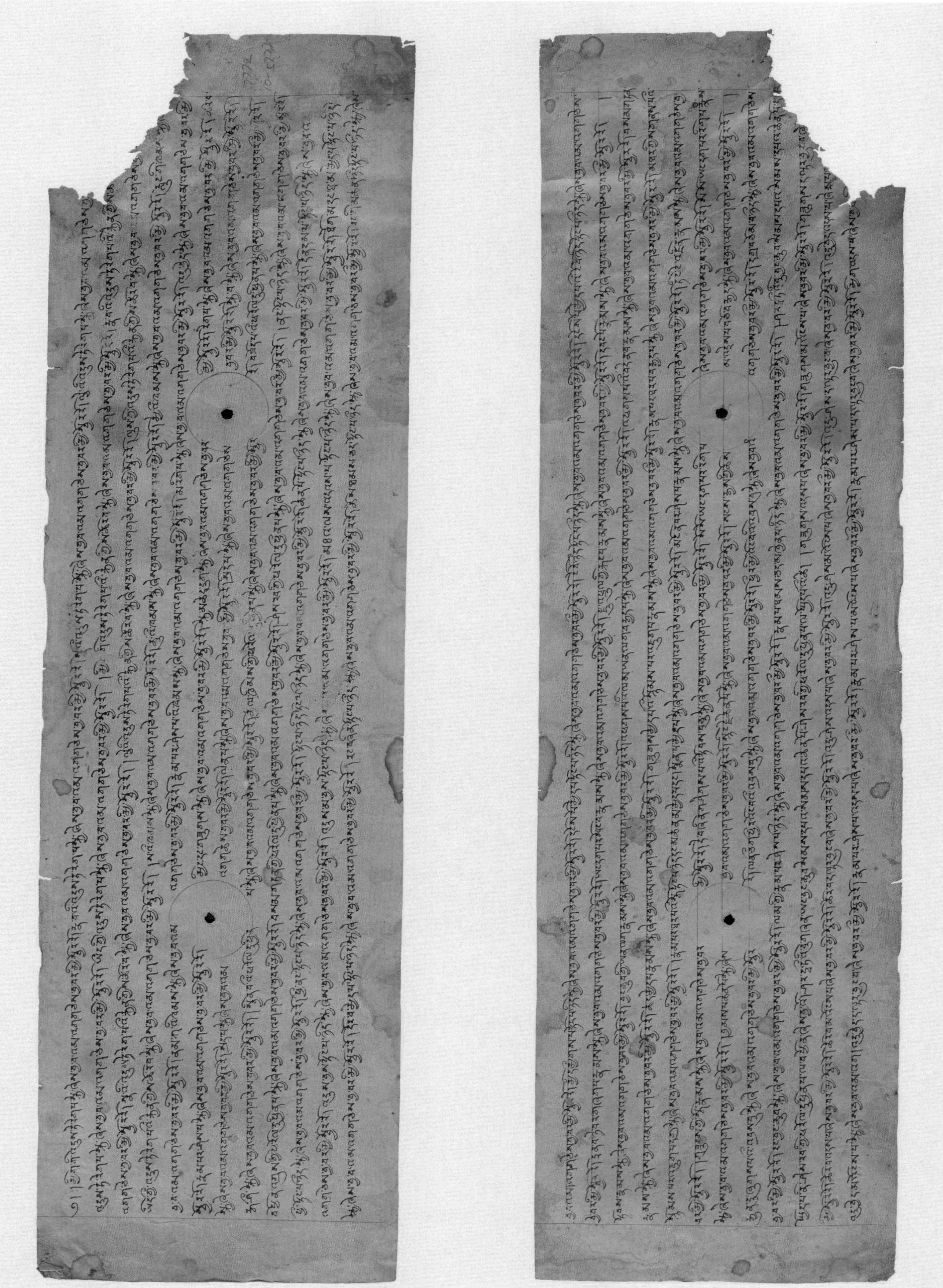

敦博 Db.t.5777 (R-V) ཤེས་རབ་ཀྱི་ཕ་རོལ་ཏུ་ཕྱིན་པ་སྟོང་ཕྲག་བརྒྱ་པ།
十萬頌般若波羅蜜多經

敦博 Db.t.5778 (R-V) ཤེས་རབ་ཀྱི་ཕ་རོལ་ཏུ་ཕྱིན་པ་སྟོང་ཕྲག་བརྒྱ་པ།
十萬頌般若波羅蜜多經

敦博 Db.t.5779 (R-V) ཤེས་རབ་ཀྱི་ཕ་རོལ་ཏུ་ཕྱིན་པ་སྟོང་ཕྲག་བརྒྱ་པ།
十萬頌般若波羅蜜多經

敦博 Db.t.5780 (R-V) ཤེས་རབ་ཀྱི་ཕ་རོལ་ཏུ་ཕྱིན་པ་སྟོང་ཕྲག་བརྒྱ་པ།
十萬頌般若波羅蜜多經

敦博 Db.t.5781 (R-V) ཤེས་རབ་ཀྱི་ཕ་རོལ་ཏུ་ཕྱིན་པ་སྟོང་ཕྲག་བརྒྱ་པ།
十萬頌般若波羅蜜多經

敦博 Db.t.5782 (R-V) ཤེས་རབ་ཀྱི་ཕ་རོལ་ཏུ་ཕྱིན་པ་སྟོང་ཕྲག་བརྒྱ་པ།
十萬頌般若波羅蜜多經

敦博 Db.t.5783 (R-V) ཤེས་རབ་ཀྱི་ཕ་རོལ་ཏུ་ཕྱིན་པ་སྟོང་ཕྲག་བརྒྱ་པ།
十萬頌般若波羅蜜多經

圖書在版編目（CIP）數據

甘肅藏敦煌藏文文獻：敦煌市博物館卷．26 / 甘肅省文物局，敦煌研究院編纂；馬德、勘措吉主編．—上海：上海古籍出版社，2019.11（2023.10重印）
ISBN 978-7-5325-9367-5

Ⅰ.①甘… Ⅱ.①甘… ②敦… ③馬… ④勘… Ⅲ.①敦煌學—文獻—藏語
Ⅳ.①K870.6

中國版本圖書館 CIP 數據核字（2019）第 225840 號

本書爲
“十三五”國家重點圖書出版規劃項目
國家出版基金資助項目

甘肅藏敦煌藏文文獻 ㉖

主 編
馬 德 勘措吉

編 纂
甘肅省文物局 敦煌研究院

出版發行
上海古籍出版社
上海市閔行區號景路159弄1-5號A座5F
郵編 201101 傳真（86—21）64339287
網址：www.guji.com.cn
電子郵件：guji1@guji.com.cn
易文網：www.ewen.co

印 刷
上海世紀嘉晉數字信息技術有限公司

開本：787×1092 1/8 印張：51 插頁：4
版次：2019年11月第1版 印次：2023年10月第3次印刷
ISBN 978-7-5325-9367-5/K.2712
定價：2800.00圓

ཏུན་ཧོང་མའོ་ཀའོ་བྲག་ཕུག་གི་བྱང་ཁུལ་བྲག་ཕུག

敦煌莫高窟北區石窟

བྱམས་པ་འབུམ་གླིང་དུ་བཞུགས་པའི་ཐང་རྒྱལ་རབས་དུས་ཀྱི་རྒྱལ་བ་བྱམས་པ།

永靖炳靈寺唐代彌勒大佛

ཇོ་མོ་གླང་མ།
珠穆朗瑪峰